Siedler
Deutsche Geschichte

Buch

Die Epoche zwischen dem Machtantritt der Staufer 1125 und dem Beginn der Reformation mit dem Thesenanschlag Luthers 1517 vermittelt ganz unterschiedliche Bilder des Mittelalters. Stauferzeit: das ist deutsches Mittelalter in seiner schönsten Blüte – machtvolle Kaisergestalten, der Bamberger Reiter und die Stifterfiguren im Dom zu Naumburg. Spätes Mittelalter: das sind die Farben des Herbstes – zwar glanzvolle Städtekultur und prosperierende Wirtschaft, aber daneben die Machtlosigkeit der Kaiser gegenüber dem Partikularismus, der zunehmenden Zersplitterung des Reiches.
In diesen Jahrhunderten entschied sich, daß Deutschland nicht zum Nationalstaat wurde, sondern im Rahmen des alten Reiches fortlebte. Doch die Reichsidee wurde mehr und mehr zur realitätsfernen Vision, der Schwerpunkt verlagerte sich in die einzelnen Territorien. Der deutsche Sonderweg begann also nicht erst im neunzehnten oder zwanzigsten Jahrhundert, sondern an der Schwelle zwischen Hochmittelalter und Neuzeit.

Autor

Hartmut Boockmann (1934 – 1998) war ordentlicher Professor für Mittelalterliche Geschichte in Kiel, Berlin und Göttingen. Veröffentlichungen unter anderem: »Einführung in die Geschichte des Mittelalters« (1978), »Der Deutsche Orden« (1981), »Die Stadt im späten Mittelalter« (1986), »Die Gegenwart des Mittelalters« (1988), »Ostpreußen und Westpreußen« (1992), »Fürsten, Bürger, Edelleute« (1994), »Göttingen. Vergangenheit und Gegenwart einer europäischen Universitätsstadt« (1997).

Hartmut Boockmann

Stauferzeit und spätes Mittelalter

Deutschland 1125 – 1517

Siedler

Inhaltsverzeichnis

Vorbemerkung zur vierten Auflage

Dieses Buch wurde in den Jahren 1985 und 1986 geschrieben – vor noch nicht einem Jahrzehnt also und dennoch vor langer Zeit. Würde es, heute geschrieben, nicht eine andere Gestalt haben? Diese Frage muß zum einen gleichsam technisch beantwortet werden, zum anderen aber mit Rücksicht auf die jüngste Vergangenheit.

Die erste Antwort hängt von dem ab, was inzwischen an einschlägigen Forschungen veröffentlicht worden ist. Sieht sich der Autor genötigt, sein Buch angesichts dieser Arbeiten zu erweitern, zu modifizieren oder gar neu zu schreiben? In manchen Naturwissenschaften ist schon veraltet, was eben gedruckt worden ist, bezieht man sich besser auf Manuskripte als auf Publikationen, wenn man den aktuellen Stand der Forschung dokumentieren will. In der Geschichtswissenschaft ist das Tempo so hektisch nicht – nicht einmal in der allerneuesten Geschichte, wo die »Paradigmenwechsel« rasch aufeinander zu folgen scheinen. Im Falle der mittelalterlichen Geschichte hat man es mit schwergewichtigen Materien zu tun, die sich so rasch nicht bewegen lassen.

Auf der anderen Seite wandeln sich die Urteile hier in mittlerer Frist nicht weniger, vielleicht sogar noch stärker als im Hinblick auf die neueste Zeit. Jenes Mittelalter, das noch in der Mitte dieses Jahrhunderts als einigermaßen unanfechtbar gelten konnte, ein Erbe des 19. Jahrhunderts, das vor allem dadurch charakterisiert war, daß es in eine bis zum Ende der staufischen Zeit dauernde »deutsche Kaiserzeit«, eine Periode gefeierter Reichsherrlichkeit, und in darauf folgende Jahrhunderte des Niedergangs und der Krise zerfiel, erscheint heute als Phantom – 1994 nicht anders als 1985. Das heute erkennbare Mittelalter scheint weiter von der Gegenwart entfernt als jenes, das unsere Väter zu kennen meinten. Die ruhige Gewißheit, schon im frühen Mittelalter hätten wir es mit der Geschichte des deutschen Volkes zu tun, ist der Einsicht gewichen, daß von einem deutschen Volk erst für jene Zeiten gesprochen werden darf, in denen man ein Bewußtsein davon finden kann, daß Franken, Sachsen, Schwaben und Bayern insgesamt noch etwas anderes waren als nur vier unter der Herrschaft eines Königs zusammengeschlossene Stämme. Doch wo findet man die Anfänge eines solchen Bewußtseins? Oder anders gefragt: Wo liegen die Anfänge der deutschen Nation? Diese Frage scheint das Mittelalter der Gegenwart anzunähern.

Die traditionellen Vorstellungen vom Mittelalter lebten nicht nur von der vermeintlichen Kontinuität des deutschen Volkes, sondern auch von der Meinung, es habe im Mittelalter weder Nationen noch nationales Bewußtsein gegeben. Die Völker schienen gleichsam Naturgegebenheiten zu sein, die Nationen dagegen – wie viele Neuhistoriker noch heute glauben – erst ins 19. Jahrhundert zu gehören, als eine Folge nicht zuletzt der großen französischen Revolution von 1789.

Tatsächlich sind die modernen Nationen im Mittelalter entstanden. Wenn sie im 19. und 20. Jahrhundert als geschichtliche Kräfte einen anderen Rang hatten als früher, wenn man die neuere Zeit mit Grund ein Zeitalter des Nationalismus nennt, so heißt das doch nicht, Nationen habe es erst jetzt gegeben. Allerdings hatten sie im Mittelalter eine andere Gestalt. Sie umfaßten zunächst nur kleine Sozialgruppen – die geläufige Rede von der polnischen »Adelsnation« läßt beispielhaft erkennen, was damit gemeint sein kann. Zudem war das nationale Bewußtsein vor anderen – religiösen, ständischen, regionalen – Ordnungsvorstellungen nicht so eindeutig privilegiert wie in der Neuzeit.

Nicht zuletzt auf Anregungen von Walter Schlesinger ging die Gründung eines von Helmut Beumann geleiteten Arbeitskreises zurück, der sich die mittelalterlichen »nationes« zum Gegenstand wählte. Hier wurde zunächst nicht nach der deutschen Nation gefragt, sondern zum Beispiel nach den Westslawen oder nach den Franzosen. Erst 1989 gab Joachim Ehlers einen Band mit dem Titel »Ansätze und Diskontinuität deutscher Nationsbildung im Mittelalter« heraus.

Das Zögern angesichts der deutschen Probleme scheint nicht unverständlich. Im Falle der »klassischen« Nationalstaaten möchte man sich die Entstehung der Nation einfacher vorstellen als auf einem deutschen »Sonderweg«. Doch weist Peter Moraw in diesem Band darauf hin, daß die Dinge in Frankreich kaum weniger kompliziert verliefen als in Deutschland. Auf der anderen Seite lassen sich die deutschen Besonderheiten nicht verkennen. Der deutsche König war traditionell auch (römischer) Kaiser. Mußte die diffuse Identität von Reich im weiteren Sinne und Deutschem Reich im engeren die Nationsbildung nicht behindern oder verzögern? Das läßt sich gewiß nicht verneinen, doch gibt es auch gegenläufige Momente. Reinhard Schneider beschreibt »Das Königtum als Integrationsfaktor«.

Scheinbar widerspricht die Untersuchung von Jürgen Miethke über die monarchischen Theorien der Juristen den Erwartungen, die man bei diesem Thema haben könnte. Hat die Erneuerung des römischen Rechts und damit zugleich des Kaisertums durch die an den italienischen Universitäten lehrenden Juristen den Nationsbildungsprozeß nicht gefördert? Einerseits betont Miethke, daß dank der Theorie, der zufolge jeder König Kaiser in seinem Reich gewesen sei, die Erneuerung des römischen Rechts der Ausbildung von Nationalstaaten und Nationen außerhalb des Reiches nicht gefährlich geworden sei. Auf der anderen Seite arbeitet er eindrucksvoll heraus, daß es in der Mitte des 14. Jahrhunderts zu einer »Emanzipation der deutschen Königswürde von der weltkaiserlichen Stellung« gekommen ist, die zu den besonderen Bedingungen der Nationsbildung in Deutschland zählten.

Der schon genannte Beitrag von Moraw und ein ausführlicher Aufsatz von Eberhard Isenmann über »Kaiser, Reich und deutsche Nation am Ende des 15. Jahrhunderts« verbinden gründliche und produktive verfassungsgeschichtliche Analysen mit dem Thema. Die zweite Hälfte des 15. Jahrhunderts ist im Hinblick auf die deutsche Geschichte fast so etwas wie ein dunkles Zeitalter. Inzwischen ist dieses Dunkel durch eine Reihe von Studien aufgehellt worden. Friedrich Battenberg hat in einer Rezension des hier abermals vorgelegten Buches mit Recht bemerkt, »auch die Impulse, die von Kaiser und Reich ausgegangen waren ..., hätten eine intensivere Darstellung verdient. Die Verwaltungsreformen Ruprechts von der Pfalz auf Reichsebene, die Frankfurter Reformation von 1442, die Neueinsetzung des königlichen Hofgerichts unter Sigmund und dann wieder unter Friedrich III., der Ausbau des Schieds- und Sühnegerichtswesens seit Albrecht II. und die stetigere Konstituierung des Kammergerichts seit den siebziger Jahren blieben ... unerwähnt« (Archiv für Hessische Geschichte und Altertumskunde 46. 1988). Hier würde der Autor heute in der Tat etwas andere Akzente setzen - so wie er das in seinem Beitrag zu Gebhardts Handbuch der deutschen Geschichte getan hat, der 1995 erscheinen wird.

In dem erwähnten Band über die deutsche Nationsbildung ist mit Recht davon die Rede, daß man es hier nicht nur mit einem verfassungsgeschichtlichen Prozeß zu tun hat, sondern auch mit einem Stück »Vorstellungsgeschichte«, wobei man die einschlägigen Vorstellungen nicht nur in politischen Zusammenhängen findet. Auch poetische Texte und die Sprache überhaupt gehören dazu, wie man in einem Aufsatz von Peter Wiesinger über »Regionale und überregionale Sprachausformung im Deutschen vom 12. bis zum 15. Jahrhundert unter dem Aspekt der Nationsbildung« liest sowie bei Rüdiger Schnell, der über »Deutsche Literatur und deutsches Nationsbewußtsein in Spätmittelalter und Früher Neuzeit« schreibt. Zu den Besonderheiten der deutschen Nationsbildung gehört, daß das Wort deutsch zunächst eine Sprache und nicht eine Menschengruppe bezeichnet. Hat also die deutsche Sprache an der Wiege der deutschen Nation gestanden? Davon kann, anders als oft gemeint, nicht die Rede sein.

Dennoch war die Nationsbildung in Deutschland ein in hohem Maße sprachgeschichtlicher Prozeß - wenn auch keine einfache Genese. Stichworte wie »Bauernsprache« und »Herrensprache«, »Literatursprache« und »Schreibsprache« deuten an, welche Kräfte hier ineinanderwirkten. Es geht um scheinbar einfache, in Wahrheit aber schwer zu klärende Sachverhalte, und es geht nicht nur um die objektiven sprachgeschichtlichen Gegebenheiten, sondern auch um das dem Sprechen zugrundeliegende Bewußtsein. Ein weiteres Thema ist die Emanzipation des Deutschen vom Lateinischen. Seit wann vermochte man im Lateinunterricht die deutsche Sprache als Hilfsmittel zu verwenden? Aus dem Beitrag von Schnell erfährt man, daß das von 1400 an geschehen konnte.

Der Herausgeber des Bandes, Joachim Ehlers, hat diesem einen ausführlichen historiographie- und problemgeschichtlichen Beitrag vorangestellt. Man lernt aus ihm, wie alt und wie neu das Thema ist. Zu den oberflächlichen Hoffnungen gegenwärtiger Diskussionen gehört die Meinung, wir könnten dank vortrefflicher europäischer Gesinnungen allen Nachdenkens darüber enthoben sein, welche Gestalt die Geschichte und das künftige Schicksal von Nationen haben könnten. Bei nicht wenigen hat die Wiedervereinigung zusätzliche Abneigung gegenüber diesem Thema hervorgerufen.

Angesichts der Gegenwartsbindung aller Geschichtsschreibung, die zu übersehen naiv wäre, hatte der Autor zu bedenken, wie sich sein ein halbes Jahrzehnt vor diesem Ereignis geschriebenes Buch nach diesem ausnehme. Im vierten Absatz seines Vorwortes hat er nach den Gründen dafür gefragt, »warum die Deutschen in ihrer langen Geschichte nur ein Dreivierteljahrhundert lang - von 1871 bis 1945 - in der Form des Nationalstaates politisch organisiert waren«. Ist diese Frage nun obsolet geworden? Das kann schwerlich sein, möchte man meinen, da sich ja alles, was bis 1989 geschah, seitdem nicht geändert hat. Oder rückt durch die Wiedervereinigung alle Vergangenheit in eine andere Perspektive? Anzeichen dafür gibt es durchaus. Mancher, der bis 1989 der deutschen Geschichte als einem historischen Thema mißtrauisch gegenüberstand, schreibt nun, das Reich von 1871 sei doch das Ziel der deutschen Geschichte gewesen und es bezeichne ihre Normalität. Hinter solchen Interpretationen steht letztlich der Wunsch, Gegenwart und Vergangenheit zu harmonisieren und Geschichte gewissermaßen zwingend auf die Gegenwart zulaufen zu lassen. Tatsächlich waren die Ereignisse von 1989 und 1990 dazu angetan, daran zu erinnern, daß die vermeintlich zwingenden Verläufe der Geschichte erst dann zustande kommen, wenn man die Ereignisse weginterpretiert. Nimmt man sie ernst, so reduziert sich oder schwindet die Notwendigkeit, die Geschichte kurzfristig umzuschreiben.

Zum Umschreiben sieht sich der Autor auch dort nicht genötigt, wo er in seinem Vorwort vom deutschen »Sonderweg« gesprochen hat. Einige Rezensenten haben darin eine modische Ausdrucksweise gesehen. Tatsächlich war die Diskussion um die Besonderheiten des Weges der deutschen Nation durch die Geschichte durchaus sinnvoll, wenn auch nicht in der Gestalt, wie sie meistens geführt wurde, nämlich mit ausschließlichem Blick auf das 19. und 20. Jahrhundert. Das Plädoyer des Verfassers, dieses Nachdenken über die Besonderheiten der deutschen Geschichte schon im Mittelalter ansetzen zu lassen, scheint ihm nach wie vor sinnvoll zu sein. Der erwähnte Band über die »Ansätze und Diskontinuität deutscher Nationsbildung im Mittelalter« hat das vielfach bestätigt. Die deutsche Einheit läßt dieses Nachdenken als nicht weniger dringlich erscheinen - ganz abgesehen davon, daß sie einstweilen keineswegs schon ein fragloser Zustand ist.

Hartmut Boockmann — Berlin, im März 1994

Vorwort

Stauferzeit und spätes Mittelalter: Die beiden im Titel dieses Buches genannten Zeitalterbegriffe wecken Assoziationen, die sich nicht miteinander vertragen wollen. Stauferzeit: Ist das nicht deutsches Mittelalter in seiner schönsten Blüte – die Hoheit des Bamberger Reiters und die aristokratische Lieblichkeit der Uta von Naumburg, sind das nicht die eleganten Strophen Gottfrieds von Straßburg, das geheimnisvolle und verlockende Dunkel, in das Wolfram von Eschenbach uns führt, und die Verse Walthers von der Vogelweide, die uns nach mehr als sieben Jahrhunderten so unmittelbar anrühren?

Dagegen das späte Mittelalter. Wir sind empfänglich auch für den Glanz dieses Zeitalters; seine herbstlichen Farben nehmen uns gefangen. Doch scheint es, als habe der schöne »Herbst des Mittelalters« nicht seinen Ort gehabt, wo das Reich bisher geschichtsmächtig gewesen war, sondern in seinen Grenzgebieten, die sich nun von ihm zu lösen schienen: im Prag Kaiser Karls IV., im preußischen Staat der deutschen Ordensritter, im burgundischen Westen.

Im Innern des Reiches scheinen die ritterliche Kultur, die Blüte der Städte und das Wachstum der Wirtschaft der Machtlosigkeit der Könige unvermittelt gegenüberzustehen. So hat man sich seit dem 19. Jahrhundert daran gewöhnt, das Ende der Stauferzeit als einen der tiefsten Einschnitte der deutschen Geschichte zu verstehen. In der Mitte des 13. Jahrhunderts endeten die mehr als drei Jahrhunderte der »deutschen Kaiserzeit«. Damals begann, so meinte man, das Elend des deutschen Partikularismus und mit ihm ein Zeitalter, in dem das Reich immer wieder von seinen stärkeren Nachbarn bedrängt wurde und Grenzgebiete sich von ihm trennten.

Sucht man die tieferen Gründe dafür, warum die Deutschen in ihrer langen Geschichte nur ein Dreivierteljahrhundert lang – von 1871 bis 1945 – in der Form des Nationalstaates politisch organisiert waren und weshalb viele innerhalb der Grenzen dieses Nationalstaates lebten, die sich nicht als Deutsche betrachteten, während eine weitaus größere Zahl von Deutschen außerhalb dieser Grenzen blieb, so muß man sich jenen Jahrhunderten zuwenden, von denen dieses Buch handelt. Die namentlich nach der Katastrophe von 1945 immer wieder aufgeworfene Frage nach dem deutschen »Sonderweg« durch die Geschichte wurde in einem eigentümlichen Ghetto diskutiert. Die Überlegungen blieben auf das 19. und 20. Jahrhundert beschränkt.

Tatsächlich läßt sich aber nicht sinnvoll darüber nachdenken, was die deutsche Geschichte von der englischen, der französischen, aber auch von der Geschichte Polens und der skandinavischen Länder – sowie seit der Mitte des 19. Jahrhunderts auch von der Italiens – deutlich zu unterscheiden scheint, wenn man nicht in jene Jahrhunderte zurückgeht, in denen sich entschied, daß die Mitte Europas nicht nationalstaatlich verfaßt sein, daß Deutschland ein Reich bleiben und kein Staat werden und daß sich Staatlichkeit in Deutschland in den Territorialstaaten ausbilden sollte.

Wann fiel diese Entscheidung? Gewiß nicht zu einem bestimmten Zeitpunkt, wie etwa dem Ende der »deutschen Kaiserzeit«. Schon unter den staufischen Königen und Kaisern wurden die Fundamente territorialer Staatlichkeit in Deutschland gelegt. Aber auch mit dem Ende der Staufer war noch nichts entschieden. Ihren Nachfolgern ist es während des späten Mittelalters immer wieder gelungen, die Möglichkeiten des Königtums zu vermehren; zeitweise sah es so aus, als nähere sich der Gang der deutschen Geschichte jenem Modell, das die werdenden Nationalstaaten jenseits der Grenzen zu geben schienen. Doch wurde auch das Kaisertum erneuert, und so blieben die Chancen und die Lasten, welche die deutschen Könige seit dem 10. Jahrhundert trugen, die sie sich jedoch nicht einfach als eine zusätzliche Bürde aufgeladen hatten.

Im 19. Jahrhundert stritten die Gelehrten, die Politiker und die Publizisten über die »deutsche Kaiserpolitik des Mittelalters«. Die Hindernisse, welche der Einigung Deutschlands entgegenstanden, wurden während der Revolutionsmonate in den Debatten des Frankfurter Parlaments in prägnante Begriffe gefaßt; fortan standen sich »Großdeutsche« und »Kleindeutsche« gegenüber. Bis weit in unser Jahrhundert hinein wurden die Probleme nicht nur im Horizont der damaligen Gegenwart und Zukunft diskutiert, sondern auch in das Mittelalter projiziert.

Als Stellvertreter gegenwärtiger Parteiführer ließen die Gelehrten und die Dramatiker die Kaiser, die Könige und die Fürsten vor allem des 12. Jahrhunderts auf einer Bühne agieren, auf der um die gleichen Fragen gestritten wurde wie in der eigenen Zeit. Die deutschen Könige, so schien es denen, die einen engeren deutschen Nationalstaat wollten, der Österreich nicht einschloß, hatten sich mit dem Kaisertum eine verhängnisvolle Last aufgebürdet, obwohl sie Gelegenheit gehabt hätten, die Bürde abzuwerfen. Sehr oft verdichtete sich diese vermeintliche Möglichkeit in dem Streit zwischen Kaiser Friedrich Barbarossa und dem Herzog von Bayern und Sachsen: Heinrich dem Löwen. Hatte der Fürst, der sich in Norddeutschland und jenseits der Reichsgrenzen, im Norden und Osten, eine mächtige, ja königsgleiche Stellung geschaffen hatte, nicht über die reine Machtpolitik hinaus ein politisches Programm verfolgt, ja einen Gegenentwurf zur deutschen Geschichte der vorausgegangenen Jahrhunderte?

So meinten die Geschichtsschreiber und die Dichter. Wie einst Heinrich I. schien hier noch einmal ein Herrscher am Werk gewesen zu sein, der die Vergeudung deutscher Kraft in den Kämpfen der Könige um die Kaiserkrone und um ihre Herrschaftsrechte in Italien als sinnlos erkannte, sich aber dennoch nicht auf das Gebiet innerhalb der deutschen Grenzen beschränken wollte. Heinrich der Löwe schien dem Kaiser eine andere und eine größeren Erfolg versprechende Machterweiterung entgegenzuhalten. An die Stelle der traditionellen Italienpolitik hätte nun die Ostpolitik treten sollen.

Dieser Streit um die deutsche Politik im hohen Mittelalter ist auch aus heutiger Sicht so unbegreiflich nicht. Der sächsische Herzog schuf sich ja tatsächlich Machtpositionen im Osten, und andere taten es auch. Namentlich im 12. und 13. Jahrhundert hat die von Deutschland ausgehende Ostsiedlung jene Gebiete östlich der

Reichsgrenzen ergriffen, die fortan zum Reich und zu Deutschland gehören sollten; auch weiter östlich und südlich gelegene Regionen hat sie im Fundament verändert und den alten Gebieten des Reiches angeglichen.

Doch lag darin keine Alternative zur traditionellen Politik der deutschen Könige - als hätten diese sich für das eine oder andere entscheiden können, als hätten sie daran denken können, den Anspruch auf das Kaisertum abzuschütteln, um desto stärkere Herrscher eines werdenden deutschen Nationalstaates zu sein.

Das Königtum in Deutschland war jünger als das durch Karl den Großen erneuerte römische Kaisertum. Ein König, der grundsätzlich und ausdrücklich auf das Kaisertum hätte verzichten wollen, hätte auch sein Königtum gefährdet. Und er hätte zu einem derartigen Verzicht um so weniger Anlaß gehabt, als das Kaisertum außerhalb Deutschlands nicht als eine unzeitgemäße Maske nationaler Könige galt, sondern als ein politisches Ziel. Die Bemühungen der französischen Könige um die Kaiserkrone stellen fast eine Konstante der Zeit nach den Staufern dar.

Dennoch ist es bis zu Napoleon I. keinem nichtdeutschen Herrscher gelungen, die Kaiserkrone zu gewinnen. War also Deutschland so schwach nicht im Verhältnis zu seinen Nachbarn? Das ließe sich so leicht nicht sagen, zumal die Vorstellungen, die hinter einer solchen Frage sichtbar werden, die Welt der mittelalterlichen Mächte zu verfehlen drohen. Aus der Bevölkerungszahl, dem Sozialprodukt, dem Waffenarsenal und der Infrastruktur eines Staates läßt sich dessen politische und militärische Stärke heute und auch für das 19. Jahrhundert einigermaßen zuverlässig abschätzen. Solche Möglichkeiten fehlen für das Mittelalter nicht nur angesichts der unzureichenden Überlieferung. Auch wenn wir »alles« von der damaligen Zeit wüßten, wären wir doch nicht in der Lage, jene Berechnungen anzustellen, wie sie heute von Instituten für strategische Studien unternommen werden. Die Mächte standen sich nicht einfach als Mächte gegenüber. Die dynastischen Beziehungen waren ein Geflecht, das sich nicht mit den politischen Grenzen deckte. Vor allem aber waren die Mächte in eine überzeitliche Ordnung eingebunden. So begreifbar uns Kriege und Außenpolitik immer wieder zu sein scheinen - und so leicht sie für ein späteres Verständnis von Politik manchmal tatsächlich auch zu erklären sind -: Wer hätte das Reich zerstören können, da man doch zu wissen meinte, daß es ein Teil der von Gott geschaffenen Ordnung war und sein Ende zugleich das Ende aller Tage sein würde?

Dennoch muß, wenn von Deutschland im Mittelalter die Rede ist, auch über jene Fragen gesprochen werden, die das 19. Jahrhundert an die Vergangenheit richtete. So zeitbedingt, ja anachronistisch uns diese Fragen heute vorkommen: Wir denken nicht nur in den damals begründeten Traditionen, sondern wir leben auch in ihnen. Wir können uns nicht einfach über die Geschichte des deutschen Drängens nach einem Nationalstaat und dessen kurze Geschichte hinweg ins Mittelalter begeben. Nach dem Stande der uns heute möglichen Einsichten in die Vergangenheit können wir nicht, als lebten wir im 19. Jahrhundert, »Nationalgeschichte« schreiben: wir müssen aber, da wir die deutsche Geschichte des letzten Jahrhunderts und auch die Existenz einer »deutschen Frage« nicht von uns abstreifen können, doch deutsche Geschichte zu verstehen suchen, wenn auch auf eine andere Art als im vorigen Jahrhundert.

So überwiegen in diesem Buch die Kapitel, die in zeitlicher Folge und an der Geschichte des Reiches orientiert »erzählen«. Daß deutsche Historiker des Erzählens nicht mehr mächtig seien, ist so oft gesagt worden, daß man schon deshalb widersprechen möchte. Dennoch hat dieses Verdikt einiges für sich. Das Vertrauen in die ungebrochene Kontinuität eines Jahrtausends deutscher Geschichte und in die im Kern unveränderte Identität der Deutschen über Jahrhunderte hinweg, das die Historiker des 19. Jahrhunderts haben konnten, trägt uns nicht mehr. Wir sind nicht mehr in der Lage, die Staaten, wie Ranke sagte, für Gedanken Gottes zu halten und die Völker fast außerhalb der Geschichte anzusiedeln. Wir sehen vielmehr, wie auch Völker entstehen, wie sie sich wandeln und vergehen. Fast nichts oder tatsächlich nichts, was dem geschichtlichen Wandel entzogen wäre.

Das aber heißt auch, daß die vergangenen Jahrhunderte tiefer und vielschichtiger sind, als es vor einem Jahrhundert erschien. Es mag schon richtig sein, daß die gleichmäßig dahinfließende epische Erzählung heute nicht mehr glücken will. Vielleicht aber gelingt statt dessen so etwas wie eine mehrstimmige Komposition.

So enthält dieses Buch neben den am Fortschreiten der Zeit orientierten Kapiteln andere, die sich eigens um Siedlung und Wirtschaft, Kunst und Literatur, um die Verfassung, um die Krisen seit der Mitte des 14. Jahrhunderts, um die Städte des endenden Mittelalters sowie um die Kirchen vor der Reformation bemühen. Damit soll jedoch nicht einfach knapp referiert und nebeneinandergestellt sein, was ausführlicher in Handbüchern der einzelnen historischen Wissenschaften nachzulesen ist. Gegenstand auch dieser Kapitel ist die deutsche Geschichte zwischen dem Zeitalter des Investiturstreits und der Reformation. So ist von den soeben erwähnten Sachverhalten auch in den anderen Kapiteln die Rede, und so geht es etwa im dritten Kapitel nicht um die Bau- und Bildkunst sowie um die Dichtung der Stauferzeit, sondern vielmehr um die Frage, wie Texte, Bilder und Bauten in den Zusammenhang der deutschen Geschichte einzufügen sind. Dieses Buch, das nicht die Absichten eines Lexikons hat, stellt diese Frage nur für die Stauferzeit, aber eben damit für ein Zeitalter, dem nicht ohne Grund Klassizität zugesprochen wurde und das deshalb in der allgemeinen Vorstellung von der deutschen Geschichte einen hohen Rang hat. Gemäß dieser Absicht wurden die kirchengeschichtlichen Phänomene nur dort in einem eigenen Kapitel dargestellt, wo ihr allgemeiner historischer Rang am deutlichsten zu greifen ist: also für die Jahrzehnte vor der Reformation. Das gleiche gilt für die Verfassungsgeschichte, von der nur einmal in einer Überschrift die Rede ist, während sie sonst zu den Gegenständen der »erzählenden« Kapitel gehört.

»Vielstimmigkeit« soll schließlich auch durch Abbildungen erreicht werden. Text und Bilder sind miteinander verknüpft. Nur gelegentlich illustrieren die Bilder den Text; in der Regel sollen sie ihn weiterführen, aber sie sollen auch andere Dimensionen eröffnen, als mit Hilfe von Worten allein zu erschließen wären.

Dem Verfasser liegt an dieser Vielstimmigkeit. Doch findet, wo dergleichen heute versucht wird, nicht so sehr ein Aufbruch zu neuen Ufern statt als vielmehr eine Rückkehr zu alten Hoffnungen.

Als im Jahre 1819 begonnen wurde, die Überlieferung des Mittelalters in den Monumenta Germaniae Historica zu sammeln, kritisch zu sichten und zugänglich zu machen, war zunächst nicht nur an Chroniken und Urkunden gedacht. Ein halbes Jahrhundert später hat der Freiherr Hans von Aufseß noch einmal den Versuch unternommen, die Fülle der Überreste aus der Vergangenheit in einem großen Geschichtsinstitut zu sammeln. Am Ende entstand das kunst- und kulturgeschichtliche Germanische Nationalmuseum in Nürnberg.

Daß die so viel weiterreichenden Pläne nicht Wirklichkeit wurden, ist leicht zu verstehen. Die Zuwendung zur Vergangenheit erzwang in dem Maße, in dem sie Wissenschaft im modernen Sinne werden wollte und mußte, die Arbeitsteilung und die Spezialisierung. Das Feld der Historiker wurden Teile der schriftlichen Überlieferung. Die Bilder und Bauwerke wurden die Sache der Kunstwissenschaftler. Jenen gegenständlichen Überresten, die nicht als Kunstwerke galten, wandten sich die Volkskundler zu, die sich indessen meistens auf die jüngeren Jahrhunderte beschränkten, sowie auch – für den sie interessierenden Bereich – die Rechtsarchäologen. Erst in unseren Tagen entsteht eine Mittelalter-Archäologie mit weiter gesteckten Zielen.

Der Wunsch, die getrennten Dinge wieder zusammenzuführen, wird allenthalben laut. Vielleicht ist er im Hinblick auf die Geschichte des Mittelalters ein wenig leichter zu erfüllen als für die neuere oder gar die neueste Geschichte. So ausschließlich eine Buchstaben-Wissenschaft ist die Erforschung des Mittelalters niemals gewesen – und sei es auch nur, weil für viele Gebiete eine hinreichende Überlieferung fehlt. So gab es hier stets Ausnahmen von der geläufigen Meinung, der Historiker könne sich den Blick etwa auf die Architektur der ihn interessierenden Zeit sparen.

Doch worauf soll sich der Blick des vor einer mittelalterlichen Kirche verharrenden Historikers richten? Soll er sich an dem versuchen, was ein Kunsthistoriker viel besser kann? Natürlich nicht. Oder soll er sich anstrengen, in dem Bauwerk wiederzufinden, was er ohnehin schon zu kennen glaubt – also zum Beispiel die Bipolarität der mittelalterlichen Welt, die Rivalität von Papst und Kaiser in den Kathedralen mit zwei Chören, den Geist des Stadtbürgertums dagegen in den Hallenkirchen? Jedenfalls solche Zirkelschlüsse sollen hier vermieden werden.

Die Vergangenheit präsentiert sich uns nicht nur in Gestalt von geschriebenen Worten. Und je deutlicher man sich Rechenschaft darüber gibt, daß Geschichte nicht bloß eine Universitätsdisziplin ist, eines von vielen akademischen Fächern, sondern ein Teil unserer Welt und eine Dimension unseres Lebens, desto sichtbarer wird, daß auch die Steine in unseren alten Städten und die Überreste einstigen Lebens, welche der Boden birgt, den wir begehen und befahren, der Aufmerksamkeit und der Bemühung um das wert sind, was sie uns mitteilen können. Andernfalls würden sie nicht nur uns verlorengehen, sondern auch denen, die nach uns kommen.

1.
Eine Welt in Bewegung

Im 12. Jahrhundert wandelte sich die Welt so rasch und so vielfältig wie im Mittelalter niemals zuvor. Die Bevölkerung wuchs, neue Siedlungen entstanden in großer Fülle, und das Gesicht der Landschaft veränderte völlig seine Konturen. In den vergangenen Jahrhunderten hatten die Menschen sich in kleinen Siedlungskammern zusammengedrängt, die durch weite Urwälder, Heiden, Sümpfe und Ödländereien voneinander getrennt waren. Nun wurden die Urwälder gerodet und die Sümpfe trockengelegt. Die urbar gemachten Flächen waren so groß, daß das besiedelte Land überwog und die unbewirtschafteten Gebiete zur Ausnahme wurden. An die Stelle vereinzelter Höfe und kleiner Weiler traten jene Dörfer, die auch heute den überwiegenden Typus ländlicher Siedlungen ausmachen. Städte, die man bisher in Deutschland nur im Schatten der Bischofssitze und einiger Klöster hatte finden können oder an jenen Plätzen, wo einst die Römer geherrscht hatten und wo das städtische Leben nie ganz erloschen und in fränkischer Zeit neu begründet worden war, wurden nun in so großer Zahl geschaffen wie bis in die Gegenwart nicht mehr. Die meisten der heutigen deutschen Städte sind im 12. und 13. Jahrhundert gegründet worden.

In diesen beiden Jahrhunderten, also lange nach der Mitte des Mittelalters, wurden aber auch fast alle jene Burgen errichtet, die in den Augen Späterer als die Behausungen der mittelalterlichen Fürsten und Adligen aller Jahrhunderte erschienen - die aber in Wirklichkeit in ihrer übergroßen Mehrheit weder von Fürsten noch von Adligen erbaut und bewohnt wurden, sondern von Unfreien, von Dienstleuten. Nicht zuletzt die Burgen sollten indessen dazu beitragen, daß aus diesen Unfreien im 13. und im 14. Jahrhundert Adlige wurden.

Auch in den vorausgegangenen Jahrhunderten des Mittelalters hatte die Zahl der Menschen zugenommen. So schwer sich angesichts einer trümmerhaften Überlieferung Zahlen auch gewinnen lassen: es steht außer Zweifel, daß im 6. Jahrhundert die Kurve der Bevölkerungsentwicklung nach einem Seucheneinbruch, wie ihn Europa erst im 14. Jahrhundert wieder erleiden sollte, auf einen Tiefpunkt gesunken war und daß es in den folgenden Jahrhunderten zu einem allmählichen Anstieg kam. Einig sind sich die meisten Berechnungen und Schätzungen auch darin, daß sich die Entwicklung nach der Jahrtausendwende beschleunigte. Im späteren 12. und vor allem im 13. Jahrhundert aber nahm die Bevölkerung in einem Maße zu wie erst wieder im 19. Jahrhundert. Eine niedrige Schätzung der absoluten Zahlen nimmt für das Deutsche Reich und Skandinavien um das Jahr 1000 vier Millionen und für die Mitte des 14. Jahrhunderts - das Ende dieser Expansionsperiode - 11,6 Millionen Bewohner an.[1] Schreibt man dieses Wachstum bis zur Gegenwart fort, so kommt man etwa zu den heutigen Bevölkerungszahlen. Aber der gegenwärtige Stand ist das Ergebnis vor allem des Bevölkerungswachstums im 19. und frühen 20. Jahrhundert, und eben daran wird deutlich, wie ungewöhnlich die Bevölkerungszunahme seit dem 12. Jahrhundert war. Andere Schätzungen rechnen für diese Zeit mit einem noch dramatischeren Wachstum, dessen Fortschreibung weit höhere Bevölkerungszahlen als die heutigen ergeben würde.[2]

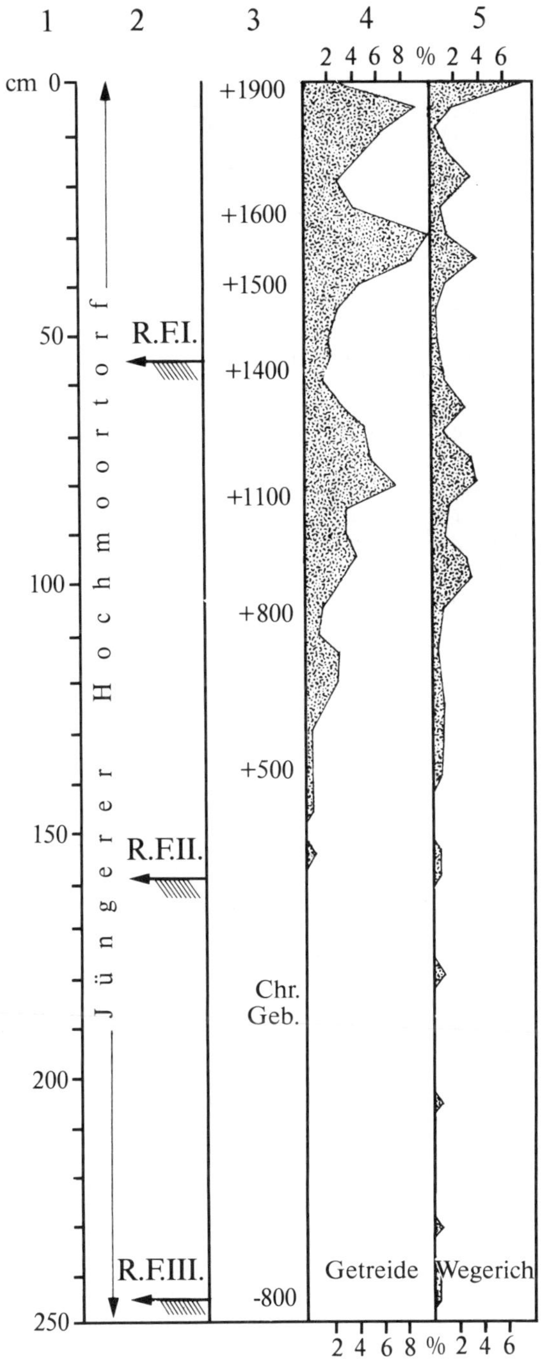

Pollendiagramm vom Roten Moor (Rhön)

Die Pollen stammen aus der weiteren Umgebung des Moors. Sie spiegeln die Vegetation der Zeit von 800 vor Christus bis zum Beginn unseres Jahrhunderts. Die erste Spalte gibt die Tiefe der Moorhorizonte an. In der zweiten Spalte sind Grenzhorizonte markiert, welche starke Wandlungen der Torfzersetzung und damit einschneidende Klimaveränderungen bezeichnen. Die Spalte mit den Getreidepollen läßt eine starke Zunahme des Ackerbaus seit dem beginnenden 9. Jahrhundert und im 12. Jahrhundert sowie den tiefen Einbruch in der zweiten Hälfte des 14. und in der ersten Hälfte des 15. Jahrhunderts erkennen.

Die Entwicklung der europäischen Bevölkerungszahlen im Mittelalter

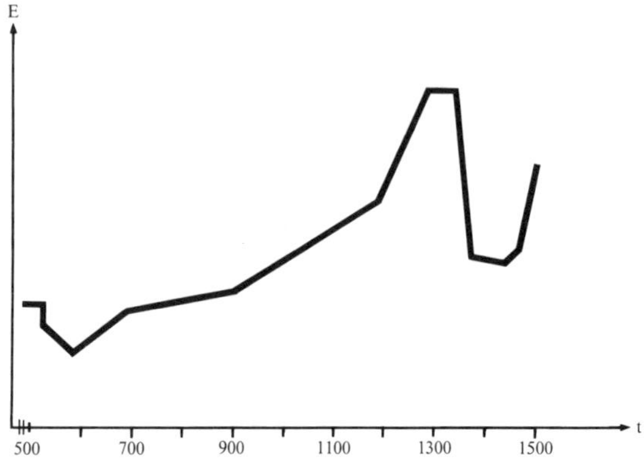

Geschätzte Bevölkerungszahlen (in Millionen) in einzelnen Ländern Europas in Spätantike und Mittelalter

Gebiet im Jahre:	300	600	1000	1340	1440
Iberische Halbinsel	4	3,6	7	9	7
Frankreich	5	3	6	19	12
Italien	4	2,4	5	9,3	7,5
Britische Inseln	0,3	0,8	1,7	5	3
Deutsches Reich und Skandinavien	3,5	2,1	4	11,6	7,5
Insgesamt	16,8	11,9	23,7	53,9	37,0

Die Entwicklung der Landschaften, die nun überwiegend neu erschlossen und besiedelt wurden, läßt eine noch größere Dramatik erkennen. Es waren nicht viele Deutsche, die aus den Gebieten, welche die Grenzen des Reiches um 1100 umschlossen, nach Osten wanderten. Im 12. Jahrhundert könnten es etwa 250000 Personen gewesen sein – pro Jahr weitaus weniger als ein Prozent der Bevölkerung. Wenn aus diesen vergleichsweise wenigen Menschen die überwiegend deutsche Bevölkerung der Mark Brandenburg, Mecklenburgs, Pommerns, Schlesiens und Preußens wurde und wenn nicht wenige Nachkommen derer, die im 12. Jahrhundert aus den alten Siedlungsgebieten in diese Länder abgewandert waren, später weiter nach Osten zogen und neue Siedlungen gründeten, so erklärt sich das mit den günstigen Lebensverhältnissen in den neuen Siedlungsgebieten. Zeitweilig dürfte sich die Bevölkerung hier in etwas mehr als fünfundzwanzig Jahren verdoppelt, dürfte also im Durchschnitt jedes Ehepaar fünf Kinder gehabt haben, die ihrerseits heirateten und Kinder hatten. Eine solche Bevölkerungsentwicklung hätte, falls sie über Jahrhunderte fortgesetzt worden wäre, zu einer demographischen Katastrophe führen müssen. Für eine kurze Zeit ist aber eine solche Entwicklung der Bevölkerungszahlen, wie man zum Beispiel von Deutschen weiß, die im 18. Jahrhundert auswanderten, durchaus möglich.[3]

Wie ernährte sich die wachsende Zahl der Menschen? Aus Viehweiden wurden Getreidefelder: Die Landwirtschaft wurde dem unterzogen, was deren Historiker »Vergetreidung« nennen. Weiterhin trat an die Stelle der unregelmäßigen eine systematische Nutzung der Böden. Die Landwirtschaft, zuvor immer noch mit Elementen archaischer Flüchtigkeit behaftet, wurde nun endgültig stationär. Die Äcker wurden Jahr für Jahr bewirtschaftet und nicht mehr nach einer Bebauungsphase von einigen Jahren erschöpft liegengelassen. Jetzt begann die Zeit der – im Einzelfall schon früher bezeugten – Dreifelderwirtschaft. Die Ackerflächen wurden also zwei Jahre lang genutzt, in jedem dritten Jahr brach gelassen und auf diese Weise regeneriert. Für heutige Verhältnisse wäre das ein sehr extensives Verfahren. Im hohen Mittelalter stellte die Einführung der Dreifelderwirtschaft jedoch einen beträchtlichen Fortschritt dar. Nimmt man an, daß bei dem früheren unregelmäßigen Fruchtfolgesystem stets nur die Hälfte des regelmäßig bebauten Bodens Frucht trug, so vermehrt die Einführung des neuen Systems den fruchttragenden Boden um ein Viertel. Doch wuchs die Bevölkerung noch schneller.

So wurden bisher unbebaute Flächen unter den Pflug genommen: einerseits schwere, zum Teil feuchte Böden wie etwa in den Mündungsgebieten von Weser und Elbe, wo Siedler aus den Niederlanden ihr besonderes technisches Wissen einsetzten, und auf der anderen Seite die höher gelegenen Hänge in den Mittelgebirgen. Die Äcker wurden durch die Rodung benachbarter Flächen vermehrt, und es wurden neue Dörfer angelegt – in Nachbarschaft schon bestehender Siedlungen, aber auch weiter entfernt. Große, bisher ganz unerschlossene Landschaften wie der Schwarzwald wurden in wenigen Jahrzehnten in einem Maße besiedelt, wie es angesichts der heutigen Landschaftsverhältnisse kaum vorstellbar ist. Die gegenwärtige Verteilung von Wald und Feld ist das Ergebnis eines Schrumpfungsprozesses, nämlich der Wüstungen des späteren Mittelalters. Am Ende der im 12. Jahrhundert beginnenden Ausbauperiode wurde ein größerer Teil Deutschlands landwirtschaftlich genutzt als heute. Die damalige Waldfläche war kleiner als jetzt. So ist die uns umgebende Landschaft nirgends reine Natur, sondern durch und durch Kulturlandschaft. Sie hat eine Geschichte, die etwas anderes ist als eine bloße Naturgeschichte. Sie ist mit der Geschichte der Gesellschaft, der politischen Verfassung, der Wirtschaft, der Technik, der Mentalität und des Denkens untrennbar verknüpft.

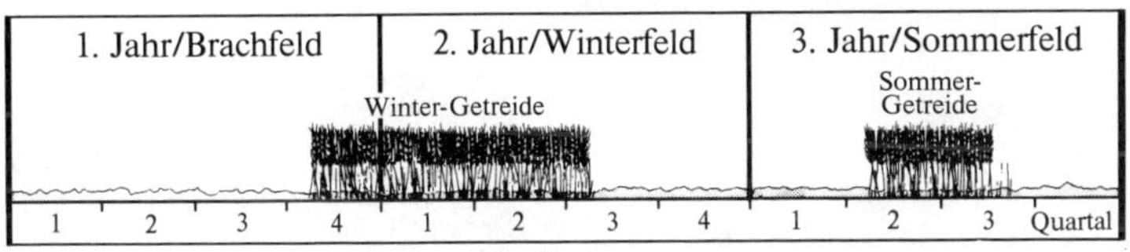

Die Dreifelderwirtschaft

Vor der Einführung einer systematischen Düngung bedurften die Böden der Regeneration durch Brache. Der regelmäßige Wechsel von Bebauung und Brache war ein bedeutender Fortschritt. Im ausgehenden Mittelalter wurden vielfach auch die Brachflächen bebaut, zum Beispiel mit Rüben.

Nicht nur innerhalb der Grenzen des Reiches wurden bisher unbesiedelte Ländereien erschlossen, sondern auch im Norden, Osten und Südosten. Der Landesausbau und die Ostsiedlung, deren Resultat die Verschiebung der Reichsgrenzen nach Osten und die Entstehung einer breiten ethnisch gemischten Zone war, die bis auf geringe Reste in unserem Jahrhundert beseitigt werden sollte, sind ein und derselbe Vorgang. Die politischen Grenzen und die ethni-

Zur Zeit der großen Rodungen nahm auch die gewerbliche Nutzung des Waldes zu. So drangen Glasbrenner in bisher nicht erschlossene Gebiete vor. Das Fundament eines Brennofens aus der Zeit um 1200 wurde 1986 in einem Seitental der mittleren Weser in der Nähe von Bursfelde von H.-G. Stephan ausgegraben. Hergestellt wurde Fensterglas.

schen Verhältnisse im späteren Ostdeutschland und im östlichen Mitteleuropa sind das Ergebnis auch von Assimilationen und von neuzeitlichen Siedlungsbewegungen gewesen: vor allem aber waren sie das Resultat der Ostsiedlung des 12. und 13. Jahrhunderts. Selbst wenn damals keineswegs jene großen Menschenmassen nach Osten zogen, die dem späten 19. und dem frühen 20. Jahrhundert als Angehörige eines »Volkes ohne Raum« galten, dessen Lebenskraft über die ererbten Grenzen hinausdrängte, bleiben die Dimensionen und Folgen der Ostsiedlung doch gewaltig.

Zu Beginn des 11. Jahrhunderts endete die Grenze und endeten die Siedlungsgebiete der Deutschen im Osten im heutigen Holstein – das Flüßchen Schwentine, das in die Kieler Förde mündet und dessen Mündungsgebiet heute zum Kieler Stadtgebiet gehört, war ein Teil dieser Grenze – und an der mittleren Elbe. Weiter südlich war zwar nicht mehr, wie im 10. Jahrhundert, die Saale die Ostgrenze des Reiches, sondern hier waren bis nach Niederschlesien reichende Marken vorgelagert, doch wurden diese Gebiete auf dem Boden der heutigen DDR und teilweise Polens durch bäuerliche Siedler und durch die Gründung von Städten erst im späteren 11. und 12. Jahrhundert erschlossen.

Bäuerliche Siedler und Auswanderer, die sich in den neu gegründeten Städten niederließen, zogen nun auch in das heutige Ostholstein, nach Mecklenburg, in die Mark Brandenburg, nach Pommern und Schlesien. Im 13. Jahrhundert sollte als eines der für die Ostsied-

Rodung und Dorfgründung in der Heidelberger Handschrift des Sachsenspiegels (Landrecht 3,79)

Links oben die Dorfgründung mit einer besiegelten Urkunde, die Rodung sowie die Errichtung eines Hauses. Darunter wird vor einer Kirche Gericht gehalten. Vor der Kirche sitzt Gericht haltend der Beauftragte des Dorfherrn, der oben die Urkunde empfangen hatte. Der Kläger beruft sich auf die Gründungsurkunde. Links am Rand der Beschuldigte.

lung besonders charakteristischen Gebiete das Deutschordensland Preußen hinzukommen, und unter der Herrschaft des Deutschen Ordens siedelten sich deutsche Zuwanderer und deren Nachfahren auch in den Städten an, die in Livland gegründet wurden, während sich auf dem Lande die Vorfahren der späteren baltischen Adelsfamilien niederließen. Doch fand die Ostsiedlung ihre Grenze erst sehr viel weiter im Osten und Südosten. Polnische und ungarische Herrscher riefen deutsche Zuwanderer ins Land: um Siedler zu gewinnen und der neuen Technik wegen, welche die Siedler mitbrachten.

Damit änderten sich aber auch die Rechtsverhältnisse. Die Zuwanderer waren zur Siedlung nur unter günstigen Rechtsbedingungen bereit, und so brachten sie jene freiheitlichen Siedlerrechte nach Osteuropa, die dort ungeachtet ihrer Unterschiede als etwas Gleichartiges angesehen und als deutsches Recht bezeichnet wurden. Doch charakterisieren diese neuen Rechtsverhältnisse und die Technik nicht nur die Ostsiedlungsgebiete, sondern auch die Regionen des Landesausbaus innerhalb des alten Reichsgebiets, und sie veränderten die Bedingungen des Lebens überhaupt. Im Schwarzwald geschah nichts anderes als im östlichen Holstein oder in Schlesien.

Wie gelang es der nun so rasch wachsenden Zahl von Menschen, sich zu ernähren? Die Dreifelderwirtschaft und die Vergrößerung der Ackerflächen sind noch keine hinreichende Antwort. Verbesse-

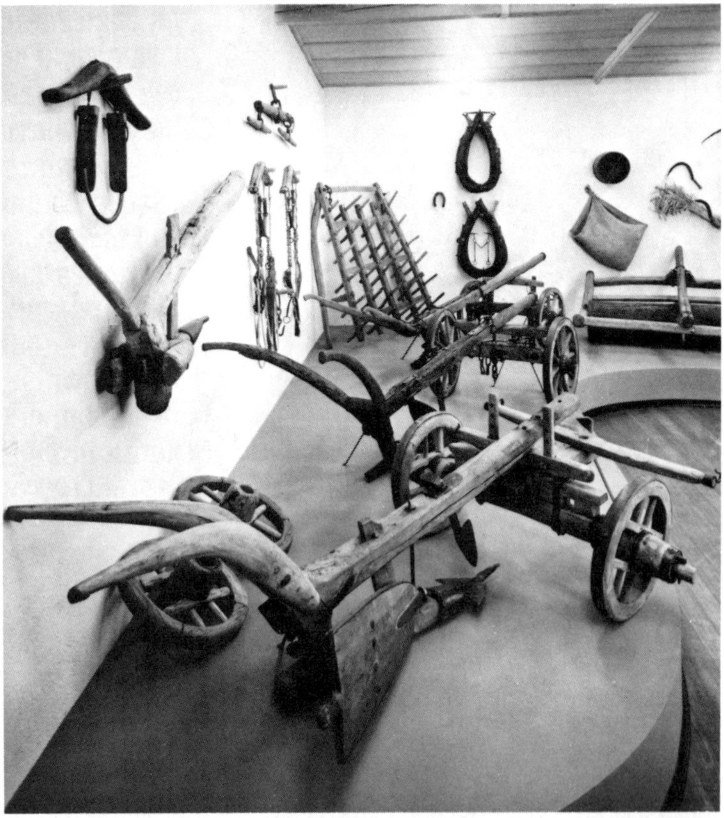

Der Hakenpflug und der modernere bodenwendende Pflug

Die Beispiele aus neuerer Zeit im Museum Allerheiligen in Schaffhausen müssen an die Stelle mittelalterlicher Geräte treten, die sich nicht erhalten haben. Doch hat man in manchen Gebieten Europas noch im 19. Jahrhundert mit Haken geackert, die jenen Geräten, die im hohen Mittelalter auf breiter Front durch den schollenbrechenden Pflug abgelöst wurden, in der Konstruktion glichen. Ein Beispiel dafür ist der Hakenpflug links an der Wand. Das entscheidende Konstruktionsmerkmal des Pfluges neueren Typs im Vordergrund ist die Kombination von Pflugmesser (Sech), Schar und Streichbrett. Das Pflugmesser schneidet den Boden senkrecht, die Schar waagerecht, und das Streichbrett drückt die gewonnene Scholle nach oben.

rungen und neue Erfindungen in der Agrartechnik, gewandelte Rechtsverhältnisse und eine neue Arbeitsteilung kamen hinzu. Wenn man den Spuren im Gelände auch entnehmen kann, daß der schollenwendende Pflug schon im frühen Mittelalter bekannt gewesen ist, so war doch der Hakenpflug das für die Landwirtschaft der ersten Jahrhunderte des Mittelalters charakteristische Gerät. Im extremen Fall war er nichts anderes als ein gekrümmtes Stück Holz, mit dessen Hilfe dem Boden schmale Furchen aufgezwungen wurden, die sich kreuzen mußten. Es war also mehrfaches Pflügen erforderlich, wenn der Boden für eine befriedigende Ernte hinreichend aufgelockert werden sollte. Obwohl dieser Haken für bestimmte Böden gut geeignet ist und in Deutschland in manchen Regionen noch im 19. Jahrhundert benutzt wurde – und in den Ländern der dritten Welt auch heute gebraucht wird –, so kann doch nicht bezweifelt werden, daß seine Ablösung durch den schollenwendenden Pflug größere Erträge ermöglichte und im hohen Mittelalter auf breiter Front vorgenommen worden ist.

Doch kann man die Saat nicht in die frisch gebrochenen Schollen einbringen. Der neue schollenwendende Pflug erforderte einen zusätzlichen Arbeitsgang nach dem Pflügen, nämlich das Eggen, und dieses setzte eine weitere agrartechnische Neuerung voraus, die Einführung des Kummets, mit dessen Hilfe man Pferde an Ackergeräte anschirren konnte, ohne daß diesen - wie bei den älteren Methoden - die Luft abgeschnürt wurde. Erst mit Hilfe des Kummets, das zwar auch schon im 9. Jahrhundert bezeugt, aber erst nun in der Breite eingesetzt worden ist, wurde die Verwendung von Pferden in der Landwirtschaft sinnvoll: beim Pflügen - wo jedoch auch weiterhin der Einsatz von Ochsen ebenso wirtschaftlich war -, aber vor allem beim Eggen, das eine schnelle Gangart des Zugviehs erforderte. Das aber machte den Einsatz des Pferdes und jene neue Methode der Anschirrung nötig, wie sie nun mit dem Kummet möglich war.[4]

Was erbrachten diese Neuerungen? Eine Agrarstatistik ist im Mittelalter nicht geführt worden. Es scheint jedoch einigermaßen sicher, daß in den ersten Jahrhunderten des Mittelalters ein Korn Saat zwei bis drei Körner Ernte einbrachte, während die Ernte nun, seit dem Hochmittelalter, das Drei- bis Vierfache der Saat betrug. Für moderne Verhältnisse, für die ein Ernteertrag charakteristisch sein kann, der über dem Dreißigfachen der Saat liegt, scheint ein Verhältnis zwischen Saat und Ernte von eins zu drei oder eins zu vier gleichermaßen urtümlich, extensiv und unbegreiflich zu sein. In der Perspektive des hohen Mittelalters war der Unterschied jedoch beträchtlich. Mit ihm wuchs der Anteil der Bevölkerung, der von der Landwirtschaft freigestellt werden konnte, erheblich, und das erst ermöglichte die Gründung der neuen Städte. Voraussetzung all dessen aber war nicht nur ein neues Pflügen und ein neues Eggen, sondern auch eine extensivere Art, das Getreide zu Mehl zu verarbeiten. Die Intensivierung der Landwirtschaft, die zunehmende Arbeitsteilung, erforderte also neue Mühlen.

Die Grenzscheide, welche die archaische, weit in die Vorgeschichte zurückreichende Landwirtschaft von der des hohen und späten Mittelalters trennt, wird angesichts der Wandlungen des Mahlens von Getreide noch deutlicher sichtbar als beim Pflügen oder Eggen. Wie wird aus Getreide Mehl? Ursprünglich war das Mahlen des Getreides nicht mehr als ein Zerquetschen der Körner mit Hilfe eines Steines, der in einem anderen, etwas ausgehöhlten Stein von der Hand eines Menschen kreisend bewegt wurde. In landwirtschaftlich rückständigen Gebieten hat man auch noch im 19. Jahrhundert so gemahlen. Doch war schon in der Antike an die Stelle der simplen Menschenkraft die des Wassers getreten, und auch in der Übergangszeit zwischen der späten Antike und dem frühen Mittelalter war diese Methode nicht in Vergessenheit geraten. Ähnlich wie bei der Dreifelderwirtschaft oder dem schollenwendenden Pflug bedeutet jedoch auch hier die Kenntnis einer agrartechnischen Methode oder eines landwirtschaftlichen Gerätes nicht zugleich, daß dessen Anwendung üblich war. Unzweifelhaft wurde in den ersten Jahrhunderten des Mittelalters das Getreide ganz überwiegend mit Hilfe von primitiven Handmühlen zu Mehl verarbeitet; erst während der hochmittelalterlichen Ausbauperiode trat an die Stelle dieser Handmühlen die Wassermühle als ein an vielen Orten eingesetztes Gerät. Und es kam eine Erfindung hinzu: Wo die Verhältnisse den Einsatz der Wassermühle nicht erlaubten, wurden fortan Windmühlen errichtet.

Doch wandelte sich nicht nur die ländliche Technik, sondern auch

Getreide wurde im Mittelalter gemessen und nicht gewogen. Zur Kontrolle der Maßgefäße dienten Normalmaße an öffentlichen Orten wie der Metzen (75,4 Liter) vor dem Rathaus in Gars, Niederösterreich.

die Agrarverfassung. An die Stelle der aus dem frühen Mittelalter stammenden großen grundherrschaftlichen Wirtschaftsverbände, der Villikationen, trat eine Siedlungs- und Wirtschaftsweise, für die die Wirtschaft des einzelnen Bauern und das Dorf charakteristisch waren. Die Zentren der alten Villikationen waren große Wirtschaftshöfe gewesen, auf denen unter der Leitung eines vom Grundherrn beauftragten »Meiers« sowohl auf einem solchen Hof lebende Unfreie arbeiteten wie auch andere Abhängige, die zwar selbständig wirtschafteten, aber mit dem Hof des Herrn, dem »Fronhof«, durch Verpflichtungen verbunden waren. Hier hatten sie einen Teil ihrer Erträge abzuliefern, und hier mußten sie auch in Zeiten erhöhten Arbeitsanfalls, also etwa zur Zeit der Ernte oder der Feldbestellung, Dienstleistungen - »Frondienste« - erbringen. Auf einem solchen Fronhof arbeiteten also, nach unserem Verständnis, sowohl Landarbeiter wie Bauern.

Doch verdecken diese modernen Begriffe, daß die einen wie die anderen mit ihrem Herrn nicht nur in wirtschaftlicher Hinsicht verbunden waren. Der Grundherr empfing nicht nur Leistungen und Abgaben, sondern er war tatsächlich der Herr derer, deren Abgaben er empfing und deren Dienstleistungen er entgegennahm. Er wirtschaftete nicht mit Landarbeitern und Bauern, sondern mit Unfreien oder »Hörigen«.

Unfreiheit und Hörigkeit waren im Mittelalter nicht so eindeutige Lebensformen, wie die Worte frei und unfrei anzudeuten scheinen. Freiheit oder Unfreiheit kann dasselbe bedeuten wie heute, doch gebrauchen die Quellen diese Worte oder ihre lateinischen Entsprechungen auch in einem ganz anderen Sinne - zum Beispiel so, daß die Unterwerfung unter einen Herrn und die Freiheit sich gerade nicht ausschließen. Überdies läßt sich immer wieder beobachten, daß die soziale und wirtschaftliche Realität den Status eines Freien keineswegs als besonders günstig erscheinen ließ.

Ungeachtet solcher Schwierigkeiten, die sich nicht nur aus der Sprache der Dokumente ergeben, sondern mehr noch aus der Wirklichkeit, die sich von Jahrhundert zu Jahrhundert änderte, sich von Region zu Region unterschied, so daß allgemeine Aussagen über ein mittelalterliches Feudalsystem oder dergleichen kaum möglich sind, lassen sich dennoch Erscheinungen allgemeinerer Art fassen: Der Typus des »Landarbeiters« und der des durch Dienstleistungen und Abgaben an den Fronhof gebundenen »Bauern«. Diesem zweiten Typus gehörte offensichtlich die Zukunft. Wenn nun die alten Villikationen aufgelöst wurden, dann bedeutete das nämlich vor allem, daß die eigene Wirtschaft der Grundherren beziehungsweise die ihrer Meier reduziert wurde; die meisten der Fronhöfe wurden verkleinert oder aufgeteilt. Aus den bisher dort wirtschaftenden Unfreien, die ihrer Funktion nach modernen Landarbeitern ähnlich waren, wurden jetzt abhängige Bauern. Deren Leistungen an den Grundherrn bestanden nun jedoch vorwiegend in Abgaben, während die »Frondienste«, deren Inanspruchnahme von dem Ausmaß der eigenen Landwirtschaft des Herrn beziehungsweise seines Beauftragten abhing, zurückgingen.

Das Ergebnis dieser Wandlungen waren der Bauer als der Prototypus des ländlichen Produzenten und das Dorf als die normale

Dorfgerichtsplatz in Retterode bei Hessisch-Lichtenau

Die Dorfgemeinde konstituierte sich vor allem als Gerichtsgemeinde, und so stellen dörfliche Gerichtsstätten Denkmäler ländlicher Autonomie dar.

Form der ländlichen Siedlung - so verschiedenartig die Wirklichkeit auch war, die einen solchen Prototypus des Ackerbebauens oder eine solche dominierende Form der Siedlung jeweils mit Leben erfüllte. Ein Bauer: das konnte ein Landbewohner sein, der so frei wirtschaftete wie ein heutiger Landwirt. Doch konnte er auch einem Grundherrn in dem Maße unterworfen sein, daß er einem Sklaven der Antike zu gleichen scheint.

In einem Dorf des hohen oder späten Mittelalters konnte man Bauern antreffen, die alle demselben Herrn unterworfen waren, sich also von den Angehörigen einer Villikation der früheren Jahrhunderte nur wenig unterschieden. In anderen - und wohl in den meisten - Fällen waren die Bauern eines Dorfes zwar in verschiedenartiger Weise zu Abgaben und Leistungen an eine Vielzahl von Empfangsberechtigten verpflichtet, doch ergab sich gerade aus dieser Vielzahl ein Bereich des autonomen oder genossenschaftlichen Lebens und Wirtschaftens. Im Extremfall hatte der einzelne Bauer nicht nur einen Grundherrn über sich, sondern der Grundherr war nur der Besitzer des Bodens, den der Bauer bewirtschaftete - der Bauer war außerdem von einem Leibherrn persönlich abhängig, ferner von einem Gerichtsherrn, aus dessen Kompetenzen sich die moderne Staatlichkeit zu einem beträchtlichen Teil entwickeln sollte, sowie von dem Pfarrer oder genauer gesagt demjenigen, der den Zehnt und die anderen kirchlichen Leistungen empfing. Je zersplitterter die ländlichen Rechtsverhältnisse waren, desto größer waren die Chancen der Autonomie beziehungsweise des Vergessens von Abgaben- und Dienstleistungsverpflichtungen.

Die für die ländlichen Rechtsverhältnisse des Mittelalters so charakteristische Kleinteiligkeit, die minimalen Einheiten, nach denen die Abgaben berechnet wurden - das eine Huhn, die paar Eier - konnten Quälerei und Schikane bedeuten, doch bargen sie in vielen Fällen die Möglichkeit des Vergessens und Verschweigens. Wo stundenlange Wege nötig waren, um ein paar Hühner und einige Käse einzuziehen oder Bauern, die ihre Abgaben selbst hätten abliefern müssen, an ihre versäumte Pflicht zu erinnern, ist die Einziehung oder die Erinnerung nicht selten unterblieben und sind damit die bäuerlichen Verpflichtungen, zumal wenn sie nicht schriftlich fixiert waren, in Vergessenheit geraten. Grundherrschaft im Mittelalter: das kann die brutale Durchsetzung von Herrenrechten, es kann aber auch die Mühsal der Durchsetzung von Abgabeverpflichtungen und die Chance bäuerlicher Resistenz sein.[5]

In welchem Maße das eine oder das andere der Fall war, hing nicht zuletzt von den großen sozialen und politischen Wandlungen der Jahrhunderte ab. Es war ein gewaltiger Unterschied, ob ein genötigter Bauer die Möglichkeit hatte, eine andere Lebensform zu wählen, oder ob er angesichts fehlender Alternativen an die Rechtsverhältnisse gebunden blieb, in die er hineingeboren war.

Im 12. und 13. Jahrhundert gab es neue Möglichkeiten in großer Fülle. Überall, wo geistliche und weltliche Grundherren an der Erweiterung ihrer Herrschaftsgebiete durch die Rodung bisher unbebauten Landes interessiert waren, brauchten sie Bauern, und die konnten sie nur dann gewinnen, wenn sie ihnen günstige Lebensbedingungen boten. So gewähren die Urkunden für neue Siedlungen immer wieder in den ersten Jahren Abgabefreiheit, und auch für die nachfolgende Zeit verlangen sie nur wenige oder keine Frondienste. Sie beeinträchtigten also das selbständige Wirtschaften der zu gewinnenden Rodungsbauern nicht oder nur wenig. An die Stelle der traditionellen Frondienste traten Abgaben, und die waren genau fixiert und in aller Regel nicht so hoch, daß die Mühen der Rodungsarbeiten nicht mehr attraktiv gewesen wären.

Wenn solche neuen Rechtsbedingungen nur in den fernen Gebieten der Ostsiedlung gewinkt hätten, so wäre ihre Wirkung beschränkt geblieben. Doch wurden Rodungsbauern nicht nur im Osten gebraucht. Jene Situation, die sich vielleicht in der Sage vom Rattenfänger von Hameln spiegelt - ein Abgesandter von im Osten tätigen Siedlungsunternehmern wirbt eine große Gruppe junger Leute im Inneren des Reiches an - stellt die Ausnahme dar. Die Regel war das Roden und Siedeln in der unmittelbaren Nachbarschaft der Region, wo jedermann lebte und wirtschaftete. Die Bauern am Oberrhein brauchten nicht nach Schlesien zu ziehen, um attraktive Lebensbedingungen zu finden, sondern nur auf die Hänge des Schwarzwaldes. So fanden sich neue Möglichkeiten überall, der Druck auf die alten Rechtsverhältnisse wirkte allerorten. Der Landesausbau und die Ostsiedlung wurden zu einem starken Motor, der die ländlichen Abhängigkeitsverhältnisse änderte und den Bauernstand im Sinne des späten Mittelalters und der ersten Jahrhunderte der Neuzeit entstehen ließ.

Doch hatten die nicht erbberechtigten Söhne des 12. Jahrhunderts sowie diejenigen, die mit den traditionellen ländlichen Rechts-

Bäuerliche Abgaben in der Heidelberger Handschrift des Sachsenspiegels (Landrecht 2,58)

Die Darstellung beginnt mit dem Walpurgistag (1. Mai: Grüner Baum), an dem der Lämmerzehnt fällig ist. Darunter für den Urbanstag (25. Mai: der Hackblock deutet den Märtyrertod des Heiligen an) Abgaben von Obst- und Weingärten. Am Johannestag (24. Juni) ist der Viehzehnt fällig, am Margaretentag (13. Juli: die Heilige besiegt den Teufel) der Kornzehnt. Am Tage von Mariä Himmelfahrt (15. August, zugleich Tag der Kräuterweihe. Daher die drei Bündel und vielleicht auch die Lichterkrone zwei Zeilen darüber) ist der Gänsezehnt zu leisten. Unten Geldabgaben, die am Bartholomäustag fällig sind (24. August: der Heilige war durch Abziehen der Haut zu Tode gemartert worden. Nun trägt er sie als Symbol seines Martyriums an einem Stock über der Schulter).

verhältnissen unzufrieden waren, nicht nur die Chance, im nächsten Rodungsgebiet – und im Ausnahmefalle auch weit im Osten – andere und hoffentlich bessere Lebensverhältnisse zu finden. Nicht nur die neu zu gründenden Dörfer zogen Siedler an sich. Nicht weniger verlockend war die Möglichkeit, die heimische Villikation, den Hof des Vaters und womöglich den eigenen gegen die neue Lebensmöglichkeit Stadt einzutauschen.

In den vorausgegangenen Jahrhunderten hatten sich Handwerker und Kaufleute namentlich an den Bischofssitzen und im Schatten der großen Klöster und Stiftskirchen niedergelassen. Nicht nur um die Dome an Rhein und Donau waren Städte entstanden, sondern auch in den großen geistlichen Zentren jenseits des einstigen Limes: in Corvey an der Weser, in Gandersheim, dem alten Mittelpunkt der ottonischen Königsdynastie, oder in Magdeburg an der Elbe.

Die Bewohner dieser frühen deutschen Städte waren noch keine Stadtbürger, die unter einem besonderen und in der Regel günstige-

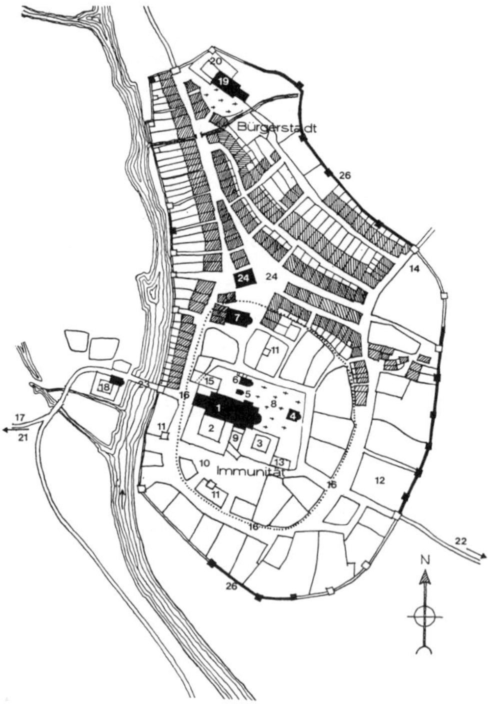

Der Grundriß von Eichstätt läßt den Typus der Bischofsstadt erkennen. Die Stadt hat sich zunächst um den Dom entwickelt (1). Nördlich davon die Bürgerstadt des späten 11. und des 12. Jahrhunderts mit der schon älteren Pfarrkirche (7) und dem Rathaus (24). Die Richtung dieser jüngeren Siedlung war durch das im 9. Jahrhundert gegründete Damenstift St.Walpurgis (19) vorgegeben.

ren Recht als die Landbevölkerung lebten. Sie waren unfreie Handwerker und Kaufleute, deren rechtliche Situation sich wenig von der auf dem Lande lebender Handwerker oder Bauern unterschied. Außerdem gab es in den Städten jene freien Kaufleute - unter ihnen auch Juden -, die ursprünglich ihre Waren selbst begleitet, also Karawanenhandel betrieben hatten, sich im 10. und 11. Jahrhundert jedoch in zunehmendem Maße fest niederließen und dazu beitrugen, daß aus den »suburbien« vor den Domen und Klöstern Städte wurden. In denen aber lebten nicht nur Handwerker und Händler, sondern überdies - wie auch in Städten anderer Zeitalter - fürstliche Amtsträger, »Beamte«. In rechtlicher Hinsicht waren sie Unfreie, jedoch eines besonderen Typus: es waren Ministerialen.

Soziale Mobilität ist ein Kennzeichen des Mittelalters nicht weniger als der Neuzeit. Jenes gern als das eigentliche Mittelalter angesehene Jahrtausend, in dem jedermann seinen fest angestammten Platz hatte und das von einem alles überwölbenden »Ordo«-Denken geleitet wurde, hat zwar seinen Ursprung in mittelalterlichen Texten - nämlich den Versuchen damaliger Theologen, die sich rasch wandelnde Welt in knappe Formeln und übersichtliche Modelle zu fassen -, aber es ist trotzdem eine spätere Erfindung, geboren aus der Sehnsucht nach einer geordneten Welt: ein Kind also der Romantik. Vor allem aber ist es eine schwarze Folie, vor der sich die helle Mobilität neuzeitlicher Gesellschaften abhebt: ein Produkt also moderner Hoffnungen auf den Fortschritt. Wenn im Mittelalter jedermann einen unveränderlichen Platz in der Gesellschaft gehabt hätte, wenn die Grenzen der Stände damals unüberwindbar gewesen wären, dann hätte es weder Ministeriale noch einen Aufstiegsmechanismus geben dürfen, der sich nicht erst bei den hochmittelalterlichen Ministerialen beobachten läßt, sondern schon am Hofe der fränkischen Könige des frühen Mittelalters.

Schon aus dieser Zeit berichten die Chronisten von Söhnen armer Leute, die sich in der Nähe des Königs auszeichneten, zu Macht und Ansehen kamen und beides vererbten.[6] Die deutsche Sprache bewahrt solche Möglichkeiten auf - zum Beispiel in Gestalt des Wortes Marschall, das im Mittelalter ein hohes Hofamt benannte und den Titel eines Kurfürsten darstellte, seinem ursprünglichen Wortsinne nach aber niemand anderen bezeichnete als den Pferdeknecht. Auch die anderen Bezeichnungen hoher Hofämter und kurfürstlicher Erzämter, die Worte Schenk, Truchseß und Kämmerer, kommen aus dieser Sphäre. Der Truchseß trägt dem Herrn die Speisen auf, ist also ebenso wie der Mundschenk eine Art Servierer, während der Kämmerer und der Kammerdiener nicht nur etymologische Geschwister sind, sondern ursprünglich das Gleiche waren.

Kämmerer, Mundschenken, Truchsesse und Marschälle aber brauchten nicht nur die Könige, sondern alle Mächtigen - auch die Bischöfe. Und so gab es diese Hofämter auch in den bischöflichen Residenzen, in den Bischofsstädten. Da jedoch die Ställe der Bischöfe und der anderen Mächtigen weiträumig waren und ihre Tische groß, waren die Marschälle und Schenken sehr viel mehr, als ihre traditionellen Titel vermuten lassen. Sie hatten führende Leitungs- und Kontrollaufgaben. Der Kämmerer war kein Kammerdiener, sondern eher ein Finanzminister, und so ist es historisch sinnvoll, daß die Inhaber der Spitzenämter des modernen Staates, die Minister, ebenso bezeichnet werden, wie die mittelalterlichen Marschälle oder Kämmerer klassifiziert wurden, wenn es nicht um ihre Funktionen, sondern um ihre rechtliche Stellung ging.

Die höchsten Hofbeamten und die anderen führenden Amtsträger der Fürsten, die Verwalter zum Beispiel der Zölle, der Münzprägestätten und der Gerichte waren »Minister«. Die Quellen nennen sie ministri oder ministeriales. Diese Ministerialen waren zwar längst keine Pferdeknechte mehr, aber sie waren ebenso unfrei wie diese. Sie konnten verschenkt und verkauft werden, sie konnten nicht ohne die Erlaubnis ihres Herrn heiraten – aber sie waren dennoch mächtige Leute, und ihre Macht und ihr Ansehen wuchsen mit den ihnen anvertrauten Aufgaben, mit dem Wachstum der Städte und der Territorien. Am Ende des 12. Jahrhunderts gab es nicht wenige Ministerialen des Königs und von Reichsfürsten, deren Ansehen und deren Möglichkeiten denen von Adligen und gelegentlich sogar von Fürsten glichen. Nicht wenige von ihnen waren außerordentlich reich, und dieser Reichtum hatte seine Quelle in der rasch wachsenden Wirtschaftskraft der Städte.

Doch änderte sich jetzt nicht nur deren Größe und Anzahl. Schon im ausgehenden 11. Jahrhundert hatten sich am Rhein die wirtschaftlich und sozial führenden Stadtbewohner zusammengeschlossen, um gemeinsame Interessen gegen den Stadtherrn, den Bischof, durchzusetzen. Diese Zusammenschlüsse erhielten Dauer. Aus Eidgenossenschaften (coniurationes), die in ihrer Bauart den

Rekonstruktionen der frühen Freiburger Stadthäuser auf der Grundlage der ausgegrabenen Keller

Die regelmäßige Bebauung der städtischen Straßen war erst das Resultat einer längeren Entwicklung. An ihrem Anfang standen städtische Höfe, die der Bebauung ländlicher Grundstücke ähnlich waren.

In dem Zisterzienser-Kloster Heiligenkreuz bei Wien hat sich der Grabstein des im Jahre 1273 verstorbenen Wiener Bürgers Otto vom Markt erhalten, eines für die Zeit typischen Stadtministerialen beziehungsweise -adligen. Schon der Name (»de foro«) zeigt seine Position: Er besaß eines der großen Häuser im Zentrum der Stadt, am Markt, in dem er landesherrliche Aufgaben wahrnehmen, aber auch dem Handel nachgehen konnte. Auch das Begräbnis in einem adligen Kloster markiert die Position eines solchen führenden Bürgers. Die Nachfahren des Otto vom Markt nannten sich Greif und lebten als Landadlige.

gleichzeitigen Landfriedensbündnissen ähnlich waren, wurden Stadtgemeinden. Aus den unfreien und freien Stadtbewohnern verschiedenen Standes wurden in ihrer Freiheit gleiche Stadtbürger, die zwar einen Herrn über sich hatten, den Bischof oder einen anderen Stadtherrn, und die diesem auch zu Abgaben verpflichtet, die aber dennoch frei waren. Ihre Freiheit machte die Städte anziehend und war bald so selbstverständlich, daß diejenigen, die neue Städte gründen wollten, denen, die sie als deren Bewohner gewinnen wollten, Freiheit versprechen mußten.

Stadtluft macht frei: Dieser so mittelalterlich klingende Rechtssatz war tatsächlich eine gelehrte Erfindung des 19. Jahrhunderts.[7] Doch sind manchmal die späteren Erfindungen besser als das, was die Zeit selbst überliefert. Wenn an den Stadttoren des 12. oder 13. Jahrhunderts eine Fahne aufgehängt worden wäre, die eine werbende Devise gezeigt hätte, dann hätte diese nicht treffender lauten können als »Stadtluft macht frei«. Mit anderen Worten stand dieser Satz in vielen Stadtrechtsprivilegien. Die Stadtgründer und Stadtherren sicherten den Stadtgemeinden und denen, die in die Städte ziehen wollten, zu, daß sie ungeachtet ihrer bisherigen Rechtslage, trotz ihrer für den Normalfall anzunehmenden Unfreiheit, frei sein würden, falls es ihnen gelänge, sich in der Stadt ein Jahr lang (»Jahr und Tag«) aufzuhalten, ohne daß jemand rechtliche Ansprüche auf ihre Person geltend machen konnte.

Hätte es das »finstere« Mittelalter wirklich gegeben, so wäre es den allmächtigen »Feudalherren« gewiß innerhalb eines Jahres gelungen, die entflohenen Bauern wieder einzufangen. Doch davon konnte die Rede nicht sein. Die Zahl der möglichen Fluchtorte war groß, und selbst wenn einem adligen oder geistlichen Grundherrn die Nachricht zugetragen wurde, sein flüchtiger Bauer sei in der nächsten Stadt zu finden, war damit doch wenig gewonnen. Es konnte sein, daß der Grundherr seinen Anspruch vor dem städtischen Gericht durchsetzen mußte, und das stand auf seiten des flüchtigen Bauern und zukünftigen Bürgers. In anderen Fällen setzten die aufgespürten Bauern ihre Flucht einfach fort; sie gingen in eine andere Stadt, oder sie ließen sich von einem Siedlungsunternehmer anwerben, der Leute für ein neu zu gründendes Dorf suchte und mit ganz ähnlichen Freiheitsrechten warb, wie sie in den Städten winkten. Die rechtliche Situation der Stadtbürger und die der Rodungsbauern glichen sich. In dem Maße, in dem das neue bäuerliche Recht auf die Rechtsverhältnisse der alten Grundherrschaften zurückwirkte, die großen Villikationen aufgelöst wurden und das für die nächsten Jahrhunderte des Mittelalters typische bäuerliche Recht entstand, verringerte sich der Abstand zwischen dem Recht der Stadtbürger und dem bäuerlichen Recht.

Auch die mit Freiheitsrechten und den Möglichkeiten von Selbstverwaltung ausgestatteten hoch- und spätmittelalterlichen Städte waren keine Fremdkörper in einer »feudalen« Umwelt. Die Stadtmauer war gewiß von fundamentaler Bedeutung. Sie bewahrte die Stadtbürger vor den Gefahren des Krieges. Sie schützte sie im Falle eines Konfliktes auch vor dem eigenen Stadtherrn – falls der nicht über einen besonderen Zugang von seiner Burg in die Stadt – durch die Mauer hindurch – verfügte –, und sie war überdies so teuer, daß sie die Ausbildung einer eigenen städtischen Finanzverwaltung und damit eines der wesentlichsten Elemente städtischer Autonomie vorantrieb. Zudem wirkte die Mauer nicht nur nach außen, sondern auch in das Innere der Stadt. Sie verwehrte nicht nur den Feinden den Zugang, sondern sie verstellte auch den Stadtbewohnern, die sich gegen die städtischen Gesetze vergangen hatten, die Möglichkeit der Flucht. Die Stadtmauer war eine Voraussetzung des Gewaltmonopols, das in der Stadt praktiziert wurde und sie zum Vorläufer des modernen Staates machte. So ist es sinnvoll, daß der neuzeitliche Staatsbürger »Bürger« heißt, was ja, ungeachtet der Herkunft dieses Wortes von der Burg, das vollberechtigte Mitglied einer mittelalterlichen Stadtgemeinde meint.[8]

In rechtlicher Hinsicht wie auf sichtbarste Weise machten die Mauer, das Rathaus und das Siegel die Stadt neuen Typus aus. Das Siegel bezeugte die Rechtsfähigkeit der Stadtgemeinde. Das Rathaus war der Ort, wo das Siegel bewahrt und benutzt wurde und wo die Repräsentanten der Gemeinde sich zur Willensbildung zusammenfanden. Die Mauer schützte die Bürger nach außen, aber sie lieferte sie auch der Justiz ihrer Repräsentanten aus. Die Dialektik von Freiheit und Zwang, welche den modernen Staat in um so höherem Maße formt, je demokratischer er organisiert ist, hatte ihre Heimat schon in der »Stadt im Rechtssinne«, wie sie im hohen Mittelalter entstand.

Trotzdem war nicht nur vor, sondern auch hinter der Mauer Mit-

Die seit dem ausgehenden 12. Jahrhundert neu gegründeten Städte unterscheiden sich von ihren Vorgängern meistens durch einen regelmäßigen Stadtgrundriß. Eines der besten Beispiele bietet die 1195 durch einen Zähringer gegründete Stadt Bern.

Um 1230 wurde unterhalb der Lenzburg im Aargau durch die Grafen von Kyburg eine Stadt gleichen Namens angelegt, wie Bern eine Drei-Straßen-Anlage. Anders als Bern läßt Lenzburg die ursprünglichen Dimensionen noch gut erkennen. Es blieb so klein, wie die meisten mittelalterlichen Städte zunächst waren.

telalter. Stadt und Land waren nicht nur dadurch miteinander verbunden, daß die Stadt Waren und Dienstleistungen für das Land erzeugte und dieses die Stadt ernährte. In vielen Fällen war das nur in bescheidenem Maße der Fall. Die Stadtbürger produzierten einen beträchtlichen Teil ihrer Nahrungsmittel selbst. Sie hielten nicht nur Hühner und Ziegen, sondern auch Schweine und Rinder. Der Ackerbürger war nicht die Ausnahme, sondern die Regel, während umgekehrt in manchen Dörfern ein vielfältiges Gewerbe zu finden war und gerade in den der Stadt benachbarten Siedlungen Handwerker ihren städtischen Kollegen Konkurrenz machen konnten - soweit sie nicht durch städtische Bannmeilen-Bestimmungen daran gehindert wurden.

Weiterhin waren Stadt und Land dadurch aneinander geknüpft, daß große Ländereien, vor allem in der Nachbarschaft der Städte, in städtische Hand gerieten. Ein nicht unbeträchtlicher Teil des Reichtums, den die Stadtbewohner erwarben, wurde in Landbesitz angelegt. Die Kaufleute vermieden es mit gutem Grund, all ihr Kapital den Risiken des Handels auszusetzen. Sie erwarben Bauernhöfe und nicht selten ganze Dörfer. Auch zu Vermögen gekommene Handwerksmeister begegnen immer wieder als Eigentümer landwirtschaftlicher Betriebe, die sie dann - ähnlich wie die Kaufleute - verpachteten. Auch die Städte selbst und die großen städtischen Spitäler legten ihr Vermögen in ländlichem Besitz an.[9]

Solche Verbindungen zwischen Stadt und Land wurden noch dadurch bestärkt, daß die städtische Gesellschaft und die ländliche ja zum Teil identisch waren. Das zeigt sich am deutlichsten bei den Ministerialen und das heißt bei jenen Stadtbewohnern, die im späten 11. und 12. Jahrhundert die Bildung der Stadtgemeinden und deren Befreiung vom Stadtherrn vor allem trugen. Diese Ministerialen waren sowohl auf dem Land wie in der Stadt begütert, und dabei sollte es auch bleiben. Obwohl sich nicht wenige Familien für das Land entschieden und alsbald einen wesentlichen Teil des niederen Adels bilden sollten, blieben doch die engen Beziehungen zwischen der ländlichen und der städtischen Oberschicht lebendig, und die Nachfahren freier Kaufleute, die sich in der Stadt den Ministerialen anglichen, waren ebenfalls eng mit dem Land verbunden: durch den Besitz von Höfen und Dörfern, aber auch dadurch, daß sie sich, wie die Ministerialen, in Stadt und Land an den Normen der ritterlichen Kultur orientierten.[10]

Die höfische Literatur wurde nicht nur an Höfen gepflegt, sondern auch in den Städten, und zwar von Anfang an. Es ist weder ein Zufall noch eine Ausnahme, daß eines der klassischen mittelhochdeutschen Epen, der Versroman Gottfrieds von Straßburg über die Geschichte von Tristan und Isolde, in einer Stadt, nämlich in Straßburg, entstanden ist. Auch die große Heidelberger, die Manessische Liederhandschrift, deren Miniaturen so vielfach verbreitet sind, daß sie geradezu als die klassischen Zeugnisse hochmittelalterlicher Adelskultur gelten können, ist nicht nur nach dem Ende des Hochmittelalters, nämlich im frühen 14. Jahrhundert, entstanden, sondern auch in einer Stadt, in Zürich, im Kreise führender städtischer Familien, an deren sozialer und mentaler Wirklichkeit spätere Bemühungen, eine feudale und eine städtische Welt im Mittelalter voneinander abzutrennen, scheitern müssen. Erst das Bürgertum des 19. und frühen 20. Jahrhunderts sollte in den mittelalterlichen Städten eine eigene bürgerliche Kultur vermuten oder vermissen.

Nicht nur im 12. Jahrhundert, sondern auch in der folgenden Zeit standen sich die führenden städtischen Familien und jener ländliche Adel nahe, der ebenfalls aus der Ministerialität kam. Erst ganz am Ende des Mittelalters, im 15. Jahrhundert, wurden die meisten jener Schranken zwischen den Ständen errichtet, die gemeinhin als ein Zeichen des Mittelalters gelten. Nun schlossen sich in den großen Städten die Familien der Mächtigen gegen die weniger Reichen ab.

In der Burg »Schlössel« bei Klingenmünster in der Pfalz, die wohl 1168 durch Friedrich Barbarossa zerstört wurde, fand sich eingeritzt in einen Stein der Fenstersohlbank ein Mühlefeld. Zur Adelskultur gehörten die Brettspiele.

Erst jetzt entstand ein Patriziat im eigentlichen Sinne. Der ländliche Adel wiederum grenzte sich von den Patriziern ab, indem er ihnen die Teilnahme an den großen Turnieren versagte, die Heiraten zwischen den eigenen Töchtern und den Söhnen mächtiger Stadtbürger erschwerte – und manchmal sogar die zwischen den eigenen Söhnen und den an Mitgift reichen Töchtern aus der Stadt. Erst jetzt wurden formelle Schranken errichtet, welche die Pfründen in den Dom- und Stiftskapiteln sowie auch die Mitgliedschaft in den Ritterorden dem Adel vorbehalten sollten. Erst jetzt wurde der Aufstieg in den Adel formalisiert und an die Notwendigkeit eines Adelsbriefes und der Rezeption in adlige Genossenschaften gebunden.

Das 12. Jahrhundert war von solchen strengen Schranken zwischen den Ständen weit entfernt und mußte es auch sein. Wie hätten denn sonst nicht nur die vielen neuen Städte verwaltet, sondern auch die in noch größerer Zahl errichteten Burgen besetzt werden können? Wie anders hätte es den Fürsten gelingen können, ihre verstreuten Herrschaftsrechte zu Territorien zu verdichten und die Herrschaft über Menschen in die Beherrschung geschlossener Gebiete zu verwandeln?

Dies war der große verfassungsrechtliche Wandel, dessen Ergebnisse weit über das Ende des Mittelalters hinaus Bestand haben sollten. Die politischen Landkarten des Alten Reiches und seine Verfassung sind sein Resultat. Und die schnelle Zunahme der Bevölkerung und das rasche Wachstum der besiedelten Flächen hängen sowohl als Ursache wie auch als Folge auf das engste mit diesem Wandel der politischen und sozialen Verfassung zusammen.

Die neue Art des Zusammenlebens der Menschen nicht mehr in kleinen Siedlungsinseln, sondern in großen Gebieten, die von den anderen nicht durch Ödflächen getrennt waren, sondern an linearen Grenzen mit ihnen zusammenstießen, mußte zu höheren Formen herrschaftlicher Organisation führen. Die Herrschaft über Untertanen, die nicht mehr fast ohne Ausnahme bäuerlich lebten, erforderte weiterentwickelte Formen der Verwaltung, und die zunehmende Enge der Welt nötigte dazu, die eigenen Herrschaftsrechte gegen konkurrierende Gewalten zu sichern. Vollends dann, wenn die eigenen Herrschaftsgebiete gewaltsam erweitert werden sollten, bedurfte es wachsender Anstrengungen.

Zwar sollte die Alltäglichkeit des Krieges bis zum Ende des Mittelalters darin bestehen, dem Feind beziehungsweise dessen Bauern das Vieh auf der Weide wegzufangen, seine Fischteiche zu leeren, die Ernte wegzuführen oder abzubrennen und die Bauern selbst zu plündern. Doch waren das nur zeitweilige Erfolge. Wer einen anderen Fürsten wirklich treffen wollte, mußte die Städte und Burgen erobern, die das Territorium des Gegners ja nicht jederzeit schützen konnten, es aber doch dem Grundsatz nach sicherten und zudem noch die Reichtümer des Fürsten bargen.

Herrschaft in der Fläche hieß nicht einfach, Herrschaftsrechte anhäufen. Die zusammengezogenen und durch Rodung erweiterten Gebiete mußten organisiert und geschützt werden, und dazu dienten Städte und Burgen gleichermaßen. Jede Stadt war, soweit ummauert, zugleich eine Burg, und sie konnte militärisch sogar nützlicher sein. Hier mußte nicht eigens eine Burgbesatzung einge-

Wo Städte nicht in ganz neu erschlossenen Gebieten gegründet wurden, traten sie oft an die Stelle von Dörfern. Nördlich von Volkmarsen bei Kassel hat sich, durch eine Kapelle markiert, die Stelle des Dorfes erhalten, das der neuen Stadt zum Opfer fiel. Die Kapelle war ursprünglich die Pfarrkirche des Bezirks, bis das Pfarr-Recht ebenfalls an die Stadt ging und der zunächst unselbständigen Stadtkirche übertragen wurde.

setzt und ernährt werden. Die Bürger waren Bürger im wörtlichsten Sinne: Sie waren zur Verteidigung ihrer Stadt verpflichtet, und so kamen sie zugleich jenen Aufgaben nach, die in den Burgen im eigentlichen Sinn von ministerialischen Burgbesitzern wahrgenommen wurden.

Freilich konnten die Bürger ihre Mauern nicht nur gegen den Feind, sondern auch gegen den Stadtherrn verteidigen, und in einigen Fällen gelang ihnen das auf Dauer: wie im Falle der Bischofsstädte am Rhein. So entstanden die Freien Städte als eine Eigentümlichkeit der deutschen Reichsverfassung. Seit dem Ende der Staufer sollten auch jene Städte, die zum Königsgut gehörten, als Reichsstädte eine ähnlich unabhängige Stellung einnehmen wie die Freien Städte - soweit ihre Größe es erlaubte, soweit die politische Region, in der sie lagen, dem günstig war und sofern sie nicht von benachbarten Territorialfürsten bedrängt wurden. Daneben gab es Territorialstädte, denen es ebenfalls gelang, sich von ihrem Stadtherrn zu befreien und sich politisch wie Freie Städte oder große Reichsstädte zu verhalten, zumal wenn Städtebünde oder im Norden die Hanse diese Politik stützten. Das deutlichste Beispiel dafür bietet Lüneburg, das sich im späteren 14. und 15. Jahrhundert fast ganz von seinem Herrn, dem Herzog von Braunschweig-Lüneburg, teils durch Gewalt, teils durch den Kauf von Herrschaftsrechten und teils durch deren Erwerbung als Pfand befreite, bis die Herzöge im 16. Jahrhundert diesen Vorgang Schritt um Schritt rückgängig machten.

Die meisten deutschen Städte waren auch vorher und von Anfang an fest in die Territorien eingebunden. Manchmal läßt sich sogar nachweisen, daß ihrer Gründung so etwas wie Landesplanung zugrunde lag. So wird als Motiv für die Gründung einer neuen Stadt neben dem Dorf Stendal, die Markgraf Albrecht der Bär, eine der wirkungsmächtigsten Fürstengestalten des 12. Jahrhunderts, 1160 vornahm, in der wohl aus dem frühen 13. Jahrhundert stammenden Urkunde der Umstand genannt, daß es bisher in diesem Land kei-

Die Burgen Hanstein und Ludwigstein

Die durch die »Burgenromantik« des 19. Jahrhunderts geprägte Freude des modernen Betrachters an jenen Plätzen, die ihm einen »Zweiburgenblick« gewähren, verkennt, daß die Diskrepanz zwischen den harmlosen Freuden des Nachlebenden und der Härte früherer Verhältnisse besonders groß ist. Wo sich zwei Burgen gegenüberlagen, stießen zwei Territorien zusammen und herrschte potentiell Krieg.

nen geeigneten Markt gegeben habe.[11] Noch deutlicher aber ist das heutige Landschaftsbild. Ob im einstigen Deutschordensstaat Preußen oder im damaligen Herzogtum Bayern: in den meisten Territorien wurden Städte und Märkte in geradezu regelmäßigen Abständen in Gestalt eines Netzes angelegt, das die Territorien in wenigen Jahrzehnten überzog. Noch kleiner aber waren die Maschen des Netzes, welches die Burgen bildeten. Allein im Gebiet der späteren preußischen Provinz Sachsen-Anhalt haben sich an die 650 nachweisen lassen.[12]

Vor allem wurden Burgen dort errichtet, wo ein Fürst an die Grenzen eines benachbarten Territoriums stieß. Wo moderne Touristen einen »Zweiburgenblick« bewundern, waren im 12. oder 13. Jahrhundert zwei Festungen gegeneinander gestellt worden: die Rudelsburg wohl der Bischöfe von Naumburg gegen die Burg Saaleck der Grafen von Meißen oder von Thüringen, die mainzische Burg Hanstein gegen die thüringische Burg Ludwigstein an der Werra. In diesem Falle trennt die feindlichen Burgen auch heute eine Grenze, wobei in scheinbar paradoxer Weise die mainzische Burg auf dem Boden der DDR liegt, während die thüringische Burg zur Bundesrepublik Deutschland gehört.

In vielen Fällen ist nur eine von zwei konkurrierenden Burgen übriggeblieben, und manchmal gilt das auch für Städte. Auch sie wurden zur Festigung von Grenzsituationen gegründet, und so konnten sie den Auseinandersetzungen um die Grenze zwischen Territorien zum Opfer fallen. Eines der seltenen Beispiele hierfür findet sich in den Wäldern westlich von Kassel. Hier hatten die Grafen von Waldeck im 13. Jahrhundert gegen die Stadt Wolfhagen der Landgrafen von Thüringen die Stadt Landsberg errichtet. Der Landgraf von Thüringen hat Landsberg so gründlich zerstört, daß

Die Burgen Rudelsburg und Saaleck

Die Burg Runkel wurde 1159 durch eine Adelsfamilie gleichen Namens zur Sicherung und Nutzung eines Übergangs über die Lahn angelegt. In der Mitte des 15. Jahrhunderts wurde die Furt durch die heutige Brücke ersetzt. Die Burgtürme stammen aus dem 12. und 13. Jahrhundert.

Stadtwüstung Landsberg bei Waldeck. Im Gelände haben sich die Befestigungen der Stadt und die Spuren von achtundvierzig Häusern erkennen lassen.

Linke Seite:
Fragment des Landsberger Siegels mit dem Wappen der Grafen von Waldeck, die demnach als die Gründer der Stadt gelten müssen. Die Umschrift des Siegels lautet (ergänzt): »Sigillum civium de Landsberc« (Siegel der Bürger von Landsberg). Das Siegel zeigt, daß es in der nur wenige Jahre existierenden Stadt eine rechtsfähige Bürgergemeinde gab.

Grabplatte des Bischofs Otto I. von Hildesheim (1260-1279)

Während andere Bischöfe mit einem Kirchenmodell dargestellt wurden, trägt Bischof Otto von Hildesheim eine Burg, die keineswegs etwa ein Abbild des Himmels darstellen sollte. Es handelte sich bei ihr vielmehr um den Stammsitz einer Adelsfamilie, die gegenüber ihren mächtigeren Nachbarn resigniert und die Burg den Bischöfen von Hildesheim übergeben hatte.

davon heute nur noch ein bewegtes Bodenrelief übriggeblieben ist - sowie das Stadtsiegel, das vor einigen Jahren hier ausgegraben wurde.[13]

Die Brutalität dieser Territorialisierungsprozesse sollte man nicht unterschätzen. Sie dürfte dem, was uns anschaulicher aus der Antike überliefert ist, durchaus gleichkommen. Die Überlieferung der Quellen begünstigt die Sieger, sie harmonisiert, und sie verlockt die Historiker, eine Erfolgshistorie zu schreiben. Nur selten hinterlassen die Niederlagen sichtbare Spuren. Zu denen gehört ein Grabstein in Hildesheim. Er zeigt einen Bischof, der in seiner rechten Hand, wie es sich gehört, den Bischofsstab und in seiner linken das Modell eines Bauwerks trägt. Dieses Modell meint jedoch nicht, wie man erwarten könnte, eine Kirche, sondern eine Burg, und eine Beischrift identifiziert dieses Gebäude auch. Sie lautet: Woldenbergh. Woldenberg: so hieß die Stammburg der gleichnamigen Grafen. Sie wurden im Konkurrenzkampf der Herzöge von Braunschweig-Lüneburg und der Bischöfe von Hildesheim buchstäblich zerrieben. So stellt diese Grabplatte im Kreuzgang des Hildesheimer Doms eine Art von Siegesdenkmal des erfolgreichen Territorialfürsten dar. Die Grafen von Woldenberg hatten am Ende kapituliert. Seit dem Jahre 1275 haben sie ihre Herrschaftsrechte veräußert beziehungsweise in Lehen umgewandelt. Sie kapitulierten vor den Bischöfen. Die letzten Woldenberger wurden geistlich.[14]

Andere Fürsten steckten in diesen blutigen Konkurrenzkämpfen zwar Niederlagen ein, aber sie überlebten. Zu ihnen gehörte der Landgraf Konrad von Thüringen, der wahrscheinlich die erwähnte Stadt Landsberg zerstörte und jedenfalls die dem Erzbischof von Mainz gehörende Stiftskirche von Fritzlar einäscherte. Damit hatte er sich ein Sakrileg zuschulden kommen lassen, oder, wie man auch sagen könnte, sein Gegner nutzte die Vorteile, die ihm aus seinem geistlichen Stand erwuchsen. Der Landgraf mußte die Einäscherung der Stiftskirche von Fritzlar 1232 einige Jahre später büßen, und dieser Bußakt wurde im Bilde festgehalten. Der Grabstein des Landgrafen in der Marburger Elisabethkirche zeigt ihn mit einer Geißel in der rechten Hand. Daß sich dieses Grabmal in der Elisabethkirche befindet, macht zugleich darauf aufmerksam, daß der Landgraf sich seinerseits darum bemühte, sich geistliche Machtmittel und geistliches Prestige nutzbar zu machen. Konrad »von Thüringen« war von 1239 bis 1240 als Nachfolger Hermanns von Salza der fünfte Hochmeister des Deutschen Ordens, und die Marburger Elisabethkirche war in diesen Jahren ein Mittelpunkt dieser Bruderschaft.[15]

Die für das erste Jahrhundert des Landesausbaus und der Ostsiedlung charakteristische geistliche Gemeinschaft war der Zisterzienser-Orden. Ähnlich wie ein Jahrhundert zuvor die aus Lothringen und Burgund kommenden Reformmönche wollten auch die Zisterzienser zur Strenge der Benedikt-Regel zurück. Noch entschiedener als die Cluniazenser bildeten die Zisterzienser einen Verbund von Klöstern, einen Orden. Die erneuerte Askese führte in wenigen Jahren Tausende von Männern in die neue Gemeinschaft. Immer wieder wandten sich ganze Gruppen von Bekehrten dem Orden zu, wie jene dreißig Adligen, die im Jahre 1112 zusammen mit Bernhard von Clairvaux in das Kloster Cîteaux aufgenommen worden waren und denen wenig später weitere Verwandte Bernhards folgten, unter ihnen sein Vater, so daß in diesem Falle, wie in vielen späteren auch, die Bekehrung das Ende der ganzen Familie bedeutete.

Schon vor dem Tode Bernhards (1153) umfaßte der Orden dreihundert Klöster. In Deutschland wurden im 12. und 13. Jahrhundert gegen einhundert gegründet. Noch rascher wuchs und noch größer wurde die Zahl der Frauenklöster, nachdem der Orden um 1200 seinen Widerstand gegen die Aufnahme von Frauen hatte aufgeben müssen.

An der religiösen Bewegung der Zeit hatten die Frauen großen Anteil. Die Zahl frommer und bekehrter Frauen wuchs auch deshalb, weil in den Städten viele von ihnen in Vereinzelung lebten, weil die so sichtbar in Bewegung befindliche Gesellschaft Witwen und unverheirateten Töchtern – anders als früher – oft keinen Ort mehr anbot. Die religiöse Bewegung war zu einem beträchtlichen Teil eine Bewegung der Frauen, und das schuf so etwas wie Unterbringungs- und Organisationsprobleme, die man vorher nicht gekannt hatte. Die neuen Gemeinschaften der Frauen mußten in die Kirche eingebunden werden, doch fürchteten die bestehenden Orden die damit verbundenen Unruhen und Gefahren – zumal wenn sie, wie die Zisterzienser-Orden, dem alten Mönchtum zugehörten und anders als zum Beispiel die Prämonstratenser oder gar die Bettelmönche nicht die Absicht hatten, nach außen zu wirken und zu missionieren.

Zu der radikalen Askese des ursprünglichen Programms der Zisterzienser hatte auch eine Rückkehr zum Arbeitsgebot und eine Ablehnung jener Lebensweise gehört, welche die Mönche zu geistlichen Grundherren hatte werden lassen. Armut, demonstrative Abkehr von den Orten, wo die Menschen sich zusammenballten, und die Ablehnung grundherrschaftlicher Organisationsformen: das bedeutete Klöster in der Einsamkeit, umgeben von Wäldern und Sümpfen, und landwirtschaftlichen Großbetrieb. Trotzdem waren die Wirkungen der Zisterzienser auf die Welt groß.

Es versteht sich, daß auch bei den Zisterziensern – wie in der Geschichte des Mönchtums fast immer – die Wirklichkeit den ursprünglichen Impuls stumpf machte. Die Rückkehr zu Benedikt erwies sich notwendigerweise als eine Utopie. Der Zisterzienser-Orden konnte die Gesellschaft nicht verleugnen, aus der seine Mitglieder stammten. Die Söhne der Adligen und der Ministerialen wurden Mönche und die Söhne der Bauern Laienbrüder. Dennoch blieben die Askese und die von ihr freigesetzte Energie wirksam. Askese – das war auch Arbeitsdisziplin und Sparsamkeit. Beides war der Welt des Mittelalters einigermaßen fremd, wies in die Zukunft und verschaffte dem Zisterzienser-Orden eine einzigartige Stellung. Diese besondere Position des neuen Ordens wurde noch durch seine interne Organisation verstärkt. Die einzelnen Klöster des Ordens unterstanden seiner Kontrolle. Sie waren den Beschlüssen des Generalkapitels, der Versammlung aller Zisterzienser-Äbte, und dem Willen des jeweiligen Mutterklosters unterworfen.

In einer Welt, deren wirtschaftliche Normen auf die Deckung des Bedarfs zielten, mußten die Überschüsse, welche die Zisterzienser

Grabstein des Landgrafen und Deutschordenshochmeisters Konrad in der Elisabethkirche in Marburg. Die Geißel in der rechten Hand soll an den Bußakt von Fritzlar erinnern.

Das Zisterzienser-Kloster Eberbach im Rheingau

Wie meistens bei Zisterzienser-Klöstern ist auch heute noch die für diesen Orden so typische Topographie sichtbar. Die Zisterzienser-Klöster wurden in abgelegenen Regionen angelegt und blieben ungeachtet ihrer leistungsfähigen Landwirtschaft von Wäldern umgeben.

erwirtschafteten, wie ein Fremdkörper wirken, und so wurde den Mönchen auch bald Habsucht vorgeworfen. Seine wirtschaftlichen Erfolge zwangen gerade jenen Orden, der sich so demonstrativ von den Städten abwenden und die Einsamkeit aufsuchen wollte, in die Städte zurück. Wo anders als dort hätten sich die Überschüsse zisterziensischer Großbetriebe absetzen lassen? Obwohl die erhaltenen Männerklöster des Ordens noch heute sichtbar machen, daß sie in der Einsamkeit angelegt wurden, sind die Zisterzienser am Ende doch zu einem städtischen Orden geworden. Jedes Kloster hatte einen oder mehrere Wirtschaftshöfe in den Städten seiner Umgebung. In Köln hatten sechzehn Zisterzienser- und Zisterzienserinnen-Klöster Höfe und Niederlassungen.[16] Salem, nördlich des Bodensees gelegen, besaß Höfe und anderen Besitz in einunddreißig Städten, zu denen nicht nur nahegelegene Orte wie Überlingen oder Konstanz gehörten, sondern auch Esslingen und Salzburg. Und es waren nicht nur landwirtschaftliche Produkte, die von den Stadthöfen der Zisterzienser in den Marktverkehr gebracht wurden. Die Salemer Zisterzienser zum Beispiel handelten auch mit Salz, das sie von Salzburg an den Bodensee brachten.[17]

Diese Wirtschaftskraft und das Filiationssystem, also die Abhängigkeit des einzelnen Klosters von seinem Mutterkloster, versetzten gerade die Zisterzienser in die Lage, Klöster in den Gebieten zu gründen, die nun von der Ostsiedlung erfaßt wurden, die erst seit einem oder zwei Jahrhunderten christianisiert waren und in denen also jene Schichten, die den Zisterzienser-Orden vor allem trugen – Adel und Ministerialität – nicht stark oder gar nicht vertreten waren. Kamp am Niederrhein, die im Jahre 1123 gegründete älteste deutsche Zisterze, gründete 1135 Amelungsborn im Weserland. Amelungsborner Zisterzienser gründeten 1171/86 das mecklenburgische Doberan, von dem aus ein Dreivierteljahrhundert später, 1258/76, Pelplin nahe der unteren Weichsel gegründet wurde. Zisterzienser aus dem 1133 gegründeten Kloster Altenberg bei Köln schufen nach der Mitte des 12. Jahrhunderts die Zisterze Łekno

Kapitelsaal des Zisterzienser-Klosters Zwettl in Niederösterreich, wohl aus der zweiten Hälfte des 12. Jahrhunderts

Refektorium (Speisesaal) des Zisterzienser-Klosters Maulbronn in Württemberg aus den Jahren 1220-1225

nördlich von Posen, von wo aus 1238 das Kloster Obra südwestlich von Posen und nach der Mitte des 13. Jahrhunderts südlich von Gnesen das Kloster Ląd gegründet wurde. Zunächst hatten in diesen drei Klöstern auch Mönche aus den polnischen Stifterfamilien gelebt, doch scheint das in der zweiten Hälfte des 13. Jahrhunderts zu Ende gegangen zu sein. Am Ende des Mittelalters wurden ausschließlich Söhne aus Kölner Kleinbürgerfamilien in diese drei polnischen Klöster aufgenommen. Doch spiegelten sich darin nicht mehr die ursprünglichen Verhältnisse, sondern Bemühungen um Versorgung und Proporz, die nun das Leben vieler geistlicher Gemeinschaften bestimmten.[18]

Unzweifelhaft in große politische Zusammenhänge gehörten dagegen die Gründung von Dargun/Eldena (1153) im späteren Mecklenburg und die von Kolbatz in Pommern (1173). Beide Klöster

Der Stadthof des Zisterzienser-Kloster Salem nördlich des Bodensees in Esslingen bei Stuttgart. Das Mauerwerk aus Buckelquadern stammt noch aus dem 12. Jahrhundert.

Die Stadthöfe norddeutscher Zisterzienser-Klöster

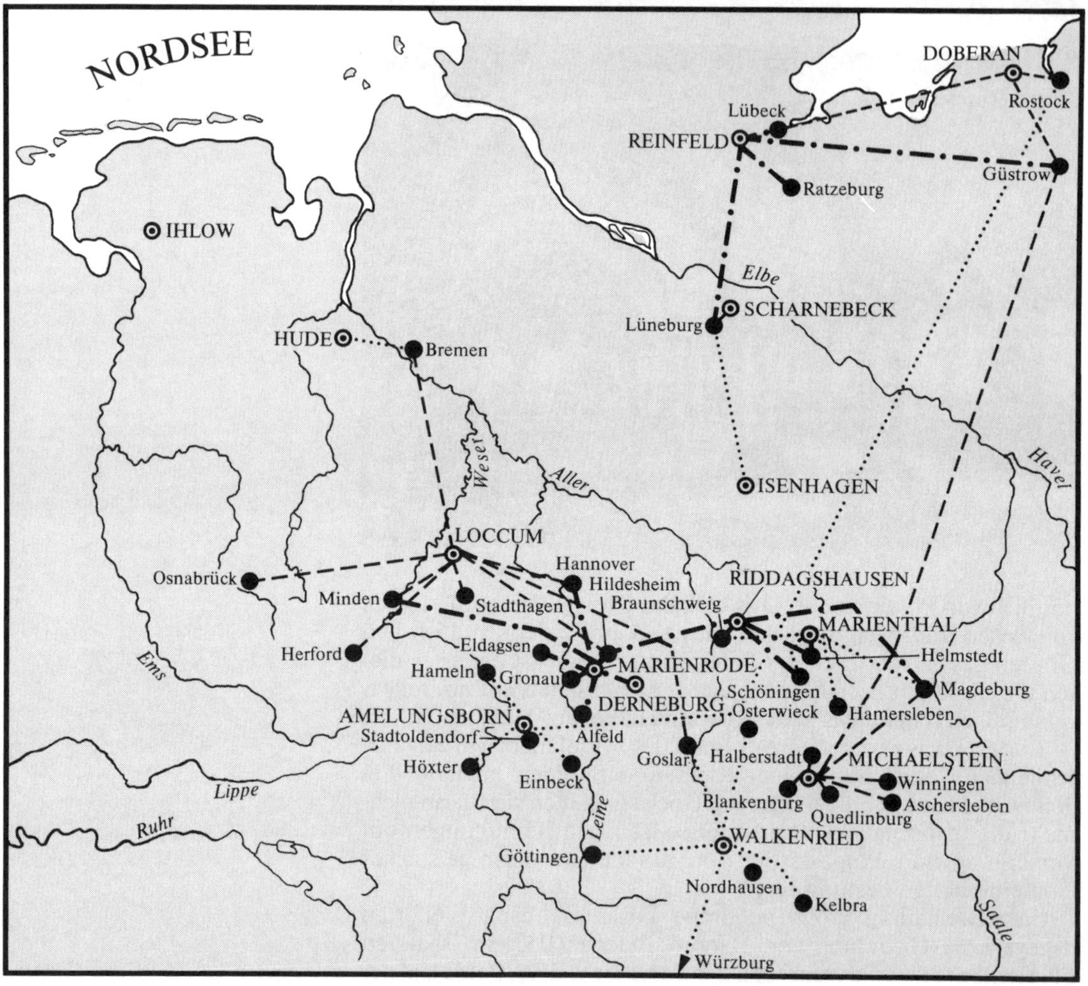

waren Töchter des dänischen Esrom. Ihre Gründung erklärt sich aus den dänischen Bemühungen um die südliche Ostseeküste, und das gilt auch für Oliva bei Danzig, das etwa 1175 von Kolbatz aus gegründet wurde, dann jedoch den pommerellischen Fürsten als Hauskloster und zur Festigung ihrer Macht diente. Ebenso stützten sich in der Mark Brandenburg die Askanier auf das 1180 südlich des späteren Berlin gegründete Kloster Lehnin und die schlesischen Herzöge auf die 1175 an der Oder gestiftete Zisterze Leubus. Beide Klöster waren Urenkelinnen des niederrheinischen Kamp. Sie und die meisten anderen im 12. und 13. Jahrhundert östlich von Elbe und Saale gegründeten Klöster lagen weder in neuerschlossenen Gebieten noch fernab der Verkehrswege; als Rodungsklöster, für die man namentlich die östlichen Zisterzen lange Zeit gehalten hat, dienten diese Neugründungen allenfalls am Rande. Die Gründungsurkunde des Klosters Leubus, formuliert von einem Mönch aus Pforte (heute Schulpforte) bei Naumburg, dem Mutterkloster der schlesischen Gründung, beharrt programmatisch auf den traditionellen Aufgaben des Ordens. Nicht als Bauern oder als Werkleute, sondern als Gelehrte, die den Gottesdienst feiern und die himmlischen Dinge betrachten, habe er die Mönche herbeigeholt – so läßt die Urkunde

Die Kirche des 1171 von dem slawischen Fürsten Pribislav gegründeten, 1186 an seinen jetzigen Ort in der Nähe von Rostock verlegten Zisterzienser-Klosters Doberan aus der ersten Hälfte des 14. Jahrhunderts

Die um 1500 entstandene Buchillustration zeigt das bei Köln gelegene Zisterzienser-Kloster Altenberg mit den von ihm ausgehenden Gründungen, darunter Łekno und Ląd in Polen (untere Zeile).

den schlesischen Herzog sprechen.[19] Der weitere Zweck einer solchen Gründung, die Stärkung der Landesherrschaft des Stifters, verstand sich von selbst. Aus diesem Grunde entstanden dort, wo der Deutsche Orden sich Herrschaftsrechte, ja einen Staat schuf, also in Preußen und in Teilen Livlands, weder Zisterzen noch Klöster der beiden anderen östlich der Grenzen des Reiches aktiven Orden, der Prämonstratenser oder der Augustiner-Chorherren. Das hätte zu konkurrierenden Herrschaftsbildungen führen können.

Auch andere Ritterorden bemühten sich damals um die neu zu besiedelnden Gebiete und um die Unterwerfung der Heiden in dieser Region. Der Berliner Stadtteil Tempelhof zum Beispiel erinnert daran, daß die Templer die ursprünglichen Besitzer dieses zuerst 1247 bezeugten Dorfes waren. Sowohl die Templer wie die Johanni-

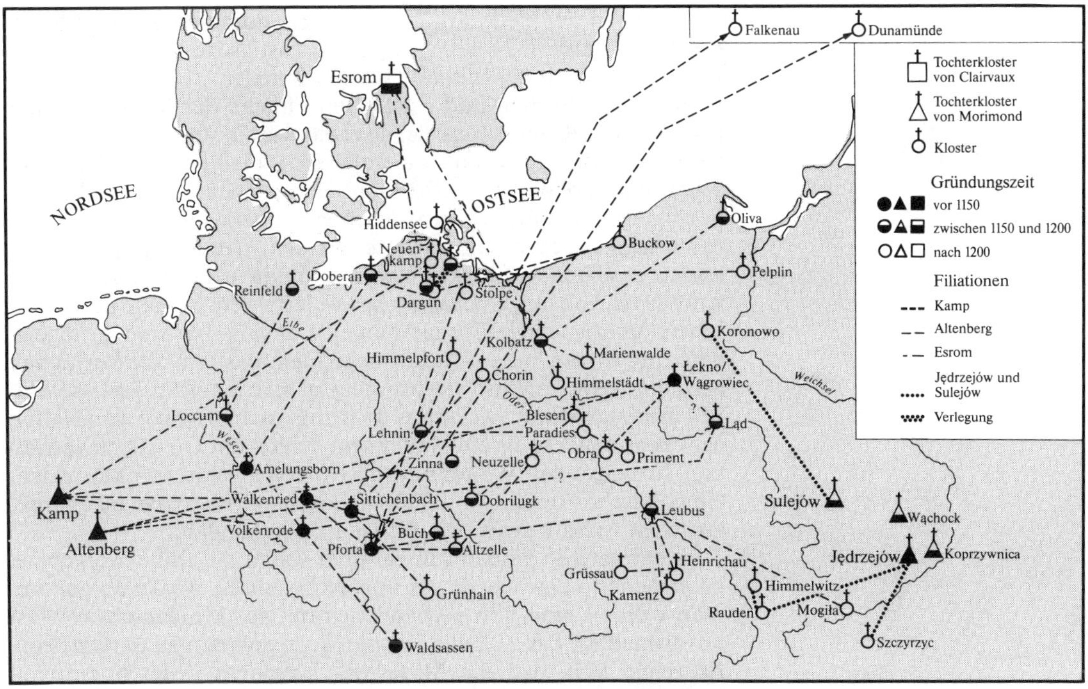

Die Ausbreitung der Zisterzienser-Klöster von Frankreich nach Deutschland und ins östliche Mitteleuropa

Zisterzienser bei der Ernte. Aus einem im Jahre 1500 für das Kloster Zwettl von Jörg Bräu gemalten Altar.

Das Bild zeigt den heiligen Bernhard bei einem Gebet, das ihm die Befreiung von seinem ritterlichen Gelübde und damit die Möglichkeit geben soll, sich an der Feldarbeit zu beteiligen.

ter hatten in der Neumark, in Pommern, Pommerellen und Polen Besitz. Im Jahre 1224 ließ sich gar der kastilische Kreuzzugsorden von Calatrava an der unteren Weichsel nieder.

Für die weltlichen und geistlichen Fürsten der Region war der Einsatz eines Ritterordens, der so etwas wie ein stehendes Heer darstellte, ebenso verlockend wie gefährlich. Ließ er sich als militärisches und politisches Instrument gebrauchen, so war der ihn begünstigende Fürst seinem Nachbarn überlegen. Konzentrierte der Orden dagegen seine Kräfte auf dem neuen Kampfplatz, so konnte er seinen Auftraggeber beiseite drängen. Das war dem König Andreas II. von Ungarn soeben fast widerfahren. Er hatte den Deutschen Orden zum Heidenkampf an die ungarische Grenze eingeladen, und dieser hatte sogleich begonnen, das ihm zur Verfügung gestellte Gebiet politisch selbständig zu machen. 1225, gewissermaßen in letzter Minute, gelang es dem ungarischen König, den Helfer, der etwas anderes als ein Helfer sein wollte, mit Gewalt zu vertreiben. Im folgenden Winter begann Herzog Konrad von Masowien, ein polnischer Teilfürst, mit dem Deutschen Orden über einen militärischen Einsatz gegen die Prussen zu verhandeln.

In den letzten beiden Jahrzehnten waren die früher vergeblich gebliebenen Versuche, dieses Volk zu bekehren, wieder aufgenommen worden, und nun verband sich mit der Missionsabsicht fast unvermeidlich das Ziel, die Prussen auch politisch zu unterwerfen. Es zeigte sich, daß die Mittel der Nachbarn - der pommerellischen und der polnischen Fürsten - nicht hinreichten; die Prussen setzten sich nicht nur zur Wehr, sondern sie griffen ihrerseits die Nachbargebiete an. Der für die Prussen-Mission ernannte Bischof Christian sah seine anfänglichen Erfolge zusammenbrechen. 1218 und dann noch einmal 1221 und 1223 kämpften Kreuzfahrerheere aus den Nachbarländern gegen die Prussen, ohne die Lage jedoch wenden zu können. Das war es, was Konrad von Masowien veranlaßte, den Deutschen Orden für sich zu gewinnen.

Insbesondere dessen Hochmeister Hermann von Salza war offensichtlich zur Herrschaftsbildung fest entschlossen. Schon in Palästina, auf der Insel Zypern und soeben an der ungarisch-heidnischen Grenze hatte er versucht, dem Orden ein eigenes Herrschaftsgebiet zu gewinnen. Das eigene Territorium war auch jetzt Ziel, zumal die beiden anderen Kreuzzugsorden, die Templer und die Johanniter, sich gleichfalls darum bemühten, eigene Territorien zu bilden. Die von der Kreuzzugsbegeisterung getragenen und ohne Zweifel von starken religiösen Impulsen geformten Ritterorden waren zugleich außerordentlich mächtige Bruderschaften. Wo sie sich militärisch stark engagierten, waren sie fast immer stärker als ihre möglichen Gegner. Die Ordensritter waren nicht nur professionelle Kämpfer, sondern sie stellten überdies so etwas wie den Kern eines stehenden Heeres dar, während die aus Laienrittern bestehenden Kontingente immer nur für eine begrenzte Zeit zusammenblieben. Überdies verfügten die Ritterorden dank den ihnen übertragenen Möglichkeiten, den Kreuzzugsablaß zu vergeben, über reiche materielle Mittel. Spätestens nach den ein halbes Jahrzehnt dauernden zähen Verhandlungen mit dem Deutschen Orden, der, anders als in Ungarn, diesmal unbedingt zum Ziel kommen wollte, muß dem Herzog von Masowien deutlich geworden sein, daß er sich auf ein Abenteuer eingelassen hatte.

Hätte er andere Möglichkeiten gehabt? Während der Orden sich um die Urkunden des Kaisers und des Papstes bemühte, die ein rechtliches Fundament für den in Preußen gewollten Staat schufen, suchten der Herzog und Bischof Christian einen eigenen Orden ins Leben zu rufen. Doch im Gegensatz zum Orden der Schwertbrüder, der um 1200 in Livland gegründet worden war und erst 1237 im Deutschen Orden aufging, gelang es dem nach seinem Hauptort benannten Orden von Dobrin nicht, über erste Anfänge hinauszukommen. Nachdem der Deutsche Orden 1231 mit der Eroberung Preußens begonnen hatte, gab es für den Dobriner Orden keine Entfaltungsmöglichkeiten. Im Jahre 1235 wurde er aufgelöst.

Die Eroberung Preußens durch den Deutschen Orden, die sich bis zum Ende des Jahrhunderts hinzog, war überaus blutig. Die Prussen wehrten sich gegen die Unterwerfung und die Veränderung ihrer sozialen Ordnung, welche die Christianisierung zur Folge haben mußte, mit aller Kraft.

Schon während der Kriege begannen die Umgestaltung des Landes und die Einwanderung deutscher Siedler. Der Orden belohnte die Prussen, die sich ihm anschlossen, mit einer Bestätigung und oft auch Vergrößerung ihres Besitzes. Zunächst stattete er auch einige adlige Zuwanderer aus dem Reich mit großen Besitzungen aus. Auf Dauer sollten aber dörfliche Siedlungen und kleinere Einzelgüter charakteristisch für die Besiedlung des Landes werden.

Noch vor der Erschließung des Landes wurden die ersten Städte gegründet. In den benachbarten Ländern hatten Städte schon vorher bestanden, und mit den Zuwanderern aus dem Westen war die neue Stadtverfassung, die städtische Freiheit, eingeführt und die Zahl der Städte vermehrt worden. In Preußen hatte es, abgesehen von dem in der Nähe des späteren Elbing gelegenen Ostsee-Handelsplatz Truso, keine Städte gegeben. Nun gründete der Orden hier fast einhundert Städte. Bis auf die Küstenstädte, die sich an Lübeck orientierten, erhielten sie das Kulmische Recht, das seinerseits jenem Magdeburger Recht folgte, welches der am häufigsten eingesetzte Typus des überall im Gebiet der Ostsiedlung eingeführten deutschen Kolonistenrechts war.

Der Orden ist zwar nicht alleiniger Landesherr in Preußen gewesen, vielmehr hat er sich die Herrschaft mit den vier Bischöfen und den Domkapiteln teilen müssen, doch waren diese bis auf das ermländische Kapitel dem Orden inkorporiert – die Domherren und die Bischöfe waren Priesterbrüder des Deutschen Ordens –, und auch das Ermland war in den preußischen Ordensstaat fest eingebunden. So entstanden in Preußen gleichförmige Siedlungs- und Verfassungsverhältnisse. Auch für die ländlichen Siedlungen wurden im ganzen Lande immer wieder die gleichen Rechtsformen benutzt.

Dennoch ähnelten die Siedlungs- und Rechtsverhältnisse in Preußen den Mustern, die in allen von der Ostsiedlung berührten Ländern verwendet wurden. Wie zum Beispiel in Schlesien oder Pommern wuchsen auch in Preußen die durch die blutige Eroberung des Landes verminderte, danach jedoch bald über die ursprüngliche Zahl hinaus gewachsene einheimische Bevölkerung und die Zuwanderer zu dem zusammen, was man später einen Neustamm nannte. Anders als in Pommern oder Schlesien war die Stellung des Landesherrn in Preußen aber sehr stark. Er hatte weder geistliche noch weltliche Konkurrenten. Einen Adel gab es nicht. Erst im 15. Jahrhundert sollten die Inhaber der großen Güter sich als Adlige zu verstehen beginnen.

Zu der dem Ordensstaat oft nachgerühmten Effektivität trug ein hohes Maß an Schriftlichkeit bei. Doch auch dadurch wurde das Land nicht grundsätzlich aus seiner Umgebung herausgehoben. Die wachsende Verwendung der Schrift und eine gesteigerte Rationalität kennzeichnen den Landesausbau dieser Zeit und das 12. Jahrhundert insgesamt; überall trat jetzt an die Stelle der nur mündlich tradierten Gewohnheitsrechte die schriftlich festgehaltene Norm. Aus den Jahren 1166 bis 1196 stammt das älteste Besitz- und Einkunftsverzeichnis einer adligen Familie, der Falkensteiner Codex, zugleich ein Dokument, das an die Gleichzeitigkeit der – ja auch der Schrift bedürfenden – höfischen Kultur erinnert.[20] Doch war dieses Hilfsmittel der schriftlichen Verwaltung einer adligen Grundherrschaft ein Vorläufer. Adel und Territorien folgten einer Entwicklung, die von den Geistlichen und von den Städten vorangetrieben wurde.

Auf die zunehmende Verwendung des schriftlichen Rechts folgte – zunächst im geistlichen Bereich – die umfassende Systematisierung der überlieferten Normen. Um 1140 stellte der italienische Mönch Gratian eine große Sammlung des Kirchenrechts zusammen, die bald zum allgemein akzeptierten Gesetzbuch wurde. Es sollte den ersten Teil des dann sogenannten Corpus Iuris Canonici darstellen, tiefe Wirkungen auch auf den Umgang mit dem weltlichen Recht haben und jene Verwissenschaftlichung des Rechts fördern, aus welcher dann im 15. und 16. Jahrhundert die Rezeption des – spätantiken – Römischen Rechts folgte, die ihrerseits den Ausbau moderner Staatlichkeit mächtig vorantrieb.

Nachdem im ausgehenden 11. Jahrhundert der wichtigste Teil des nie ganz vergessenen Römischen Rechts, die Digesten, wiederentdeckt worden war, wurde dessen Studium aufgenommen. Wie zur selben Zeit in Paris an theologischen Texten wurde nun in Italien an Normen des Römischen und geistlichen Rechts ein Weg entwickelt, den überlieferten Stoff systematisch zu durchdringen, Widersprüche festzustellen und aufzulösen und durch Interpretation eine Anwendung auch auf sich weiterentwickelnde Verhältnisse möglich zu machen: die scholastische Methode.

Seit dem Humanismus gilt das Wort Scholastik als ein Synonym für unproduktive und autoritätsgläubige Wissenschaft, obwohl doch der Humanismus keineswegs imstande war, die scholastische Wissenschaft durch etwas Neues zu ersetzen. Das sollte erst im Zeitalter der Aufklärung gelingen. Dem 12. Jahrhundert jedoch war Scholastik nur ein anderes Wort für Rationalismus und Intellektualität. Die Heimat dieser neuen Wissenschaft waren die Universitäten, zu denen sich die französischen geistlichen und die italienischen Rechtsschulen nun entwickelten.

Im Reich nördlich der Alpen sollten die Universitäten erst seit der Mitte des 14. Jahrhunderts entstehen, doch hatte Deutschland an den neuen Strömungen Anteil. Einer der prominentesten Besucher

Zeichnung aus dem Falkensteiner Urbar. Graf Sibotto IV. von Falkenstein, seine Frau und ihre zwei Söhne.

der erneuerten französischen Schulen war der Geschichtsschreiber und Bischof Otto von Freising aus der Familie der Babenberger, ein Onkel Kaiser Friedrichs Barbarossa. Und gerade dieser Herrscher wußte die Möglichkeiten zu nutzen, welche das erneuerte Rechtsstudium seinen Herrschaftsansprüchen bot.

Auch der Sachsenspiegel und der Schwabenspiegel bezeugen, daß Deutschland an der erneuerten Rechtskultur teilhatte. Zwischen 1220 und 1230 faßte Eike von Repgow, ein Adliger aus dem östlichen Sachsen, der eine gelehrte Bildung, vielleicht in der Domschule von Halberstadt, genossen haben muß, das bisher nur mündlich überlieferte Gewohnheitsrecht seiner Heimat in einer systematischen Sammlung zusammen, dem aus dem Landrechts- und Lehnrechtsbuch bestehenden Sachsenspiegel. Diese Kodifikation muß, obwohl das Werk eines einzelnen, doch einem allgemeinen Bedürfnis entgegengekommen sein: Nur wenige Bücher hatten einen solchen Erfolg wie der Sachsenspiegel; er wurde unendlich oft abgeschrieben, kommentiert und alsbald wie ein offizielles Gesetzbuch benutzt. Einige seiner Bestimmungen wurden noch in das Bürgerliche Gesetzbuch von 1900 aufgenommen und sind deshalb heute geltendes Recht.

Das Bedürfnis nach einem umfassenden Gesetzbuch war in Süddeutschland nicht geringer als im Norden. So wurde der Sachsenspiegel nach der Mitte des 13. Jahrhunderts südlich der Mainlinie

übersetzt, bearbeitet und zum Deutschenspiegel und zum Schwabenspiegel umgeformt. Eine bedeutende Rolle spielten dabei die Augsburger Franziskaner, in deren Kloster im Zusammenhang mit der Bearbeitung des Sachsenspiegels 1276 auch eine neue Fassung des Augsburger Stadtrechts entstand. Diese Verbindung war überaus charakteristisch; die Bettelorden waren städtische Orden, und sie pflegten die Wissenschaften.

Schon im 11. Jahrhundert waren in Frankreich, Italien und Deutschland Gruppen von Frommen aufgetreten, die sich von der Kirche ihrer Zeit abwandten. Im 12. Jahrhundert entstand namentlich in den großen Städten Italiens und Frankreichs eine Massenbewegung von Menschen, die an der Diskrepanz Anstoß nahmen, welche zwischen den Forderungen des Neuen Testaments und ihrer Gegenwart bestand. Zur Kritik an Kirche und Welt führten aber auch die schnellen Veränderungen, welche das Leben in den großen Städten bestimmten. Niemals zuvor waren so viele Menschen in Bewegung gewesen, hatten sich so viele aus den traditionellen Familienbeziehungen gelöst; niemals zuvor hatte es so viele Alleinstehende, namentlich einzelne Frauen, gegeben.

Die Gruppen und Zirkel, in denen die Frommen jetzt ohne den Beistand von Geistlichen eine Lebensweise nach der Bibel versuchten, mußten die Kirche herausfordern. Waren das Ketzer-Konventikel oder Zeugen einer Erneuerung? Am Ende glaubte die Kirche es mit beiden zu tun zu haben und das eine vom anderen unterscheiden zu können. Die einen Anhänger der neuen Bewegung wurden als Ketzer verfolgt und fast alle vernichtet. Die anderen wurden in neuen Orden aufgefangen.

In der Konfrontation mit abweichenden Glaubenslehren, wie sie so intensiv seit der Spätantike nicht aufgetreten waren, entwickelte die Kirche, namentlich auf dem vierten Laterankonzil von 1215, neue rechtliche Waffen. Nun entstanden eine spezielle Gesetzgebung und eine besondere Gerichtsbarkeit gegen die Ketzer: die Inquisition, die nicht zu Unrecht als ein Schreckenswort gelten sollte, das unbarmherzige Verfolgung bedeutete. Die Inquisition, der von den Päpsten – statt wie bisher gegen die Heiden – nun gegen die Ketzer geführte Kreuzzug und die Interessen des Königs von Frankreich erreichten, daß die größte Gruppierung unter den nonkonformistischen Christen, die vor allem im südlichen Frankreich bestehenden Gemeinden der Katharer, vernichtet wurden. Von der zweiten großen Gemeinschaft, von den Waldensern, blieben nur jene, die abgeschlossen in einigen italienischen Alpentälern überdauern und, gestärkt durch die Reformation, bis in die Gegenwart bestehen konnten.

Aber Katharer, Waldenser und einige weitere verketzerte Gruppen machten nicht die ganze religiöse Bewegung aus. Es gelang der Kirche und namentlich Papst Innocenz III., Franz von Assisi und seine Anhänger vor der definitiven Abkehr von der Kirche zu bewahren und ihre Bewegung in Form eines neuen Ordens in die Kirche aufzunehmen. Franz von Assisi entstammte einem sehr ähnlichen Milieu wie der Kaufmann Valdes aus Lyon, dessen Anhänger

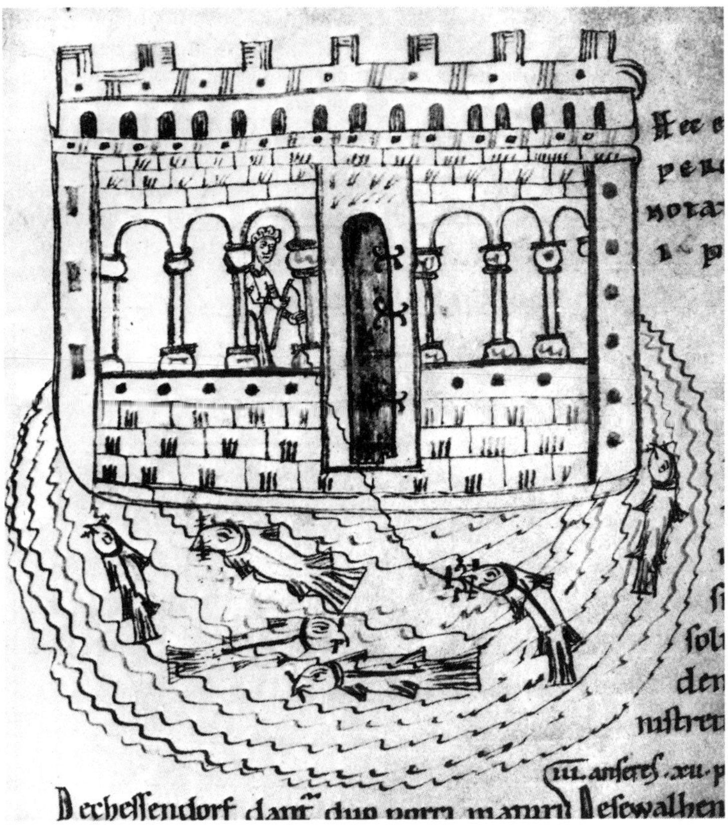

Zeichnungen aus dem Falkensteiner Urbar

Eine Bäuerin stellt Käse her. Die den Falkensteinern gehörende Burg Hernstein mit Weinbau. Die falkensteinische Burg Hartmannsberg mit einem Fischteich. Ein Bauer schlachtet ein Schwein.

sich nach ihm Waldenser nannten; auch er kam aus einer wohlhabenden Textilhändlerfamilie. Schon in seiner Jugend zur radikalen Christus-Nachfolge erweckt, war er selbst nicht mehr als Kaufmann tätig gewesen. Doch verbindet ihn mit Valdes der völlige Bruch mit dem familiären Milieu. Beide wählten die Armut, welche Christus und die Apostel, wie sie meinten, den gläubigen Christen vorgelebt hatten. Auch Franz von Assisi wollte die anderen Gläubigen zu der von ihm erkannten Wahrheit des christlichen Glaubens bekehren, auch er wollte predigen und missionieren, ohne dazu autorisiert zu sein. So hätte er eigentlich als ein verfolgter Ketzer enden müssen.

Warum das nicht geschehen ist, weshalb Valdes zum Ketzer wurde und Franz von Assisi zum Heiligen, ist schwer zu sagen, falls man nicht einfach darauf beharren will, daß die kirchlichen Entscheidungen das Rechte getroffen haben. Immerhin lassen sich einfache Sachverhalte erkennen, darunter die Tatsache, daß der heilige Franziskus eine Generation jünger war als der Begründer der Waldenser-Sekte.

Beide Seiten, Franz von Assisi wie auch die römische Kurie, hatten die Verketzerung des Valdes vor Augen. Für Innocenz III. und seine Nachfolger mußte inzwischen deutlich geworden sein, wie schwer es war, eine ketzerische Bewegung wirklich zu unterdrücken. Franziskus und seine Anhänger dürften nicht weniger klar gesehen haben, wie schnell die Grenze zwischen Frömmigkeit und verfolgter Häresie überschritten werden konnte. So sind beide Seiten einander mit Vorsicht begegnet, und so entstand aus der Bekehrung des heiligen Franziskus am Ende nicht nur ein neuer Mönchsorden, sondern ein neuer Typus des Mönchtums.

Die Franziskaner wie auch die erklärtermaßen zur Bekämpfung der Ketzer gegründeten Dominikaner und die Augustiner-Eremiten, deren Orden später Luther angehören sollte, machten für sich einen wesentlichen Teil dessen wahr, was die religiöse Bewegung erstrebt hatte. Die Mönche der alten Art wie noch zuletzt die Zister-

Die ältesten Dominikaner-Klöster in Mitteleuropa

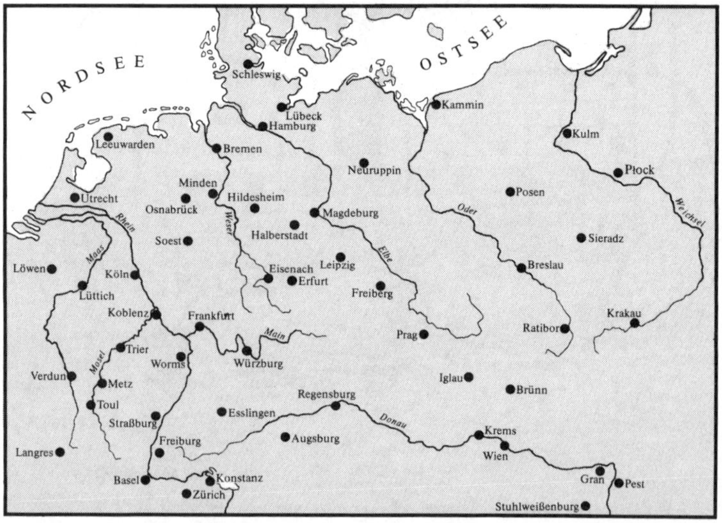

Die Franziskaner-Kirche St. Katharinen in Lübeck. Das Kloster wurde – als eines der frühesten des Ordens – 1225 gegründet. Die Kirche stammt aus der ersten Hälfte des 14. Jahrhunderts.

zienser waren ungeachtet des Pathos der Handarbeit und der Ablehnung von Prunk und Reichtum zum Trotz doch Angehörige einer adligen Welt gewesen. Und sie hatten sich der traditionellen Aufgabe der Mönche verschrieben. Ihr Beruf war nichts anderes als das Gebet für die eigenen Seelen und für die ihrer Wohltäter. Wenn die Zisterzienser gleichwohl durch ihre Niederlassungen in den Ostsiedlungsgebieten der Mission dienten, so lag das im Grunde außerhalb ihres Aufgabenbereichs.

Die Franziskaner, die Dominikaner, die Augustiner-Eremiten dagegen wollten sich nicht von der Welt abwenden, sondern die Menschen für Christus gewinnen. Sie wollten missionieren und wendeten sich alsbald der Bekehrung von Heiden zu. Doch zielte ihre Mission auch auf die schon Getauften. So gründeten sie ihre Klöster in den Städten und so wandten sie sich demonstrativ den Armen zu, die sich hier zusammenfanden.

Wilde Leute auf einem Bildteppich, Basel 1484 bis 1491

Wie immer in der Geschichte des Mönchtums mußte sich der ursprüngliche Entwurf einer Reform Abschwächungen gefallen lassen. Das radikale Armutspostulat ließ sich in der Welt des 13. Jahrhunderts und der nachfolgenden Zeit nicht verwirklichen. Das Ringen um die Armut sollte den Franziskaner-Orden im 14. Jahrhundert fast sprengen. Je mehr sich die Bettelmönche denen zuwandten, die sie für Christus gewinnen wollten, desto mehr mußten sie sich ihnen anverwandeln. Die Frauenklöster der Franziskaner und namentlich der Dominikaner waren im 15. Jahrhundert in ständischer Hinsicht fast so exklusiv wie die alten Klöster. Die Frauen, die sich in ihnen zusammenfanden, entstammten in ihrer Mehrheit alten Ratsfamilien und dem Adel des Landes. Doch schloß das ein regeltreues monastisches Leben nicht notwendigerweise aus, und es kam hinzu, daß sich die Wirksamkeit der städtischen Bettelordensklöster nicht auf die eigenen Mitglieder beschränkte.

Das Verhältnis zwischen den Bettelmönchen und den Stadtbürgern war eng. Die geistliche Versorgung und Belehrung, die den Bürgern seitens des Pfarrklerus zuteil wurde, war nicht selten unzulänglich, und so drängten sich die Bürger, um bei den Bettelmönchen die Beichte abzulegen, das Sakrament zu empfangen, begraben zu werden und vor allem die Predigt zu hören.

In welchem Maße sind die Deutschen im Mittelalter Christen gewesen? Wenn man nicht einfach auf die Taufe und darauf verweisen will, daß die meisten damals Lebenden wohl dem auf dem vierten Laterankonzil von 1215 ausgesprochenen Gebot nachkamen, einmal im Jahr zu beichten und das Abendmahl zu nehmen, läßt sich eine zutreffende Beschreibung nicht ohne Schwierigkeiten geben. Woran soll man Christentum messen? Alles, was man von der religiösen Bildung der ländlichen Bevölkerung während der ersten Jahrhunderte nach der Christianisierung weiß, deutet darauf hin, daß die Überreste heidnischer Gewohnheiten und Vorstellungen außerordentlich wirkungsmächtig waren. Vieles läßt vermuten, daß wesentliche Teile christlicher Glaubenslehren erst im Zeitalter der Reformation von der Mehrheit der Menschen auf dem Lande angenommen wurden. In den Städten war die religiöse Bildung höher, und das war eine Folge davon, daß es nicht nur in den großen, sondern auch in den mittleren Städten wenigstens ein Bettelordenskloster gab. Die Kirchen dieser Klöster waren in ihrer einfachen Architektur nichts anderes als große Predigthallen. Doch waren die Bettelmönche den Stadtbevölkerungen nicht nur als Geistliche nützlich. Sie stellten auch so etwas wie ein intellektuelles Potential dar, und so konnten sie, wie in Augsburg, bei der Weiterentwicklung des Stadtrechts tätig werden oder sich, wie wiederum später in Augsburg oder in Lübeck, als Geschichtsschreiber um die Stadtgemeinden verdient machen.

Im 12. und frühen 13. Jahrhundert hatte sich die Welt schnell und gründlich gewandelt. In der alten Zeit hatten die Menschen nur kleine Siedlungsinseln bewohnt, die in eine weite Fläche von Urwäldern und Heiden eingesprengt waren. Land und »Unland« wurden unterschieden,[21] und der größere Teil der Welt war Unland: ein abweisendes, feindliches Gelände, aber auch jene Sphäre, in der sich der Ritter bewähren konnte. In der Literatur und in der bildenden Kunst des späteren Mittelalters haben sich in Gestalt der Wilden Leute Repräsentanten dieser alten Welt erhalten, wenngleich in reduzierter Form. Am Ende waren sie nur noch Wappenfiguren,[22] obwohl sie ursprünglich doch den Normalzustand der Welt repräsentierten.

Nicht nur soziale, auch technische Neuerungen hatten dazu beigetragen, daß die Urwälder gerodet, die undurchdringlichen Dikkichte durchsichtig gemacht und die Siedlungsgebiete miteinander verbunden wurden. Im 12. Jahrhundert wurde der schollenwendende Pflug ebenso auf breiter Front eingesetzt wie die Wassermühlen. Daneben standen die von Menschenkraft betriebenen Kräne, die es nun erlaubten, schwere Gesteinsquader hochzuwinden - ihre Spuren finden sich allenthalben an den Bauten der staufischen Zeit.

Die Welt war freundlicher geworden. Die Urwälder, in deren Finsternissen sich menschenfeindliche Ungeheuer verbargen, waren zurückgedrängt. Sie waren nur noch ein literarisches Motiv. Doch standen solchen Fortschritten wie stets Verluste gegenüber. Die Welt war auch eng geworden. Rodungen und Landesausbau erober-

Ein Stück der Straße, die von Göttingen nach Thüringen führte.

Das Land war nun auch durch Straßen erschlossen, aber diese Straßen waren nichts weiter als von Pferden und Wagen allmählich geschaffene Hohlwege oder unbefestigte Feldwege. Schwere Lasten konnte man auf ihnen nur unter hohen Kosten transportieren, und so war der Ausgleich von Hungersnöten durch den Transport von Getreide über weite Strecken nicht möglich.

Ein Blick auf Sterzing in Tirol läßt erkennen, wie bescheiden selbst die Dimensionen internationaler Handelswege sein konnten. Die durch die Stadt führende Straße kommt vom Brenner und stellte den wichtigsten über die Alpen führenden Handelsweg dar.

ten der menschlichen Kultur nicht nur neue Räume, sondern sie riefen auch Zusammenstöße hervor. Aus der Regierungszeit Landgraf Ludwigs von Thüringen (1140-1172) ist eine Urkunde überliefert, die das deutlich macht. Der Fürst bietet in diesem Text den »silvanorum extirpatores«, den Leuten, die den Wald roden, seine Grüße. Doch folgt diesen Grüßen ein barscher Befehl. Der Fürst, der seine eigene Landeshoheit vor allem auf die Rodung bisher unbebauten Landes stützte, befiehlt den Empfängern der Urkunde, schleunigst das Land, wo sie tätig waren, zu verlassen. Er droht ihnen mit Feuer, Plünderung und Lebensgefahr.[23]

In einem berühmten Gedicht Walthers von der Vogelweide, das seine Interpreten mit der Überschrift »Elegie« zu versehen pflegen, findet sich eine Beobachtung, die auf einen ähnlichen Sachverhalt zielt.[24] Der Dichter spricht davon, in wie erschreckendem Maße sich die Welt in der Zeit seines eigenen Lebens verändert habe. War sein

Leben ein Traum oder Wirklichkeit? Er behauptet, das nicht sagen zu können. Doch dann, so schreibt er, sei er erwacht, und er habe eine ihm ganz fremde Welt vorgefunden. Nicht nur die Leute, die er als Kind gekannt habe, seien ihm fremd geworden; das Landschaftsbild selbst habe sich verwandelt: »Gebreitet ist daz velt / verhouwen ist der walt. Wan daz wazzer fliuzet, / als ez wilent floz.« Der Wald ist gerodet, und die Felder sind verteilt. Kein Freiraum also mehr für Abenteuer, kein Platz auch für Herrschaftsbildungen. Und wenn Walther hinzufügt, daß immerhin doch das Wasser so wie bisher fließe, so traf selbst das für viele Landschaften nicht mehr zu. Wo nun in großer Zahl neu erbaute Wassermühlen das Getreide verarbeiteten, mußten ihnen die Wasserläufe dienstbar gemacht werden.

Man sollte solche Zeitkritik des Dichters nicht überschätzen, aber man sollte Walther von der Vogelweide nicht einfach unterstellen, daß er nur der Vergangenheit verhaftet war. Sicherlich focht er gegen Windmühlenflügel, aber er hatte doch recht. Die Verteilung der Ackerflächen und die Rodung des Waldes ließen sich nicht rückgängig machen, und mit dem freien Fluß der Wasserläufe sah es noch schlimmer aus, als sein Gedicht glauben machte. Die alte Zeit der tiefen Wälder und der märchenhaften Abenteuer war vorbei. Aber die neue Zeit hatte nicht nur unfreundliche Züge. Zu ihr gehörten Bauern- und Bürgerfreiheit, aber auch eine Intensivierung der Herrschaftsformen. Zu ihr gehörte die neue Wissenschaft, aber auch die Inquisition. Die Welt wurde im 12. und frühen 13. Jahrhundert gleichzeitig weiter und enger.

2.
Die Zeit der frühen Staufer

1. Lothar III. und die Anfänge der Staufer

Am 23. Mai 1125 starb, wohl 39 Jahre alt, Kaiser Heinrich V., der letzte König und Kaiser aus der Familie der Salier. Die nun anstehende Königswahl war schwierig. Der Kaiser hatte keinen Sohn hinterlassen. Zwar stand den Großen des Reiches die Wahl des neuen Königs in jedem Fall zu, doch wäre ein Sohn des verstorbenen Königs mit Sicherheit zu dessen Nachfolger gewählt worden. So war es bei Heinrich V. selbst gewesen und bei seinem Vater und bei seinem Großvater auch. Sein Urgroßvater dagegen, Konrad II., der erste König aus der Familie der Salier, war im Jahre 1024 unter ganz ähnlichen Umständen gewählt worden wie nun wiederum gewählt werden mußte. Damals wie jetzt existierte kein Thronfolger und damit kein unumstrittener Kandidat.

Im Jahre 1024 waren unter den Bewerbern am Ende zwei übriggeblieben, für die vor allem ihre Abstammung sprach. Sie hatten Vorfahren höchsten Ranges und Ansehens und waren beide Ururenkel Kaiser Ottos I. In ihnen setzte sich die für unsere Begriffe im Jahre 1024 ausgestorbene sächsische Dynastie fort. Auch jetzt, im Jahre 1125, war mit dem Tod des söhnelosen Heinrich V. die salische Dynastie nach damaligem Verständnis keineswegs ausgestorben. Obwohl sich im 12. Jahrhundert das für spätere Zeiten so selbstverständliche dynastisch-genealogische Denken in vom Vater auf den Sohn und allenfalls auf einen jüngeren Bruder führenden Linien durchzusetzen begann, bewertete man auch entferntere verwandtschaftliche Beziehungen hoch.

So fanden sich unter den Bewerbern um die Nachfolge des verstorbenen Königs zwei Fürsten, die mit ihm so nahe verwandt waren, daß sie die Nachfolge geradezu beanspruchen konnten. Ausdrücklich hat sich von diesen beiden Bewerbern, den Herzögen Friedrich und Konrad von Schwaben, nur der ältere der beiden Brüder, Friedrich, um die Krone bemüht. Seine Gegenkandidaten waren Markgraf Leopold III. von Österreich und Herzog Lothar von Sachsen, ein damals fünfzigjähriger Fürst. Daß er im Jahre 1106 zum Herzog erhoben worden war, hatte er gewiß auch dem nicht allzu großen Besitz seiner Familie zu verdanken. Danach hatte er seine Position durch eine Reihe von Erbschaften jedoch ausbauen können. Er hatte die sächsische Opposition gegen Kaiser Heinrich V. angeführt und war nun der mächtigste Fürst in Sachsen.

Obwohl von der Wahl des Jahres 1125 in Mainz viele Einzelheiten überliefert sind, obwohl wir uns ein Bild von den tumultuarischen Vorgängen machen können,[1] welche die Wahl bis an den Rand gewaltsamer Auseinandersetzungen führten, läßt sich doch nicht sicher sagen, warum am Ende Lothar gewählt wurde. Um so sicherer ist, daß Herzog Friedrich diese Wahl als einen schweren Affront ansah und sich mit der neuen Situation nicht abfinden wollte. Er verweigerte sich den Ansprüchen des gewählten Königs und wurde geächtet. Als zwei Jahre später sein jüngerer Bruder Konrad, der auf einer Pilgerreise im Heiligen Land gewesen war, wieder auf der politischen Bühne Deutschlands erschien, war er noch weniger bereit, die Ansprüche seiner Familie aufzugeben. Er ließ sich von seinen schwäbischen Anhängern zum König, das heißt zum Gegenkönig Lothars III., wählen.

Nun standen sich nicht nur zwei konkurrierende Herrscher gegenüber, sondern zwei Dynastien. Der Kampf zwischen Konrad und Lothar ist das erste Kapitel einer generationenlangen Auseinandersetzung zwischen den schwäbischen Herzögen, den Staufern, und - wie man mit Blick auf die nächsten Jahrzehnte sagen muß - den Welfen.

Dieser Familie gehörte zwar Lothar nicht an, doch setzte die welfische Dynastie die mit ihm begründete Tradition fort, da er keine Söhne hatte und seine einzige Tochter, Gertrud, mit dem Herzog von Bayern, Heinrich dem Stolzen aus der welfischen Familie, verheiratet war. Diese Verbindung war der Preis für die Zustimmung der bayerischen Adligen zur Wahl Lothars gewesen. So standen sich also - von den späteren Auseinandersetzungen her gesehen - nun zum ersten Mal Staufer und Welfen gegenüber, und das wog um so schwerer, als es sich bei ihnen sowie den Markgrafen von Österreich, den Babenbergern, um die drei mächtigsten fürstlichen Familien in Deutschland handelte.

Die Welfen waren eine alte hochadlige Dynastie, deren Anfänge sich bis ins 8. Jahrhundert, also bis in die Karolingerzeit, zurückverfolgen lassen. Auch die Babenberger, die zweite der 1125 am Thron interessierten Familien, waren schon im 10. Jahrhundert eine im Südosten des Reiches mächtige Dynastie gewesen. Die Geschichte der Staufer reicht nicht in so alte Zeiten zurück oder scheint es jedenfalls nicht zu tun. Der älteste Staufer, den man kennt, war der Urgroßvater des Thronprätendenten von 1125, ein Mann mit Namen Friedrich, der in der ersten Hälfte des 11. Jahrhunderts gelebt haben muß, also ein Jahrhundert vor der strittigen Wahl. Von ihm weiß man buchstäblich nichts anderes, als daß er einen Sohn gleichen

Kloster Königslutter östlich von Braunschweig

Wie andere Hochadlige hat sich auch Lothar III. um die Sicherung seiner Dynastie durch die Gründung eines Hausklosters bemüht. Der Grundstein der Kirche wurde 1135 in Gegenwart des Kaisers gelegt. Der Bau ist mit vielen Skulpturen geschmückt, wie zum Beispiel Kapitellen mit Blattwerk und Menschen- und Tierköpfen.

Im Boden unter der Kirche von St. Fides in Schlettstadt, Elsaß, wurde eine Frau bestattet, deren Leichnam mit Kalk übergossen wurde, so daß ungewollt eine Totenmaske entstand. Mit großer Wahrscheinlichkeit handelt es sich bei der Verstorbenen um die Gattin eines frühen Staufers und damit um eine Vorfahrin zum Beispiel Barbarossas.

Namens hinterließ. Daß er ein mächtiger Mann gewesen sein muß, ergibt sich nicht nur daraus, daß sich einer seiner Urenkel ein Jahrhundert nach ihm um die Krone bewarb und ein weiterer Urenkel, der schon genannte Konrad, bei der nächsten Wahl tatsächlich zum König gewählt werden sollte. Schon die Ehe des zweiten bekannten Staufers, Friedrichs von Büren, läßt den Rang der Familie erkennen. Friedrich von Büren heiratete eine vornehme elsässische Grafentochter, und das wäre ihm nicht möglich gewesen, wenn er der Sohn eines unbedeutenden schwäbischen Lokaladligen gewesen wäre.

In der nächsten Generation wird der Rang der Familie dann vollends deutlich. Friedrich, der Sohn Friedrichs von Büren, heiratete eine Tochter König Heinrichs IV., er wurde also der Schwager des 1125 verstorbenen Königs Heinrich V., und der ernannte ihn zum Herzog von Schwaben. Ein Bruder des Herzogs wurde Domherr und Bischof von Straßburg, und das ist angesichts der Strenge, mit der das Straßburger Domkapitel über die hochadlige Herkunft seiner Mitglieder wachte, ebenfalls ein deutliches Anzeichen dafür, daß es sich bei den Staufern um eine mächtige und alte Familie handelte, deren Anfänge nicht erst im frühen 11. Jahrhundert gelegen haben können.

Wenn man in der süddeutschen Adelsgeschichte aufgrund der Namen- und Besitzüberlieferung nach älteren Vorfahren dieser Familie fragt, so stößt man auf eine Familiengruppe, in der die »Leitnamen« Friedrich und Sieghart bevorzugt wurden und die seit dem frühen 10. Jahrhundert Besitzungen in Österreich und Bayern, aber auch in der Gegend von Nördlingen hatte und ihren Besitz nach Westen erweiterte. Zur Zeit des Investiturstreits war diese Familie in die kleine Gruppe der Reichsfürsten aufgestiegen.[2] Die meisten der großen schwäbischen Adligen hatten sich damals auf die Seite der Kirchenreformer und der Gegner des Königs gestellt. Aus ihrem Kreise kam der Gegenkönig, der 1077, kurze Zeit nach dem berühmten Bußgang König Heinrichs IV. nach Canossa, gewählt wurde: der Herzog von Schwaben, Rudolf von Rheinfelden.

Schon mit der Wahl des Herzogs zum König und erst recht mit seinem Tode in der Schlacht im Jahre 1080 war das Herzogtum Schwaben frei. Das war der Moment, in dem der König nun Friedrich, den Vater des Thronprätendenten von 1125, zum Herzog von Schwaben einsetzte. Der König band den neuen Herzog noch fester an sich und seine Sache, indem er ihm die Hand seiner damals noch siebenjährigen Tochter versprach. Der Altersunterschied zwischen dem Herzog und seiner künftigen Frau machte es möglich, daß diese sich nach Herzog Friedrichs Tod noch einmal verheiraten konnte, und zwar mit einem Babenberger. Einer der Söhne aus dieser Ehe war der Bischof Otto von Freising, der große Geschichtsschreiber der frühen Stauferzeit.

Zu dem Heiratsgut der Tochter Heinrichs IV. gehörte ein Ort, der in der staufischen Geschichte eine große Rolle spielen sollte: Waiblingen, heute eine fünfzehn Kilometer östlich von Stuttgart gelegene Kreisstadt, im 9. Jahrhundert eine Königspfalz. Welche Gestalt Waiblingen um 1100 hatte, läßt sich nicht erkennen. Dieser Ort erschien den Italienern später so typisch staufisch, daß sie die Staufer nach ihm Waiblinger, italienisch: Ghibellinen, nannten.

Ghibellinen und Guelfen (Welfen) sollten auch noch längst nach dem Ende der Staufer die klassischen italienischen Parteinamen sein. Wo in einer Stadt zwei Familiengruppen um die Macht kämpften, nannten sie sich fast immer Guelfen und Ghibellinen, auch wenn sie nicht die Sache des Kaisers beziehungsweise die seiner Gegner auf ihre Fahnen geschrieben hatten.

Das Heiratsgut, das der neue schwäbische Herzog erhielt, bestand nicht nur aus Waiblingen, doch war der ihm durch diese Ehe zugefallene Machtzuwachs allein noch nicht so groß und sicher, daß er tatsächlich die Basis einer fürstlichen Stellung hätte sein können. Auch die neuerworbene Herzogswürde konnte das nicht gewährleisten. Der neue Rang mußte in langen Kämpfen behauptet werden, da die Gegner des Königs ihrerseits einen Herzog eingesetzt hatten.

Am Ende hat sich Friedrich durchsetzen und das neue Herzogtum behaupten können, und seine Söhne haben diese Macht rasch ausgebaut. Gelungen ist ihnen das vor allem deshalb, weil sie sich energisch darum bemüht haben, ihren Besitz zu modernisieren, indem sie ihre Herrschaftsrechte zusammenfügten, um am Ende geschlossene Gebiete, Territorien, zu beherrschen. Sie haben sich intensiv und erfolgreich um den Ausbau der Landesherrschaft bemüht.

Was das heißen konnte, berichtet Otto von Freising von dem zweiten schwäbischen Herzog aus dem staufischen Hause, dem Thronprätendenten von 1125.[3] Herzog Friedrich, so schreibt der Chronist, habe das linke Oberrheinufer von Basel bis Mainz dem König gesichert, indem er eine Burg errichtete, deren Umland unter-

Der Staufen, ein seine Umgebung weit überragender Berg zwischen Göppingen und Schwäbisch Gmünd, hat den Staufern den Namen gegeben. Die Stammburg der Staufer auf dem Berg wurde 1525 im Bauernkrieg zerstört.

Kapitell aus dem staufischen Hauskloster Lorch

warf, dann die nächste Burg erbaute und so fort. Dieses Verfahren sei so charakteristisch für ihn gewesen, daß man seine Art, die Herrschaft zu konsolidieren, in einem Sprichwort zusammengefaßt habe: Herzog Friedrich schleppt immer am Schwanze seines Pferdes eine Burg mit sich.

Ebenso wie hier das Reichsgut behandelte der Herzog auch seinen Familienbesitz, und das eine war von dem andern nicht immer zu trennen. Am Ende errichteten die Staufer nicht nur Burgen, sondern sie nannten sich auch nach einer Burg, so wie die Habsburger oder die Hohenzollern und viele andere Hochadelsfamilien sich damals nach Burgen zu nennen begannen. Sie gaben auf diese Weise zu erkennen, daß sie sich in einer neuen Art als Familienverbände konstituierten. Die Staufer nannten sich nach einer Burg zwischen Schwäbisch Gmünd und Göppingen, ungefähr fünfzig Kilometer östlich von Stuttgart. Diese lag auf einem mit einer Höhe von 486 Metern eine weite Umgebung überragenden Berg, der die Gestalt eines Kegelstumpfes hatte und wegen dieses Aussehens den Namen Stauf führte - wie viele andere Berge in Deutschland.

Nicht weniger typisch für einen damals mit einer Burg besetzten Berg ist seine zwar einerseits abgelegene, im Hinblick auf die weitere Nachbarschaft aber doch verkehrsgünstige Lage. Von diesem Berg ließen sich nämlich die Straßen von Speyer nach Nördlingen und nach Ulm kontrollieren.

Die Landesherrschaft wurde nicht nur durch Burggründungen abgesichert und verdichtet. In nächster Nähe der Burg Staufen wurden zwei Städte angelegt: Göppingen und Schwäbisch Gmünd. Die aus späterer Zeit bekannten Reichsministerialen-Familien von Gmünd lassen ebenso wie die Überreste von großen Steinbauten aus der staufischen Zeit den Rang erkennen, welcher der Stadt rasch zuwuchs. Etwa vier Kilometer westlich von Gmünd entstand im Remstal das Kloster Lorch. Dessen Gründung war für den Aufstieg der staufischen Dynastie wenigstens ebenso wichtig wie die Anlage der Burg und der Städte.

Seit dem späten 11. Jahrhundert waren hochadlige Familien nicht nur zu großen Schenkungen an Klöster und zur Gründung neuer Klöster bereit, sondern sie waren nun auch in der Lage, als Vögte

Im späten Mittelalter erneuertes staufisches Stiftergrab in Lorch

diese Klöster kontinuierlich zu schützen und für sich selbst zu bewahren. Diese Fähigkeit aber wuchs den Gründerfamilien bis zu einem gewissen Grade von den Klöstern her zu. Die Klöster vermehrten ihre Macht und verhalfen den adligen Familien zu einer stärkeren Kontinuität von Generation zu Generation.

Das Kloster Lorch war den Staufern jedoch nicht nur über die Vogtei, sondern noch auf eine andere Weise verbunden, die sich schon aus der engen Nachbarschaft zwischen der Burg und dem Kloster ablesen läßt. Lorch sollte nicht nur ein Herrschaftszentrum dieser Familien sein, sondern auch ihr geistlicher Mittelpunkt, ihr Hauskloster. Hier sollten die Staufer künftig begraben werden, und die Mönche des Klosters sollten nicht nur mit Gebeten und Gottesdienst an den Gräbern der Familie für die Staufer tätig sein, sondern sie sollten das noch auf eine andere, mit dem gottesdienstlichen Totengedächtnis eng zusammenhängende Weise tun, nämlich durch Geschichtsschreibung.

Das liturgische Totengedenken wurde auf diese Weise eine der Wurzeln der mittelalterlichen Geschichtsschreibung. Die Mönche konnten der Toten nur dann gedenken, wenn sie ihre Namen auf-

Die Grundlagen der Herrschaft des Herzogs von Schwaben

schrieben, und von Namenslisten zu biographischen Aufzeichnungen und chronikalischen Darstellungen der wichtigsten Begebenheiten war der Weg nicht weit. Wenn ein Mönchskonvent den Auftrag bekam, auch für die schon verstorbenen Mitglieder einer Familie zu beten, mußten die Namen der Verstorbenen gefunden, mußte so etwas wie Geschichtsforschung betrieben werden.[4] So geschah es hier. Unsere Kenntnis von der frühen Geschichte der Staufer hängt zu einem gut Teil von den im Kloster Lorch überlieferten Nachrichten ab.

Die fundamentale Bedeutung der Hausklöster für die Konstituierung jener hochadligen Dynastien, welche die deutsche Geschichte der nächsten Jahrhunderte prägen sollten, wird vollends am Beispiel des welfischen Klosters Weingarten und dem des habsburgischen Klosters Uri deutlich. So groß war die Leistung von Lorch für die Staufer nicht. Das hat offensichtlich damit zu tun, daß die im engeren Sinne dynastische Zeit der Staufer nur ein halbes Jahrhundert dauerte. Von der zweiten Hälfte des 12. Jahrhunderts an beanspruchten sie, ein Königsgeschlecht zu sein. Das Königtum aber hatte in Deutschland kein Zentrum, und so sollte es für die Angehörigen der staufischen Königsfamilie auch keinen festen Ort der Traditionspflege über mehrere Generationen hin geben. Einige von

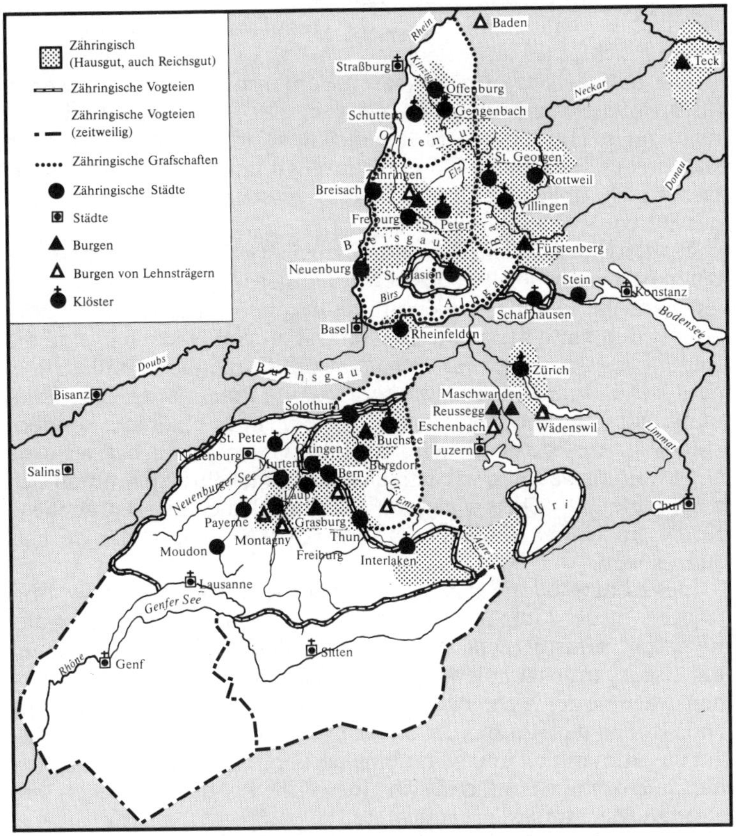

Der Machtbereich der Zähringer

ihnen wurden tatsächlich in Lorch begraben, andere aber in Städten mit königlicher Tradition, wie zum Beispiel in Bamberg. Und im 13. Jahrhundert spiegelte sich das große Gewicht, das Apulien und Sizilien für die Staufer hatten, in ihren sizilischen Grablegen.

Im Jahre 1125 verfügten die Staufer über eine mächtige Stellung, die sie zu einem beträchtlichen Teil durch Königsnähe erworben hatten. Das Heiratsgut der Schwester des Königs und vor allem der Dienst für den König hatten ihren Besitz vermehrt. Herrschaftsbildung zugunsten des Königs oder mit Blick auf die eigene Familie: das ließ sich in einer Zeit, die Familiengut und Reichsgut noch nicht reinlich trennte, ebenfalls nicht voneinander trennen, zumal dem Reich ja auch die Macht derer zugute kam, die für das Reich tätig waren und mächtig wurden.

Solange der König und sein Herzog einig waren, konnten sich Schwierigkeiten aus einem gemeinsamen Ausbau von Reichs- und Familienbesitz nicht ergeben. Umgekehrt aber mußte die Wahl eines politischen Gegners zum König notwendig zu heftigen Konflikten führen. Nachdem 1125 nicht der Staufer, der nach bisherigem Herkommen einen Anspruch auf den Thron zu haben meinte, zum König gewählt worden war, sondern der sächsische Herzog, mußten aus der nun unvermeidlich schärferen Scheidung von Familiengut und Reichsgut Streitigkeiten folgen. Der neu gewählte König war verpflichtet, von den Staufern die Herausgabe des südwestdeutschen Reichsgutes zu verlangen.

Die Staufer setzten sich diesen Forderungen nicht nur wegen ihrer Enttäuschung über den Ausgang der Königswahl und auch nicht nur im Hinblick auf ihre eigenen Besitzinteressen entgegen. Es wäre in der Tat schwierig und nicht selten unmöglich gewesen, die bisher nicht übliche scharfe Trennung zwischen Reichs- und Familiengut vornehmen zu wollen.

Dort, wo eine solche Scheidung möglich gewesen wäre, hätte sie einen beträchtlichen Teil des Territorialisierungsprozesses rückgängig gemacht. Gerade das Zusammenlegen von Reichs- und Familienrechten hatte die dichte Konzentration von Herrschaft und die Bildung geschlossener Herrschaftsbezirke ermöglicht: im Elsaß, in der Pfalz, in Franken um Nürnberg und um Rothenburg. Eine Trennung hätte hier die Herrschaftsgebiete nicht nur halbiert, sondern aufgelöst. Anstelle der gerade erreichten Gebietsherrschaft wäre die alte Streuung der Herrschaftsrechte zurückgekehrt. So mußten sich die Staufer geradezu weigern, das angebliche oder tatsächliche Königsgut in ihrer Hand überall dort, wo der König es verlangte, herauszugeben.

Das Königs- oder Reichsgut war in allen Jahrhunderten des Mittelalters in der Gefahr, entfremdet zu werden, und die Aufgabe, Reichsgutverluste nicht nur zu verhindern, sondern verlorenes Reichsgut zurückzuholen, verlorene Reichsrechte zurückzugewinnen, war eine der wichtigsten Pflichten der mittelalterlichen Könige. Die Großen des Reiches erwarteten vom König, daß er das Reichsgut zusammenhielt und wenn möglich vergrößerte – aber sie achteten gleichzeitig darauf, daß sich eine solche Politik nicht gegen ihre eigenen Machtgrundlagen richtete.

König Lothar III. mußte also versuchen, Reichsgut von den Staufern zurückzugewinnen. Noch im Jahr seiner Wahl suchte er staufische Herrschaftsgebiete auf – im Zuge des Umritts, jener mehr

Pfarrkirche von Bosau, gegründet 1151

Zur Zeit Lothars III. und gefördert von diesem Herrscher begannen Missions- und Siedlungsbemühungen im Nordosten des Reiches. Das östliche Holstein wurde in kurzer Zeit christianisiert und deutschen Herrschern unterworfen. Zu den ältesten Bauten in dieser Region gehört diese Kirche, deren Pfarrer der bekannte Geschichtsschreiber Helmold war.

Eine Zeichnung, die im Rom des 16. Jahrhunderts entstanden ist, gibt eines der Fresken wieder, die zwischen 1133 und 1143 im Lateranpalast angebracht wurden, Kaiser Lothar als päpstlichen Lehnsmann darstellten und in den Jahren 1155 und 1157 von Barbarossa bekämpft wurden. Das in der Zeichnung erhaltene Fresko tut das offensichtlich nicht. Die Unterschrift ist ein Zitat aus der Darstellung Ottos von Freising.

oder minder systematischen ersten Reise durch das Reich, die seit dem frühen 11. Jahrhundert den traditionellen Beginn der Herrschaft eines Königs in Deutschland darstellte. Begleitet von mehreren hundert Personen mußte der Neugewählte nun erproben, ob ihn die Mächtigen im Lande tatsächlich anerkennen würden und welche Möglichkeiten ihm sein Königsamt gab. Im November 1125 definierte eine Fürstenversammlung in Regensburg jene scharfe Trennung von Hausgut und Fürstengut, die der König wünschen mußte.[5] Als sich am Ende des Jahres in Straßburg zeigte, daß der Stauferherzog sich einer gerichtlichen Auseinandersetzung verweigerte und nicht vor dem König erschien, wurde er geächtet.

Der nächste Schritt mußte der Reichskrieg sein, aber dieser Krieg scheiterte zunächst daran, daß der König militärisch in Böhmen engagiert war. Und auch als er die Hände einigermaßen frei hatte, kam er gegen den Staufer doch nicht recht voran. Die Grundlagen der Macht König Lothars III. lagen in Norddeutschland. Wollte er gegen einen mächtigen süddeutschen Fürsten Krieg führen, so war er auf den guten Willen derer angewiesen, die in Süddeutschland sonst noch mächtig waren und nicht auf der anderen Seite standen.

Solche Verbündeten hatte der König durchaus. Vor allem die zweite große süddeutsche Dynastie, die welfische, stand auf seiner Seite, nachdem Lothar seine Tochter an den Herzog von Bayern aus dem welfischen Hause verheiratet hatte. Doch standen auch die Staufer nicht allein. Sie und ihr Anhang waren ungefähr ebenso stark wie der König und seine Verbündeten, und da es der König war, der die Machtverhältnisse ändern wollte, da er also beispielsweise Burgen erobern mußte, wenn er sein politisches Ziel erreichen wollte, war seine Lage zunächst ungünstig. Die Staufer konnten sich auf die Verteidigung beschränken. Das haben sie getan, und der König kam nicht gegen sie voran. Die Staufer konnten sogar offensiv werden – bis hin zu jener schon erwähnten Königswahl von 1127. Damals ließ sich der jüngere Staufer, Herzog Konrad, gegen Lothar III. zum König ausrufen.

Falls Konrad sein Königtum durchsetzen wollte, mußte er den Kampf über Süddeutschland hinaus ausdehnen, und so hat er vor allem versucht, sich die italienischen Machtmittel des Königtums zunutze zu machen. Tatsächlich erreichte Konrad sogar die Krönung mit der lombardischen Krone, doch war das vor allem eine Folge der Streitigkeiten zwischen Mailand und dem Papst. Daß der Versuch, den Streit auf das ganze Reich auszudehnen, am Ende erfolglos war, zeigte sich im Jahre 1130 in aller Deutlichkeit. Obwohl es damals zu einer strittigen Papstwahl und zu einem Papstschisma kam, gelang es den Staufern nicht, eine Koalition mit jenem Papst zu bilden, der gegen den von König Lothar III. anerkannten Papst stand. Und als sich dieser Papst, Innocenz II., alsbald durchzusetzen verstand, wuchs das Ansehen des Königs. Im Jahre 1133, als er noch mit den Staufern im Krieg lag, wurde er in Rom zum Kaiser gekrönt und konnte er die herkömmliche kaiserliche Position in Italien zur Geltung bringen. Nach seiner Rückkehr hatte er auch militärische Erfolge in Schwaben, so daß sich die Staufer schließlich im Jahre 1135, ein Jahrzehnt nach der Wahl, Lothar III. unterwarfen oder jedenfalls zu einem Ausgleich bereit waren. Konrad verzichtete auf das Königtum, und der König scheint seinerseits darauf verzichtet zu haben, weitere Herrschaftsrechte von den Staufern zu erhalten. So konnte die mächtige schwäbische Dynastie ihre Machtposition bewahren. Als Kaiser Lothar Ende des Jahres 1137 starb und abermals eine Königswahl anstand, gehörten die Staufer wiederum zu den mächtigsten Familien des Reiches.

2. Konrad III.

Ebenso wie bei der Königswahl des Jahres 1125 gab es auch jetzt keinen Fürsten, dem die Königswürde nach herkömmlichem Brauch ohne weiteres zugestanden hätte. Aufgrund seiner Macht und im Hinblick auf seine nahe familiäre Verbindung mit dem verstorbenen König konnte aber dessen Schwiegersohn, Herzog Heinrich der Stolze von Bayern, der Welfe, erwarten, gewählt zu werden - ganz ähnlich wie zwölf Jahre zuvor Herzog Friedrich von Schwaben.

Die fürstlichen Wähler stellten sich auch diesmal gegen das Herkommen. Sie wählten nicht den Welfen, sondern einen Staufer, Konrad, den einstigen Gegenkönig, den Bruder also des Kandidaten von 1125, obwohl Herzog Friedrich von Schwaben noch lebte.

Warum war die Führung des staufischen Hauses auf den jüngeren Konrad übergegangen? Vielleicht liefern jene späteren Quellen eine Erklärung, die Herzog Friedrich den Einäugigen nennen.[6] Falls diese Einäugigkeit des Herzogs infolge einer Verwundung erst nach 1125 eingetreten wäre, ließe sich der Wechsel von ihm zu seinem jüngeren Bruder gut verstehen. Ein Einäugiger, ein körperlich Versehrter, hatte keine guten Aussichten auf den Thron. Zu den traditionellen Voraussetzungen, die ein König im Mittelalter erfüllen mußte, gehörte nicht zuletzt die körperliche Unversehrtheit. Entsprechend heißt es im Sachsenspiegel, der großen Aufzeichnung norddeutschen Gewohnheitsrechts im frühen 13. Jahrhundert: Einen lahmen oder aussätzigen Mann sowie auch jemanden, der mit Recht im Banne des Papstes ist, darf man nicht zum König wählen.[7]

Der Sinn dieser Bestimmung, die ein altes Gewohnheitsrecht wiedergibt, scheint einsichtig. Das Amt der mittelalterlichen Könige war mit außerordentlichen körperlichen Anstrengungen verknüpft. Nicht erst der Krieg, sondern schon der Frieden nötigte sie zum ständigen Ritt durch das Reich. Konrad III. sollte in den fünfzehn Jahren seiner Regierung dreizehnmal nach Regensburg reisen, viermal nach Aachen, zweimal nach Basel, aber auch nach Braunschweig, Magdeburg und Prag, nach Utrecht, Echternach und Metz. Das ganze Jahr hindurch, unterbrochen nur durch die Feiern der hohen Kirchenfeste und gelegentliche Jagdaufenthalte, bewegten sich der König und sein Hof durch das Reich - in Tagesetappen, die bei dreißig Kilometern lagen, wenn es gutging auf Wasserwegen, sonst zu Lande auf Straßen, die nach unserem Verständnis keine Straßen waren, sondern bestenfalls unbefestigte Wege.[8] Doch kann das alte Postulat der körperlichen Unversehrtheit der Könige nicht nur damit erklärt werden. Es hat auch mit jenem Komplex von Vorstellungen zu tun, die in dem modernen Begriff Königsheil zusammengefaßt werden. Der mittelalterliche König war nicht nur Regent, nicht nur oberster Richter und Heerführer, sondern auch eine magische Figur, ein Glücksbringer, Zauberer und Segner von Ackerfluren. Für ein mit solchen Erinnerungen ausgestattetes Amt aber taugte ein Einäugiger, dem das Unglück im buchstäblichen Sinne auf die Stirn geschrieben war, schlecht, und es kam hinzu, daß die entstellende Einäugigkeit auch jener Idealvorstellung entgegenstand, derzufolge der König seiner Umwelt freundlich gegenüberzutreten hatte. Das mußte mehr als eineinhalb Jahrhunderte später auch König Albrecht erfahren.

Ob es tatsächlich die Einäugigkeit seines Bruders war, die Konrad den Weg auf den Thron freigab, läßt sich mit Gewißheit nicht sagen. Um so genauer aber läßt sich die Frage beantworten, warum es denn überhaupt ein Staufer war und nicht ein Welfe, der gewählt wurde. Zumindest läßt sich noch feststellen, wie das geschah. Mit den Begriffen der Gegenwart hat man von einem Staatsstreich gesprochen.[9]

Damit ist gemeint, daß die Wahl unter ungewöhnlichen Umständen stattfand. Nur ein Teil der Wähler war anwesend, und es wurde überdies an einem unüblichen Ort gewählt. Eine Minorität der Wähler schuf also vollendete Tatsachen. Was konnte in einem solchen Falle geschehen? Der Kreis der Wähler war im 12. Jahrhundert noch nicht fixiert, und infolgedessen konnte es auch keine Mehrheit geben, die für eine Wahl entscheidend gewesen wäre. Das für uns so selbstverständliche Mehrheitsprinzip war im Bereich weltlicher Wahlen überhaupt unbekannt. Daraus aber folgte, daß die Wahl einer Minorität, wenn sie nur von mächtigen Wählern getragen wurde, die anderen in eine fatale Lage brachte. Wollten sie die sie überrumpelnde Wahl verwerfen, dann mußten sie ihrerseits wählen, und dann war ein Doppelkönigtum mit der weiteren Folge des Krieges um die Krone die Konsequenz. Der Krieg aber war riskant, wenn die Minorität so mächtig war.

Eine zweifelsfreie Königswahl war jedoch nicht nur eine Sache der Wähler. Das Schicksal des künftigen Königs hing auch von Momenten ab, die modernen Augen geradezu irrational erscheinen können. Der König mußte möglichst am richtigen Ort gekrönt werden, also in Aachen, und nicht weniger wichtig war, daß dabei die richtigen Geräte gebraucht wurden, vor allem jene Krone, die heute im Wiener Kunsthistorischen Museum als Reichskrone gezeigt wird, und das Reichsschwert, das Zepter und die anderen Herrschaftszeichen. Wer sein Königtum gegen einen Konkurrenten durchsetzen wollte, mußte sich den Weg nach Aachen notfalls erzwingen, und er mußte alles daransetzen, in den Besitz der Herrschaftszeichen zu gelangen.

Im Frühjahr 1138 versammelten sich schon vor der auf Pfingsten nach Mainz angesagten Wahlversammlung einige Königswähler in Koblenz. Sie warteten nicht auf die anderen Wähler, sondern wählten unter der Leitung des Trierer Erzbischofs den Staufer Konrad zum König.

Eigentlich hätte die Leitung der Wahl dem Erzbischof von Mainz zugestanden. Aber der Mainzer Erzstuhl war unbesetzt, und das gleiche galt auch für Köln. Der Kölner Erzbischof war zwar gewählt, aber er war noch nicht geweiht, und so stellte sich die Frage, wie denn überhaupt die unstrittig dem Kölner Erzbischof zustehende Königskrönung in Aachen möglich sein sollte.

Doch war schon bei der Koblenzer Wahl ein Abgesandter des Papstes, ein Kardinal, anwesend gewesen, und der übernahm es jetzt, den Gewählten nach Aachen zu begleiten und ihn dort zu krönen. Konrad war so zwar nur von einer Minderheit gewählt, aber er war gekrönt - wenn auch nicht mit den richtigen Herrschaftszeichen, denn die hatte der Welfe, der Schwiegersohn des verstorbenen Königs, in der Hand, aber statt dessen stand hinter dem durch einen Kardinal gekrönten Konrad die Autorität des Papstes.

Lag hier die eigentliche Ursache der Wahl? Man hat geglaubt, die Päpste hätten die Absicht gehabt, auch diesmal wieder - wie schon 1125 - nicht jenen König auf den Thron zu bringen, dem dieser Thron zustand, sondern statt dessen einen schwachen König zu fördern. In solchen Vermutungen spiegeln sich aber wohl mehr die Kirchenkampfvorstellungen des späten 19. Jahrhunderts als die Gegebenheiten der Stauferzeit. Tatsächlich sind weder Lothar noch Konrad schwache Könige gewesen, und man sieht auch nicht, warum man sich von ihnen ein schwaches Königtum hätte versprechen können. Vor allem aber mußte gerade der Papst an einem starken König interessiert sein. Möglich ist allerdings, daß Konrad auch von solchen Fürsten gewählt wurde, denen sein welfischer Konkurrent zu stark zu werden drohte, und denkbar ist auch, daß Konrad jetzt einfach die Gelegenheit benutzte, noch einmal zu versuchen, was ihm einige Jahre zuvor mißlungen war. Nun hatte er Erfolg, ohne durch die Welfen entscheidend behindert zu werden.

Offensichtlich hatte der bayerische Herzog in Sachsen große Schwierigkeiten, das Erbe seines Schwiegervaters anzutreten. Vor allem hatte er es mit Markgraf Albrecht dem Bären zu tun, der sich jetzt anschickte, einer der bedeutendsten deutschen Fürsten der nächsten Jahrzehnte zu werden. Herzog Heinrich behauptete, Ansprüche auf das territoriale Erbe Lothars III. zu haben. Der König aber mußte seinerseits daran interessiert sein, Sachsen nicht in die Hand des Welfen kommen zu lassen, da dieser dann über zwei Herzogtümer verfügt hätte. So verweigerte der Welfe dem König den Gehorsam ganz ähnlich, wie einige Jahre zuvor Herzog Friedrich König Lothar die Anerkennung verweigert hatte. Auch diesmal war die Reichsacht die Folge.

Konrad sprach dem Welfen nun beide Herzogtümer ab. Sachsen kam in die Hand des Markgrafen Albrecht, während Bayern an einen Halbbruder des Königs, den Markgrafen Leopold IV. von Österreich, einen Babenberger, fiel. Ebenso wie unter Lothar III. war auch jetzt ein mehrjähriger Krieg die Folge des Konfliktes zwischen der staufischen und der welfischen Partei. Und ebenso wie damals zeigte sich auch jetzt, daß die beiden großen Lager in Deutschland etwa gleich stark waren.

Einige Jahre nach dem Tod des Welfen kam es zu einem halben Ausgleich. Der König gab Sachsen an den damals noch minderjährigen Sohn des Herzogs, an Heinrich den Löwen, während Bayern in babenbergischer Hand blieb. So war der Konflikt nicht wirklich beigelegt, wie sich am deutlichsten bei einer Fürstenversammlung des Jahres 1147 zeigte.

Der König war kurz zuvor gewonnen worden, am Kreuzzug teilzunehmen. Er wollte vor seiner Abreise die Nachfolge regeln und seinen Sohn zum Nachfolger wählen lassen. Er wollte also eine Königswahl zu eigenen Lebzeiten erreichen, wie sie starken Königen in früheren Jahrhunderten - freilich erst nach ihrer Krönung zum Kaiser - nicht selten gelungen war.

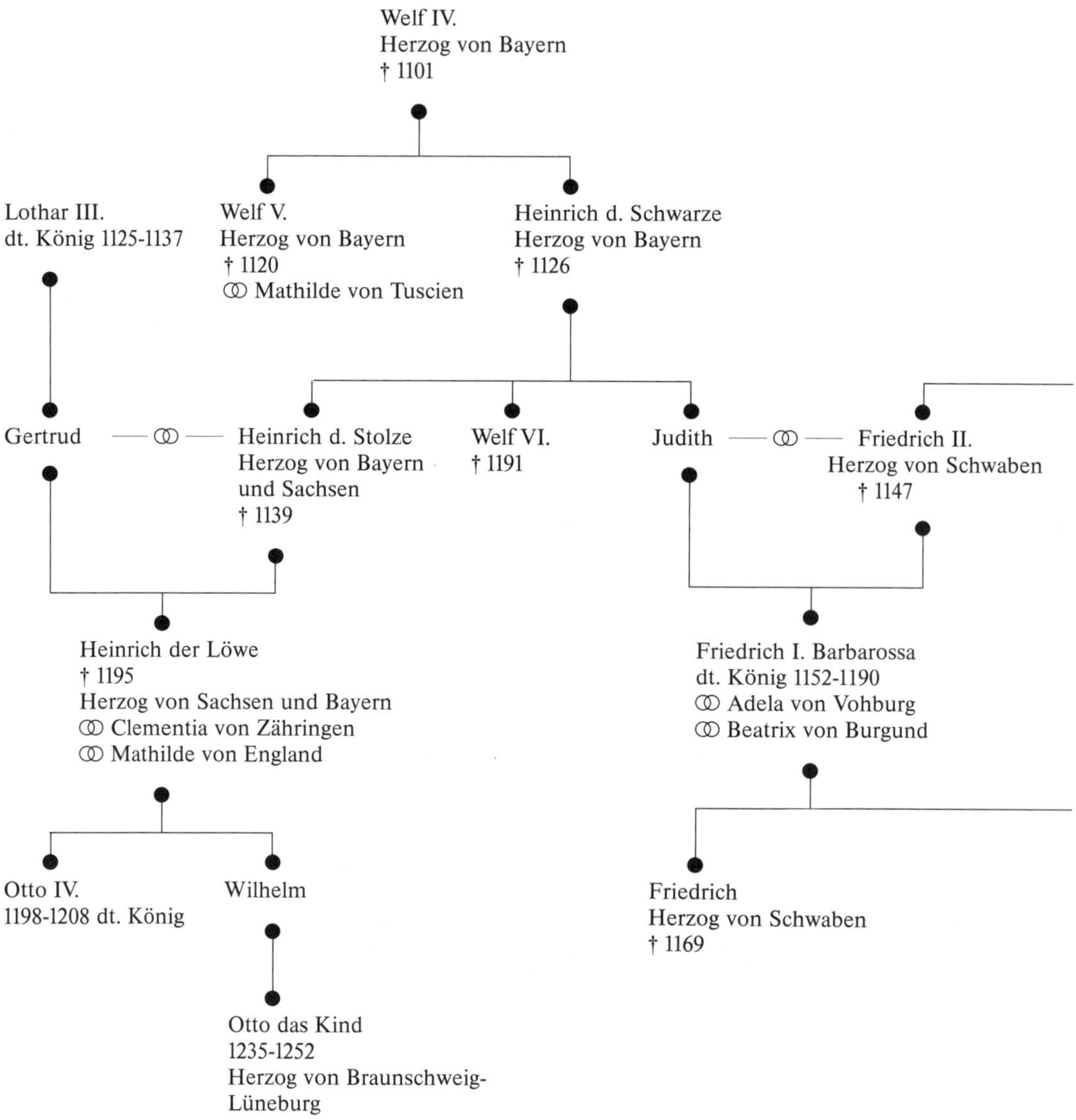

Die römisch-deutschen Könige der Stauferzeit

Diesmal aber drohte die Wahl daran zu scheitern, daß Heinrich der Löwe die Rückgabe des Herzogtums Bayern zur Bedingung machte. Trotzdem gelang es dem König, die Wahl seines Sohnes Heinrich durchzusetzen. Doch mußte er dem sächsischen Adel einen eigenen Kreuzzug zugestehen, der statt ins Heilige Land in dessen unmittelbare Nachbarschaft führen sollte. So kam es gleichzeitig mit dem zweiten Kreuzzug zu jenem Wendenkreuzzug nach Pommern, Mecklenburg und in die Mark Brandenburg, der für die Ostsiedlung der Deutschen eine so große Bedeutung erhalten sollte.

Der König und die anderen Kreuzfahrer aber zogen ins Heilige Land. Dieser zweite Kreuzzug endete in einem totalen Mißerfolg.

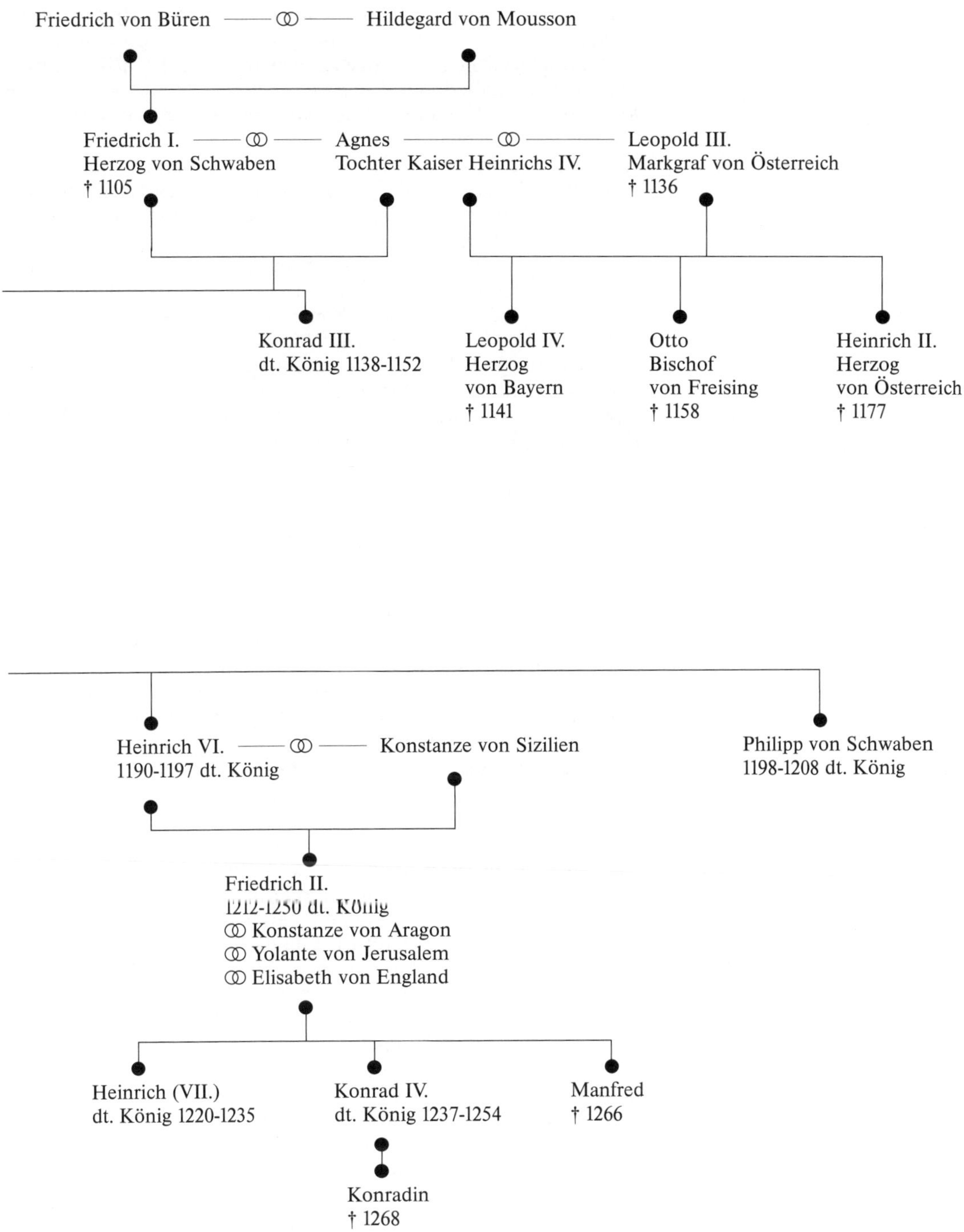
Friedrich von Büren ⚭ Hildegard von Mousson
Friedrich I.
Herzog von Schwaben
† 1105
Agnes
Tochter Kaiser Heinrichs IV.
Leopold III.
Markgraf von Österreich
† 1136
Konrad III.
dt. König 1138-1152
Leopold IV.
Herzog
von Bayern
† 1141
Otto
Bischof
von Freising
† 1158
Heinrich II.
Herzog
von Österreich
† 1177
Heinrich VI.
1190-1197 dt. König
Konstanze von Sizilien
Philipp von Schwaben
1198-1208 dt. König
Friedrich II.
1212-1250 dt. König
⚭ Konstanze von Aragon
⚭ Yolante von Jerusalem
⚭ Elisabeth von England
Heinrich (VII.)
dt. König 1220-1235
Konrad IV.
dt. König 1237-1254
Manfred
† 1266
Konradin
† 1268

Er machte für Jahrzehnte jeden weiteren Kreuzzug unmöglich. Es dauerte fast vierzig Jahre, bis unter der Leitung von Konrads Nachfolger, Kaiser Friedrich Barbarossa, ein dritter Kreuzzug versucht wurde.

Der unglückliche zweite Kreuzzug ließ Konrad III. in der Erinnerung als einen erfolglosen König weiterleben - als hätten Erfolg oder Mißerfolg eines Königtums vom Ausgang eines Kreuzzuges abgehangen. Das ist gewiß nicht der Fall, doch macht dieser Kreuzzug andererseits den weiteren Rahmen sichtbar, in den die Politik eines deutschen Königs damals gehörte. Wer als deutscher König sein Amt fest begründen wollte, mußte einerseits erreichen, daß der Papst ihn zum Kaiser krönte, aber er mußte sich auch um die traditionellen Herrschaftsrechte des deutschen - nach damaliger Terminologie: des römischen - Königs bemühen. Das aber bedeutete, daß er nicht nur in die politischen Probleme Italiens, sondern in die der Mittelmeerländer insgesamt eingebunden war. Konrad III. hatte es also nicht nur mit Welfen und Babenbergern zu tun, nicht nur mit dem Papst und denen, die in Nord- und in Mittelitalien mächtig waren, sondern im Osten auch mit dem Oströmischen Reich, also mit Byzanz, sowie mit den Normannen, deren Herrschaftsgebiet südlich des Kirchenstaates begann und die dort die Nachfolge der Byzantiner angetreten hatten.

Nach ersten Erfolgen im Jahre 1038 war es den Normannen in zwei Generationen gelungen, diese damals so reichen und weitentwickelten Länder zu unterwerfen. In der ersten Hälfte des 12. Jahrhunderts stellte der süditalische Normannenstaat eine Macht erster Ordnung dar. Sowohl der Papst als auch der Kaiser von Byzanz mußten Rücksicht auf ihn nehmen. Wenn sich der Byzantiner nun um eine Wiederherstellung seiner Herrschaftsrechte in Süditalien bemühte, so bedurfte er guter Beziehungen zum Papst. Doch lag ihm auch an guten Beziehungen zu Konrad III., und der konnte sich angesichts der erstrebten Kaiserwürde und des damit verbundenen Anspruchs auf einen gleichen Rang mit Byzanz dem gemeinsamen Kampf gegen die Normannen nicht verweigern.

So stand der Staufer plötzlich dem alten Zwei-Kaiser-Problem gegenüber. Sosehr man auch in Italien und nördlich der Alpen davon überzeugt war, das römische Kaisertum in karolingischer Zeit und in den nachfolgenden Jahrhunderten erneuert zu haben: die Tatsache, daß es einen römischen Kaiser nicht nur in Gestalt des vom Papst zu krönenden römisch-deutschen Königs gab, sondern auch und vor allem in der Person des Herrschers von Byzanz, ließ sich nicht nur nicht leugnen, sondern sie machte sich immer wieder als eine harte politische Realität bemerkbar. Die byzantinischen Kaiser waren die unmittelbaren Nachfolger der spätantiken Imperatoren. Die vom Papst gekrönten westlichen Kaiser, die deutschen beziehungsweise römischen Könige, waren in byzantinischen Augen - von den jeweiligen Machtverhältnissen ganz abgesehen - nichts anderes als Usurpatoren. In den ersten Jahrhunderten des Mittelalters, bis zum Beginn der Kreuzzüge, war Byzanz ein Großreich gewesen. Damals konnte der vom Papst gekrönte westliche Kaiser in Byzanz mit Recht als Herrscher mittleren Ranges, ja als ein Barbarenfürst angesehen werden, zumal das kulturelle Gefälle zum

Westen außerordentlich groß war. Im 12. Jahrhundert verminderte sich dieser Abstand rasch. Der Westen machte sich einen beträchtlichen Teil der antiken Überlieferung zu eigen, und zwar unabhängig von byzantinischen Vermittlern. Er knüpfte an arabische Traditionen an. Byzanz aber wurde nicht nur durch die Normannen und nicht nur durch abendländische Kreuzfahrer bedrängt, sondern auch von Osten her durch die Seldschuken. So brauchte der byzantinische Kaiser Verbündete, und so hoffte er auf Konrad III. Diese Interessen und Hoffnungen wurden in einem Heiratsvertrag fixiert. Berta von Sulzbach, die Schwester der Frau Konrads III., heiratete den Kaiser von Byzanz, den Kaiser des christlichen Ostens. Eine solche Verbindung hatte es bisher nur einmal gegeben, in der zweiten Hälfte des 10. Jahrhunderts.

Doch suchte jetzt nicht nur der Kaiser von Byzanz den Frieden, sondern auch der von den Normannen und überdies noch von der römischen Bevölkerung bedrohte Papst. In der Mitte des 12. Jahrhunderts griff die sogenannte kommunale Bewegung um sich. Die Kämpfe vor allem der oberitalienischen Stadtbevölkerungen um politische Autonomie erfaßten auch Rom, wo sich diese Bewegung mit der Erinnerung an die einstige Größe der Weltstadt verband. Der populus Romanus, der einstige römische Souverän, so wurde nun gefordert, sollte wieder über die Stadt herrschen. Das Regiment der Päpste erschien mit einem Mal als eine Usurpation. Papst Lucius II. starb 1145 an den Verwundungen, die er beim Kampf gegen die Aufständischen durch Steinwürfe erlitten hatte. Seinem Nachfolger, Eugen III., blieb der Weg zur Weihe in der Peterskirche verwehrt, weil er die revolutionäre Stadtverfassung nicht anerkennen wollte. Am Ende des Jahres 1145 kam es zu einem Ausgleich, der jedoch nur kurze Zeit währte. Im März 1147 flohen der Papst und sein Hof aus Rom zunächst in das Umland der Stadt und schließlich nach Frankreich. Sowohl die Römer als auch der Papst erhofften Hilfe von Konrad III. Zunächst aber konzentrierte sich der Papst auf den Kreuzzug.

Im Dezember 1144 war Edessa verlorengegangen, die Hauptstadt des ältesten der während des ersten Kreuzzuges geschaffenen Kreuzfahrerstaaten, die sich nun insgesamt bedroht fühlten und im Westen um Hilfe ersuchten. Der Papst schrieb einen Kreuzzug aus. Ebenso wie beim ersten Kreuzzug sollte das Kreuzfahrerheer auch jetzt vor allem aus westeuropäischen Adligen gebildet werden, und so fand die Kreuzpredigt, die Werbung der Kreuzfahrer, in Deutschland zunächst nicht statt. Der deutsche Adel sollte statt dessen dem Papst in Italien helfen.

Obwohl der Kreuzzug diesmal gut vorbereitet wurde, ließ sich doch nicht alles so steuern, wie der Papst und sein Beauftragter, der Zisterzienserabt Bernhard von Clairvaux, wollten. Auch diesmal erwies sich der Kreuzzug als eine schwer zu kontrollierende Massenbewegung. Je stärker die Gläubigen bedrängt wurden, je schwärzer die Kreuzzugsprediger ihnen ihre Verworfenheit malten und je heller sie die Gnade leuchten ließen, welche der Lohn eines Kreuzfahrers sein würde, desto weniger konnte verhindert werden, daß solche Verheißungen die politischen Grenzen überschritten. Die Kirche hatte keine Möglichkeit, nichtautorisierte Kreuzzugspredigten in anderen Ländern zu verhindern.

Ein solcher Kreuzzugsprediger ohne päpstliche Autorität, ein Mönch mit Namen Radulf, ist es vor allem gewesen, der den Kreuzzug gegen die Absichten des Papstes nach Deutschland brachte. Radulf drohte mit dem unmittelbar bevorstehenden Weltuntergang. In den Städten am Rhein entstand eine fanatische Massenbewegung, die sich auch diesmal gegen die Juden richtete. Die furchtbaren Verfolgungen, unter denen die west- und süddeutschen Judengemeinden während des ersten Kreuzzuges zu leiden gehabt hatten, drohten sich zu wiederholen.

Die Massenbewegung ließ sich nicht unterdrücken, sondern nur steuern. Bernhard von Clairvaux sah sich genötigt, das Kreuz nun auch in Deutschland zu predigen. Daraus aber ergab sich die Notwendigkeit, auch den vornehmsten der potentiellen deutschen Kreuzfahrer zu gewinnen, den König.

Obwohl damit nicht nur die ursprüngliche Politik des Papstes durchkreuzt wurde, sondern Konrad III. auch selbst wenig Neigung zeigte, sich das Kreuz anheften zu lassen, hat Bernhard von Clairvaux am Ende Erfolg gehabt. Erste Verhandlungen zwischen ihm und dem König im November 1146 hatten zu keinem Ergebnis geführt, und auch die Weihnachtspredigt, in welcher der Abt den König öffentlich und persönlich ansprach, konnte diesen nicht veranlassen, das Kreuz zu nehmen. Bernhard kam erst am 27. Dezember zum Ziel, als er während der Messe, außerhalb des eigentlichen Gottesdienstprogramms, also gewissermaßen in der Art eines Überfalls, den König noch einmal öffentlich ansprach und ihm vor Augen führte, wie er am Tage des Jüngsten Gerichts als Sünder vor Christus hintreten und wie dieser ihm vorhalten würde, was er alles für ihn getan habe. Was würde der König darauf antworten können? Seine Antwort würde unzulänglich ausfallen, so sollte Konrad denken,[10] und so dachte er offensichtlich auch. Er erklärte nun seine Bereitschaft zum Kreuzzug - unmittelbar vom Heiligen Geist erfaßt, wie er dem Papst später schrieb, so daß er niemanden mehr um Rat hätte fragen können. Die plötzliche Bekehrung ist eine Gemütsbewegung, welche die religiösen Autoren des Mittelalters den Mächtigen gern zuschreiben. Doch scheint es, daß Konrad III. tatsächlich auf solche Weise für den Kreuzzug gewonnen worden ist. Der Grund dafür liegt in der Person Bernhards von Clairvaux.

Bernhard von Clairvaux war eine einzigartige Gestalt. Er selbst hatte eine jähe Konversion hinter sich. Mit zweiundzwanzig Jahren war der französische Adlige Mönch geworden, ergriffen von einer damals noch jungen monastischen Bewegung, deren Vertreter zur alten mönchischen Lebensweise, zu Armut, Einsamkeit und Freiheit von der Welt zurückwollten. Bernhard trat der neuen Mönchsgruppierung nicht allein bei, sondern zusammen mit einer ganzen Gruppe von Verwandten und Standesgenossen, die er zu demselben Schritt bewogen hatte. Tausende sollten es ihm und den Seinen nachtun. Als Bernhard im Jahre 1153 starb, umfaßte sein Orden, der Zisterzienserorden, 168 Klöster. Niemals zuvor und niemals später hat eine neue religiöse Lebensform so schnell so viele Anhänger gefunden. Es steht außer Zweifel, daß es vornehmlich die Person Bernhards und seine unvergleichliche Gabe, anderen seinen Willen aufzuzwingen, gewesen sind, die das außerordentliche Wachstum des neuen Ordens bewirkt haben.

Der Mönch, dem sich am Ende auch der König - gegen alle politischen Pläne - nicht entziehen konnte, war nicht nur ein hinreißender Prediger, sondern auch das ungekrönte Haupt der westlichen Kirche. Er war es vor allem, der in dem Papstschisma von 1130 die Entscheidung herbeigeführt hatte, indem er Frankreich und England für Papst Innocenz II. gewann, jenen Papst, für den sich dann auch König Lothar III. entschied. Der Kreuzzug, der jetzt begann, war Bernhards Werk. Und obwohl der Kreuzzug scheiterte und dieses Scheitern dem später heiliggesprochenen Bernhard heftige Vorwürfe eintrug, war er doch eine der wirkungsmächtigsten Figuren der mittelalterlichen Kirchengeschichte und nicht nur der Geschichte der Kirche: Ein Mann, ohne den der Zisterzienser-Orden eine andere Gestalt gehabt hätte, ein geistlicher Autor, dessen Schriften so viele Leser erreichten, wie das vor der Erfindung des Buchdrucks nur möglich war. Ohne Bernhards Schrift über das Lob der neuen Ritterschaft hätten sich die geistlichen Ritterorden schwerlich so schnell und mächtig entwickelt, wie das in der zweiten Hälfte des 12. Jahrhunderts geschah.

Die Anfänge der Ritterorden, das rasche Wachstum des Zisterzienser-Ordens wie auch der plötzliche Entschluß König Konrads III., das Kreuz zu nehmen, lassen sich nur damit erklären, daß damals viele Menschen, und zwar auch Hochgestellte, bereit waren, spontanen Einsichten zu folgen und sich bekehren zu lassen. Das war auch im Mittelalter nicht die Regel, obwohl die Quellen uns glauben machen wollen, daß immer wieder spontan und aus plötzlicher Frömmigkeit anstatt zu politischen Zwecken gehandelt wurde. Manchmal aber geschah das Unerwartete doch - wie offensichtlich an jenem 27. Dezember 1146 im Dom zu Speyer, obwohl damit politische Pläne durchkreuzt wurden und längst festgelegte Konstellationen dagegenstanden.

Alle diese Anstrengungen konnten den Mißerfolg nicht verhindern. Die Kreuzfahrerheere waren schon beim Durchzug durch Kleinasien dezimiert worden. Im Heiligen Land suchten sie einen Erfolg ausgerechnet im Kampf gegen den arabischen Fürsten, der den Kreuzfahrerstaaten freundlich gesonnen war. Doch gelang die Belagerung von Damaskus nicht, und Edessa, dessen Fall das Signal zum Kreuzzug gegeben hatte, blieb erst recht verloren. 1149 kehrten sowohl der deutsche wie der französische König nach Europa zurück.

Auch wenn es den Normannen nicht gelungen war, den Kreuzzug in einen Krieg gegen Byzanz umzuwandeln, hatten sie die Gelegenheit doch zur Eroberung weiterer byzantinischer Gebiete benutzt. Kaiser Manuel und König Konrad III. erneuerten ihr Bündnis gegen die Normannen, während sich diese auf die deutschen Gegner des Königs stützten. Graf Welf VI., der Herr der südwestdeutschen welfischen Besitzungen und angesichts der Jugend Heinrichs des Löwen damals der politische Führer der Welfen, hatte am Kreuzzug teilgenommen und während der Rückreise in Süditalien ein Bündnis mit König Roger II. gegen Konrad III. geschlossen. Dieser antwortete mit einer Verstärkung der familiären Beziehungen zu Byzanz. Nach der Heirat seiner Schwägerin mit Kaiser Manuel kam es nun zu einer Ehe zwischen einem Babenberger und einer byzantinischen Prinzessin – einer Verbindung, die für die Entstehung des selbständigen Herzogtums Österreich wichtig werden sollte.

Als Konrad nach Deutschland zurückkehrte, flammte der Widerstand der Welfen gegen seine Politik auch hier noch einmal auf. Er blieb zwar militärisch erfolgreich, konnte jedoch in dieser Lage nicht daran denken, den Bitten des Papstes zu folgen, endlich nach Rom zu ziehen, sich zum Kaiser krönen zu lassen und dem Papst zugleich gegen seine normannischen und gegen seine römischen Gegner zur Seite zu stehen. Am 15. Februar 1152 ist König Konrad gestorben – belastet mit dem unglücklichen Ausgang des zweiten Kreuzzuges und mit schweren Kämpfen innerhalb Deutschlands, die keineswegs entschieden waren. Seit 962 waren alle deutschen Könige zum Kaiser gekrönt worden. Konrad war der erste, dem das mißlang. Vor allem aber wurde die Erinnerung an ihn von der mächtigen Gestalt seines Nachfolgers überschattet: Kaiser Friedrichs I., mit Beinamen Barbarossa.

Mit Friedrichs Regierungsbeginn wurde alles anders. So hat man es oft gesehen, und so hat es der wichtigste Chronist dieser Zeit, Bischof Otto von Freising, seinen Zeitgenossen und der Nachwelt einzureden versucht.[11] Bischof Otto war ein Babenberger. Er war zugleich ein Halbbruder Konrads III. und ein Onkel Barbarossas. Seine Geschichtsschreibung hat das Bild der Zeit nachhaltig bestimmt. Auf eine Unglückszeit unter Konrad III. schien ein glanzvolles Zeitalter unter Barbarossa zu folgen. Das war gewiß nicht aus der Luft gegriffen, und doch gilt vieles, was man Barbarossa zugeschrieben hat, schon für Konrad III. So zeigen die Urkunden beider Könige, deren Edition erst seit kurzer Zeit vorliegt, daß manche Formeln der politischen Sprache und Propaganda, die man für eine Eigentümlichkeit der Ära Barbarossa hielt, schon unter seinem Vorgänger gebraucht wurden. Dazu gehörten eine Sakralisierung des Reiches, seine Bezeichnung als ein heiliges Reich und die Hervorhebung der Herrschaft des noch nicht zum Kaiser gekrönten Königs als einer kaiserlichen Herrschaft. Schon unter Konrad häufen sich die Worte »imperialis« und »Augustus«. Barbarossa nannte sich schon vor seiner Kaiserkrönung gelegentlich Kaiser. Sein Vorgänger Konrad, den wir Konrad III. nennen, nannte sich selbst aus demselben Grunde Konrad II., da Konrad I. nicht zum Kaiser gekrönt worden war, und Barbarossa sollte es ebenso halten. Konrad wie Barbarossa versuchten, ihren Zeitgenossen und der Welt einzureden, daß der Nichtkaiser Konrad I. nicht ihr Vorgänger gewesen sei.

Momente der Kontinuität erweist auch ein Blick auf die kleinen Räume, auf jene Regionen, wo die nun aktuelle Territorialisierungspolitik fortgeführt wurde. Auch dort, wo ganz ohne auffällige Programmatik die tägliche Politik gemacht, wo Herrschaft befestigt und erweitert wurde, setzte Barbarossa fort, was sein Vorgänger begonnen hatte. Die Umwandlung der altertümlichen Herrschaftsverhältnisse in die moderne Herrschaft über die Fläche, die Territorialisierungspolitik, war eine Sache Konrads III. wie Barbarossas. Beide haben sich mit Erfolg um die Errichtung neuer Burgen, um die Gründung von Städten und um die herrschaftliche Durchdringung weiter Flächen bemüht. Man sieht das besonders deutlich an der Region um Nürnberg und an den sich von dort nach Westen ziehenden Landschaften. Hier sollte unter den Nachfolgern Konrads eine politische Landschaft entstehen, die besonders typisch für die Bemühungen der Könige um eine neue Machtbasis war. Die Anfänge auch dieser Entwicklung fallen in die Zeit Konrads III.

Konrad hatte auch bei der Regelung seiner Nachfolge zu Lebzeiten Erfolg gehabt. Doch starb sein zum König gewählter Sohn Heinrich schon 1150 im Alter von dreiundzwanzig Jahren. Er wurde im Hauskloster Lorch unterhalb des Staufen bestattet. Die Nachfolgefrage war wieder offen. Konrad III. hatte zwar einen weiteren Sohn, doch der war minderjährig, und es gab Königskandidaten außerhalb der staufischen Familie. Wenn dennoch nach Konrads III. Tode sein Neffe Friedrich, der in Italien wegen seines rötlich-blonden Bartes den Beinamen Barbarossa erhalten sollte, zum König gewählt wurde, war das keineswegs selbstverständlich. Ebenso wie die Wahl Konrads III. hatte auch die seines Nachfolgers Züge, die außerhalb der hergebrachten Ordnung lagen.

3. Die Anfänge Friedrichs Barbarossa

Otto von Freising, dem wir die genauesten Berichte über die frühe Zeit Barbarossas verdanken,[12] hat dessen Wahl so dargestellt, als habe König Konrad vor seinem Tode eingesehen, daß die Fürsten seinen eigenen Sohn aufgrund von dessen Unmündigkeit wohl nicht zum König wählen würden. Deshalb habe Konrad selbst geraten, seinen Neffen zu wählen, und so sei dieser einmütig zum König gekürt worden. Angesichts der politischen Kämpfe in den Jahren davor, angesichts der nun schon ein Menschenalter andauernden Spaltung Deutschlands in ein staufisches und ein welfisches Lager mußte diese Einmütigkeit erstaunlich wirken. So hat Otto von Freising eine Erklärung gegeben. Der Bischof schreibt, daß die bisherigen politischen Auseinandersetzungen der Kampf zweier großer Familien gewesen seien. In Deutschland hätten die Heinriche von Waiblingen und die Welfen von Altdorf um die Macht gekämpft. Der Geschichtsschreiber benennt also die Welfen nach ihrem Hauskloster, dem späteren Weingarten, und er benennt die Staufer nach jenem aus dem Heiratsgut der salischen Königstochter Agnes stammenden Waiblingen, dem sie in Italien bald den Namen Ghibellinen verdanken sollten.

Warum aber nennt er die Staufer, die doch über Generationen den Leitnamen Friedrich führten, »Heinriche«? Heinrich war der Leitname der salischen Königsdynastie gewesen, und so zeigt diese

Aus dem Besitz eines Paten von Friedrich Barbarossa, dem Grafen Otto von Cappenberg, hat sich eine etwa 1160 entstandene Metallschale erhalten, welche die Taufe des künftigen Königs und Kaisers zeigt.

Benennung, daß Otto von Freising die Salier und die Staufer als ein und dieselbe Dynastie verstanden wissen wollte. Damit aber erhielt er jenen politischen Anspruch aufrecht, demzufolge die Staufer sich mit der Wahl Lothars III. im Jahre 1125 nicht abgefunden hatten. Er verwandelte diesen Anspruch in eine historische Aussage über die nachfolgende Zeit und erklärte damit zugleich die politischen Auseinandersetzungen in Deutschland.

Mit Hilfe dieser Konstruktion kann auch das glückliche Ende der langen Auseinandersetzungen erklärt werden. Der Grund für die rasche Einigung im Jahre 1152 lag, so schreibt Otto, in der Person des Kandidaten, des dann einmütig gewählten Königs. Barbarossa war nicht nur ein Staufer, sondern auch ein Welfe. Seine Mutter war die Welfin Judith, eine Schwester jenes Heinrich des Stolzen, der 1138 vergeblich versucht hatte, König zu werden. Dank dieser Herkunft habe Barbarossa, so schreibt der Chronist, gewissermaßen als ein Eckstein die beiden Familien verbunden und so deren Feindschaft beenden können. Die Wähler hätten die Chance, die in seiner Person lag, erkannt und ihn deshalb gewählt.

Diese Erzählung sollte sich als außerordentlich erfolgreich erweisen. Bis in die Handbücher der Gegenwart ist sie nur wenig verändert übernommen worden. Die scheinbar schlagende Gegenüberstellung des Unfriedens unter Lothar und Konrad und des Friedens und Glanzes unter Barbarossa und die plötzliche Einsicht der Reichsfürsten als Bindeglied zwischen beiden Zuständen sind über Jahrhunderte die herrschende Vorstellung geblieben.

Doch es gibt Chronisten, welche über die Wahl von 1152 anders berichten. Giselbert von Mons überliefert in seiner Chronik der Grafen von Hennegau eine ganz andere Version.[13] Sie läßt sich in einem Wort zusammenfassen. Es lautet: Betrug.

Giselbert erzählt, die Wähler hätten sich nach Konrads Tode nicht einigen können und deshalb vier sehr mächtigen Fürsten die Wahl übertragen. Einer von ihnen sei Barbarossa gewesen, und der habe jedem der drei anderen Wahlfürsten versprochen, ihn zum König zu wählen, falls man ihm, Barbarossa, die Wahl allein zugestehen würde. Die anderen hätten zugestimmt, und so habe Barbarossa als alleiniger Königswähler sich selbst gewählt, und da er vorsorglich dreitausend Ritter zu dieser Wahlversammlung mitgebracht habe, sei auch kein Widerspruch laut geworden.

Diese Erzählung klingt absonderlich, und sie ist in der Tat erst drei Jahrzehnte nach der Wahl niedergeschrieben worden. Der Chronist verlegt den Wahlort zudem irrtümlich nach Speyer. Schon das erweckt Mißtrauen. Doch kommt die von ihm berichtete Vierzahl auch bei anderen Königswahlen vor. Sie leitet sich aus der Vierzahl der deutschen Stämme ab. Auch die Berichte anderer Chronisten lassen erkennen, daß die Wahl nicht so glatt vonstatten gegangen sein kann, wie Otto von Freising vorgibt. Manches weist darauf hin, daß Barbarossa Widerstände überwinden mußte.

Graf Welf VI., der Führer des gegnerischen Lagers, erscheint bald nach der Wahl mit dem Titel eines Herzogs von Tuscien, eines Herzogs von Spoleto und eines Fürsten von Sardinien. Nach Barbarossas Wahl begegnet man Berthold von Zähringen, dem Führer einer der im Südwesten mit den Staufern konkurrierenden Fami-

Ebenfalls aus dem Besitz Ottos von Cappenberg stammt eine in der Art eines Reliquiars gebildete Büste, die Barbarossa darstellen soll und tatsächlich das Gesicht des Kaisers so wiedergibt, wie es Chroniken beschreiben.

lien, mit dem Titel eines Rektors von Burgund. Auch bei weiteren Fürsten fällt auf, daß sie im Wahljahr mit neuen Würden und Vorrechten ausgestattet worden sind. Barbarossa hat also offensichtlich alles darangesetzt, Parteigänger der Gegenseite auf seine Seite zu ziehen, und er hat ihnen dabei Versprechungen gemacht, die der historische Kern der späteren Betrugsgeschichte zu sein scheinen.[14] Überdies weist auch die ganz ungewöhnliche Eile, mit der sich Barbarossa vom Wahlort Frankfurt zum Krönungsort Aachen begab, darauf hin, daß auch diese Wahl den Charakter eines Coups hatte. Am 6. März schiffte sich der König mit seinem Gefolge in Frankfurt ein. Von Sinzig bis Aachen zu Pferde reisend, kam er dort am 8. März an. Gelingen konnte das nur, wenn er Tag und Nacht unterwegs war, und das war zumal auf dem Rhein außerordentlich gefährlich. So hat es auch einen guten Sinn, wenn Otto von Freising vermerkt, daß der König sich in Frankfurt von seinen Wählern verabschiedete und nur mit wenigen, die er für geeignet hielt, die Reise nach Aachen antrat.[15] Ein solches Gewaltunternehmen setzte in der Tat körperliche Leistungsfähigkeit voraus.

Auch die ersten Regierungsjahre des Königs zeigen, daß sich die jahrzehntelangen Auseinandersetzungen in Deutschland nicht ohne weiteres beenden ließen. Die Aussöhnung mit Heinrich dem Löwen gelang erst im Jahre 1156. In den Jahren davor wurde sie in einem mühsamen Prozeß vorbereitet, und diesen Prozeß steuerte keineswegs der König allein: Er wurde, wie alle wichtigen königlichen Entscheidungen, durch Hoftagsbeschlüsse der Fürsten geformt. Doch gibt es über diesen allgemeinen verfassungsgeschichtlichen Sachverhalt hinaus auch direkte Anzeichen dafür, daß in den ersten Jahren der Regierungszeit Barbarossas einige der deutschen Fürsten stark genug waren, den König zur Vorsicht zu nötigen.

Zur Zeit Konrads III. war es im Kern darum gegangen, ob die Welfen sowohl das bayerische wie auch das sächsische Herzogtum haben sollten. Am Ende, 1156, erhielt Heinrich der Löwe beide Herzogtümer, Sachsen und Bayern, wobei Bayern jedoch beschnitten, während Sachsen gewissermaßen vergrößert wurde. Es scheint, als habe Barbarossa damals akzeptiert, daß Norddeutschland und Nordostdeutschland eine Interessenzone Heinrichs des Löwen sein würden, als habe er diesem in Norddeutschland eine Position zugebilligt, die weit über die herkömmliche Stellung eines Herzogs von Sachsen hinausging. Es ist zwar keineswegs sicher, ob Barbarossa sich damals für alle Zeiten aus Norddeutschland zurückziehen wollte und ob er Heinrich den Löwen auch mit dem Reichsbesitz am Nordharz, dessen Zentrum Goslar mit seinen Bodenschätzen war, belehnt hat. Sicher ist dagegen, daß im Jahre 1154 auf einem Hoftag in Goslar der Streit zwischen Erzbischof Hartwig von Bremen und Heinrich dem Löwen zugunsten des Welfen entschieden wurde. Es ging darum, ob der König oder der Herzog die Bischöfe von Oldenburg (Lübeck), Ratzeburg und Schwerin einsetzen durfte. Im Hintergrund stand die Frage, ob der Herzog beim Ausbau seiner Landeshoheit in den seinem Herzogtum benachbarten Gebieten, in Ostholstein vor allem und in Mecklenburg, die in den letzten Jahren christianisiert worden waren und wo nun der Landesausbau in vol-

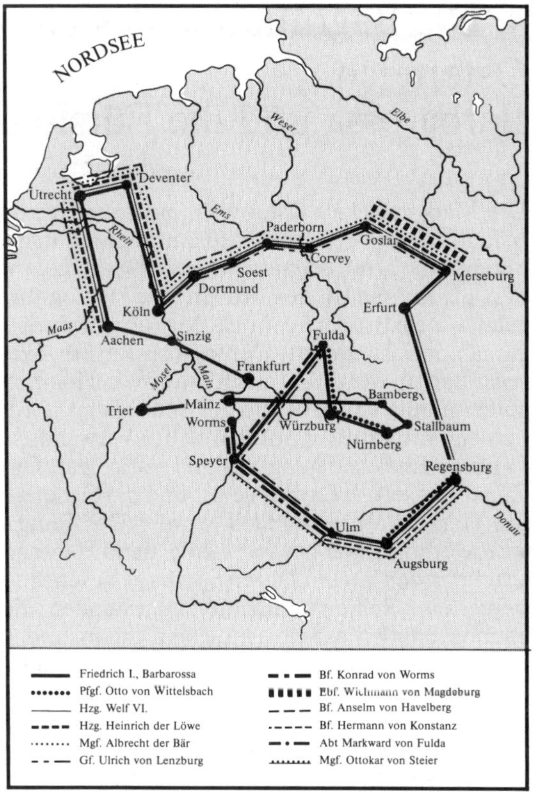

Hauptsächlich aus den Zeugennennungen der Urkunden läßt sich feststellen, wer zu welcher Zeit am Königshof weilte, wer den König ein Stück auf dem Reiseweg durch das Reich begleitet hat und demzufolge in dieser Zeit auch zu Entscheidungen des königlichen Hofes herangezogen wurde.

Die Kartenskizze vom Beginn der Regierungszeit Barbarossas läßt erkennen, wie rasch die Zusammensetzung des königlichen Hofes gewechselt haben muß.

lem Gange war, eine uneingeschränkte Herrschaft ausüben durfte oder ob er eine starke Position, wenn nicht des Königs, so doch des kirchlichen Vorgesetzten der dortigen Bischöfe, eben des Erzbischofs von Bremen, hinnehmen mußte.

Diese Frage wurde 1154 zugunsten des Herzogs entschieden. Das Urteil des Hoftages lautete, Herzog Heinrich übe Rechte des Reiches aus, wenn er im Norden die Bischöfe einsetze, und das war keine Einschränkung. Im Gegenteil erscheint Heinrich der Löwe hier wie in nächster Zeit immer wieder fast wie ein norddeutscher Teilkönig. In den nächsten Jahrzehnten sollte Barbarossa selbst in Norddeutschland kaum je anwesend sein. Norddeutschland und der Norden überhaupt erscheinen nun als das politische Feld Heinrichs des Löwen, der Barbarossa also nicht nur die Wiedererlangung des Herzogtums Sachsen verdankte, sondern der eine viel weitergehende Macht erlangt hatte.

Das Herzogtum Bayern hatte Heinrich der Löwe jedoch nur in reduzierter Gestalt erhalten. Die Markgrafschaft Österreich wurde von Bayern abgetrennt und zu einem eigenen Herzogtum erhoben. Diese Entscheidung sollte Folgen bis zum heutigen Tag haben. Sie gehört aber auch in einen größeren verfassungsgeschichtlichen Zusammenhang.

4. Die Begründung des Herzogtums Österreich. Barbarossa und die Fürstenstaaten

Die Markgrafschaft Österreich, ein bayerisches Grenzfürstentum, befand sich seit dem späten 10. Jahrhundert in der Hand der Babenberger. Markgraf Leopold IV. war 1139 Herzog von Bayern geworden, als Konrad III. den Welfen ihre Herzogtümer entzogen hatte. Jetzt war ein Bruder Leopolds, Markgraf Heinrich, mit dem späteren Zunamen Jasomirgott, Herzog von Bayern. Wenn nun, vier Jahre nach Barbarossas Wahl, auch Bayern an Heinrich den Löwen fallen sollte, mußte der Babenberger entschädigt werden. Er war schließlich ein Verbündeter und ein naher Verwandter des Königs.

Diese Entschädigung bestand darin, daß Österreich aus seiner Zugehörigkeit zu Bayern gelöst und die bisherige Markgrafschaft in ein Herzogtum verwandelt wurde. Der Rang des Babenbergers wurde erhöht, aber das war wenig, denn Herzöge waren er und sein Bruder in den letzten Jahren bereits gewesen. So wurde dem Babenberger eine Reihe von Rechten zugestanden, die ihm eine weitreichende politische Selbständigkeit gaben und seine Stellung der Heinrichs des Löwen im Norden durchaus ähnlich machten.

Was im Jahre 1156 im Falle Österreichs ausdrücklich auf das Pergament gebracht und rechtlich fixiert wurde, gab es in anderen Regionen ohne eine solche Fixierung - gewissermaßen als Summe der Herrschaftsbildungsprozesse dieser Zeit. Das heißt aber, daß die Privilegierung Österreichs als ein Modell dessen angesehen werden kann, worauf diese Herrschaftsbildungsprozesse, die wir als Entstehung der Landesherrschaft verstehen, zuliefen. Solche Prozesse lassen sich rekonstruieren. Im Falle Österreichs aber liegt das Ergebnis dieser Entwicklung in fixierter und von den Zeitgenossen definierter Form vor uns: in Gestalt einer Urkunde, des sogenannten Privilegium minus.[16]

Diese nachträgliche Bezeichnung (»Kleine Urkunde«) leitet sich davon ab, daß ein späterer Herzog von Österreich, Rudolf IV., nach der Mitte des 14. Jahrhunderts seine politischen Ansprüche, wie im Mittelalter vielfach geschehen, durch die Fälschung einer Urkunde abzustützen versuchte. Nicht weniger typisch war, daß er anstelle der Anfertigung einer neuen Urkunde eine vorhandene, nämlich das Privileg von 1156, zum sogenannten Privilegium maius (»Große Urkunde«) erweiterte. Auf die damalige Fälschungsaktion geht auch der Titel Erzherzog zurück, den die Habsburger bis zum Jahre 1918 führen sollten.

Da die originale Urkunde von 1156 bei der Fälschung - vernünftigerweise - vernichtet worden war, mußte die spätere Urkundenwissenschaft die frühere Urkunde aus der späteren rekonstruieren, also gewissermaßen die Fälschung rückgängig machen. Das war deshalb so schwierig, weil die weitreichenden Vorrechte, die Barbarossa dem Babenberger 1156 in der Tat zugestanden hatte, immer dann, wenn sie ohne Parallele in ihrer Zeit waren, den Verdacht erregen mußten, ein Bestandteil der Fälschung zu sein.

Zu diesen oft angezweifelten Teilen der Urkunde gehört eine Bestimmung gleich am Anfang, welche die Bedingungen nennt, unter denen der neue Herzog sein Herzogtum innehaben sollte. Belehnt sollte nämlich nicht nur der Babenberger werden, sondern auch seine Frau, die sehr vornehme Theodora, wie es in der Urkunde heißt. Dieses Prädikat (prenobilissima) und der Name Theodora lassen erkennen, daß der Babenberger eine byzantinische Prinzessin zur Frau hatte - diese Eheschließung war ein Teil der byzantinischen Allianzpolitik König Konrads III. gewesen. Eine Fürstin von für das Abendland so ungewöhnlich hoher Abkunft sollte nun offensichtlich in einem höheren Maße abgesichert werden, als das in Deutschland sonst üblich war, und so wurde sie gemeinsam mit ihrem Mann mit dem Herzogtum belehnt, während in Deutschland sonst nur Männer Lehen empfingen. Nicht weniger ungewöhnlich waren die erbrechtlichen Bestimmungen. Die Urkunde verspricht, daß das Reichslehen Österreich nach dem Tode Heinrichs und Theodoras an deren Kinder fallen solle. Österreich sollte also ein erbliches Lehen sein, was damals zwar nicht ungewöhnlich war, sonst aber nicht schriftlich garantiert wurde. Doch ging das Privileg noch weiter. Es sicherte im Falle nicht vorhandener Söhne auch die - für das damalige Lehnrecht ganz ungewöhnliche - weibliche Erbfolge. Ein weiterer Schritt aber war noch ungewöhnlicher.

Falls Heinrich und Theodora ohne Kinder sterben sollten, so fährt der Text der Urkunde fort, sollten sie die Freiheit haben, selbst zu bestimmen, wer Herzog von Österreich sein würde - falls der einschlägige Satz der Urkunde so zu verstehen ist.

Ob das der Fall ist, hängt davon ab, wie man das entscheidende Wort »affectare« übersetzt. Wörtlich bedeutet es »heftig verlangen«, aber das gibt keinen Sinn, denn verlangen konnte das Herzogspaar, was es wollte. Dafür brauchte es keine Urkunde. So ist vorgeschlagen worden, hinter diesem Wort »affectare« eine byzantinische Erbrechtbestimmung zu sehen und den Satz so zu verstehen, daß der Herzog und seine Frau das Herzogtum frei sollten vererben dürfen. Dem stand jedoch gegenüber, daß es sich bei dem Herzogtum nicht um freies Eigentum, sondern um ein Lehen handelte, und so wird man wohl annehmen dürfen, daß hinter »affectare« nicht ein griechisches, sondern vielmehr ein deutsches Wort steckt, nämlich das im Lehnsrecht wichtige Verbum »muoten«.

Dieses Wort »muoten« bedeutete im allgemeinen das gleiche wie »affectare«, nämlich »heftig verlangen«. Daneben hatte es aber einen speziellen lehnsrechtlichen Sinn. Hier bezeichnete es die Bitte eines Lehnsmannes um die Verleihung eines Lehens, die der Lehnsherr erfüllen mußte, wenn dem keine schwerwiegenden objektiven Gründe entgegenstanden. Das heißt also, daß das Herzogspaar im Falle nicht vorhandener weiblicher Erben dem König einen Nachfolger präsentieren durfte und daß dieser weitgehend verpflichtet war, diesen Nachfolger auch tatsächlich zu akzeptieren und zu belehnen.

Diese Erklärung macht gleichzeitig deutlich, wie solche Urkunden entstanden sind. Die Verhandlungen, die ihnen vorangingen, wurden natürlich in deutscher Sprache geführt. Das Resultat der

Verhandlungen, der erste Entwurf einer Urkunde, wurde vermutlich ebenfalls in deutscher Sprache formuliert, zumal wenn es sich nicht um einen Routineakt wie eine einfache Schenkung handelte, aber das war hier ganz und gar nicht der Fall. In dem so komplizierten politischen Geschäft, das die Aussöhnung zwischen Barbarossa und Heinrich dem Löwen darstellte, mußten viele schwierige Bestimmungen verabredet werden, und so wollten die Verhandlungsführer sicherlich noch einmal im Zusammenhang hören, was sie denn am Ende beschlossen hatten, bevor die Reinschrift der Urkunde ihren Beschluß fixierte.

Ein solcher den Fürsten verlesener Text ist natürlich nicht überliefert, aber es ist keine Frage, daß er deutschsprachig gewesen sein muß, da ihn die Fürsten ja sonst nicht verstanden hätten. So mußte er erst nachträglich ins Lateinische übersetzt werden, und so dürfte der Übersetzer bei der Übertragung des Wortes »muoten« ins Lateinische vergessen haben, daß dieses Wort hier im lehnstechnischen Sinne gebraucht wurde. Er hat es also mit »affectare« übersetzt – falls dieser Fehler nicht dadurch zustande kam, daß er ein entsprechendes lateinisches Wort nicht kannte und sich deshalb an die Grundbedeutung von »muoten« hielt und es mit »affectare« übersetzte. Nicht nur in diesem Falle nötigen die lateinischen Quellentexte, sich um die deutschen Wörter zu bemühen, die sich dahinter verstecken.

Die ersten Bestimmungen des Privilegium minus handelten gewissermaßen von der Zukunft, von der Zeit nach dem ersten Herzog von Österreich und seiner Frau, der byzantinischen Prinzessin. Die folgenden Sätze zielten auf die Gegenwart, auf die Rechte des Herzogs in seinem Herzogtum. Sie beginnen mit der Feststellung, daß hier keine Person ohne eine Vollmacht des Herzogs Gerichtsbarkeit ausüben dürfe.

Das scheint, von späteren Verhältnissen aus gesehen, nicht viel zu sein. Da Gerichtsbarkeit eine Sache des Staates ist, scheint es selbstverständlich, daß nur der Herzog für sie verantwortlich sein sollte. Doch war gerade das im Mittelalter normalerweise nicht der Fall. Die staatlichen Funktionen und mit ihnen die Gerichtsbarkeit waren breit gestreut. Sie konnte von Dorf zu Dorf jeweils in der Hand eines anderen Adligen sein, und die meisten dieser Adligen führten ihre Gerichts- und Herrschaftsrechte nicht auf einen Fürsten zurück, sondern praktizierten sie autonom.

In dem neuen Herzogtum Österreich sollte jedoch eine andere Verfassungsstruktur gelten. Auch hier sollten andere Mächtige als der Herzog Gerichtsbarkeit ausüben, aber in Abhängigkeit vom Herzog, und das hieß, zugespitzt gesagt, daß es für einen autonomen Adel hier keinen Raum mehr gab. Österreich sollte ein geschlossenes Territorium sein. Landesherrschaft sollte der Babenberger üben und niemand anders.

Diese verfassungspolitische Geschlossenheit des neuen Herzogtums zeigt sich auch an den folgenden Bestimmungen. Es heißt hier, daß der Herzog von Österreich im Reich, das heißt dem König gegenüber, keine anderen Verpflichtungen habe als die, zu den innerhalb von Bayern veranstalteten Hoftagen zu erscheinen. Und er sollte auch nur an solchen Reichskriegen teilnehmen müssen, die der König in der Nachbarschaft Österreichs führte. Auch das war eine weitreichende Vergünstigung.

Damit war der Herzog von Österreich davor geschützt, plötzlich auf einen Hoftag zitiert zu werden, der am Rhein oder in Norddeutschland stattfand. Er war sicher vor Reisen, die mehrere Wochen dauerten und angesichts der Begleitung, die der Herzog mit sich geführt hätte, kostspielig gewesen wären. Und noch kostspieliger waren Einberufungen zum Reichsheer.

Wichtiger ist jedoch, daß mit allen diesen Bestimmungen ein Landesfürstentum und ein Landesfürst beschrieben wurden, dessen Aufgaben vorwiegend innerhalb seines Territoriums lagen. Dem steht der ältere Typus des Reichsfürsten gegenüber, der nicht über ein geschlossenes Gebiet herrschte, sondern über verstreut lebende Menschen, ein Fürst, der vor allem in personalen Bezügen lebte – sowohl im Hinblick auf die von ihm Beherrschten wie auch mit Blick auf den König.

Der Fürst »älteren Typus« war einer der Großen des Reiches. Er war dem König verpflichtet, und zwar im Prinzip jederzeit und überall, wenn sich die Wirklichkeit natürlich auch je nach den Verhältnissen richtete. Diese Personalität der Beziehungen wurde im hohen Mittelalter sogar noch verstärkt, weil diese Beziehungen damals in die Normen des Lehnsrechtes gefaßt, weil sie feudalisiert wurden. Der Lehnsmann – hier also: der lehnsrechtlich an den König gebundene Reichsfürst – schuldete dem Lehnsherrn Rat und Hilfe. Er mußte zu Beratungen und zu Gerichtssitzungen kommen und an Kriegszügen teilnehmen, wann immer der Herr das für nötig hielt. Diese Lehnspflichten wurden nun, im Privilegium minus, eingeschränkt. Sie wurden rationalisiert, ja man könnte sagen: entfeudalisiert. Sie wurden sachlich definiert.

Diese versachlichte Stellung des Landesfürsten findet sich nicht nur in Österreich. Barbarossa hat noch andere Privilegien ausgestellt, die in diese Richtung gingen, darunter eines für den Bischof von Würzburg.[17] Es enthält ähnliche Bestimmungen wie das Privilegium minus. In den meisten Fällen aber war die Herausbildung des neuen Landesfürstentums das Resultat eines fast unmerklichen Wandels. Insofern ist das Privilegium minus ein Dokument von grundsätzlicher verfassungsgeschichtlicher Bedeutung – sowenig seine Urheber die Absicht haben mochten, zukünftige Herrschaftsstrukturen zu definieren. Ihre Entstehung verdankte diese so folgenreiche und so charakteristische Urkunde vielmehr den politischen Schwierigkeiten, vor denen Barbarossa in den ersten Jahren seiner Regierungszeit stand. Ihr Hintergrund war insbesondere die Rivalität zweier großer Fürstengruppen in Deutschland, wie sie seit 1125 existierte.

Barbarossa konnte sich jedoch ebensowenig wie seine Vorgänger darauf beschränken, aktuelle politische Probleme zu lösen. Auch er stand nach seiner Königswahl vor der Aufgabe, die Kaiserkrönung in Rom durch den Papst zu erlangen, und so sah auch er sich in die italienische und in die Mittelmeerpolitik verstrickt und zu einem Engagement in dieser Politik genötigt – nicht anders als sein Vorgänger Konrad III.

5. Barbarossas italienische Politik

Sechsmal ist Barbarossa über die Alpen nach Italien gezogen, und einige dieser Italienzüge haben Jahre gedauert. Barbarossa hat einen großen Teil seiner langen Regierungszeit in Italien verbracht, und das konnte nachträglich als eine Art Vorspiel zu der Regierungsweise seines Enkels, Friedrichs II., erscheinen, der fast seine ganze Lebenszeit südlich der Alpen verbringen sollte. Vor allem an der Politik Barbarossas entzündete sich eine heftige Diskussion des 19. und frühen 20. Jahrhunderts über die »Italienpolitik« der deutschen Könige und Kaiser im Mittelalter.[18] Hatten sich diese mächtigen Herrscher, die zu immer neuen Kriegszügen nach Italien aufbrachen, nicht auf einen zwar die Phantasie beflügelnden, aber unter konkreten politischen und vor allem unter nationalgeschichtlichen Gesichtspunkten verhängnisvollen Irrweg begeben? So wurde ihnen von nationalliberal urteilenden Historikern vorgeworfen.

Aber hatte Barbarossa denn wirklich die Wahl? Hätte er denn die Möglichkeit gehabt - falls er so etwas gewollt hätte oder hätte wollen können -, sich aus der politischen Tradition zu lösen, in die er durch seine Wahl zum deutschen beziehungsweise römischen König gestellt worden war? Als gewählter römischer König war er verpflichtet, sich um die Kaiserkrönung zu bemühen. Darüber hinaus mußte ihm aber auch ein machtpolitisches Interesse nahelegen, in Gestalt der Kaiserkrone eine zusätzliche Autorität zu gewinnen. Da die Stellung des Königs in Deutschland seit 1125 so strittig gewesen war, hatte die Kaiserkrone einen besonderen Wert. Sie machte den König, der sie trug, sicherer in seinem Amt.

Zudem war der König nicht der einzige deutsche Fürst, der sich in Italien politisch engagierte. Andere Fürsten wollten das ebenfalls. Die Welfen hatten seit der Regierungszeit Lothars III. in Mittelitalien eine beträchtliche Machtposition erworben, und Barbarossa hatte sie in dieser Position bestätigen müssen. Zu dem Preis, den er für seine Wahl hatte zahlen müssen, gehörte offensichtlich auch die Ernennung Herzog Welfs VI. zum Herzog von Spoleto und Markgrafen von Tuscien. Hinter diesen Titeln stand durchaus eine Machtbasis. Barbarossa hatte dem Welfen auch die umfangreiche Hinterlassenschaft der Markgräfin Mathilde zugestanden, die eine wichtige Verbündete Papst Gregors VII. während des Investiturstreites gewesen war. König Lothar hatte seine Regierungszeit dazu benutzt, diesen Herrschaftskomplex in die Hände seines welfischen Schwiegersohnes gelangen zu lassen. Welf VI. hat ihn dann geerbt, und Barbarossa sah sich gezwungen, diese Besitzverhältnisse zu legalisieren. So reichte die Machtstellung der Welfen von den Grenzen des Kirchenstaates bis weit in die Poebene hinein. Die Hauptmasse dessen, was zur »Mathildischen Erbschaft« gehörte, lag in den Grafschaften Reggio, Modena und Mantua. Um so energischer mußte sich Barbarossa nun seinerseits darum bemühen, in Italien Fuß zu fassen und den unerwünschten welfischen Machtzuwachs durch eigene Gewinne auszugleichen.

Das aber war um so notwendiger, als die Herrschaft in Italien durchaus keine unsichere Sache zu sein brauchte, die immer wieder militärischen Einsatz forderte und wenig Nutzen brachte. Herrschaft in Italien konnte vielmehr Verfügung über schnell wachsende Städte und damit die Chance großer Einnahmen bedeuten. Wer hier Herrschaftsrechte ausübte, hatte die Möglichkeit, Einkünfte aus den wirtschaftlich am weitesten entwickelten Regionen des damaligen Europa zu erzielen.

Wie hoch diese Einkünfte waren, erfahren wir nicht. Wenn Rahewin in seiner Fortsetzung der Chronik Ottos von Freising berichtet, Barbarossa habe nach der Wiederherstellung der Zahlungsverpflichtungen in Italien über regelmäßige Einnahmen von 30000 Pfund Silber jährlich verfügt, so steht diese Zahl ganz isoliert.[19] Man kann die Kaufkraft einer solchen Summe nicht bestimmen, man kann ihr auch nicht dadurch Profil geben, daß man die deutschen Einkünfte des Königs neben sie stellt - deren Höhe ist unbekannt -, und es kommt hinzu, daß sich die unregelmäßigen Einnahmen, die Barbarossa in Italien erzielte, noch weniger abschätzen lassen. Jedenfalls scheint sicher, daß Barbarossa in Italien über erheblich größere Mittel verfügen konnte als der Papst. Er war in der Lage, größere Geldschenkungen als Mittel der Politik einzusetzen, er vergab Rentenlehen, und das heißt, daß er damit rechnete, regelmäßig über ausreichende Einnahmen zu verfügen. Daß er in Italien eingezogene Gelder nördlich der Alpen einsetzen konnte, ist nicht unwahrscheinlich, doch würde man die Einnahmen aus Italien überschätzen, wenn man sie als das Resultat der Ausbeutung eines Landes zugunsten eines anderen, nämlich Deutschlands, verstünde.

Die reichen Möglichkeiten Italiens boten sich den deutschen Königen jedoch nicht ohne weiteres dar. Wenn sie von ihren Rechten in Italien Gebrauch machen wollten, so mußten sie sich zunächst einmal innerhalb der dort bestehenden Machtverhältnisse durchsetzen. Das dazu benötigte Heer kam - jedenfalls beim Zug zur Kaiserkrönung - herkömmlicherweise dadurch zustande, daß die Inhaber von Reichslehen es beschickten. In welchem Maße das geschah, läßt sich jedoch nicht sagen. Otto von Freising berichtet, daß zu den ersten Handlungen Barbarossas in Italien die Bestrafung derer gehörte, die sich der Heerfolgepflicht entzogen hatten. Auf der anderen Seite wuchsen mit der Größe des Heeres die Schwierigkeiten beim Übergang über die Alpen.

Wiederum Otto von Freising erzählt, daß im Jahre 1154 nach der Überwindung der Pässe zunächst einmal Gott habe versöhnt werden müssen, weil das königliche Heer angesichts des Mangels an Nahrungsmitteln unterwegs kirchlichen Besitz geplündert habe. Die Bischöfe von Brixen und Trient erhielten Entschädigungsgelder zugesandt, die durch eine Sammlung im Heer aufgebracht wurden.[20] So kam es darauf an, in Italien das militärische Potential durch die Gewinnung von Verbündeten und durch die Anwerbung von Söldnern zu vergrößern, damit es eine Zahl erreichte, wie sie Barbarossa selbst für das Jahr 1155 in einem Brief an Otto von Freising nennt. Der Kaiser schreibt, daß sein - freilich durch die Kämpfe der letzten Monate schon reduziertes - Heer achtzehnhundert Ritter umfaßt habe. Diese Zahl ist nur isoliert überliefert, aber sie macht Dimensionen deutlich. Sie läßt auf der einen Seite erkennen, wie sehr ein Herrscher, der sich auf ein solches Heer stützte, von Zufällen abhängig war: von militärischen Verlusten ebenso wie von Seuchen, die nicht nur einmal die Italienpolitik mittelalterlicher Könige und Kaiser durchkreuzt haben. Auf der anderen Seite konnte im Italien des 12. Jahrhunderts mit einem solchen Heer tatsächlich Macht erneuert und ausgebaut werden. Die Zeiten, in denen reiche italienische Städte einen deutschen König in finanzieller Abhängigkeit halten und ihn fast wie einen Söldnerführer behandeln konnten, wie es König Ruprecht in den Jahren 1401 und 1402 geschehen sollte, waren fern.

Barbarossa hat seinen ersten Italienzug sorgfältig vorbereitet – ganz ähnlich wie seine Vorgänger auch. In seinem Fall ist das Resultat der Vorverhandlungen jedoch überliefert in Gestalt des sogenannten Konstanzer Vertrages, der ungefähr ein Jahr nach der Wahl Barbarossas zum König, am 23. März 1153, abgeschlossen wurde.[21]

Der Papst versprach in diesem Vertrag dem König die Kaiserkrönung sowie alle Hilfe bei der Wahrung der Rechte des Reiches. Barbarossa versprach den Kampf gegen die Feinde des Papstes, gegen die Normannen und gegen die aufständischen Römer, die schon Konrad III. hatte bekämpfen sollen. Barbarossa versprach ferner, dem byzantinischen Kaiser kein Land in Italien zu überlassen, und auch der Papst ging eine solche Verpflichtung ein. Beide waren sich darin einig, eine Restauration der byzantinischen Herrschaft in Süditalien nicht zuzulassen. Wer dort im Falle einer Zurückdrängung der Normannen an deren Stelle treten sollte, stand dahin. Ein halbes Jahrhundert später sollte der Streit um das südliche Italien zur Ursache der jahrzehntelangen Auseinandersetzungen zwischen dem Papst und dem Kaiser werden und die Staufer in die Katastrophe führen.

War dieser Konstanzer Vertrag der programmatische Auftakt einer neuen, selbstbewußten königlichen Politik gegenüber dem Papst? War das vielleicht sogar der Beginn einer Politik, die am Ende auf eine Wiederherstellung jenes alten Verhältnisses zwischen Papst und Kaiser zielte, wie es bis zum Investiturstreit bestanden hatte? Für ein solches Verständnis des Vertrages könnte seine Zweiseitigkeit sprechen, die Tatsache, daß in diesem Text immer wieder Verpflichtungen des Papstes und des Königs einander gegenübergestellt werden.

Dem widerspricht aber, daß der offiziöse Geschichtsschreiber des Königs, Otto von Freising, der alles daran setzte, mit dem Regierungsantritt seines Helden ein neues Zeitalter beginnen zu lassen, diesen Vertrag mit dem Papst überhaupt nicht erwähnt. Hielt er ihn nicht für wichtig? Dann dürfte dieser Text keinen programmatischen Charakter gehabt haben. Oder kannte der Geschichtsschreiber ihn nicht? Dann hätte man ihn am Hofe Barbarossas selbst nicht für so wichtig gehalten. Vielleicht aber ist das Schweigen des Chronisten einfach damit zu erklären, daß Barbarossa den Vertrag mit dem Papst in wesentlichen Punkten nicht einhalten konnte. Falls diesem Vertrag tatsächlich eine programmatische Absicht seitens des Königs zugrunde gelegen haben sollte, dann hätte die italienische Wirklichkeit ihm alsbald gezeigt, wie schlecht sich große Programme verwirklichen ließen.

Die Darstellung aus der Dresdner Handschrift des Sachsenspiegels (Lehnrecht 4,1) illustriert den Romzug des deutschen Königs betreffende gewohnheitsrechtliche Normen

Oberstes Bild: Der Lehnsmann muß sechs Wochen lang auf eigene Kosten an Heereszügen des Königs teilnehmen. Darunter die Kaiserkrönung in Gegenwart von drei weltlichen und drei geistlichen Kurfürsten. Unten der Heereszug zur Kaiserkrönung. Er soll – das zeigen die Zahlen – ein Jahr, sechs Wochen und drei Tage vorher angekündigt werden. Man kann aber ersatzweise auch ein Zehntel seiner Lehenseinkünfte abführen.

Die italienische Wirklichkeit war eben die, mit der es schon Konrad III. zu tun gehabt hatte. Auch jetzt wurde der Papst von den Normannen bedrängt und durch die aufständischen Römer bedroht. Der byzantinische Kaiser, mit dem Konrad so eng verbunden gewesen war, sollte nun jedoch ausgeschlossen werden.

Barbarossa hat sich auf seinem ersten Italienzug, der im Oktober 1154 begann, beeilt, rasch die Kaiserkrönung zu erlangen. Er hat sich nur kurze Zeit in Oberitalien aufgehalten – durchaus im Gegensatz zu seiner späteren Politik, die ihn hier jahrelang binden sollte. Doch war schon jetzt nicht zu übersehen, daß sich einer auf die königlichen Rechte drängenden Politik in der Lombardei Widerstände entgegenstellten. Die größte jener Städte, die in den letzten Jahren aufgrund eines raschen wirtschaftlichen Aufstiegs zu selbständigen Stadtrepubliken geworden waren, Mailand, verweigerte Barbarossa den Gehorsam und verfiel in Reichsacht. Vollstrecken ließ sich diese Acht während eines raschen Zuges durch Italien indessen nicht.

Ein halbes Jahr nach seinem Aufbruch, am 8. Juni 1155, begegnete der König bei Sutri, etwa vierzig Kilometer nördlich von Rom, zum ersten Mal dem Papst, Hadrian IV.

Eine solche Begegnung war, damals wie heute, die Stunde des Protokolls. Damals aber ließ sich eine solche Begegnung nicht in allen Einzelheiten vorbereiten. Ein Brief von Rom nach Süddeutschland brauchte vier Wochen, und eine genaue Abstimmung der Modalitäten, welche die Begegnung zwischen Papst und König formen sollten, hätte mehrerer Briefe bedurft. So konnte nicht davon die Rede sein, daß die Herrscher etwa nur vollzogen, was zuständige Amtsträger längst ausgehandelt hatten. Und es bestand angesichts der engen Verbindung zwischen Protokoll und politischer Wirklichkeit die Gefahr, daß sich aus Pannen des Protokolls beträchtliche politische und militärische Verwicklungen ergaben. Das zeigt die Begegnung zwischen Barbarossa und Hadrian IV. in aller Deutlichkeit.

Der König und der Papst kannten sich nicht, und sie wußten voneinander so viel, wie einander nicht bekannte politische Partner damals in einer solchen Situation voneinander eben wissen konnten. Das aber fiel um so schwerer ins Gewicht, als beide, Papst und König, ja tatsächlich Entscheidungen zu treffen hatten und nicht nur längst Vereinbartes exekutierten.

Dieser für die Zeit typische Sachverhalt wurde durch die besondere Situation zugespitzt. Den Konstanzer Vertrag hatte der Vorgänger des nunmehrigen Papstes mit Barbarossa geschlossen. Galt dieser Vertrag überhaupt? Das war ungewiß. Und wie stand es mit der stadtrömischen Bewegung? Je mehr sich Barbarossa dem Papst näherte, desto leichter konnte er mit dieser Bewegung in Kontakt treten. Arnold von Brescia, der Führer der römischen Aufständischen, war aus Rom nach dem Norden geflohen und hielt sich nun in der südlichen Toskana auf. Würde Barbarossa ihn schützen? Würde er womöglich von jener Theorie Gebrauch machen, der zufolge die Kaiserkrone nicht vom Papst, sondern vom römischen Volk kommen müsse? Aus der Sicht des Papstes war das ganz ungewiß.

Einige der Unsicherheiten wurden durch Gesandte des Papstes und des Königs unmittelbar vor deren Begegnung ausgeräumt. Doch blieben Unklarheiten genug. So kam es am 8. Juni 1155 in Sutri zu einer immer noch mit Ungewißheiten behafteten und nicht ganz vor Eventualitäten geschützten Begegnung zwischen König und Papst - und zu einem Eklat.

Als der Papst, angetan mit allen Zeichen seiner Würde, begleitet von Kardinälen, vor das Zelt Barbarossas ritt, weigerte sich dieser, dem Papst dergestalt behilflich zu sein, daß er ihm das Pferd am Zügel führte und ihm beim Absteigen den Steigbügel hielt.

Sowohl das eine wie das andere wäre angebracht gewesen, da ein Pferd in einer Menge von Fußgängern sicherer geht, wenn es von einem Fußgänger geführt wird, und ein Reiter den Boden sicherer erreicht, wenn ihm der beim Absteigen vom Pferd nicht mit seinem Körpergewicht belastete Steigbügel gehalten wird. So wurden beide Dienstleistungen auch praktiziert. Jeder Mächtige verfügte über Knechte, die das Pferd führten und den Steigbügel hielten. Beide Dienstleistungen, der Strator- und der Marschalldienst, waren so fundamental, daß sie symbolische Gestalt und den Charakter von zeremoniellen Höflichkeiten erhalten hatten. Die Höflichkeiten aber konnten jederzeit für einen Knechtsdienst gehalten werden, und daraus ergab sich nun ein Konflikt. Der Papst meinte, als Papst einen Anspruch darauf zu haben, daß Barbarossa als der künftige Kaiser ihm die beiden Pferdeknechtsdienste erwies, und er konnte seinen Anspruch sogar belegen.

Eine Freskenfolge in der Silvesterkapelle von SS. Quattro Coronati in Rom aus der Mitte des 13. Jahrhunderts stellt die Silvester-Legende und die Konstantinische Schenkung dar. Die Abbildung zeigt den Empfang des Papstes durch den Kaiser. Dieser führt das päpstliche Pferd am Zügel, leistet also den Stratordienst.

In der berühmten Konstantinischen Schenkung, der im frühen Mittelalter gefälschten Zusammenstellung päpstlicher Vorrechte gegenüber dem Kaisertum, ist auch von den entsprechenden Dienstleistungen die Rede. Barbarossa verweigerte sie trotzdem und gerade deshalb. Er sah im Führen des päpstlichen Pferdes und im Halten des päpstlichen Steigbügels mehr als nur eine Höflichkeit. Er befürchtete, daß man diese Akte im Sinne einer grundsätzlichen Unterordnung des Kaisers unter den Papst interpretieren würde, und er hatte dafür gute Gründe.

Wenige Jahre zuvor war im Lateranpalast in Rom eine Folge von Fresken entstanden, auf denen zeremonielle Begegnungen zwischen Kaiser und Papst, und zwar zwischen Lothar III. und dem damaligen Papst, im Bilde zu sehen waren. Wahrscheinlich waren dabei der Strator- und der Marschalldienst gar nicht dargestellt worden, doch hatte Barbarossa trotzdem Grund, alarmiert zu sein. In dieser Bilderfolge war nämlich die Kaiserkrönung durch eine Unterschrift im Sinne eines Lehnsverhältnisses gedeutet worden. Die Unterschrift bezeichnete den Kaiser als einen Lehnsmann des Papstes.[22]

Wenn aber schon die Kaiserkrönung als lehnsrechtlicher Akt interpretiert wurde, hatte Barbarossa allen Anlaß zur Vorsicht, denn der Marschall- und der Stratordienst legten eine entsprechende lehnsrechtliche Ausdehnung weit eher als die Kaiserkrönung nahe. So verweigerte sich Barbarossa diesen Zeremonien. Er wollte nur tun, was unzweifelhaft herkömmlich und unverfänglich war. Er leistete den zeremoniellen Fußkuß. Der Papst seinerseits weigerte sich, damit zufrieden zu sein, und so unterblieb die dem Fußkuß normalerweise folgende ebenso zeremonielle Umarmung.

Was damals im einzelnen geschehen ist, läßt sich nicht genau sagen. Die Quellen widersprechen sich. Einige berichten von einer Situation voller Spannungen und Überraschungen, in der die Kardinäle plötzlich die Flucht ergriffen und sich in die Burg zurückgezogen hätten, von der aus der Papst zuvor mit dem Kaiser verhandelt hatte. Jedenfalls kam es zum Eklat. Es wurde verhandelt, und am Ende entschieden die deutschen Fürsten, die sich in der Umgebung

Barbarossas befanden, daß eine zweite Begegnung zwischen dem König und dem Papst arrangiert werden sollte, ein ebenso planvolles wie scheinbar zufälliges Zusammentreffen, bei dem Barbarossa am Ende die Ehrendienste leisten sollte und auch leistete – jedoch in minimalem Umfang. Barbarossa führte das päpstliche Pferd nur einen Steinwurf weit. Und er hatte sich ausdrücklich zusichern lassen, daß er damit nur einen Ehrendienst leistete, der keine politische Bedeutung hatte. Vielleicht hat sich Barbarossa damals sogar versprechen lassen, daß die anstößigen Gemälde im Lateranpalast entfernt werden würden.

Der Kaiser als Lehnsmann des Papstes: das war nur eine der Formeln, mit denen man seit dem Investiturstreit auf päpstlicher Seite das Verhältnis zwischen Papst und Kaiser bezeichnete. Andere Bilder sprachen von Seele und Körper oder von Sonne und Mond, aber sie meinten einen ähnlichen Sachverhalt. Sie zeichneten einen Kaiser, der nicht oberhalb aller Menschen stand, oberhalb der Laien wie der Kleriker, und in die Sphäre Gottes hineinreichte und Anteil an dieser Sphäre hatte – als ein neuer Salomo, ein neuer David, ja am Ende sogar bis zu einem gewissen Grade als ein neuer Christus. Der Kaiser, den die neuen Bilder kennzeichneten, war ein Laie wie andere Laien, und er war wie jeder Laie weniger als ein Kleriker, weniger vor allem als der vornehmste Kleriker, der Papst: Mond gegenüber der hellen Sonne, Körper im Vergleich mit der Seele, Lehnsmann im Verhältnis zum Lehnsherrn. Das aber wollte Barbarossa nicht hinnehmen. Diesmal konnte der Konflikt rasch beigelegt werden. Wenige Jahre später sollte er erneut aufbrechen.

Auf dem Wege nach Rom erreichte den König eine stadtrömische Gesandtschaft mit dem Angebot, ihn auf dem Kapitol zu krönen. Barbarossa hat dieses Angebot gewiß nicht nur wegen der hohen Summe, welche er der Stadt für die Krönung zahlen sollte, abgelehnt. Otto von Freising legte ihm eine Rede in den Mund, die mit großem Nachdruck darauf beharrt, daß die römischen Traditionen, auf welche sich die Gesandten der Stadt beriefen, durch die Eroberung auf die Franken übergegangen seien. »Bei uns sind Deine Konsuln«, so redet der König den Sprecher der Römer an. »Bei uns ist Dein Senat. Bei uns ist Dein Heer.«[23]

Der König ließ die Peterskirche nun militärisch sichern, und so gelang die Kaiserkrönung am 18. Juni 1155 ohne Störung. Doch stürmten bewaffnete Römer noch am Krönungstage die Leostadt. Sie drangen in die Peterskirche vor und erschlugen dort einige Bewaffnete. So kehrten der Kaiser und seine Truppen schleunigst von den Nero-Wiesen nördlich der Leostadt, wo sie das Krönungsmahl feierten, zurück, und es kam nun zu einer mehrstündigen Schlacht. Es gelang dem Kaiser zwar, die Römer aus der Leostadt zu verdrängen, aber ihren Widerstand brechen konnte er nicht. Die Stadt Rom blieb ihm verschlossen. Nicht nur in diesem Punkt erfüllte Barbarossa den Konstanzer Vertrag nicht. Statt, wie versprochen, nun weiter nach Süden zu ziehen und die normannischen Gegner des Papstes zu bekämpfen, kehrte er noch im Sommer nach Deutschland zurück.

Ein Jahr später, im Juni 1156, löste sich der Papst seinerseits von dem Übereinkommen mit Barbarossa und einigte sich im Vertrag von Benevent mit dem Normannenkönig. Der Papst erkannte die Herrschaft der Normannen in Unteritalien an und machte ihrem König weitreichende kirchliche Zugeständnisse. Damit wurde ein Schlußstrich unter ein Jahrhundert Krieg gezogen. Der Papst akzeptierte die normannische Vorherrschaft über Süditalien, und er änderte damit sein Verhältnis zum Kaiser. Nun war er nicht mehr so dringend auf Barbarossa angewiesen, und der hatte allen Anlaß, noch mißtrauischer zu sein als ein Jahr zuvor in Sutri.

Das zeigte sich im Oktober 1157 während einer Fürstenversammlung in Besançon in Burgund. Barbarossa bemühte sich mit Nachdruck darum, seine Herrschaftsrechte in dieser Region - neben Deutschland und Italien traditionellerweise dem dritten Königreich des Kaisers - zur Geltung zu bringen, zumal seine zweite Frau, Beatrix, eine burgundische Prinzessin war. Auf dem Hoftag in Besançon erschienen als Vertreter des Papstes zwei Kardinäle. Der eine von ihnen, Rolando Bandinelli, war der Kanzler des Papstes. Er hatte die päpstliche Politik maßgeblich bestimmt. Zwei Jahre später sollte er selbst zum Papst gewählt werden. In einem langen Pontifikat - er regierte von 1159 bis 1181 - wurde er als Papst Alexander III. Barbarossas gefährlichster Gegenspieler.

Die beiden Vertreter des Papstes in Besançon hatten den Auftrag, sich über die skandinavische Kirchenpolitik des Kaisers zu beschweren. Diese Meinungsverschiedenheit geriet sogleich in den Hintergrund, als sich an einem Wort der päpstlichen Legaten ein neuer Streit über das Verhältnis zwischen Papst und Kaiser entzündete und zu einer Steigerung der Auseinandersetzung von Sutri wurde.

Zunächst ging es auch jetzt um das »Übersetzungsproblem«. Der Streit entzündete sich an der Frage, wie man das lateinische Wort »beneficium« richtig ins Deutsche übersetzen müsse. Dieses Wort fiel, als die päpstlichen Gesandten ihre Beglaubigungsschreiben vorlasen, einen lateinischen Text, der den Teilnehmern des Hoftages, von denen die meisten Laien und Analphabeten waren, Satz für Satz ins Deutsche übersetzt werden mußte. Angesichts der Feierlichkeit des Vorganges übersetzte nicht ein namenloser Kleriker, sondern der vornehmste unter ihnen, der Kanzler des Kaisers, Rainald von Dassel. Zwei Jahre später wurde er zum Erzbischof von Köln gewählt; jetzt trat er zum ersten Mal in aller Deutlichkeit als ein Mann in Erscheinung, der die Politik des Kaisers vorantrieb, zuspitzte, ja vielleicht formte.

Es scheint, als sei die Verlesung des päpstlichen Schreibens beziehungsweise der Übersetzung von deutlichen Unmutsbekundungen der Hoftagsteilnehmer begleitet worden. Das läßt sich verstehen, weil der Text recht frostig ist und die notwendigen Höflichkeitsformeln der päpstlichen Legaten einigermaßen ungewöhnlich ausgefallen waren. Offensichtlich gingen die Reaktionen des Publikums jedoch über ein starkes Murren nicht hinaus. Dann aber kam es zum Skandal.

»Du solltest, ruhmreichster Sohn«, so redete der Papst den Kaiser an, »Dir vor die Augen Deines Sinnes führen, wie gnädig und wie freudig Dich in einem früheren Jahre« - gemeint war die Kaiserkrönung von 1155 - »Deine heilige Mutter, die hochheilige römische Kirche, empfangen hat, mit welcher Herzensliebe sie Dich behandelt, welche Gnadenfülle sie Dir übertragen, eine wie große Vielzahl von Würden und Ehren sie Dir zugewandt hat und wie sie, die Zeichen der kaiserlichen Würde freigiebig übertragend, sich bemüht hat, in ihrem gnädigsten Schoß den Gipfel Deiner Erhabenheit zu hegen, wobei sie alles vermied, was Deinem königlichen Willen auch nur im geringsten hätte zuwider sein können. Dennoch« – so ließ der Papst den Kaiser anreden – »reut es uns nicht, die Wünsche Deines Willens in jeder Hinsicht erfüllt zu haben, sondern wenn Deine Erhabenheit größere ›beneficia‹ von unserer Hand empfangen hätte, wenn das sein könnte, würden wir uns berechtigterweise freuen, in dem Gedanken daran, welchen Nutzen und Vorteil die Kirche Gottes und wir von Dir erhalten könnten.«[24]

In deutscher Übersetzung klingt das alles etwas hölzern. Der lateinische Text repräsentiert eine vorzügliche Rhetorik. Doch wäre dies natürlich noch kein Anlaß für einen Skandal gewesen. Dazu führten diese Sätze deshalb, weil Rainald von Dassel das Wort »beneficium« mit Lehen übersetzte. Die nicht des Lateinischen kundigen Teilnehmer des Hoftages hörten aus Rainalds Munde, daß der Papst behauptete, der Lehnsherr des Kaisers zu sein. Sofort brach ein Tumult aus. Und dieser Tumult wuchs noch an, als ein Teilnehmer der Versammlung, wahrscheinlich Rainald von Dassel selbst, an das eben erwähnte Gemälde im Lateranpalast erinnerte.

Der Kaiser als Lehnsmann des Papstes: was damals gemalt worden war, schien nun abermals behauptet zu werden. Was anders sollte das Lehen des Papstes, das der Kaiser erhalten hatte, sein als das Kaisertum? So war die Aufregung ungeheuer: die päpstlichen Gesandten empörten sich und machten die Sache noch schlimmer. Von wem hat der Kaiser denn das Kaisertum, wenn nicht vom Papst? So rief einer der beiden. Hätte der Pfalzgraf Otto von Bayern ihn nicht geschützt, so wäre er wegen dieser Worte erschlagen worden. Nur der Autorität des Kaisers gelang es am Ende, die Versammelten, die in ihrer Mehrheit selbstverständlich bewaffnet waren, zu beruhigen und die Sache zu einem glimpflichen Ende zu bringen. Die Gesandten des Papstes wurden dringend genötigt, so rasch wie möglich abzureisen.

Auf den Abbruch der diplomatischen Beziehungen, wie man heute sagen würde, folgten wechselseitige Verleumdungen. Barbarossa ließ Darstellungen des Vorgangs aus seiner Sicht in vielen Exemplaren verbreiten. Eine solche Publizität hatte es seit dem Beginn des Investiturstreits nicht selten gegeben – jedoch in der Regel auf kirchlicher Seite. Die Rundschreiben Barbarossas erweisen nun, daß die kaiserliche Kanzlei sich auf der Höhe ihrer Zeit befand. Die frühen Urkunden Barbarossas wiesen mancherlei Dilettantismen auf. Es dauerte einige Zeit, bis der so überstürzt gewählte König über einen angemessenen »Apparat« verfügte. Im Jahre 1157 war das ganz offensichtlich der Fall. Die Texte, welche Barbarossas Kanzlei nun produzierte, waren perfekt.

Das Rundschreiben, das die Vorgänge in Besançon aus kaiserlicher Sicht darstellte, war im Kern eine Darlegung des Verhältnisses von Kaiser und Papst. Beide sollten nebeneinanderstehen. Gott sollte den einen wie den anderen eingesetzt haben. Barbarossa ließ die auf ein Ereignis der Passionsgeschichte Christi, auf Lukas 22,

Vers 38, zurückgehende Zwei-Schwerter-Theorie vortragen, und zwar in dem Sinne, daß die beiden Schwerter, von denen Christus spricht, als gleichberechtigt, als gleichermaßen von Gott gegeben verstanden wurden. Barbarossa ließ, alles Gewicht auf die Wahl durch die Fürsten und nicht auf die Kaiserkrönung durch den Papst legend, schreiben: »Da durch die Wahl der Fürsten das Königreich und das Kaiserreich das unsere allein von Gott ist, der bei dem Leiden seines Sohnes Christus zwei notwendigen Schwertern die Welt zur Regierung überantwortet hat, und da der Apostel Petrus diese Lehre der Welt gegeben hat: Fürchtet Gott und ehrt den König (1. Petrus 2, 17), befindet sich jeder, der sagt, daß wir ein beneficium vom Herrn Papst empfangen hätten, im Widerspruch zur göttlichen Ordnung und der Lehre des Papstes, und er ist der Lüge angeklagt.« Lieber, so heißt es am Ende dieses Textes, wolle sich der Kaiser in Todesgefahr stürzen, als die Schande einer solchen Begriffsverwirrung ertragen.

Aber der Papst kapitulierte nicht. Er ermahnte die deutschen Bischöfe, den Kaiser auf den rechten Weg zurückzuführen. Doch das wollten die Bischöfe offensichtlich nicht tun. Ihre Antwort auf die päpstliche Mahnung zeigt, daß sie auf der Seite des Kaisers standen. Und so enthält ihr Schreiben eine zweite Stellungnahme des Kaisers, die kurz, schlagkräftig und die Leistungsfähigkeit von Barbarossas Kanzlei demonstrierend die grundsätzliche Meinung des kaiserlichen Hofes zusammenfaßt.

»Nach zwei Richtungen«, so heißt es jetzt, »muß das Reich regiert werden, nämlich nach den heiligen Kaisergesetzen und nach dem guten Herkommen der Vorfahren.« Barbarossa beruft sich also auf das spätantike Kaiserrecht, das Römische Recht, das damals in Norditalien, vor allem in Bologna, entdeckt, neu studiert und wieder angewendet zu werden begann, und zwar nicht als ein vergangenes, sondern als ein gegenwärtiges, eben das kaiserliche Recht. Barbarossa hatte schon auf seiner ersten Italienreise in Bologna Station gemacht. Bald darauf sollte er sich ganz unmittelbar der Hilfe der dortigen Juristen bedienen und damit einer Tradition, die den Papst in den Hintergrund drängte. Für ein päpstliches Recht, das Kaisertum zu verleihen, war in einem Kaisertum, wie es Barbarossa jetzt verstand, offensichtlich kein Platz. Kein Wunder, daß der Papst in Sutri gefürchtet hatte, Barbarossa könne sich mit der stadtrömischen Bewegung gegen ihn verbinden.

Doch leugnete Barbarossa nicht die Bedeutung des Papstes für seine Würde. Der Papst hatte ihn ja in der Tat zum Kaiser gekrönt. Das päpstliche Recht der Kaiserkrönung schrumpfte aber in diesem Text zu einer zeremoniellen Handlung ohne politische Bedeutung zusammen. »Die schuldige Ehrfurcht erweisen wir«, so hieß es weiter, »gern unserem Vater, aber die freie Krone unseres Reiches schreiben wir nur dem göttlichen beneficium zu. Die erste Stimme bei der Wahl erkennen wir dem Mainzer Erzbischof, was danach bleibt, den übrigen Fürsten nach der Rangfolge zu: die königliche Salbung dem Erzbischof von Köln, die oberste aber, die kaiserliche, dem Papst. Was darüber hinausgeht, ist überflüssig und von Übel.«

Wie ist diese Polemik zu verstehen? Hatte Rainald von Dassel sie provoziert, hatte er dem unschuldigen Wort beneficium einen fatalen Sinn gegeben? Der Papst behauptete das, und er bemühte sich um eine philologische Klärung der Situation. »Wenn dieses Wort beneficium«, so schreibt er, »bei manchen Leuten auch in einem anderen Sinne aufgefaßt werde, so mußte es doch in jenem strittigen Brief in seiner Grundbedeutung« - also im Sinne von Wohltat und nicht in dem weiteren Sinne, also als Lehen - »verstanden werden.«

Aber man wußte in Rom sehr gut, daß in bestimmten Teilen der Welt das Wort »beneficium« Lehen bedeutete, und man stellte sich darauf ein. In päpstlichen Urkunden für deutsche Empfänger wurde dieses Wort dementsprechend verwendet. Rolando Bandinelli hatte solche Urkunden selbst ausgefertigt. Das päpstliche Schreiben mit dem ominösen Wort muß also entweder gedankenlos oder höchst absichtsvoll formuliert worden sein, und der weitere Wortlaut des päpstlichen Textes lehrt, daß hier ganz offensichtlich mit der Zweideutigkeit dieses Wortes Politik gemacht werden sollte.

Dabei hatte sich die päpstliche Kurie aber verrechnet. Sie hatte die Lesefähigkeit am kaiserlichen Hof unterschätzt, und sie hatte sich vor allem insofern geirrt, als sie hoffte, die Bischöfe auf die eigene Seite bringen zu können. Tatsächlich kam es zum Gegenteil, zu einer antipäpstlichen Front von Kaiser und Bischöfen.

Deren Ursache lag aber nicht nur in der päpstlichen Politik und der allgemeinen Empörung. Es kam hinzu, daß gerade von den beiden päpstlichen Legaten ein stärkeres Hineinregieren des päpstlichen Hofes in die deutschen Bistümer zu erwarten war. Der Kaiser hatte das Gepäck der Kardinäle durchsuchen lassen und dabei einschlägige Urkunden entdeckt. So trieb ihr eigenes Interesse die Bischöfe an die Seite des Kaisers und nahm sie gegen die päpstliche Reformpolitik ein, die sich als Zentralisierungspolitik auch gegen die Bischöfe richtete.

Diese gemeinsame Front von Kaiser und Bischöfen war keine solche Selbstverständlichkeit mehr wie vor dem Investiturstreit. In höherem Maße als damals lagen ihr gemeinsame Interessen zugrunde. Die aber waren einstweilen gegeben, und der Kaiser hatte Glück. Sein zweiter Italienzug brachte Erfolge. Was vier Jahre vorher angesichts knapper Zeit nur im Ansatz möglich gewesen war - die Bekräftigung der traditionellen kaiserlichen Herrschaftsrechte in Oberitalien -, ließ sich nun im einzelnen durchsetzen. Die großen Städte unterwarfen sich, und am Ende, nach einer Belagerung von mehreren Wochen, fügte sich auch Mailand. Barbarossa schien allen Widerstand überwunden zu haben, als er am 11. November 1158, gut ein Jahr nach jenem burgundischen Hoftag in Besançon, in Italien Hof hielt: südlich von Mailand, in der Poebene bei Roncaglia, auf den sogenannten Ronkalischen Feldern, wo solche Versammlungen herkömmlicherweise stattfanden.

Nun versammelten sich hier um den Kaiser die Fürsten und Adligen, die mit ihm über die Alpen gezogen waren, und die Repräsentanten Ober- und Mittelitaliens, aber, anders als in Deutschland, unter ihnen auch Vertreter der Städte. Und es kam eine weitere für Italien charakteristische Gruppe von Repräsentanten und Interessenten hinzu: Rechtsprofessoren aus Bologna, Vertreter der sich damals konstituierenden Universität, mit denen Barbarossa schon vier Jahre vorher zusammengetroffen war.

Der politische Kern eines solchen Hoftages war in Italien wie in Deutschland die Beratung des Kaisers durch die »Großen« und die Vorbereitung von politischen Entscheidungen, die am Ende der Kaiser selbst treffen und auch verantworten mußte. Aber ohne den Rat oder die Mitentscheidung derer, die den Kaiser berieten, waren sie nicht möglich. Ein solcher Hoftag war eine Verdichtung dessen, was das Regieren eines mittelalterlichen Herrschers ausmachte: die Gewinnung und Erneuerung von Einvernehmen zwischen dem Herrscher und denen, die jeweils für die Großen gehalten wurden, die der Herrscher zur gemeinsamen Willensbildung heranziehen wollte oder mußte.

In Deutschland waren die schriftlich fixierten Resultate solcher Hoftage fast nur Einzelentscheidungen, Urkunden für einzelne Empfänger.[25] Das Ergebnis des Hoftages von Roncaglia aber bestand in generellen Normen, da in Italien die spätantike Rechtskultur fortlebte. Die Gesetzgebung der Herrscher war hier niemals ganz abgerissen. Inzwischen gab es auch in Deutschland für bestimmte Bereiche allgemeine Normen, nämlich Landfrieden, Gesetze, welche an die Stelle der legitimen Durchsetzung von Rechtsansprüchen mit Gewalt die Entscheidung von Streitigkeiten nur oder fast nur durch Gerichte setzen wollten, und auch in Roncaglia wurde ein Landfrieden erlassen. Doch kamen hier zu dem Landfrieden ein lehnsrechtliches Gesetz sowie zwei weitere Normen hinzu, in denen die Rechte des Kaisers neu definiert wurden und zu denen es in Deutschland keine Paralellen gab. Das macht auch die Rede deutlich, die der Chronist Rahewin dem Erzbischof von Mailand in diesem Zusammenhang in den Mund legt. Der Erzbischof zitiert nämlich aus dem Corpus iuris, jener spätrömischen Rechtssammlung, die eben damals in Bologna und an anderen Orten zu neuem Ansehen gebracht und in wachsendem Maße studiert und angewendet wurde. »Nun hat es«, so redete der Erzbischof den Kaiser an, »Dir in Deiner Macht gefallen, mit uns, mit Deinen Getreuen, mit Deinem Volk zu beraten über die Gesetze und die Gerechtigkeit und die Ehre des Reiches.« Diese Sätze bezeichneten in der Tat, was auf einem solchen Hoftag geschah. Die folgenden Worte des Erzbischofs skizzierten aber ein Kaisertum anderer Art.

»Wisse also«, so fährt der Erzbischof fort, »daß das gesamte Gesetzgebungsrecht des Volkes auf Dich übertragen ist. Dein Wille ist Gesetz, da es ja heißt: Was dem Fürsten gefällt, hat Gesetzeskraft, da das Volk ihm und in ihn alle seine Herrschaft und alle seine Gewalt abgetreten hat. Was immer der Kaiser durch Brief anordnet oder erkennend beschließt oder durch Edikt vorschreibt, das ist Gesetz.«[26]

Der Monarch, den der Erzbischof beschrieb, wäre ein absoluter Herrscher gewesen, wie die römischen Imperatoren es gewesen waren und wie die Normen des römischen Rechts ihn beschrieben. Diese Normen wurden Barbarossa nun gewissermaßen zur Bedienung angeboten, damit er wie die römischen Kaiser die Stadt Rom und den Erdkreis (»urbem et orbem«) beherrsche. Aber taten Barbarossa und seine mittelalterlichen Amtsvorgänger seit Karl dem Großen das nicht längst? Sie nannten sich in der Tat römische Kaiser, und sie beanspruchten, Nachfolger der spätantiken Imperatoren zu sein. Doch ist nicht zu verkennen, daß der Anspruch der fränkischen und deutschen Könige, das römische Kaiseramt fortzuführen, nun eine neue Gestalt erhielt. So demonstrativ waren frühere Kaiser des Mittelalters als römische Imperatoren noch nicht angesprochen worden, und sie selbst hatten sich nicht so geäußert, wie Barbarossa das nun tun sollte: als Kontrahent des Papstes und Herrscher Italiens, der zu sein er beanspruchte.

Oder ging es nur um die Wiederherstellung der Reichsrechte, zu der jeder König nach seinem Regierungsantritt verpflichtet war? Barbarossa wollte gewiß nicht mit dem Erzbischof und dessen Zitaten aus dem römischen Recht meinen, daß er nur etwas zu wollen brauche, damit ein Gesetz zustande komme, aber er wollte ganz offensichtlich neue Fundamente für die Herrschaft der Kaiser schaffen, und dazu sollten die in Roncaglia beschlossenen Gesetze dienen. Man sieht das schon an der summarischen Aufzählung der königlichen Herrschafts- und Einkunftsrechte, der nur dem König zustehenden Zölle, Steuern, Münzprägungsrechte und so fort. Dieser nur wenige Zeilen umfassende Katalog von »Regalien« stellte ein umfassendes Programm zur Erneuerung der kaiserlichen Macht in Italien dar. Andere Gesetze sind noch deutlicher, wenn sie fordern, daß alle Richter vom König ernannt werden sollten.

Im Privilegium minus für das Herzogtum Österreich waren solche Rechte dem Landesherrn zugesichert worden. Jetzt wollte sie sich der Kaiser selbst vorbehalten. Und das von ihm nun in Anspruch genommene Recht, überall und ohne Zustimmung der Städte Burgen errichten zu können, und das Steuergesetz, das sich wiederum an römische Vorbilder anlehnte, ließen ebenfalls das Ziel erkennen, große, geschlossene Flächen zu beherrschen. Die Rechtsprofessoren aus Bologna waren offensichtlich nicht nur eine gelehrte Verzierung dieses Hoftages gewesen. Sie hatten für den Kaiser gearbeitet.

Der Kaiser seinerseits sicherte allen, die sich des Studiums wegen auf den Weg machen wollten, sowie vor allem den Rechtsprofessoren zu, daß sie in Sicherheit zu ihren Studienorten gelangen sollten. Man müsse, so hieß es in diesem Gesetz, diejenigen schützen, durch deren Wissenschaft die Welt zu dem Zweck erleuchtet werde, daß Gott und dem Kaiser gehorcht werde. Die Studenten wurden deshalb von richterlichen Ansprüchen freigestellt, sie erhielten eine eigene Gerichtsbarkeit.

Dieses Gesetz Barbarossas aus dem Jahre 1158 ist zu einer wichtigen Quelle der akademischen Freiheit geworden. Deren Gegenstand war damals freilich nicht das Forschen, Lehren und Lernen. In diesem Gesetz und den mittelalterlichen Universitätsverfassungen, die darauf aufbauten, war die akademische Freiheit vielmehr der besondere Gerichtsstand der Professoren und Studenten, und diese akademische Freiheit war in einer Rechtsordnung, in welcher der einzelne nur im Kreise seiner Verwandten und Standesgenossen sicheren Schutz fand, der Fremde dagegen eine ungesicherte Gestalt war, dringend notwendig.

So hatte das Gesetz über den besonderen Rechtsstand der Studenten und Professoren für die werdenden Universitäten große Bedeutung. Hier wurde eine durchaus aktuelle Frage geregelt, und das wird auch daran erkennbar, daß dieses Gesetz über die Studenten unter den Normen von Roncaglia die stärksten Wirkungen gehabt hat, zumal es in wirkungsvoller Weise publiziert wurde. Barbarossa ordnete nämlich an, daß das neue Gesetz in die künftig herzustellenden Handschriften des Römischen Rechts an einer ganz bestimmten Stelle aufgenommen werden solle. Der Kaiser setzte also das Gesetzgebungswerk der spätrömischen Imperatoren ganz unmittelbar fort, und so kam es, daß man dieses Gesetz stets gekannt hat, während die meisten anderen Gesetze von Roncaglia Programm blieben, in Vergessenheit gerieten und erst im Jahre 1967 wiedergefunden wurden.

Barbarossa mußte aber sehr bald erfahren, daß sich der Verwirklichung dessen, was in Roncaglia beschlossen worden war, Widerstände entgegenstellten – Widerstände des Papstes und der italienischen Städte.

Ein neuer Konflikt mit dem Papst entstand daraus, daß nach dem Tode Hadrians IV. im Herbst 1159 zwei Päpste gewählt wurden. Einige der Kardinäle vertraten die neue päpstliche Politik, das Bündnis vor allem mit dem Normannenstaat, während die andere Partei auf ein Zusammengehen mit dem Kaiser setzte. Die erste Partei wählte den Kanzler des letzten Papstes, den Kardinal Rolando Bandinelli, der den Skandal von Besançon zu einem beträchtlichen Teil verschuldet hatte. In programmatischer Absicht und mit Bezug auf Alexander II., den Vorgänger Gregors VII., der ein Repräsentant einer gegen die kaiserliche Kirchenherrschaft gerichteten Reform gewesen war, nannte er sich Alexander III.

Wie im Falle eines Doppelkönigtums war auch bei einem Papstschisma die Situation offen. Die Papstwahl war damals noch nicht so formalisiert, daß es einen sicheren Ausweg aus einem derartigen Dilemma gegeben hätte. Auch hier war die Frage nach der Minderheit oder Mehrheit nicht ausschlaggebend. Erst das nach dem Ende dieses Schismas zusammentretende dritte Laterankonzil sollte eine Zweidrittel-Mehrheit der Kardinalsstimmen als Bedingung für eine gültige Papstwahl festsetzen.

Was war also jetzt, 1159, zu tun? Ein Jahrhundert zuvor hätte der Kaiser ein Konzil einberufen und damit einen kräftigen Einfluß auf die Entscheidung der Frage gehabt, wer der rechtmäßige Papst war.

Ein Konzil hätte sich auch jetzt angeboten, doch meinte man nun, daß dessen Rechtmäßigkeit von der Einberufung durch den Papst abhänge. So konnte ein Konzil nicht weiterhelfen, und alles mußte darauf ankommen, welchem Papst sich die meisten und vor allem die mächtigsten Fürsten anschlossen.

Barbarossa hat, seinem damaligen politischen Programm entsprechend, versucht, gerade in der Frage der strittigen Papstwahl sozusagen hinter den Investiturstreit zurückzukommen. Er hat versucht, die alten kaiserlichen Rechte auch in dieser Hinsicht wahrzunehmen und sie auf diese Weise wiederherzustellen. Er hat ein Konzil einberufen, um die Kirchenspaltung mit Hilfe der eigenen Autorität zu überwinden. Das war zuletzt Kaiser Heinrich III. in der Mitte des 11. Jahrhunderts gelungen.

Nun aber zeigte sich in aller Deutlichkeit, daß die Restauration der früheren Kaiserherrschaft über die Kirche nicht möglich war. Das 1160 in Pavia abgehaltene Konzil des Kaisers blieb eine Versammlung nur der Partei des einen der beiden Päpste. So ließ sich die Kirchenspaltung nicht beseitigen. Die Päpste exkommunizierten sich gegenseitig. Beide beharrten auf ihrem Anspruch, Papst zu sein. Alexander III. stützte sich im wesentlichen auf die westeuropäischen Länder, sein Konkurrent, Papst Victor IV., wurde in Deutschland und Italien anerkannt.

Aber Deutschland und Italien waren trotz der Rhetorik, die am Hof des Kaisers gepflegt wurde, keineswegs mit urbs und orbis, mit der Gesamtheit des christlichen Erdkreises, identisch. Ungeachtet der großen Worte auch der Bologneser Juristen über das kaiserliche Amt ließ sich nicht übersehen, daß neben dem Kaiser und außerhalb seines Herrschaftsbereiches ein König von Frankreich, ein König von England und andere Herrscher ihrerseits über mächtige christliche Reiche geboten und in einem Weltbild, das vom Dualismus zwischen Weltpapst und Weltkaiser bestimmt wurde, schlecht oder gar nicht unterzubringen waren.

Wie sind die Formeln, deren man sich am Hofe Barbarossas bediente, angesichts dieser Realität zu verstehen? War der kaiserliche Weltherrschaftsanspruch eine Sache nur der Worte, weil der Kaiser in der praktischen Politik immer wieder anerkennen mußte, daß der König von Frankreich und der König von England keineswegs von ihm unabhängige Kleinkönige waren, »reguli«, wie man in seiner Umgebung sagte?[27] Barbarossa wußte oder lernte doch bald, daß die Kirchenspaltung durch einen kaiserlichen Machtspruch nicht zu lösen war. Er bedurfte dazu der anderen Monarchen, und so hat er sich um Verhandlungen mit ihnen bemüht. Er ist jedoch gescheitert. Der französische König ließ sich nicht gewinnen, und der englische befand sich gerade in einer heftigen Auseinandersetzung mit den Bischöfen seines Landes, vor allem mit dem Erzbischof von Canterbury, Thomas Beckett, der im Jahre 1170 ermordet und alsbald heiliggesprochen wurde. Das dauerhafteste Resultat der Verbindung zwischen dem englischen König und dem Kaiser war die Ehe Heinrichs des Löwen mit einer Tochter des englischen Monarchen.

Diese prekäre Situation erklärt auch, daß der Kaiser sehr bald einen kirchenpolitischen Erfolg auf einem anderen Felde suchte. Er ließ Karl den Großen heiligsprechen, und damit, so schien es, würde Deutschland wie Ungarn, Böhmen, Norwegen und andere Länder einen heiligen König haben. Vor allem in Osteuropa sollte der Königsheilige als Nationalheiliger ja eine beträchtliche Wirkung als Integrationsfigur gewinnen, wie man am deutlichsten an der Stephanskrone der Ungarn sieht. In Deutschland ist das nicht gelungen; der Kult des 1146 heiliggesprochenen Königs Heinrich II. (1002-1024) blieb im wesentlichen auf das von ihm begründete Bistum Bamberg beschränkt, und auch Karl der Große sollte ein Lokalheiliger bleiben.

Im Jahre 1165 war die Heiligsprechung Karls des Großen freilich ein demonstrativer Akt, dem man durchaus nicht gerecht würde, verstünde man ihn nur als politischen Schachzug und nicht auch als Ausdruck der persönlichen Frömmigkeit des Kaisers. Doch läßt sich diese Frömmigkeit vom dynastischen Denken nicht trennen. Barbarossa sah in Karl dem Großen einen seiner Vorfahren, und er hoffte

Der von Barbarossa anläßlich der Heiligsprechung Karls des Großen für die Aachener Pfalzkapelle gestiftete radförmige große Leuchter sollte ein Abbild des himmlischen Jerusalem sein. Er war damit zugleich ein Symbol für die geistliche Würde des römisch-deutschen Kaisers.

offensichtlich, mit der Kanonisierung des Kaisers seiner eigenen Familie den Thron zu sichern.[28]

Solche Ziele lassen sich an dem Reliquiar erkennen, in welches nun, da der für die endgültige Aufbewahrung der Gebeine des neuen Heiligen anzufertigende kostbare Schrein noch in Arbeit war, ein Arm Karls gebettet wurde. Auf der vorderen Längsseite dieses Schreins sind Maria sowie Barbarossa und dessen Frau Beatrix dargestellt. Auf der rückwärtigen Längsseite sieht man Christus zwischen Petrus und Paulus sowie Barbarossas Vorgänger Konrad III. und dessen Vater, Herzog Friedrich von Schwaben. Auf den Schmalseiten sind Ludwig der Fromme und Kaiser Otto III. abgebildet. Das war ein erkennbares Programm.

Christus, Petrus und Paulus, die Apostelfürsten und Hauptpatrone der Peterskirche in Rom, wiesen auf den Rang des kirchenpolitischen Unternehmens hin. Die Darstellung Barbarossas und seiner Frau, der Stifter des Schreins, verstand sich von selbst. Nicht ebenso selbstverständlich war jedoch die Darstellung Konrads III. sowie Herzog Friedrichs II. Das Reliquiengefäß wurde auf diese Weise zu einem dynastischen Denkmal. Nicht bloß Barbarossa, sondern vielmehr das staufische Haus erschien als sein Stifter. Angesichts des Inhalts dieses kostbaren Gefäßes aber, einer Reliquie Karls des Großen, ergibt sich eine mit diesem beginnende Kette, deren nächste Glieder Ludwig und Otto sind: Ludwig, der Sohn Karls des Großen,

Reliquiar für einen Arm Karls des Großen

Erst unter Barbarossas Enkel, Friedrich II., sollte der Leib Karls des Großen in einen Schrein gebettet werden, der dem Range des 1165 heiliggesprochenen Herrschers entsprach. Gewissermaßen ersatzweise wurde unter Barbarossa ein Arm des heiligen Kaisers feierlich geborgen: in einem Gefäß, dessen Schmuck ein politisches Programm artikulierte.

der seinen Vater in Aachen begraben ließ, und Kaiser Otto, der im Jahre 1000 Karls Grab öffnete, den Kaiser verehrte und in dieser Hinsicht der unmittelbare Vorgänger Barbarossas war. Die Reihe von Ludwig dem Frommen über Otto III., Friedrich von Schwaben, Konrad III. bis zu Barbarossa und dessen Frau bezeichnete eine ideale Versammlung von Toten und Lebenden, die in der Verehrung Karls des Großen, aber auch in einer politischen Tradition und in einem politischen Anspruch vereint waren.[29]

Erfolgreich waren diese Bemühungen nicht, Karl der Große ist nicht zum Heiligen der Deutschen geworden. Barbarossa ist mit seiner Kirchenpolitik gescheitert. Alexander III. ließ sich nicht zurückdrängen. Die Zahl seiner Anhänger wuchs. Ein Papstschisma konnte nun nicht mehr, wie ein Jahrhundert zuvor, durch einen kaiserlichen Machtspruch beseitigt weden. Andere Fürsten, vor allem der englische und der französische König, mußten beteiligt werden.

Gerade angesichts des Schismas hat ein englischer Gelehrter, Johannes von Salisbury, die neue Situation drastisch zum Ausdruck gebracht. Wer hat, so fragte er nach dem Konzil von Pavia, mit dessen Hilfe Barbarossa die Kirchenspaltung hatte beseitigen wollen, in einem Brief, die allgemeine Kirche dem Urteil einer Teilkirche unterworfen? Solche Fragen hätten Barbarossa und seine Berater gewiß überrascht. Sie wollten ja nicht für die Deutschen handeln, sondern für das Reich, für die Christenheit. In Westeuropa aber begann man in Kategorien der werdenden Nationalstaaten zu denken, und so mußte die Verbindung der Deutschen mit der Kaiserkrone fragwürdig erscheinen. So fährt der englische Gelehrte mit der Frage fort, wer denn diesen plumpen und wilden Menschen, den Deutschen, die Vollmacht übertragen habe, nach ihrem Gutdünken den Fürsten - nämlich den Kaiser - über die Häupter der Menschen zu setzen.[30]

Diese polemischen Fragen markieren einen Wendepunkt der europäischen Geschichte. Mehr als zwei Jahrhunderte lang hatten die deutschen Könige das Erbe Karls des Großen und damit die Tradition des römischen Reiches unangefochten beanspruchen können. Weltliche Fürsten hatten sich weder aufgrund ihrer Macht noch mit theoretischen Argumenten gegen diesen Anspruch stellen können. Solche Argumente wurden nun formuliert.

Knapp ein halbes Jahrhundert später ließ Papst Innocenz III. erkennen, daß seiner Meinung nach die Könige in ihrer Herrschaft unabhängig vom Kaiser seien. Wenig später wurde daraus die Lehre vom - insbesondere französischen - König entwickelt, der in seinem Herrschaftsbereich kaiserliche Rechte habe. Von einem solchen König spricht auch Johannes von Salisbury. Er schreibt, daß der englische König Heinrich II. sich rühme, in seinem Lande König, päpstlicher Legat, Patriarch, Kaiser und alles, was er wolle, zu sein.[31] So wenig die kaiserlichen Ansprüche Barbarossas die Sympathie des Gelehrten hatten - was er nun seinem eigenen König zuschrieb, gefiel ihm ebensowenig. Er hielt solche Ansprüche für tyrannisch.

Gehörte dem absolut gesetzten Nationalkönigtum die Zukunft? Johannes von Salisbury ahnte offensichtlich die Kosten, welche diese Zukunft fordern würde. Barbarossa und seine Nachfolger aber hätten sich dieser Zukunft auch dann, wenn ihnen das intellektuell und politisch möglich gewesen wäre, nicht zuwenden können. Die zweieinhalb Jahrhunderte, während deren die deutschen Könige als Nachfolger Karls des Großen römische Kaiser geworden waren, ließen sich nicht ungeschehen machen. Für lange Jahrhunderte sollte das Königtum in Deutschland mit dem Kaisertum verknüpft sein. Beides wurde nicht nur durch die seit dem Zerfall des Karolingerreiches begründeten Traditionen zusammengeschmiedet, sondern auch durch die Ansprüche des Papsttums, dessen universale Geltung auf ein universales Kaisertum nicht verzichten konnte. Die Deutschen hatten weder im 12. Jahrhundert noch in späteren Jahrhunderten die Möglichkeit, sich einfach dem anzupassen, was an politischen Modellen in Westeuropa entwickelt wurde.

Politische Erfolge waren jedoch auch unabhängig von so grundsätzlichen Fragen möglich. 1162 hatte Barbarossa Mailand unterworfen. Als einen Teil der Beute führte Rainald von Dassel die Reliquien der Heiligen Drei Könige nach Köln. Im Juli 1167 zog Barbarossa siegreich in Rom ein. Papst Alexander III. mußte, als Pilger verkleidet, aus der heiligen Stadt fliehen. Doch folgte diesem Triumph sogleich die Niederlage. Wie nicht selten deutsche Heere im mittelalterlichen Italien wurde auch das Barbarossas nun von der Malaria befallen. Unter deren vielen Opfern war der Erzbischof von Köln, Rainald von Dassel, also jener Fürst, der die Politik Barbarossas wie kein anderer in den letzten Jahren bestimmt hatte. Zu den Bedingungen für eine neue Politik des Kaisers in Italien gehörte offensichtlich, daß er nun anderen Ratgebern folgte und wohl auch selbst politische Erfahrungen in Italien gemacht hatte. Er hatte lernen müssen, daß jene kaiserliche Herrschaft, wie er sie in den Gesetzen von Roncaglia entworfen hatte, nicht zu verwirklichen war. Er

Mitra aus dem Besitz des mainzischen Erzbischofs Konrad von Wittelsbach mit einer Darstellung der Ermordung Thomas Beckets.

Der Erzbischof von Canterbury wurde 1170 im Zusammenhang mit einem schweren Verfassungskonflikt zwischen König und Kirche ermordet und drei Jahre später heiliggesprochen. Die Mitra aus dem Besitz des Wittelsbachers, der während des Papstschismas zu den Gegnern Barbarossas unter den deutschen Kirchenfürsten zählte, bezeugt offensichtlich, daß er in dem englischen Erzbischof einen Schicksalsgefährten sah.

konnte nicht daran denken, überall, wo er wollte, Burgen zu errichten, und auch aus den nutzbaren Herrschaftsrechten, den Regalien, konnte er nicht jenen Gewinn ziehen, den er in Roncaglia programmatisch verkündet hatte. Und doch war seine Lage nicht aussichtslos. Nach der Kapitulation Mailands 1162 waren die Mauern der Stadt niedergelegt worden. Andere Städte unterwarfen sich ohne militärischen Druck. Doch fand der Kaiser, als er 1163 abermals nach Italien gezogen war, um Rom und den Süden zu unterwerfen, in Venedig ein zweites Zentrum des Widerstandes, das sich nicht beseitigen ließ.

Nach seinem Triumph von 1167 und der sich daran anschließenden Katastrophe, der Hunderte von Rittern zum Opfer fielen, war an eine Fortsetzung des Krieges in Sizilien nicht zu denken. Barbarossas militärische Mittel waren vielmehr so erschöpft, daß er selbst in Gefahr geriet. In Oberitalien kam es nun zu einem allgemeinen Aufstand. Die abermals von Mailand geführten Städte schlossen sich zum lombardischen Bund zusammen. Schon 1168 gründeten die Verbündeten eine gemeinsame Festung und gaben ihr einen Namen, der das Zusammenfließen des städtischen und kirchlichen Widerstandes gegen Barbarossa symbolisierte. Zu Ehren des Papstes Alexander III. nannten sie die Neugründung Alessandria.

Die Chronisten lassen nun im Detail erkennen, wie die Herrschaft des Kaisers Stück um Stück zusammenbrach und seine Lage von Tag zu Tag bedrohlicher wurde. Würde er die Alpen überhaupt überqueren können? Zeitweise stand ihm nicht einmal der Weg über Savoyen und Burgund offen. Die Lage in Italien wurde zusehends gefährlicher. So zog der Kaiser unruhig hin und her. Als der Weg über Burgund plötzlich offen schien, brach er mit einem kleinen Gefolge auf, das aus nur dreißig Rittern bestanden haben soll – und den Geiseln, die er einigen Städten abgezwungen hatte. Eine dieser Geiseln, einen vornehmen Mann aus Brescia, ließ der Kaiser hängen, weil er meinte, daß er an der Zunahme des Aufstandes schuldig gewesen sei.

Druck erzeugte Gegendruck, und der führte zu neuen Repressalien. Wer dem Kaiser half, mußte die Lombarden fürchten. So ließen die Bürger von Susa den Kaiser und sein kleines Gefolge zwar ein, aber dann schlossen sie die Tore. Barbarossa fürchtete einen Anschlag auf seine Person. So lesen wir, daß ein ihm ähnlicher Adliger in seinem Bett geschlafen und auf diese Weise die Anwesenheit des Herrschers vorgetäuscht habe, während dieser selber, als Diener verkleidet, mit ein oder zwei Begleitern die Stadt unter einem Vorwand verlassen habe. Die Flucht gelang, und so wurde auch das Gefolge des Kaisers mit der Kaiserin entlassen.[32]

Solche abenteuerlichen Schicksale klingen nur deshalb märchenhaft, weil unsere Märchen mittelalterliche Wirklichkeit spiegeln, und zu der konnte der jähe Wechsel zwischen der Demonstration eines Weltherrschertums und der einsamen Flucht durch Berg und Wald gehören. Was einer späteren Sicht als ein märchenhaftes Abenteuer erscheint, bildet doch nur politische Strukturen ab, die ganz von der Person eines Herrschers bestimmt wurden, personal geformt waren, auf Treue oder Untreue beruhten und infolgedessen in hohem Maße auf Glück und Unglück gebaut waren.

Doch folgt im Mittelalter dem, was uns märchenhaft erscheint, immer wieder eine Politik, die wir besser verstehen zu können glauben. Barbarossa blieb zwar in den folgenden sechseinhalb Jahren in Deutschland, doch hat er trotzdem versucht, seine Interessen in Italien zu verfolgen. Er näherte sich Frankreich und verhandelte mit Byzanz, wenngleich ohne Erfolg, da er sich weigerte, dem byzantinischen Kaiser in Italien selbst Zugeständnisse zu machen. Um so wichtiger waren die Erfolge, die Barbarossa hier erzielte. Es gelang ihm, Venedig von den lombardischen Städten zu trennen und die ihm zugewandten Städte zu einer Einigung zu bringen. Er hatte es jetzt ebensowenig wie früher mit einer geschlossenen Front in Italien zu tun, als hätten die italienischen Städte in ihm den »deutschen Kaiser«, einen Fremdherrscher, bekämpft. Solche Absichten wurden ihnen erst im 19. Jahrhundert zugeschrieben, als man in ihrem Kampf einen Vorläufer des Risorgimento sah.

Barbarossa wollte auch keineswegs die Selbständigkeit der italienischen Städte beseitigen. Es ging ihm um die Wiederherstellung der königlichen Rechte. Wenn Städte oder Adlige ihre Ansprüche mit Urkunden abstützen, wenn sie den Nachweis führen konnten, daß sie auf legitime Weise in den Besitz einstmals königlicher Rechte gekommen waren, so akzeptierte der Kaiser, was er vorfand. Oft waren solche Urkunden aber nicht beizubringen. Das Kaisertum war schließlich jahrzehntelang in Italien nicht präsent gewesen, und gerade in diesen Jahrzehnten hatten sich die Städte rasch entwickelt. Nicht nur die Bevölkerung und der Reichtum, sondern auch das Selbstbewußtsein waren gewachsen. Die Stadtherren, die Bischöfe und damit die herkömmlichen Verbündeten des Kaisertums, waren zurückgedrängt worden, und die Städte hatten neue Formen der politischen Organisation entwickelt, kommunale Verfassungen mit gewählten Konsuln an der Spitze.

Die neuen Verfassungen waren gewiß auch Resultate von Machtusurpation, und so war die kaiserliche Forderung, die alten, rechtmäßigen Zustände wiederherzustellen, nicht sinnlos. Auf der anderen Seite spiegelten die neuen politischen Ordnungen die veränderte wirtschaftliche Situation, und die ließ sich gewiß nicht rückgängig machen. So hat denn Barbarossa auch keinen Kampf um Prinzipien geführt. Nicht einmal in Roncaglia war gefordert worden, die neue Stadtverfassung zu beseitigen. Die jahrzehntelangen Kämpfe entsprachen ja auch zu guten Teilen den inneritalienischen Auseinandersetzungen, sie waren eine Fortsetzung jener Kriege, welche die italienischen Städte seit langem ganz unabhängig von der Anwesenheit eines Kaisers gegeneinander führten. Darüber hinaus mußte aber die Politik Barbarossas, mußten seine Bemühungen, die so lange vernachlässigten kaiserlichen Rechte wieder in Kraft zu setzen, notwendigerweise von Ort zu Ort immer wieder zu Konflikten führen – und das um so mehr, je erfolgreicher der Kaiser war.

Erfolgreich aber ist Barbarossa am Ende ungeachtet dieser Schwierigkeiten gewesen. Vor allem in Mittelitalien, wo die Städte keine solche Entwicklung wie im Norden genommen hatten, gelang es seinen Beauftragten, unter ihnen wiederum Rainald von Dassel, geschlossene Regionen unter die Herrschaft des Kaisers zu bringen.

Das waren Erfolge, die dem gleichzeitigen Ausbau der Landesherrschaft in Deutschland durchaus gleichkamen und im Prinzip dem nicht so unähnlich waren, was die normannischen Könige in diesen Jahrzehnten in Süditalien ins Werk setzten und was eine Generation später Barbarossas Nachfolgern als Erbe zufallen sollte.

Doch gab es Widerstand auch in der Region zwischen Prato, Rimini, Spoleto und Perugia, und dieser Widerstand nährte sich, ebenso wie in Norditalien, aus dem großen Konflikt, der hinter allem stand. Wer sich dem kaiserlichen Regiment zu entziehen suchte, konnte einerseits bei Papst Alexander III. Unterstützung finden – und damit auch indirekt bei dessen Verbündetem, dem König von Sizilien –, und er konnte andererseits auf Byzanz hoffen, das sich um eine Restauration der ostkaiserlichen Herrschaft in Italien bemühte.

So war die kaiserliche Gewalt auch in den langen Jahren von Barbarossas Abwesenheit in Italien gegenwärtig. Nach dem Tode Rainalds von Dassel bemühte sich vor allem der Erzbischof Christian von Mainz als kaiserlicher Legat in Italien mit großem Erfolg um einen Ausbau der kaiserlichen Macht. Im Herbst 1174 führte Barbarossa wiederum ein Heer nach Italien, um den Kampf dort aufzunehmen, wo er ihn sechseinhalb Jahre zuvor hatte abbrechen müssen. Er belagerte Alessandria, die Festung, welche der Bund der lombardischen Städte in den letzten Jahren südlich des Po, zwischen Pavia und Asti, erbaut und zu Ehren des Papstes Alexander benannt hatte. Doch brachte diese Belagerung keinen Erfolg, und so suchte der Kaiser den Kompromiß. Im April 1175 schloß er mit den gegnerischen Städten den Vorfrieden von Montebello, der die offenen Fragen einem von beiden Seiten beschickten Schiedsgericht überwies. Dieses Gericht erzielte keinen Ausgleich, und so bereiteten sich beide Seiten darauf vor, den Krieg fortzusetzen. Barbarossa bemühte sich um Zuzug aus Deutschland.

Wahrscheinlich in diesem Zusammenhang kam es in Chiavenna zwischen dem Comer See und dem Septimerpaß zu jener Begegnung zwischen dem Kaiser und Heinrich dem Löwen, die im 19. Jahrhundert in den Diskussionen, welche die aktuellen Auseinandersetzungen um die Gestalt des künftigen deutschen Einheitsstaates, die Kämpfe zwischen »kleindeutsch« und »großdeutsch«, ins 12. Jahrhundert projizierten, immer wieder zitiert, in Öl gemalt und auf die Bühne gebracht worden ist.

Als damals Barbarossa Heinrich den Löwen eindringlich um militärische Hilfe bat und dieser sich verweigerte, standen, wie man im 19. Jahrhundert zu wissen glaubte, wiederum zwei politische Prinzipien gegeneinander: »Italien-« gegen »Ost«-Politik, die Verschwendung wertvoller Volkskräfte im Süden gegen die Erweiterung Deutschlands im Osten. Davon kann jedoch nicht die Rede sein, und es kommt hinzu, daß die berühmte Szene, der Kniefall des Kaisers vor dem Herzog, der den an das Protokoll ihrer eigenen Zeit gewöhnten Geschichtsfreunden des 19. Jahrhunderts so viele Kopfschmerzen machte, außerordentlich schlecht überliefert ist, so daß man bezweifeln kann, ob diese Begegnung überhaupt stattgefunden hat. Falls das der Fall gewesen ist, hätten wir es hier aber in der Tat mit dem Beginn des Niederganges zu tun, den Heinrich der Löwe in den nächsten Jahren erdulden mußte.

Barbarossa war den geringen Kontingenten, die er nun aus Deutschland erwartete, entgegengezogen. Die Mailänder schnitten ihm den Weg nach Pavia, wo er die deutschen mit den dort vorhandenen Kräften vereinigen wollte, ab. So unterlag der Kaiser am 29. Mai 1176 mit seinen dreitausend bis dreitausendfünfhundert Mann den stärkeren Mailändern. Sein Heer wurde zersprengt und vernichtet, und Barbarossa selbst, der das Ereignis nicht von einem sicheren Beobachtungsort aus verfolgte, sondern als Ritter, der er sein wollte, unter Rittern gekämpft hatte, war nur mit Mühe in der Dunkelheit entkommen. Er hielt sich einige Tage versteckt und galt als tot, bis er schließlich, begleitet nur von wenigen, in Pavia auftauchte. Die Kaiserin hatte bereits Trauerkleider angelegt.[33] Die Geschichte Barbarossas scheint wiederum die Gestalt eines Märchens anzunehmen. Auch diesmal folgte den Märchenszenen Politik.

Ein halbes Jahr später schlossen Beauftragte des Kaisers in Anagni einen vorläufigen Frieden - zwar nicht mit dem Lombardenbund, aber mit dem Papst.

Barbarossa mußte Zugeständnisse in großer Zahl machen. Er mußte nicht nur seinen Gegenpapst aufgeben, sondern damit auch anerkennen, daß eine Kirchenspaltung nun nicht mehr, wie noch vor hundert Jahren, durch eine kaiserliche Entscheidung beendet werden konnte. Er mußte darauf verzichten, die Stadt Rom zu beherrschen, er sollte die für den Papst so bedrohlichen Mathildischen Güter aufgeben, und er hatte sich sogar verpflichten müssen, mit den Lombarden und mit den Normannen Frieden zu schließen. Der Vertrag mit dem Papst sollte nicht zu einer Aufspaltung unter den Feinden Barbarossas führen.

Doch waren diese weiteren Friedensschlüsse keine Bedingung für den Frieden mit dem Papst. Der Kaiser hatte freie Hand, und er wußte seine Möglichkeiten zu nutzen. Der Vorvertrag zwischen ihm und dem Papst war geheim geblieben.

So entstand und wuchs bei den Lombarden nun Mißtrauen gegenüber dem Papst, und der Kaiser konnte Gewinn daraus ziehen. Mit einzelnen Städten schloß er separate Verträge, und so war er gestärkt, als er im Juli 1177 in Venedig mit dem Papst definitiv Frieden schloß.

Jenseits aller Zugeständnisse und Niederlagen hatte Barbarossa doch erreicht, daß der Papst sich endgültig zum Frieden verstand, obwohl die Einigung zwischen dem Kaiser und den Lombarden und den Normannen noch ausstand und viele territorialpolitische Streitfragen offen waren. Trotzdem bedeutete die zeremonielle Begegnung zwischen dem Kaiser und dem Papst, mit Fußkuß, Strator- und Marschalldienst - wie vor 22 Jahren in Sutri, diesmal allerdings ohne Schwierigkeiten - den definitiven Frieden.

Sechs Jahre später, im Juli 1183, einigte sich Barbarossa in Konstanz auch mit den Städten, und auch hier schloß der Frieden die stillschweigende Rücknahme eines politischen Programms ein. Ebenso wie Barbarossa dem Papst gegenüber anerkannte, daß er jene Stellung, die seine Amtsvorgänger vor dem Investiturstreit innegehabt hatten, nicht zurückgewinnen konnte, wurde nun das Programm von Roncaglia aufgegeben. Die Städte erhielten die

Regalien. Ihre Konsulatsverfassung wurde anerkannt, und auch der Lombardenbund wurde akzeptiert, ja Barbarossa verpflichtete die Städte sogar, ihm dreißig Jahre lang anzugehören. Aus der Organisation des Widerstandes gegen den Kaiser war ein von diesem gefördertes Gebilde geworden, das vielleicht sogar die Chance bot, künftig als Herrschaftsinstrument zu dienen - wenn die Verhältnisse es erlaubten.

Die Zukunft der kaiserlichen Herrschaft in Italien war durchaus offen. Ungeachtet aller Zugeständnisse hat sich der Kaiser behaupten können. Im Grundsatz blieben die Reichsrechte in den norditalienischen Städten gewahrt, und in den sich weiter südlich anschließenden Landschaften, wo die kaiserlichen Beauftragten inzwischen große Flächen im Sinne und zum Nutzen des Kaisers organisiert hatten, erst recht.

Doch konnten auch die oberitalienischen Städte zufrieden sein. Ihr Bund hatte ungeachtet der vielen Streitigkeiten von Stadt zu Stadt gehalten, und sie hatten sich auch behaupten können, nachdem der Papst und der Kaiser Frieden geschlossen hatten. Auch sie konnten hoffen, die Positionen, auf die sie der Frieden von Konstanz festlegte, künftig zu ihren eigenen Gunsten zu verbessern.

Einstweilen aber war der Kaiser in Italien in einem Maße mächtig wie keiner seiner Vorgänger seit dem Investiturstreit. Und nach der Abdrängung der Welfen hatte er hier keine deutschen Konkurrenten. Er hatte ein Fundament gelegt, auf dem seine Nachfolger bauen konnten, und es war ihm gelungen, die neuen wirtschaftlichen und politischen Verhältnisse mit der traditionellen Herrschaft der deutschen Könige beziehungsweise Kaiser in Italien in Übereinstimmung zu bringen. Zu Beginn seiner Regierungszeit hatte Barbarossa offensichtlich gehofft, die früheren Zustände in reiner Form wiederherstellen zu können. Es scheint, als habe der Kaiser in seinen langen Regierungsjahren gelernt, daß die Verhältnisse sich inzwischen geändert hatten und daß er Kompromisse schließen mußte, um seine Position zu behaupten. Die Lehrbücher hatten die Gestalt blutiger Kriege gehabt.

6. Deutschland unter der Herrschaft Barbarossas

Ganz ähnlich wie in Italien hat sich Barbarossa – wie schon sein Vorgänger, König Konrad III., wie sein Vater und sein Großvater – auch in Deutschland um Herrschaftssicherung und Herrschaftsaufbau durch die Erfassung geschlossener Flächen bemüht. Ebenso wie sich die Territorialfürsten auf den Ausbau ihrer Landesherrschaft konzentrierten, hat sich Barbarossa angestrengt, die seiner Familie und die dem Reich zugehörigen Besitzungen ertragreicher zu machen, sie zu arrondieren und zu vergrößern. Wie schon sein Vater, der ja Otto von Freising zufolge am Schwanze seines Pferdes stets eine Burg mit sich zog, hat auch Barbarossa Burgen und vor allem Pfalzen errichten lassen.

Die Pfalzen waren besonders große Burgen, Zentren von königlichem Gut, die geeignet waren, das königliche Gefolge zeitweise aufzunehmen, die also ebenso wie Bischofssitze und Reichsklöster dem Reiseweg des Königs dienstbar gemacht werden konnten. In der Stauferzeit wird deutlicher als für frühere Jahrhunderte sichtbar, daß diese Pfalzen auch repräsentative Bauwerke sein konnten und daß sie auch in Zeiten königlicher Abwesenheit als Zentren für die Verwaltung des umliegenden Königslandes benutzt wurden – ganz ähnlich wie die jetzt gegründeten Städte. Pfalzen und Städte wurden nun meistens miteinander kombiniert wie beispielsweise im Elsaß Hagenau, in Franken Rothenburg oder in Hessen Gelnhausen.

Als Instrument königlicher Territorialpolitik wurde zur Zeit Barbarossas auf dem Kyffhäuser zwischen Harz und Thüringer Wald eine der größten Reichsburgen errichtet.

Die Kapelle der Nürnberger Königspfalz stammt wohl noch aus der Zeit Barbarossas. Wie fast alle königlichen Pfalzkapellen hat sie zwei Stockwerke.

Diesen Ort hatte 1158 der Erzbischof von Mainz im Zuge seiner eigenen Territorialpolitik erworben. Doch war er damit in eine östlich von Frankfurt am Main gelegene Zone vorgestoßen, in der sich auch Barbarossa um Herrschaft bemühte, und so mußte der Erzbischof dem Kaiser Gelnhausen zur Hälfte abtreten, und zwar als Lehen. Der König war zwar generell oberster Lehnsherr, doch von geistlichen Fürsten durfte er selber Lehen empfangen.

Gelnhausen gehört zu jenen stauferzeitlichen Pfalzen, die heute noch einen guten Eindruck von ihrer einstigen Wirklichkeit vermitteln, und das gilt in noch höherem Maße für die nördlich von Frankfurt gelegene Burg Münzenberg, die jedoch keine Reichspfalz war, sondern eine große Ministerialenburg. Ministerialen waren es in aller Regel auch sonst, welche die wachsenden Reichsgutkomplexe für den König verwalteten. Dabei kam es zu einem raschen sozialen Wandel. Ursprünglich waren diese »Diener«, deren Bezeichnung sich von dem lateinischen Wort »ministerium« (Dienst) ableitet, unfrei gewesen. Sie konnten also verschenkt oder verkauft werden. Sie durften eine freie oder einem anderen Herrn gehörige Person

Die Kapelle der Pfalz Eger wurde im frühen 13. Jahrhundert errichtet. Die Pfalz war Mittelpunkt eines großen Reichsgutbezirks, der erst durch Karl IV. zu Böhmen geschlagen wurde.

nur mit der Erlaubnis ihres eigenen Herrn heiraten. Rechtlich unfrei waren die Ministerialen auch noch während der Stauferzeit, doch waren viele von ihnen im Dienst des Königs - und von mächtigen Reichsfürsten - zu einer in wirtschaftlicher und politischer Hinsicht adelsgleichen Stellung gelangt. Einige standen um 1200 an der Spitze von Bezirken, welche die Größe eines Territoriums hatten, wie beispielsweise das Egerland oder das Vogtland zwischen Thüringer Wald und Erzgebirge. Trotzdem waren auch diese Ministerialen rechtlich noch unfrei. Sie und ihre Standesgenossen sollten die Unfreiheit erst im Verlaufe des 13. Jahrhunderts verlieren und in den niederen Adel, in einigen Fällen auch in den Fürstenstand aufsteigen.

Auch die Landesfürsten setzten Ministerialen ein. Auch sie vergaben die neuerworbenen Herrschaftsrechte nicht mehr oder nur als Lehen, sondern verwalteten sie auch mit Hilfe der Ministerialen, die infolge ihrer Unfreiheit fester an ihren Herrn gebunden waren als adlige Lehnsleute.

In Deutschland fand damals ein schneller Wachstumsprozeß

statt. Die Bevölkerung wuchs, neue Siedlungen und neue Formen der Siedlungen entstanden, die Arbeitsteilung machte rasche Fortschritte, und so nahm nicht zuletzt die Zahl der Städte zu. Das verfassungspolitische Resultat dieser Vorgänge aber waren neue Formen von Staatlichkeit, war der rasche Wandel von einer Herrschaft über Personen zur Herrschaft über geschlossene Gebiete.

Man hat gemeint, Barbarossa habe hierbei eine Art von verfassungspolitischem Programm verfolgt, das in zwei Stufen gegliedert war. Die erste wäre die Zertrümmerung der alten politischen Einheiten gewesen, der Stammesherzogtümer, und deren Ersetzung durch kleinere, moderner gebaute Einheiten nach der Art des Herzogtums Österreich. Die zweite Stufe hätte dann darin bestanden, diese

Adlerkapitell aus der Pfalz Gelnhausen

neuen Einheiten, die nun alle lehnsrechtlich an den König gebunden waren und infolgedessen in einer einheitlichen und übersichtlichen Rechtsbeziehung zu ihm standen, durch eine Systematisierung und Verschärfung des Lehnrechts noch enger an die Krone zu binden und so am Ende einen einheitlichen Staat von jener Art zu gewinnen, wie er sich gleichzeitig in England und in Frankreich auszubilden begann.

Doch entspricht ein solcher Plan wohl eher Systematisierungsbedürfnissen moderner Verfassungshistoriker als der damaligen Wirklichkeit. Er ist offensichtlich aus der Verwunderung darüber entstanden, daß Barbarossa mit der einen Hand königliche Rechte – wie zum Beispiel in Gestalt des Privilegium minus – weggab, daß er die Territorialfürsten stark machte, während er sich andererseits um das eigene königliche Territorium bemühte.

Überreste des Palastbaus der Pfalz Gelnhausen

Die Ruinen der in den letzten Jahren Barbarossas erbauten Pfalz Gelnhausen sind noch am besten geeignet, einen Eindruck von jenen königlichen Bauten zu geben, die für die Staufer charakteristisch waren. Ihre Architektur bedient sich der Formen spätromanischer Kirchenbaukunst und paßt sie den Zwecken eines Herrschersitzes an. Die Pfalz Gelnhausen gehörte zu einem großen Reichsgutbezirk nördlich und östlich von Frankfurt am Main.

Man sollte diesen Widerspruch, falls es einer war, nur nicht mit einem geheimnisvollen Plan, sondern besser mit den politischen Realitäten erklären. Barbarossa war ja keineswegs von Anfang an jener starke König, als den ihn sein Geschichtsschreiber Otto von Freising darzustellen versuchte. Er brauchte lange Jahre, um eine sichere Stellung zu gewinnen. Und er konnte auch in seinen mittleren und späteren Jahren nicht daran denken, gegen die deutschen Fürsten zu regieren. Das zeigte sich am deutlichsten in dem Augenblick, wo er scheinbar am stärksten war, nämlich angesichts seines Triumphes über Heinrich den Löwen.

Die Geschichte des Verhältnisses zwischen den beiden so mächtigen Fürsten ist oft mit den literarischen Mitteln des Schicksalsdramas beschrieben worden. Auf Krieg folgte Versöhnung, und auf

In Gelnhausen hat sich ein wohl aus der Bauzeit der Pfalz stammendes repräsentatives Haus erhalten, das der Sitz des Ministerialen gewesen sein könnte, der für den König Herrschaftsrechte in der Stadt ausübte.

Der abgebildete Brakteat (ein Pfennig mit einseitigem Münzbild) zeigt Landgraf Ludwig III. (1172-1190).

Die Landgrafen von Thüringen bauten ihre Herrschaftsrechte im Schatten der Staufer zu einem der großen deutschen Territorien aus. So prägten sie auch eigene Münzen.

Versöhnung folgte abermals Krieg. Aus verwandtschaftlicher Liebe wurden Haß und Verderben. Aber die fragmentarischen Quellen rechtfertigen solche Seelengemälde nicht. Das Verhältnis zwischen Friedrich Barbarossa und Heinrich dem Löwen läßt sich nur anhand dessen erschließen, was uns von den damaligen Geschehnissen und Machtverhältnissen bekannt ist. Diese erlauben keinen Zweifel daran, daß Heinrich der Löwe nicht nur mächtiger als die anderen Fürsten in Deutschland war, sondern daß er zudem einen höheren politischen Rang als sie zu haben meinte. Wie immer man den Ausbau der Hauptresidenz des Welfen, Braunschweigs, angesichts unserer mangelnden Kenntnis anderer Fürstenresidenzen verstehen, wie immer man das Krönungsbild in jener Handschrift, die jüngst durch ihre Erwerbung für die öffentliche Hand so viel von sich reden gemacht hat, vor dem Hintergrund des offensichtlichen Verlustes entsprechender anderer Handschriften der Zeit interpretieren muß: Daß Heinrich der Löwe politische Macht auf eine Weise demonstrierte, die königlichen Traditionen entsprach, kann wohl nicht bezweifelt werden.[34] Mußte die Stellung des Königs dadurch nicht tangiert werden?

Barbarossa hat sich offensichtlich schon vorher, vor jenem Zusammenstoß von Chiavenna, darum bemüht, die Welfen zurückzudrängen - zwar nicht im sächsischen Herzogtum Heinrichs des Löwen und auch nicht in Bayern, in dessen zweitem Herzogtum, sondern in Italien und in Schwaben. Hier herrschte Welf VI., der Onkel Heinrichs des Löwen, den Barbarossa bei seiner Wahl mit

Die Reichsministerialenburg Münzenberg wurde im 12. und 13. Jahrhundert errichtet.

Vorrechten und Titeln gewonnen hatte. In Welfs Hand befanden sich die italienischen Besitzungen der Familie, die aus der Zeit Lothars III. stammten, und die welfischen Stammlande in Oberschwaben zwischen Ulm und dem Bodensee. In Italien hat sich Barbarossa von Anfang an darum bemüht, die welfischen Besitzungen zu vermindern, und das ist ihm auch mehrfach gelungen, bis ihm 1167 ein grundsätzlicher Durchbruch glückte: Zu den Opfern der Seuche, die damals das kaiserliche Heer ergriff, gehörte auch Graf Welf VII.

Dieser Tod hat dem Vater des Verstorbenen offensichtlich das Interesse an Herrschaft und Besitz genommen. Welf VI. war, soweit man sehen kann, jetzt nur noch an einer prächtigen Hofhaltung interessiert: gepriesen von denen, welchen diese Freigebigkeit zugute kam, und getadelt von den Chronisten, die an der Geschichte des Welfenhauses interessiert waren. Die Kosten seines Hofes finanzierte der alte Herzog dadurch, daß er seine Herrschaft Stück um Stück an Barbarossa verkaufte.[35] Heinrich der Löwe hatte ihm die Zahlungen verweigert, weil er als Erbe billiger in den süddeutschen Besitz seiner Familie kommen zu können meinte. Doch das war ein Irrtum.

Die Staufer traten also im Laufe der Zeit das Erbe der Welfen sowohl in Italien wie auch in Südwestdeutschland an. Entscheidend aber für die künftige Machtverteilung blieben die welfischen Herzogtümer, und gegen die ging Barbarossa nun vor.[36]

Den Anstoß dazu gab nicht der Kaiser, sondern jene Fürsten,

auf deren Kosten Heinrich der Löwe seine Macht in Norddeutschland vergrößert hatte, und die schon lange bemüht waren, dem Herzog in den Arm zu fallen. Sie verklagten Heinrich den Löwen, und Barbarossa hat, so könnte man meinen, nichts anderes getan, als pflichtgemäß gegen den Herzog den Prozeß zu eröffnen. Doch hätte er dieser Pflicht auch schon früher nachkommen können. Statt dessen hatte er sich bisher stets um einen Ausgleich zwischen Heinrich dem Löwen und dessen norddeutschen Gegnern bemüht. Nun ließ er ein Verfahren gegen den Herzog zu. Heinrich der Löwe wurde vor das Gericht des Königs geladen.

Als der Herzog nicht erschien, geschah, was das damalige Rechtssystem, das eine exekutive Gewalt, wie sie der moderne Staat zur Verfügung hat, nicht kannte, in einem solchen Falle als prozessuales Zwangsmittel vorsah. Der Herzog wurde geächtet. Die Acht bedeutete zwar nicht die totale Rechtlosigkeit, aber sie legte den Geächteten doch gewissermaßen im Verhältnis zu seiner Umwelt lahm. Und wenn die Acht innerhalb eines Jahres nicht aufgehoben wurde, dann mußte sie durch die Aberacht ersetzt werden, und die bedeutete dann tatsächlich die gänzliche Friedlosigkeit.

Im Falle eines Mächtigen hätte freilich auch die Aberacht allein wenig bewirkt. Konnte es einen Heinrich den Löwen treffen, wenn er seine Ansprüche vor Gericht nicht mehr durchsetzen konnte? Wenn ein Mann seines politischen Gewichtes etwas durchsetzen wollte, dann bediente er sich der Waffen. Wenn Acht und Aberacht in seinem Falle Folgen haben sollten, dann bedurfte es militärischer Anstrengungen, und um die hat sich Barbarossa am Ende bemüht.

Der erste Prozeß, den die norddeutschen Gegner Heinrichs des Löwen gegen ihn angestrengt hatten, endete mit der Ächtung des Herzogs. Da dieser keine Anstalten machte, sich aus der Acht zu befreien, stand die Aberacht alsbald bevor. Vorher hat Barbarossa den Herzog aber zusätzlich wegen der Verletzung seiner Lehnspflichten anklagen lassen, und so wurde nun ein zweiter, nach dem landrechtlichen ein lehnsrechtlicher Prozeß gegen Heinrich den Löwen geführt. Auf einem Hoftag im Januar 1180 wurde in diesem zweiten Prozeß das Urteil gefällt. Die Reichsfürsten entschieden unter dem Vorsitz des Kaisers, daß Heinrich dem Löwen seine beiden Herzogtümer, Bayern und Sachsen, aberkannt werden müßten.

Vier Monate später, im April 1180, entschieden die Reichsfürsten auf einem in der Pfalz Gelnhausen gehaltenen Hoftag über das künftige Schicksal dieser beiden Herzogtümer. Sachsen wurde geteilt. Die westliche Hälfte, Westfalen, ging an den Erzbischof von Köln, die östliche, also das heutige Niedersachsen, fiel an Graf Bernhard von Anhalt aus dem Hause Askanien. Bayern kam im Herbst dieses Jahres an einen der energischsten Helfer Barbarossas, an Otto von Wittelsbach.

Diese Entscheidungen hatten eine überaus große Wirkung. Die Wittelsbacher sollten Bayern bis zum Jahre 1918 regieren, und die Folgen der Zerschlagung des Herzogtums Sachsen sollten wenigstens ebensolange andauern. Sie wurden niemals rückgängig gemacht, und die Bildung des Landes Nordrhein-Westfalen nach dem Ende des Zweiten Weltkrieges ist nur vor dem Hintergrund jener Entscheidungen von 1180 zu erklären.

Der auf eine königsähnliche Stellung gerichtete Ehrgeiz Heinrichs des Löwen wird in seiner nach dem Muster Goslars erbauten Braunschweiger Pfalz sichtbar, auch wenn deren heutige Gestalt weitgehend eine Rekonstruktion des 19. Jahrhunderts ist. Vor dem Palast der Bronzelöwe, den der Herzog in Auftrag gab. Als die älteste monumentale freistehende Metallgußfigur aus dem Mittelalter bezeugt der Löwe, daß dem Herzog beträchtlicher künstlerisch-technischer Sachverstand verfügbar war. Wozu er eingesetzt wurde, läßt sich dagegen nicht sicher sagen: Es ist unbekannt, welchen besonderen Sinn das so singuläre monumentale Bildwerk haben sollte.

Das Braunschweiger Stadtsiegel aus der Zeit vor 1231 zeigt, daß der Braunschweiger Löwe auch damals als Sinnbild betrachtet wurde.

Politisch wirksam konnten diese Entscheidungen freilich erst dadurch werden, daß sie Heinrich dem Löwen mit Gewalt aufgezwungen wurden. Die Exekution der Gerichtsurteile dieses Jahres setzte den Krieg voraus, und den hat Barbarossa vom Sommer 1180 bis zum November des folgenden Jahres im Bündnis mit den norddeutschen Gegnern Heinrichs des Löwen, aber auch einer Reihe von süddeutschen Fürsten, geführt. Im August 1180 konnte Barbarossa in der Königspfalz Werla bei Goslar, also mitten im Herrschaftsgebiet Heinrichs des Löwen, ungehindert einen großen Hoftag halten. Der Graf von Holstein, einer der wichtigsten Verbündeten des Herzogs, hatte sich von diesem getrennt. Daraufhin fielen auch die meisten sächsischen Dienstleute und Ministerialen von dem Herzog ab, und so gingen diesem die meisten Burgen des Landes verloren. Bauen konnte er nur noch auf die großen sächsischen Städte, auf Braunschweig, Lüneburg und Lübeck.

Während der Kaiser die Situation für so sicher hielt, daß er im September den größten Teil seines Heeres entließ und nach Thüringen zog, ging Heinrich der Löwe über die Elbe, um sich Holstein zu sichern. Doch konnte der Herzog auch hier nicht mehr mit der Treue seiner Anhänger rechnen. Als Barbarossa im Juni 1181 nach Sachsen kam, gelang es Heinrich dem Löwen nicht, ihn am Übergang über die Elbe zu hindern. Der Herzog flüchtete mit wenigen Begleitern nach Stade, während Barbarossa - Braunschweig und Lüneburg hatte er unerobert hinter sich lassen können - mit der Belagerung Lübecks begann. Im August 1181 kapitulierte die Stadt. Der Kaiser hatte ihr eine Gesandtschaft nach Stade erlaubt, da die Bürger für den Fall einer Wendung des Schicksals den Zorn ihres gewalttätigen Herrn fürchteten. Doch der mußte die Kapitulation angesichts seiner militärischen Lage gestatten. So zog nun Barbarossa in Lübeck ein, der erste deutsche König, der so weit im Norden Herrschaftsrechte persönlich wahrnahm, und - mit Ausnahme Karls IV. - der einzige im Mittelalter. Mit der Kapitulation im Jahre 1181 begann zwar die unmittelbare Vorgeschichte der Reichsstadt Lübeck, doch sollte die Zugehörigkeit dieser dynamischen und großen Stadt zum Reich nichts daran ändern, daß der Norden auch weiterhin »königsfern« blieb.

Die eindrucksvolle Macht Heinrichs des Löwen hatte offensichtlich ganz überwiegend auf seiner Person beruht. Sie war nach wenigen Monaten zusammengebrochen. Der Welfe mußte sich dem Kaiser unterwerfen. Der Verlust seiner Herzogtümer wurde damit jedoch nicht rückgängig gemacht. Heinrich der Löwe behielt nur seinen sächsischen Allodialbesitz, also jene Herrschaftsrechte, die keine Reichslehen waren und die über die Tochter Kaiser Lothars III. an die Welfen gekommen waren. Zunächst konnte Heinrich der Löwe diese Besitztümer freilich nicht genießen. Zu den Bedingungen der Aussöhnung gehörte, daß der Herzog für einige Jahre in die Verbannung zu seinem Schwiegervater nach England ging.

Ungeachtet der alsbald wieder auflebenden Kämpfe zwischen den Staufern und Welfen ist diesen jener Allodialbesitz, dessen Zentren Braunschweig und Lüneburg waren, erhalten geblieben. Im Jahre 1235 wurde er in ein Reichslehen umgewandelt. Herzog Otto das Kind, ein Enkel Heinrichs des Löwen, trug den ererbten Besitz Kaiser Friedrich II. als Lehen auf, das heißt, er übereignete dem Kaiser das Land zu dem Zweck, daß er dieses in ein Lehen verwandelte und ihm als Lehen übertrug. Das ist geschehen, und so begann nun die Geschichte des Herzogtums Braunschweig und Lüneburg, die teils im Jahre 1866, mit der Annektion des damaligen Königreichs Hannover durch Preußen, teils aber erst mit der Bildung des Landes Niedersachsen nach 1945 enden sollte, als das einstige Herzogtum Braunschweig, der nunmehrige Freistaat gleichen Namens, in dem künftigen Bundesland Niedersachsen aufging.

Das nach der Verurteilung Heinrichs des Löwen neu geschaffene Herzogtum Westfalen der Erzbischöfe von Köln wurde dagegen nicht zur Grundlage eines führenden Territoriums. Es blieb nur eines der westfälischen Territorien, und den Askaniern als neuen Herzögen von Sachsen gelang ungeachtet dieses so traditionsreichen Fürstentitels doch nur die Begründung kleinerer Territorien südlich und nördlich der Elbe, deren eines Wittenberg wurde, das im 14. Jahrhundert in die Hand der Wettiner kam. Auf diese Weise gelangten die Wettiner in den Besitz des alten Stammes- und Landesnamens Sachsen, der sich nun mit der einstigen Markgrafschaft Meißen, dem späteren Königreich Sachsen, verband. Als Rest des einstigen Herzogtums Sachsen blieb nur das Herzogtum Lauenburg nördlich der Elbe, das heute als ein Landkreis dieses Namens innerhalb des nach dem Ende des Zweiten Weltkrieges neu geschaffenen Landes Schleswig-Holstein weiterbesteht.

So hatte die Zerschlagung der Territorien Heinrichs des Löwen jahrhundertelange Folgen. Hätte Barbarossa den gewaltigen Machtbereich seines Vetters nicht selber übernehmen und die beiden Herzogtümer zu jenem Reichsgut schlagen sollen, das er in den Jahren zuvor so systematisch ausgebaut hatte? Warum nutzte er nicht die Gelegenheit, die Stellung des Königtums nun endlich entscheidend zu stärken?

Die Möglichkeiten der Könige in Deutschland wären tatsächlich grundlegend verändert worden, wenn Barbarossa die beiden Herzogtümer an sich gezogen und sie seinen Nachfolgern überliefert hätte. Wenn das gelungen wäre, hätte die deutsche Geschichte vielleicht einen ganz ähnlichen Verlauf nehmen können wie die französische oder die englische. So steht hinter der Frage, ob Barbarossa nicht anders handeln konnte, jene Frage, welche die deutschen Historiker des 19. und frühen 20. Jahrhunderts am Mittelalter vor allem interessierte: ihr Nachdenken über die Gründe dafür, daß den Deutschen im Mittelalter die nationale Einheit mißlungen war, ihre Suche nach den Gründen und Anfängen dessen, was man so lange Zeit den deutschen Partikularismus genannt hat.

Hat Barbarossa also im Jahre 1180 eine Weiche gestellt, hat er die deutsche Geschichte nun endgültig auf das Gleis einer partikularistischen Entwicklung geschoben? Und wie wäre diese Fehlentscheidung zu erklären? Man hat nicht selten gemeint, daß der Kaiser hier einer verfassungsrechtlichen Norm habe folgen müssen, und so glaubte man, in dieser Norm geradezu die Hauptursache des deutschen Partikularismus zu sehen.

Diese Norm heißt Leihezwang, und dieses Wort meint, daß der König generell verpflichtet gewesen sei, freigewordene oder – lehnsrechtlich korrekt ausgedrückt – heimgefallene Lehen innerhalb eines Jahres wieder an einen anderen zu verleihen. Barbarossa hätte demnach im Jahre 1180 rechtlich gar nicht die Möglichkeit gehabt, Sachsen und Bayern zum Reichsgut zu schlagen. Bedeutende Rechtshistoriker haben im Leihezwang einen Schlüssel für die Besonderheiten der deutschen Verfassungsentwicklung gesehen. Hier hätte die Ursache dafür gelegen, daß die deutsche Geschichte einen anderen Weg nahm als die englische oder die französische.

Doch hat sich der Leihezwang als ein gelehrtes Phantom erwiesen.[37] Wenn Barbarossa Sachsen und Bayern nach dem Urteil über Heinrich den Löwen nicht einbehielt, dann hatte das nicht rechtliche, sondern politische Gründe. Ein verfassungsrechtliches Hindernis hätte nicht bestanden. Nur war Barbarossa politisch nicht in der Lage, seine Macht durch die Besitztümer Heinrichs des Löwen zu vermehren. Sie kamen, wie schon gesagt, ja erst durch einen Krieg in die Verfügungsgewalt des Kaisers. Diesen Krieg aber hätte Barbarossa ohne fürstliche Hilfe nicht führen können, und es ist undenkbar, daß die Fürsten ihm geholfen hätten, wenn das Kriegsziel darin bestanden hätte, die einstigen Fürstentümer Heinrichs des Löwen dem Reichsgut zuzuschlagen.

Noch am Ende seiner Regierungszeit war Barbarossa also nicht stark genug, Heinrich den Löwen allein niederzuwerfen. Und dennoch befand er sich in einer ganz außergewöhnlichen Position.

7. Barbarossas letzte Jahre

Die Politik des Kaisers umspannte nun noch größere Räume als in den Jahrzehnten zuvor. Sie zielte nicht nur auf Deutschland und Italien. England, Frankreich, aber auch Byzanz waren Gegner und Partner des Kaisers, selbst die Regenten Polens, Böhmens, Ungarns und Dänemarks kamen in den Blick. Der König von Dänemark trat nach dem Sturz Heinrichs des Löwen als mächtigster Herrscher des Ostseeraumes gewissermaßen dessen machtpolitische Nachfolge an – bis zum Jahre 1227, bis zur Schlacht von Bornhöved.

Wie immer in der älteren Zeit, die völkerrechtliche Normen nicht kannte, wurden solche weiträumigen Beziehungen am sichersten durch Heiratsverbindungen abgestützt. Als Ehepartner beziehungsweise Verlobte der Kinder Barbarossas sind Söhne und Töchter der Könige von Sizilien, von England, von Ungarn, von Dänemark und Kastilien sowie des Kaisers von Byzanz und eine Nichte des französischen Königs bezeugt.[38]

Nicht alle Verlöbnisse führten zu Ehen. Die meisten Kinder Barbarossas starben früh. Von elf Söhnen und Töchtern, die seiner Ehe mit Beatrix von Burgund entstammten, erreichten nur fünf das Erwachsenenalter: wie im Mittelalter meistens. Nicht nur die hohe Geburtenzahl, sondern auch die Sterblichkeit, die wir hier antreffen, ist typisch für die Zeit. Gegen die Regel war jedoch, daß die elf Kinder des Kaisers einer einzigen Ehe entstammten. Infolge der vielen Geburten starben die meisten Frauen im Mittelalter früh. Beatrix, die zweite Frau Barbarossas und Mutter von elf Kindern, lebte dagegen für mittelalterliche Verhältnisse lange. Sie wurde vierzig oder einundvierzig Jahre alt.

Zu den früh gestorbenen Kindern des Kaisers gehörte auch dessen ältester Sohn, der dem Familienherkommen entsprechend den Namen Friedrich führte. Nach seinem Tode, 1169, erhielt der dritte Sohn des Kaisers, der zunächst auf den Namen Konrad getauft worden war, den Traditionsnamen Friedrich. Der zweitgeborene Sohn, Heinrich, war schon als dreijähriges Kind, 1169, zum König gewählt worden. Das war ein großer politischer Erfolg, und dieser Erfolg bewahrte dem künftigen Thronfolger wohl seinen Taufnamen.

Heinrich wurde mit einer Prinzessin aus dem normannischen Herrscherhaus des Königreichs Sizilien verheiratet. Auch diese Ehe sollte zunächst nur die weiträumige Politik des Kaisers sichern helfen. Die Verlobung des damals neunzehnjährigen Königs Heinrich mit der dreißigjährigen Tante des sizilischen Königs, Konstanze, im Jahre 1184 demonstrierte zwar eine neue Orientierung der italienischen Politik Barbarossas, der sich nun mit seinen alten Gegnern, den Normannen, verband, doch war nicht abzusehen, wie weitreichende Folgen diese Verbindung haben sollte – bis 1189 der sizilische König unerwartet und ohne Erben zu hinterlassen starb. Nun konnte der Nachfolger Barbarossas die Erbfolge in Sizilien beanspruchen. Ein Szenenwechsel von weltgeschichtlicher Bedeutung schien möglich.

Aus den letzten Jahren Barbarossas hat die Erinnerung vor allem zwei große höfische Feste bewahrt.

Das erste fand zu Pfingsten 1184 statt und war zunächst eine Pfingstfeier, wie die deutschen Könige sie regelmäßig zu veranstalten pflegten. An diesen Tagen fand eine Festkrönung statt. Der König wurde feierlich in einem Gottesdienst mit den Herrschaftszeichen bekleidet, mit Krone, Reichsapfel, Zepter, Reichsschwert und Königsmantel, den Beweisen seiner Königswürde. Nur der König durfte sie tragen, und er trug sie nur bei solchen Kirchenfesten. An diese Krönung schloß sich stets eine feierliche Prozession zu einer zweiten Kirche an, in welcher der König sich öffentlich in seinen Rang- und Würdezeichen zeigte, und darauf folgte das ebenso zeremonielle Mahl, bei dem die Reichsfürsten die Tafeldienste verrichteten.

In diesem Jahr geschah jedoch mehr. Zu Pfingsten 1184 wurde die Schwertleite der beiden ältesten Söhne des Kaisers gefeiert. Heinrich, damals achtzehn Jahre alt, und jener jüngere Friedrich, der ursprünglich Konrad geheißen hatte und nun siebzehn Jahre zählte, wurden in einem feierlichen Akt mit dem Schwert umgürtet und so in den Ritterstand aufgenommen. Anschließend verteilten die beiden Ritter zum Beweis ihrer neuen Würde, die sie zur Einhaltung der ritterlichen Tugenden, darunter der Freigebigkeit, verpflichtete, an die nach Tausenden zählende Festversammlung vor der Stadt Mainz Geschenke.

Danach und am folgenden Tag wurden Kampfspiele veranstaltet, und an diesen ritterlichen Übungen nahmen auch der alte Kaiser und seine beiden Söhne teil, ebenso wie die anderen Fürsten und Adligen und Ministerialen. Im Kampf begaben sie sich alle auf eine Ebene, obwohl der Kaiser doch eine einzigartige Würde bekleidete. Trotzdem herrschte hier eine Art von Gleichheit im Spiel und am Ende nicht nur im Spiel, denn der Kaiser, seine Söhne, die Fürsten, die Adligen und die Ministerialen verstanden sich alle als Ritter.

Dieser Begriff (lateinisch: miles) hatte zunächst eine nur militärische Bedeutung gehabt und den zu Pferde kämpfenden Berufskrieger bezeichnet. Nun meinte das Wort Rittertum auch Verhaltensweisen und Kulturideale, und sehr bald charakterisierte es eine soziale Schicht. Ritter - das war am Ende der nichtfürstliche Adlige, und zwar auch dann, wenn er nicht von adligen Eltern, sondern von Ministerialen abstammte, also unfrei geboren war.

Das Kulturideal, das hier zum Ausdruck kam, war in Westeuropa entstanden. Doch kam es nicht erst zu Pfingsten 1184 an den Rhein. Es war schon in den Jahren davor in Deutschland verbreitet worden, und der kaiserliche Hof hatte daran großen Anteil gehabt. Der Kaiser hatte seine beiden Söhne von zwei Reichsministerialen in den neuen ritterlichen Lebensformen unterweisen lassen. An seinem Hof wurden sie geübt, und nur so ist es zu erklären, daß Barbarossa einzelne Ministeriale, die rechtlich immer noch unfrei waren, in seinen Urkunden als Freunde bezeichnete oder gar als Edle oder Herren anredete.

Der Hof setzte sich also an die Spitze des Wandels, und dieser Wandel veränderte nicht nur die Welt des schönen Scheins und der Festtage, sondern auch die tägliche Existenz, indem er aus vielen Angehörigen der unfreien Ministerialität und aus einzelnen Angehörigen des alten Adels einen neuen, den später sogenannten

Zu den königlichen Herrschaftszeichen gehörten auf eine germanische Tradition zurückgehende Armspangen (Armillae).

Wahrscheinlich stammt die Armspange im Germanischen Nationalmuseum Nürnberg aus der Zeit und aus dem Besitz Barbarossas.

niederen Adel entstehen ließ. Dieser soziale Wandel wurde durch die neuen Ideale des Rittertums, denen sich sowohl Adlige wie auch Ministeriale verpflichtet fühlten, mächtig vorangetrieben.

Das zweite, für die letzten Jahre Barbarossas so charakteristische Fest fand im Jahre 1188 ebenfalls in Mainz statt, doch wurde es nicht mit ritterlichen Spielen, sondern als ein geistliches Fest begangen. Nicht er wolle diesem Hoftag vorstehen, so ließ der Kaiser verlauten, sondern Christus selbst. In Mainz fand nun an jenem Sonntag, an welchem der im Gottesdienst zu lesende Evangelientext mit den Worten »Freue Dich, Jerusalem« beginnt, der Hoftag Jesu Christi statt, und zwar tatsächlich zur Freude Jerusalems, denn auf diesem Hoftag gelobte Barbarossa, einen Kreuzzug ins Heilige Land anzuführen.

Die Kreuzfahrerstaaten, die fast ein Jahrhundert zuvor nach dem erfolgreichen ersten Kreuzzug gegründet worden waren, waren fast ganz vernichtet worden. Nachdem das unglückliche Ende des zweiten Kreuzzuges solche Unternehmungen jahrzehntelang unmöglich gemacht hatte, erwachte nun die Kreuzzugsbegeisterung in Europa schnell. Schon in den Jahren zuvor war über Hilfe für das Heilige Land verhandelt worden. Jetzt wurden in Deutschland Beschlüsse gefaßt und die politischen Voraussetzungen für eine längere Abwesenheit des Kaisers geschaffen. Dazu gehörte, daß Heinrich der Löwe noch einmal nach England ins Exil gehen mußte.

Daß Barbarossa selbst und niemand anderes der Führer dieses Kreuzzuges sein mußte, stand außer aller Diskussion. Der Kaiser war nach vier Jahrzehnten Regierungszeit eine beherrschende Figur in Europa geworden. Was immer die von seiner Kanzlei verbreiteten Formeln, in denen er als ein Weltherrscher gefeiert wurde, was immer die Worte der Dichter, die von ihm als einem Herrn der Welt sprachen, tatsächlich sagen wollten – Barbarossa war nun tatsächlich eine Gestalt von einzigartiger Autorität. Und er war ein erfolgreicher Herrscher.

So wurde dieser Kreuzzug sorgfältig vorbereitet. Diesmal sollten sich nicht schlecht ausgerüstete Heerhaufen von bloß Begeisterten auf den langen Weg ins Heilige Land begeben. Nur wer militärisch trainiert war und sich zwei Jahre lang aus eigenen Mitteln versorgen konnte, durfte teilnehmen. Religiöse Ergriffenheit allein reichte als Teilnahmeberechtigung diesmal nicht aus. So fanden jetzt auch keine Judenpogrome im Zusammenhang mit dem Kreuzzug statt. Das Heer brach am 11. Mai 1189 in Regensburg auf. Zeitgenössische Nachrichten lassen es hunderttausend Mann stark sein, aber das ist eine Zahl, auf die so wenig Verlaß ist wie auf fast alle Zahlen, die von mittelalterlichen Geschichtsschreibern überliefert werden. Doch war das Heer, das Barbarossa in den Orient führte, gewiß eines der größten Kreuzfahrerheere, und so war die Furcht des Kaisers von Byzanz angesichts dieser Kontingente begründet. Es war keine leere Drohung, wenn Barbarossa den Durchzug durch Byzanz damit erzwang, daß er die Erstürmung der Hauptstadt des östlichen Kaiserreiches ankündigte.

So gelang der Landweg durch Kleinasien: jener Weg, der dem Kaiser zum Verhängnis werden sollte. Am 11. Juni 1190 ertrank Barbarossa im südlichen Kleinasien beim Baden in dem Fluß Saleph. Dieser Tod auf dem Kreuzzug aber sollte bald als so etwas wie eine Verklärung erscheinen. In der Erinnerung lebte Barbarossa nicht als ein König fort, der auf höchst zweifelhafte Weise zu seinem Thron gekommen war, nicht als ein Regent, der sich gegen Papst Alexander III. nicht hatte behaupten können, auch nicht als Kaiser, der in langen Kämpfen mit den Städten Oberitaliens so oft unterlegen war. Was im Gedächtnis blieb, war ein alter Kaiser, der von niemandem angefochten und von allen anerkannt war, der sich am Ende in den Orient aufmachte, um Jerusalem zu befreien, und dabei starb. Gewiß sollte der Held der deutschen Kaisersage zunächst Barbarossas Enkel Friedrich II. werden. Doch wäre ohne die Verklärung von Barbarossas Tod die Übertragung der Kaisersage auf ihn wohl nicht zu erklären. Man würde den Rang dieses Kaisers jedoch verkennen, wenn man als die Ursache seines Nachruhms nur den Tod im rechten Augenblick und unter den rechten Umständen sehen und seine Person aus den Augen verlieren würde.

Von den Menschen des Hochmittelalters wissen wir selbst dort wenig, wo die Quellen reichlicher fließen. Bei Barbarossa ist das anders. Es gibt eine ganze Reihe von Zeitgenossen, die nicht nur sein ansprechendes Äußeres beschrieben, sondern auch von seiner Höflichkeit gesprochen haben, von seiner Fähigkeit, Andersdenkenden zuzuhören und auf diese Weise Menschen zu gewinnen. Andere berichten von seinem Temperament und von seiner Gabe, im richtigen Moment zornig zu werden und sich dennoch, wo nötig, zu beherrschen. Barbarossa hat viele zu fesseln vermocht. Und er ist alt geworden. Er hat Niederlagen ausgehalten und aus Mißerfolgen gelernt. Als Jacob Burckhardt zweifelnde Überlegungen darüber anstellte, worin historische Größe bestehen könne, hat er Barbarossa als Beispiel dafür genannt, daß »historische Größe in der Tradition« sich nicht so sehr vom Verdienst oder von der »historischen Wichtigkeit« ableite, »sondern das Entscheidende ist am Ende doch die ›Persönlichkeit‹, deren Bild sich magisch weiterverbreitet«.[39]

8. Heinrich VI.

Der Tod des Kaisers im Sommer 1190 auf dem dritten Kreuzzug gefährdete die Dynastie nicht. Anders als bei den drei letzten Wechseln im Königsamt gab es diesmal beim Tode des Vorgängers einen bereits allgemein anerkannten König. Heinrich VI. war ja schon als dreijähriges Kind zum König gewählt worden. Als junger Mann hatte er noch zu Lebzeiten seines Vaters Herrschaftsaufgaben wahrgenommen, und für die Zeit von dessen Abwesenheit während des Kreuzzuges war ihm die Regentschaft anvertraut worden.

Eine Wahl des künftigen Königs schon zu Lebzeiten des Vaters war nicht neu. Manche Fälle zeigen jedoch, daß mit einer solchen Wahl keineswegs schon die dynastische Kontinuität nach dem Tode eines Herrschers gesichert war. Es war also nicht selbstverständlich, daß es Heinrich VI. diesmal tatsächlich gelang, die Nachfolge seines Vaters anzutreten, ohne daß es Schwierigkeiten mit den Fürsten des Reiches gab und es eines besonderen konstitutiven Aktes bedurfte.

Auch Barbarossa hatte das offensichtlich nicht für selbstverständlich gehalten, und so hat er sich am Ende seiner Regierungszeit um eine noch festere Absicherung der dynastischen Kontinuität bemüht. Schon zu Lebzeiten seines Vaters sollte Heinrich VI. zum Kaiser gekrönt werden: wie zuletzt Kaiser Otto II. im Jahre 967. Jetzt gelang diese Kaiserkrönung jedoch nicht. Nicht nur, daß der Papst widersprach; das eigentliche Hindernis war die drängende Zeit. Der Kreuzzug hatte endlich beginnen sollen, und bei der Krönung des jungen Kaisers wäre die Anwesenheit des alten notwendig gewesen.

Schwierigkeiten beim Wechsel auf dem Thron versprach auch die Politik Heinrichs des Löwen, der sogleich nach dem Beginn des Kreuzzuges aus England zurückkehrte und seine alte Position mit Gewalt zurückzugewinnen versuchte. Da auch der Graf von Holstein, der wichtigste Nutznießer der 1180 geschaffenen neuen Verhältnisse im Norden, am Kreuzzug teilnahm, blieb Heinrich der Löwe nicht ohne Erfolge. Lübeck kam noch einmal in seine Hand, und Heinrich VI. war nicht in der Lage, dem Welfen wirksam entgegenzutreten.

Kurze Zeit nach der Rückkehr des Herzogs starb nämlich der König von Sizilien, und so kam es nun zu dem unvorhergesehenen Anspruch der normannisch-sizilischen Prinzessin Konstanze, die Heinrich fünf Jahre zuvor geheiratet hatte, auf den Thron. Dieser Anspruch ließ sich nur mit militärischer Gewalt durchsetzen. Der sizilische Adel wählte einen Halbbruder des verstorbenen Herzogs zum Nachfolger, Graf Tancred von Lecce, und der wurde nicht nur vom Papst begünstigt, sondern er verbündete sich auch mit dem englischen König, Richard Löwenherz, dem Schwager Heinrichs des Löwen. In dieser Lage einigte sich Heinrich VI. mit dem Löwen. Es kam zu einem Kompromiß, der Deutschland einigermaßen befriedete und dem König im Herbst 1190 den Aufbruch nach Italien erlaubte.

Der Weg durch Oberitalien gelang ohne größere Hindernisse, die Kaiserkrönung am 14. April 1191 jedoch erst nach Schwierigkeiten.

Papst Clemens III. war eben gestorben, und sein Nachfolger, der fast neunzigjährige Cölestin III., war zwar schon gewählt, aber noch nicht geweiht. Die Weihe, welche für die Kaiserkrönung notwendig war, wurde aber hinausgezögert, bis Heinrich VI. dem neuen Papst Zugeständnisse hinsichtlich einiger Orte gemacht hatte, die zwischen dem Reich und dem Kirchenstaat strittig waren.

Heinrichs Gegner in Sizilien, Tancred, und der normannische Adel nutzten die so verlorene Zeit. Hinzu kam, daß das Heer des Kaisers durch Krankheiten dezimiert worden war, so daß er die Belagerung Neapels abbrechen und Ende 1191 nach Deutschland zurückkehren mußte, während seine Gemahlin in die Hände Tancreds geriet und der Papst diesen als legitimen Herrscher mit Sizilien belehnte.

Ähnlich wie im Jahre 1167 nach der schweren Niederlage Barbarossas war die Stellung des Sohnes jetzt so erschüttert, daß sich in Deutschland das Gerücht verbreitete, er sei tot. In Sachsen kam es zu einem allgemeinen Abfall vom Kaiser und zu einer Erneuerung des welfischen Lagers. Strittige Bischofswahlen schwächten darüber hinaus die Stellung des Kaisers. Man warf ihm vor, die Ermordung des Bischofs von Lüttich veranlaßt zu haben. Am Ende beteiligten sich an einem breiten Bündnis gegen ihn auch süddeutsche Fürsten.

Daß Heinrich VI. aus dieser bedrohlichen Lage sehr schnell herauskam, verdankte er vor allem einem Ereignis, das man einen Zufall nennen könnte, wenn dieser Zufall nicht geplant gewesen wäre. Heinrich VI. machte einen prominenten Gefangenen. Diese Gefangenschaft aber war nicht nur wegen ihrer politischen Folgen wichtig; sie zeigt auch, wie in dieser Zeit ungeachtet der weitgespannten Ziele, ungeachtet der geradezu gesetzmäßigen Herrschaftsbildungsprozesse die konkreten Erscheinungsformen der Politik doch eine ritterlich-abenteuerliche Gestalt hatten.

Der Gefangene des Kaisers war der englische König, Richard Löwenherz, der sich mit Tancred verbündet hatte. Heinrich dagegen stand im Bunde mit Richards Gegner, dem französischen König. Diese Koalitionen sollten auch künftig wichtig werden, weil die englisch-französischen Konflikte in diesen Jahrzehnten eine Art Konstante darstellten. Sie hatten einen dynastischen Anlaß. Die englischen Könige waren ihrer väterlichen Herkunft nach Grafen von Anjou, und das heißt, daß sie mit dem westlichen Frankreich ein Gebiet besaßen, das größer war als jenes, welches der König von Frankreich beherrschte. Der Kreuzzug hatte auch diesen Konflikt vorübergehend stillgelegt.

Im Jahre 1191 waren sowohl der französische König, Philipp August, wie der englische, Richard Löwenherz, als Kreuzfahrer an der Spitze von starken Ritterheeren ins Heilige Land gezogen. Doch blieben trotz allen Kreuzzugs- und Friedensgelübden die politischen Streitigkeiten bestehen, und sie führten zu einer Unzahl von Auseinandersetzungen unter den Kreuzfahrern. Die Quellen preisen den englischen König nicht nur als Kriegshelden und Ritter, sondern sie berichten auch von seiner Unbeherrschtheit und seinen Zornausbrüchen. Gelegenheiten, jemanden zu beleidigen und sich zum Feind zu machen, hat Richard Löwenherz offensichtlich selten vorübergehen lassen. So gab es Große und Kleine, Mächtige und Schwache, die sich an ihm rächen wollten, in großer Zahl.

In dem mit vielen Illustrationen geschmückten Preisgedicht, das Petrus von Eboli auf die Siege Heinrichs VI. zu verfassen beauftragt worden war, findet sich eingangs der thronende Sieger umgeben von Herrschertugenden. Sein Gegner, Tancred von Lecce, war vom Glück verlassen: das Rad der Fortuna hat ihn stürzen lassen.

Der König wurde also schon erwartet, als er sich endlich auf den Heimweg machte. Der französische König und der Kaiser waren übereingekommen, König Richard gefangenzunehmen, wenn er ihre Länder passieren würde - und durch Deutschland oder Frankreich mußte der Engländer nach Hause reisen. Obwohl diese Vereinbarung der beiden Monarchen dadurch, daß sie Richard Löwenherz in aller Form zum Reichsfeind erklärten, rechtlich abgestützt wurde, sprach sie doch den Normen der Zeit Hohn. Ganz allgemein stand jeder Kreuzfahrer unter stärkstem rechtlichem Schutz, und für den englischen König galt das auch.

Seine wohlbegründete und zugleich skandalöse Gefangennahme gelang in Österreich. Nach einem Schiffbruch in der Nähe von Venedig hatte Richard versucht, sich in Verkleidung und in kleiner Begleitung auf dem Landweg durchzuschlagen. Das war jedoch bekanntgeworden, und der Herzog von Österreich, Leopold V., der zu jenen Kreuzfahrern gehörte, die der englische König beleidigt hatte und die seitdem auf eine Gelegenheit zur Rache warteten, setzte alles daran, dem Engländer aufzulauern: In einer Zornaufwallung hatte Richard Löwenherz die Fahne des Österreichers herunterholen und in den Staub treten lassen.

Ende Dezember 1192 wurde der englische König in Wien, wo er sich einige Tage als Kaufmann verborgen hielt, gefangengenommen. Er wurde in die Burg Dürnstein an der Donau verbracht, an die sich künftig Sagen über die Gefangenschaft des englischen Königs knüpfen sollten, bis Herzog Leopold seinen Gefangenen an den Kaiser weitergab – teils durch dessen Macht gezwungen, teils durch die Versprechung eines hohen Lösegeldes gelockt. In der Hand des Kaisers blieb der englische König bis zum Februar 1194.

Die Monate seiner Gefangenschaft waren mit Verhandlungen gefüllt, zu deren Schwierigkeiten auch der Umstand zählte, daß der Papst keineswegs zu dem schritt, was seine Pflicht gewesen wäre, nämlich Heinrich VI. wegen einer Gewalttat gegen einen Kreuzfahrer zu exkommunizieren. Auch dem Papst waren die schweren Beleidigungen in Erinnerung, die er von König Richard während dessen Reise durch Süditalien hatte hinnehmen müssen.

Die Zugeständnisse, mit denen der englische König seine Freilassung erkaufte, konnten gewaltig erscheinen. Er mußte England in ein Lehen verwandeln und den Kaiser als seinen Lehnsherrn anerkennen. Aber was bedeutete das? Das mußte die Zukunft lehren. Sie lehrte aber, daß diese Lehnsnahme folgenlos blieb. Wichtiger war, daß die Front der deutschen Gegner Heinrichs VI. angesichts der Schwäche ihres englischen Verbündeten nun zerfiel. Und nicht weniger folgenreich war das gewaltige Lösegeld, das König Richard zahlen mußte. Herzog Leopold legte seinen Anteil gewissermaßen dauerhaft an, indem er damit die Befestigung und Neugründung von Städten finanzierte. Wiener Neustadt an der ungarischen Grenze legt mit seinem regelmäßigen Grundriß noch heute Zeugnis von den Mitteln ab, welche dem österreichischen Herzog damals zuflossen. Der Kaiser dagegen konnte nun seinen Feldzug gegen Tancred von Lecce finanzieren. Nachdem er sich auch mit den Welfen verglichen hatte, stand seinem Aufbruch nach Italien nichts mehr im Wege. Und da er überdies das Glück hatte, daß Tancred starb und nur einen unmündigen Sohn hinterließ, kam er rasch zum Erfolg. Zu Weihnachten 1194 wurde er im Dom von Palermo feierlich zum König von Sizilien gekrönt. Einen Tag später wurde sein Sohn Konstantin geboren, der aber später die Namen seiner Großväter erhielt, Roger und Friedrich, und als Friedrich II. der letzte staufische Kaiser sein sollte.

Genährt durch Propaganda und Gegenpropaganda sollten sich schon zu Lebzeiten Friedrichs II. und erst recht nach seinem Tode viele Sagen mit seiner Person verknüpfen. Daß er von einer Frau geboren wurde, deren Ehe neun Jahre kinderlos gewesen war und die zum Zeitpunkt der Geburt vierzig Jahre zählte, bezeichnete er später selbst als Wunder. Den Geburtsort Jesi nannte er, seiner Mutter die Rolle einer zweiten Maria zuweisend, sein Bethlehem. Die gegen ihn gerichteten Legenden machen ein noch höheres Alter seiner Mutter glauben und behaupteten, der Kaiser sei das untergeschobene Kind eines Schlächters gewesen. Gegen solche Gerüchte hat sich Konstanze, so wird behauptet, von vornherein zur Wehr gesetzt, indem sie ihren Sohn öffentlich auf dem Marktplatz zur Welt gebracht habe. In spätmittelalterlichen geistlichen Spielen wurde gezeigt, daß die Mutter des Antichrist ihren Sohn auf solche Weise gebar.[40]

Die staufische Herrschaft in Sizilien konnte nun auch für die nächste Generation als gesichert gelten. Sizilien war eine erbliche Monarchie. Deutschland dagegen war das nicht. Es war offen, wen die deutschen Fürsten künftig zum König wählen würden, und so stand keineswegs fest, daß Deutschland und Süditalien auch in Zukunft in einer Hand bleiben würden. Heinrich VI. hat sich mit aller Energie darum bemüht, diese Frage in seinem Sinne zu klären.

Doch reichten seine politischen Ziele weiter. Man meinte zeitweise, er habe die Weltherrschaft erstrebt, eine Art Obergewalt in Europa und in den Mittelmeerländern, und der Lehenseid, den Richard Löwenherz ihm schwören mußte, sei nur der Anfang von dem gewesen, was er auch anderen Fürsten zugedacht hatte.

Solche Vermutungen überschätzen die Planmäßigkeit der Politik eines mittelalterlichen Herrschers. Doch hat Heinrich VI. eine weiträumige Politik betrieben. Schon die Kreuzzüge legten dies nahe, und nun kam noch das sizilische Erbe hinzu, das mit weiterreichenden Ansprüchen verknüpft war, zum Beispiel auf Tunis und Tripolis, die zeitweise von den normannischen Königen regiert worden waren. Solche Ansprüche mußten eine Konfrontation mit Byzanz zur Folge haben, und sehr bald trat das byzantinische Reich selbst in die Reichweite des Kaisers.

Heinrich hatte bei der Eroberung Siziliens eine byzantinische Prinzessin, Irene, vorgefunden, die Witwe von Tancreds verstorbenem Sohn. Er verheiratete sie mit seinem jüngeren Bruder Philipp, der zunächst Geistlicher geworden, dann jedoch in den Laienstand zurückgekehrt und mit der Verwaltung der Mathildischen Güter in Mittelitalien betraut worden war. Als wenig später Irenes Vater, der Kaiser von Byzanz, von seinem Bruder gestürzt wurde, konnte Heinrich VI. für seinen Bruder Philipp Ansprüche auf den byzantinischen Thron geltend machen. Ein Kreuzzug, den der Kaiser kurz vorher gelobt hatte, sollte auch diese Ansprüche in die Wirklichkeit umsetzen helfen.

Nicht weniger wichtig aber war die Sicherung der dynastischen Kontinuität in Deutschland. Vom Sommer 1195 bis zum Sommer des folgenden Jahres hat sich Heinrich VI. hier aufgehalten, um die deutschen Fürsten für die Wahl seines damals noch nicht einjährigen Sohnes zum König zu gewinnen. Die Fürsten haben das verweigert, was zeigt, daß man die Möglichkeiten auch eines mächtigen Kaisers, der Heinrich VI. damals war, nicht überschätzen darf. So mußte Heinrich VI. verhandeln, und das war um so notwendiger, als er offensichtlich auf eine grundsätzliche Verfassungsänderung zielte und Deutschland in eine erbliche Monarchie verwandeln wollte.

Dieser sogenannte Erbreichsplan ist nicht gut überliefert.[41] Was

Der Reichsapfel, Sinnbild der Welt und der Weltherrschaft, ist literarisch schon für König Heinrich II. als Herrschaftszeichen bezeugt. Der im Wiener Kronschatz erhaltene Reichsapfel stammt aber erst aus der Zeit Heinrichs VI.

der Kaiser denen, die von einem Wahlreich Vorteile hatten, also den deutschen Fürsten und dem Papst, als Gegenleistung versprochen hat und ob diese Versprechungen tatsächlich als Äquivalente für eine vom Kaiser gewollte Verfassungsänderung, für einen »Plan« im strikten Sinne, verstanden werden müssen oder ob nicht vielmehr der Kaiser auf Forderungen der anderen Seite mit der Gegenforderung, das Reich erblich zu machen, reagiert hat, läßt sich nicht mit Sicherheit sagen.

Jedenfalls lag die weitreichende Erblichkeit ihrer Lehen, die der Kaiser den weltlichen Fürsten anbot, im Zuge einer Entwicklung, die längst begonnen hatte und auch unabhängig vom Ausgang dieses Erbreichsplanes weiterging. Ganz ähnlich stand es mit der Absicherung einer päpstlichen Kurie durch eine Verfügung über einträgliche Pfründen in Deutschland, die Heinrich dem Papst angeboten zu haben scheint. Die päpstliche Politik des späteren Mittelalters hat sich in den Besitz eines beträchtlichen Teils der deutschen Pfründen zu setzen gewußt - wenn freilich auch nicht dank einem königlichen Zugeständnis und infolgedessen um den Preis der Abhängigkeit vom König. Wohl wegen der Gefahr einer solchen Abhängigkeit hat sich der Papst den Plänen des Kaisers verweigert.

Jedoch erreichte Heinrich im Dezember 1196 die Wahl seines nunmehr zweijährigen Sohnes Friedrich zum König. So hatte er die dynastische Kontinuität jedenfalls in dem herkömmlichen Maße - für eine Generation - gesichert, und so konnte er jetzt daran denken, zum Kreuzzug aufzubrechen.

Dem stellte sich jedoch ein Aufstand des sizilischen Adels gegen sein hartes Regiment entgegen. Der Kaiser sollte bei der Jagd ermordet werden. Heinrich entging dem Anschlag, warf den Aufstand nieder und übte grausame Rache. Die sizilischen Geiseln, die er in deutschen Burgen verwahrte, wurden mit Ausnahme der Geistlichen und derer, die mit der königlichen Familie verwandt waren, geblendet. In Sizilien wurde die Masse der Adelsprivilegien kassiert oder überprüft. Viele Sizilianer wurden hingerichtet, und an nicht wenigen von ihnen wurde das Todesurteil auf grausame Weise vollstreckt. Verurteilte wurden lebend verbrannt, zersägt, gepfählt und mit einer auf das Haupt genagelten Krone gemartert. Auch die kaiserfreundlichen Chronisten berichten davon, daß im Namen des Kaisers die Verurteilten zu Tode gepeinigt wurden, ohne darin etwas Negatives zu sehen. Wir erfahren auch, daß Konstanze, die Frau des Kaisers, die wohl von dem Aufstand gewußt hatte, einigen Hinrichtungen beizuwohnen gezwungen wurde.[42]

Nach der Niederschlagung der Rebellion und dem Strafgericht konnte der Kreuzzug beginnen. Die ersten Schiffe hatten bereits die sizilischen Häfen verlassen, als der Kaiser am 28. September 1197 in Messina einunddreißigjährig an der Malaria starb.

Kurz vor seinem Tode hatte Heinrich VI. einem seiner wichtigsten Helfer, dem Ministerialen Marquard von Annweiler, Anweisungen für den Fall seines Todes gegeben. Marquard von Annweiler, den der Kaiser zum Markgrafen von Ancona und Herzog von Romagna ernannt hatte, ein Reichsfürst also ministerialischer - und damit unfreier - Herkunft, läßt am deutlichsten erkennen, in wie hohem Maße sich die Staufer inzwischen auf die Reichsministerialität stützten. Der Vertraute des Kaisers war angewiesen worden, nach dessen Tode einige der zwischen Kaiser und Papst strittigen Positionen zu räumen. Darüber hinaus sollten Konstanze, seine Witwe, und Friedrich, der dreijährige Thronfolger, den Papst als Lehnsherrn von Sizilien anerkennen. Heinrich wollte das alles in Kauf nehmen, um die Verbindung zwischen Süditalien und dem Reich für seinen Nachfolger zu retten.

Der frühe Tod des Kaisers gilt als ein tiefer Einschnitt in der deutschen Geschichte. Höchste Kaisermacht und eine abermalige Katastrophe, ein zwanzigjähriger Streit um die deutsche beziehungsweise römische Krone stehen sich unmittelbar gegenüber. Eben noch schien der Kaiser mit seinem Erbreichsplan auf dem Wege, mit der Vererbbarkeit der Krone die Verfassung des Reiches dem englischen oder französischen Muster anzugleichen und die für die Geschichte dieser Länder so charakteristische Kontinuität der Krone auch für Deutschland möglich zu machen. Die seinem Tod folgende Doppelwahl zeigte jedoch abermals, daß die deutsche Geschichte einen anderen Weg ging. Als der Thronstreit beigelegt war, konnte Friedrich II. nicht dort ansetzen, wo sein Vater aufgehört hatte. In den Jahrzehnten zwischen dem Tode Heinrichs VI. und dem Regierungsantritt seines Sohnes bildeten sich die Anfänge des Kurfürstenkollegs heraus, und damit war eine weitere Ursache dafür geschaffen, daß Deutschland ein Wahlreich blieb.

Und doch bleibt zweifelhaft, ob es tatsächlich der Tod des einunddreißigjährigen Kaisers war, der den tiefen Einschnitt in die Geschichte jedenfalls des deutschen Königtums bewirkte. Heinrich VI. starb in einem Augenblick, als seine Macht unangefochten war. Hätte er sich bei einer längeren Regierungszeit auf dieser Höhe halten können? Das ist unsicher und durchaus zweifelhaft. Waren seine politischen Erfolge in Deutschland tatsächlich so nachhaltig, daß sie seiner momentanen Machtstellung hätten Dauer ver-

Der Krönungsmantel im Kronschatz der römisch-deutschen Könige wurde für Roger II. von Sizilien in einer islamischen Werkstätte gearbeitet. Die Verbindung der römischen mit der sizilischen Krone unter Heinrich VI. und Friedrich II. hat so dauernde Spuren im Ornat der römisch-deutschen Könige hinterlassen.

Das Grabmal Heinrichs VI. im Dom von Palermo

leihen können? Das ist unsicher – und für sein Verhältnis zum Papsttum gilt das erst recht. Überdies war Heinrich, ungeachtet der Stimmen von Dichtern und Propagandisten, die ihn zum Weltkaiser machten, nicht allein in der Welt. England und Byzanz waren zum Zeitpunkt seines Todes zwar schwach, und mit Frankreich war er verbündet, doch war das nur eine momentane Konstellation und zudem ein Produkt auch zufälliger und für den Kaiser günstiger Umstände.

Auf der anderen Seite will die Gestalt Heinrichs VI. bedacht sein. Auch wenn es aussichtslos erscheint, einen Herrscher dieser Zeit als Person ganz zu erfassen, läßt sich in Heinrich VI. doch ohne Zweifel ein Regent mit weitgespannten Plänen, großen Kombinationen und der Kraft, sie in die Wirklichkeit umzusetzen, erkennen. Das Blutbad nach dem sizilischen Aufstand, die herrische Sprache der Texte aus seiner Kanzlei, die Nachrichten der Chronisten, die von der bleichen Angespanntheit dieses Herrschers sprechen, sowie die dichte Reihe seiner politischen Erfolge sind immer wieder zum Bilde eines kalten, energiegeladenen und rücksichtslosen Willens zusammengefügt worden, einer Herrscherpersönlichkeit auch, die einer höheren Sache diente. Auch wenn deren Idealbild seine Entstehungszeit um 1900 deutlich erkennen läßt, treten dahinter doch immer wieder die Umrisse dessen hervor, was Heinrich VI. tatsächlich bewirkt und wozu er in einer längeren Regierungszeit fähig gewesen wäre. So bleibt die Frage, welche Bedeutung gerade sein früher Tod für die deutsche Geschichte gehabt hat.

3.
Ein Jahrhundert der Klassik. Literatur und Kunst um 1200

Kopf der Synagoge vom Südquerhaus des Straßburger Münsters, etwa um 1220-1230

Ecclesia und Synagoge, Kirche und Judentum, wurden auch an anderen Kathedralen der Zeit dargestellt. Die Figurenprogramme bildeten das Ganze der Heilsgeschichte ab und konfrontierten auf vielfältige Weise das vorchristliche und das christliche Zeitalter. Auf den Schultern der Propheten des Alten Testaments standen die Apostel. Ecclesia besiegte die Synagoge. Doch bereiteten die Propheten die Apostel und die Synagoge die Kirche auch vor. So ist die Synagoge eine edle Gestalt.

Als man um 1800 das Mittelalter zu entdecken begann, nährte sich die Sympathie mit diesen so lange vergessenen und verachteten Jahrhunderten nicht nur aus dem, was die Chronisten von ihm erzählten und was sich aus den Urkunden erkennen ließ. Angefeuert durch den vom Wiener Kongreß in seinem Patriotismus enttäuschten einstigen preußischen Staatsreformer, den Freiherrn vom Stein, fanden sich die Historiker in den 1819 gegründeten Monumenta Germaniae Historica zusammen, um die Quellen der mittelalterlichen Geschichte zu sammeln und mit deren Hilfe die Geschichte der Deutschen zu schreiben, die der Gegenwart den Spiegel einstiger Größe vorhalten sollte. Die Literaturwissenschaftler und die Kunstgelehrten aber entdeckten gleichzeitig die Gedichte und die Verserzählungen, die Bauwerke und die Skulpturen des Mittelalters.

Sehr bald konzentrierte sich die Aufmerksamkeit auf das, was während der letzten Jahre des 12. und in den ersten Jahrzehnten des folgenden Jahrhunderts entstanden war. Die ästhetischen Urteile lösten sich von den Maßstäben des traditionellen Klassizismus, und es wuchs die Bereitschaft, die aus eigenem Recht lebenden ästhetischen Qualitäten der mittelalterlichen Welt zu sehen und auch hier Anfänge, Vollendung und Verfall zu unterscheiden. Sehr bald bestand Übereinkunft darüber, daß Literatur und Kunst in Deutschland um 1200 ein Zeitalter der Klassik erlebt hätten.

Hinter solchen Wertungen stand eine Fülle von Untersuchungen, aber die Urteile eilten den Forschungen auch voraus und erhielten Nahrung aus Hoffnungen und Maßstäben der eigenen Zeit. Schon früh sah man in Skulpturen wie der Reiterfigur im Bamberger Dom oder den Stiftergestalten im Westchor der Naumburger Kathedrale Hauptwerke; doch ließen sich diese Figuren weder genau datieren, noch war sicher, wen sie darstellten und was sie bedeuten sollten.

Noch heute läßt sich nicht sicher sagen, wer sich hinter dem Bamberger Reiter verbirgt und was diese Darstellung im Innern einer Domkirche aussagen sollte. Die Diskrepanz zwischen der hohen Einschätzung der Skulptur und der Unsicherheit darüber, wie sie zu verstehen sei, wurde nicht nur mit Vermutungen, sondern am Ende auch mit so enthusiastischen Identifikationen gefüllt, daß die offensichtliche Unmöglichkeit, in dem Reiter eine bestimmte Person zu erkennen, schließlich willkommen war. Hätte man in dem Reiter König Philipp von Schwaben oder Kaiser Konstantin erkennen können, so hätte es sich verboten, in ihm eine Personifikation deutschen Wesens oder gar den »staufischen Menschen« zu sehen. Hätte man von Anfang an die Naumburger Figuren aus den Umständen ihrer Zeit zu erklären vermocht, so wäre es schwergefallen, ihnen einen »mittelalterlichen Protestantismus« zuzuschreiben, der »sie zu Ahnen eines Bismarck oder Freiherrn vom Stein macht«,[1] oder ihnen »den ganz deutschen Blick beseelter Fernsucht« abzulesen.[2]

Die Bindungen solcher Hymnen an die eigene Zeit sind offensichtlich, und nicht selten lassen sich Ereignisse der politischen Geschichte benennen, die das Verständnis der klassischen Bildwerke oder Dichtungen aus dem Mittelalter geformt haben. Nach dem Sieg über Frankreich und der Begründung des deutschen Kaiserreiches von 1871 erhielten diese Deutungen eine antifranzösische

Färbung, zumal die Forschung immer neue Einsichten in die Abhängigkeit der deutschen Versromane, Bauwerke und Skulpturen von französischen Vorbildern zutage förderte. Wenn sich die Abhängigkeit Wolframs von Eschenbach von Chrétien de Troyes schon nicht leugnen, wenn sich schon nicht abstreiten ließ, daß der Kölner Dom oder die Naumburger Figuren sich an Muster aus Frankreich anlehnten, so konnte man immerhin versuchen, solche Abhängigkeiten auf Äußerlichkeiten und Technik zu beschränken. Mochte der »Naumburger Meister« in Frankreich gelernt haben: in seinem Werk triumphierte deutsche Wesensart, die ganz aus dem eigenen kam. Mochten sich auch die Vorbilder der Kölner Domarchitektur in Frankreich namhaft machen lassen: das Bauwerk selbst spottete in seiner deutschen Größe dem allenfalls artifiziellen Vorbild.[3]

Eine Figur aus dem Naumburger Stifterzyklus: Markgraf Eckehard (II. von Meißen?), um 1250

Die deutsche Niederlage 1918 spiegelte sich erst recht in den Deutungen der hochmittelalterlichen Dichtungen, Bauwerke und Skulpturen. Nun hatte der schon erwähnte »staufische Mensch« seine Stunde: ein hoheitsvolles, Herrenhaftigkeit und Seelengröße versöhnendes Wesen, das die Sprache der höfischen Dichter und der Manifeste aus der Kanzlei Kaiser Friedrichs II. sprach, ein Wesen, das sich in den staufischen Kaiserpfalzen ebenso erkennen ließ wie in den Gedichten Walthers von der Vogelweide.

Solche Deutungen überzeugten auch deshalb, weil sie vereinigten, was im Betrieb der Wissenschaften auseinanderzufallen drohte. Die Politik der Kaiser war die Sache der Historiker; die Dichtungen wurden von den Literaturwissenschaftlern untersucht, und die Bau- und Bildwerke waren die Domäne der Kunsthistoriker. Überwand,

Der Westchor des Doms von Naumburg

Der Februar. Monatsbild vom Westportal des Straßburger Münsters, Ende des 13. Jahrhunderts

Die Darstellung des Weltganzen an den Portalen der Kathedralen schloß auch den Jahreslauf ein. So finden sich in Straßburg Zyklen der Tierkreiszeichen und der Monatsarbeiten, der für die Jahreszeit typischen Verrichtungen. Der Februar bedeutete für eine sich am Ablauf der ländlichen Arbeiten orientierende Gesellschaft Muße und Kampf gegen die Kälte.

wer von Geist und Kunst der Stauferzeit sprach, nicht solche modernen Grenzen, und gewann er nicht die Einheit eines Zeitalters zurück? Aber worin bestand diese Einheit? Und unter welchen Umständen waren die Bauten, Texte und Figuren aus staufischer Zeit wirklich entstanden? Unter welchen Bedingungen arbeiteten die Künstler? Und waren der Naumburger Meister oder ein Walther von der Vogelweide überhaupt Künstler oder nicht vielmehr Handwerker, die sich nach Aufträgen richteten?

Solche Fragen werden nicht erst heute gestellt. Auch wenn die Lebensläufe und das Kunstwollen der Meister, die aus den Bau- und Bildwerken des Hochmittelalters destilliert wurden, sich mit dem, was man über die Lebenswelt der damaligen Bauhandwerker und Steinmetzen weiß, nicht eben gut vertragen, gibt es im Hinblick auf die gleichzeitige Literatur eine fast hundertjährige Tradition sozialgeschichtlicher Einordnungen. Mußte diese offensichtlich neuartige Literatur nicht etwas mit einer Erneuerung der Gesellschaft zu tun haben? Diese Frage ist immer wieder bejaht worden. So wurde die neue Dichtung mit dem Aufstieg einer neuen sozialen Gruppe in Verbindung gebracht, mit den Ministerialen. Wie sollten nicht die neue Gruppe und die neue Dichtung zusammengehören? Was lag näher, als in den neuen Texten Zeugnisse des Selbstbewußtseins einer aufsteigenden Schicht zu sehen?

Ein Blick auf die Lebensumstände der Dichter, soweit sie bekannt sind, ist jedoch wenig geeignet, eine solche Verbindung von Literatur- und Gesellschaftsgeschichte zu stützen. Was weiß man von Walther von der Vogelweide oder Wolfram von Eschenbach? So gut wie nichts. Der Bischof Wolfger von Passau ließ am 12. November 1203 in einem Rechnungsbuch notieren, daß er dem Sänger (»cantor«) Walther von der Vogelweide fünf große Schillinge für einen Mantel geschenkt habe.[4] Sonst weiß man von diesem Sänger nur, was sich seinen Gedichten entnehmen ließ. Da der Autor oft in der ersten Person spricht, schien das nicht wenig zu sein. Man hat sich mit großer Energie darum bemüht, Walthers Gedichte als autobiographische Zeugnisse zu verstehen und nicht nur die äußeren Stationen seines Lebens, sondern auch die Entwicklung seiner Überzeugungen und seiner Person aus ihnen abzuleiten, als könne man diese Gedichte so lesen, wie es Goethe für seine eigenen vorgeschlagen hat, nämlich als die »Bruchstücke einer großen Konfession«.

Es fragt sich jedoch, ob die Gesellschaft, für die ein Walther von der Vogelweide sang und schrieb und von der er lebte, ihm eine solche Rolle gestattet hätte; es fragt sich, ob sie bereit gewesen wäre, dem Dichter zu erlauben, gemäß seiner eigenen inneren Entwicklung Lieder aus dem Bereich der niederen oder der hohen Minne vorzutragen. Hing das Programm dessen, was Walther vorzutragen hatte, nicht vielmehr von seinem Publikum ab? Walther von der Vogelweide gehörte in ein wenig angesehenes gesellschaftliches Milieu. Man sieht das sehr drastisch, wenn man darauf achtet, wen der erwähnte Passauer Bischof denn sonst noch beschenkt hat. Da finden sich unter den Beschenkten und also doch wohl Bedürftigen aller Art auch Leute, die man als Walthers Kollegen ansehen muß: Spaßmacher, Gaukler, Mimen, Geiger, Sänger und Sängerinnen.[5]

Die kirchlichen Urteile über diese Schausteller dürfen gewiß nicht mit der Wirklichkeit verwechselt werden. Bei den Darbietungen der wandernden Spielleute hat es sich nicht nur um Possenreißerei und um grobe und unzüchtige Späße gehandelt. Doch stellt die moderne Vorstellung von der klassischen mittelhochdeutschen Literatur Personen nebeneinander, die nach den Vorstellungen ihrer Zeit und gemäß der Wirklichkeit ihres eigenen Lebens keineswegs zusammengehörten. Die Reihe beginnt mit den wandernden Dichtern, zu deren Domäne das Lob- und Spottgedicht gehörte; sie priesen diejenigen, an deren Hof sie gerade vortrugen, und verspotteten die, welche am jeweiligen Ort angegriffen werden sollten. Die Liebesgedichte, also der Minnesang, stammte dagegen in der Regel von Autoren anderer Art, nämlich von Adligen. Unter ihnen mochten sich zwar auch Dichter ministerialischer Herkunft befinden, doch spiegelt sich darin nur die wachsende Verschmelzung eines Teils der Ministerialität mit dem nichtfürstlichen Adel. Wie Ministeriale in der Verwaltung der Territorien Aufgaben übernahmen, die bisher von Adligen wahrgenommen worden waren, hatten sie auch an der höfischen Kultur teil.

Wenn Barbarossa seine Söhne von Ministerialen unterweisen und als Ritter erziehen ließ, so war es keineswegs anstößig, daß sein Nachfolger selbst Liebesgedichte verfaßte.[6] Man hat immer wieder daran gezweifelt, ob man denn die unter Heinrichs Namen überlieferten Texte tatsächlich Kaiser Heinrich VI. zuschreiben dürfe. Wie vertrugen sich gerade seine Machtfülle und seine Machtbewußtheit mit der Demut gegenüber der angebeteten Frau, von der diese Gedichte sprechen? Auch hier wurde verkannt, daß man nicht das lyrische Ich späterer Zeit, sondern Rollengedichte vor sich hatte, die mit der Individualität ihres Verfassers wenig oder nichts zu tun hatten.

Merkwürdig bleibt jedoch, wie es den in der Regel doch wohl des Lesens und Schreibens unkundigen Adligen gelang, mit einigermaßen komplizierten Strophenformen fertig zu werden. Oder ist gerade das ein Zeugnis dafür, daß die höfische Kultur auch das Lesen und Schreiben unter dem Adel förderte? Dafür gibt es nur wenige Anhaltspunkte. Es scheint, daß noch im Deutschland des 13. Jahrhunderts die Scheidung zwischen Klerikern und Laien in der Regel zugleich auch die Grenze zwischen den des Schreibens und Lesens Kundigen und den Analphabeten markierte.

In den Bereich der schriftlichen Kultur gehören dagegen unzweifelhaft die höfischen Epen. Auch wenn Teile dieser Versromane auf Festen mündlich vorgetragen wurden, rechneten ihre Verfasser doch mit Leserinnen und Lesern. Gewiß hatten sie selbst eine gelehrte Bildung genossen. Die frühesten unter diesen Dichtern, die Verfasser eines Alexander- und eines Roland-Epos, bezeichnen sich selbst als »Pfaffen«. Ihre Werke lassen erkennen, daß sie nicht nur die französische, sondern auch die lateinische Sprache beherrschten. Wolfram von Eschenbach, der von sich selber behauptete, keinen Buchstaben zu können,[7] stellte unter seinesgleichen offensichtlich eine Ausnahme dar. So hat ihn Gottfried von Straßburg in jenen Versen seines Epos über Tristan und Isolde, die von der Literatur handeln,[8] als ungelehrten Dichter verspottet.

Die Carmina Burana, Vorderseite von Blatt 91

Eine Münchner Handschrift überliefert weltliche lateinische Lyrik des 12. und 13. Jahrhunderts, deren literarische Qualität dem, was die deutschsprachigen Gedichte derselben Zeit auszeichnet, gleichkommt. Auch die Nähe der Themen ist groß. Unter den Carmina Burana finden sich nicht nur die Trinklieder und Parodien geistlicher Texte, welche diese Gedichte als Vorläufer späteren Studentenulks erscheinen ließen, sondern auch Liebes- und Naturgedichte sowie geistliche Dichtungen. Die Handschrift ist etwa 1230 im südlichen Bayern entstanden und später in das Kloster Benediktbeuren gekommen (deshalb Carmina »Burana«). Die Miniatur illustriert ein Trinklied und zeigt, daß der Weg vom Alkohol zum - im Mittelalter immer wieder verbotenen - Glücksspiel nicht weit war.

Die Anfänge der dichterischen Darbietung von weltlichen Themen in deutscher Sprache sind überaus eindrucksvoll. Sie liegen um 1200 und begründeten in der Tat literarische Traditionen, deren unmittelbare Auswirkungen bis ins 16. Jahrhundert reichen. Doch stehen diese Anfänge von etwas so sichtbar Neuem ihrerseits in Traditionen. Gewiß kamen nun zu den alten literarischen Zentren, zu Klöstern, Stiften, den Höfen der Bischöfe und dem Hof des Königs die fürstlichen Höfe hinzu. Doch wurde die neue deutschsprachige Dichtung auch in den traditionellen literarischen Zentren wie zum Beispiel am Hof des erwähnten Bischofs von Passau gepflegt; aber auch an den Fürstenhöfen hatte die hergebrachte Literatur in lateinischer Sprache ihren Ort.

Wichtiger für die moderne Literatur aber wurde die französische Sprache; aus Frankreich kamen nicht nur die Stoffe, sondern auch

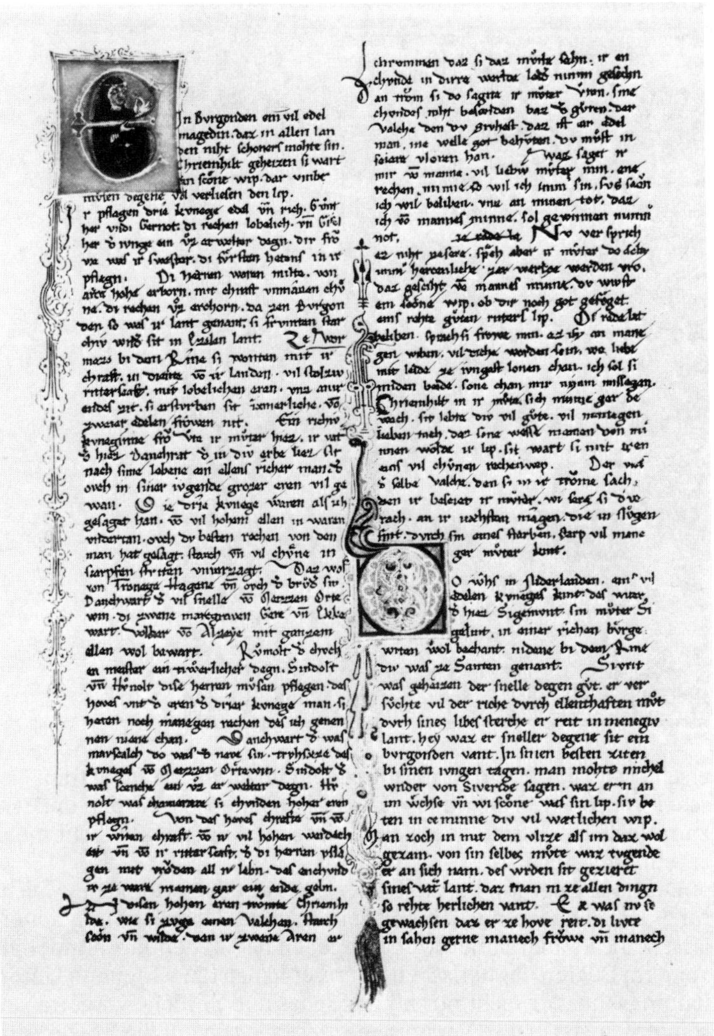

Anfang der Hohenems-Sankt Galler Handschrift des Nibelungenliedes

Die mit der Sigle B versehene Handschrift aus dem frühen 13. Jahrhundert steht dem – nicht erhaltenen – Original der Dichtung am nächsten.

die Worte und die moderne Lebensart. Die ritterliche Kultur hatte ihre Vorbilder in Frankreich, und so begnügten sich die Dichter nicht damit, die französischen Versromane übersetzt und bearbeitet an deutsche Leser weiterzugeben. Viele der deutschen Epen haben französische Einsprengsel. Die Dichter lassen nicht nur ihre Kenntnisse der französischen Sprache erkennen, sondern sie rechnen auch mit einer gewissen Zweisprachigkeit ihres Publikums. Die Gesellschaft am englischen Hofe lobt den jungen Tristan teils in deutscher, teils in französischer Sprache;[9] Thomasin von Zirklaere spricht in seinem Lehrgedicht davon, daß ein Dichter, der französische Einschlüsse in seine Texte einfüge, seinen deutschen Lesern die Gelegenheit gebe, viele feine französische Worte zu lernen.[10] So liegt die sprachgeschichtliche Bedeutung der höfischen Literatur nicht nur darin, daß sie der deutschen Sprache neue Möglichkeiten

Ein Pfeilerkapitell im Basler Münster aus dem 12. Jahrhundert zeigt eine Szene aus der Sage von Dietrich von Bern, in der die Geschichte des Ostgotenkönigs Theoderich im Mittelalter weiterlebte. Es kann als Zeugnis der uns nicht erhaltenen Heldendichtung aus der Zeit vor dem Nibelungenlied angesehen werden.

erschlossen hat. Nicht weniger bedeutend wurde die Fülle französischer Lehnwörter, die nun im Deutschen heimisch wurden und wie zum Beispiel »Turm« oder »Tanz« ihre Herkunft heute nicht mehr erkennen lassen.

Die neue Literatur hat auf Dauer jene alte deutschsprachige Dichtung beiseite gedrängt, die nur Spuren in der Überlieferung hinterlassen, die es aber ohne Zweifel gegeben hat. In den Jahrhunderten vor dem Beginn der höfischen Literatur haben die fahrenden Unterhaltungskünstler nicht nur kurze Lieder und Sprüche vorgetragen, sondern auch längere Versromane, deren Stoffe auf die Völkerwanderungszeit zurückgingen. »Niemals pflegt er die Erinnerung an Augustin, niemals an Gregor, sondern stets gibt er sich mit Attila, stets mit Dietrich von Bern und dergleichen ab«: das wirft der Vorsteher der Bamberger Domschule dem im Jahre 1065 gestorbenen Bischof Gunther vor.[11] Ganz offensichtlich war damit jener Stoff gemeint, der um 1200 in Gestalt des Nibelungenliedes niedergeschrieben wurde. Angesichts der vielen Handschriften, in denen dieses Heldenepos überliefert ist, müssen mehrere literarische Zentren an ihm interessiert gewesen sein. Dennoch steht dieses Epos in seiner Zeit allein, und es hat – abgesehen von der Kudrun in der zweiten Hälfte des 13. Jahrhunderts – auch so gut wie keine Nachfolge gefunden. In der Mitte dieses Jahrhunderts beklagt sich ein fahrender Spruchdichter darüber, daß er auch diese Stoffe zur Verfügung haben müsse: »Singe ich den Leuten meine Lieder vor, so will der erste das hören, wie Dietrich von Bern das Land verließ, der andere, wo König Rother seinen Sitz hatte ...« Am Ende sagt der Dichter, daß mancher auch gern vom Schatz der Nibelungen hören wolle, aber solche Wünsche hätten wenig mit Literatur zu tun; es gehe immer nur um das Gold.[12]

So haben sich bald die höfischen Stoffe durchgesetzt und bis über das Ende des Mittelalters hinaus ihr Publikum gefesselt. Schon bald wurden Szenen und Figuren der höfischen Epen bildlich dargestellt,[13] während Motive aus der Heldenepik nur selten Spuren in Bildwerken hinterlassen haben. Die höfischen Epen wurden immer wieder abgeschrieben. Aus der Zeit bis zum Beginn des 14. Jahrhunderts sind etwa zweihundertfünfzig Handschriften bekannt. Die meisten von ihnen entstanden aber erst nach der Mitte des 13. Jahrhunderts.

Auch das Interesse an der um 1200 entstandenen Lyrik blieb lange lebendig. Fast alles, was wir von diesen Gedichten kennen, ist über-

Die große Heidelberger Liederhandschrift

Die Handschrift wurde zwischen 1310 und 1340 in Zürich im Auftrage von Angehörigen der Ratsfamilie Manesse geschrieben und gemalt. Die Gedichte und die Verfasserporträts sind der ständischen Rangfolge entsprechend angeordnet. Die abgebildete Seite (folio 11) zeigt die fünfte Abbildung: das (ideale) Porträt eines Dichters fürstlichen Ranges, Herzog Heinrichs von Breslau. Gemeint ist wohl Heinrich IV. von Schlesien-Breslau (1270-1290).
Der Fürst wird im höfischen Milieu dargestellt. Er hat im Turnier gesiegt, und eine der zuschauenden Damen überreicht ihm einen Kranz. Die Decke seines Pferdes ist mit einer Wappenfigur und den Buchstaben einer Devise verziert, die das Wort Amor ergeben. Den ritterlich kämpfenden Fürsten begleiten drei Knechte. Einer hält die stumpfe (»Krönlein«) Turnierlanze, der zweite den Turnierhelm und der dritte einen Streithammer. Unterhalb des Ritters sieht man zwei Musikanten und zwei Spaßmacher.

Die gotische Baukunst wäre ohne die Weiterentwicklung der Werkzeuge zum Heben schwerer Lasten nicht denkbar gewesen. Etwa seit 1220 wurden die Steinquader mit Hilfe einer Zange gefaßt und von einem Kran hochgewunden, der mit einem Tretrad betrieben wurde. An vielen Bauten weisen die Quader heute noch die Löcher auf, in denen sich einst die Steinzange festkrallen konnte. Abgebildet ist ein Stück des Mauerwerks der Burg »Wäscherschlößle« unterhalb des Staufen zwischen Schwäbisch Gmünd und Göppingen.

haupt erst in Sammlungen enthalten, die, wie die berühmte Manesse-Handschrift, im ausgehenden 13. und im frühen 14. Jahrhundert entstanden sind: als die Ergebnisse von Bemühungen, die man durchaus literaturwissenschaftlich nennen kann.[14]

Seit dem Ende des 13. Jahrhunderts sind nicht wenige Beispiele dafür überliefert, daß das Interesse an der klassischen deutschsprachigen Dichtung in den großen Städten beheimatet war. So lag es nahe, an einen Weg dieser Dichtung von den adligen Burgen und fürstlichen Höfen in das bürgerliche Milieu der Städte zu denken, wo diese Dichtung in der Folge noch weiter »verbürgerlicht« wurde und in Gestalt von Prosaromanen weiterlebte oder in jenen Gedichten, die in den Schulen der Meistersinger entstanden. Es ist jedoch die Frage, ob dieser scheinbare literatursoziologische Wandel nicht eine Täuschung ist. Schon die Höfe der Stauferzeit lagen in Städten und waren stadtnah. Wenn im 15. Jahrhundert Liebhaber der klassischen Literatur wie der Münchener Patriziersohn Jakob Püterich und der württembergische Adlige und Hofbeamte Hermann von Sachsenheim[15] weder literarisch noch auch im Hinblick auf die Gesellschaft, in der sie lebten, weit voneinander getrennt waren, so dürften sie nur fortgesetzt haben, was man auch für die Zeit um 1200 annehmen darf und nur angesichts des Mangels an Nachrichten über die Lebensumstände der Dichter nicht weiß. Auch das berühmte Lehen, das Walther von der Vogelweide am Ende seines Lebens erhielt und das er preist, weil es ihn endlich der fatalen Lebensumstände eines vagierenden Unterhaltungskünstlers enthob,[16] muß nicht jenes Landgut gewesen sein, das man so gern hinter jenem Gedicht vermutet hat; es dürfte viel eher in einer Stadt gelegen haben, wie der Dichter denn wahrscheinlich ja auch auf einem städtischen Friedhof seine letzte Ruhestätte gefunden hat.

Aber nicht nur die moderne Literatur kam um 1200 aus Frankreich; auch die neue Baukunst und Bauplastik waren französischen Ursprungs. In vielen deutschen Städten wurden nun die Dome erneuert oder die Pläne schon begonnener Neubauten umgestoßen. An die Stelle jener Werke, für die sich die Stilbezeichnung Romanik eingebürgert hat, traten gotische Bau- und Bildwerke. Diese Stilbenennungen haben mit der von ihnen bezeichneten Sache nichts zu tun; sie sind jungen Datums und nur dadurch gerechtfertigt, daß sie eingebürgert sind. Dennoch stellte der Übergang von dem einen Baustil zum anderen einen fundamentalen Wandel dar. Die gotische Skelettbauweise setzte ungleich höhere konstruktive Fähigkeiten voraus als das alte Bauen mit massiven Mauern. Der Stilwandel war mehr als eine Veränderung der Formen. Er machte eine ganz andere Art der Bauorganisation und eine neue Bautechnik erforderlich, setzte professionelle Architekten und Bauhandwerker voraus, und so war dieser Wandel des Stils auch von sozialgeschichtlichen Veränderungen begleitet. Die Bauleitung, die bisher ganz überwiegend eine Sache von Geistlichen gewesen war, kam in die Hand spezialisierter Laien.

Obwohl es gelegentlich Grabsteine und Inschriften gibt, die Baumeister preisen und sie aus der Anonymität mittelalterlichen Handwerkertums heraustreten lassen,[17] sind die Urheber der hochgotischen Dome für uns doch anonym, und wo wir Namen kennen, wie

Im Dachboden der Heiligkreuzkirche von Schwäbisch Gmünd hat sich das Laufrad eines Baukrans wohl aus dem 15. Jahrhundert erhalten. Das Rad wurde dadurch in Bewegung gehalten, daß Menschen - in diesem Fall wohl zwei - im Innern des Rades von Stufe zu Stufe gingen und so durch ihr Körpergewicht die Drehung des Rades und damit die Möglichkeit, Lasten hochzuwinden, erzeugten.

Die älteste Darstellung eines Krans mit Zange und Tretrad findet sich auf einem Strebepfeiler der Pfarrkirche von Volkmarsen westlich von Kassel. Die Steinritzung dürfte um 1300 entstanden sein.

den des von Goethe bewunderten Straßburgers Erwin von Steinbach, bleibt es bei der Kenntnis nur der Namen. Die stilanalytisch arbeitende Kunstwissenschaft hat versucht, diese Anonymität zu durchdringen. Sie hat nicht nur die Pläne von Baumeistern und die Hände von Steinmetzen geschieden, sondern auch die auf solche Weise gewonnenen Sachverhalte zu Lebensläufen und Charakterbildern von Künstlern verwoben. Am Ende standen zuweilen Künstlerschicksale, deren Ausgeprägtheit nicht nur der Tatsache widersprach, daß man von denen, die sie erlitten haben sollten, schlechterdings nichts weiß. Schwerer wiegt, daß sich das Maß, in dem diese Künstler an den Willen ihrer Auftraggeber gebunden waren, nicht sicher erkennen läßt. Waren es die Bischöfe oder Dompröpste, die auf einer Arbeit nach modernen Mustern bestanden, oder trieben die Meister den Stilwandel voran?

So fällt es schwer, die neuen Bauten und Bildwerke in die Umstände ihrer Entstehung einzuordnen, obwohl doch die Frage so naheliegt, was die offensichtliche Blüte der Bau- und Bildkunst mit

Der Chor des seit 1207 neu errichteten Doms von Magdeburg

der gleichzeitigen Geschichte zu tun habe und was sie mit der klassischen Literatur dieser Jahrzehnte verband. So entstand die schon erwähnte Kunstfigur des staufischen Menschen, der nicht nur ein Zeitgenosse Friedrichs II., der frühgotischen Dome und der höfischen Texte war, sondern geradezu die Inkarnation jenes Zeitgeistes, der als Urgrund des einen wie des anderen verstanden wurde.

Auch nüchterne und dem 13. Jahrhundert offensichtlich angemessenere Fragen lassen sich nicht sicher beantworten. Nachdem zu Anfang des 13. Jahrhunderts der Dom in Magdeburg abgebrannt war, wurde an seiner Stelle eine der frühesten gotischen Kathedralen in Deutschland errichtet. Was bedeutete die ja nicht selbstverständliche Übernahme des französischen Bautypus? Selbst wenn er tatsächlich in Frankreich als der Typus der Königskirche entstanden wäre,[18] ließe sich doch nicht sagen, daß die enge Verbindung von Bauform und politischem Sinn vom Vorbild auf die Nachahmung übergegangen sei. Der Magdeburger Dom ist in der Tat als eine

Die Adamspforte vom Bamberger Dom

Das älteste Portal des Doms, entstanden wohl noch vor 1220, wurde nachträglich (vor 1237) mit sechs Säulenstatuen ausgestattet. Dargestellt sind links der heilige Stephan, neben ihm Kunigunde, die Frau Kaiser Heinrichs II., die 1200 heiliggesprochen worden war. Sie trägt ein Kirchenmodell, das sicherlich das von ihr gestiftete Stephansstift in Bamberg meint. Der König neben ihr muß Heinrich II. sein, der Stifter des Bamberger Doms, auch er ein Heiliger (heiliggesprochen 1146). Auf der anderen Seite sind der heilige Petrus, der Hauptpatron des Bamberger Doms, sowie Adam und Eva dargestellt. Falls der Zusammenstellung der Figuren ein Programm zugrunde liegt, so müßte es in der Anfänglichkeit bestehen, die sie alle verkörpern: die ersten Menschen, der erste Apostel, der erste Märtyrer und die ersten Bamberger Stifter. Die Gestalt des Königs folgt dem Vorbild der Königsstatuen in Reims. Adam und Eva sind die frühesten Aktfiguren in der mittelalterlichen Großplastik. Sie repräsentieren durchaus das Naturstudium ihrer Entstehungszeit.

königliche Kirche von Kaiser Otto I. begründet worden. Und damals konnte man den besonderen Rang dieses Bauwerkes auch sehen, da der Kaiser in den Chor antike Säulen so einfügen ließ, wie Karl der Große das bei seiner Pfalzkapelle in Aachen getan hatte. Diese antiken Säulen finden sich auch im Neubau des 13. Jahrhunderts, obwohl sie das damalige Stilkonzept offensichtlich störten. Ob diese modernen Stilprinzipien auch ihrerseits eine königliche Architektur repräsentieren, läßt sich nicht sagen.

Im Jahre 1240 wurde der Grundstein des neuen Kölner Doms gelegt: einer bischöflichen Kirche, die so groß werden sollte, daß sie ebensowenig vollendet wurde wie die Kathedralen in Regensburg und in Straßburg. Anders als dort wurde der Kölner Dom jedoch so, wie er im 13. Jahrhundert geplant worden war, im 19. Jahrhundert fertiggestellt: in einer gewaltigen Anstrengung der Deutschen, die sich in der Vollendung des Doms und vor der Einigung Deutschlands gewissermaßen als Nation konstituierten, inauguriert durch den preußischen König Friedrich Wilhelm IV. Als der Kölner Dom im Jahre 1880 schließlich fertig war und die staatlichen Mittel, die hier über die vielen Spenden hinaus verbaut worden waren, frei wurden, wandte man sich einem mittelalterlichen Bauwerk zu, dem man einen ähnlichen nationalen Rang zusprach, der Marienburg in Preußen, dem früheren Schloß der Deutschordens-Hochmeister.

Wie läßt sich der Kölner Dom, der im 19. Jahrhundert als eine Inkarnation der mittelalterlichen Größe Deutschlands vollendet wurde, in die Geschichte des Mittelalters einordnen? Inwiefern steht er tatsächlich für jene große Vergangenheit, aus der man im

Heiliges Grab aus dem späten 12. Jahrhundert in der ehemaligen Schottenkirche in Eichstätt

19. Jahrhundert in der Hoffnung auf die künftige Einheit des Vaterlandes Kraft schöpfte? Die Kölner Bauherren, also die Erzbischöfe des späten 13. Jahrhunderts, waren eher Repräsentanten dessen, was man im 19. Jahrhundert als Partikularismus verachtete. Die staufischen Kaiser und ihre Nachfolger jedenfalls haben wenig Freude an ihnen gehabt.

Und wie steht es mit den Naumburger Stifterfiguren? Was bedeutet dieser Ritter- und Damenzyklus an so ungewöhnlicher Stelle? Der bedeutende Kunsthistoriker Wilhelm Pinder (1878-1947) schrieb, »ein gealterter Meister, der noch die frühe Glanzzeit« des Rittertums und der staufischen Kaiser »erlebt hat, rettet sie in großartigster Weise noch einmal, durchtränkt von wahrhaft Beethovenscher Seelengewalt, aber durchaus unter dem schwermütigen Ausdruck des Abschieds«.[19] Sucht man einen Weg in die Wirklichkeit, in der die Figuren entstanden sind, so wird man besser mit den Worten

Heiliges Grab aus dem späten 13. Jahrhundert im Konstanzer Dom

Immer wieder hat man im Mittelalter sakrale Rundbauten errichtet, die das Grab Christi in Jerusalem wiederholen und vergegenwärtigen sollten.

beginnen, die eine dieser Figuren auf dem Schild trägt. Sie nennen den Namen des Mannes - Timo von Kistritz - und sie markieren seine Beziehung zur Naumburger Domkirche: »Qui dedit ecclesie septem villas«. Timo von Kistritz hatte der Naumburger Kirche sieben Dörfer nebst dem dazugehörigen Land und den an dieses Land gebundenen Bauern geschenkt, und zwar im 11. Jahrhundert, zwei Jahrhunderte, bevor sein Bildnis und die Bildnisse der anderen Naumburger Stifter, die seine Zeitgenossen gewesen sind, in dem neuen Westchor aufgestellt wurden.

Daß man in Naumburg der längst verstorbenen Wohltäter der eigenen Kirche gedachte, verstand sich nahezu von selbst, da ja die Gegenleistung der beschenkten Kirche im Totengedächtnis bestand, und das mußte bis zum jüngsten Tage geleistet werden. Doch dazu brauchte man keine Bilder, sondern Gedenkbücher, in denen die Namen und die Todestage der Stifter verzeichnet waren.

Eine Naumburger Stifterfigur: Timo von Kistritz

Dennoch hat man auch an anderen Orten postume Stifterbildnisse geschaffen – wenn freilich auch nirgends einen so monumentalen Zyklus.

Die Erinnerung an frühe Stifter mit den Mitteln der Bildkunst geschah in aller Regel, um Gefahren für die Stiftungen abzuwehren. Die kirchlichen Gemeinschaften, die solche Bildnisse in Auftrag gaben, fühlten sich bedroht. In diesem Falle erinnerte man sich daran, daß die Domkirche ursprünglich in Zeitz gegründet und erst im frühen 11. Jahrhundert nach Naumburg verlegt worden war. Bestand nicht die Gefahr, daß Zeitz auf seinem Vorrang beharren würde? Offensichtlich haben sich Bischof und Domkapitel in Naumburg gefährdet gesehen und deshalb das Alter und das Gewicht der Stifter ihrer Kirche demonstriert.

In dem Naumburger Figurenprogramm spiegelt sich aber vielleicht auch ein verfassungsgeschichtlicher Wandel. In der Sicht des 11. Jahrhunderts wäre der wichtigste Stifter der König gewesen. Auch wenn man mit Grund annehmen kann, daß auch dessen Bildnis einst in Naumburg zu finden war,[20] bleibt doch die auffällige Versammlung von Hochadligen, die in den Augen der regionalen Fürsten des 13. Jahrhunderts deren Vorfahren waren. So bezeichnen die Stifterfiguren den Weg einer ehemals königlichen zu einer Kirche, die vor allem in regionale Bezüge eingebunden war und von den Fürsten ihres Umlandes als ihr Eigentum verstanden wurde.

Daß sich diese Fürsten beziehungsweise deren Verwandte im Naumburger Domkapitel in der Mitte des 13. Jahrhunderts nicht nur zur Aufstellung dieses Figurenzyklus, sondern auch dazu entschlossen, einen Meister zu engagieren, der in Reims gelernt hatte und gewiß schon in den Augen seiner Zeitgenossen zu den ersten seines Faches gehörte, wäre ein weiterer Sachverhalt, aus dem sich eine Erkenntnis über die Entstehungszeit der Bildnisse gewinnen läßt. Es war nicht selbstverständlich, daß der geistliche und der weltliche Adel in den erst im 10. Jahrhundert christianisierten Gebieten nun leistungsfähig genug waren und genug Selbstbewußtsein hatten, sich eine Architektur fast gleicher Güte und eine Bauplastik desselben Ranges zu leisten, wie man sie in Frankreich und in den alten Gebieten am Rhein kannte. Daß man dem »Naumburger Meister« Werke in Mainz, in Naumburg und in Meißen zuschreiben konnte, bezeugt eine bemerkenswerte Homogenität der Entstehungsbedingungen dieser Kunstwerke – ganz ähnlich wie bei der Verbreitung der gleichzeitigen höfischen Literatur. Man hörte die höfischen Dichter nicht nur in Straßburg oder Würzburg, sondern auch in Meißen und in Prag. Wenn der Naumburger Meister einige seiner Figuren mit der Mimik und dem Gestus ausgestattet hat, die den Forderungen höfischen Betragens entsprachen,[21] so darf man mit gutem Grund annehmen, daß man solche Feinheiten auch in Naumburg zu würdigen wußte.

4.
Die Zeit der späten Staufer

1. Das staufisch-welfische Doppelkönigtum

Wohl zum Dank für eine Urkunde, die König Philipp ihnen 1207 gab, haben die Regensburger ein Porträt des Königs an ihrem Brückentor angebracht. Das Bildwerk scheint Welten von den Skulpturen entfernt, die eine Generation später Friedrich II. in Sizilien in Auftrag gab.

Nach dem plötzlichen Tod Heinrichs VI. ließ sich selbst die geschmälerte politische Position, die der Kaiser unmittelbar vor seinem Ende entworfen hatte, nicht halten. Auch um den Preis des Verzichts auf kaiserliche Ansprüche war die Verbindung der sizilischen mit der Reichskrone für den Sohn des Kaisers nicht zu verwirklichen.

Der noch nicht dreijährige Sohn des Kaisers, der nun nach der Tradition seiner mütterlichen Vorfahren Roger genannt wurde, behielt zwar die sizilische Krone, aber die Reichskrone konnten ihm, ungeachtet seiner Wahl zum deutschen König, die Anhänger der Staufer nicht erhalten. In Deutschland hatte sich rasch eine antistaufische Partei formiert. Am 9. Juli 1198 wählte sie Otto IV., einen Sohn Heinrichs des Löwen, zum König, und so nötigte sie die Anhänger der Staufer, dem Welfen einen erwachsenen Konkurrenten entgegenzustellen. Noch vor der Wahl des Welfen, aber in deren Erwartung wählte die staufische Seite am 8. März 1198, ungeachtet der früheren Wahl Friedrichs, Philipp, einen jüngeren Sohn Barbarossas, also den Onkel Friedrichs, zum König.

Der Kampf der beiden konkurrierenden Könige gegeneinander wurde nicht nur mit Waffen und nicht nur in Deutschland ausgetragen. Er war auch eine Sache der Worte - wie zum Beispiel einiger berühmter Gedichte Walthers von der Vogelweide - und eines auswärtigen Richters, nämlich des Papstes. Dieser jedoch urteilte nicht nur im Hinblick auf die gegebene Situation, sondern vor dem Hintergrund grundsätzlicher Erörterungen über das Verhältnis zwischen Kaiser und Papst.

Der Zufall wollte es, daß fast gleichzeitig mit dem Beginn des deutschen Doppelkönigtums ein Papst gewählt worden war, der zu den mächtigsten Herrschergestalten auf dem Stuhl Petri zählt und eine lange Amtszeit vor sich hatte. Papst Innocenz III. regierte von 1198 bis 1216. Dank seiner adligen Herkunft, seiner juristischen Ausbildung und seiner Willensstärke wußte er diese Jahre zu nutzen und seine Vorstellungen vom Amt des Papstes, die höher gespannt waren als die aller seiner Vorgänger, in hohem Maße zur Geltung zu bringen. Er sei, so sagte er in der Predigt, die er bei seiner Amtseinführung hielt, zwischen Gott und Mensch in die Mitte gestellt: unterhalb Gottes, aber oberhalb der Menschen, weniger als Gott, aber mehr als ein Mensch.[1] Er wollte auch, so sollte seine Politik zeigen, mehr sein als jeder weltliche Herrscher. Auf die Spitze getrieben bedeutete, was Papst Innocenz III. für sein Amt in Anspruch nahm, eine potentielle Weltherrschaft.

Ein solcher Anspruch zielte auf jeden Herrscher, aber er mußte sich insbesondere auf den Kaiser beziehungsweise den römisch-deutschen König auswirken. Tatsächlich wollte der Papst auch nicht nur den Thronstreit von 1198 entscheiden, sondern mehr. Zunächst erklärte sich Innocenz als neutral; dann stellte er den beiden konkurrierenden Königen Bedingungen. Diese galten zunächst den aktuellen Streitpunkten zwischen Papst und Kaiser in Italien. Nachdem der Welfe dem Papst auf diesem Felde entgegengekommen war, erklärte sich Innocenz öffentlich für ihn und gegen Philipp. Bei der Begründung dieser Entscheidung zeigte sich jedoch, daß seine Ansprüche weiter reichten. Der Papst hat in einer längeren »Erörterung über die drei Erwählten« - also über die Ansprüche Friedrichs, Philipps und Ottos auf den römisch-deutschen Thron - von Ende 1200/Anfang 1201 grundsätzlich gefordert, dem König übergeordnet zu sein, und er hat diese Forderung in einer Dekretale, einer päpstlichen Verlautbarung mit Gesetzeskraft, vom 20. März 1202, die - wie üblich - nach ihrem Anfangswort (»Venerabilem«) zitiert wird, bekräftigt.[2]

Beidemal nimmt der Papst die Entscheidung darüber, wer die Kaiserkrone tragen dürfe, grundsätzlich für sich in Anspruch. Innocenz behauptet, daß der Papst vor der Krönung eines deutschen Königs zum Kaiser prüfen müsse, ob derjenige, den die Fürsten gewählt hatten, auch tatsächlich geeignet sei, Kaiser zu sein, und zwar nicht nur im Falle einer strittigen Wahl. Die deutschen Fürsten, so schreibt der Papst, könnten ja sonst einen Ketzer oder einen Narren zum König wählen, und der Papst müßte ihn krönen, falls er

Das Fresko aus der Oberkirche S. Francesco in Assisi gibt eine oft dargestellte Szene aus der Franziskus-Legende wieder, derzufolge Papst Innocenz III. im Traum die Rettung der vom Untergang bedrohten Kirche durch den Stifter des Franziskaner-Ordens sah.

nicht das Recht habe, die Wahl zu überprüfen. Damit war der Anspruch, die Königswahl in Deutschland erst durch eine päpstliche Prüfung und Bestätigung gültig zu machen, für anderthalb Jahrhunderte in der Welt. Erst in der Goldenen Bulle von 1356 sollte es gelingen, diesen Anspruch praktisch beiseite zu schieben. Und erst die Schwäche des Papsttums im Zeitalter des großen abendländischen Schismas und der Reformkonzilien führte dazu, daß die Päpste tatsächlich genötigt waren, auf diesen Anspruch zu verzichten.

Daß König Philipp ein Ketzer oder ein Narr sei, behauptete der Papst indessen nicht. Er nannte vielmehr eine Reihe von anderen Argumenten für seine Entscheidung gegen den Staufer. Darunter findet sich auch die Behauptung, daß eine Reihe der für die Wahl unentbehrlichen Fürsten bei dessen Wahl gefehlt habe. Diese Behauptung stellt eines der ersten Zeugnisse dafür dar, daß sich nun aus dem größeren, nicht fest abgegrenzten Kreise der Königswähler eine kleine Gruppe auszusondern begann, deren Angehörigen - den Kurfürsten - das Recht, den König zu wählen, jedenfalls - und bald ausschließlich - zustehen sollte.

Papst Innocenz III. behauptete außerdem, daß Philipp für die Königswürde ungeeignet sei, weil er ein Staufer sei. Die erneute Wahl eines Staufers würde das päpstliche Wahlrecht aushöhlen. Der Papst wies damit nachträglich den sogenannten Erbreichsplan Heinrichs VI. grundsätzlich zurück. Drittens aber sprach er Philipp die Eignung zum Königtum deshalb ab, weil dieser einer Sippe von Kirchenverfolgern angehöre. Das Papsttum befand sich demzufolge also im Kampf mit einer Dynastie, die den sozusagen erblichen Willen hatte, die Kirche zu verfolgen. Dieses Argument sollte in den Kämpfen Friedrichs II. mit den Päpsten seiner Zeit oft verwendet werden. Aber nicht zuletzt dank dieser Formel wurden die Staufer nun in einem emphatischen Sinne als Dynastie verstanden.

In Deutschland freilich setzte sich König Philipp durch, und der Papst, der ein Theoretiker, aber kein Doktrinär war und Politik und politische Theorie zu unterscheiden wußte, stellte sich auf die Realitäten ein. Ein gutes Jahr nach der Dekretale Venerabilem verhandelte er mit dem Staufer.

Im Jahre 1207 waren die Verhandlungen so weit gediehen, daß zwei päpstliche Legaten einen Waffenstillstand in Deutschland vermittelten und Otto zum Thronverzicht zu überreden versuchten. Philipp stand kurz vor dem Erfolg, als er am 21. Juni 1208 in Bamberg ermordet wurde. Der Pfalzgraf Otto von Wittelsbach, ein Vertrauter des Königs, kam in dessen Zimmer und tötete ihn mit einem Schwertschlag - nicht aus politischen Gründen, sondern um seiner Ehre willen. Trotzdem gehörte der Mord - nach unseren Begriffen - in einen politischen Zusammenhang. Philipp hatte eine seiner Töchter mit dem Pfalzgrafen verlobt, sie dann jedoch, im Zuge seiner Aussöhnung mit dem Papst, einem von dessen Neffen verbinden wollen.

Die Anhänger des ermordeten Königs - also die meisten deutschen Fürsten - bemühten sich nun um einen Friedensschluß. Sie traten auf die Seite Ottos, doch setzten sie Philipp nicht nachträglich ins Unrecht. Sie wählten Otto noch einmal. Auch Walther von der Vogelweide, von dem eine Reihe eindrucksvoller Lieder zugunsten Philipps überliefert ist, propagierte jetzt das Königtum Ottos IV.

Aus dem Kronschatz Ottos IV. hat sich ein Mantel erhalten. Daß er im braunschweigischen Besitz blieb und nicht Teil des heute in Wien befindlichen Königsornats wurde, kennzeichnet einen der für die Geschichte des Königtums in Deutschland so charakteristischen Kontinuitätsbrüche.

Standen die deutschen Fürsten also hinter jenem welfischen König, den der Papst eigentlich wollte? So konnte es scheinen. Doch bald begab sich Otto selbst auf die Bahnen staufischer Politik. Das mußte der Papst schon in den Verhandlungen vor der Kaiserkrönung am 4. Oktober 1209 erkennen. Doch was sollte er tun? Entsprechend seinen theoretischen Darlegungen hätte er Otto die Krönung zum Kaiser verweigern müssen. Doch das erlaubten die politischen Umstände nicht. Die deutschen Fürsten waren einig, und Otto hatte ein starkes Heer hinter sich.

So krönte der Papst notgedrungen den Welfen, und dieser schwenkte nun vollends in die Tradition seiner staufischen Vorgänger ein. Wenige Wochen nach der Kaiserkrönung erreichten ihn aus Sizilien die Hilferufe derer, die gegen das Regime kämpften, das der Papst dort im Namen des noch unmündigen Staufers Friedrich führte. Otto rückte in Sizilien ein. Zwar wurde er sogleich von Papst Innocenz III. exkommuniziert, aber er hatte dennoch erstaunliche Erfolge. Friedrich, der rechtmäßige König Siziliens, schickte sich schon zur Flucht nach Afrika an.

In dieser einigermaßen verzweifelten Situation sah sich der Papst gewissermaßen zur Zurücknahme seines Wortes von der staufischen Kirchenverfolgersippe genötigt. Er mußte auf einen Staufer setzen, auf Friedrich, den Sohn Heinrichs VI., der nicht nur der Erbe Siziliens, sondern schon als Kind zum römisch-deutschen König gewählt worden war. Im September 1211 wurde Friedrich von einer kleinen Gruppe deutscher Fürsten aufgrund französischen Drängens, aber auch von Einwirkungen des Papstes zum römischen beziehungsweise deutschen König gewählt – als Gegenkönig gegen Otto IV., wie man im Rückblick auf die Ereignisse der letzten Zeit sagen müßte. Friedrich bezeichnete sich freilich nicht nur als König, sondern auch als künftigen Kaiser. Nach der Meinung seiner Anhänger war er also zu einer Art von Gegenkaiser gewählt worden.

Das aber war das genaue Gegenteil dessen, was der Papst während des Thronstreites theoretisch vertreten hatte. Hatte er damals erklärt, der Papst müsse schon über die Königswahl entscheiden, so antworteten die Wähler Friedrichs nun damit, daß sie nicht nur den König, sondern schon den künftigen Kaiser wählten, dem zwar noch die Weihe fehle, dessen Weihe durch den Papst aber die notwendige Folge ihrer Wahl sei. Das päpstliche Krönungsrecht wurde entwertet, weil man Kaiser Otto einen gleichrangigen Gegner gegenüberstellen wollte. Doch hatte diese Umdeutung der Königswahl in eine Kaiserwahl eine längere Vorgeschichte.

Auch wenn es sich angesichts der späteren Geschichte Friedrichs II. von selbst zu verstehen scheint, daß er nun gegen Otto IV. ins Feld geführt wurde, so bleibt doch die Frage, warum sich die deutschen Fürsten nicht für einen anderen Kandidaten entschieden. War die Zugehörigkeit zur Familie der Staufer ein so starkes Argument? Auch kommt hinzu, daß die Entscheidung zwischen Otto und seinem Gegner nicht nur in Deutschland, sondern auch in Italien fallen mußte. Hier aber hatte keine andere deutsche Dynastie eine Position, welche der staufischen ähnlich gewesen wäre.

2. Die Anfänge Friedrichs II.

Friedrich II. hat die Möglichkeit, die ihm seine Wahl vom September 1211 bot, sofort ergriffen. Im März 1212 zog der Achtzehnjährige nach Deutschland: das Kind aus Apulien, wie einige Zeitgenossen ihn nannten. Andere bezeichneten ihn als Pfaffenkaiser, und das war in den Augen vieler das Gegenteil einer Empfehlung. Auch dafür finden sich Zeugnisse unter den Gedichten Walthers von der Vogelweide.

Walther hat ein Gedicht hinterlassen, welches das Doppelkönigtum Ottos und Friedrichs als eine »welsche« Erfindung ausgibt, die nur dazu diene, deutsches Silber in den »welschen« Schrein zu leiten.[3] Der Anlaß dieses Gedichts war die Erhebung einer Kreuzzugssteuer durch den Papst, und die war tatsächlich geeignet, Gefühle gegen den Pfaffenkönig zu mobilisieren, zumal diese Bezeichnung mit Recht gebraucht werden konnte. Friedrich war wirklich eine Art Erfindung des Papstes. Ohne militärische Mittel kam er nach Deutschland, gestützt auf seinen staufischen Namen und auf den Willen des Papstes, aber auch auf französische Hilfsgelder. Die französische Hilfe ermöglichte es ihm, weitere Fürsten auf seine Seite zu ziehen. So war es nur konsequent, wenn die Entscheidung zwischen ihm und Otto in einer Schlacht zwischen Frankreich und dem mit Otto IV. verbündeten England fiel. Am 27. Juli 1214 siegte bei Bouvines nicht nur der französische über den englischen König, sondern auch Friedrich II. über Otto IV.

Doch war Friedrichs Sieg keineswegs eine ausgemachte Sache. Daß der Zug des nahezu Unbewaffneten, der immer wieder Otto IV. ergebene Gebiete heimlich umgehen mußte, namentlich durch Oberitalien gelang, war eine Sache nicht zuletzt von Glück und Zufall. Die mächtigen lombardischen Städte waren in den letzten Jahren nicht schwächer geworden und stark genug, den plötzlichen Kurswechsel des Papstes nicht mitzumachen. Piacenza und Mailand bemühten sich mit aller Macht darum, den Schützling Innocenz' III. gefangen zu nehmen. Nicht weniger gefährlich aber waren dann die ersten Etappen von Friedrichs Reise durch Deutschland, wo ihn Kaiser Otto schon erwartete. Als sich Friedrich nach der Überquerung der Alpen Konstanz näherte, weilte Otto zwar noch in Überlingen, also auf der nördlichen Seite des Bodensees, aber seine Köche und Diener waren bereits in Konstanz angekommen und bereiteten die Ankunft des Kaisers vor. Nun erschien Friedrich, inzwischen immerhin im Besitz eines Gefolges von dreihundert Mann, vor der Stadt. Der Konstanzer Bischof mußte sich entscheiden – für den Kaiser am anderen Ufer oder für das Kind aus Apulien mit seinen dreihundert Leuten. Doch hatte Friedrich nicht nur diese dreihundert Bewaffneten bei sich, sondern auch einen päpstlichen Legaten, und der erinnerte den Bischof an den Bann, in dem sich Kaiser Otto befand. Der Bischof hat sich daraufhin für Friedrich entschieden, und so war es diesem immerhin gelungen, nach Deutschland einzudringen. Andernfalls wäre ihm wohl schwerlich etwas anderes geblieben als die Flucht zurück durch unsichere Alpentäler. Der

Sieg über Otto IV. war damit aber noch nicht erreicht; zu dem verhalf Friedrich erst der französische Sieg bei Bouvines. Dennoch erhielt Otto seine Herrschaftsansprüche bis zu seinem Tode am 19. Mai 1218 aufrecht. Spätestens nun war Friedrichs Herrschaft in Deutschland gesichert, und die langen, mit seiner Kaiserkrönung im Jahre 1220 beginnenden Jahre seiner Abwesenheit sollten zeigen, daß dafür nicht einmal seine Anwesenheit nötig war.

3. Sizilien, Reichsitalien, die Päpste und das Heilige Land

Indem Papst Innocenz III. Friedrich II. gestützt und damit die Möglichkeit gefördert hatte, daß sich Sizilien und das Reich in einer Hand befanden, war er es selbst gewesen, der jene für das Papsttum gefährliche Situation heraufbeschwor, die zu verhindern doch geradezu die Maxime seiner Politik während des Doppelkönigtums gewesen war. So versuchte der Papst, sich zu sichern. Bevor sich Friedrich zur Eroberung Deutschlands aufmachte, hatte er seinen damals einjährigen Sohn Heinrich zum König von Sizilien krönen lassen. Nach der Kaiserkrönung, so hatte Friedrich II. dem Papst versprochen, würde er selbst sich aus Sizilien zurückziehen. Dort solle nur noch ein mit Zustimmung des Papstes eingesetzter Regent für den noch unmündigen König Heinrich herrschen.

Friedrich wird schwerlich die Absicht gehabt haben, diese Versprechungen zu erfüllen. Auch wenn Deutschland seinem Blick nicht so fern lag, wie seine Konzentration auf Italien vermuten läßt, so sah er doch zweifellos Sizilien als das Zentrum der von ihm beherrschten Länder an. Das von der Natur so reich bedachte Land lag im 12. Jahrhundert, als die Kreuzzüge das Mittelmeer noch einmal zum Zentrum der Welt machten, dort, wo sich die Ströme der Waren und der Gedanken kreuzten. Und es kam hinzu, daß das von den Normannen gegründete starke Königtum einem Herrscher unendlich viel reichere Möglichkeiten eröffnete, als er sie in Norditalien oder in Deutschland finden konnte. Erst im nächsten Jahrhundert sollte sich erweisen, daß die hier so früh ausgebildete staatliche Verwaltung dem Land Fesseln anlegte und die Städte im mittleren und nördlichen Italien sich sehr viel rascher entwickelten. Im 12. Jahrhundert dagegen konnte der arabische Geograph Al-Idrisi mit Recht Sizilien als die Perle des Jahrhunderts an Reichtum und Schönheit preisen, als das erste Land der Welt an Fruchtbarkeit des Bodens, Volkszahl und Alter der Kultur.

Noch zu Lebzeiten Papst Innocenz' III. begann Friedrich mit dem Bau eines Mausoleums für sich und seine Familie im Dom zu Palermo - einer Familiengrabkirche, eines dynastischen Zentrums, wie es für die damaligen Fürstenfamilien charakteristisch war und wie es seine Vorfahren im Remstal, unterhalb des Staufen, ein Jahrhundert zuvor in Lorch errichtet hatten. Nun hatten die Staufer ihre schwäbischen Anfänge längst hinter sich gelassen; Schwaben war ein Herrschaftsgebiet von untergeordneter Bedeutung.

Im Jahre 1218 setzte Friedrich seinen Sohn, den als Regenten des Papstes zum sizilischen Herrscher zu machen er dem Papst versprochen hatte, zum schwäbischen Herzog ein; er selbst wollte König von Sizilien bleiben. Zwei Jahre später wählten die deutschen Fürsten diesen Sohn Friedrichs, Heinrich, zum König. Damit war die mit dem Papst vereinbarte Rangfolge zwischen Sizilien und dem Reich umgekehrt. Doch brach der große und dauernde Konflikt zwischen Friedrich II. und dem Papsttum nicht deshalb auf, sondern wegen des Kreuzzuges.

Den Entschluß zum Kreuzzug verkündete Friedrich II. im Jahre 1218 in Aachen, als er auf dem Thron Karls des Großen zum König gekrönt wurde. Damals führte er auch die von seinem Großvater Friedrich Barbarossa ins Werk gesetzte Heiligsprechung Karls des Großen dadurch zum Ziel, daß er in einem feierlichen Gottesdienst den Schrein mit den Gebeinen des heiligen Kaisers schloß.[4] Auch der eigene Entschluß, einen Kreuzzug ins Heilige Land zu führen, fügte sich in eine Tradition ein, die nicht nur auf seinen Großvater, auf Kaiser Friedrich Barbarossa, zurückverwies, sondern auch auf den wegen seines Spanienzuges als Heidenkämpfer verehrten Karl den Großen.

Wenn Friedrich II. nun während des Krönungsgottesdienstes selbst den Kampf gegen die Heiden gelobte, das Kreuz nahm und ein Heer von Kreuzfahrern ins Heilige Land zu führen versprach, war das ein Akt der Devotion und zugleich eine politische Demonstration. Sie bedeutete den Anspruch, mit der Führung des Kreuzzuges gewissermaßen die Führung der christlichen Welt zu übernehmen oder diese jedenfalls niemand anderem zu überlassen. Gerade Innocenz III. gegenüber war das eine Provokation. Der Papst seinerseits hatte nicht nur eine Art von Anspruch auf die Welt erhoben, sondern gerade auch auf die Führung des Kreuzzuges. Nach dem Tode Barbarossas war sie sozusagen freigeworden, und er hatte sie als eine päpstliche Aufgabe reklamiert. Auch der vierte Kreuzzug, der unter päpstlicher Führung begonnen hatte und im Jahre 1204 statt zur Eroberung des Heiligen Landes zur Erstürmung von Byzanz und zur Zerschlagung des Oströmischen Reiches führte, hatte diesen Anspruch nicht erschüttert. Doch gelang es weder Innocenz III. noch seinem Nachfolger, Papst Honorius III., einen weiteren päpstlichen Kreuzzug tatsächlich zustande zu bringen.

So wandelte sich die Stellung der Päpste gegenüber Friedrichs Gelübde. Honorius drängte den Kaiser zum Kreuzzug, während dieser sich auf die Wiederherstellung der Königsherrschaft in Sizilien konzentrierte und den Kreuzzugstermin hinausschob. Zehn Jahre nach seinem Eid, im Jahre 1225, schloß der Kaiser mit dem Papst den Vertrag von San Germano. Er verpflichtete sich, im Sommer 1227 den Kreuzzug zu beginnen; andernfalls wollte er eine hohe Geldstrafe und den Kirchenbann auf sich nehmen. Doch hat Friedrich II. nicht nur aus diesem Grund alles darangesetzt, den Kreuzzug anzutreten. Der Vertrag erkannte an, daß der Kaiser den Kreuzzug führen würde, er widerrief also indirekt den Anspruch Innocenz' III., und er entsprach einer Politik des Kaisers, die auch darin zum Ausdruck kam, daß er seit seiner Verheiratung mit der Tochter des Königs von Jerusalem diesem seinen Titel streitig machte. Er selbst bezeichnete sich als König von Jerusalem.

Im August 1227 sollten sich die Kreuzfahrer in Brindisi einschiffen. Wie viele Menschen und Pferde sich damals in der Sommerhitze des südlichen Italien versammelten, läßt sich nicht sagen. Doch waren es sehr viel mehr, als erwartet worden waren. Tausende von Kreuzfahrern harrten tage- und wochenlang der Überfahrt, unzulänglich untergebracht und verpflegt, bis eine Seuche über sie hereinbrach. Mit vielen anderen Kreuzfahrern fiel ihr auch der Führer der deutschen Kontingente, Landgraf Ludwig von Thüringen, dessen Witwe Elisabeth wenige Jahre später heiliggesprochen werden sollte, zum Opfer. Der Kaiser selbst erkrankte, und jener Politiker, der in den Jahren davor immer wieder den Ausgleich zwischen Kaiser und Papst erreicht hatte, der Deutschordenshochmeister Hermann von Salza, riet dem Kaiser, das Unternehmen abzubrechen.

Der Papst jedoch, inzwischen Gregor IX. (1227-1241), war nicht gewillt, dem Kaiser entgegenzukommen und anzuerkennen, daß höhere Gewalt den Kreuzzug verhindert habe. Gregor IX. befürchtete - und zwar mit Recht -, daß der Kaiser nach der Unterwerfung Siziliens seine Stellung in Reichsitalien verstärken und das Papsttum in Bedrängnis bringen würde. So nutzte er die ihm gegebene Gelegenheit, den Kaiser zu schwächen, und exkommunizierte ihn wegen des gebrochenen Kreuzzugsgelübdes.

Trotzdem hat Friedrich im folgenden Jahre den - vom Papst nunmehr ausdrücklich verbotenen - Kreuzzug unternommen. Das Heer, das er mit sich führte, war nicht so groß, daß er an eine Eroberung Jerusalems hätte denken können, zumal er sich im Zustande der Exkommunikation nicht auf die Christen im Heiligen Land stützen konnte. So hat Friedrich II. verhandelt, und damit hatte er Erfolg. Im Februar 1229 schloß er mit dem Sultan von Kairo einen Vertrag, dem zufolge Jerusalem mit Ausnahme der islamischen Heiligtümer für etwas mehr als zehn Jahre in die Hand der Christen kam.

Auch wenn sowohl der Papst als auch der Patriarch von Jerusalem diesen Vertrag verdammten, war doch nicht zu leugnen, daß Friedrich II. gelungen war, was die Christen seit 1187 vergeblich versucht hatten. Jerusalem war in christlicher Hand. So konnte der Kaiser im Triumph in die Heilige Stadt einziehen und die Krone des Königreichs Jerusalem tragen. Am 18. März 1229 setzte sich Friedrich II. in der Grabeskirche die Krone selbst auf das Haupt.

Diese Selbstkrönung ohne Geistliche ist als ein in die Zukunft weisender Akt verstanden worden, als einer jener Momente, die Friedrich II. als eine moderne, die Grenzen des mittelalterlichen Denkens überschreitende Herrscherfigur erscheinen lassen. Tatsächlich ergab sich diese Krönung aber nur daraus, daß der Patriarch von Jerusalem dem exkommunizierten Herrscher eine reguläre Krönungsfeier verweigern mußte. Der Kaiser hätte eine Krönung durch andere Geistliche erzwingen können, doch fügte er sich am Ende dem Rat Hermanns von Salza und vermied eine Provokation, die eine spätere Aussöhnung mit dem Papst erschwert hätte.

Dennoch erreichte aber die Selbstdarstellung des Kaisers, der mit der Krone von Jerusalem eine Würde von einzigartigem religiösen Rang innehatte, von nun an neue und auf die Grundlinien der von Gott geordneten Heilsgeschichte zielende Dimensionen. Friedrich ließ sich als Glied der Sippe König Davids darstellen. In dem Manifest, das er nach der Krönung von Jerusalem hinausgehen ließ, wurde er als Werkzeug Gottes gefeiert. Gott selbst, so heißt es hier, hatte die Elemente besänftigt und Wunder getan, um Friedrich nach Jerusalem gelangen zu lassen.[5]

Während der Kaiser im Heiligen Land weilte, waren päpstliche Truppen in Sizilien eingedrungen, wo sie sich mit denen verbünde-

Die normannische Burg in Melfi wurde von Friedrich II. zu einer der großen Pfalzen seines sizilischen Reiches ausgebaut.

ten, welche gegen die Herrschaft des Staufers kämpften. Es gelang dem Kaiser nach seiner Rückkehr rasch, der Lage Herr zu werden. Im Jahre 1230 schloß er mit dem Papst den Frieden von San Germano. Die Konstitutionen von Melfi, das große Gesetzbuch, das Friedrich im folgenden Jahre für Sizilien erließ, waren ein sichtbares Zeugnis dafür, daß seine Herrschaft in Sizilien nun gesichert war. Seine Bemühungen, auch die großen Stadtstaaten in Norditalien zu unterwerfen, kamen jedoch ungeachtet einiger militärischer Erfolge nicht zum Ziel. So blieb auch der Papst ein gefährlicher Gegner Friedrichs II.

Im Jahre 1239 exkommunizierte der Papst den Kaiser zum zweiten Mal. In den nun folgenden Auseinandersetzungen, die den modernen Namen eines Propagandakrieges durchaus verdienen, wurde der Kaiser, der sich als eine in den Heilsplan Gottes eingefügte Gestalt hatte feiern lassen, zum Gegenbild dieser von Gott ausgewählten Figur. Der Papst ließ ihn als den Vorläufer des Antichrist darstellen. Manches von dem, was Friedrich II. später als in die Neuzeit vorausweisend nachgerühmt wurde, stammt aus der päpstlichen Propaganda, darunter die ihm zugeschriebene Äußerung, daß die Welt von drei Betrügern, von Jesus Christus, Moses und Mohammed, getäuscht worden sei.[6]

Der Papst hatte ein Konzil nach Rom einberufen. Der Kaiser ließ die meisten auswärtigen Teilnehmer abfangen. Nachdem Papst Gregor IX. am 22. August 1241 gestorben war, befanden sich zwei der zwölf Kardinäle in der Hand des Kaisers. Die übrigen zehn Papst-

Das von Friedrich II. in Capua errichtete Brückentor war den erhaltenen Resten zufolge eines der großen Beispiele der von ihm in Auftrag gegebenen Herrschaftsarchitektur. Die Bauplastik gibt eindrucksvolle Beispiele für die unter dem Staufer erfolgte Annäherung an antike Vorbilder.

wähler waren gespalten. Die kaiserfreundliche Gruppe scheint die stärkere gewesen zu sein. Doch erreichte sie nicht die für die Wahl eines Papstes seit 1179 nötige Zweidrittelmehrheit. Die Wahl zog sich in die Länge, und die Kardinäle wurden unter Druck gesetzt, vor allem von Matteo Rosso, dem Stammvater der großen römischen Adelsfamilie Orsini. Der verstorbene Papst hatte Matteo zum Senator Roms eingesetzt, also zu einer Art von weltlichem Herrscher der Ewigen Stadt. Dieser Repräsentant derer, die in Rom mächtig waren, ist ein frommer Mann gewesen, ein Freund des Franz von Assisi, aber das hinderte ihn nicht, mit all jener Brutalität vorzugehen, welche die politischen Auseinandersetzungen damals charakterisierte. Er setzte die Papstwähler kurzerhand gefangen. Einer der Kardinäle überlebte die Gewaltsamkeiten nicht: den Hunger, den Durst, die unzureichende Unterbringung und die ständige Gefahr der Mißhandlung, welche dieses erste Konklave der Papstgeschichte charakterisierten, und auch der nach zwei Monaten schließlich gewählte Papst Cölestin IV. war offensichtlich infolge dieser Bedrängnisse so geschwächt, daß er schon siebzehn Tage nach seiner Wahl starb. Immerhin hatte diese Wahl den Kardinälen die Möglichkeit gegeben, aus Rom zu fliehen. Erst zwei Jahre später kehrten sie zurück. Am 15. Juni 1243 wählte das inzwischen auf neun Mitglieder geschrumpfte Kardinalskolleg den bedeutenden Juristen Sinibaldo Fiesci zum Papst: einen Mann, von dem viele, nicht zuletzt Friedrich II., den Frieden zwischen Papst und Kaiser erhofften. Lange Verhandlungen schienen zu einer Aussöhnung zu führen, aber sie scheiterten am Ende doch. Der Papst war nicht bereit, sich von den gegen den Kaiser kämpfenden Lombarden loszusagen. Im Sommer 1244 floh er aus Rom über Genua nach Lyon. Er zitierte aus dem 123 (124). Psalm: »Unsere Seele ist wie der Sperling den Schlingen der Jäger entronnen. Die Schlinge ist zerrissen, und wir sind befreit.« Der Kaiser bemühte das 28. Kapitel der Sprüche Salomos: »Entflohen ist der Gottlose, den niemand verfolgt hat.«[7]

Lyon gehörte zwar zum Reich, doch konnte sich Friedrich II. in dieser Region, die im Schatten Frankreichs lag, nicht mehr durchsetzen. Der Erzbischof von Lyon war praktisch unabhängig. Ein Jahr später begann hier das Konzil, das Friedrich II. für abgesetzt erklärte. Falls aus diesem Urteil politische Wirklichkeit werden sollte, mußten zunächst einmal die deutschen Königswähler einen anderen König wählen.

4. Deutschland unter Friedrich II.

Nachdem Friedrich Deutschland verlassen hatte, war das Land durch Reichsverweser regiert worden. Ungeachtet einer Reihe von Konflikten war die Stellung Friedrichs doch nie gefährdet. Im Jahre 1226 gab der Kaiser der Stadt Lübeck, die sich damals mit dem ganzen Reichsgebiet zwischen Elbe und Ostsee in dänischer Gewalt befand, ein Privileg, das ihr die Position einer reichsunmittelbaren Stadt sichern sollte. Im selben Jahr erwarb der Deutsche Orden von Friedrich II. eine Urkunde, die zum Fundament seines Ausgreifens nach Nordosten wurde. Inwieweit Friedrich II. mit diesen Urkunden eigenständige und weitreichende politische Ziele verfolgte, läßt sich nicht sagen. Wirklichkeit konnte die Lübecker Urkunde erst gewinnen, nachdem sich die Stadt in der Schlacht von Bornhöved im Juli 1227 auf eigene Faust von der dänischen Oberherrschaft befreit hatte. Auch der Deutsche Orden war auf sich selbst angewiesen und konnte bei der Eroberung Preußens auf materielle Hilfe des Kaisers nicht hoffen.

Daß der Orden und daß Lübeck sich so viel von der kaiserlichen Autorität versprachen, macht jedoch das Ansehen deutlich, das Friedrich damals in Deutschland besaß. Die Lübecker begaben sich zweimal auf den langen, mühsamen Weg nach Italien, um ihre Urkunden zu erlangen. Das ist ein deutliches Zeichen dafür, daß man Friedrich II. damals nicht mehr als ein Kind aus Apulien betrachtete, sondern als den Kaiser. Die nächsten Jahre sollten erweisen, daß diese Einschätzung richtig war.

Wenige Jahre später, im Jahre 1229, hatte Friedrichs Sohn Heinrich, der inzwischen erwachsen geworden war, die Regierung Deutschlands übernommen. In der Reihe der deutschen Könige wird er mit einer eingeklammerten VII. gezählt: der nächste König dieses Namens, der im Jahre 1308 gewählte Luxemburger Heinrich, ließ sich ebenfalls Heinrich VII. nennen.

Heinrich (VII.) geriet alsbald in Schwierigkeiten. Einige Fürsten warfen ihm eine zu städtefreundliche Politik vor: 1231 zwangen sie ihm ein Gesetz ab, das die wichtigsten der zwischen Fürsten und Städten strittigen Fragen zugunsten der Fürsten löste. Ein Jahr

Im Boden von Lübeck hat sich aus dem 13. Jahrhundert ein Schiffsteil erhalten, das als Auflagebrett eines beweglichen Bugspriets gedient hat und eine windorientierte Besegelung erlaubte (W. Erdmann).

Das Lübecker Siegel von 1253/1256 trägt ein Motiv, das später einigen Hansestädten als Vorbild ihrer eigenen Siegel dienen sollte: die Kogge.
Der Mann im Bug schwört offensichtlich einen Eid – den Bürgereid?

In Gollub östlich von Thorn ist eine der Deutschordensburgen erhalten, die den regelmäßigen Grundriß dieser Kastelle besonders deutlich erkennen läßt.

darauf ging der Kaiser noch weiter. Sein »Statut zugunsten der Fürsten« von 1232 knüpft an das »Bündnis mit den geistlichen Fürsten« aus dem Jahre 1220 an,[8] ein Privileg, das Friedrich II. als Preis für die Wahl seines Sohnes Heinrich zum König gezahlt hatte.

Die Urkunde von 1220 hatte den geistlichen Territorialfürsten Zoll-, Münz- und weitere staatliche Hoheitsrechte zugesprochen: die sogenannten Regalien. Keine königlichen Amtleute sollten die geistlichen Fürsten bei der Wahrnehmung dieser Rechte behindern. Damit garantierte Friedrich den Erzbischöfen und Bischöfen, daß der verfassungsgeschichtliche Prozeß, der zur Ausbildung geistlicher Territorien geführt hatte, nicht durch königliche Amtsträger zugunsten des Reichsgutes beeinträchtigt oder gar rückgängig gemacht werden sollte. Die Urkunden von 1231 und 1232 wiederholten nun diese Privilegierungen und dehnten sie auf die weltlichen Fürsten aus.

Beide Urkunden sind als Schlüsseldokumente angesehen worden – als hätten sie den besonderen deutschen Weg eröffnet, der nicht bis zum Nationalstaat führte, sondern zu territorialer Staatlichkeit. Tatsächlich war dieser Weg aber längst eingeschlagen worden. Die weitreichende Staatlichkeit der fürstlichen Territorien war schon vor der Ausstellung dieser Urkunden Wirklichkeit geworden, und zwar nicht so sehr durch eine Entfremdung königlicher Rechte, wie man lange Zeit gemeint hatte, sondern vielmehr durch jenen Landesausbau – durch neue Siedlungen und Verdichtung von Herrschaft –, der damals die fürstliche Politik bestimmte. Auch die Amtsträger des Königs bemühten sich darum, das Reichsgut auf diese Weise zu vermehren. Herrschaft wurde in königlichen wie fürstlichen Territorien neu geschaffen, König und Fürsten waren also Konkurrenten. Die beiden Urkunden Friedrichs II. bedeuteten demzufolge, daß der König in diesem Konkurrenzkampf innezuhalten und seine fürstlichen Konkurrenten nicht dadurch zu behindern versprach, daß er sich ihnen mit dem vollen Gewicht seiner Königswürde und seiner daraus abgeleiteten Verfügungsgewalt über die

Der große Marktplatz in Gollub ist ungeachtet seiner kläglichen Bebauung aus dem 19. Jahrhundert geeignet, ein Bild von der Regelmäßigkeit und Weiträumigkeit der Stadtanlagen zu vermitteln, die im Gebiet des Deutschen Ordens, aber auch in den anderen von der Ostsiedlung erfaßten Ländern geschaffen wurden.

nutzbaren Herrschaftsrechte, die Regalien, entgegenstellte. Die beiden Urkunden versprachen eine Art Waffenstillstand zwischen König und Fürsten.

An einem solchen Waffenstillstand aber waren die Fürsten um so mehr interessiert, als der Ausbau der Königsherrschaft in Deutschland trotz der Abwesenheit Friedrichs II. Fortschritte gemacht hatte. Die Regionen, die dem König unmittelbar unterstanden, waren in seinem Namen - vor allem durch Reichsministerialen - nicht nur verwaltet, sondern auch ausgebaut worden.

Man erfährt das auch aus dem Statut zugunsten der Fürsten. Wenn Friedrich II. hier verspricht, keine neuen Burgen und Städte zu gründen, wenn er nicht mit neuen Märkten die alten behindern will, so daß niemand gegen seinen Willen gezwungen werden soll, einen Markt zu besuchen, wenn die alten Straßen nicht verändert werden sollen, falls deren Benutzer nicht damit einverstanden sind, dann erfährt man ja eben, auf welche Weise die Verwalter des Königsgutes in den letzten Jahren versucht hatten, die Rechte des Königs zu mehren und zu verdichten.

Die Beauftragten des Königs hatten nicht nur Städte und Burgen gegründet, sondern deren Besatzungen hatten auch dafür gesorgt, daß die alten Handelszentren unter den neuen zu leiden hatten, sie hatten die Kaufleute und die Käufer genötigt, statt der alten die neugegründeten Märkte zu besuchen, und sie hatten Zwang ausgeübt, damit statt der bisherigen jene Straßen benutzt wurden, welche durch die neuen Städte führten.

Das alles sollte nun nicht mehr geschehen, wenn auch natürlich die alten Königs- und Reichsstädte sowie die gerade in den letzten Jahren im Auftrag Friedrichs II. neu gegründeten Städte auf Reichs- und Bischofsgut bestehen bleiben sollten. Doch das war nicht das einzige.

In der ersten Fassung des Statuts hatte es einfach geheißen, daß der König keine weiteren Städte und Burgen mehr gründen würde. In der zweiten war das verändert worden: Nun war nur noch von

Städten und Burgen auf kirchlichem Boden die Rede. Friedrich II. verzichtete also nur darauf, Gründungen auf Reichskirchengut vorzunehmen. Da es solches Kirchengut fast überall in Deutschland gab, fiel dieses Zugeständnis ins Gewicht. Und es kam hinzu, daß auch hier erst die Zukunft lehren mußte, ob künftige Könige darauf verzichten würden, worauf zu verzichten Friedrich II. in diesen beiden Urkunden versprochen hatte. Allein mit ihnen könnte man gewiß nicht erklären, daß die Herrschaftsbildung in Deutschland künftig eine Sache vor allem der Fürsten und kaum des Königs werden sollte. Immerhin markierten diese Urkunden die politische Situation ihrer Entstehungszeit und die damals zur Entscheidung anstehenden verfassungspolitischen Probleme.

So wird man sagen können, daß das Statut zugunsten der Fürsten

Exotische Tiere fanden sich nicht nur am Hofe Friedrichs II. Nicht selten wurden in dieser Zeit Gießgefäße (Aquamanilien) für den profanen oder geistlichen Gebrauch als Tiere, zum Beispiel als Elefanten oder als sagenhafte Wesen geformt.

den alten Konflikt zwischen König und Fürsten nicht wirklich beenden konnte. Beide Seiten mußten versuchen, die eigene Position weiter auszubauen. Je kräftiger Heinrich (VII.) das versuchte, desto größer wurde aber die Gefahr, daß seine fürstlichen Gegner an den Kaiser appellierten und daß dieser den Eindruck gewann, sein Sohn sei nicht in der Lage, jenen Frieden in Deutschland zu wahren, den Friedrich II. für seine außerdeutsche Politik brauchte. Andere Schwierigkeiten kamen hinzu. Die Ketzerverfolgungen, die seit 1231 im Auftrage Papst Gregors IX. in Deutschland stattfanden, und der Kreuzzug, den der Bremer Erzbischof zum Ausbau seiner Landesherrschaft gegen die aufständischen Bauern im Lande Stedingen als vermeintliche Ketzer führte, vermehrten die Unruhe. Friedrich II. versuchte, seinen Sohn eng an die eigene Politik zu binden. Der jedoch verbündete sich mit den lombardischen Gegnern des Kaisers und hoffte auf ein Bündnis mit Frankreich.

Friedrich II. hat 1235 an der feierlichen Erhebung der Gebeine Elisabeths von Thüringen, die nun heiliggesprochen worden war, selbst teilgenommen. Der Akt demonstrativer Frömmigkeit war zugleich ein wichtiges Stück Politik. Die Verwandten der Heiligen, die Landgrafen von Thüringen, waren treue Bundesgenossen des Kaisers, und der Deutsche Orden, der über dem Grab der Heiligen eine große Kirche errichten ließ, war es auch. So ist das große Kreuz am Portal der Marburger Kirche eine der ältesten Darstellungen des Deutschordenskreuzes.

So kam Friedrich II. im Frühjahr 1235 nach fünfzehnjähriger Abwesenheit nach Deutschland: ohne Heer, wohl aber mit seinem fremdartigen, süditalienischen Hofstaat, mit Kamelen, Affen und Leoparden, mit Sarazenen und Äthiopiern, die seine Schätze bewachten. Der Herrscher als Herr auch der wilden Tiere - das war eine alte Vorstellung, und Wildgehege im Schatten von Königspfalzen gab es längst. Der orientalische Prunk Friedrichs II. aber übertraf ganz ungemein, was bisher üblich war. Lag es an diesem Eindruck orientalischer Machtfülle, daß sich dem Kaiser in Deutschland kein Widerstand entgegenstellte?

Heinrich (VII.) hat sich seinem Vater unterworfen: er wurde abgesetzt und inhaftiert. Sieben Jahre später ist er als Gefangener seines Vaters gestorben - wahrscheinlich durch Selbstmord. Am 21. Februar 1242 teilte Friedrich II. den Geistlichen Siziliens den Tod seines Sohnes mit. Am Anfang dieses Rundschreibens heißt es (in der Übersetzung von Ernst Kantorowicz): »Mitleid des zärtlichen Vaters überwindet das Urteil des strengen Richters: Heinrichs Unseres Erstgeborenen Verhängnis müssen Wir betrauern und aus dem Innersten heraus führt die Natur der Tränen Flut, die drinnen verschlossen hielt der Schmerz der Beleidigung und der Gerechtigkeit Starre.«[9]

Im August 1235 hielt Friedrich II. nach der Unterwerfung seines Sohnes einen Hoftag in Mainz. Hier wurde ein Landfrieden in Kraft gesetzt, dessen Bedeutung zudem darin liegt, daß er die erste Königsurkunde ist, die auch in deutscher Sprache publiziert wurde,[10] und es wurde eine Urkunde ausgestellt, die das Ende des jahrhundertelangen welfisch-staufischen Gegensatzes bezeichnete. Die Eigengüter der Welfen, die Barbarossa seinerzeit Heinrich dem Löwen belassen hatte, wurden nun in Reichslehen verwandelt und Otto dem Kind, dem Enkel Heinrichs des Löwen, als Herzogtum übertragen.[11] Damit begann die Geschichte des Herzogtums Braunschweig-Lüneburg, des späteren Königreichs Hannover beziehungsweise Herzogtums Braunschweig.

Ob der Mainzer Landfrieden ebenso wirkungsvoll war wie die Urkunde für die Welfen, läßt sich nicht sicher sagen. Im Vergleich mit den weitreichenden Zielen, die Barbarossa in dem ersten Landfrieden seiner Regierungszeit verfolgt hatte, indem er die Fehde gänzlich verbot, erscheint der Mainzer Landfrieden als ein Kompromiß. Die gewaltsame Selbsthilfe wird als ein subsidiäres Rechtsmittel anerkannt, aber sie wird an Bedingungen gebunden. Von einem Monopol des Königs auf die Gewalt konnte also nicht die Rede sein.

Auf der anderen Seite versucht dieser Landfrieden aber, die königlichen Möglichkeiten zu erweitern. Neue Zoll- und Münzstätten der Fürsten sollen wieder aufgehoben werden, ganz offensichtlich stellte der Landfrieden ebenso wie das Statut zugunsten der Fürsten eine Station in den konkurrierenden Auseinandersetzungen des Königs mit den wichtigsten Landesfürsten um die Herrschaft in Deutschland dar. Die Stellung des Königs sollte auch durch die Etablierung eines königlichen Hofrichters verstärkt werden, der unabhängig von der Person des Königs tätig sein sollte.

Hat Friedrich II. hier den Versuch unternommen, eine königliche Behörde nach dem Muster dessen, was er in Sizilien praktizierte, zu begründen? Das läßt sich nicht mit Sicherheit sagen, zumal dieses Hofgericht nicht so, wie der Landfrieden wollte, eingerichtet worden ist. Auf der anderen Seite ist dieser Landfrieden von 1235 zum Vorbild vieler späterer Landfrieden geworden, und es scheint, daß sich Elemente der späteren Reichsgerichtsorganisation auf diesen Landfrieden zurückführen lassen.

Kampfschild aus dem Besitz des Landgrafen Konrad von Thüringen, eines Schwagers der heiligen Elisabeth, der später zum Hochmeister des Deutschen Ordens gewählt wurde. Der Schild ist eines der ältesten Teile ritterlicher Ausrüstungen, die sich überhaupt erhalten haben.

Schon zwei Jahre später kam Friedrich II. noch einmal nach Deutschland. Nach der Niederschlagung des Aufstandes König Heinrichs (VII.) gegen seinen Vater hatte sich Friedrich gegen einen der wichtigsten Verbündeten seines Sohnes gewandt: Herzog Friedrich den Streitbaren von Österreich. Die Auseinandersetzung zwischen dem Kaiser und dem mächtigen Reichsfürsten war dem Kampf zwischen Barbarossa und Heinrich dem Löwen sehr ähnlich. Friedrich II. zitierte den Österreicher vor sein Hofgericht, aber Friedrich der Streitbare erschien nicht, und so wurde er nach der

dritten Verweigerung im Sommer 1236 geächtet. Seine Reichslehen wurden ihm entzogen. Auch diesmal wieder bedurfte die Exekution eines solchen Urteils militärischer Macht, und auch diesmal waren es Reichsfürsten, welche die Exekution vornahmen. Doch konnte der Kaiser im Gegensatz zu seinem Großvater daran denken, die auf diese Weise zurückgenommenen Reichslehen nicht weiter zu verlehnen. Friedrich wollte Österreich wie das Reichsgut unter seine unmittelbare Verwaltung stellen.

Mit dieser Absicht kam Friedrich II. 1237 nach Wien. Er privilegierte die Stadt und nannte sie bei dieser Gelegenheit Reichsstadt. In Wien wurde nun auch sein Sohn Konrad anstelle des gefangengenommenen Heinrich (VII.) zum König gewählt. Jetzt, 1237, nimmt man diese Wahl eines Königs zu Lebzeiten des Vaters als etwas Selbstverständliches hin. Denkt man jedoch an die Schwierigkeiten, die noch Heinrich VI. ungeachtet seiner starken Stellung bei einem solchen Verlangen gehabt hatte, so kann man ermessen, wie fest die Position Friedrichs II. in Deutschland inzwischen war, obwohl er sich so lange in Italien aufgehalten und obwohl er kein eigenes Heer mitgebracht hatte. Auf Dauer ließ sich die direkte Unterstellung der babenbergischen Gebiete unter den König aber nicht verwirklichen. Dazu wäre wohl doch eine längere Anwesenheit Friedrichs II. nördlich der Alpen nötig gewesen, und die verbot sich angesichts der Lage in Italien. So mußte Friedrich zwei Jahre später Friedrich den Streitbaren doch wieder zum Herzog einsetzen, und Wien wurde nicht Reichsstadt.

Der Schrein der heiligen Elisabeth zeigt die wichtigsten Szenen aus ihrem Leben, zum Beispiel wie die Heilige Arme bekleidet und selbst ein geistliches Gewand annimmt.

Landfriedensbestimmungen aus der Dresdner Handschrift des Sachsenspiegels (Landrecht 2,68ff.)

Oben: der Reisende darf ungestraft Futter für sein Pferd schneiden, jedoch nur so viel, wie er mit einem Fuß auf der Straße stehend erreichen kann. Darunter wird der Friedensbrecher durch einen Eid überführt, den der Ankläger zusammen mit sechs Eidhelfern schwört. Die Zeichnung bei B zeigt, daß jemand, der zum Turnier reitet, bewaffnet sein darf. Ganz unten die Verfolgung des Friedensbrechers, der sich in eine Burg zurückgezogen hat, durch das Volk. Die Gestalt mit dem spitzen Hut ist ein Jude, der demnach auch als waffenfähig gilt; im Gegensatz zu Frauen, Hirten, Kirchendienern und Geistlichen (rechts).

Doch bot sich dem Kaiser eine zweite Chance, nachdem der österreichische Herzog 1246 in der Schlacht gegen die Ungarn gefallen war. Wieder wollte Friedrich die heimgefallenen Lehen beim Reich behalten, und nun setzte er wirklich eine reichsunmittelbare Verwaltung ein. Daß dem deutschen Königtum hieraus kein dauerhafter Machtgewinn zuwuchs, liegt zunächst einfach daran, daß der Kaiser vier Jahre später, 1250, starb.

Nach dem Tode Friedrichs II. ging mit großen Teilen des Reichsgutes dem Reich auch Österreich verloren, das sich der König von Böhmen aneignete. Als 1273 König Rudolf von Habsburg daranging, die seit 1250 entfremdeten Reichsgüter zurückzugewinnen, war deshalb der böhmische König sein wichtigster Gegner und Österreich das größte Stück fürstlicher Beute, das zurückgeholt werden sollte und auch tatsächlich zurückgeholt wurde. Doch verfuhr König Rudolf anders als sein Vorgänger. Er ließ die zurückgewonnenen Reichslehen nicht durch königliche Amtsträger verwalten, sondern vergab sie wiederum als Reichslehen, und zwar an seine Söhne.

In diesem Jahre 1282 begann die mehr als sechshundertjährige

Bank aus dem Berliner Rathaus, zweite Hälfte des 13. Jahrhunderts

Mit der in den älteren Städten erkämpften Gemeindeverfassung wurden die Neugründungen schon früh ausgestattet. Sie bedurften einer Versammlungsstätte für den Rat. Daran mag die Berliner Bank erinnern – auch wenn man sie ohne eine dendrochronologische (das heißt die Jahresringe des Bauholzes analysierende) Untersuchung nicht genau datieren kann.

Geschichte des habsburgischen Österreich, und damit wurde zugleich das Fundament für die künftige Weltmacht des Hauses Habsburg gelegt. So stellt diese Verleihung ein gewichtiges verfassungspolitisches Datum dar. Der König sicherte sich für den Fall ab, daß die Kurfürsten zu seinem Nachfolger nicht einen seiner Söhne, sondern den Angehörigen einer anderen Familie wählen würden. Hätte Rudolf wie Friedrich Österreich durch königliche Amtsträger regieren lassen, so hätte seine Familie im Falle einer solchen Wahl nicht nur die ehemals babenbergischen Fürstentümer verloren, sondern diese hätten den neuen König noch stärker gemacht. Diese Möglichkeit wollte Rudolf von Habsburg ganz offensichtlich ausschließen, während Friedrich II. den Fall, daß sein Nachfolger kein Staufer sein würde, nicht in Betracht gezogen zu haben scheint. Wie wenig er dazu Anlaß hatte, zeigen seine letzten Jahre.

Es war dem Papst ungeachtet aller Anstrengungen nicht gelungen, Friedrichs Gegner zur Aufstellung eines Gegenkönigs zu bewegen. Nach der Absetzung des Kaisers durch das Konzil von Lyon im Jahre 1245 kam zwar ein solcher Versuch zustande, aber das Resultat war so kläglich, daß es die starke Stellung des Kaisers um so sichtbarer machte. Nur einige Bischöfe, kein einziger weltlicher Fürst, wählten 1246 den Landgrafen von Thüringen, Heinrich mit dem Zunamen Raspe, zum Gegenkönig.

Schon neun Monate später starb Heinrich, und nun fand sich erst nach großen Mühen und nur an der Peripherie des Reiches ein Prätendent bereit, das Abenteuer zu wagen. 1247 wurde Graf Wilhelm von Holland zum Gegenkönig gewählt, aber ins Gewicht fallende politische Erfolge sollte er erst nach dem Tode des Kaisers erzielen. Friedrichs Sohn, Konrad IV., mußte sein Königtum dann jedoch im Kampf gegen Wilhelm von Holland durchsetzen. Auch in Italien veränderte die Absetzung des Kaisers nicht die politische Wirklichkeit. Versuche, ihn zu ermorden, mißlangen. Friedrich kämpfte nicht nur mit dem Papst, sondern auch mit einzelnen Städten – hier hatte er Erfolg, dort mußte er Niederlagen hinnehmen. Im Jahre 1247 scheiterte in letzter Minute ein Kriegszug gegen die damalige Residenz des Papstes in Lyon. Die Lage war durchaus unentschieden, als Friedrich II. am 13. Dezember 1250 im Alter von sechsundfünfzig Jahren starb. Die Nachricht von seinem Tode wurde am Hofe des Papstes mit ungeheuerem Jubel empfangen. »O festlicher Tag, feierlicher Erinnerung würdig! O Tag der Freude und ungeheurer Fröhlichkeit! O willkommener Tod, erwünschter Tod!«[12] – so feierte Papst Innocenz IV. den Tod seines Gegners.

5. Das Ende der Staufer

Karl I. von Anjou

Die zu Lebzeiten des Königs errichtete Statue stellt diesen in der römischen Toga, also offensichtlich als Senator von Rom dar.

Obwohl der Papst den Nachfolger Friedrichs, König Konrad IV., konsequent bekämpfte, obwohl er schon im April 1251 in Lyon aufbrach, um seine Residenz wieder nach Italien zu verlegen, und obwohl er und seine Verbündeten dort viele Erfolge hatten, brach die staufische Herrschaft doch nach dem Tode Friedrichs II. keineswegs zusammen. Als zu Beginn des Jahres 1252 Konrad IV. selbst nach Italien kam, gelang es ihm rasch, sein Erbe zu behaupten. Und auch als Konrad schon zwei Jahre später, 1254, starb, hatten die Staufer durchaus Grund, auf eine Fortführung ihrer Herrschaft zu hoffen. Zwar war Konrad IV. der einzige legitime Sohn Friedrichs II. gewesen, der seinen Vater überlebt hatte; aber er hatte illegitime Brüder, die der Kaiser noch legitimiert hatte und die nun die Verantwortung übernehmen konnten. An erster Stelle stand Manfred, zunächst als Regent für den noch unmündigen Sohn Konrads IV., der ebenfalls Konrad hieß, seit dem Jahre 1258 aber als König von Sizilien.

Nachdem Papst Innocenz IV. schon zu Lebzeiten Konrads IV. versucht hatte, einen anderen Lehnsträger für Sizilien und damit einen Verbündeten gegen die Staufer zu gewinnen, verstärkte Papst Urban IV. angesichts von Manfreds Erfolgen nun diese Bemühungen. 1265 belehnte Papst Clemens IV. Karl von Anjou, den Bruder des französischen Königs, mit Sizilien. Durch Verträge hatte er zu verhindern versucht – vergeblich, wie sich bald zeigen sollte –, daß der neue König in die Fußstapfen seiner staufischen Vorgänger trat und ihm durch Ansprüche auf Mittel- und Norditalien gefährlich wurde. Und er hatte seinen Verbündeten erst dann gewinnen können, als er ihm die Gelder versprach, welche der nun beginnende Krieg kosten würde.

Dieser Krieg wurde am 26. Februar 1266 bei Benevent entschieden. Karl von Anjou siegte, und Manfred verlor das Leben. Die Anhänger der Staufer in Italien setzten nun auf Konrads gleichnamigen Sohn, der inzwischen mündig geworden war. Im Herbst 1267 brach er in kleiner Begleitung nach Italien auf. Dort gelang es ihm jedoch, ein so großes Heer zusammenzubringen, daß er mit Erfolg versuchen konnte, Karl von Anjou das Erbe seiner Väter zu entreißen. Das Kriegsglück entschied jedoch auch diesmal gegen die Staufer. Am 23. August 1268 siegte Karl bei Tagliacozzo. Der Staufer konnte entfliehen und hoffte, in Sizilien, wo ein Aufstand gegen Karls Herrschaft begann, neue Kräfte zu gewinnen. Er wurde jedoch gefangengenommen und nach einem Prozeß am 29. Oktober 1268 auf dem Marktplatz in Neapel öffentlich als Majestätsverbrecher hingerichtet.

Mit dieser Hinrichtung Konrads, den italienische Quellen wegen seiner Jugend den kleinen Konrad, also Corradino, deutsch: Konradin, nannnten, endete die staufische Herrschaft in Sizilien und die Geschichte der Staufer insgesamt, obwohl es noch eine zahlreiche Nachkommenschaft Friedrichs II. gab. Nachfahren der Staufer traten in den nächsten Jahrzehnten immer wieder mit verschiedensten

Erbansprüchen hervor. Die Päpste dagegen suchten weiterhin dafür zu sorgen, daß niemals ein Abkömmling der Staufer auf den deutschen Thron kam.

Ein solches Ende hatte noch keine Dynastie im Mittelalter gefunden. Noch niemals war eine Dynastie als Dynastie verfolgt worden. Die Staufer gerieten schon deshalb nicht in Vergessenheit. Immer wieder fanden sich Betrüger, die Friedrich II. zu sein behaupteten. Beispiele dafür, daß man einem Mächtigen, der unter nicht gut bekannten Umständen ums Leben gekommen ist, jahrelange Verborgenheit und schließlich die Wiederkehr zutraut, gibt es auch in moderner Zeit. Im 13. Jahrhundert war der Kontrast zwischen der Weiträumigkeit der Politik und der Unsicherheit der Nachrichtenverbindungen so groß, daß Gerüchte über das Weiterleben Friedrichs II. Glauben geradezu finden mußten. Mit dem Lauf der Zeit traten an deren Stelle sagenhafte Erzählungen, die den Kaiser in einen Berg versetzten, von wo aus er am Ende aller Tage auf die Erde zurückkehren würde.

Im 15. Jahrhundert haben diese Sagen den Helden gewechselt. Nun berichteten sie nicht mehr von Friedrich II., sondern von seinem Großvater Barbarossa, daß er in einem Berg, und zwar im Kyffhäuser, auf seine Wiederkehr harre. Im frühen 19. Jahrhundert ist dieser Erzählstoff, der im Zeitalter der Aufklärung abgesunken war und das Odium des Lächerlichen erhalten hatte, neu belebt worden. Nun schien Barbarossa im Kyffhäuser auf die Einigung Deutschlands zu warten und diese zugleich zu verheißen.[13]

Daß die Erzählungen von dem im Berge schlummernden Kaiser zunächst auf Friedrich II. zielten und nicht auf Barbarossa, hatte ganz einfach damit zu tun, daß der als Sechsundfünfzigjähriger verstorbene ja tatsächlich noch geraume Zeit über die Mitte des 13. Jahrhunderts hinaus hätte leben können. Keine Rede davon, daß man damals Friedrich II. als einen Wegbereiter des Neuen schwärmerisch verehrt hätte. Diese Bewunderung des, wie Jacob Burckhardt schrieb, »ersten modernen Menschen auf dem Throne«,[14] des vermeintlichen Wegbereiters der Renaissance, des Herrschers, der über das Mittelalter hinauswies, war erst eine Sache des ausgehenden 19. und der ersten Hälfte unseres Jahrhunderts.

Nun wurde aus zeitgenössischen Lobpreisungen, die den Kaiser

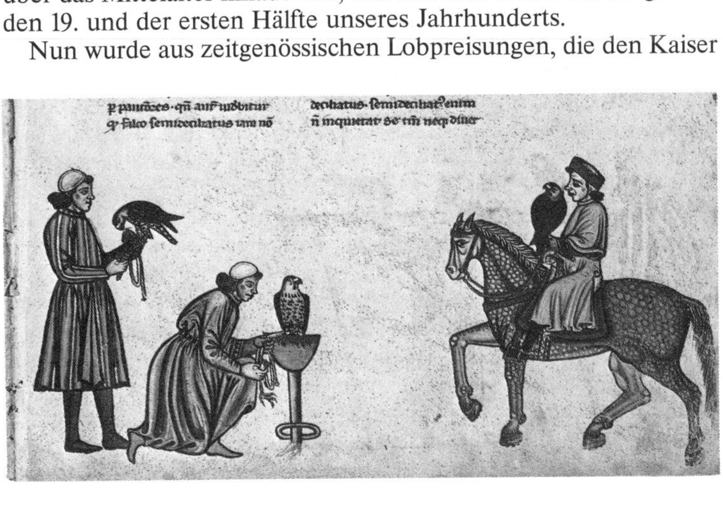

Friedrich II. wandte seine naturwissenschaftlichen Interessen nicht zuletzt der Jagd zu. So entstand an seinem Hofe und unter seiner Mitwirkung ein Buch über die Kunst und Wissenschaft, mit Vögeln zu jagen, von dem sich prächtig illustrierte Fassungen erhalten haben. Die abgebildete Seite stammt aus der Heidelberger, heute in Rom aufbewahrten Handschrift, die für Friedrichs Sohn Manfred hergestellt wurde.

Die berühmteste der sizilischen Burgen aus der Zeit Friedrichs II. ist das auf achteckigem Grundriß in einsamer Abgeschiedenheit errichtete Castel del Monte. Das Bauwerk ist schriftlich fast gar nicht bezeugt, und so ist weder seine Bauzeit noch seine Zweckbestimmung sicher. Dagegen weiß man, daß Karl I. von Anjou hier jahrelang Enkel Friedrichs II. gefangen hielt.

als Staunen der Welt (»stupor mundi«) bezeichneten, aus der in der Tat ungewöhnlichen Existenz dieses Herrschers in einer Grenzzone zwischen Abendland und Orient, aus den sichtbaren Spuren, die sein Wille, die eigene Person durch Bauten und Kunstwerke zu verewigen, hinterlassen hatte, aber auch aus modernen Sehnsüchten, die durch die deutsche Niederlage von 1918 noch einmal gesteigert wurden, das geheimnisvolle Bild eines einzigartigen Kaisers zusammengefügt. Gewiß hatte dieser Herrscher vielseitigere Begabungen und Neigungen als seine Standesgenossen. Die so außergewöhnliche Kultur seines Hofes, die Literatur und Wissenschaft, die dort blühten, sind gewiß ein Spiegel seiner Person. Man würde Friedrich II. jedoch mißverstehen, wenn man ihn außerhalb der Grenzen und Möglichkeiten seiner Zeit ansiedelte. Das seiner Zeit vorauseilende Genie, als das man ihn verstanden hat, war ein Wunschbild späterer Generationen.

Die deutsche Geschichte der Jahre zwischen 1250 und 1268 wurde durch vier unzeitige Todesfälle geformt. Viermal Zufall: das läßt sich nicht bestreiten – aber man sollte nicht nur vom Zufall reden. Wie es Friedrich II. und seinen Nachfahren auf Dauer hätte gelingen können, Sizilien, Reichsitalien und Deutschland zu beherrschen, läßt sich nicht sehen. Dennoch darf man dem, was geschehen ist, keine Zwangsläufigkeit zuschreiben.

Bis zum Jahre 1250 konnte man dem Königtum in Deutschland Stärke auch in der Zukunft zutrauen. Um so tiefer ist der Einschnitt, den der Tod Friedrichs II. in der deutschen Geschichte markiert, nachdem dieser Tod, so möchte man fast sagen, auch noch durch das frühe Ende der Söhne Friedrichs, Konrads und Manfreds, sowie von Konrads Sohn Konradin bestätigt worden war. Zwar begann nun keineswegs ein Interregnum im strengen Sinne, also eine königslose

Der antikisierende Kopf ist gelegentlich als Porträt Friedrichs II. angesehen worden. Das schmale Diadem legt eine solche Deutung nahe. Doch gibt die Büste gewiß nicht die Gesichtszüge des Kaisers wieder. So wird man sich bescheiden müssen, in dem um 1240 entstandenen Bildnis eines der eindrucksvollen Beispiele dafür zu sehen, daß es den Künstlern am Hofe Friedrichs II. gelang, sich den antiken Vorbildern so weit zu nähern wie im Mittelalter niemals sonst.

Zeit, aber die Territorialfürsten rissen doch die Machtmittel des Königtums in einem solchen Maße an sich, daß sie alle künftigen Könige schwer belasteten.

Amt und Würde des Königs aber wurden auch jetzt nicht in Frage gestellt. Daß es weiterhin deutsche beziehungsweise römische Könige geben mußte, hätte niemand bezweifelt. Zweifelhaft war nur, welche Macht diese Könige künftig haben würden. Und es waren nicht erst die Wahlen von 1257, die zwei fremdländische Fürsten auf den deutschen Thron brachten, welche darauf aufmerksam machen, daß sich auch außerhalb von Deutschland Fürsten um das Kaisertum bemühten.

Schon 1214 war ja in der Schlacht von Bouvines eine Entscheidung über die deutsche Zukunft zwischen zwei nichtdeutschen Heeren auf einem Schauplatz außerhalb von Deutschland gefallen. Das drohte sich nun nicht nur zu wiederholen, sondern es konnte zu einem andauernden Zustand werden, zumal wenn ein nichtstaufischer Regent die Machtmittel Siziliens, Reichsitaliens und Deutschlands miteinander verbinden wollte. Der Anfang einer solchen Politik läßt sich bei Karl von Anjou sogleich nach seinem Sieg über Konradin beobachten. Auch wenn der König von Sizilien sich einstweilen nicht um Deutschland bemühte, so versuchte er doch, seine Herrschaft auf Rom und Reichsitalien auszudehnen. Der Papst erlebte wie seinerzeit Papst Innocenz III., daß sich sein Werkzeug – damals war es Friedrich II. gewesen – selbständig machte. Die Gefahr, die er im Namen des Papstes hatte bekämpfen sollen, begann Karl von Anjou nun selbst darzustellen. Aus nachträglicher Sicht stellt das Ende der Staufer einen tiefen Einschnitt in die Geschichte dar – den damals Handelnden jedoch gönnte die Politik keine Atempause.

5.
Von der Mitte des 13. bis zur Mitte des 14. Jahrhunderts

1. Vom Ende der Staufer bis zur Wahl Rudolfs von Habsburg

Friedrich Schiller hat in seiner Ballade vom Grafen von Habsburg die Jahre zwischen dem Ende der Staufer und der Wahl Rudolfs von Habsburg »die kaiserlose, die schreckliche Zeit« genannt. Selbst wenn man genauer als der Dichter nicht von einer kaiser-, sondern einer königslosen Zeit spräche, wäre die Bezeichnung Interregnum doch fragwürdig. Wann sollte diese königslose Zeit gewesen sein? Als Konrad IV. 1254 starb, gab es in Gestalt Wilhelms von Holland in Deutschland durchaus einen König. In der Sicht seiner Anhänger bedeutete der Tod Konrads nur das Ende von dessen Gegenkönigtum. Aber auch jetzt wurde König Wilhelm nicht überall in Deutschland anerkannt. Viele meinten, daß der Frieden auf andere Weise als durch allgemeine Anerkennung dieses Königs gesichert werden müsse, und so kam es im Jahre 1254 zur Gründung des Rheinischen Bundes.

Einzelne Städte hatten sich schon früher zusammengeschlossen. 1231 hatte König Heinrich (VII.) solche Bündnisse untersagt, und auch künftig wurden derartige Verbote wiederholt ausgesprochen. Trotzdem schlossen sich Städte immer wieder zusammen – wegen ihrer besonderen politischen und wirtschaftlichen Interessen, aber auch wegen des Landfriedens, der ja auch ihren Handelsinteressen durch die Sicherheit der Straßen diente.

1235 war der Landfrieden in Gestalt eines königlichen Gesetzes verkündet worden. In der Folgezeit sollte er eine Sache weniger der königlichen Gesetzgebung als vielmehr von Vereinbarungen sein. Landfriedensbündnisse knüpften das Fehdeverbot beziehungsweise die Einschränkung der gewaltsamen Selbsthilfe durch bestimmte Normen für einzelne Landschaften und für festgelegte Zeiten an die Zustimmung derer, die sich in einem solchen Bündnis zusammenschlossen.[1]

So verbündeten sich 1254 rheinische Städte für zehn Jahre, um gemeinsam für ihre unmittelbaren Interessen, das heißt vor allem gegen die Zollstationen, die ihren Handel behinderten, einzutreten und zugleich für die Wahrung des Landfriedens. Zwei Jahre später umfaßte der Bund über siebzig Städte, und diese Städte lagen nicht nur am Rhein. Auch Lübeck, Regensburg und Zürich gehörten dazu, und sogar eine Reihe von Fürsten hatte sich angeschlossen. Schon im nächsten Jahr erkannte König Wilhelm den Rheinischen Bund an.

Im 19. Jahrhundert sind an diesen Bund große Hoffnungen geknüpft worden: als habe er ein Stück Reichsreform dargestellt, als hätten seine Mitglieder die Absicht und die Möglichkeit gehabt, dem Reich zu staatlichen Strukturen zu verhelfen, als habe hier womöglich die Chance eines dauerhaften Bündnisses zwischen dem König und den Städten gelegen. Tatsächlich hatte dieses Bündnis konkrete und aktuelle Gründe. Die Städte aber waren weder jetzt noch später imstande, ihre auseinandergehenden Interessen auf

Grabplatte des Erzbischofs und Kurfürsten Siegfried von Mainz (†1249)

Der Kirchenfürst krönt Heinrich Raspe und Wilhelm von Holland, die beiden von den Gegnern Friedrichs II. aufgestellten Gegenkönige. Das Bild bezeugt nicht, wie man gemeint hat, die Machtlosigkeit der Könige und die Übermacht der Kurfürsten. Daß der Kurfürst größer dargestellt ist denn die Könige, erklärt sich aus der »Bedeutungsperspektive«: Hauptfiguren sind größer als Nebenfiguren, und in seinem Grab war der Kurfürst schließlich die Hauptfigur. Die politische Botschaft des Bildes setzt vielmehr die große politische Bedeutung des Krönungsrechts - und demzufolge auch des Königtums - voraus. Die Grabplatte polemisiert gegen das Krönungsrecht des Kölner Erzbischofs - und sie sagt zur Hälfte die Unwahrheit. Denn tatsächlich war Wilhelm von Holland durch den Kölner Erzbischof gekrönt worden.

Dauer in so etwas wie ein großes verfassungspolitisches Konzept einzufügen.

Im Januar 1256 fiel König Wilhelm von Holland im Kampf gegen die Friesen. Begann damit das Interregnum? Der Rheinische Bund verkündete, daß er das Reich nun, da es keinen König habe, mit aller Kraft verteidigen wolle. Er gebärdete sich also als eine Art Reichsvikar. Er beschloß, Boten zu den Fürsten zu senden, denen die Königswahl zustand, und sie zur Wahl eines geeigneten Königs aufzufordern. Nur einen einhellig gewählten König wollten die Mitglieder des Bundes anerkennen.[2] Aber solche Absichten gingen über die Möglichkeiten der Städte weit hinaus.

Im Jahre 1257 kam es zu dem, was die Städte als Möglichkeit hingestellt hatten, also zu einer strittigen Wahl. Es zeigte sich, daß der Rheinische Bund die damit gegebene Konkurrenz nicht entscheiden konnte – er zerfiel.

Die Wahl des Jahres 1257 hatte einen Verwandten des englischen Königs, Richard von Cornwall, und König Alfons X. von Kastilien auf den Thron gebracht. Den Historikern des 19. Jahrhunderts mußte eine solche Wahl als Tiefpunkt der deutschen Geschichte gelten. In der Perspektive des 13. Jahrhunderts, mit Blick auf die Wahl Ottos IV., sah sich die Sache anders an. Wichtiger als nationale Zugehörigkeiten waren damals die dynastischen Beziehungen. Richard von Cornwall, der Kandidat jener deutschen Fürsten, die Wilhelm von Holland gestützt hatten, war ein Schwager Friedrichs II., und der kastilische König Alfons, der Repräsentant jener Fürsten, die den Staufern angehangen hatten, war seinerseits ein naher Verwandter dieser Dynastie, nämlich ein Enkel König Philipps, und so beanspruchte er auch unabhängig von der Königswahl das Erbe der Staufer in Schwaben. Der Kampf der Päpste gegen die staufische Dynastie hatte auch in dieser Hinsicht zu keinem anhaltenden Erfolg geführt. Die Berufung auf die Zugehörigkeit zur Familie der Staufer versprach in Deutschland immer noch politischen Gewinn.

Die Wahl von 1257 hatte auch eine verfassungsgeschichtliche Bedeutung. Jene kleine Gruppe von Königswählern, die bei den Wahlen nach 1197 hervorgetreten war, erwies sich als dauerhaft. Zum erstenmal wählten jetzt ausschließlich jene Fürsten, die künftig als »Kurfürsten« allein die Königswahl vollziehen sollten und deren Monopol auf diese Wahl neunundneunzig Jahre später, in der Goldenen Bulle von 1356, legitimiert werden sollte: die drei rheinischen Kurfürsten, also die Erzbischöfe von Mainz, Köln und Trier, der König von Böhmen, der Pfalzgraf bei Rhein, der Herzog von Sachsen und der Markgraf von Brandenburg.

Warum gerade diese Fürsten das alleinige Recht, den König zu wählen, haben sollten, läßt sich nicht mit Sicherheit erklären. Sicherlich spiegelt sich in der Zusammensetzung des Kurfürstenkollegs auch die politische Konstellation des frühen 13. Jahrhunderts. Aus der Gruppe der Erzbischöfe wurden die drei rheinischen herausgehoben, während die von Hamburg-Bremen und Magdeburg verfassungspolitisch sozusagen in den zweiten Rang verwiesen wurden; das gleiche galt für den Herzog von Österreich und für den Herzog von Bayern.

Das Recht, den König zu wählen, konnte die Stellung eines Fürsten sicherlich nicht grundsätzlich ändern. Doch hat das Gewicht, das den drei rheinischen Erzbischöfen und dem Pfalzgrafen bei Rhein nun zukam, gewiß eine Ursache darin gehabt, daß vor allem diese vier Kurfürsten künftig über die Königswahl entschieden. Der Herzog von Sachsen sowie der Markgraf von Brandenburg waren weit von den politischen Entscheidungen entfernt. Für ein Jahrhundert bekam jetzt der Westen Deutschlands, das Rheinland, eine Bedeutung, wie er sie in der früheren Zeit nicht gehabt hatte – gewiß auch wegen der wachsenden Bedeutung des Rheins als Handelsstraße und wegen der Zunahme des politischen Gewichts der Städte, aber nicht nur aus diesem Grunde. Am Rhein wurde nun über das Königtum entschieden.

In England hat sich ein Glasgemälde erhalten, das ein Bildnis der Gemahlin Richards von Cornwall enthält und diese ausdrücklich als Frau eines deutschen Königs kennzeichnet.

Eine unangefochtene Stellung in Deutschland haben beide Könige nicht erreichen können. König Alfons ist niemals in Deutschland erschienen. Er konnte hier auch im übertragenen Sinne nicht wirklich Fuß fassen. König Richard dagegen hatte Erfolge. Er wurde in Aachen gekrönt und blieb fast vier Jahre lang in Deutschland. So lange war Friedrich II. nie nördlich der Alpen gewesen. Und daß Richard von Cornwall sich ausschließlich im Rheinland aufgehalten hat, belegt angesichts von dessen wachsender Bedeutung eher einen Erfolg als eine Regionalisierung der Macht dieses Königs. Doch blieb Richard auch als deutscher König in die englische Politik eingebunden. So konnte er sich nicht dauernd in Deutschland aufhalten, und das bedeutete für ihn – anders als für Friedrich II. –, daß er sich hier nicht wirklich durchsetzen konnte. Drei Jahre nach seinem letzten Besuch in Deutschland, im Jahre 1272, ist er gestorben.

2. Von Rudolf von Habsburg zu Albrecht I.

Der Tod Richards gab dessen Rivalen, Alfons von Kastilien, offensichtlich nicht die Chance, sich durchzusetzen. So jedenfalls sah Papst Gregor X. die Situation. Er hatte einen Kreuzzug ins Heilige Land vor und meinte, dazu den römischen König zu brauchen. So näherten sich ihm jene Fürsten, die ein Interesse an der deutschen Krone hatten. König Ottokar von Böhmen, der seit dem Ende der Staufer über einen riesigen, bis zum Mittelmeer reichenden Herrschaftskomplex verfügte, empfahl sich selbst als neuer König. Karl von Anjou, den Papst Innocenz IV. gegen die Staufer in Sizilien eingesetzt hatte, jener Monarch, dessen gewaltsames Regiment den Päpsten nun bedrohlich war, bemühte sich darum, seinen Neffen, König Philipp III. von Frankreich, auch zum deutschen König wählen zu lassen und ihm so die Chance der Kaiserkrone zu verschaffen. Die Kaiserkrone in der Hand eines französischen Königs: das sollte auch in den nächsten Jahrzehnten ein politisches Ziel sein.

So war die deutsche Krone in außerdeutsche Bezüge eingebunden, und so blieb sie ein Gegenstand päpstlicher Politik. Da der jetzige Papst aber primär am Kreuzzug interessiert war, konnten sich die deutschen Königswähler einigermaßen unabhängig fühlen. Der Papst war an einem anderen König als Alfons, er war an einem aktionsfähigen Monarchen interessiert, aber nicht an einer bestimmten Person. So drängte er die deutschen Fürsten zur Wahl.

Am 1. Oktober 1273 wurde Graf Rudolf von Habsburg gewählt. Seine Familie hatte in der ersten Hälfte des 13. Jahrhunderts in der späteren Schweiz und im Elsaß eine dominierende Position errungen. Ebensowenig wie Graf Wilhelm von Holland war der Habsburger ein Reichsfürst. Doch war Rudolf der mächtigste Herrscher im

Die Burg Habsburg im Aargau (Schweiz)

Der Bergfried stammt aus dem frühen 11. Jahrhundert. Die Stammburg der Habsburger war zu Zeiten Rudolfs von Habsburg längst nicht mehr das Zentrum der Dynastie, sondern Lehnsbesitz eines habsburgischen Ministerialen.

damaligen Südwestdeutschland, und er war ein enger Verbündeter der Staufer gewesen. Auch wenn seine Partei diese Verbindung nicht in den Vordergrund stellte, so bedeutete die Wahl Rudolfs doch auch einen Akt der Kontinuität.

Dem Kreise der Verwandten und Nachfahren der Staufer gehörte Rudolf von Habsburg jedoch nicht an. Insofern entschieden sich die Wähler anders als 1024, ebenso aber wie 1125 im Sinne der Diskontinuität, und das sollte auch bei einigen der folgenden Wahlen so bleiben. In Deutschland verblaßte die Bedeutung der familiären Herkunft des Königs, während die großen Konkurrenten der deutschen Monarchen, die französischen Könige, die nun wiederholt Anstrengungen unternahmen, die römische Kaiserkrone zu gewinnen, großen Wert auf die Abstammung von Karl dem Großen und auf die Geblütsheiligkeit legten.

An der Wahl Rudolfs von Habsburg hatte der König von Böhmen nicht teilgenommen. Er beantwortete die Wahl mit einem wütenden Protest an die Adresse des Papstes.[3] Sonst wurde König Rudolf aber einmütig gewählt, und zwar sogar von sieben Kurfürsten, weil diesmal der Herzog von Bayern mitwählte. Noch war der Kreis der Königswähler nicht gänzlich geschlossen.

Man weiß nicht, weshalb die Kurfürsten sich für Rudolf entschieden. Der Habsburger war fünfundfünfzig Jahre alt, was für die damalige Zeit viel war, und so mögen seine Wähler eine Übergangslösung im Auge gehabt haben. Auf der anderen Seite kann ihnen aber nicht unbekannt gewesen sein, wen sie wählten. Der »arme Graf«, von dem die spätere Geschichtsschreibung mitunter redete, war Rudolf nicht; er war nicht nur der mächtigste Fürst in Südwestdeutschland, sondern auch ein außerordentlich durchsetzungsfähiger Politiker. Er hatte erfolgreiche Kriege geführt, und so war es nicht untypisch, daß ihn die Nachricht von seiner Wahl erreichte, als er sich in einer Fehde mit seinem wichtigsten Gegner, nämlich mit dem Bischof von Basel, befand.

Die Legende vom armen Grafen geht auf zeitgenössische Auto-

Der Papstpalast in Viterbo

Hier fand nach dem Tode Papst Clemens' IV. 1268 eine der schwierigsten Papstwahlen statt. Der Nachfolger wurde erst 1271 gewählt – nachdem die Bürger den Wahlort von der Außenwelt abgeschlossen und die Kardinäle auch dadurch bedrängt hatten, daß sie das Dach des Palastes abdeckten und nur noch Wasser und Brot als Nahrung zuließen. Die Kardinäle ertrotzten zwar die Aufhebung dieser Zwangsmaßnahmen, doch erließ der 1271 gewählte Papst Gregor X. aufgrund dieser Erfahrungen eine Konklaveordnung, die die Papstwähler künftig tatsächlich von der Außenwelt isolieren sollte. Diese Konklaveordnung gilt in der Hauptsache noch heute.

Zeremonialschwert König Ottokars II. von Böhmen

Auf der einen Seite ist neben der Devise der böhmische Löwe, auf der anderen das österreichische Bindenschildwappen eingraviert. Das Schwert dürfte zur Kriegsbeute von 1278 gehört haben.

ren zurück, auf Anekdoten, die ihn im Felde eigenhändig Rüben ziehen und diese verspeisen lassen oder ihn mit einer Bäckerin zusammenbringen, die ihn nicht erkannte und fortjagte. Ein Teil dieser Geschichten kommt aus dem Franziskaner-Orden. Es handelt sich bei ihnen um Predigt-Exempel, aber diese Exempel haben doch einen realen Hintergrund.[4]

Sie machen deutlich, daß dieser König ein städtischer König war. Achtundzwanzig Prozent der von ihm überlieferten Urkunden wurden für Städte ausgestellt. Städte waren auch seine wichtigsten Aufenthaltsorte und erbrachten die bedeutendsten finanziellen Leistungen, auf die er Anspruch hatte. Das alles entsprach den neuen Gegebenheiten und setzte die vielfältige Förderung der Städte fort, die schon die staufischen Könige in die Wege geleitet hatten. Aber es war doch keineswegs selbstverständlich, daß der neue König tatsächlich diesen Gegebenheiten Rechnung trug und diesen Mustern folgte.

Die Forderungen, die seine Wähler an Rudolf gestellt hatten, zielten vor allem auf die Wiedergewinnung verlorener Reichsrechte. Dieses Verlangen sollte auch künftig zu den typischen Bedingungen gehören, denen sich ein König unterwerfen mußte, wenn er gewählt werden wollte. Wie seine Nachfolger erlebte auch Rudolf, daß die Kurfürsten nicht hinnahmen, daß sich diese Forderung etwa an sie selbst richtete. Trotzdem war der König erfolgreich. Es gelang ihm überraschend schnell, die königlichen Rechte zu erneuern. Im Südwesten versuchte er, die verstreuten Reichsrechte durch die Einrichtung von Landvogteien zusammenzufassen. Die wenigen Reichsrechte im Norden – zwischen Goslar und Lübeck verfügte der König

Die Aufenthaltsorte König Rudolfs von Habsburg

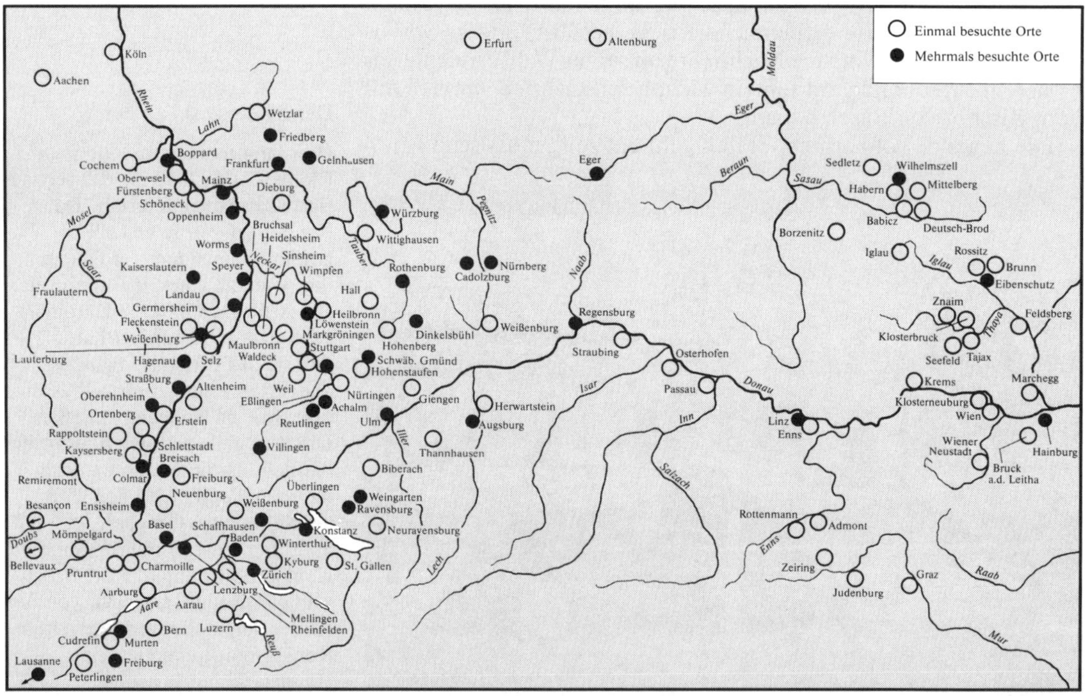

über keinerlei Rechtsansprüche – sicherte er dadurch, daß er verbündete Reichsfürsten zu Beauftragten ernannte.

Persönlich hat der König den Norden aber nicht aufgesucht. Die Karte seiner Aufenthaltsorte zeigt, daß Köln, Erfurt und Altenburg in Thüringen die nördlichsten Orte waren, die ihn sahen. Daß er überhaupt nach Thüringen, also verhältnismäßig weit nach Osten kam, war eine Folge seiner Landfriedenspolitik. Berücksichtigt man das und stellt man in Rechnung, daß Rudolfs Aufenthalte in Böhmen, Mähren und Österreich sowie in Burgund ihren Grund jeweils in einer ganz bestimmten politischen Lage hatten, so wird sichtbar, wie eng das normale Aktionsfeld des Königs war. Im wesentlichen erstreckte es sich auf die Gebiete am Ober- sowie am Mittelrhein und auf Franken. Das königliche Herrschaftsgebiet im engeren Sinne war weithin identisch mit jenem Gebiet, in dem auch die vier rheinischen Kurfürsten mächtig waren.

Die meisten der entfremdeten Reichsrechte mußten jenem Kurfürsten abgewonnen werden, der sich der Wahl Rudolfs von Habsburg entzogen hatte: König Ottokar von Böhmen. Die Interessen dieses bedeutenden Herrschers reichten weit über die Länder hinaus, die er als Nutznießer der staufischen Katastrophe besaß. Das Feld seiner Ambitionen erstreckte sich nicht nur auf Österreich, die Steiermark, Kärnten, Krain und die Windische Mark, sondern es reichte weit nach Osten und Norden. König Ottokar zählte zu den großen Förderern des Deutschen Ordens in Preußen. Die Stadt Königsberg erhielt ihren Namen ihm zu Ehren. Die Minnesänger, die sein Lob sangen, drängten an seinen Hof, zumal hier vorwiegend Deutsch gesprochen wurde. Ottokar zählte auch zu jenen Fürsten, welche die Ostsiedlung, also die Zuwanderung von Deutschen in ihre Herrschaftsgebiete, förderten.

Nicht nur im Hinblick auf seine Macht, sondern auch mit Rücksicht auf seine Herkunft – er war ein Enkel Philipps von Schwaben – konnte sich König Ottokar als dem deutschen König überlegen empfinden. So dachte er nicht daran, dessen Königtum anzuerkennen, und verweigerte ihm die Lehnshuldigung. Auch war die Rechtsgrundlage der vielen Erwerbungen, die Ottokar in den letzten Jahren gelungen waren, durchaus zweifelhaft. Er mußte damit rechnen, daß ihm ein deutscher König seine Stellung streitig machen würde. Durch die Verweigerung der Huldigung aber zwang er den König zum Handeln. Was nun kommen mußte, war durch das Recht vorgegeben. Auf die Acht mußte die schärfere Aberacht, auf diese mußte der Krieg folgen.

Rudolf von Habsburg hat sich rechtzeitig darauf eingerichtet. Er bemühte sich um Verbündete, und er strengte sich an, jenes Instrument der Politik für sich nutzbar zu machen, dessen er sich sogleich nach der Wahl bedient hatte und das spätere Zeiten den Habsburgern ganz allgemein zuschreiben sollten: »Bella gerant alii. Tu felix Austria nube.« (Mögen andere Kriege führen. Du, glückliches Österreich, heirate). Schon am Krönungstage hatte König Rudolf seine erste Tochter mit dem Herzog von Bayern und seine dritte mit dem Herzog von Sachsen vermählt und damit sein unsicheres Königtum abgestützt. Nun brachte er eine Verlobung zwischen dem König von Ungarn, der in einer künftigen Auseinandersetzung

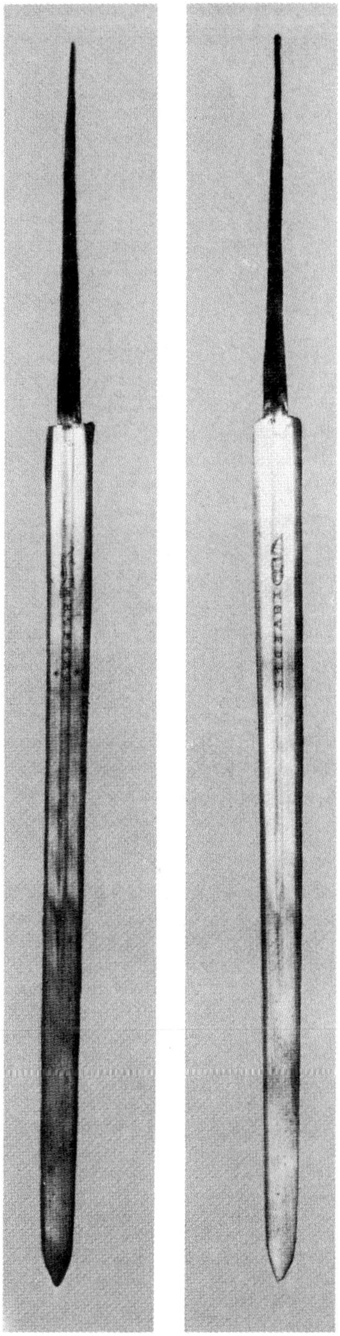

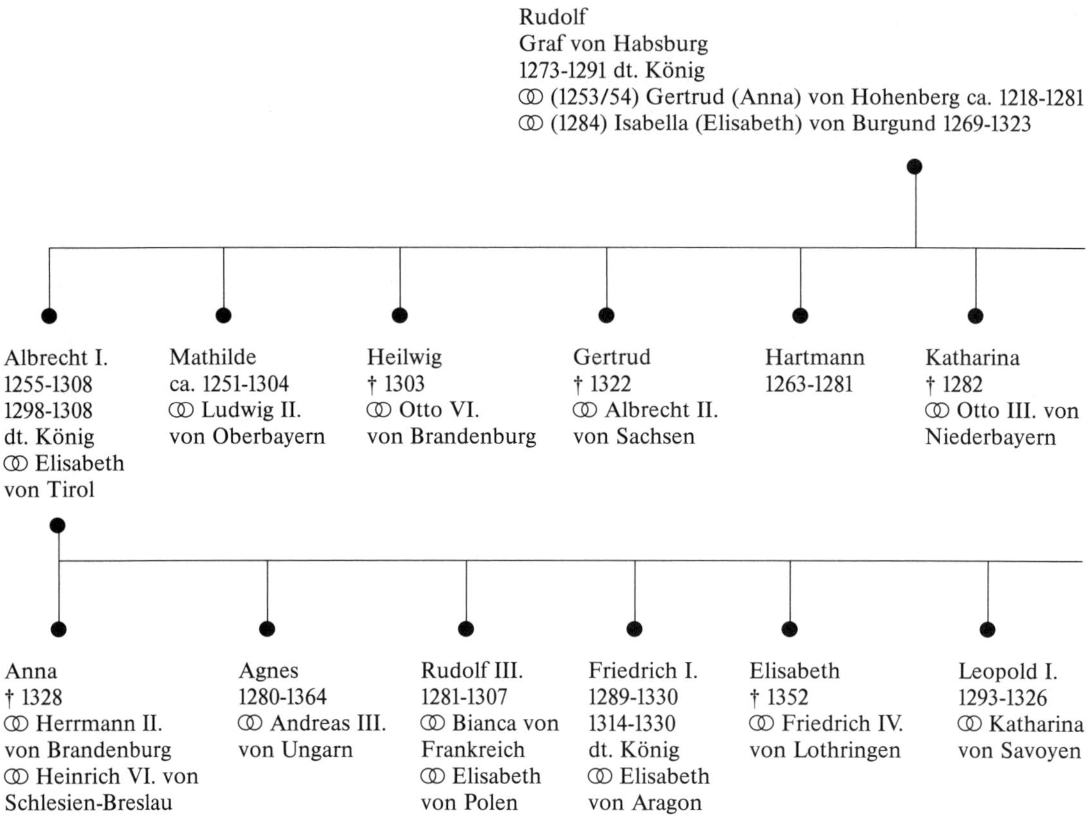

Habsburgische Heiratspolitik

Die Kinder Rudolfs I. und die Kinder Albrechts I.

mit dem König von Böhmen eine wichtige Rolle spielen würde, und einer seiner Töchter zustande. Zur selben Zeit verheiratete sich sein ältester Sohn mit der Tochter des Grafen von Görz-Tirol, und damit sicherte sich Rudolf die Verbindung mit einem jener alpenländischen Territorien, die dem Herrschaftsbereich König Ottokars unmittelbar benachbart waren.

Die Entscheidungsschlacht fand am 26. August 1278 nordöstlich von Wien bei Dürnkrut statt. König Rudolf hatte den böhmischen König in Österreich angegriffen, wo dessen Stellung rasch verfiel. Es war Rudolf gelungen, den Adel auf seine Seite zu ziehen. Der Sieg bei Dürnkrut hatte seinen Grund jedoch nicht nur darin, und er war auch nicht einfach eine Folge von Zufall und Kriegsglück. Der Sieg hatte auch etwas mit der Kriegstechnik zu tun. Beide Seiten waren nicht gleich stark. Ottokar verfügte über eine größere Zahl von gepanzerten Rittern als Rudolf, während sich der in hohem Maße auf leichte ungarische Reiter stützte. Es scheint, daß die Entscheidung zugunsten Rudolfs dadurch herbeigeführt wurde, daß dieser eine kleine Gruppe von Panzerreitern von der Seite her angreifen ließ, was die schwerbewaffneten Ritter angesichts des engen Blickwinkels ihrer Topfhelme in Verwirrung stürzte. Das galt als eine nichtritterliche Kampfhandlung, doch war ein solches Zusammen-

Guta	Clementia	Karl	Rudolf II.	Sohn
1271-1297 ∞ Wenzel II. von Böhmen	† 1295 ∞ Karl I. von Anjou-Neapel	† 1276	1271-1290 ∞ Agnes von Böhmen	† ca. 1277-1280

Katharina	Albrecht II.	Heinrich	Meinhard	Otto	Jutta	9 namentlich nicht bekannte, jung verstorbene Kinder
1295-1323 ∞ Karl von Kalabrien (Anjou)	1298-1358 ∞ Johanna von Pfirt	1298-1327 ∞ Elisabeth von Virneburg	† ca. 1300	1301-1339 ∞ Elisabeth von Niederbayern ∞ Anna von Böhmen	† 1329 ∞ Ludwig von Öttingen	

treffen militärisch wirkungsvoller, im Licht der ritterlichen Traditionen aber anrüchiger Kriegshandlungen mit klassischer Kampftechnik für die Zeit typisch. Ungewöhnlich war jedoch, daß diese eine Schlacht schon die Entscheidung brachte. König Ottokar wurde nämlich nach der Niederlage auf der Flucht von Österreichern gefangengenommen und nicht, wie es üblich gewesen wäre, gegen Lösegeld freigelassen, sondern erschlagen.

Angesichts dieser Niederlage sahen sich die Könige von Böhmen auf Böhmen beschränkt und an das Reich gebunden. König Wenzel, Ottokars Sohn, wurde mit einer Tochter König Rudolfs verlobt. Die anderen Fürstentümer des Besiegten übernahm der Sieger für eine Übergangszeit in die Verwaltung des Reiches. Die endgültige Lösung war die Belehnung seiner Söhne Albrecht und Rudolf mit den frei gewordenen Reichslehen, also mit Österreich, Steiermark, Kärnten, Krain und der Windischen Mark.

Dieser Lehnsakt des Jahres 1282 sollte Folgen haben, die in ferne Jahrhunderte reichten. Er begründete die Verlagerung des Zentrums habsburgischer Macht in den Südosten, er stellte das Fundament des späteren habsburgischen Weltreiches dar, und er bedeutete für die österreichischen Länder den Beginn einer Herrschaftsordnung, die bis 1918 dauern und Wirkungen bis in die Gegenwart haben sollte.

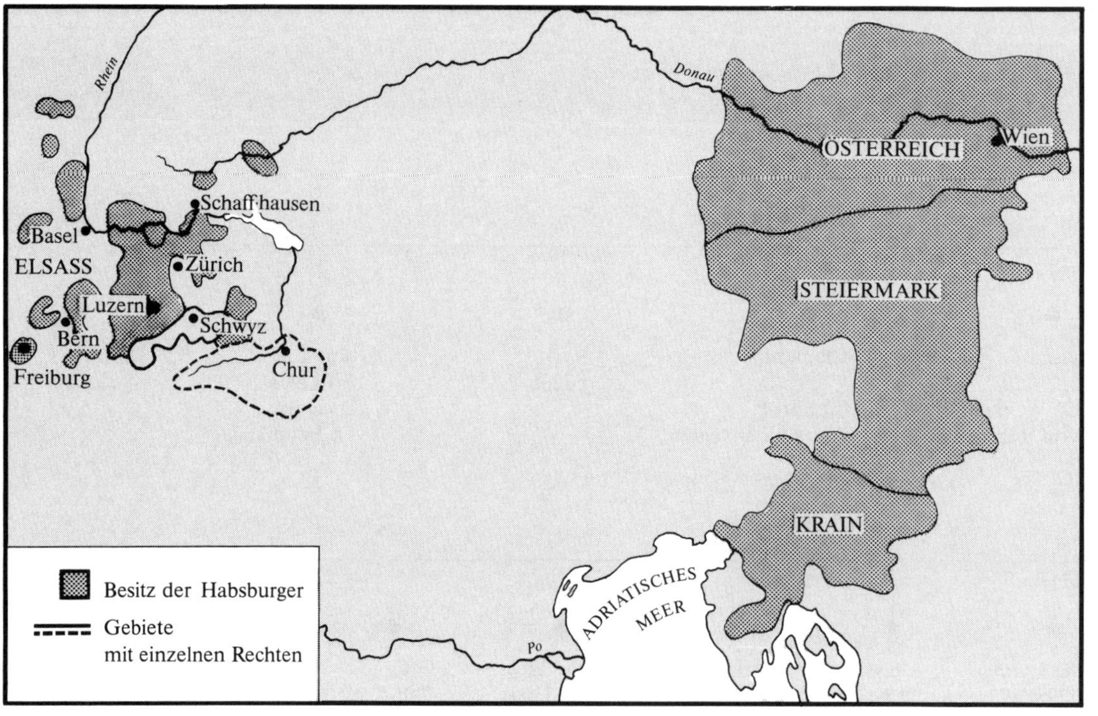

Die habsburgischen Besitzungen beim Tode König Rudolfs

Die Söhne Rudolfs von Habsburg wurden mit dieser Belehnung nicht nur Reichsfürsten, sondern sie wurden Reichsfürsten von besonderem politischen Gewicht. Das zeigt, daß die Möglichkeiten des Königs noch immer beträchtlich waren. Falls die Kurfürsten mit der Wahl Rudolfs von Habsburg die Absicht gehabt hätten, eine Marionette auf den Thron zu bringen, so hätten sie alles daransetzen müssen, den Lehnsakt von 1282 zu verhindern. Daß sie das nicht taten, läßt das Gewicht des Königtums in Deutschland erkennen. Das Königtum war damals keineswegs so hoffnungslos schwach, wie es die aus dem 19. Jahrhundert ererbte Beurteilung dieser Zeit will.

Die Bedeutung des Lehnsaktes für die Situation des Königtums selbst hing davon ab, ob der Nachfolger Rudolfs von Habsburg ebenfalls ein Habsburger sein würde. Dafür aber wäre die Königswahl zu Lebzeiten des Vorgängers die sicherste Voraussetzung gewesen. Doch das setzte nach damaligen Vorstellungen die Krönung des Königs zum Kaiser voraus, und die hat König Rudolf niemals erreichen können. Er wurde nicht zum Kaiser gekrönt, obwohl er sich mit aller Energie darum bemüht hat.

Aus der Distanz von Jahrhunderten scheinen Welten zwischen der in weite Fernen reichenden Politik der staufischen Könige und den engen Räumen zu liegen, in denen ihre Nachfolger wirkten. Aus dem Blickwinkel des späteren 13. Jahrhunderts selbst aber war kein Bruch sichtbar. König Rudolf war weit davon entfernt, sich von vornherein auf Deutschland zu beschränken. Das zeigen seine Bemühungen um die Erneuerung der Reichsrechte in Burgund. Er war freilich der letzte deutsche König, der hier noch einmal größere Erfolge hatte.

Die Auseinandersetzungen König Rudolfs mit dem Pfalzgrafen Otto von Burgund, einem der wichtigsten Fürsten in dieser Grenzregion, die nun so sichtbar unter französischem Druck stand, glichen dem Konflikt, den er eben erst mit Ottokar von Böhmen zu bestehen gehabt hatte. Auch der Pfalzgraf verweigerte die Lehnshuldigung, und der König war nicht bereit, das hinzunehmen, zumal es um Gebiete ging, die an den Herrschaftsraum seiner eigenen Familie grenzten. Der Pfalzgraf führte überdies prinzipielle Gründe für seine Weigerung ins Feld. Ebenso wie einige Machthaber in Reichsitalien behauptete er, nicht dem römisch-deutschen König, sondern erst dem Kaiser eine Lehnshuldigung schuldig zu sein. Im Jahre 1289 führte Rudolf ein großes Ritterheer gegen Besançon; da der französische König den Pfalzgrafen nicht schützte, gab dieser schon vor einer Schlacht den Widerstand auf und leistete die geforderten Eide.

Auch in Italien hat sich Rudolf um die traditionellen königlichen Herrschaftsrechte bemüht. Der Papst war grundsätzlich bereit, ihn zum Kaiser zu krönen: die herkömmliche Verbindung des Kaisertums mit dem deutschen Königtum war also nicht in Frage gestellt. Daß König Rudolf dennoch am Ende nicht Kaiser wurde, hatte nicht prinzipielle, sondern konkrete politische Gründe. Dieser Mißerfolg steht in deutlichem Kontrast zu einer sonst erfolgreichen Königsherrschaft. Das wird am Eingreifen des Königs in Thüringen besonders sichtbar.

Das mächtige Territorium, das die Landgrafen hier zur Zeit der Staufer geschaffen hatten, war seit dem Ende des Landgrafen und Gegenkönigs Heinrich Raspe in Verfall geraten. Die von den Landgrafen zurückgedrängten anderen Fürsten und der Adel bekämpften sich in jahrelangen Fehden. Wenn der König bereit war, seiner Pflicht zu folgen und den Landfrieden herzustellen, so mußte er nach Thüringen ziehen, und das hat Rudolf auch getan. Viele Monate lang hielt er sich in dieser unruhigen Region auf, weit über fünfzig Adels- und Fürstenburgen hat er zerstören lassen. Der große Hoftag, den der König drei Jahre vor seinem Tode gegen Ende des Jahres 1289 in Erfurt hielt, bezeichnete den Höhepunkt seiner so erfolgreichen Bemühungen um eine Wiederherstellung der Königsgewalt in Deutschland.

Am 15. Juli 1291 ist der König, dreiundsiebzig Jahre alt, in Speyer gestorben – wahrscheinlich hat er den Ort in Erwartung seines Todes aufgesucht. So wurde er im Dom von Speyer begraben – neben den Gräbern seiner salischen Vorgänger und dem König Philipps.

Die Kurfürsten wählten am 5. Mai des folgenden Jahres mit Adolf von Nassau wie neunzehn Jahre zuvor wiederum keinen Reichsfürsten, sondern nur einen Grafen zum König. Und doch handelte es sich bei dieser Wahl um keine Wiederholung der früheren Entscheidung. Im Jahre 1273 muß den Kurfürsten klar gewesen sein, daß sie nicht etwa einen schwachen Kandidaten auf den Thron hoben. Jetzt aber hatten die Königswähler – namentlich die Erzbischöfe von Köln und Mainz – offensichtlich gerade das im Auge, und vor allem wollten sie die Wahl von Rudolfs Sohn Albrecht vermeiden. Adolf von Nassau dagegen war geradezu die Kreatur des Kölner Erzbi-

Grabplatte Rudolfs von Habsburg im Dom zu Speyer

Der König trägt Krone, Reichsapfel und (ursprünglich) Zepter. Es scheint, als sei ein ähnliches Bildnis erstrebt worden.

schofs, der mit Hilfe des von ihm geschaffenen Königs seine eigenen territorialpolitischen Ziele besser verfolgen zu können meinte und auf eine Erweiterung seiner verfassungsmäßigen Position hoffte. Er wollte sein traditionelles Recht, den König in Aachen zu krönen, politisch nutzen und ausbauen.[5]

Doch auch ein zunächst schwacher König wie Adolf von Nassau konnte die Möglichkeiten seines Amtes nutzen. In Thüringen, wo eben erst Rudolf seine Landfriedenspolitik durchgesetzt hatte, folgte der neue König seinem Vorgänger auf dem Fuße. Er zog Thüringen und vielleicht auch die Mark Meißen an die Krone, und er verstand es, diese Erwerbungen durch zwei Feldzüge abzusichern. Finanziell kamen ihm dabei jene Hilfsgelder zugute, derentwegen man im Königtum Adolfs von Nassau oft einen Tiefpunkt der deutschen Geschichte gesehen hat.

Der deutsche König war im Krieg zwischen England und Frankreich nicht nur mit dem englischen König verbündet gewesen, sondern er hatte für dieses Bündnis auch erhebliche Summen erhalten. Ob diese Subsidien seine Politik beeinflußt haben, läßt sich nicht sagen. Vor allem aber läßt sich nicht sicher feststellen, ob jene Quellen recht haben, denen zufolge der König gleichzeitig auch französische Hilfsgelder empfing und deshalb die dem englischen König zugesagte Hilfe nicht leistete. War das eine unkönigliche oder im Gegenteil eine besonders kluge Politik? Üblich waren solche Zahlungen an Reichsfürsten in der Tat. England und Frankreich, deren säkularer Kampf um die englischen Besitzungen auf dem Festland nun begann, bemühten sich um Verbündete. Der übernächste König, Heinrich VII., schloß wenig später als König Adolf einen einträglichen Subsidienvertrag mit dem französischen König ab – jedoch als Graf von Luxemburg und noch nicht als römischer König. Durfte ein König tun, was viele Fürsten ihm vormachten? Der Papst, Bonifaz VIII., hat Adolf von Nassau vorgeworfen, sich wie ein Soldritter zu benehmen.[6] Aber das war ein durchaus interessengebundener Vorwurf.

Auf Dauer sollten die englischen Subsidien König Adolf jedoch kein Glück bringen. Seine so erfolgreiche Politik in Thüringen kollidierte mit den Interessen eines seiner wichtigsten Förderer, des Erzbischofs von Mainz, und je größer die Erfolge des Königs in der Mark Meißen waren, desto schwieriger mußte das Verhältnis des Mainzers zum böhmischen König werden, der an dieser ihm benachbarten Region ebenfalls interessiert war.

So verbündeten sich der Mainzer Erzbischof und der böhmische König mit Herzog Albrecht von Österreich, dem Sohn König Rudolfs, der bei der letzten Königswahl übergangen worden war. Der Erzbischof von Mainz lud zu einem Fürstentag nach Frankfurt ein, wo ein Gerichtsverfahren gegen den König eröffnet werden sollte. Bei der nur schwach besuchten Zusammenkunft wurde eine lange Reihe ziemlich fadenscheiniger Vorwürfe gegen den König zusammengestellt, welche die Politik der gegen ihn entstandenen Koalition notdürftig legitimieren sollte. Adolf selbst erschien auf dem zu seiner Verurteilung angesetzten Fürstentag nicht: so wurde er nun als Rechtsverweigerer behandelt – wie zuletzt der böhmische König, nur daß an die Stelle der Reichsacht, welche die Kurfürsten

Das Denkmal von Göllheim

Am Ort der Schlacht, in der 1298 König Adolf besiegt wurde und ums Leben kam, ließ seine Gemahlin einen Kruzifixus errichten. Der Bau, in dem sich das Kreuz heute befindet, stammt aus dem Jahre 1836. Das Wappen am Fuße des Kreuzes wurde 1898 angebracht.

nicht aussprechen konnten, etwas anderes treten mußte. Man erklärte den König für abgesetzt.

Ebenso wie eine Achterklärung mußte aber auch diese Absetzung erst einmal durchgesetzt werden, und das bedeutete den Krieg. An ihm mußte jener Fürst am meisten interessiert sein, der nun König werden sollte und wollte: Herzog Albrecht von Österreich. Nachdem König Adolf am 23. Juni 1298 für abgesetzt erklärt worden war, wurde Albrecht in der Tat zum König gewählt, und da er sich mit einem Heer in der Nähe von Mainz aufhielt, konnte der Feldzug sogleich eröffnet werden. Am 2. Juli kam es bei Göllheim in der Pfalz zu einer Ritterschlacht, welche die Entscheidung brachte.

König Adolf fiel im Kampf, aber man muß wohl besser sagen: er wurde erschlagen; derjenige, der ihm den Todesstoß versetzte, muß gewußt haben, mit wem er es zu tun hatte. Andernfalls hätte er seinen Kontrahenten gewiß gefangengenommen, da das Ziel einer Ritterschlacht nicht in der Tötung, sondern in der Gefangennahme des Gegners und in der Erzielung von Lösegeld lag. Die Quellen machen verschiedene Angaben darüber, wer König Adolf erschlagen habe; der Hergang scheint aus zeitgenössischer Sicht durchaus zweifelhaft gewesen zu sein.[7] Die früheren Absetzungen deutscher Könige – an die sich die Gegner Adolfs erinnern mochten – waren durch den päpstlichen Bann legitimiert gewesen. Daß die deutschen Fürsten im Jahre 1077 schon einmal einen König abgesetzt hatten, der vorher nicht exkommuniziert worden war, dürfte 1298 niemand mehr gewußt haben.

Rechtlich zweifelhaft war auch die Wahl Albrechts nach der Absetzung Adolfs gewesen. Aus diesem Grunde wurde am 27. Juli noch einmal gewählt, und nun schlossen sich auch die Kurfürsten von Trier und von der Pfalz an, die bisher auf seiten Adolfs gestanden hatten. Der Pfalzgraf war bei Göllheim sogar gefangengenommen worden. Es blieb jedoch die Frage, ob die Unregelmäßigkeiten dieses Herrscherwechsels nun tatsächlich aus der Welt geschafft waren, und es blieb abzuwarten, wie sich der Papst zu dieser Königswahl stellen würde, an der er keinen Anteil gehabt hatte. Überdies möchte man fragen, wie die Kurfürsten hoffen konnten, daß ihnen der neue König bequemer sein würde als der, dessen sie sich eben entledigt hatten. Ein schwaches Königtum konnten sie von Albrecht nicht erhoffen. Aber hatten sie eine Wahl gehabt? Ohne Albrecht wäre ihnen der Coup nicht geglückt.

Albrecht war etwa 1255 geboren worden. Kurz vor der Wahl seines Vaters zum König war er mit der Tochter des Grafen von Tirol-Görz verlobt worden. Der Graf hatte Rudolf nach dessen Wahl zum König noch einmal gefragt, ob es unter den neuen Umständen bei der alten Abmachung bleiben solle. Doch hatte der König darauf verzichtet, Albrecht gemäß seinem neuen Rang zu verheiraten. Das sollte sich nun als vorteilhaft erweisen, denn mit dieser Heirat gewann Rudolf einen Verbündeten in jener Region, die nach seinem Sieg über den König von Böhmen wichtig für die Habsburger werden sollte.

Elisabeth von Tirol hatte Albrecht eine große Zahl von Kindern geboren. Zwölf kennt man mit Namen; neun andere starben noch im Kindesalter. Ähnlich wie sein Vater, der seine sechs Töchter zielbewußt zur Festigung seines Königtums eingesetzt hatte, hatte auch Albrecht infolge der Zahl seiner Kinder reiche Möglichkeiten. Zu den Herrschaftsgebieten, die er durch Heiraten an sich band, gehörten die Mark Brandenburg, das schlesische Fürstentum Breslau, Ungarn, Frankreich, Böhmen, Aragon, Lothringen, Savoyen, Neapel, Bayern und noch einmal Böhmen.

Die erzählenden Quellen werden nicht müde, Rudolf von Habsburg ein freundliches Wesen zuzuschreiben. Das Bild, das sie von Albrecht entwerfen, ist zwiespältig. Die Berichte rühmen seine Kriegstüchtigkeit und seine Tapferkeit, doch sie tadeln sein herrisches und unfreundliches Wesen. Während die freundlichen Bemerkungen über Rudolf von Habsburg auf franziskanische Autoren und damit auf die Förderung eines Ordens zurückgehen, der seinerseits das Andenken des Königs pflegte, kommen die abträglichen Bemerkungen über Albrecht aus österreichischen Quellen.[8] Sie sind ein Ergebnis der energischen Anstrengungen Albrechts, die Möglichkeiten, welche die Herzöge seit der staufischen Zeit in Österreich hatten, wieder herzustellen. Die Feindseligkeit der österreichischen Chronisten rührt auch daher, daß der König sich in Österreich auf Helfer aus den traditionellen Herrschaftsgebieten der Habsburger, also auf landfremde Adlige stützte. Außerdem kam aber noch ein persönliches Schicksal des Königs hinzu.

Seiner Gestalt nach sei er ein bäurischer Mann gewesen; er habe

Natternzungen-Kredenz im Besitz des Deutschen Ordens

Das um 1400 entstandene Gerät sollte die Vergiftung von Speisen anzeigen. An einem Korallenzweig sind fossile Haifischzähne angebracht, die man für versteinerte Schlangenzungen hielt und denen man die Eigenschaft zuschrieb, Gift anzuzeigen.

nur ein Auge gehabt und einen unwirschen Anblick geboten – so berichtet eine Chronik. Nachsicht gegenüber körperlich Geschädigten war dem Mittelalter fremd: Der Krüppel konnte zwar Almosen erwarten, doch nicht die verhüllende Rede vom Behinderten. Wo man sein Leiden benannte, da geschah das direkt und nicht selten mit grobem Spott. Einen Herrscher aber machte ein körperlicher Schaden geradezu berufsunfähig. Einen Lahmen oder an der Lepra leidenden Mann dürfe man nicht zum König wählen, so heißt es im Sachsenspiegel.[9]

Die Quellen berichten auch über die Gründe von Albrechts Einäugigkeit, und sie lassen damit ein Stück Wirklichkeit erkennen.[10] Dem Herzog von Österreich war am 25. November 1295 bei Tisch heftig übel geworden. Man vermutete eine Vergiftung, und das konnte in einem solchen Fall damals durchaus vermutet werden. Man suchte sich gegen solche Anschläge dadurch zu schützen, daß man kleine Silberbäumchen mit Korallen oder Schlangenzähnen auf die Tafel stellte. Um den Herzog zu retten, hängte man ihn an den Füßen auf, in der Hoffnung, daß die schädlichen Stoffe den Körper durch Mund und Nase verlassen würden. Der Blutandrang schädigte aber ein Auge des Fürsten so sehr, daß es entfernt werden mußte.

Das Verhältnis Albrechts zu den Kurfürsten wurde sehr bald kritisch. Sein Bündnis mit dem König von Frankreich und sein Versuch, die Grafschaft Holland, wo 1299 die Grafenfamilie ausgestorben war, an das Reich zu ziehen, mußten die Reichsfürsten alarmieren. Im selben Jahr war Albrecht mit dem französischen König zusammengetroffen, und ein Jahr später verheiratete er seinen Sohn Rudolf mit einer Schwester des französischen Königs. Bei dieser Gelegenheit wurde Rudolf Thronfolger genannt. Nicht nur das machte die Kurfürsten, die angesichts einer solchen Wortwahl um ihr Wahlrecht fürchten mußten, mißtrauisch: Gerüchte wollen wissen, daß Albrecht dem französischen König Zugeständnisse im Hinblick auf die westlichen Gebiete des Reiches gemacht habe, um mit französischer Hilfe die Erblichkeit der deutschen Krone durchzusetzen. Als die holländischen Absichten des Königs sichtbar machten, daß er über seine starke Stellung am Oberrhein hinaus auch am Unterlauf des Rheins Macht zu gewinnen suchte, verbündeten sich die vier rheinischen Kurfürsten, um den König wie seinen Vorgänger abzusetzen. Albrecht hat sich in dieser Situation an die rheinischen Städte gehalten, und da ihm auch militärische Erfolge zu Hilfe kamen, zerfiel die Front der Kurfürsten rasch. In Holland hatte er dennoch keinen Erfolg. Auch sein französischer Verbündeter hatte Bedenken gegen eine Vermehrung der Macht des deutschen Königs in diesem Gebiet.

Wichtiger aber mußte das Verhältnis des Königs zum Papst sein – zumal von 1294 bis 1303 Papst Bonifaz VIII. den Stuhl Petri innehatte: jener Papst, der die weltlichen Ansprüche seines Amtes so zugespitzt formulierte wie keiner seiner Vorgänger.

Papst Bonifaz hatte bei seiner Wahl König Adolf schon vorgefunden und also bisher keine Gelegenheit gehabt, zu der so strittigen Frage Stellung zu nehmen, welche Rechte der Papst bei der Wahl des deutschen Königs habe. Bonifaz hatte vielmehr versucht, Adolf als Verbündeten zu gewinnen, doch war dieser an Italien und dem Papst offensichtlich wenig interessiert gewesen.

Nach der Wahl Albrechts hatten sich die Kurfürsten sogleich an den Papst gewandt und ihn gebeten, den von ihnen Gewählten zu fördern und ihn alsbald zum Kaiser zu krönen. Wie Albrecht auf den Thron gekommen war, schrieben die Kurfürsten nicht. Sie versuchten, die Irregularitäten des Thronwechsels durch die Behauptung zu bemänteln, das Römische Reich sei schon längere Zeit vakant gewesen.[11] Das war ein ungeschickter Versuch. Man wußte in Rom, was geschehen war.

Zunächst griff der Papst jedoch nicht ein, und Albrecht setzte die traditionelle Politik seiner Vorgänger fort, übte Herrschaftsrechte in Italien aus und nahm also keine Rücksicht darauf, daß nicht nur der Meinung des Papstes zufolge solche Rechte erst einem Kaiser zustanden. Im Frühjahr 1300 schickte er Gesandte nach Rom, um zu einer Verständigung mit dem Papst zu kommen. Als Gegenleistung forderte dieser einen Teil Reichsitaliens, nämlich die Toskana.

Die Begründung, mit der Papst Bonifaz VIII. diese Forderung abstützte, kennzeichnet seine Amtsauffassung. Den geforderten Teil Reichsitaliens in einen Teil des Kirchenstaats umzuwandeln bedürfe gar keiner besonderen Umstände, so schrieb der Papst, da ja das ganze Reich vom Papst stamme. Doch habe er es für diesmal vorgezogen, heißt es in dem an den Erzbischof von Köln gerichteten Brief des Papstes, die Gesinnung des Empfängers zu prüfen, und so fordere er ihn auf, für den Fall, daß der Herzog Albrecht von Österreich etwas in dieser Sache tun wolle, im gleichen Sinne tätig zu werden. Die Titulatur, deren sich der Papst bediente, offenbart, daß er das Königtum Albrechts einstweilen nicht anerkannte. Der Inhalt dieses Briefes aber zeigt, daß er mit dem König ins Geschäft kommen wollte. Wie König Rudolf den Päpsten die Romagna abgetreten hatte, so sollte nun sein Sohn Bonifaz die Toskana überlassen.[12]

Oder wollte der Papst mehr? Es ist vermutet worden, daß es ihm mehr darauf ankam, die päpstliche Rolle bei der Königswahl zu betonen, ja vielleicht darüber hinaus das Reich in ein Erbreich zu verwandeln. Doch sind die Verhandlungen des Papstes mit dem König so geheim geführt worden, daß schon die Zeitgenossen nicht erkennen konnten, worum es eigentlich ging. Jedenfalls hat sich Albrecht nicht auf die Angebote des Papstes eingelassen, und so verhärtete sich dessen Position. Im April 1301 rief er dazu auf, Albrecht als Rebellen und Usurpator zur Rechenschaft zu ziehen. Doch sollte das ohne Folgen bleiben, da die deutschen Angelegenheiten für den Papst bald in den Hintergrund traten. Er mußte alle Aufmerksamkeit auf jenen nun beginnenden Konflikt mit dem König von Frankreich richten, der am Ende zur Katastrophe des Papstes und des Papsttums führen sollte.

Papst Bonifaz VIII. hatte im Jahre 1296 die Besteuerung des Klerus durch Laien verboten. Obwohl sich seine mit den Worten »Clericis laicos« beginnende Bulle[13] nicht gegen ein bestimmtes Land richtete und auch kein neues Recht schuf, wirkte sie doch als eine Neuerung, die sich gegen die großen Staaten richtete, weil diese auf die Besteuerung des Klerus angewiesen waren. Weder England noch Frankreich hätten den Krieg, in dem sie sich befanden, ohne die Besteuerung des Klerus führen können. So antwortete der französische König mit einem Exportverbot, das vielen an der päpstlichen Kurie tätigen kirchlichen Amtsträgern die Einkünfte abschnitt und überdies die finanziellen Verbindungen zwischen dem päpstlichen Hof und Nordwesteuropa unterbrach. Die beiderseitige Polemik spitzte sich schnell zu, und so schien es, als würde nun ein prinzipieller Kampf zwischen der römischen Kirche und der französischen Krone bevorstehen – eine Fortsetzung jenes Kampfes, den die Päpste ein Jahrhundert zuvor mit den Staufern geführt hatten.

Ein solcher Streit konnte angesichts der grundsätzlichen Ansprüche des Papstes, wie er sie gerade Albrecht gegenüber formuliert hatte, um so unvermeidlicher erscheinen, als in Frankreich inzwischen eine politische Theorie entwickelt worden war, derzufolge jeder Monarch, insbesondere der französische König, Kaiser in seinem Königreich (imperator in regno suo) war.[14]

Papst Bonifaz VIII.

Die zu Lebzeiten des Papstes geschaffene vergoldete Statue – die älteste selbständige, nicht in ein Grabmal eingebundene Papstfigur – war von den Bürgern Bolognas als Herrscherdenkmal auf dem Balkon eines öffentlichen Gebäudes aufgestellt worden, aber die Errichtung dieses Monuments entsprach auch dem Willen des Papstes. Die französischerseits nach seinem Tode erhobenen Anklagen, er habe sich als Götzen verehren lassen, waren zwar durchsichtig und gewiß unberechtigt, aber sie waren dennoch nicht aus der Luft gegriffen. Die Tiara der Statue in Bologna trug ursprünglich drei Kronen. Bonifaz hat die drei Kronreifen des Papstes eingeführt.

Doch werden solche Theorien nicht zwangsläufig und nicht ohne konkreten Anlaß in die Wirklichkeit umgesetzt. Da beide Seiten nicht stark genug waren, sich auf einen so fundamentalen Kampf einzulassen, kam es noch einmal zur Aussöhnung. Der Papst sprach sogar den Großvater des französischen Königs, Ludwig IX., der im Jahre 1270 verstorben war, mit Rücksicht auf dessen Verdienste um die Kreuzzüge heilig. Damit war das französische Königtum auf seinem Wege zu einem sakralen Rang ein beträchtliches Stück vorangekommen. Doch ebenso wie diese Erhöhung als sozusagen ideologische Seite des Ausbaus der französischen Kronrechte zur Staatlichkeit verstanden werden kann, mußte sie dazu beitragen, daß der Konflikt mit dem Papst alsbald wieder aufbrach.

Im Herbst 1301 hatten Amtsträger des französischen Königs Gewalt gegen einen südfranzösischen Bischof geübt. Der Papst beschloß, ein Exempel zu statuieren. Er lud die hohen französischen Geistlichen zu einer Nationalsynode nach Rom ein und teilte dem französischen König in herrischen Worten mit, daß auch dessen Gewalt von ihm abhinge. Philipp IV. mobilisierte nun die Prälaten, den Adel und die Vertreter der königlichen Städte. Den Geistlichen wurde eine Erklärung zugunsten des Königs abgezwungen. Die alten Maßnahmen von 1296 wurden erneuert. Darauf exkommunizierte der Papst den französischen König am 18. November 1302.

Am selben Tag wurde eine Bulle des Papstes publiziert, die noch einmal die Vollmacht des Papstes, über alle Christen zu richten, in umfassender und zugespitzter Weise feststellte. Sie beginnt mit den Worten »Unam sanctam« und ist einer der berühmtesten Texte der Kirchengeschichte. Noch einmal werden die so oft in päpstlichen Bullen zitierten Bibelworte zusammengestellt, welche dazu dienten, die Allgewalt des Papstes zu begründen, darunter Jeremias 1, 10: »Siehe, ich habe dich heute gesetzt über Völker und Königreiche.« Am Ende sagt der Papst: »Daß demnach alle menschliche Kreatur bei Verlust ihres Seelenheils dem römischen Papst untertan sein muß, erklären, sagen und definieren wir hiermit.«[15]

Die Bulle »Unam sanctam« wird oft zitiert – als der Höhepunkt päpstlicher auf eine Oberherrschaft in der Welt zielender Verlautbarungen. Wie nicht selten bei solchen Texten, gehen auch hier die spätere und die zeitgenössische Bedeutung auseinander. Der Papst wußte sehr wohl, daß er zur Verwirklichung seiner Ansprüche der praktischen Politik bedurfte. So bemühte er sich um einen Ausgleich mit Albrecht I. Im Jahre 1303 erkannte er dessen Wahl als rechtmäßig an, wenn auch in einer Weise, die weder den Hergang richtig wiedergab noch auch mit den Absichten des Königs übereinstimmen konnte. Der Papst behauptete nämlich, den König und künftigen Kaiser erhoben zu haben, und das heißt, er kam auf die grundsätzliche Forderung der Päpste zurück, entscheidenden Einfluß auf die Königswahl zu haben. Gewissermaßen zum Ausgleich bestritt der Papst dem französischen König das Recht, Kaiser in seinem Reich zu sein. Sie lügen, so heißt es von den französischen Königen, denn von Rechts wegen müssen sie dem römischen Kaiser und König untertan sein.[16] Von diesem jedoch verlangte der Papst einen Gehorsamseid, der die traditionellen Ansprüche der Päpste auf das deutsche Königtum noch einmal steigerte. Die Gesandten

Albrechts gingen auf die päpstlichen Forderungen ein. Sie erkannten an, daß die Deutschen das Kaisertum und die Kurfürsten das Wahlrecht dem päpstlichen Stuhl verdankten. Nach einem Jahrhundert währenden Bemühungen schienen die Päpste am Ziel angekommen zu sein.

Doch sollte Papst Bonifaz keine Gelegenheit haben, die politische Wirksamkeit dieses Ausgleichs zu erproben. Sein Konflikt mit dem König von Frankreich verschärfte sich. Am 7. September 1303, einen Tag bevor der Papst die längst ausgesprochene Exkommunikation des französischen Königs öffentlich bekannt machen wollte, wurde er in seiner Sommerresidenz Anagni überfallen. Wilhelm Nogaret, einer der wichtigsten Berater des französischen Königs, und Sciarra Colonna, ein Verwandter der dem Papst feindlichen Kardinäle aus dieser Familie, drangen mit Bewaffneten in die Stadt ein und stürmten unter der Fahne des französischen Königs und mit der Parole »Frankreich und Colonna« den Palast des Papstes und die Häuser der ihm treuen Kardinäle. Der Papst wurde zwei Tage lang gefangengehalten und gedemütigt. Als man ihn schließlich befreite, war er gebrochen. Er starb am 11. Oktober,[17] und so hatte der französische König auf andere Weise erreicht, was er gewollt hatte, nämlich das Ende dieses Papsttums. Im Hinblick auf das Verhältnis zum römisch-deutschen König aber sollte sich die Konstellation, wie sie in den letzten Monaten Papst Bonifaz' VIII. bestanden hatte, nicht wiederholen. Denn nun geriet das Papsttum in französisches Fahrwasser. Im Jahre 1309 verlegte Papst Clemens V. die päpstliche Hofhaltung nach Avignon, wo sie bis zum Beginn des großen abendländischen Schismas 1378 beziehungsweise – für den avignonesischen Teil der Kirche – bis zum Jahre 1417 bleiben sollte.

In dem Geflecht der familiären Beziehungen, das der König durch die Verheiratung seiner Kinder geschaffen hatte, waren Ungarn und Böhmen am wichtigsten. Albrecht hoffte, beide Länder an seine Familie zu bringen, und er verwickelte sich damit in weitreichende Beziehungen, die für die Geschichte des 14. Jahrhunderts insgesamt charakteristisch werden sollten. Die Politik war weiträumig, und manchmal hat man den Eindruck, daß sie phantastische Züge annahm. Immer wieder wechselten die Konstellationen, immer wieder kam es zu weitgespannten familiären Verbindungen, immer wieder zogen Ritter und Rittergruppen über Hunderte und Tausende von Kilometern hin – als wollten sie die Welt der Ritterromane in die Wirklichkeit umsetzen. Bis zu einem gewissen Grade mochten einige der Beteiligten solche Absichten tatsächlich haben, doch wirkten auch sie an der Politik ganz in unserem Sinne mit, an Kämpfen um den Erwerb von Macht und um deren Vergrößerung. Dabei wuchs die Bedeutung der osteuropäischen Länder; das politische Schwergewicht Europas und insbesondere Deutschlands verschob sich nun nach Osten. Aber es entstand dadurch keineswegs ein besonderer Raum osteuropäischer Politik. Auch der Papst, der König von Neapel und der König von Frankreich blieben zum Beispiel an Ungarn interessiert.

Nachdem im Jahre 1290 der ungarische König Ladislaus IV. ermordet worden war, erhoben die Anjou Erbansprüche, während König Rudolf das Land als heimgefallenes Reichslehen auffaßte und

Grabmal des Kuno von Falkenstein († 1333) und der Anna von Nassau († 1329) in der ehemaligen Stiftskirche St. Maria in Lich (Hessen)

Fürsten und Adlige ließen sich auf ihren Grabmälern erst im 15. Jahrhundert durchweg gerüstet darstellen. Das Grabmal in Lich, das außer dem Schwert des Mannes keinerlei Standeszeichen aufweist, ist typisch für seine Zeit, allerdings von außergewöhnlicher Qualität.

es seinem Sohn Albrecht übertrug. Doch ließ sich dieser Anspruch nicht verwirklichen. Einstweilen setzte sich ein Verwandter des letzten ungarischen Königs durch: Andreas III. Albrecht paßte sich der neuen Situation an, indem er 1296 eine seiner Schwestern, Agnes, mit dem Sieger vermählte.

Fünf Jahre später, 1301, starb der ungarische König. Der Papst unterstützte die Erbansprüche des Hauses Anjou, während sich im Lande selbst der König von Böhmen, Wenzel II., durchsetzen konnte. Die Tochter des verstorbenen ungarischen Königs, Elisabeth, ein etwa achtjähriges Kind, war mit dem zwölfjährigen Sohn des böhmischen Königs, Wenzel III., verlobt, und dieser, der zudem mit dem ausgestorbenen Königshaus verwandt war, wurde zum König von Ungarn gekrönt. Doch militärisch konnte er sein Königtum nicht erzwingen.

Seine schwache Position wurde auch dadurch verschlechtert, daß er nicht einmal im Besitz seiner Verlobten war, welche den wichtigsten Beweis seiner Ansprüche auf Ungarn dargestellt hätte. Die Witwe des letzten Königs, die Habsburgerin Agnes, war zu ihren Verwandten nach Österreich geflohen und hatte nicht nur große Teile des Kronschatzes mitgenommen, sondern auch ihre Stieftochter Elisabeth, die nun wohl mit einem Habsburger verheiratet werden sollte. Statt dessen wurde sie in ein Kloster in der Nähe von Zürich gegeben, wo sie im Jahre 1336 starb.

Vier Jahre nach dem Tode von Andreas III., im Jahre 1305, starb König Wenzel II. von Böhmen. Albrecht hatte dessen Nachfolger, Wenzel III., gezwungen, auf jene Elisabeth zu verzichten und eine für die politischen Pläne des Königs ungefährliche Ehe einzugehen. Ein Jahr später, 1306, wurde Wenzel III. erstochen. Der Mörder blieb unbekannt.

Damit war auch das böhmische Königshaus ausgestorben, und so gab es neben der ungarischen auch eine böhmische Thronfolgefrage. Herzog Heinrich von Kärnten, der eine Schwester des ermordeten Wenzel geheiratet hatte, galt als aussichtsreicher Kandidat. Auch die böhmischen Stände waren an ihm interessiert. Doch hatten Albrecht und sein Sohn Rudolf nicht die Absicht, hinzunehmen, daß die Macht eines mit ihnen konkurrierenden Reichsfürsten so wuchs. Sie überzogen das Land mit Krieg und bedrohten Heinrich von Kärnten ungeachtet der Tatsache, daß sie eng mit ihm verwandt waren. In dieser Situation wählten die böhmischen Stände den Habsburger Rudolf zum König – weil sein Vater außerordentlich mächtig war und Rudolf selbst weise und gerecht, so schreibt eine Chronik. Man meinte offensichtlich, mit dem Sohn besser fahren zu können als mit dem Vater, wenn sich ein Habsburger schon

Altardiptychon aus dem Besitz des Königs Andreas III. von Ungarn

Der kostbare Tragaltar, der wohl in Venedig angefertigt wurde, gehörte zu den Schätzen, welche die Witwe des Königs, die Habsburgerin Agnes, in ihre Residenz neben dem Kloster Königsfelden brachte. Die beiden Lindenholztafeln sind mit vergoldetem Silberblech verkleidet. Auf den Innenseiten in der Mitte zwei Jaspiskameen. Die Miniaturen mit Darstellungen von Heiligen und Szenen aus der Heilsgeschichte sind durch Silberblechstege von einander getrennt, die mit Perlen und Halbedelsteinen besetzt sind.

nicht vermeiden ließ. Den Habsburgern kam in Böhmen jetzt noch einmal der Tod zu Hilfe. Im Jahre 1305 starb Rudolfs erste Frau – jene Schwester des französischen Königs, die das Unterpfand des Bündnisses zwischen diesem und König Albrecht gewesen war. Nun konnte Albrecht seinen Sohn mit der Witwe des 1305 verstorbenen böhmischen Königs verheiraten, einer polnischen Prinzessin, die zwar selbst keine Ansprüche auf die böhmische Krone geltend machen konnte, aber vielleicht in der Lage war, in Böhmen die Aversionen gegen den von außen aufgezwungenen König zu mildern und diesem womöglich andere Ansprüche in Osteuropa zuzuführen. Mit Rücksicht auf die Erbansprüche seiner jetzigen Frau nannte sich Rudolf auch König von Polen. Doch starb er schon im Juli 1307 – zur Freude der Böhmen, wie es scheint.[18]

Da König Albrecht vorsichtshalber seine Söhne insgesamt mit Böhmen belehnt hatte, ergab sich ein Nachfolgeproblem jetzt nicht. Daher schickte der König seinen nächstälteren Sohn, Friedrich, ins Rennen. Nun widersetzten sich die böhmischen Stände. Auch die Witwe Rudolfs mußte fliehen. König Albrecht ließ sie nach Österreich bringen, weil sie schwanger war. Er wollte sich die Erbansprüche des zu gebärenden Kindes sichern.

Die einstige polnische Prinzessin und Witwe zweier Könige, damals etwa einundzwanzig Jahre alt, gebar einen Knaben, der jedoch bald starb. Man kennt nicht einmal seinen Namen. Nun war sie für Albrecht uninteressant geworden, und so konnte sie nach Böhmen zurückkehren, wo sie einige Jahre lang unverheiratet mit einem der führenden Adligen des Landes lebte und schließlich, im Alter von siebenunddreißig Jahren, aus ihrem Heiratsgut ein Kloster stiftete, in das sie selbst eintrat.[19]

Zum neuen König von Böhmen wurde nun doch Heinrich von Kärnten gewählt. Der deutsche König überzog ihn sofort mit Krieg, und Heinrich hätte sein Königtum wohl nicht behaupten können, wenn nicht jetzt, am 11. Mai 1308, König Albrecht von seinem Neffen Johann überfallen und ermordet worden wäre.

Der Mörder des Königs konnte seinerseits Erbansprüche auf Böhmen geltend machen. Er war der Sohn von Albrechts jüngerem, schon im Jahre 1290 gestorbenen Bruder Rudolf, der nach dem Sieg seines Vaters über König Ottokar von Böhmen mit dessen Tochter Agnes verheiratet worden war. Wenn schon nicht Böhmen, so konnte Johann doch jedenfalls Teile vom Erbe seines Vaters beanspruchen. Diese Ansprüche hatte ihm König Albrecht wohl nicht verweigert, doch zögerte er eine Klärung offensichtlich hinaus. So überfiel Johann den König mit einer kleinen Gruppe Bewaffneter in der Nähe von Rheinfelden, im Schatten der habsburgischen Stammburg. Den Mördern gelang die Flucht. Vielleicht weil der König wegen seiner harten Hand unbeliebt gewesen war, wurden die Verschwörer gedeckt. Einige meinten sogar, daß sie ihr Opfer in offener Fehde getötet hatten.[20]

Nach einer längeren Zeit des Zögerns hat der Nachfolger König Albrechts die Mörder seines Vorgängers geächtet und verfolgen lassen. Johann ist schließlich in der Haft gestorben. Einer der Verschwörer wurde gerädert. Die Seele dieser Verfolgungen war wohl die Witwe des Königs. Sie sorgte auch dafür, daß an der Stelle, wo

Die Ermordung König Albrechts I., Zeichnung in einer Chronik des 15. Jahrhunderts (rechts oben die Habsburg)

Albrecht ermordet worden war, ein großes Kloster gegründet wurde – als ein notwendiges Opfer, da Albrecht ja ohne die Sterbesakramente gestorben war, und zugleich als ein Ruhmesdenkmal der Familie und als ein Zentrum der Hofhaltung der Witwe.

Dieses Kloster Königsfelden,[21] ein von Franziskanern und Clarissen bewohntes Doppelkloster, wurde vor allem nach dem Tode der Witwe zum Mittelpunkt eines Hofes. Jetzt zog deren zweitälteste Tochter Agnes, die Witwe des letzten ungarischen Königs, hier ein. Beim Tode ihres Mannes war sie zwanzig Jahre alt gewesen, nun zählte sie sechsunddreißig Jahre, und siebenundvierzig Jahre sollte sie noch vor sich haben – eine Frau von großen politischen Talenten, die in dem nun beginnenden halben Jahrhundert von ihrer Residenz neben dem Kloster Königsfelden aus die habsburgischen Vorlande, also das alte Herrschaftsgebiet der Habsburger, praktisch regierte. Das aber bedeutete keineswegs den Genuß eines Altenteils, sondern eher das Gegenteil. Denn nun begann die Expansion der Eidgenossen, und zwar nicht zuletzt auf Kosten der Habsburger.[22]

Unmittelbar nach dem Tode Rudolfs von Habsburg hatten sich aus Sorge vor Übergriffen während des nun beginnenden Interre-

Die Kirche des nahe dem Ort des Attentats zum Gedächtnis und für das Seelenheil des ermordeten Königs Albrecht I. erbauten Klosters Königsfelden

gnums am 1. August 1291 Vertreter der drei alpenländischen Landgemeinden Uri, Schwyz und Unterwalden zu einem unbefristeten Landfriedensbündnis zusammengeschlossen. Nachdem im 13. Jahrhundert der Weg über den St. Gotthard möglich geworden war, hatten die drei Gemeinden eine neue Bedeutung erhalten. Sie fürchteten, daß die Habsburger ihre Rechte energischer wahrnehmen und auf Kosten der Reichsunmittelbarkeit von Uri und Schwyz ausdehnen würden.[23]

Konflikte mit den Habsburgern blieben denn auch nicht aus. Im Jahre 1315 besiegten die Verbündeten Herzog Leopold, einen jüngeren Sohn König Albrechts I., bei Morgarten. Im Rückblick erscheint Morgarten als erster in einer Reihe von Siegen, in denen die bäuerlichen eidgenössischen Heere über traditionell kämpfende Ritter triumphierten. Doch war im frühen 14. Jahrhundert noch nicht abzusehen, daß aus dem Bündnis von 1291 einmal die Eidgenossenschaft und schließlich ein Staat werden würde. Die spätere Tell-Legende hat die Anfänge der Eidgenossenschaft überformt. Sie hat auch verdeckt, daß diejenigen, die sich 1291 zusammengeschlossen hatten und ihren Bund in den nächsten Jahrzehnten nicht nur aufrechterhielten, sondern erweiterten, keineswegs einfache Bauern waren. Unter den Repräsentanten der drei Landgemeinden befanden sich auch Adlige. Dauer und Größe gewann das Bündnis von 1291 aber erst dadurch, daß sich ihm Städte - namentlich Bern und Zürich - anschlossen.

3. Luxemburger, Habsburger, Wittelsbacher

Ein halbes Jahr nach dem Mord an König Albrecht wählten die Kurfürsten den Grafen Heinrich von Luxemburg zum König, den Fürsten eines nicht unbedeutenden, jedoch ganz im Westen gelegenen Territoriums und damit eines Landes, das in jener Zone lag, wo der Einfluß des Königs von Frankreich stark war. Die Grafen von Luxemburg gehörten zu jenen Dynasten, die in vielfältigen Verbindungen zu Frankreich standen; die Muttersprache des nun Gewählten war das Französische.

Auch an dieser Entscheidung hatten nicht alle Kurfürsten mitgewirkt. Einen anerkannten böhmischen König gab es nicht, die sächsische Kurstimme war unter zwei Fürsten strittig, der brandenburgische Kurfürst trat bei dieser Wahl so wenig in den Vordergrund wie bei früheren, und der Pfalzgraf bei Rhein bemühte sich zeitweilig selbst, wenn auch erfolglos, um die Krone. So lag die Entscheidung im wesentlichen bei den drei geistlichen Kurfürsten. Ebenso wie der Gewählte waren sie dem König von Frankreich vielfach verpflichtet, und so konnte sich dieser gute Chancen ausrechnen, diesmal einen eigenen Kandidaten auf den deutschen Thron zu bringen. Er bemühte sich um die Wahl seines Bruders Karl. Doch dürfte die in den Augen der Kurfürsten ebenso bedenklich gewesen sein wie die eines Sohnes von König Albrecht.

Die Wahl des Grafen Heinrich von Luxemburg hat vor allem dessen Bruder Balduin veranlaßt, der damals dreiundzwanzig Jahre alt und seit einem Jahr Erzbischof und Kurfürst von Trier war. Nun brachte er seinen Bruder auf den deutschen Thron, und er sollte diesen Akt achtunddreißig Jahre später zum Nutzen der eigenen Familie, aber auch des Reiches, gewissermaßen wiederholen. Damals gelang ihm die Wahl seines Großneffen Karl.

Balduin von Trier, einer der fähigsten Fürsten seiner Zeit, war nicht nur ein erfolgreicher Burgenbauer, ein fleißiger Aktenleser und Schreiber, sondern auch ein frommer Mann. Er war überdies einer der wichtigsten Königsmacher der deutschen Geschichte. Infolge seiner Politik sollten die Grafen von Luxemburg eine der bedeutendsten Dynastien werden. Bis zu ihrem Aussterben im Jahre 1437 stellten sie ihren Ansprüchen nach und oft auch in der Wirklichkeit die Habsburger in den Schatten.

Heinrich wurde am 27. November 1308 einhellig gewählt. Er ließ sich in Aachen krönen und begann anschließend den traditionellen Umritt durch das Reich, das heißt durch jene Regionen, in denen die königlichen Herrschaftsrechte konzentriert waren: durch das Elsaß, durch Schwaben und Franken. Nord- und Mitteldeutschland, aber auch Bayern sahen den König nicht. Vom 26. August bis zum 8. September 1309 hielt Heinrich in Speyer seinen ersten großen Hoftag, und hier erschien auch Herzog Friedrich von Österreich – begleitet von vierhundert gleich gekleideten, also uniformierten Rittern. So viel herausfordernder Pomp – wie eine Quelle sagt – ließ erkennen, daß Friedrich nicht nur mit den ererbten Reichslehen belehnt zu werden wünschte. Er forderte auch eine Klärung der durch den Mord an seinem Vater entstandenen Situation. Würde der neue König die Mörder verfolgen oder die durch sie geschaffene Lage auszunutzen versuchen? Heinrich VII. hat sich - vielleicht beeindruckt durch den heftigen Streit, in den er mit dem Habsburger geriet - entschieden, die Mörder seines Vorgängers zu verfolgen und den Ermordeten nicht nur zu ehren, sondern auch in die Kontinuität des Königtums hineinzunehmen. Er ließ den Leichnam König Albrechts und auch den von dessen Vorgänger Adolf im Dom von Speyer bestatten.[24]

Mit Herzog Friedrich einigte sich der König auch wegen Böhmens. Der Habsburger verzichtete auf seine Ansprüche, und der Luxemburger behandelte Böhmen, ebenso wie sein Vorgänger, als erledigtes Reichslehen. Ein Jahr später verlieh er es seinem Sohn Johann. Wie seine habsburgischen Vorgänger versuchte auch er, diese Erweiterung der Möglichkeiten seiner Familie mit Hilfe des Königsamtes dynastisch abzusichern. Johann wurde mit einer jüngeren Tochter König Wenzels II., Elisabeth, verheiratet. Da er noch minderjährig war, vertraute der König Böhmen dem Erzbischof von Mainz an: einer ebenfalls ungewöhnlichen Fürstengestalt, die erkennen läßt, wie durchlässig soziale Grenzen im Ausnahmefall sein konnten. Peter Aspelt war der Sohn eines Ministerialen. Er war einer der erfolgreichsten Fürsten seiner Zeit, und so gelang es ihm auch, die Herrschaft der Luxemburger in Böhmen tatsächlich durchzusetzen.

Der König aber konzentrierte sich auf Italien. Er wollte sich möglichst rasch zum Kaiser krönen lassen. Schon im Oktober des Jahres 1310 überquerte er die Alpen, und am 29. Juni 1312 wurde er in Rom gekrönt. Aber schon am 24. August des nächsten Jahres starb er in Italien: der erste König seit den Staufern, der persönlich Herrschaftsrechte südlich der Alpen wahrnahm und der zum Kaiser gekrönt wurde, ein König also, dem gelungen war, was jedenfalls seine Vorgänger Albrecht und Rudolf vergeblich angestrebt hatten.

Heinrich hat seine Italienreise in Verhandlungen mit dem Papst vorbereitet, und das war um so nötiger, als die Situation ganz offen war. Wie würde sich ein im Schatten des französischen Königtums regierender Papst zu den Wünschen eines deutschen Königs stellen? Würde er die Ansprüche seiner Vorgänger erneuern, vor allem den Vertrag, den König Albrecht mit Papst Bonifaz kurz vor dessen Erniedrigung geschlossen und in dem der König sich dem Papst fast ganz ausgeliefert hatte? Es zeigte sich, daß der Papst an einer baldigen Kaiserkrönung interessiert war; vielleicht hoffte er, sich mit Hilfe eines gekrönten Kaisers von dem französischen Druck, der nun auf ihm lastete, befreien und aus Avignon nach Rom zurückkehren zu können. Auf der anderen Seite war die Erinnerung an die Zeit, da die Staufer die Päpste bedroht hatten, lebendig. So versuchte der Papst, König Heinrich durch Versprechungen und Sicherungen zu binden.

Außer dem Papst wollte auch der Enkel Karls I. von Anjou, König Robert von Neapel, beachtet sein. Heinrich versuchte, ihn durch eine familiäre Verbindung zu gewinnen. Doch war die Mitgift, die König Robert forderte, allzu hoch.

Aus der Bilderchronik des Kurfürsten Balduin von Trier über den Italienzug König Heinrichs VII.

Das obere Bild zeigt Heinrich VII. auf dem Thron: Rex facit senatorem et iusticias Rome in capitolio sedens (Der König ernennt den Senator und hält, im Kapitol thronend, Gericht). Unten »bellum Rome«: die Kämpfe in Rom. Die Unterschrift nennt einige Kämpfer, der Miniator zeigt auch, rechts von der Mitte, den Erzbischof und Kurfürsten Balduin von Trier. Er spaltet einem Orsini (Bärenwappen) den Schädel.

Dennoch hat Heinrich VII. seinen Italienfeldzug begonnen. Das Reich war befriedet, und im Hinblick auf Böhmen konnte er zuversichtlich sein. Doch ließ er sich nun, nach Rom ziehend, nicht auf ein unabsehbares und überflüssiges Abenteuer ein? Legte man den Nationalstaat des 19. Jahrhunderts zugrunde, so müßte man diese Frage bejahen. Doch damals suchte Heinrich, wenn er nach Italien zog, ein Land auf, in dem ihm größere Herrschaftsrechte zur Verfügung standen als zum Beispiel in Norddeutschland. Der König fügte sich nicht nur in die Tradition seines Amtes ein, sondern er verfolgte dabei durchaus »realpolitische« Ziele im Sinne des 19. Jahrhunderts.

Einem Erfolg standen indessen große politische Hindernisse entgegen. Die jahrzehntelange Abwesenheit der Könige hatte deren

Piero del Massaio, Rom im Jahre 1472

Die Karte gibt nicht nur Kirchen, sondern auch antike Monumente und Ruinen wieder. Sie repräsentiert also eine Sicht auf die Stadt, welche die bereits nach der Rückkehr der Päpste nach Rom im frühen 15. Jahrhundert beginnenden Bemühungen voraussetzt, den Verfall der Stadt zu beenden und sie nicht nur zu erneuern, sondern auch die Überreste aus der Antike zu schonen und zu erhalten. Rechts im Vordergrund St. Peter.

Möglichkeiten eingeengt. Die politische Selbständigkeit der großen italienischen Städte, die schon Barbarossa so befremdet und die ihm immer wieder beträchtliche Schwierigkeiten bereitet hatte, war inzwischen noch gewachsen. Allerdings stand dem deutschen König in Italien keine Einheitsfront gegenüber. Die Fürsten und Städte kämpften gegeneinander, und oft fanden solche Auseinandersetzungen auch innerhalb der Städte statt. Obwohl sich die jeweiligen Ursachen von Ort zu Ort unterschieden, begegnen doch überall dieselben Parteinamen. Die einen nannten sich Ghibellinen, also eigentlich Waiblinger, und sie bezeichneten sich damit als Anhänger wenn nicht der Staufer, so doch des deutschen Königs, während die anderen den Namen Guelfen, also Welfen, annahmen, womit sie zu erkennen gaben, daß sie gegen den König standen wie zu staufischer Zeit die Welfen.

Heinrich konnte hoffen, aus dieser Zerklüftung Gewinn zu ziehen. Wie nicht selten in solchen Fällen, suchten die Repräsentanten der jeweiligen Parteien Hilfe von außen, und so wurde Heinrich VII. mitunter geradezu emphatisch herbeigerufen und begrüßt. Am nachdrücklichsten hat das Dante getan, der in Florenz ein hohes politisches Amt bekleidet hatte und im Jahre 1302 nach dem Sieg der gegnerischen Partei verbannt und zum Tode verurteilt worden war. In Dantes Augen war Heinrich VII. eine Gestalt der Hoffnung; der Dichter begrüßte ihn mit feierlichen Worten und begleitete seinen Zug durch Italien mit tönenden Aufrufen.[25] Ob Dante jemals Gelegenheit hatte, Heinrich VII. selbst mit seinen Wünschen und Hoffnungen bekannt zu machen, läßt sich nicht sagen.

Es scheint, daß Heinrich mit nicht mehr als fünftausend Personen nach Italien gezogen ist. Er war also darauf angewiesen, hier Abgaben einzuziehen und mit deren Hilfe Söldner anzuwerben. Er konnte auch Zuzug von denen erhoffen, die sich von seinem Erscheinen politischen Erfolg versprachen. Doch war eine solche Unterstützung nicht unbedenklich. Der König drohte zum Ghibellinen oder zum Guelfen zu werden. Er hat diese Gefahr gesehen und sich zu Anfang prononciert darauf berufen, nicht als Repräsentant einer Partei, sondern als über den Parteien stehender König nach Italien gekommen zu sein. Doch konnte ein solcher Anspruch nicht verhindern, daß sich ihm Widerstand entgegenstellte. Anders als sein Enkel wollte Heinrich diesen Widerstand nicht umgehen. So sah er sich alsbald in monatelange Belagerungen verwickelt. Zwischen den Beginn des Italienzuges und die Krönung in Rom legten sich eindreiviertel Jahre. In dieser Zeit starben der Bruder des Königs, Walram, und die Königin.

Widerstand begegnete Heinrich aber nicht zuletzt in Rom oder genauer: in jenem Komplex von Siedlungen, den er statt der einstigen Weltstadt vorfand. In einer Reihe von Dörfern, Burgen und Höfen, die durch weite Ruinenflächen und Schafweiden voneinander getrennt waren, lebten in der alten Hauptstadt des Römischen Reiches, die einst mehr als eine Million Einwohner gezählt hatte, ungefähr 17.000 Menschen. Adelsfamilien hatten sich in den Ruinen der antiken Bauwerke festgesetzt und kontrollierten von dort aus die Straßen.[26] Die Kaiserkrönung hing auch von ihnen ab.

Wichtiger aber war, daß König Robert von Neapel einen Teil des

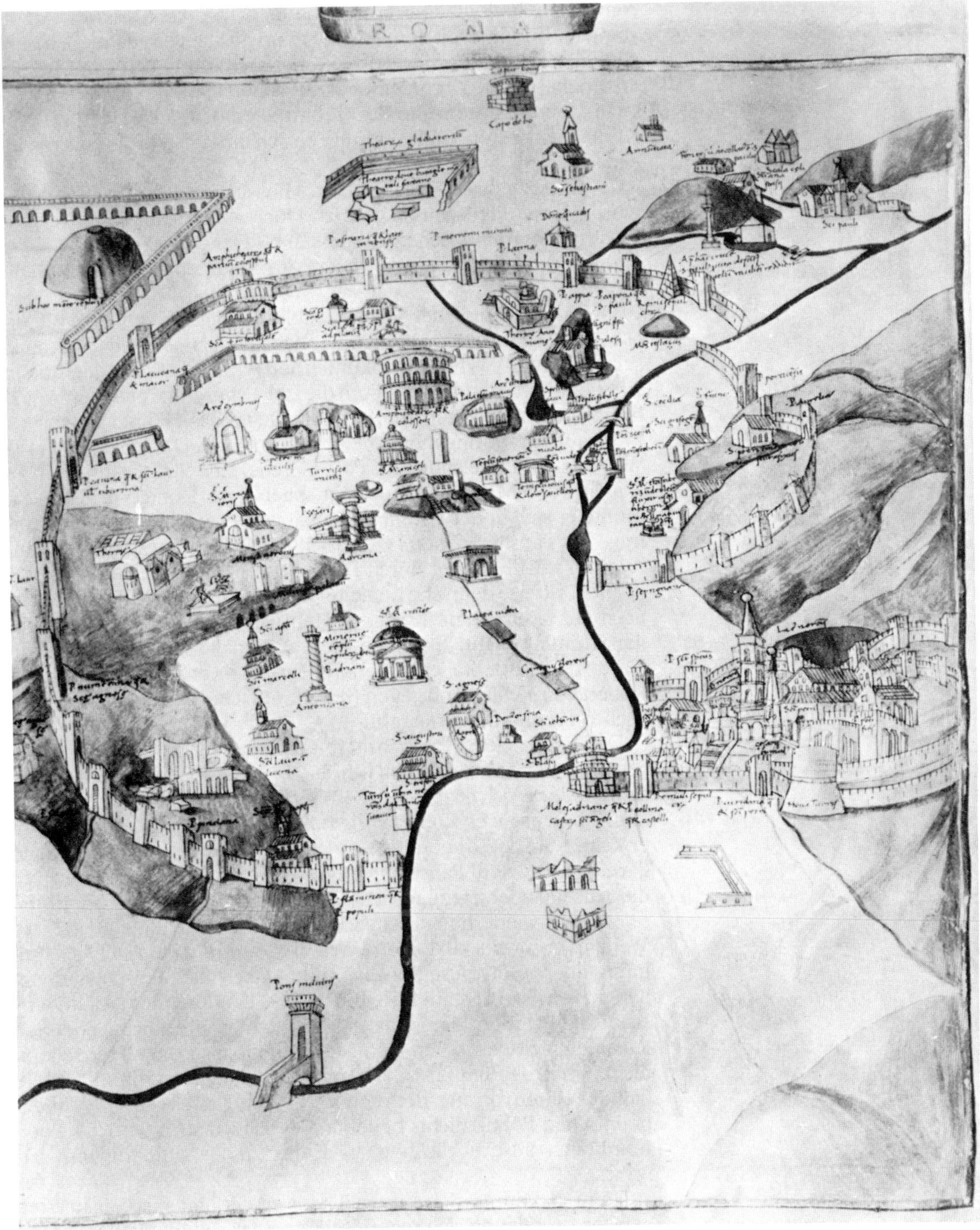
ROMA

römischen Stadtgebietes besetzt hatte. Der Enkel Karls von Anjou stand im Bündnis mit dem Papst, Heinrich dagegen suchte sich dem süditalienischen Gegner König Roberts, Friedrich III. von Sizilien, anzunähern. Ein Arrangement mit Robert hätte faktisch den Verzicht Heinrichs auf seine Rechte in Italien bedeutet. Dazu war der König nicht bereit, und so mußte er sich die Kaiserkrönung erzwingen.

Der Einzug des Königs über die Milvische Brücke am 6. Mai 1312 wurde durch Pfeilschüsse gestört. Doch weiter kam es zu keinem ernsthaften militärischen Widerstand. Der König konnte sogar einige strategisch wichtige Punkte im Stadtgebiet in seine Hand bringen.

Heinrichs Bruder, der Trierer Erzbischof Balduin, hat eine Bilderchronik vom Italienzug des Königs herstellen lassen und dabei auch seine eigenen Verdienste dokumentiert.[27] So sieht man den hohen Kirchenfürsten beim Kampf um die Engelsburg, wie er einem Angehörigen der römischen Adelsfamilie Orsini das Haupt spaltet.

Weiter vorzudringen gelang dem König jedoch nicht. Der kurze Weg von der Engelsburg zur Peterskirche, eine Strecke, die man zu Fuß in fünf Minuten zurücklegt, blieb dem König versperrt. So mußte er sich in der Lateransbasilika von zwei Kardinälen im Auftrage des Papstes krönen lassen. Schon das Krönungsmahl auf dem Aventin wurde wieder durch Pfeile guelfischer Schützen gestört.

Nicht wenige deutsche Begleiter des nunmehrigen Kaisers reisten nach der Krönung nach Hause. Heinrich selbst begnügte sich mit der Krönung nicht: Er wollte die traditionelle Kaiserherrschaft in Nord- und Mittelitalien erneuern. So nahm er den Kampf gegen Robert von Neapel und gegen Florenz auf. Und er ließ auch ein politisches Programm verfassen.

Der Papst hatte Heinrich befohlen, ein Jahr lang keinen Krieg gegen Robert von Neapel zu führen, doch der soeben gekrönte Kaiser verwahrte sich dagegen, mit Robert auf eine Stufe gestellt zu werden. Wenn er gegen Robert vorgehe, so ließ er schreiben, dann führe er keinen Krieg, sondern er ahnde eine Majestätsbeleidigung, und darüber stehe dem Papst kein Urteil zu.[28] Es schien, als sollten sich die Auseinandersetzungen zwischen Barbarossa und den Päpsten seiner Zeit wiederholen. Auch Heinrich VII. behauptete jetzt, ein Weltkaiseramt zu bekleiden. Wie alle himmlischen Heerscharen unter einem Gott kämpften, so müßten auch alle Menschen, unabhängig von ihrer Scheidung in Reiche und Länder, einem Alleinherrscher unterstehen: dem Kaiser. Heinrich machte solche Theorien auch den nichtdeutschen Königen bekannt, also jenen Herrschern, die schon in der Stauferzeit und erst recht jetzt der Meinung waren, daß der Ehrenvorrang, der dem römischen Kaiser gebührte, in der praktischen Politik nichts bedeute. So hat sich auch der König von Frankreich ausdrücklich gegen Heinrichs Verlautbarungen verwahrt.[29]

Heinrich konnte sich auf die Theorien der italienischen Juristen berufen, mit denen sich schon Barbarossa verbündet hatte und mit denen nun auch er Kontakt aufnahm. Er war der letzte mittelalterliche Kaiser, dessen Edikte in das Corpus iuris aufgenommen wurden – in jene spätantiken Gesetzes- und Juristentexte, die an den italienischen Universitäten als geltendes Recht behandelt und auf diese Weise tatsächlich zu geltendem Recht erhoben wurden. Die gelehrten Juristen zählten zu den wichtigsten Helfern des französischen Königs, und sie sollten künftig auch die Politik deutscher Fürsten stützen. Eine kontinuierliche Fortsetzung der Rechtspolitik Heinrichs VII. hätte die herrschaftsfördernden Wirkungen, die von dem erneuerten römischen Recht ausgingen, durchaus auch dem römisch-deutschen Königtum und dem Kaisertum zugute kommen lassen können.

Am 24. August 1313 ist Heinrich VII. gestorben - der letzte deutsche König und Kaiser, den ein unzeitiger Tod in Italien ereilte. Das Heer des Kaisers zerfiel; von seiner Italien- und Kaiserpolitik blieben nur noch Fragmente eines monumentalen Grabmals in Pisa.[30] Man hat Heinrich infolgedessen nicht selten als einen Phantasten angesehen. Aber wie hätten die Urteile über Barbarossa gelautet, wenn dieser nach ebensolanger Regierungszeit, also im Jahre 1157, gestorben wäre?

Die nun anstehende Wahl stand nicht unter dem Druck des Papstes oder des französischen Königs. Dennoch glückte sie erst nach fünfviertel Jahren Thronvakanz. Namen von Fürsten, deren Familien bisher keinen König gestellt hatten, wurden ins Spiel gebracht. Am Ende zeigte sich jedoch das Übergewicht der beiden Dynastien,

Tino da Camaino, Tumba vom Grabmal Heinrichs VII. im Dom von Pisa, um 1315

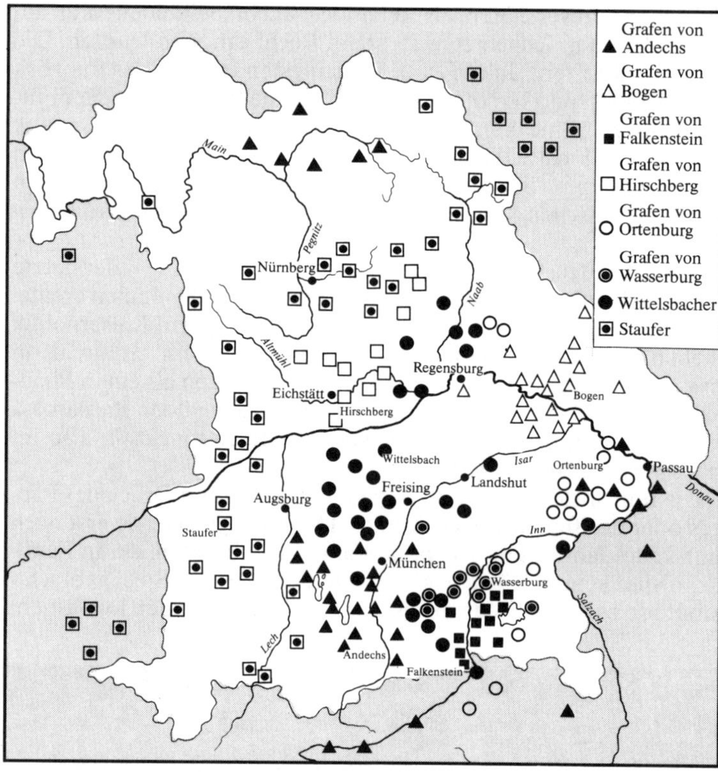

deren politischer Rang in den vergangenen Jahrzehnten dank der Königswürde eines ihrer Mitglieder so gewachsen war, daß sie einen Anspruch auf den Thron nicht nur zu haben glaubten, sondern angesichts der tatsächlichen Kräfteverhältnisse auch hatten. So kam es zu einer Doppelwahl.

Zunächst wurde am 19. September 1314 Herzog Friedrich von Österreich gewählt. Einen Tag später fiel die Wahl zwar nicht auf König Johann von Böhmen, den Luxemburger, sondern auf Herzog Ludwig von Oberbayern. Dessen Wähler – mit Kurfürst Balduin von Trier, dem Luxemburger, an der Spitze – hatten wohl gehofft, ihn als Kompromißkandidaten durchsetzen zu können, und das war keineswegs aussichtslos, obwohl Ludwig noch kurz vorher mit dem Habsburger in Fehde gelegen und ihm in der Schlacht von Gammelsdorf in der Nähe von Landshut am 9. November 1313 eine schwere Niederlage zugefügt hatte. Die Mutter des bayerischen Herzogs war eine Schwester König Albrechts I. gewesen. Ludwig war am habsburgischen Hofe erzogen worden und hatte sich bald nach jener Schlacht mit seinem Vetter versöhnt. Ein gut unterrichteter Chronist berichtet, daß bei den Friedensverhandlungen im April 1314 der Habsburger und der Bayer, als beide in einem Bette schliefen – was ungeachtet des Luxus, mit dem sich die Fürsten umgeben konnten, nicht ungewöhnlich war –, auch über das Reich gesprochen hätten. Friedrich habe Ludwig überreden wollen, sich um die Krone zu bemühen, und der habe geantwortet, daß er dafür nicht reich

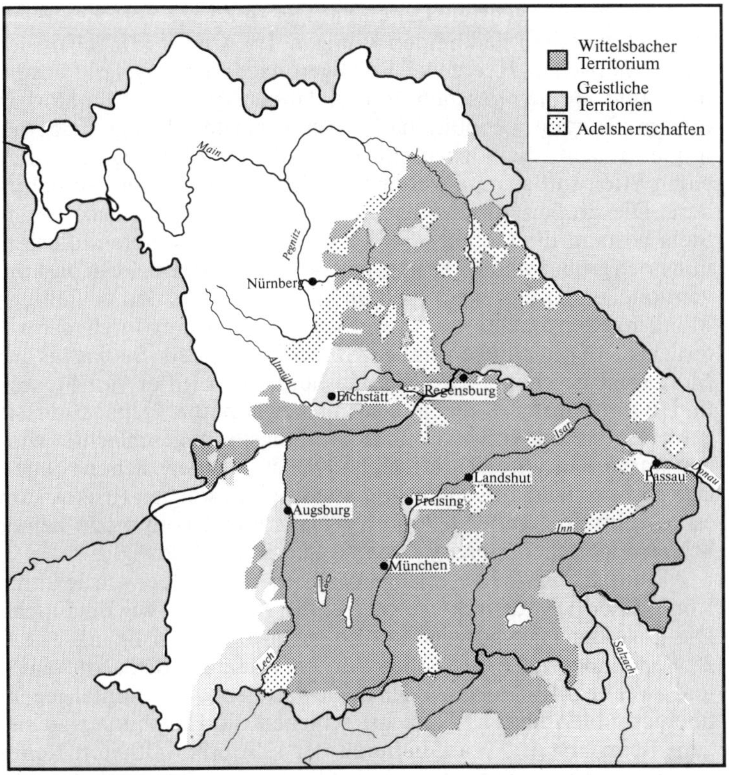

Bayern um 1200 und um 1350

Die Karten zeigen, daß die Wittelsbacher in ihren Möglichkeiten zunächst durch eine Reihe hochadliger Familien beschränkt waren. Es gelang ihnen jedoch in eineinhalb Jahrhunderten, diese Familien zu verdrängen beziehungsweise zu beerben, so daß nun in Bayern eines der größten geschlossenen deutschen Territorien entstand.

genug sei.[31] Wie immer es um die Wahrheit dieser Anekdote steht: daß ein ernsthafter Geschichtsschreiber sie für möglich hielt, zeigt, daß hier nicht festgefügte feindliche Lager gegeneinander standen, sondern Angehörige eines Kreises von fürstlichen Familien, die vielfach miteinander verbunden waren.

Die Modalitäten der Krönung trugen zu einer Klärung nicht bei. Ludwig wurde zwar am rechten Ort, also in Aachen, zum König geweiht, während sich Friedrich mit einem ungewöhnlichen Ort, nämlich mit Bonn, begnügen mußte. Hier stand jedoch die rechte Person des Krönenden, also der Erzbischof von Köln, zur Verfügung, während Ludwig vom Mainzer Erzbischof gekrönt wurde – jedoch nicht mit den Reichskleinodien, die wiederum Friedrich besaß.

Eine militärische Entscheidung, die in einem solchen Falle unausweichlich war, ließ auf sich warten. Beide Könige zögerten. Die Lager waren etwa gleich stark. Im September 1315 lagen sich die Heere fast zwölf Tage lang gegenüber, ohne daß es zu einer Schlacht gekommen wäre. Beide Seiten waren überdies durch politische Probleme daran gehindert, eine schnelle Entscheidung des Kronstreits zu erzwingen. Ludwigs Möglichkeiten wurden durch Streit im eigenen Hause gemindert: sein eigener Bruder, Pfalzgraf Rudolf, stand auf der Seite des Habsburgers. Der aber hatte es mit den Eidgenossen zu tun. Im November 1315 unterlag ihnen Herzog Leopold bei Morgarten nördlich von Schwyz.

Auch in den nächsten Jahren kam es zu keiner Entscheidungsschlacht zwischen den beiden Königen. Im August 1316 lagen sich die gegnerischen Heere bei Esslingen wiederum tagelang gegenüber, und ähnlich geschah es drei Jahre später bei Mühldorf in Bayern. Herzog Leopold hatte sich verspätet, König Friedrich wagte es nicht, allein loszuschlagen, und König Ludwig war durch einen Streit mit seinem Vetter Heinrich von Niederbayern behindert. Die großen Ritterschlachten waren schwer zu kalkulieren. Stets bestand die Gefahr, daß sie sich in Einzelkämpfe auflösten, und noch größer war das Risiko, daß sich eine Partei nicht an die konventionellen Kriegsregeln hielt und Gebrauch von den vielfältigen Möglichkeiten machte, die schwerbewaffneten Ritter durch nichtritterliche Kriegstechniken außer Gefecht zu setzen. So war es bei Morgarten geschehen, wo die habsburgischen Ritter von Steinen und Baumstämmen, die ihre leicht bewaffneten Gegner auf sie geworfen hatten, verwirrt und erbarmungslos abgeschlachtet worden waren. Ein neues Ritterheer ließ sich nach einer solchen Niederlage nicht so bald aufstellen. Angesichts eines solchen Risikos kam es auch im September 1320 in der Nähe von Straßburg zu keiner Schlacht zwischen Herzog Leopold und König Ludwig.

Als ihn das Gerücht erreichte, das gegnerische Heer würde durch König Friedrich verstärkt werden, ergriff König Ludwig die Flucht. Die Lage der Habsburger war also gar nicht ungünstig, als es am 28. September 1322 schließlich zur Entscheidungsschlacht kam – und zwar bei Mühldorf, wo sich beide Parteien schon einmal gegenübergestanden hatten. Zunächst schienen die Habsburger zu siegen. Beim ersten Zusammenprall der schwerbewaffneten Reiter behaupteten sie sich besser als die Gegenseite. Dann löste sich die Schlacht, wie üblich, auf.

Das militärische Ziel vor allem der Ritter lag ja nicht in der Tötung der Gegner, sondern in ihrer Gefangennahme und in der Erzielung von Lösegeld. So löste sich eine Schlacht erst in Einzelkämpfe und dann in die Verabredung von individuellen Kapitulationen und von Lösegeldern auf. Wer kapituliert und Lösegeld versprochen hatte, verließ das Schlachtfeld nach dem Versprechen, sich an der Schlacht nicht weiter zu beteiligen. Wenn das Ganze nicht doch blutig gewesen wäre, könnte man sich an ein Brettspiel erinnert fühlen, in dem einzelne Figuren weggeräumt werden, ohne Schaden zu nehmen. Ähnlich wie beim Sieg Rudolfs von Habsburg über Ottokar von Böhmen trugen aber auch hier die Normen des ritterlichen Kampfes nicht ganz. Als die bayerische Seite ihre Position verbesserte, griff eine Gruppe von Kämpfern, die aus dem Kampfgeschehen schon ausgeschieden waren, von neuem ein, und das führte zum Sieg der Bayern.

König Friedrich hatte selbst am Kampf teilgenommen, jedoch nicht in demonstrativ königlicher Kleidung. So wußte der bayerische Ritter, dem sich Friedrich gefangen gegeben hatte, zunächst nicht, mit wem er es zu tun hatte. Erst der glückliche Rivale erkannte den Gefangenen und begrüßte ihn mit ironischen Worten: »Herr öheim, ich sach euch nye so gern.« Eine andere Chronik gibt die Begrüßung in lateinischen Worten wieder: »Avuncule, libenter videmus vos hic.«[32]

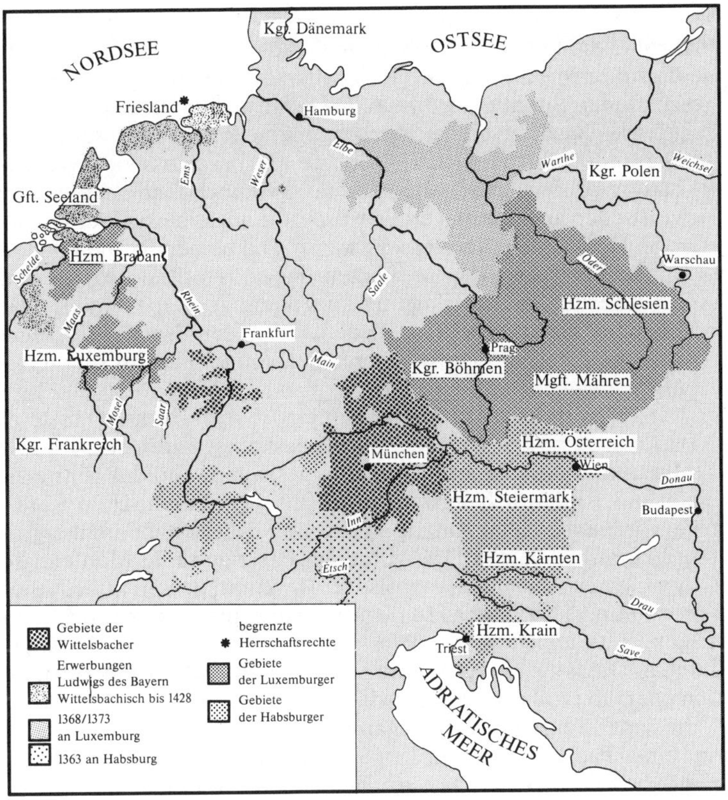

Die rivalisierenden Häuser Habsburg, Luxemburg und Wittelsbach

König Friedrich war, wie wir glaubwürdig hören, ohnehin böser Ahnungen voll gewesen. Er trug einen Ring, von dem ein gut unterrichteter Chronist berichtet, daß er aus dem Gold der Heiligen Drei Könige gefertigt gewesen sei und die Fähigkeit besessen habe, durch Nachlassen seines Glanzes Unheil zu verkünden. So sei es vor der Schlacht auch geschehen. Der König habe das Schicksal dadurch wenden wollen, daß er den Ring am Morgen vor dem Kampf bei der Messe auf den Altar in die Nähe der konsekrierten Hostie legte, um ihm so neuen Glanz zuteil werden zu lassen. Doch dabei ging der Ring verloren. Man fand ihn erst einundzwanzig Jahre später im Nachlaß eines Priesters.[33]

Magisch-zauberische Bemühungen wurden auch nach der Schlacht zugunsten des Königs unternommen. Sie sollten ihn befreien. Doch blieb Friedrich drei Jahre hindurch, bis zum Jahre 1325, in der Gefangenschaft seines Rivalen. Am 5. September dieses Jahres schlossen die beiden Könige endlich Frieden. Sie versprachen sich wechselseitig, sich als Könige anzuerkennen. Die wichtigsten Regierungshandlungen wollten sie gemeinsam vollziehen. Keiner von ihnen sollte allein Reichslehen vergeben oder Reichsgut veräußern dürfen. Falls einer von ihnen nach Italien zöge, sollte der andere sein Stellvertreter in Deutschland sein.[34]

Die beiden Könige hatten damit ein Doppelkönigtum beschlossen, wie es bisher nur zwischen Vater und Sohn existiert hatte. Diesmal sollte die Doppelherrschaft einen Ausweg aus der unentschiedenen, durch die annähernd gleiche Stärke der beiden großen Lager geschaffenen Situation eröffnen. Der Trausnitzer Vertrag von 1325 zeigt, wie elastisch die nichtgeschriebene Reichsverfassung war. Aber es mußte doch fraglich sein, ob die nun beschlossene Regelung Belastungsproben standhalten würde. Und noch fraglicher war, ob sie von denen anerkannt werden würde, die am Schicksal des Königtums in Deutschland interessiert waren. Die beiden Rivalen hatten sich geeinigt, als gäbe es keinen Papst. Hofften sie, dessen Ansprüche durch ihre Einigung zurückdrängen zu können? Das können sie schwerlich getan haben, denn der Papst hatte seine Ansprüche nicht nur längst angemeldet, sondern er war schon mit König Ludwig zusammengestoßen.

Am 20. April 1314 war Papst Clemens V. gestorben, der erste in Avignon regierende Papst. Das Kardinalskolleg war in eine französische und in eine italienische Partei gespalten, und das führte zu einer außerordentlich schwierigen Wahl. Die italienischen Kardinäle wurden gleich zu Anfang so bedroht, daß sie die Flucht ergriffen. Erst am 7. August 1316 wurde ein Papst gewählt. Man einigte sich auf einen Kardinal französischer Herkunft, dessen hohes Alter von zweiundsiebzig Jahren eine nur kurze Amtszeit zu versprechen schien. Tatsächlich wurde Papst Johannes XXII. einundneunzig Jahre alt. Er sollte bis zum Jahre 1334 regieren und ein außerordentlich charaktervoller und eigenwilliger Papst sein.

In seiner Regierungszeit begann nicht nur der Ausbau Avignons zur einer Papstresidenz für lange Zeiten, sondern auch jene systematische Erweiterung der päpstlichen Rechte innerhalb der Kirche, die bald zu einem Zustand führte, der im 15. Jahrhundert als päpstlicher Zentralismus bekämpft und am Ende zur Voraussetzung für die Reformation des 16. Jahrhunderts wurde.

Papst Johannes XXII. und seine Nachfolger steigerten die Ansprüche auf Abgaben aus den abendländischen Kirchen in bisher unerhörter Weise, und sie schufen immer wieder die Gelegenheiten, bei denen der Papst und seine Behörden sich das Recht nahmen, kirchliche Entscheidungen an sich zu ziehen. Am wichtigsten waren dabei die Personalentscheidungen, also die Einsetzung der Geistlichen in ihre Ämter oder - etwas realistischer gesagt - die Vergabe von Pfründen durch die päpstlichen Behörden. Je stärker diese in die Stellenvergabe eingriffen, desto größer wurde die Zahl der Streitigkeiten und desto länger wurde die Reihe der Prozesse, die um diese Stellen an der römischen - beziehungsweise avignonesischen - Kurie geführt wurden.

Die Folge war eine Lawine von Schriftstücken. In den Registern allein Papst Johannes' XXII. sind etwa 65000 Urkunden überliefert, während man aus der Regierungszeit Kaiser Karls IV. (1346 bis 1378) nur etwa 6500 Urkunden hat. Jede dieser Urkunden brachte der römischen Kurie Einnahmen, aber die päpstliche Bürokratie und Politik verursachten weitergehende Kosten. Wollte der Papst den Kirchenstaat - zumal von Avignon aus - behaupten, so mußte er sich immer wieder auf Kriege einlassen, und so hatte er in der Folge die Soldrechnungen zu bezahlen.

Der Papstpalast in Avignon

Zu den wichtigsten Einnahmen gehörten die Gebühren, die bei der Neubesetzung geistlicher Stellen an vielen Orten zu entrichten waren. Im Jahre 1326 legte Johannes XXII. fest, daß von allen an der päpstlichen Kurie besetzten niedrigen Pfründen die Einkünfte eines Jahres - die Annaten - abgeliefert werden mußten. Von den durch den Papst verliehenen Bistümern mußten die Servitien, das war ein Drittel der Jahreseinkünfte, abgeführt werden.

Wie mußten Päpste, die sich mit so konsequenter Entschlossenheit um die Stärkung ihrer innerkirchlichen wie ihrer weltlichen Möglichkeiten bemühten, auf diejenigen wirken, die in den Worten des Neuen Testaments, im Leben Christi und seiner Apostel die Norm christlichen Lebens sahen? Wie stellten sich die Frommen zu einem Johannes XXII.? Auf diese Frage gaben vor allem die Franziskaner eine Antwort. Ihr Orden hatte sich in zwei Parteien gespalten. Der Konflikt zwischen den auf der ursprünglichen Idee des Ordensgründers beharrenden Franziskaner-Spiritualen und ihren ordensinternen Gegnern traf mit den Auseinandersetzungen zwischen dem Papst und König Ludwig zusammen.

Die Gruppenbildungen innerhalb des Ordens und innerhalb der einzelnen Konvente hatten immer mehr das Problem des Ordensgehorsams aufgeworfen. Die Verselbständigung von Spiritualen setzte den Bruch des Gehorsams voraus. So mußte entschieden werden, ob das Armutspostulat der Spiritualen oder der Gehorsam höher zu stellen sei. Papst Johannes verbot den Spiritualen im Jahre 1317 ihre Eigenmächtigkeiten und bedrohte die Ungehorsamen mit der Inquisition. Schon ein Jahr später wurden vier Franziskaner in Marseille als Ketzer verbrannt. Damit aber brachte der Papst den gesamten Orden gegen sich auf, und das war um so kritischer, als die Frage, was Armut für Franziskaner bedeuten müsse, die dogmatische Frage nach der Armut Christi und der Apostel hervorrief. Die Spiritualen warfen ihren Gegnern vor, antichristlich zu leben. Aber hatten denn Christus und die Apostel kein Eigentum gehabt? Und wie stand es überhaupt mit dem Ursprung des Eigentums? Die Konsequenzen der Antwort auf diese Fragen, deren Brisanz man auch aus

anderen Jahrhunderten kennt, lagen auf der Hand. Wenn Christus weder Eigentum gehabt noch Herrschaft über Menschen und Dinge ausgeübt, sondern sich dem Cäsar unterworfen hatte, und wenn die Christen dem folgen sollten, dann hätten sich Papst, Kirche und Welt grundsätzlich ändern müssen.

So erklärte der Papst es im Jahre 1323 für ketzerisch, die Eigentumslosigkeit Christi und der Apostel zu behaupten.[35] Die dadurch im Franziskanerorden ausgelöste neue Unruhe führte dazu, daß der Ordensgeneral, Michael von Cesena, der sich am päpstlichen Hof in einem Glaubensprozeß verantworten sollte, sowie zwei andere Franziskaner, unter ihnen der berühmte englische Philosoph William von Ockham, nach Deutschland flohen, sich König Ludwig anschlossen und zeitweise so etwas versuchten wie eine ideologische Abstützung von dessen Politik.

Johannes XXII. hatte bei seiner Wahl die beiden Könige in Deutschland schon vorgefunden. Er verhielt sich neutral, beharrte jedoch im Hinblick auf Italien auf der traditionellen Position seiner Vorgänger. Ein König sollte dort vor der Kaiserkrönung keine Herrschaftsrechte ausüben dürfen. So ernannte der Papst König Robert von Neapel zum Reichsvikar in Italien.

Von den beiden deutschen Königen hatte sich zunächst der Habsburger darum bemüht, die königlichen Rechte in Italien wahrzunehmen. Nach der Niederlage Friedrichs nahm König Ludwig diese Bemühungen auf, und so stieß er mit dem Papst zusammen. Als Ludwig sich mit den Ghibellinen verbündet und dem Papst den Sieg über das feindliche Mailand unmöglich gemacht hatte, zog ihn dieser zur Rechenschaft. Da er die Mailänder zu Ketzern erklärt hatte, überzog er den König wegen des Verdachts, Ketzer begünstigt zu haben, mit einem Prozeß. Im Sinne seiner prinzipiellen Ansprüche klagte der Papst Ludwig aber auch an, sich ohne seine Genehmi-

Die Goldbulle Kaiser Ludwigs

Die römisch-deutschen Könige und Kaiser haben seit Otto I. bestimmte Urkunden nicht mit Wachssiegeln, sondern mit Goldbullen beglaubigt. Auf der vorderen Seite zeigen sie den thronenden König beziehungsweise Kaiser, auf der Rückseite eine Ansicht Roms mit der Umschrift: Roma, caput mundi, regit orbis frena rotundi (Rom, das Haupt der Welt, regiert die Zügel des Erdenrunds). Die Darstellung Roms bemüht sich um topographische Genauigkeit. In der Mitte erkennt man das Colosseum, und auch die anderen Gebäude lassen sich identifizieren.

gung den königlichen Titel angemaßt und königliche Rechte wahrgenommen zu haben. In der Zeit zwischen dem Tode eines Königs und der rechtlich gültigen Etablierung seines Nachfolgers, so behauptete er, stehe dem Papst die Leitung des Reiches zu, und das sollte nicht nur für Italien, sondern auch für Deutschland gelten.

Ludwig beschränkte sich nicht auf die prozessualisch notwendigen Schritte, sondern suchte den Papst auch auf anderen Feldern zu bekämpfen. Im Hinblick auf die Auseinandersetzungen mit den Franziskanern warf er ihm seinerseits die Begünstigung von Ketzern vor. Er verlangte die Einberufung eines Konzils. 1324 exkommunizierte der Papst den König. Bald darauf erkannte er ihm alle politischen Rechte ab, und von nun an nannte er ihn so, wie dieser König fortan heißen sollte, nämlich Ludwig »den Bayern«.

Obwohl die Bannung des Königs im einzelnen zu blutigen Zusammenstößen führte, weil die einen die päpstlichen Urteile beachten wollten, während die anderen sich nicht daran kehrten, zeigte sich im ganzen doch, daß in Deutschland mit der Exkommunikation eines Königs nicht mehr ohne weiteres Politik zu machen war. Wie stark oder schwach König Ludwig war, hing von den päpstlichen Prozessen zum wenigsten ab.

Doch nahmen diese Auseinandersetzungen eine neue Dimension an, als die drei Franziskaner nach Deutschland flüchteten. Ludwig zog jetzt nach Italien und ließ sich dort im Jahre 1328 zum Kaiser krönen – und diese Kaiserkrönung hing mit der geistlich-geistigen Unterstützung zusammen, die Ludwig durch jene franziskanischen Flüchtlinge erfuhr.

Ludwig wurde selbstverständlich weder vom Papst noch von einem päpstlichen Beauftragten, sondern von Vertretern der Opposition gegen den Papst gekrönt. Den Weiheakt leitete ein exkommunizierter Bischof, und die Krone empfing der neue Kaiser aus der

Hand von niemand anderem als jenem Sciarra Colonna, der seinerzeit zusammen mit einem Vertreter des französischen Königs der Anführer des Attentats auf Papst Bonifaz VIII. gewesen war. Sciarra Colonna beanspruchte jedoch, nicht im Namen der Opposition gegen den Papst, sondern vielmehr als Vertreter des römischen Volkes tätig zu sein, und diese Behauptung läßt einen ideologischen Hintergrund der damaligen Politik Ludwigs erkennen. Außer den Franziskanern hatte sich zu ihm noch ein italienischer Gelehrter geflüchtet, Marsilius von Padua, der das radikale Konzept eines laizistischen Staates entwickelt hatte.[36] Seine Gedanken stellen in vieler Hinsicht Vorläufer neuzeitlicher Staatstheorien dar. Zu ihrer eigenen Zeit scheint ihre Wirkung aber gering gewesen zu sein; erst auf den Reformkonzilien des 15. Jahrhunderts fand Marsilius Leser in größerer Zahl.

Ludwig war offensichtlich bereit, sich mit den Gegnern des Papstes auch weiterhin zu verbünden. Er erklärte Johannes XXII. für abgesetzt und ließ einen Franziskaner zum Gegenpapst wählen. Doch hatte schon Barbarossa erleben müssen, daß die Zeit der vom Kaiser eingesetzten Päpste vorbei war, und das galt nun erst recht. Kaiser Ludwig hatte Rom kaum verlassen, als das von ihm gestützte Gegenpapsttum des Franziskaners, der sich Nikolaus V. nannte, kläglich zusammenbrach. Auch sonst sollte es zu einer dauerhaften Verbindung sowohl der franziskanischen Opposition als auch der radikalen antipäpstlichen Theorie mit der Politik Ludwigs nicht kommen. Die politischen Entscheidungen fielen auf den traditionellen Feldern der Politik, zumal die Waffen des Papstes stumpf waren. Die Instrumente der Politik hießen demzufolge Bündnis, Eheschließung oder Krieg.

Als Johannes XXII. starb, schien sich die Chance einer Aussöhnung zu bieten. Doch war der nunmehrige Papst, Benedikt XII., so eng an die Politik des französischen Königs gebunden, daß es aufgrund von dessen Interessen zu einer Einigung von Papst und Kaiser nicht kam. Statt dessen bildete sich eine Art von innerdeutscher Front gegen den Papst. Der vom Papst eingesetzte Mainzer Erzbi-

Der Königsstuhl oberhalb von Rhens am Rhein

Das im ausgehenden 14. Jahrhundert errichtete, 1804/1805 abgebrochene und 1843 neu errichtete Bauwerk wurde 1929 von seinem ursprünglichen Ort, einer Rheinwiese, auf der sich die rheinischen Kurfürsten zu versammeln pflegten, an die jetzige Stelle versetzt.

schof hatte sich endlich mit Ludwig ausgesöhnt und eine Vermittlung zwischen diesem und dem Papst herzustellen gesucht. Aber das mißlang. Der Papst beharrte auf seiner Politik gegenüber dem Kaiser und exkommunizierte den Erzbischof. Das rief jedoch Widerstände hervor, und der Kaiser zog aus ihnen Nutzen. Unser deutsches Vaterland ist in Gefahr, so hieß es in Briefen, die sechsunddreißig Reichsstädte in gleichem Wortlaut an den Papst richteten. Vor allem aber artikulierten sich nun – mit Ausnahme des böhmischen Königs – die Kurfürsten. Im Jahre 1338 verbündeten sie sich zur Verteidigung des Reiches und ihres Wahlrechts gegen die päpstlichen Ansprüche.

Die Kurfürsten schlossen sich jetzt zum ersten Mal unabhängig von einer Königswahl zusammen. Sie fügten damit in die ungeschriebene Reichsverfassung ein neues Element ein, den Kurverein. Sie versammelten sich im Sommer 1338 in der Nähe von Koblenz, in einer kleinen Stadt namens Rhens. Hier hatten sie sich schon wiederholt getroffen. Rhens war ein südlicher Außenposten des kölnischen Territoriums, doch lag es auch in der Nähe von Besitzungen der anderen drei rheinischen Kurfürsten. Man könnte die kleine Stadt geradezu als die Hauptstadt jenes Reiches bezeichnen, das durch die rheinischen Kurfürsten repräsentiert wurde, zumal hier im späten 14. Jahrhundert ein eigenes Bauwerk für die Kurfürsten errichtet wurde.

Bisher hatten sie sich auf einer mit Nußbäumen bestandenen Wiese am Rheinufer versammelt. Nun wurde der sogenannte Königsstuhl erbaut, ein polygonaler, gewölbter, laubenartiger Raum mit einer begehbaren Plattform darüber. Nach seiner Zerstörung um 1800 wurde der Königsstuhl im Jahre 1843 anhand alter Zeichnungen neu erbaut – nach Sammlungen, die in ganz Deutschland stattfanden und für die sich namentlich der preußische König, Friedrich Wilhelm IV., einsetzte. Auf ähnliche Weise und zur selben Zeit wurde auch die Vollendung des Kölner Doms begonnen. Sie sollte die Einigung Deutschlands symbolisch vorwegnehmen ebenso wie die Erneuerung des Königsstuhls in Rhens.[37]

Was die sechs Kurfürsten hier im Jahre 1338 beschlossen hatten,[38] konnte im 19. Jahrhundert durchaus Sympathie wecken. Meldete sich hier nicht endlich die Stimme der Nation zu Wort? Da die Kurfürsten sich nicht auf das Bündnis beschränkt hatten, sondern zu den strittigen Fragen ausdrücklich Stellung nahmen, konnte man ihre Verlautbarung so verstehen. Sie ließen mit knappen Worten öffentlich feststellen, daß nach altem Recht und anerkanntem Herkommen des Reiches allein die Mehrheit der Kurfürsten den König mache. Einer Bestätigung seitens des Papstes bedürfe es nicht.

Tatsächlich war diese Behauptung falsch. Sie zeigt aber, daß die Übertragung des bei kirchlichen Wahlen entwickelten Mehrheitsprinzips auf die Wahl des Königs nun offensichtlich in der Luft lag. Achtzehn Jahre später sollte sie in der Goldenen Bulle ein für allemal fixiert werden.

In den anderen strittigen Fragen hielten sich die Kurfürsten zurück. Wie stand es also mit den Rechten des gewählten Königs auf das Kaisertum und auf seine Ansprüche außerhalb Deutschlands? Auf diese Frage gab der Kaiser wenige Tage später selbst eine Ant-

Der Kurfürst von Mainz

Das etwas überlebensgroße Relief gehört zu einem Zyklus von Darstellungen des Königs und der Kurfürsten, die in der ersten Hälfte des 14. Jahrhunderts am Kaufhaus in Mainz angebracht wurden. Wie andere Kurfürstendarstellungen der Zeit läßt dieser Zyklus erkennen, daß die Kurfürsten nun als ein wesentliches Element der Reichsverfassung begriffen wurden. Der Kurfürst ist in Rüstung dargestellt; daß er ein Geistlicher war, wird nicht sichtbar.

wort: in einem Gesetz, das nach dem Beispiel des Umgangs mit päpstlichen Bullen nach seinen Anfangsworten zitiert wird. Sie lauten: »Licet iuris«. Hier heißt es, daß der König allein aufgrund der Wahl der Kurfürsten wahrer Kaiser sei und nicht der Bestätigung eines anderen bedürfe.[39] Daß der Papst das Recht habe, ihn zum Kaiser zu krönen, wurde nicht bestritten, aber dieses Recht schrumpfte zu einer reinen zeremoniellen Handlung. In einem Text, der im folgenden Jahre auf einem Hoftag diskutiert wurde, findet sich die Meinung, daß der König, dem ein Papst die Kaiserkrone verweigerte, auch von einem Erzbischof oder Bischof des Reiches zum Kaiser gekrönt werden könne.[40]

Obwohl sich Ludwig nicht mit dem Papst ausgesöhnt hatte, war seine Stellung in Deutschland nun sicher. Dennoch sollte sie bald zu zerfallen beginnen. Ebenso wie die Habsburger und die Luxemburger die Macht ihrer Familien mit Hilfe des Königtums vermehrt hatten, versuchte auch Ludwig, die Gelegenheit für sein Haus zu nutzen. Zu einem Erfolg kam er jedoch nicht. Im Gegenteil: die Widerstände, die er mit seinem Ausgreifen hervorrief, ließen sein Königtum am Ende scheitern.

Ludwig hatte im Jahre 1320 das Aussterben der Markgrafen von Brandenburg dazu benutzt, deren Territorium einem seiner Söhne zu übertragen. Der Nutzen dieser Transaktion blieb jedoch gering; die Mark Brandenburg lag allzuweit von den Herrschaftsgebieten des Königs und des Herzogs von Oberbayern entfernt. So überrascht es nicht, daß Ludwig bei der nächsten Gelegenheit noch einmal zuzugreifen gewillt war. Diesmal ging es um Tirol und damit um ein Land, das für einen Wittelsbacher sehr viel günstiger lag.

Tirol hatte zuletzt zu den Herrschaftstiteln Herzog Heinrichs von Kärnten gehört. Im Jahre 1335 war er, ohne Söhne zu hinterlassen, gestorben. Seine Tochter Margarete war mit einem jüngeren Sohn König Johanns von Böhmen verheiratet, und so beanspruchten die Luxemburger Tirol. Am Ende konnten sie sich mit den Habsburgern, die Kärnten erhielten, einigen. Nun versuchte der ältere Bruder des mit der Erbin verheirateten böhmischen Prinzen, der spätere König Karl IV., seinem Haus das neue Territorium zu sichern – mit harter Hand und mit Hilfe landfremder Berater. Fast mit Notwendigkeit regten sich Widerstände, und diese steigerten sich zu einer Katastrophe für die Luxemburger.

Der Reichsadler aus der Münchner Pfalz Kaiser Ludwigs

Ludwig der Bayer hat die Herzogsburg in München als königliche Residenz ausgebaut. Von dem Skulpturenschmuck der im Jahre 1816 abgerissenen Hofkirche, die Ludwig errichten ließ, blieb unter anderem ein Gewölbeschlußstein mit dem Reichsadler erhalten.

Als Margaretes Gemahl eines Tages von der Jagd zurückkam, fand er nicht nur die heimische Burg verschlossen, sondern auch alle anderen Burgen des Landes. Margarete und der Tiroler Adel hatten sich miteinander und offensichtlich im Einvernehmen mit König Ludwig verschworen. Der Luxemburger sah sich nicht nur aus dem Ehebett, sondern auch aus der Herrschaft verdrängt. Zu diesem Zweck wurde behauptet, daß die Ehe zwischen ihm und Margarete nie vollzogen worden, daß sie also ungültig sei. Da sein ältester Sohn eben verwitwet war, griff Kaiser Ludwig sofort zu; er zwang seinen Sohn in eine neue Ehe mit Margarete.

Der Vorgang war kirchenrechtlich einigermaßen zweifelhaft. So bekamen die am Hof des Kaisers lebenden Theoretiker noch einmal Arbeit. Ockham verfaßte ein Gutachten, das die Handlungsweise des Kaisers mit der Wahrnehmung eines Notstandsrechts zum Wohl

Ettaler Madonna, wohl Pisa
um 1330

Kaiser Ludwig hat im Jahre 1330, nach der Rückkehr von seinem zweiten Italienzug, in Ettal ein Kloster gegründet, in dem außer zwanzig Benediktiner-Mönchen zwölf Ritter mit ihren Frauen leben sollten. Bei der Gründung waren offensichtlich Reminiszenzen an die Ritterorden im Heiligen Land wirksam, und so bezeugt die Gründung gewiß auch universale Ansprüche, die der Kaiser in der Tradition seines Amtes erhob. Ludwig stiftete seiner Gründung die Madonnenfigur aus Carrara-Marmor.

des Staates rechtfertigte. Marsilius von Padua behauptete gar, daß das Eherecht eine Sache des Kaisers und nicht der Kirche sei. Doch sollte die Zivilehe eine Sache erst des 19. Jahrhunderts sein. So weitreichende Theorien konnten Kaiser Ludwig schwerlich helfen. So geriet dieser abermals in eine Serie päpstlicher Strafmaßnahmen, und diesmal war die Zahl derer, denen das Vorgehen des Papstes beachtenswert schien, größer als noch vor wenigen Jahren. In der Folge bemühte sich Karl, der Sohn des böhmischen Königs, immer deutlicher darum, die alte luxemburgische Front gegen Ludwig den Bayern zu erneuern.

Das größte Hindernis dieser Politik stellte niemand anders dar als der Vater Karls, König Johann von Böhmen, der Repräsentant eines zu Ende gehenden Zeitalters. Unermüdlich war dieser Monarch durch Europa gezogen. Einer der reichsten Fürsten seiner Zeit, bemühte er sich, zugleich auch einer der ersten Ritter zu sein. Er machte nicht nur Politik, sondern ließ sich auch immer wieder auf Abenteuer ein. Er sammelte und konsolidierte nicht nur Herrschaftsrechte, er verschenkte seine Mittel auch mit vollen Händen. Schon längst auf einem Auge und nun, nach einer mißglückten Operation, auch auf dem zweiten blind, ließ er sich in seiner weitschweifenden Lebensweise doch nicht einschränken. Nun war er unterwegs, um gegen Ludwig zu werben, und er hatte Erfolg. Der tiro-

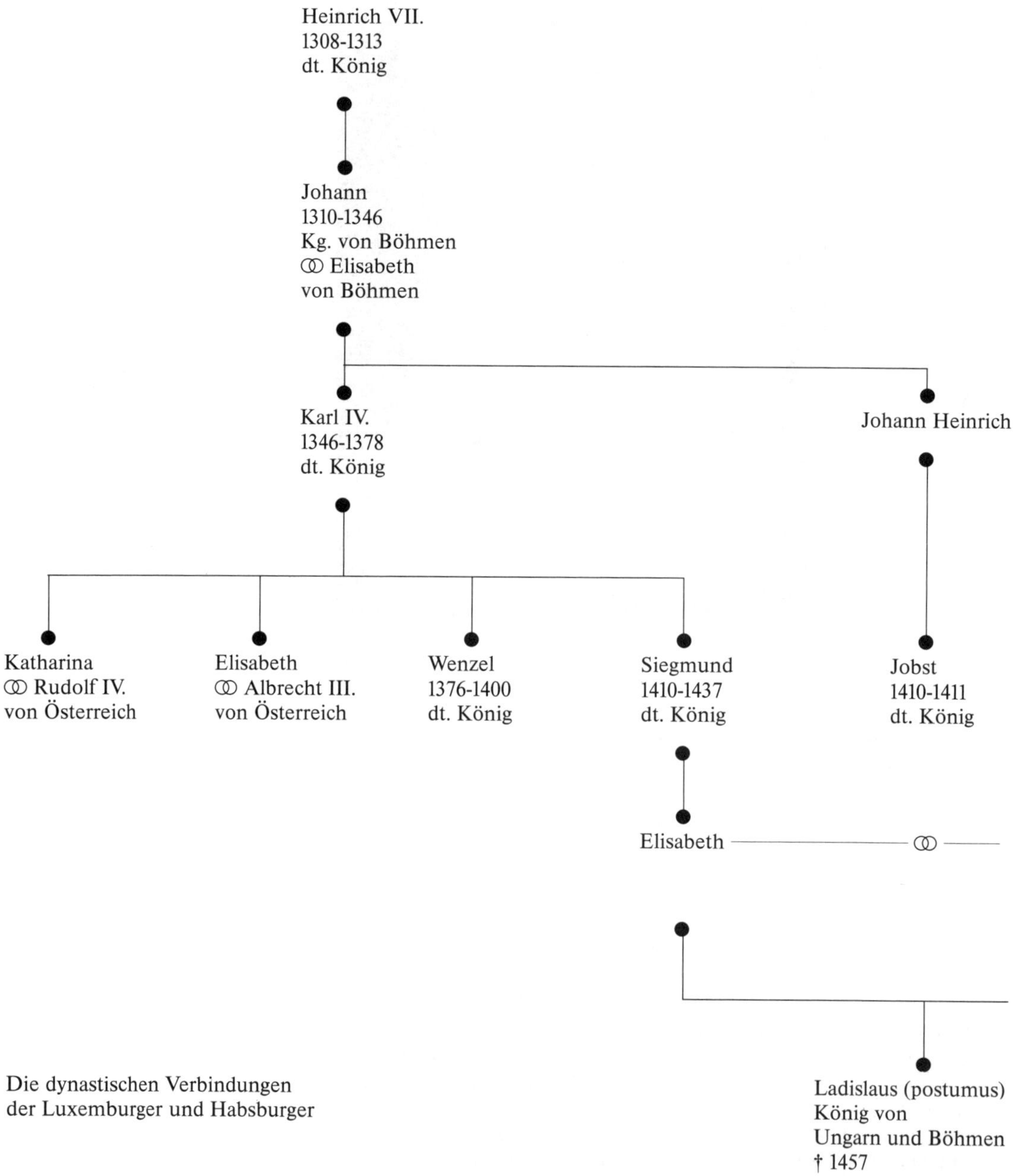

Die dynastischen Verbindungen
der Luxemburger und Habsburger

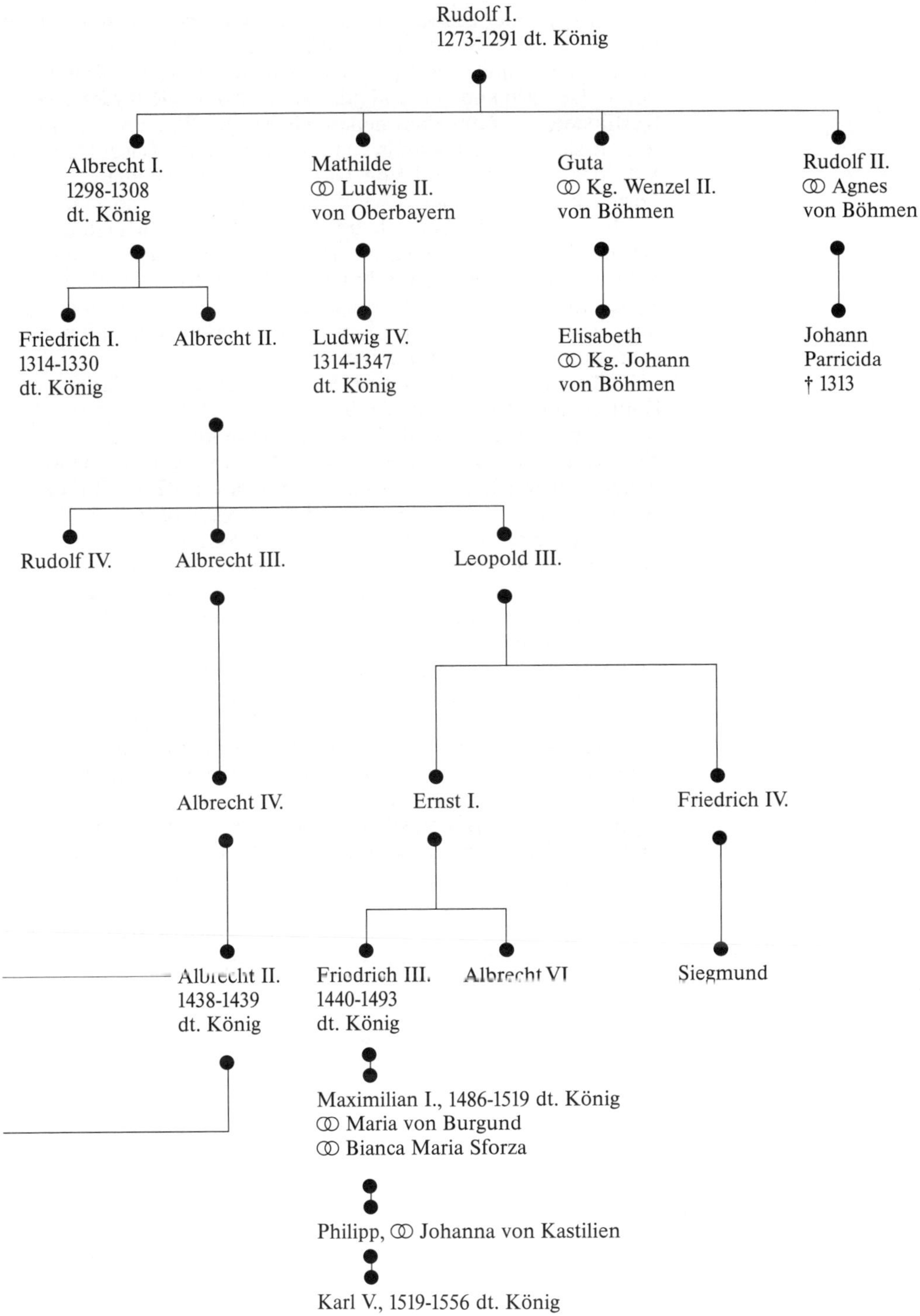
Rudolf I.
1273-1291 dt. König
Albrecht I.
1298-1308
dt. König
Mathilde
⚭ Ludwig II.
von Oberbayern
Guta
⚭ Kg. Wenzel II.
von Böhmen
Rudolf II.
⚭ Agnes
von Böhmen
Friedrich I.
1314-1330
dt. König
Albrecht II.
Ludwig IV.
1314-1347
dt. König
Elisabeth
⚭ Kg. Johann
von Böhmen
Johann
Parricida
† 1313
Rudolf IV.
Albrecht III.
Leopold III.
Albrecht IV.
Ernst I.
Friedrich IV.
Albrecht II.
1438-1439
dt. König
Friedrich III.
1440-1493
dt. König
Albrecht VI.
Siegmund
Maximilian I., 1486-1519 dt. König
⚭ Maria von Burgund
⚭ Bianca Maria Sforza
Philipp, ⚭ Johanna von Kastilien
Karl V., 1519-1556 dt. König

lische Ehehandel des Kaisers hatte die deutschen Fürsten stärker irritiert als die früheren Auseinandersetzungen zwischen dem Kaiser und dem Papst. Der Papst sah die Chance, welche ihm die Situation in Deutschland bot, und griff zu. Im April 1346 forderte er die Kurfürsten zur Wahl eines neuen Königs auf. Einen Monat später trennte sich Kurfürst Balduin von Trier, der Bruder Kaiser Heinrichs VII., der einst die Wahl König Ludwigs arrangiert hatte, in aller Form von seinem früheren Schützling. Im Juli dieses Jahres wählten in Rhens die drei Erzbischöfe und zwei weltliche Kurfürsten, nämlich der böhmische König und Herzog Rudolf von Sachsen, den Sohn König Johanns von Böhmen, Karl, zum König. Falls das von Kaiser Ludwig und den Kurfürsten ins Feld geführte Mehrheitsrecht gelten sollte, hätte Karl nun König sein müssen. Tatsächlich aber mußte er sich erst durchsetzen.

Karl und sein Vater Johann suchten den Sieg außerhalb von Deutschland. Als wollten sie die Schlacht von Bouvines von 1214 wiederholen, kämpften die beiden Luxemburger bei Crécy in der Nähe von Calais mit den französischen Rittern gegen die englischen Bogenschützen. Die Schlacht endete in einer vernichtenden Niederlage des französischen Heeres, und diese Niederlage ließ, ähnlich wie die Siege der Eidgenossen über die Habsburger, erkennen, daß die Zeit der schwerbewaffneten Reiterheere zu Ende ging. Der blinde König Johann starb in der Schlacht, während sein Sohn Karl verwundet wurde und eben entkommen konnte. Ein Vierteljahr später wurde er in Bonn zum König gekrönt, in der Residenz des Kölner Erzbischofs, weil Aachen, wie fast alle Reichsstädte, auf seiten Kaiser Ludwigs stand. Wie es weitergehen würde, ließ sich nicht absehen. Ludwig hatte nicht wenige Anhänger verloren, aber das Ansehen seines Rivalen war gering. Man nannte ihn, der so offensichtlich das Werkzeug päpstlicher Politik zu sein schien, einen Pfaffenkönig, und das war im damaligen Deutschland eine ebenso beleidigende wie die Bündnisfähigkeit mindernde Herabsetzung. So mußte Karl auf sein Glück hoffen, und das kam ihm in der Tat zu Hilfe. Neun Monate später, am 11. Oktober 1347, wurde Kaiser Ludwig auf der Bärenjagd von einem Schlaganfall überrascht, der ihn vom Pferd stürzen ließ. Doch war auch damit der Weg zu einem unbestrittenen Königtum für den Luxemburger Karl noch nicht frei.

6.
Spätmittelalterliche Krisen

1. Krisenerscheinungen

In der Mitte des 14. Jahrhunderts wurden die meisten europäischen Länder von einer Reihe von Katastrophen heimgesucht, die nun so dicht auftraten wie nie vorher, die größer als frühere ähnliche Ereignisse oder ganz neu waren.

In der ersten Hälfte des 14. Jahrhunderts häuften sich die Hungersnöte. Sie traten zum Beispiel in den Jahren 1315 bis 1317 in dichter Folge auf. Zwanzig Jahre später wurde Südostdeutschland von riesigen Heuschreckenschwärmen überfallen, die im mittelalterlichen Europa zwar nicht ungewöhnlich, in so massiver Form jedoch sonst nicht aufgetreten waren. Besonders im östlichen Alpengebiet und in Süddeutschland kam es zu stärkeren Erdbeben als jemals im Mittelalter. Zur selben Zeit erreichte Süddeutschland eine Pestwelle, die bis zum Jahre 1351 ganz Deutschland durchzog und ein Drittel der Bevölkerung hinwegraffte.

Zwei heilige Helfer gegen die Pest: Rochus und Sebastian

Die Mensa eines im ausgehenden 15. Jahrhundert in die Nürnberger Pfarrkirche St. Lorenz gestifteten, dem heiligen Rochus geweihten Altars ist mit einem gemalten Antependium verkleidet, das links den jüngeren »Pestheiligen«, Rochus, und rechts den heiligen Sebastian zeigt, den man schon seit langem als Helfer gegen die Pest verehrte. Der Märtyrer Sebastian war durch Pfeilschüsse umgebracht worden. Da man die Pest als die Folge von Gottes Pfeilschüssen auf die sündige Menschheit verstand, glaubte man, daß der Erdulder von Pfeilschüssen ein Helfer gegen sie sein würde. Der heilige Rochus hatte Pestkranke gepflegt und war selbst von der Seuche befallen worden.

Damals wurden die Juden fast überall dort, wo sie sich niedergelassen hatten, verfolgt, enteignet, vertrieben und oft auch ermordet. Und es kam zu einer religiösen Massenbewegung. Hunderte von Menschen fanden sich in Umzügen zusammen, um sich öffentlich zu geißeln und Buße zu tun. Einige dieser Gruppen sollten jahrzehntelang als Ketzergemeinden Bestand haben.

Von den großen Heuschreckenschwärmen erzählt Kaiser Karl IV. in seiner Autobiographie.[1] Eines Morgens habe ihn im Jahre 1338 ein Ritter mit den Worten geweckt: »Herr, steh auf, der Jüngste Tag ist da, denn die ganze Welt ist voller Heuschrecken.« Karl schreibt, daß er sich aufs Pferd gesetzt habe, um die Größe des Schwarms zu ermessen. Er sei fünfzig Kilometer weit geritten, doch die Breite des Schwarms habe sich nicht feststellen lassen. Auch wenn man Karl IV. nachrechnen kann, daß er an jenem Tage nur etwa fünfundzwanzig Kilometer weit geritten sein kann,[2] bedeuteten die Heuschreckenschwärme, von denen auch andere Zeitgenossen berichten, eine Katastrophe, die für große Teile Europas Hungersnöte zur Folge hatte.

Auf einer Tafel des Hochaltars, der 1424 für die Göttinger Franziskaner-Kirche geschaffen wurde, wird die Pest als Strafe Gottes dargestellt. Gott sendet Pestpfeile auf die Erde. Die Hilfe gegen die Pest ist das Gebet der Heiligen. Man sieht, daß Maria einen Teil der Pestpfeile auffängt. Der an seinen Wundmalen erkennbare heilige Franziskus unterstützt Marias Gebet. Auf dem Spruchband: Salva illos, Jhesu Christe, pro quibus virgo mater te orat (Rette jene, Jesus Christus, für die die jungfräuliche Mutter dich bittet).

Von dem Erdbeben berichten wenigstens achtzig Zeitgenossen. Ein Regensburger Kaufmann hatte es in Villach erlebt, wo es sein Zentrum hatte. Er schreibt, daß die Stadt, die Burgmauer, das Kloster, die Kirchen und alle Mauern und Türme zusammenstürzten. Mitten in der Stadt habe sich das Erdreich gespalten. Wasser sei wie Schwefel herausgeflossen. In Villach, so hat man berechnet, dürften etwa fünftausend Menschen umgekommen sein: Das war die Zahl der Bevölkerung einer schon recht großen Stadt.[3]

Auch die Gewalt der Pest ist immer wieder beschrieben worden. Der Dichter Boccaccio nahm den Schwarzen Tod, der im Jahre 1348 Florenz heimsuchte, nicht nur zum Hintergrund der Rahmenhandlung seines Decamerone; er beschrieb auch seinen Verlauf mit großer Genauigkeit.[4] Im selben Jahre beobachtete der Leibarzt Papst Clemens' VI. in Avignon die Erscheinungsformen der Seuche. Er unterschied zwei Arten: die eine habe zum Tod innerhalb von drei Tagen, die andere nach fünf Tagen geführt. Der Arzt berichtet auch, daß man die Ansteckung schon allein durch den Anblick eines Kranken gefürchtet habe.[5] Auch aus dem Buch von Boccaccio geht hervor, wie die Pest die meisten sozialen Beziehungen zerstörte. Das Ansehen der göttlichen und menschlichen Gesetze sei fast ganz

Das Judenviertel in Trier

Die Trierer Juden wohnten in einer vom Hauptmarkt abzweigenden Straße in unmittelbarer Nähe des Doms – entsprechend der führenden Stellung, die Angehörige der Judengemeinde in der Verwaltung der Erzbischöfe im 13. und frühen 14. Jahrhundert hatten. Das mächtige Eingangstor stammt aus dem 13. Jahrhundert. 1349 wurden die Juden auch aus Trier vertrieben. Die meisten fielen den Verfolgungen zum Opfer. Die gesprühte Parole ist sicherlich ein Zeugnis von Ahnungslosigkeit. Nichts weist darauf hin, daß hier einst Juden wohnten.

geschwunden, da die Diener und Vollstrecker der Justiz genauso wie alle anderen von der Seuche erfaßt wurden und keine Amtshandlungen mehr vornehmen konnten.

Zu den Zeugen, die von den Judenverfolgungen dieser Zeit berichten, gehört der Dominikaner Heinrich von Herford. Er schreibt zum Jahre 1349: »In diesem Jahr wurden die Juden in Deutschland und in vielen anderen Ländern alle mit Frauen und Kindern durch Eisen und Feuer grausam und unmenschlich vernichtet.« Der Chronist sagt dann, daß diese Verfolgung entweder wegen der Reichtümer der Juden geschehen sei, und zwar sowohl von seiten adliger wie nichtadliger Schuldner, und das halte er für wahr, während er den Vorwurf der Brunnenvergiftung als Begründung der Judenverfolgung, der überall erhoben werde, nicht für wahr halte, obwohl die Pest diesem Gerücht Glaubwürdigkeit verleihe.[6]

Von den Geißlern berichtet der Straßburger Chronist Fritsche Closener. Im Jahre 1349 seien zweihundert von ihnen nach Straßburg gekommen. In einer Prozession hätten sie kostbare Fahnen und Kerzen mit sich geführt, und wo immer sie durch Städte und Dörfer zogen, seien die Glocken geläutet worden. Dann hätten sie sich in Kirchen niedergekniet, gesungen und sich alle dreimal in Kreuzesform auf die Erde geworfen. Der Chronist berichtet dann über die Regel dieser Bruderschaft. Man habe ihr dreiunddreißigeinhalb Tage angehören und für jeden Tag vier Pfennige zahlen müssen. Zweimal am Tage hätten die Angehörigen dieser Bruderschaft sich mit Geißeln schlagen müssen. Zu diesem Zweck seien sie unter Glockengeläut ins Feld gezogen. Dort hätten sie sich bis auf die Hosen ausgezogen und die untere Hälfte des Körpers mit Kitteln oder weißen Tüchern umhüllt. Sie hätten sich in einem Ring niedergekniet und ihre Sünden gebeichtet. Danach habe eine vielfältige Folge von geistlichen Gesängen und Geißelungen stattgefunden. Der Chronist berichtet auch von heftigen Konflikten, die daraus entstanden, daß der Bischof pflichtgemäß diese – illegalen – Bußakte verbot.[7]

Heuschreckenschwärme, Erdbeben, Pest, Judenpogrome und Geißlerzüge: Den Zeitgenossen haben sich diese Katastrophen, die später als Kennzeichen einer Krise gelten sollten, tief eingeprägt. Die Chroniken sind voll davon. Andere Krisenphänomene werden jedoch erst infolge der Bemühungen der Geschichtswissenschaft sichtbar. Das gilt zum Beispiel für die Bevölkerungsverluste, die den Zeitgenossen deutlich vor Augen standen, die sie jedoch nicht summieren und vor allem nicht in den Verlauf der Bevölkerungsentwicklung einordnen konnten.

Um 1300 dürften in Deutschland und Skandinavien insgesamt

Eine süddeutsche Weltchronik vom Ende des 14. Jahrhunderts beschreibt die Geißlerzüge des Jahres 1348 und zeigt ein Stück Prozession und die Geißelung.

11,5 Millionen Menschen gelebt haben. In der Mitte des 15. Jahrhunderts, also hundert Jahre nach der großen Pest, dürften es etwa 7,5 Millionen gewesen sein. Ähnlich sahen auch die Zahlen für West-und Südeuropa aus. Schon in der ersten Hälfte des 14. Jahrhunderts, also vor der großen Pest, scheint die Bevölkerung zurückgegangen zu sein. In der Mitte des Jahrhunderts kam es dann zu einem scharfen Einbruch – damals starb in den von der Pest erfaßten Ländern rund ein Drittel der Bevölkerung. Weitere Hungersnöte und neue Pestwellen verhinderten eine Regeneration. Im allgemeinen begann die Bevölkerung erst nach der Mitte des 15. Jahrhunderts wieder zu wachsen, bis sie im frühen 16. Jahrhundert den alten Stand erreichte.

Hinter solchen globalen Zahlen verbergen sich unterschiedliche Wirklichkeiten. Man muß insbesondere die Verhältnisse in den Städten von denen auf dem Lande unterscheiden. Es scheint, als hätten sich die städtischen Bevölkerungen schnell wieder ergänzen können. Auf dem Lande, wo angesichts des nicht so dichten Zusammenlebens die durch die Pest verursachten Bevölkerungsverluste wohl geringer gewesen waren als in den Städten, begann jedoch jetzt ein Bevölkerungsschwund, der durch die Abwanderung der Men-

Linke Spalte: Grabmal eines Judenverfolgers

Der Grabstein in der Pfarrkirche von Uissigheim bei Lauda zeigt einen jugendlichen Ritter mit leerer Schwertscheide. Das Schwert hält ihm eine kleine Gestalt vor den Hals. Die zum Teil zerstörte Inschrift lautete: Anno domini 1336 vi subiit gladio beatus Arnoldus iuvenis miles de Uissinkem 18. kalendas decembris (Im Jahre des Herrn 1336 wurde durch Gewalt dem Schwert unterworfen der selige Arnold von Uissigheim, der jugendliche Ritter, am 14. November). Wie man erst neuerdings weiß, handelt es sich bei dem Dargestellten um »König Armleder«, den Anführer einer Zusammenrottung von Angehörigen ländlicher und städtischer Unterschichten, die 1336 Blutbäder unter den Juden in kleinen Städten Frankens anrichteten. Arnold von Uissigheim war schon vier Jahre zuvor wegen Straßenraubs aus dem Territorium der Grafen von Wertheim verbannt worden. 1336 wurde er hingerichtet: die kleine Gestalt auf seinem Grabmal ist der Scharfrichter, der, das zeigt die leere Scheide, den Ritter mit dessen eigenem Schwert – also auf eine die Ehre der Familie schonende Weise – hinrichtete. Wie schon die Inschrift zeigt, hat man die Geschichte des Mannes alsbald umzudeuten begonnen. Man interpretierte den Scharfrichter als Juden und als Mörder des Hingerichteten und verehrte diesen wegen seines vermeintlichen Todes von der Hand eines Juden als seligen Wundertäter.

Dorfwüstung südöstlich von Northeim

Im Wald hat sich die Ruine einer Dorfpfarrkirche erhalten. Das dazugehörige Dorf Leisenberg wurde im 15. Jahrhundert aufgegeben. Das Bodenrelief im umliegenden Wald läßt allenthalben die Spuren früheren Ackerbaus erkennen.

schen in die Städte verursacht war. Das aber hatte dauernde Folgen für die Siedlungsverhältnisse. Ein großer Teil des bearbeiteten Bodens wurde aufgegeben.

Spuren der verlassenen Dörfer, Wüstungen genannt, hat man stets gekannt, und man hat sie sich auch zu erklären versucht. Die Wüstungen galten als durch Kriege verursacht, vor allem durch den Dreißigjährigen Krieg, den letzten großen Krieg aus der älteren Zeit, an den man sich erinnerte und dem man auch manche frühgeschichtliche Wallanlage als »Schwedenschanze« zuschrieb.

Die systematische Erforschung der Wüstungen hat ein anderes Bild ergeben. Scherbenfunde und manchmal auch die Reste von Bauwerken haben Tausende von im späteren Mittelalter aufgegebenen Dörfern sichtbar gemacht. Im Bodenrelief heutiger Wälder, Wiesen und Weiden zeichnen sich Pflugfurchen ab, die erkennen lassen, daß dort, wo inzwischen seit Jahrhunderten Wald- oder Weideflächen liegen, einstmals Ackerbau betrieben worden ist. Alte Flur- und Wegenamen verraten das gleiche, und in den Archiven liegen viele Akten, in denen Dörfer genannt werden, die es seit dem späteren Mittelalter nicht mehr gibt. In den Regionen, wo die Voraussetzungen für die Landwirtschaft ungünstig waren, wie vor allem in den Mittelgebirgslandschaften, war die Zahl der ländlichen Siedlungen im hohen Mittelalter mehr als doppelt so hoch wie heute. In den fruchtbaren Zonen an der Nordseeküste waren die Verluste sehr viel geringer. Insgesamt hat man für Deutschland in den Grenzen von 1918 eine Zahl von 170000 ländlichen Siedlungen vor Beginn der großen Wüstungen errechnet. Im Jahre 1918 bestanden in diesem Gebiet 138000 Siedlungen. Sechsundzwanzig Prozent der Siedlungen sind also zugrunde gegangen, und zwar hauptsächlich im späteren Mittelalter.

Doch unterschied sich die Entwicklung der Siedlungen von Region zu Region. In Gebirgsgebieten wie im Solling oder an der Weser, wo die Landwirtschaft mühsam war und geringe Erträge brachte, sind weite Landstriche und viele nebeneinanderliegende Dörfer und Ackerfluren aufgegeben und wieder bewaldet worden.

Man kann die Spuren der einstigen Dörfer und Äcker überall in deutschen Mittelgebirgslandschaften erwandern. In anderen Gebieten bedeutete die Wüstung dagegen einen Konzentrationsprozeß: Kleine Dörfer verschwanden, doch wurden ihre Feldfluren von weiterbestehenden und größer werdenden Dörfern aus bewirtschaftet. Manche im 14. oder 15. Jahrhundert aufgegebenen Dörfer wurden im 16. Jahrhundert neu angelegt.

Trotzdem kann nicht bezweifelt werden, daß die meisten Wüstungen im 14. oder 15. Jahrhundert entstanden sind, und das heißt, daß damals erhebliche wirtschaftliche Wandlungen stattgefunden haben müssen.

Am offensichtlichsten und leicht zu erklären ist, daß nun jene großen Ausbau- und Siedlungsprozesse, die das 12. und 13. Jahrhundert charakterisiert hatten, ein Ende fanden. Große Teile des Landesausbaus wurden gewissermaßen zurückgenommen. Riesige Wälder, die während der beiden genannten Jahrhunderte gerodet, erschlossen und besiedelt worden waren, wurden nun wieder zu jenen Waldgebieten, die sie meist noch heute sind. Die gegenwärtige Verteilung von bewaldeter und von landwirtschaftlich genutzter Fläche in Deutschland stellt keineswegs so etwas wie einen Naturzustand dar. Sie ist zu einem wesentlichen Teil das Resultat der Wüstungen des späteren Mittelalters.

In noch höherem Maße haben diese spätmittelalterlichen Krisenerscheinungen jedoch in Ostdeutschland und in den daran anschließenden mittelost- und südosteuropäischen Landschaften Epoche gemacht. Die Wanderungen aus dem Reich nach Osten und Südosten hörten nun auf. Gewiß haben auch spätere Wanderungen und Angleichungen zu ihrem Teil jene Siedlungs- und Sprachverhältnisse verursacht, wie sie in Ostdeutschland und Osteuropa bis zum Ende des Zweiten Weltkrieges bestehen sollten. Aber

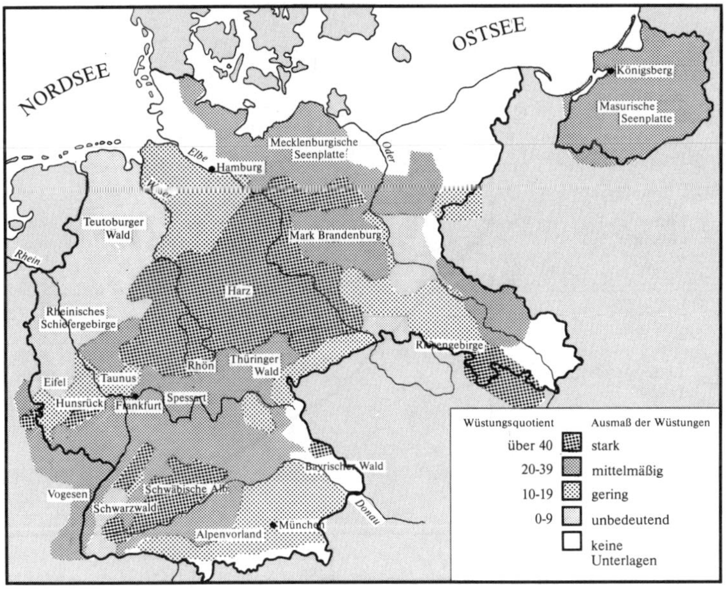

Die spätmittelalterlichen Wüstungen in Deutschland

der gewichtigste Faktor, der diese Siedlungs- und Sprachverhältnisse bestimmt hat, war ohne Zweifel das Ende der Ostsiedlung im späteren Mittelalter.

Doch blieben der Rückgang der Bevölkerung und der Verlust so vieler Siedlungen nicht die einzigen Folgen der Katastrophe. Das Wirtschaftsgefüge geriet aus dem Gleichgewicht, und der plötzliche Wandel der Wirtschaft hatte soziale Folgen. Die Empfänger ländlicher Abgaben, die weltlichen und geistlichen Grundherren, mußten über Jahrzehnte hin drastische Einbußen hinnehmen. Viele von denen, die ihnen Abgaben zu leisten hatten, waren der Pest zum Opfer gefallen oder in die Städte abgewandert, wo man dringend auf Zuzug angewiesen war. Die verbliebenen Bauern aber konnten nicht gezwungen werden, die ausgefallenen Abgaben etwa durch vermehrte Leistungen auszugleichen. In diesem Falle wären auch sie abgewandert. Für den Adel und für die großen geistlichen Grundherrschaften begannen wirtschaftlich schwere Jahrzehnte.

Diese Situation wurde noch dadurch erschwert, daß die Preise für Agrarprodukte während eineinhalb Jahrhunderten sanken, während in den Städten die Preise und die Löhne zur selben Zeit stiegen.

Angesichts der Extensität der Landwirtschaft im Mittelalter - ein Korn Saat brachte drei oder allenfalls vier Körner Ernte - führten unzeitige Fröste, Überschwemmungen, Hagel oder anderweitig - wie zum Beispiel durch die Heuschreckenschwärme vor der Mitte des 14. Jahrhunderts - verursachte Ernterückgänge immer wieder zu drastischen Ertragseinbußen. Es konnte leicht geschehen, daß die Ernte von einem Jahr zum anderen um ein Drittel oder um die Hälfte zurückging oder anstieg. Da diese Ertragsschwankungen nur in geringem Maße durch Handel ausgeglichen werden konnten - der Landtransport war so teuer, daß er sich bei Massengütern wie Getreide nur über geringe Strecken lohnte -, schwankten die Preise

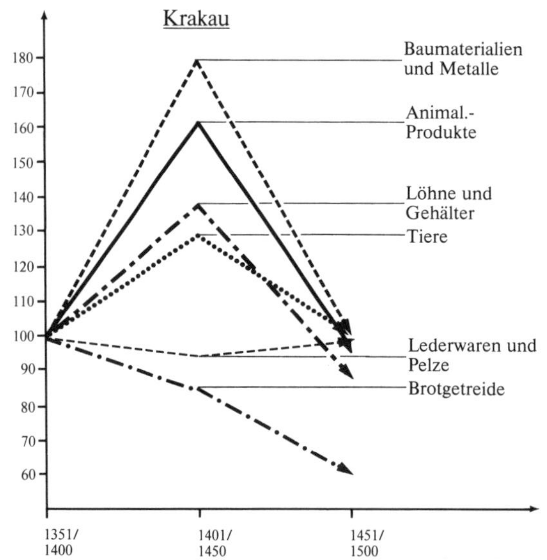

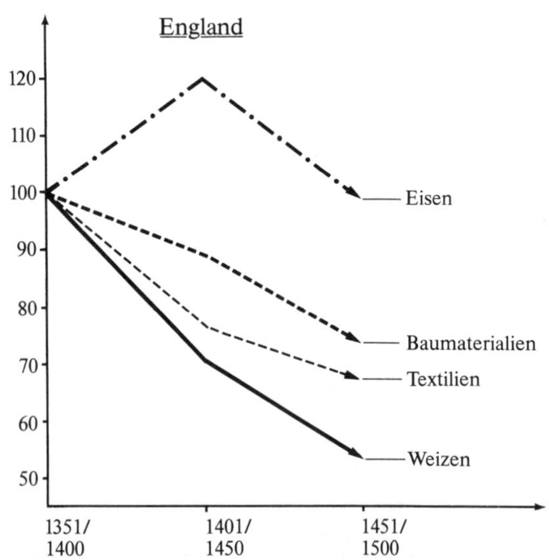

Bauinschrift an der Pfarrkirche in Wertheim an der Tauber: Anno domini 1388 incepta est fabrica chori huius ecclesie et tunc temporis solvebat plaustrum vini florenum et maldrum siliginis medium florenum. Anno vero 1445 incepta est presens liberia (Im Jahre des Herrn 1388 ist der Bau des Chors dieser Kirche begonnen worden, und damals kostete ein Fuder Wein einen Gulden und ein Malter Weizen einen halben Gulden. Im Jahre 1445 aber ist diese Bibliothek begonnen worden). Die Zeitgenossen notierten die kurzfristigen Ausschläge der Preiskurve. Die langfristigen Bewegungen erschließen sich in ihrer Dramatik erst einer späteren Analyse.

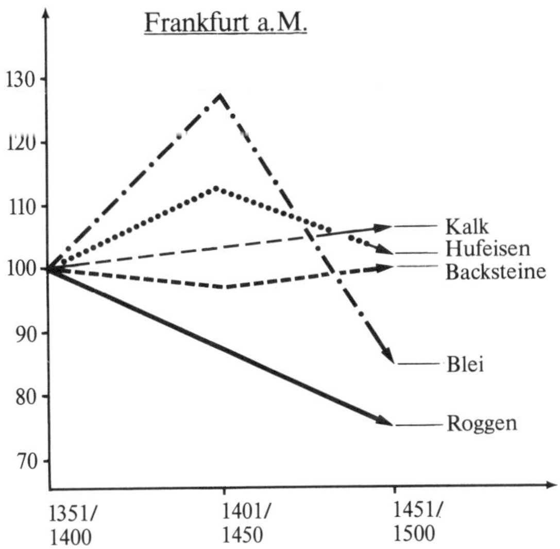

Die spätmittelalterliche »Preisschere«: Kornpreise und Preise für gewerbliche Waren von Jahr zu Jahr in einer für unsere Verhältnisse nicht vorstellbaren Weise. Doch werden hinter diesen kurzfristigen Schwankungen längerfristige Veränderungen der Preise und der Löhne sichtbar. Etwa eineinhalb Jahrhunderte lang dominierte ein Tiefstand der Agrarpreise, während die Löhne für gewerbliche Arbeit und deren Preise relativ hoch waren.

So wurde die Situation sowohl der ländlichen Produzenten als auch der Empfänger bäuerlicher Abgaben, ganz abgesehen von dem Rückgang der Bevölkerung, erschwert – jedenfalls dort, wo eine Abhängigkeit vom städtischen Markt bestand und keine Aushilfen gesucht wurden.

Solche Wege beschritt man vor allem im Umkreis der Städte. Felder wurden überflutet und in Karpfenteiche verwandelt. An die Stelle von Getreide trat der Anbau von Wein auch in norddeutschen Landschaften von der Weser bis zur Oder, wo heute kein Wein erzeugt wird. Im Umland von Speyer wurde Krapp angebaut, mit dessen Hilfe man Türkischrot herstellte. Im Südwesten, zwischen Bodensee und Donau, nahm der Leinenanbau zu. Die Dynamik, welche die hier beginnende Barchentproduktion kennzeichnet, läßt diese Entwicklung als eine Art Vor-Industrialisierung erscheinen. In Dänemark, Schleswig und Holstein nahm die Ochsenmast zu. Zehntausende von schlachtreifen Ochsen wurden nun Jahr um Jahr nach Deutschland getrieben und in den großen Städten verzehrt, wo der Fleischkonsum so hoch war wie weder vorher noch nachher. In Jütland sind die Spuren dieses Ochsenhandels in Gestalt breit ausgetretener Wege noch heute im Gelände zu erkennen.

2. Zusammenhänge

Schon die Zeitgenossen haben sich mit der Frage auseinandergesetzt, ob Erdbeben, Pest, Judenverfolgungen und Geißlerzüge etwas miteinander zu tun hätten. Die einen erklärten die Erdbeben, die Pest, ja selbst die Heuschreckenschwärme mit den Juden - sei es ganz unmittelbar, nämlich so, daß die Juden die Brunnen vergiftet und damit die Pest verursacht hätten, sei es auf indirekte Weise, indem zum Beispiel die Heuschreckenschwärme als Strafe Gottes für Hostienschändungen der Juden angesehen wurden.

Vernünftige und geistlich verantwortlich handelnde Zeitgenossen wie der Dominikaner Heinrich von Herford haben solche Erklärungen abgelehnt.[8] Der Regensburger Domherr Konrad von Megenberg wandte sich gegen die Erklärung des Erdbebens durch jüdische Greuel mit der Erwägung, daß es in Gottes Schöpfung vernünftig zugehe. Man müsse die Natur beobachten, um die Ursachen solcher Katastrophen und die Chancen der Rettung zu erkennen. Auf der anderen Seite war auch ein so kritischer Beobachter nicht vor voreiligen Schlüssen sicher. Die Pest will er zwar nicht als die Folge jüdischer Verbrechen, wohl aber als eine Strafe Gottes sehen - und zwar für christliche Untaten, besonders für den Verfall der Sitten und der Wissenschaften. Am Ende meint Konrad von Megenberg in jener rationalistischen Wissenschaft, wie sie ein William von Ockham in seinen Augen repräsentierte, die eigentliche Ursache des geistigen Verfalls und demzufolge auch der Pest zu erkennen.[9]

Ebenso monokausale Erklärungen von heute erlebten oder befürchteten Katastrophen ließen sich ohne Mühe finden: zu Hochmut gegenüber einem Konrad von Megenberg besteht also kein Anlaß, und es kommt hinzu, daß auch spätere Beobachter immer wieder versucht haben, die von ihm beschriebenen Krisenphänomene zusammenzufassen und auf eine primäre Ursache zurückzuführen. Nur so ist ja die Verwendung des Wortes Krise für das spätere 14. und frühe 15. Jahrhundert zu verstehen.

Diese Zeit konnte vor allem deshalb als eine Periode der Krisen und beschleunigten Entwicklungen verstanden werden, weil nach gewöhnlichem Verständnis um 1500 ja das Mittelalter zu Ende ging. So schien sich eine Zeit des Niedergangs und der Katastrophen unmittelbar vor den heftigen Konvulsionen im 16. Jahrhundert, aus denen die Neuzeit geboren wurde, fast von selbst zu verstehen.

Solche Erklärungen sind in dem Maße fragwürdig geworden, wie die moderne Forschung die traditionelle Einteilung der Zeitalter aufgelöst hat und ihnen allenfalls einen relativen Wert für die Erklärung geschichtlichen Wandels zubilligt. In weiten Bereichen des Lebens hat sich dort, wo wir traditionell - und in Grenzen vernünftig - die Scheide zwischen Mittelalter und Neuzeit ansetzen, wenig geändert. Wirklich grundlegende Wandlungen finden sich zum Beispiel in der Agrarverfassung und in der landwirtschaftlichen Produktion um 1100 und dann wieder um 1800. Wie groß die Bedeutung des Bauernkrieges für die deutsche Geschichte des frühen 16. Jahrhunderts auch gewesen ist: die Strukturen von Landwirtschaft, Agrarverfassung und Bauerntum hat er nicht verändert.

Um so deutlicher glaubt man seit einigen Jahrzehnten grundlegende Wandlungen der wirtschaftlichen Konjunkturen im späten 14. und dann wieder im frühen 16. Jahrhundert zu erkennen. Nach der Mitte des 14. Jahrhunderts, also nach der großen Pestwelle, begann jene spätmittelalterliche Agrarkrisis, die durch den säkularen Tiefstand der Getreidepreise und durch die hohen Löhne in den Städten charakterisiert wird.[10] Sie dauerte bis ins frühe 16. Jahrhundert. Läßt sich von hier aus eine allgemeine Krise erklären?

Die Agrarkrisis hatte nicht nur für Land- und Stadtbewohner ganz unterschiedliche Folgen. Auch auf dem Lande konnte man unter ihr leiden oder von ihr profitieren – je nach dem Maße, in dem man am Marktverkehr teilnahm, je nach den Dimensionen des eigenen Betriebes. Und auch in den Städten herrschte nicht für alle das »goldene Zeitalter der Lohnarbeit«.[11] Doch sieht man deutlich, daß die für die städtische Wirtschaft so günstigen niedrigen Getreidepreise auch den Armen zugute kamen. Jetzt wurden die großen Getreidespeicher errichtet, die in vielen Städten heute noch sichtbar sind. Sie erlaubten es, in den Städten Hungersnöte durch gehortetes und im Notfall verbilligt abgegebenes Getreide zu lindern. Während die ländliche Bevölkerung den immer wieder auftretenden Mißernten bis ins 19. Jahrhundert, bis zur Einführung der Kartoffel als eines zweiten Grundnahrungsmittels, im extremen Falle hilflos ausgeliefert war, konnte der Hungertod in den Städten nun als besiegt gelten. Das aber würde zu einer allgemeinen Krise ebensowenig passen wie der Reichtum, der in den Städten so offensichtlich wuchs und sich nicht nur in den Händen weniger konzentrierte. In Augsburg wurden nicht nur die Fugger und die Welser und die anderen Unternehmerfamilien reich. Auch wenn sich hier die Kluft zwischen den Vermögenden und den anderen zeitweilig vertiefte, waren es doch Tausende von Familien, die von dem Aufschwung des Handels und des Gewerbes profitierten und zu einem Vermögen kamen, das sie auf dem Lande niemals hätten erwerben können. In einer Handelsstadt wie Lübeck wurden nicht nur die Angehörigen der Ratsfamilien reich. Vom Handel profitierten durch kleine Einlagen, in Gestalt der Parten-Reederei, auch Angehörige der mittleren und gelegentlich sogar der unteren Schichten.

Als eine allgemeine, alle wichtigen Lebensgebiete umfassende Krise ist denn die Agrarkrisis in aller Regel auch nicht verstanden worden.[12] Solche Totaldeutungen wurden vielmehr von Historikern vorgenommen, die in Anlehnung an das von Karl Marx entwickelte System der Deutung der Weltgeschichte im späteren Mittelalter eine Krise des Feudalismus zu erkennen glaubten. Der Wechsel von der Herrenwirtschaft der Grundherren zur Eigenwirtschaft der Bauern oder der Übergang von Natural- zu Geldabgaben wurden als fundamentale Phänomene angesehen, mit deren Hilfe sich die Wandlungen der Preis- und Lohnstrukturen, der Bevölkerungs- und Siedlungsverhältnisse und weitere als Krisenphänomene aufgefaßte charakteristische Erscheinungen des späteren Mittelalters erklären ließen. Aber nicht einmal die Repräsentanten dieses Erklärungsmodells konnten sich einigen, und mit der empirischen Fundierung

Ein um 1390 in Böhmen entstandenes Musterbuch mit Vorlagen für Maler legt besonderen Wert auf die Mode und auf deren kurzfristigen Wandel - einige der Zeichnungen sind nachträglich aktualisiert worden.

dieser Theorie steht es überdies nicht gut; gerade an den Bemühungen um eine solche Krise des Feudalismus werden die Grenzen des von Marx entwickelten Systems nur allzu deutlich.[13]

In der übersichtlichen Welt eines Feudalsystems haben Städte, städtische Wirtschaft und Markt keinen rechten Platz. Wo sie vorkommen, wird ihnen die Aufgabe oder die Wirkung zugeschrieben, dieses Feudalsystem zu durchlöchern oder aufzulösen, woraus sich dann die Notwendigkeit ergibt, dieses System entweder schon zu der Zeit, wo die Städte entstanden, in eine Krise geraten zu lassen, also im 12. Jahrhundert, und das heißt zu einer Zeit, wo es nach marxistischer Deutung gerade vollendet sein sollte, oder aber Städte, Geldwirtschaft und Markt für mehrere Jahrhunderte nicht recht zur Kenntnis zu nehmen.

Doch trifft man auf Bemühungen, im späteren Mittelalter eine generelle Krise zu entdecken, nicht nur in den Traditionen der von Karl Marx begründeten Geschichtsdeutung. Sie können sich auf Zeugnisse von Zeitgenossen und vielleicht auch auf vernünftige Annahmen stützen. Mußte die Pest die Menschen, die sie überlebten, nicht im Inneren so treffen, daß nun alles anders wurde? Oder muß man im Gegenteil erwarten, daß die Überlebenden möglichst rasch zur Normalität zurückkehren wollten? Wer einer Generation angehört, die ähnliche Katastrophen wie jene in der Mitte des 14. Jahrhunderts nicht erlebt hat, wird vielleicht das erste annehmen. Den Zeitgenossen ähnlicher Umwälzungen wird der Wunsch der Überlebenden nach einer baldigen Rückkehr zur Normalität nicht absurd erscheinen.

Zu den zeitgenössischen Quellen, die von einem umfassenden Wandel, ja vielleicht von einer veränderten Mentalität sprechen, gehört die oft zitierte Limburger Chronik des Tilman Elhen von Wolfhagen. Der Verfasser spricht zunächst von der Mitte des

14. Jahrhunderts. Ein Jahr nach Pest, Geißlerzügen, Rom-Wallfahrten und Judenmord fing, so berichtet er, die Welt wieder an zu leben und fröhlich zu sejn. Die Männer machten sich neue Kleider. Die Röcke hatten unten keine verzierten Streifen, sie waren nicht mehr an den Hüften abgeschnitten, und sie waren so eng, daß ein Mann darin nicht gehen konnte. Sie reichten bis eine Spanne oberhalb des Knies. Der Verfasser berichtet dann von der nächsten Mode – die Röcke wurden noch kürzer –, er spricht von den neuen Schnabelschuhen und von den weiten Dekolletés der Frauen. Aus solchen Bemerkungen wie auch aus den abbildenden Quellen, deren Datierung freilich meistens nicht sicher ist, hat man einen gründlichen Wandel abgeleitet, als sei nun die letztlich auf die Antike zurückgehende Kleidung, deren Urtypus der weite Mantel war, durch jene den Körper betonende Kleidung ersetzt worden, die auch wir tragen. Auch wenn man der Mitte des 14. Jahrhunderts einen so epochalen Rang nicht zuschreibt, ist doch offensichtlich, daß sich damals die Mode gewandelt hat, daß nun überhaupt erst Mode in unserem Sinne entstand, also der kurzfristige Wechsel der Schnitte und der Accessoires.[14] Daraus ergibt sich die Frage, ob diese Wandlungen wirklich, wie der Chronist schreibt, mit den Katastrophen der Zeit so zusammenhängen, wie sozusagen umgekehrt die direkte Betroffenheit der Menschen durch den Tod aus literarisch und bildlich geformten Totentänzen zu uns spricht.[15]

Eine zuverlässige Antwort ließe sich nur dann finden, wenn man sichere Kriterien dafür hätte, wie repräsentativ die Zeugnisse für Krisenbewußtsein oder Gleichmütigkeit, für neue Lust an der Welt oder Angst vor dem Tode sind. Vieles, was aus dem späteren Mittelalter überliefert ist, kennen wir aus früheren Jahrhunderten nicht. Aber das kann auch daran liegen, daß die schriftliche oder bildliche Überlieferung aus dem späteren Mittelalter überhaupt sehr viel reicher ist als die aus früheren Jahrhunderten. Wenn man die Kataloge großer Handschriftensammlungen ansieht, stellt man fest, daß etwa neunzig Prozent aller mittelalterlichen Überlieferungen aus dem 14. und 15. Jahrhundert stammen, und bei den Akten in den Archiven sehen die Verhältnisse nicht anders aus. Dabei ist die Kärglichkeit der älteren Überlieferung nur zum geringeren Teil eine Folge von Verlusten; das meiste von dem, was wir aus dem späteren Mittelalter schriftlich überliefert finden, ist in früheren Jahrhunderten nicht aufgeschrieben worden. Man hatte damals keinen billigen Beschreibstoff wie das Papier. Erst infolge des Vorhandenseins von Papier konnte im 14. und 15. Jahrhundert die Schriftlichkeit und mit ihr die Fähigkeit zu lesen und zu schreiben rasch wachsen.

Die Zahl der uns bekannten sozialen Unruhen auf dem Lande wie in den Städten nimmt seit dem 14. Jahrhundert langsam zu.[16] Auch hier bleibt offen, ob das mit einem Wachstum der Sache oder nicht vielmehr der Nachrichten von ihr zu tun hat. Die Erregtheit und Erregbarkeit »der Zeit« ist im Hinblick auf das spätere Mittelalter nicht selten konstatiert worden.[17] Aber wer ist die Zeit? Wie gewinnt der Historiker die Sicherheit, einzelne, voneinander isolierte Aufstände, die den Zeitgenossen nicht als etwas miteinander Zusammenhängendes bewußt wurden, die also auch schwerlich in Wechselwirkungen miteinander standen, nachträglich zu verknüpfen und insgesamt zum Ausdruck eines Zeitgeistes zu erklären? Und muß man nicht eine entsprechende Frage an die Agrarkrise richten? Wo liegt die Legitimation dafür, aus Getreidepreisen, die sich von Jahr zu Jahr wandelten, mit Hilfe von statistischen Manipulationen, vor allem durch das Einebnen der oberen und unteren Werte, einen Trend für eineinhalb Jahrhunderte zu rekonstruieren, der den Zeitgenossen nicht bekannt sein konnte und der sie infolgedessen auch nicht in ihrem Handeln bestimmen konnte?

Auf solche Fragen kann man eine befriedigende Antwort nur dadurch geben, daß man einen außerhalb des Bewußtseins der Menschen wirksamen Motor der Geschichte benennt – den Heilsplan Gottes oder ein Gesetz, das den Verlauf der Geschichte bestimmt. Andernfalls muß man auf Nachweisen dafür bestehen, wie eine Unruhe die andere gespeist und wie sich aus einer Vielzahl von Krisenerscheinungen ein allgemeiner krisenhafter Zeitgeist entwickelt hat. Aber auch so werden markante Unterschiede offenbar. Gewiß haben die Stadtbürger des 14. und 15. Jahrhunderts einen weiteren Horizont gehabt als die ländliche Bevölkerung, und so darf man das, was uns aus den Städten überliefert ist, in einem höheren Maße zu einem einzigen Phänomen zusammenziehen als die ländlichen Ereignisse. Aber auch die spätmittelalterlichen Stadtbürger waren zunächst Bürger ihrer eigenen und einer einzigen Stadt. Sie standen untereinander nicht so in Verbindung wie die Bürger des späten 18. und des 19. Jahrhunderts. Sie waren stets Bürger einer bestimmten Stadt, während ihre Nachfahren ein überstädtisches Bürgertum repräsentierten.

Dennoch lassen sich generelle Bewegungen fassen. Schon die Quellen liefern entsprechende Urteile – wenn freilich auch nicht einfach die Zeugnisse eines »Zeitgeistes«. Diese Zeugnisse bedürfen vielmehr der Quellenkritik. Man darf sie nicht überschätzen. Wo lag eigentlich die empirische Basis für jene allgemeinen Aussagen über die Epochenstimmung nach der Pest, die sich in der Limburger Chronik finden? Die zeitgenössischen Quellen überliefern dort, wo sie höchst erwünschte Generalaussagen zu bieten scheinen, in Wirklichkeit doch nur subjektive Meinungen.

3. Krise oder Krisen?

Im 14. Jahrhundert ging offensichtlich eine Phase der Expansion zu Ende, eine Periode, die im 11. Jahrhundert begonnen und die Welt umgestaltet hatte. Niemals zuvor und niemals später ist in Deutschland und in den meisten europäischen Ländern ein so großer Teil des Landes bewirtschaftet worden wie während dieser Phase der Expansion.

Die Bevölkerung nahm ab, und die Zahl der Siedlungen ging zurück. Dafür gibt es eine Reihe von Gründen: dichter als gewöhnlich aufeinanderfolgende Hungersnöte, dann kurzfristige Ursachen wie Heuschrecken und Erdbeben. Um die Mitte des 14. Jahrhunderts und dann immer wieder in kurzen Abständen wurde Deutschland von der Pest überzogen.

Zu diesen äußeren Katastrophen kamen strukturelle Ursachen. Während der früheren Expansionsphase hatte man Flächen unter den Pflug genommen, die sich mit den damaligen Mitteln offensichtlich nur für eine kurze Zeit rentabel bewirtschaften ließen. Viele Böden waren rasch erschöpft. Zahlreiche Wüstungen hatten darin ihre Ursachen. Mit den Katastrophen des Zeitalters hatten sie wenig zu tun.

Daß zur selben Zeit die Getreidepreise zurückgingen und die Preise für gewerbliche Erzeugnisse sowie die Arbeitslöhne langfristig stiegen, kann nicht bezweifelt werden. Auch wenn die Gestalt dieses konjunkturellen Wandels erst nachträglich vollends sichtbar wird, ist der Konjunkturumschwung doch auch den Zeitgenossen bis zu einem gewissen Grade deutlich gewesen. Daß die Empfänger bäuerlicher Abgaben es nun schwer hatten, konnte nicht übersehen werden. Auch die wachsende Zahl derer, die vom Land in die Stadt wandern wollten und gegen die sich die Städte sehr bald wehren mußten, beweist, daß den Zeitgenossen der strukturelle Wandel nicht verborgen blieb. Dennoch waren die wirtschaftlichen und sozialen Folgen dieser Ereignisse und Wandlungen vielgestaltig. Die Situation der Bauern hing davon ab, ob sie Arbeitslöhne zahlten oder nicht, ob sie Natural- oder Geldabgaben zu erbringen hatten, ob sie einen großen oder einen geringen Teil ihrer Erträge auf den Markt bringen konnten, ob sie in der Nähe einer großen Stadt wirtschafteten oder in einer gänzlich ländlichen Region.

Wer in der Nähe von Städten oder Handelswegen produzierte, hatte Alternativen. Er konnte Nutzen daraus ziehen, daß zwar der Verbrauch des nun so schlecht verkäuflichen Getreides stagnierte, daß es jedoch andere landwirtschaftliche Produkte gab, deren Verbrauch sich steigern ließ. So begannen jetzt die Jahrzehnte der Viehzucht und der Spezialkulturen.

Ungeachtet regionaler Unterschiede standen dem weltlichen und dem geistlichen Adel als den Empfängern grundherrlicher Abgaben nun schwere Jahrzehnte bevor, während die Aussichten der städtischen Bevölkerung günstiger waren. Insofern ging der Adel einer Krise entgegen. Doch war das keine Krise des Feudalismus, also eines ganzen sozialen Systems. Von der Agrarkrisis waren auch die nichtadligen Empfänger grundherrlicher Abgaben betroffen: die vielen Stadtbewohner, die Teile ihres Besitzes auf dem Lande anzulegen pflegten, die städtischen Spitäler und die Stadtgemeinden selbst. Dem Adel aber wuchsen im Dienste der ihre Macht und ihre Funktionen ausdehnenden Territorialfürsten neue Aufgaben zu.

Die politische Stärke der Städte in der zweiten Hälfte des 14. und in der ersten Hälfte des 15. Jahrhunderts ist gewiß darauf zurückzuführen, daß die wirtschaftlichen Krisen der Zeit sich hier weniger ausgewirkt hatten als auf dem Lande. Trotzdem blieben die Möglichkeiten der Städte begrenzt. Was konnten die Stadtbürger, städtische Korporationen und die Gemeinden mit den so rasch gewachsenen Möglichkeiten anfangen? Sie konnten zum einen Macht und Herrschaft in der damals dominierenden Form erwerben, also Landbesitz, abhängige Bauern und womöglich ganze Adelsherrschaften aufkaufen. Das haben sie auch getan. Doch folgte daraus eine Einebnung der Unterschiede. Je stärker Städte und Bürger zu Grundherren wurden, in desto höherem Maße wurden sie zu Opfern jener Krisenerscheinungen, unter denen der weltliche und geistliche Adel zu leiden hatten. Zum anderen konnten die Städte die momentane Macht zur Stützung der speziellen städtischen Bedürfnisse - und das heißt vor allem zur Sicherung der Handelswege - nutzen und zum Beispiel die Zollstationen des Umlandes aufkaufen. Doch stießen die Städte dabei rasch an Grenzen. So reich sie auch waren: Die Länge ihrer Handelswege ging über die Gebiete, die sie kaufen oder absichern konnten, weit hinaus. So blieb eine Diskrepanz zwischen der regionalen städtischen Macht und den Notwendigkeiten eines überregionalen Handels. Je reicher die Städte, je weiter die Wege des Handels städtischer Kaufleute wurden, desto verwundbarer wurden die Kaufleute und die Städte.

Wie läßt sich die Verfolgung der Juden in diesen Zusammenhang einordnen? Nicht wenige Zeitgenossen geben eine Antwort. Sie berichten oder polemisieren dagegen, daß man den Juden die Schuld an der Pest gegeben und sie deshalb verfolgt habe. Doch traten die Pest und die durch sie hervorgerufenen Geißlerzüge an den meisten Orten erst nach den Judenverfolgungen auf. Trotzdem ist sicher, daß die Furcht vor der Pest eine wesentliche Ursache der Judenverfolgungen war. Die genauere Chronologie läßt erkennen, daß die Juden offensichtlich nicht spontanen Verfolgungen zum Opfer fielen, und es scheint auch, daß es nicht nur die Angehörigen der Unterschichten waren, denen diese Gewalttaten zugeschrieben werden müssen. Ungeachtet der nicht seltenen massenhaften Tumulte sieht man doch am zeitlichen Ablauf wie auch am Verhalten von Stadträten und Landesherren, welche Juden vor Verfolgung schützten, daß die Obrigkeiten nicht etwa von einer außer Kontrolle geratenen Masse und von nicht mehr zu steuernden Ereignissen zur Verfolgung der Juden gezwungen wurden. In der Regel dürften die Judenverfolgungen gerade von den zuständigen Obrigkeiten gewollt gewesen sein.

Die Gründe dafür sind nicht sicher zu erkennen. Gewiß waren auch Stadträte und Fürsten von der allgemeinen Furcht erfaßt. Ein Brief des Lübecker Rats, in dem behauptet, glauben gemacht und doch wohl auch geglaubt wird, daß ein in Lübeck hingerichteter Verbrecher von Juden mit der Vergiftung vieler Menschen beauftragt gewesen sei, dürfte charakteristisch sein. Man wird aber wirtschaftliche Interessen wie auch die politische Situation zur Erklärung hinzuziehen müssen.

Nach so langer Unentbehrlichkeit waren die Juden nun offensichtlich überflüssig geworden. In dem Maße, wie sich ein Markt von Krediten entwickelte, die von christlichen Geldgebern ausgingen, konnte man auf Kredite von Juden, die angesichts des christlichen Zinsverbotes bisher eine Art von Monopol gehabt hatten, verzichten. Das war selbstverständlich ein längerfristiger Prozeß: er erklärt nicht nur die Verfolgungen in der Mitte des 14. Jahrhunderts, sondern mehr noch das künftige Schicksal der Juden. In den meisten Städten, aus denen die Juden vertrieben worden waren, wurden sie kurze Zeit später wieder zugelassen. Fast überall wurden sie jedoch in den Jahrzehnten darauf abermals vertrieben.

Im Laufe des 15. Jahrhunderts wurden die meisten deutschen Judengemeinden endgültig vernichtet. Wie früher schon aus den Ländern der Iberischen Halbinsel wurden die Juden nun fast ganz aus Deutschland verdrängt. Sie wanderten vor allem nach Osteuropa. Das hat dazu geführt, daß dort in Gestalt des Jiddischen eine Sprache fortlebte, die in ihrer Struktur und ihrem Wortschatz das Spätmittel- beziehungsweise Frühneuhochdeutsche bewahrte.

Die Geschichte der Juden in Deutschland nach der Mitte des 14. Jahrhunderts läßt deutlich erkennen, daß sie nun in wachsendem

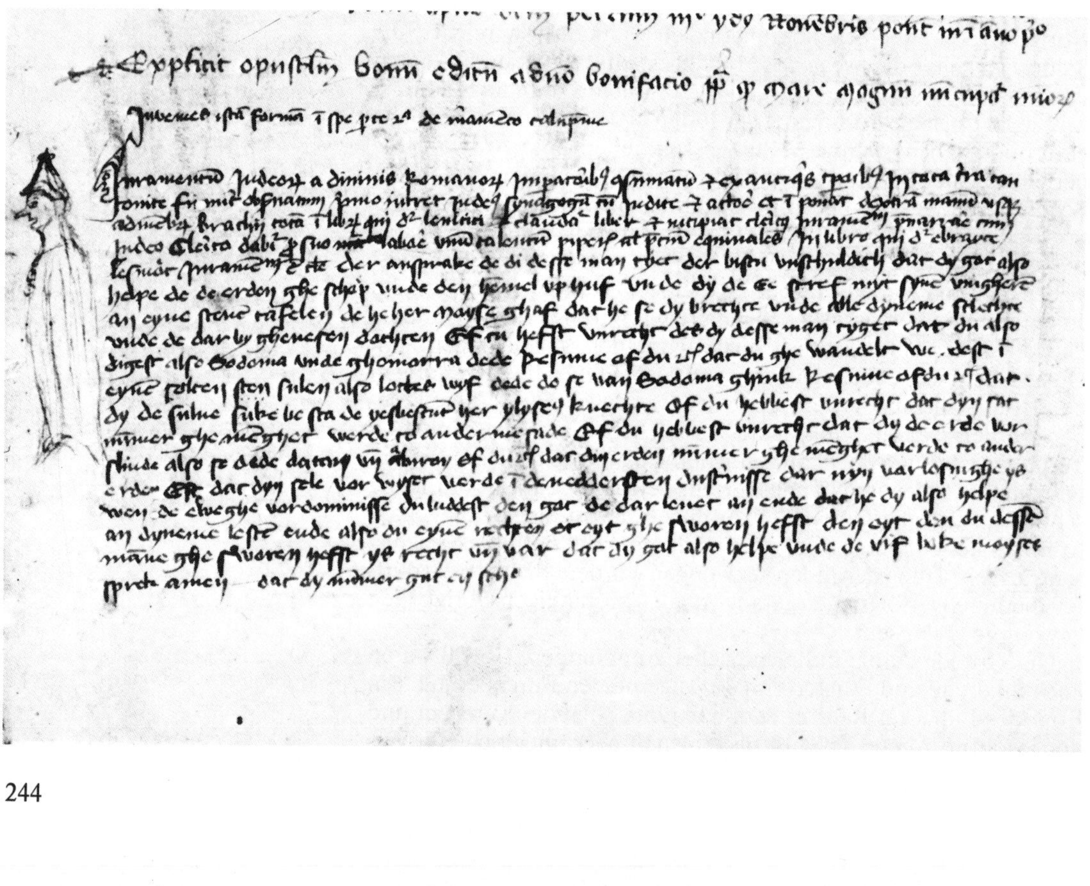

Die Karikatur eines Juden in einer Braunschweiger Handschrift des 15. Jahrhunderts

Die Handschrift überliefert einen Judeneid, wie er aus vielen Städten bekannt ist: Die Juden konnten ja die christlichen Eidesformeln nicht schwören. Manche Städte schrieben den Juden beim Schwören entehrende Zeremonien vor. Sie verlangten das Tragen eines Büßerhemdes und eines Stricks um den Hals, ja sie ließen die Juden dabei auf einer blutigen Schweinshaut - eines unreinen Tiers - stehen. Die Zeichnung will vielleicht das Büßerhemd wiedergeben. Sie kennzeichnet den Juden außerdem durch die drei (gelben) Ringe an der Kleidung sowie durch den Judenhut, der jedoch in jüdischen Augen - anders als die Ringe - nicht als diskriminierend galt.

Maße zu Kreditoren der kleinen Leute in Stadt und Land wurden, von Schuldnern, denen das Wesen des Kredits, nämlich die Zahlung von Kapitalzinsen, zumal dann nicht durchsichtig gemacht werden konnte, wenn sie wirtschaftliche Not litten. Je stärker die Juden im Hinblick auf die großen Kredite durch christliche Geldgeber ersetzt, während sie selber Gläubiger der kleinen Leute wurden, desto größer war die Gefahr, daß sie Massenbewegungen zum Opfer fielen.

In der Mitte des 14. Jahrhunderts aber wurde den Juden nicht zuletzt die politische Situation in Deutschland zum Verhängnis. Der wichtigste Schutzherr und Nutznießer der Juden, der römisch-deutsche König, war nicht stark genug, seine Rolle und seine Interessen wahrzunehmen. Er konnte nicht einmal der Versuchung widerstehen, sich von den Verfolgungen der Juden seinerseits Vorteile zu erhoffen. Die Verfolgung der Juden in der Mitte des 14. Jahrhunderts hängt nicht nur mit der Pest zusammen, und noch weniger kann man sie mit strukturellen Gründen erklären.

Gegen eine Erklärung aus der konkreten politischen Situation der Jahrhundertmitte spricht jedoch, daß es bei diesen Verfolgungen nicht bleiben sollte. In eine allgemeine Krisis des späteren Mittelalters fügen sich die Judenverfolgungen aber dennoch nicht ohne weiteres ein.

Wie es scheint, liegen die Ursachen dieser vermeintlichen gene-

In Schlesien entstandener Kruzifixus, zwischen 1370 und 1380

»Schöne Madonna« aus Mähren, etwa zwischen 1390 und 1400

Der »Internationale Stil« der Jahrzehnte um 1400 ist nicht zuletzt im östlichen Mitteleuropa zu Hause gewesen. Eine genauere Verrechnung der Kunstwerke mit den politischen, sozialen, wirtschaftlichen und geistigen Konstellationen der Welt, in der sie entstanden, erweist sich als schwierig. Versuche, in der Lieblichkeit Marias die Kultur der Höfe wiederzufinden und der Darstellung des Leidens Christi die Krisenhaftigkeit der Zeit abzulesen, pflegen in Zirkelschlüssen zu enden.

rellen Krise mehr in den Hoffnungen moderner Historiker auf die Aufdeckung eines biologisch-genetischen Ablaufs der Geschichte als in der Vergangenheit selbst. Die zeitgenössischen Dokumente, die von so etwas wie einer allgemeinen Krise der Zeit sprechen, sind in aller Regel nicht kritisch genug danach befragt worden, ob sie nicht nur Beispiele dafür geben, daß das Gefühl des Zerfalls und der Dekadenz in vielen, wenn nicht in allen Zeiten zu beobachten ist. Dazu kommt dann die Vermehrung der Quellen; viele Texte, die im späteren 14. und 15. Jahrhundert von Krisenerscheinungen reden, hat es in früherer Zeit nicht gegeben.

Weiterhin würde eine Generalkrise im späteren Mittelalter eine in allen ihren Gliedern miteinander kommunizierende Gesellschaft voraussetzen. Die aber gab es nicht. Das Subjekt, das damals eine Generalkrise erlitten haben könnte, verdankt seine Existenz offensichtlich erst den Bemühungen späterer Historiker.

Schließlich verdeckt die Suche nach einer allgemeinen Krise entgegengesetzte Erscheinungen. Auf dem Lande wurden nicht nur weite Flächen, die bisher bewirtschaftet worden waren, aufgegeben, sondern es fand auch ein Konzentrationsprozeß statt. Hätte man die steinigen Äcker in hohen Lagen, die am Ende der großen Expansionsperiode unter den Pflug genommen worden waren und die ein paar Jahre lang auch Frucht getragen hatten, auf Dauer bewirtschaften können? Die viele neuen Kulturen, die nun an die Stelle des Getreideanbaus traten, waren nicht nur das Resultat von Anpassung, sondern auch von wirtschaftlicher Stärke. Noch wichtiger aber war die Dynamik der Stadtwirtschaft. Wenn Deutschland in der ersten Hälfte des 16. Jahrhunderts das wirtschaftlich am weitesten entwickelte Land der Welt war, dann wäre das ohne eine jedenfalls partielle Prosperität der vorangegangenen Jahrzehnte nicht erklärlich.

7.
Von Karl IV. bis zu Albrecht II.

1. Die Anfänge Karls IV.

Karl war im Jahre 1316 geboren und auf den Namen seines Großvaters mütterlicherseits Wenzel getauft worden. Sein Vater, König Johann, bemühte sich darum, die Legitimität seines böhmischen Königtums, dessen Wurzel das römisch-deutsche Königtum seines Vaters war, zu bestärken.

In Böhmen aber wurde Johann »König Fremdling« genannt, und die späteren Geschichtsschreiber sind nicht müde geworden, diesen den Normen des Rittertums so sehr verpflichteten Monarchen als einen Phantasten darzustellen. Solche Darstellungen verdecken, daß es Johann tatsächlich gelang, das Königtum seines Hauses in Böhmen fest zu begründen. Nach seinem Tode in der Schlacht von Crécy im Jahre 1346 hatte sein Sohn Karl keine Schwierigkeiten, ihm in Böhmen zu folgen.

Daß der auf den Namen Wenzel getaufte Herrscher sich nun Karl nennen ließ, war eine Folge der Erneuerung dieses Königsnamens in Frankreich. Im Alter von sieben Jahren war der böhmische Prinz an den französischen Hof und damit in jenes politische und kulturelle Milieu gegeben worden, aus dem die Luxemburger stammten. In seiner Autobiographie berichtete Karl IV. später davon, daß er während seiner frühen französischen Jahre mit einem hochgestellten Kleriker bekannt und vertraut geworden sei, der danach zum Papst gewählt werden sollte. Die beiden hätten sich, so erzählt Karl, gegenseitig ihre Karriere vorausgesagt. »Du wirst noch römischer König werden«, sagte der künftige Papst Clemens VI. »Zuvor wirst du Papst sein«, will Karl geantwortet haben.[1] Jedenfalls hatte Papst Clemens VI. wesentlichen Anteil daran, daß 1346 Karl zum Gegenkönig gegen Ludwig gewählt wurde.

Karl war damals dreißig Jahre alt. Er hatte mannigfaltige politische und militärische Erfahrungen gesammelt. Mit siebzehn Jahren war er aus Frankreich nach Böhmen zurückgekehrt. Er sprach Deutsch, Lateinisch, Französisch und Oberitalienisch, jedoch nicht Tschechisch. Das lernte er nun – offensichtlich nicht zufällig. Karl war der Meinung, daß Sprachkenntnisse einem Regenten unentbehrlich seien. In der Goldenen Bulle von 1356 heißt es am Ende, daß die Kurfürsten in ihrer Jugend Deutsch, Latein, Italienisch und Tschechisch lernen sollten.[2] Hier wurde offensichtlich zum erstenmal Mehrsprachigkeit als eine Herrschertugend angesehen. Gerade angesichts der in Frankreich verbrachten Jugend Karls verwundert das Fehlen des Französischen. Um so besser kann man die Nennung des Tschechischen erklären. Sie spiegelt den Rang Böhmens.

Das Königreich Böhmen war damals ohne Zweifel ein Fürstentum des Reichs, obwohl es an dessen Rand lag und nicht nur der Verfasser des Sachsenspiegels von seiner besonderen Stellung gesprochen hatte.[3] Dazu trug auch bei, daß man in Böhmen vorwiegend nicht Deutsch, sondern Tschechisch sprach. Obwohl das Tschechische angesichts der Ostsiedlung und angesichts der Einbindung des böhmischen Königshofes in die europäische, durch Deutschland vermittelte Adelskultur eingeschränkt wurde, erhielt es nun auf der anderen Seite doch wachsendes Gewicht. In der zweiten Hälfte des 14. Jahrhunderts wächst die Zahl der Zeugnisse dafür, daß diejenigen, deren Muttersprache das Tschechische war, sich als eine von den Deutschsprechenden unterschiedene Gruppe empfanden.

Böhmen war eines der größten geschlossenen Territorien im Reich. Trotzdem blieb die Stellung Karls einstweilen prekär. Obwohl der Übergang von seinem Vater Johann zu ihm ohne Schwierigkeiten gelungen war, war doch offen, in welchem Maße es ihm gelingen würde, sich gegen die böhmischen Stände durchzusetzen. Sein Vater hatte immer wieder Rücksicht auf den böhmischen Adel nehmen müssen, und am Schicksal von Karls Sohn und Nachfolger Wenzel sieht man, daß die zweiunddreißig Jahre, während deren Karl unangefochten über Böhmen herrschte, nicht ausgereicht hatten, die Macht der Stände zu brechen. Sie leisteten Widerstand gegen den Erben und nahmen ihn am Ende gefangen.

Geradezu aussichtslos aber war Karls Position im Reich. Er mußte gegen einen konflikterfahrenen und kampferprobten Kaiser antreten. Daß der Zufall ihm zu Hilfe kommen und den Kaiser 1347 einen tödlichen Sturz vom Pferde tun lassen sollte, war nicht abzusehen. Was konnte Karl in dieser hoffnungslosen Situation für sich ins Feld führen? Nicht einmal die Kurfürsten, die ihn gewählt hatten, unterstützten ihn ohne Bedingungen und Vorbehalte. Und daß der Papst auf seiner Seite war, war eher dazu angetan, die Zahl seiner Gegner zu vermehren.

Zunächst hatte Karl nicht mehr auf seiner Seite als dynastisches Selbstgefühl und persönliche Eigenschaften: politische Umsicht, Geschick im Umgang mit Menschen und eine Erfindungsgabe, die ihm aus schwierigen Situationen heraushalf und die seinen Gegnern als Verschlagenheit galt. Auch war Karl kein unerfahrener Regent. In Vertretung seines Vaters hatte er jahrelang, ganz auf sich selbst gestellt, Herrschaftsrechte in Oberitalien wahrgenommen. In den letzten Lebensjahren König Johanns war er faktisch König von Böhmen gewesen. Insbesondere hier hatte er einen neuen Regierungsstil demonstriert. Hatte sein Vater die Mitwelt als ein phantastischer Ritter und Geldverschwender fasziniert, so setzte Karl seine Zeitgenossen durch ein nicht selten unherrscherliches Verhalten in Erstaunen. Er rechnete und hielt das Seine zusammen. Auch war er ungeachtet seiner intellektuellen Gaben sehr wohl imstande, körperlich den Notwendigkeiten eines Herrscheramtes zu genügen. Die Fähigkeit, tagelang zu reiten, sich mit wenigen Leuten unerkannt durch feindliches Gelände durchzuschlagen, hatte er mehrfach bewiesen.

Der Tod Kaiser Ludwigs am 11. Oktober 1347 bedeutete für Karl nicht mehr als eine Chance. Das Ende der Auseinandersetzungen um den Thron in Deutschland konnte das nicht sein. Die Kurfürsten der gegnerischen Seite wählten am 13. Januar des folgenden Jahres Edward III., den englischen Monarchen, zum deutschen König. Edward war nicht gefragt worden, ob er die Wahl annehmen würde. Die Situation war also offen, und Karl konnte sie nutzen. Er zog Edward auf seine Seite und schloß ein Bündnis mit ihm. Praktische Bedeutung sollte dieses Bündnis nicht haben, aber im Augenblick steigerte es das Ansehen Karls. Edward war schließlich der Sieger in jener Schlacht von Crécy gewesen, in der König Johann umgekommen und der sein Sohn Karl nur mit Mühe entronnen war.

Auch in Deutschland bemühte sich Karl, seine Position zu stärken. Es gelang ihm, die Reichsstädte aus der gegnerischen Front zu lösen, und dieser Erfolg war um so größer, als es dabei auch um politische Prinzipien ging und Karl diese Prinzipien nicht aufgab. Die Städte hatten sich zu einem Bündnis zusammengeschlossen, um sich vor den Gefahren eines abermaligen Doppelkönigtums besser schützen zu können. Karl war, wie sich dann in der Goldenen Bulle von 1356 zeigen sollte,[4] nicht bereit, solche Bündnisse zu tolerieren. Er hielt sie für illegal und duldete sie auch jetzt nicht. Er verhandelte mit einzelnen Städten, nicht aber mit deren Bund, und brachte sie doch auf seine Seite.

Dann kam ihm noch einmal ein Zufall zu Hilfe - für moderne Begriffe ein märchenhaftes Ereignis. Im Sommer 1348 erschien in Magdeburg ein alter Pilger, der behauptete, der Markgraf Woldemar von Brandenburg zu sein, von dem alle Welt annahm, er sei 1319 verstorben. Dessen Tod hatte zugleich das Ende des askanischen Hauses in der Mark bedeutet. Kaiser Ludwig hatte diese Gelegenheit benutzt, das heimgefallene Fürstentum seiner eigenen Familie zuzuwenden. Seitdem war ein Wittelsbacher Markgraf und Kurfürst von Brandenburg gewesen. So konnte die Behauptung des alten Pilgers, der vor drei Jahrzehnten verstorben geglaubte Woldemar zu sein, die Wittelsbacher gefährden und Karl stärken, und dieser erkannte ihn als brandenburgischen Markgrafen an.

Auch andere Fürsten, die sich davon einen Vorteil versprachen, stellten sich auf die Seite des Mannes, der Woldemar zu sein behauptete - oder tatsächlich war. Im Gegensatz zu den falschen Friedrichen, die nach der Mitte des 13. Jahrhunderts auftraten, läßt sich hier nicht eindeutig sagen, ob es sich bei dem Prätendenten um einen Schwindler, einen Geistesgestörten oder nicht vielleicht doch um einen Fürsten handelte. Jedenfalls hatte er Erfolg: Fast alle Städte in der Mark Brandenburg fielen ihm zu. Karl nutzte die Gelegenheit. Er belehnte den vermeintlichen Askanier im Oktober 1348 in aller Form mit der Mark Brandenburg, und dieser revanchierte sich, indem er die Lausitz, einen Teil der Mark, an Böhmen, und das heißt an Karl IV., abtrat.

Kein Wunder, daß sich unter solchen Umständen nur mit Mühe ein neuer Gegenkönig finden ließ. Am 30. Januar 1349 wurde nach langen Bemühungen der Graf Günther von Schwarzburg gewählt - ein Mann mit wenigen Möglichkeiten, den weder seine Machtmittel noch seine Herkunft empfehlen konnten. Es war, als wollten die Karl entgegenstehenden Kurfürsten die Wahl des Grafen Adolf von Nassau zum König wiederholen.

Karl dagegen gelang es, den Pfalzgrafen aus der gegnerischen Front herauszubrechen, indem er sich mit dessen Tochter vermählte. Militärische Erfolge gegen Günther von Schwarzburg kamen hinzu.

Markgraf Ludwig von Brandenburg, der Sohn Kaiser Ludwigs, wurde durch den falschen oder vermeintlichen Woldemar so bedrängt, daß er den Gegenkönig fallenließ. Karl fand den Konkurrenten mit Geld ab. Nun konnte er auch Woldemar fallenlassen, der bald darauf starb, aber - immerhin - in einer Fürstengruft in Dessau begraben wurde. Im Jahre 1349 starb auch Günther von Schwarzburg.

Wenige Wochen später hat Karl sich in Aachen noch einmal zum König krönen lassen. Nun wurde seine Position in Deutschland nicht mehr angefochten. Doch damit ist noch nicht gesagt, wie stark er war. Und wie stellte sich die außerdeutsche Welt zu diesem Königtum? Würde nicht vor allem der Papst nun den Preis für die Förderung Karls namhaft machen? Mußte nicht jetzt die Stunde eines vom Papst abhängigen römisch-deutschen Königtums schlagen?

Wie begrenzt die Möglichkeiten Karls in Deutschland waren, erweist sich am deutlichsten am Schicksal der Juden, die nun, in den Jahren der Pest, so schwere Verfolgungen hinzunehmen hatten wie seit dem Beginn der Kreuzzüge nicht mehr.

Von seinen fiskalischen Interessen her hätte Karl die Juden beschützen müssen. Die Judensteuern machten einen der größten Posten unter den regelmäßigen Einnahmen des Königs aus. Wo

Grabmal König Günthers von Schwarzburg im Frankfurter Dom

Ursprünglich deckte die Platte ein 1352 errichtetes Hochgrab: Der 1349 verstorbene (Gegen-)König wurde also durch ein repräsentatives Grabmal geehrt. Allerdings wurde er nicht mit Zeichen seines Königtums dargestellt. Den Verstorbenen umgeben vier Heiligenfiguren. In den Zwickeln oben zwei Propheten. Die Schrift auf den Bändern ist heute nicht mehr lesbar, doch ist ihr Wortlaut überliefert. Der Text erinnert - in nicht zweifelsfrei deutbarer Weise - an die politischen Verwicklungen, in die der Graf durch seine Wahl zum König geraten war (Falsch undrowe schande czymt / des stede drowe schaden nymt / undrowe nam gewinnes hort / undruwe falsch mit giftes wort). Die Wappenfolge bezieht sich auf die Stifter des Grabmals. Sie wurde bei der Beseitigung des Hochgrabes 1743 verändert.

man die Juden, die »Kammerknechte« des Königs, vertrieb oder ermordete, beseitigte man auch Einkünfte des Königs. Karl hat das gewußt und an einigen Orten für den Schutz der Juden gesorgt. Er oder diejenigen, die seine Urkunden formulierten, wußten auch, daß der Vorwurf, die Juden hätten die Brunnen vergiftet und die Pest verschuldet, nicht der Wahrheit entsprach. In einer Urkunde für die Stadt Luxemburg[5] ließ Karl ausdrücklich feststellen, daß diese Brunnenvergiftungen nicht nachgewiesen seien. Dennoch wurden die Juden in vielen Reichsstädten nicht nur verfolgt, sondern Karl profitierte sogar von den Verfolgungen. Man sieht das am Beispiel Nürnbergs.[6]

Die Stadt hatte sich während der letzten Jahrzehnte zu einem wirtschaftlichen Mittelpunkt von großer Bedeutung entwickelt und war im Begriff, das älteste süddeutsche Handelszentrum, Regensburg, zu überflügeln. Kaiser Ludwig hatte Nürnberg durch großzügige Privilegien gefördert, und er hatte sein Königtum auf die Kredite, die ihm aus dem reichen Nürnberg zuflossen, aber auch auf Ratgeber aus der Schicht derer, die Nürnberg regierten, gestützt. Karl wollte diese Politik fortsetzen; schon zwanzig Tage nach Ludwigs Tod war er nach Nürnberg gezogen und hatte die Stadt auf seine Seite ziehen können.

Doch drohte dem König dieser frühe Erfolg wenige Monate später aus der Hand geschlagen zu werden. Während er im Norden den sogenannten falschen Woldemar protegierte, revanchierte sich der wittelsbachische Markgraf von Brandenburg im Süden, indem er einen Aufstand gegen den Nürnberger Rat unterstützte. So kam es hier im Sommer 1348 zu einem jener städtischen Machtkämpfe, die man früher in der Annahme, daß es hier um mehr Demokratie gegangen sei, meist Zunftrevolutionen genannt hat. Heute weiß man, daß in diesen für das spätere Mittelalter so typischen Auseinandersetzungen nicht einfach Handwerker gegen die bisher den Rat beherrschenden Kaufleute kämpften, sondern neue Oligarchien gegen die alten. Auch in Nürnberg waren diejenigen, die den alten Rat vertrieben hatten, eine gemischte Gesellschaft. Zu ihnen gehörten nicht nur Handwerker, sondern auch reiche, bisher aber von der Ratsherrschaft ausgeschlossene Leute sowie schließlich Angehörige der alten regierenden Familien. Der neue Rat stand mit den Wittelsbachern im Bunde. Für Karl war Nürnberg zunächst verloren. Wollte er sich im Reich durchsetzen, so mußte er die Stadt zurückgewinnen.

Karl versuchte nun mit Erfolg, Nürnberg zu isolieren. Zu den Vorteilen, mit denen er lockte, gehörten auch Judensteuern und jüdischer Besitz. Am 27. Juni 1349 versprach er seinem wittelsbachischen Gegner drei Judenhäuser von erster Qualität in Nürnberg, die dieser aussuchen sollte, sobald die Juden dort demnächst »geschlagen« wären.[7] Der neue König rechnete also damit, daß der jüdische Besitz in Nürnberg frei werden würde, und er versuchte, einen Teil der Beute an einen dadurch zu gewinnenden Parteigänger weiterzugeben. Aber was heißt schon frei werden? Der König erwartete offensichtlich nicht nur eine Vertreibung, sondern auch eine Ermordung der Juden.

Einstweilen blieb das Spekulation. Weder der König noch der

Wittelsbacher konnten sich Zutritt zu der Stadt verschaffen, und der aufrührerische Rat unternahm gegen die Juden nicht mehr, als daß er Abgaben von ihnen erpreßte. Gefährlich wurde deren Situation erst, als der neue Rat resignierte und das alte Ratsregime restauriert wurde. Nun waren die alten beziehungsweise neuen Ratsfamilien am Vermögen der Juden interessiert, und Karl blieb bereit, seine Kammerknechte zu opfern. Er sicherte dem Nürnberger Rat Straffreiheit für den Fall zu, daß den Nürnberger Juden etwas zustoßen sollte. Wiederum verfügte er über deren Besitz. Wo bisher die Juden gewohnt hatten, sollten zwei große Plätze eingerichtet werden; an die Stelle der Synagoge sollte eine Marienkirche treten. So ist es auch geschehen.

Damals entstand der große Nürnberger Hauptmarkt, und an die Stelle der Synagoge trat die Marienkapelle, nicht nur ein Juwel gotischer Architektur, sondern überdies ein Bauwerk, das die Einbindung Nürnbergs in die Reichsverfassung, wie Karl sie später in der Goldenen Bulle vornahm, sichtbar ausdrückt. Die Nürnberger Kapelle ist eine Art Reichskapelle, sie nimmt die wesentlichen Merkmale der Aachener Pfalzkapelle Karls des Großen wieder auf.[8]

Und die Juden? Was in den Urkunden einigermaßen verhüllend angedeutet wird, notierte Ulman Stromer, der Neffe eines jener Nürnberger, die führend und profitierend an den Ereignissen beteiligt gewesen waren, in seinen Familienaufzeichnungen. Am 5. Dezember 1349, so schreibt er, wurden die Juden verbrannt.[9] Aus

Das einstige Judenviertel in Nürnberg

Der große Hauptmarkt mit der Frauenkirche (rechts) wurde auf dem Boden des 1349 zerstörten Judenviertels errichtet.

In Rothenburg ob der Tauber hat sich in einer Hauswand unmittelbar neben dem einstigen Judenviertel und Judenfriedhof ein jüdischer Grabstein - gerade noch erkennbar - erhalten. Wo die jüdischen Friedhöfe nach der Vertreibung der Juden zerstört wurden, hat man die Grabsteine als Baumaterial verwendet. So konnte man bis vor kurzem in der Nürnberger Pfarrkirche St. Lorenz einen als Treppenstufe benutzten jüdischen Grabstein sehen.

einer jüdischen Quelle kennen wir die Namen der Opfer. 560 Juden fielen dem Nürnberger Pogrom zum Opfer.[10] Diejenigen, welche die Verfolgung überlebten, wurden vertrieben.

Schon zwei Wochen später wurden die ersten Juden wieder in Nürnberg zugelassen und an einer anderen Stelle angesiedelt. Es scheint schwer begreiflich, wie sie sich darauf einlassen konnten - die doch vierzehn Tage zuvor noch Freiwild gewesen waren. Das aber waren sie nicht nur in Nürnberg gewesen, sondern fast überall in Deutschland, und so blieb ihnen kaum etwas anderes übrig, als von der Möglichkeit Gebrauch zu machen, sich am alten Ort neu niederzulassen. Erst Ende des 15. Jahrhunderts wanderten die Juden in ihrer großen Mehrzahl nach Osteuropa aus.

Das Vorgehen der Nürnberger aber war ebensowenig widersprüchlich wie das Handeln anderer Stadtregierungen, welche die vertriebenen Juden bald wieder zuließen. Das Ziel der Verfolger war ja nicht die prinzipielle Vernichtung der Juden. Im Prinzip war die christliche Gesellschaft bereit, mit Juden zu leben. In bestimmten Situationen konnten sich jedoch populärer Haß, Bedrückung durch Zins- und Rückzahlungsverpflichtungen und politische Situationen miteinander verbinden. Der nach dem Ende des Nürnberger Aufstandes restaurierte Rat wollte die großen Ausgaben, vor denen er nun stand, durch die Konfiskation jüdischer Vermögen bestreiten. Karl war nicht stark genug, ihm dabei in den Arm zu fallen, zumal er zur Durchsetzung seines Königtums gerade auf Nürnberg angewiesen war. So hat er dem Nürnberger Rat nicht nur keinen Stein in den Weg gelegt, sondern ihm auch noch seine Autorität geliehen.

Nicht wenige zeitgenössische Chronisten stehen Karl kritisch gegenüber. Doch wegen seines Verhaltens gegenüber den Juden hat ihm keiner einen Vorwurf gemacht. In anderen Städten bestrafte der König die Beraubung und Vertreibung der Juden; in Nürnberg und anderswo geschah sie mit seiner Billigung. Der König war offensichtlich bereit, nach politischer Nützlichkeit zu verfahren. Nicht wenige Angehörige der damals regierenden Eliten wußten sehr wohl, daß die volkstümlichen Verquickungen von Juden und Pest unsinnig waren. Aber sie waren bereit, mit dem Gewaltpotential, das in solchen Verquickungen lag, Politik zu machen; im Ernstfall war ihnen das Schicksal der Juden gleichgültig. Offenbar hat es Karl, ungeachtet seiner nicht nur öffentlich demonstrierten, sondern tatsächlich nachweisbaren Kirchlichkeit und Frömmigkeit, die das, was man von einem damaligen Fürsten erwarten konnte, weit übertraf, wenig berührt, daß er den Weg zum Tod so vieler Juden ebnete.

2. Das Böhmen Karls IV.

Karls Stellung in Deutschland war inzwischen so sicher, daß er es sich erlauben konnte, jahrelang in Prag Hof zu halten. Abgesehen von zwei kurzen Aufenthalten in Nürnberg kam er bis zum Herbst 1353 nicht nach Deutschland. Die besondere Bedeutung, die Böhmen für ihn hatte, erweist sich schon an seiner Titulatur. Er nannte sich römischer König und König von Böhmen. Seine Vorgänger hatten einen solchen Doppeltitel nicht geführt, freilich hatten sie auch nicht schon vor ihrer Wahl über einen Königstitel verfügt.

Noch deutlicher als an dieser Titulatur sieht man an einer Reihe von Daten, wie wichtig Karl sein ererbtes Königreich war, und man erkennt das auch an den sichtbaren Spuren, die seine Herrschaft hier - vor allem in Prag - hinterlassen hat.

Schon 1344 hatte Karl erreicht, daß das Bistum Prag aus der Mainzer Kirchenprovinz gelöst und zum Erzbistum erhoben wurde. Im Hinblick auf ihre Fläche war die neue Kirchenprovinz, zu der nur die Bistümer Olmütz und Leitomischl gehörten, nicht eben eindrucksvoll. Doch kam der kirchlichen Selbständigkeit Böhmens große politische Bedeutung für die Selbständigkeit des Landes zu - ebenso wie in Polen und Ungarn und ähnlich wie im Norden, wo im 12. Jahrhundert die Erzbistümer Lund und Upsala geschaffen worden waren.

Auch in Böhmen war der Erzbischof einer der wichtigsten Helfer des Königs. Karl stützte seine Herrschaft auf das Krongut und auf die Kirche. Der Hochadel verharrte in Distanz und gelegentlichem Widerstand. Um so wichtiger waren die geistlichen Helfer des Königs.

Das erweist sich an der Gründung der Prager Universität 1348. Der Prager Erzbischof, Ernst von Pardubitz, der in Italien das kanonische Recht studiert hatte, war einer der wichtigsten Förderer dieses Unternehmens, und zwar nicht nur deshalb, weil die Universität als eine kirchliche Anstalt vom Bischof ihres Ortes abhängig war, sondern auch aus finanziellen Gründen. Die pfründenreiche Prager Kirche gewährleistete die Bezahlung der meisten Professoren.

Die Prager Universität war die erste im deutschen Reich sowie auch in Zentral- und in Osteuropa. Bisher hatten die Deutschen, die studieren wollten, die Hochschulen in Italien und in Frankreich besucht. Ein gelehrter deutscher Kleriker, Alexander von Roes, hatte im ausgehenden 13. Jahrhundert geradezu eine weltgeschichtliche Theorie ausgearbeitet, die auch darauf beruhte, daß die Universitäten prinzipiell außerhalb Deutschlands lagen. Er unterschied drei große universale Aufgaben: das Reich, das Papsttum und das Studium, und er ordnete diese Aufgaben Deutschland, Italien und Frankreich zu.[11]

Angesichts der vielen deutschen Studenten, die bisher auswärts studiert hatten, lag die Gründung einer Universität nördlich der Alpen nahe. Trotzdem hatten die Vorgänger Karls eine solche Gründung nicht versucht. Die Zeit ihrer Regierung war entweder zu kurz, ihre Position war nicht sicher genug gewesen, oder sie hatten - wie zum Beispiel Ludwig der Bayer – aus anderen Ursachen nicht an eine Universitätsgründung denken können. Aber vielleicht hätten sie das ohnehin nicht erwogen. So mag die Universitätsgründung durch Karl IV. auch Modernität bezeugen.

In der Gründungsurkunde des Königs heißt es, er sei zwar verpflichtet, alle Getreuen seines Reiches zu achten, doch bevorzuge er aus Neigung die Bewohner seines Königreichs Böhmen, und so habe er für diese in Prag, in der Metropole seines Reiches, eine Universität eingerichtet, welche der Förderung Böhmens dienen sollte.[12] Das klingt geradezu modern. Doch stellte Böhmen keineswegs etwa eine unterentwickelte Region dar, der mit einer Universitätsgründung aufgeholfen werden mußte. Und Prag wurde ebensowenig eine Universität nur für Böhmen. Die Universitäten mit nur regionaler Bedeutung sollten in Deutschland erst im 15. Jahrhundert

Die Karlsbrücke in Prag aus der Zeit Karls IV. Im Hintergrund die Kleinseite mit der Burg und dem Dom.

Peter Parler

Im Triforium des Prager Doms, dem hochgelegenen Laufgang, wie er zum klassischen Typus der Kathedrale gehört, findet sich ein Büstenzyklus von außerordentlicher Qualität. Die - jedenfalls überwiegend - physiognomisch ähnliche Bildnisse gebenden Büsten von etwa 1385 versammeln den Kaiser, seine Familie und Angehörige des Hofes, aber auch den Baumeister und Bildhauer sowie andere für den Dombau verantwortliche Personen.

gegründet werden. Prag verkörperte noch einmal den traditionellen Typus der Universität mit einem weiten Einzugsbereich. Aus Böhmen kam wohl nur knapp ein Viertel der Hörer. Die anderen wanderten aus dem Reich nach Prag, aber vor allem aus den benachbarten östlichen Ländern: aus Schlesien, Preußen und Ungarn.

Karl hatte keine Landesuniversität gegründet, wohl aber eine Universität in Prag - nicht in Nürnberg, nicht in Mainz oder in Köln. Prag war unzweifelhaft das Zentrum seiner Herrschaft und ein Mittelpunkt der geistigen und materiellen Kultur seiner Länder.

Dafür gibt es sichtbare Zeugnisse. Karls Regierungszeit prägt noch das heutige Prag. Der Dom über der Stadt wurde in seiner jetzigen Gestalt damals geplant und zum Teil gebaut. Die Moldaubrücke geht auf die Jahre Karls zurück, und für eine Reihe von Kirchen gilt das ebenso wie vor allem für die Prager Neustadt. Im selben Jahre wie die Universität gründete Karl neben dem damaligen Prag eine planmäßige Stadtanlage von fast beispiellosen Dimensionen.[13]

Im Gegensatz zu seinem Vater, der mit den reichen Möglichkeiten des böhmischen Königtums im Lande selbst offensichtlich wenig anzufangen gewußt hatte, setzte Karl diese Mittel konzentriert ein, und er vermehrte sie. Der König hatte Sinn für die Möglichkeiten der Städte; das zeigte sich hier wie im Reich. Eine selbständige städtische Politik war er zwar zu verhindern entschlossen, wirtschaftlich aber wollte er die Möglichkeiten der Städte nutzen. Er machte Handelspolitik über die Grenzen Deutschlands hinaus. Er

Karl IV.

wußte Kaufmannskapital für sich einzusetzen; vor allem die Nürnberger Kaufleute waren seine Helfer.

Bei der Förderung Böhmens hat sich Karl auf seine mütterlichen Vorfahren berufen. Daraus ist ihm später, im Zeitalter des Nationalismus, von deutschen Autoren ein Vorwurf gemacht worden, während tschechische Historiker ihn lobten und ihn, der in deutschen Augen ein »Stiefvater des Reiches« war, als Fortsetzer und Erben der Przemysliden priesen.[14]

Ganz unbegründet ist ein solches Urteil nicht. Im Hinblick auf die Machtmittel des Königtums im Reich hat man nicht ohne Grund von Verschleuderung gesprochen. Karl hat Reichsstädte geradezu serienweise verpfändet. Er hat die Reichslandbezirke, mit deren Hilfe Rudolf von Habsburg den südwestlichen Reichsbesitz neu organisiert hatte, zerfallen lassen oder aufgegeben. Und er hat sich darum bemüht, Böhmen mit einem Kranz von abhängigen Territorien zu umgeben. Teile des Reiches hat er dem Königreich Böhmen inkorporiert: Mähren, das Bistum Olmütz, Troppau, Schlesien und die Lausitz. Auch große Teile der heutigen Oberpfalz wurden nun Böhmen zugeordnet: eine Landbrücke, die bis Nürnberg reichte und auf ihre Weise den Rang markierte, den diese Stadt für die Reichsverfassung haben sollte. Damals wurde Erlangen als eine böhmische Stadt gegründet. Zum Teil schon in Karls späten Jahren und im übrigen unter seinem Nachfolger Wenzel wurde dieses später so genannte Neuböhmen aufgelöst.

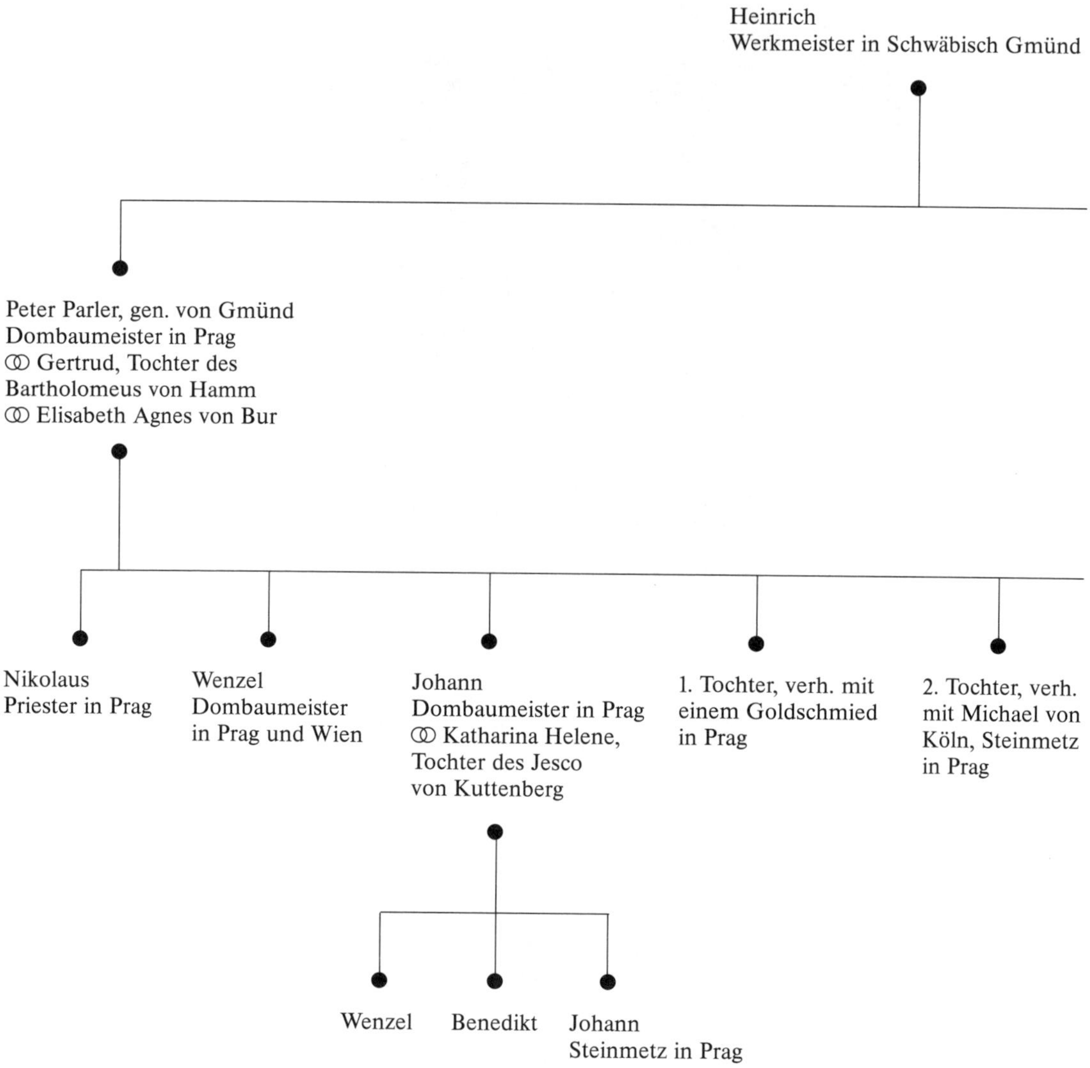

Vier Generationen Parler. Der Stammbaum weist nicht nur viele Namen der Baumeister- und Bildhauerfamilie auf, was in früheren Jahrhunderten angesichts einer fehlenden Überlieferung nicht möglich gewesen wäre, sondern er kennzeichnet auch die Weite der Region, in der diese Künstler tätig waren, und damit eine Ursache für die Überregionalität des damaligen Stils.

Einstweilen aber wuchs Böhmen. Oder wuchs nur die Macht des böhmischen Königs? Karl benutzte die Formel von den Rechten der »Krone Böhmen«.[15] Er bediente sich damit eines Begriffes, der auch in anderen Ländern beim Ausbau zentraler Staatlichkeit gebraucht wurde. Ebenso wie dort verdeckte dieser Begriff auch in Böhmen, daß der Monarch nur über einen Teil des Landes tatsächlich verfügte: über das königliche und über das Kirchengut.

Die Grenzen der Möglichkeiten Karls in Böhmen wurden am Schicksal der sogenannten Maiestas Carolina besonders deutlich. Karl hatte versucht, eine Reihe von Gesetzen zu einem umfassenden Landesrecht zusammenzufügen. Diese Gesetze handelten von Ketzerei und Rechtgläubigkeit, aber sie hatten auch die Stellung der Krone zum Gegenstand. Zum Beispiel wollten sie Adelsbündnisse

Michael Parler
Steinmetz in Goldenkron
und Prag

Johann von Gmünd
Werkmeister in Freiburg
und Basel

Paul

Janco (Johann)
Steinmetz
in Agram

Michael von Gmünd
gen. von Freiburg
Werkmeister in Straßburg
⚭ Ennelin, Tochter
des Johann Sesterer

Heinrich von Gmünd
gen. von Freiburg
Baumeister des
Markgrafen von Mähren
⚭ Drutginis von Savoyen
Tochter des
Michael, Werkmeister
am Kölner Dom

Karl IV. und seine Gemahlin Anna von Schweidnitz

Das nach 1355 entstandene Mosaik aus der Burg Karlstein, die Karl IV. zu einem religiös-politischen Mittelpunkt des Reiches ausbaute und auf der er den Thronschatz verwahren ließ, zeigt das für die Prager Hofkunst dieser Jahrzehnte typische Dekor mit Halbedelstein-Inkrustationen. Der Kaiser und seine Gemahlin heben das Kreuz auf – gewissermaßen als ein neuer Konstantin und eine neue Helena. Kreuzreliquien fanden sich in der Burg und im Kronschatz.

Die an der Straße von Prag nach Nürnberg gelegene Stadt Lauf war eines der Zentren des von Karl IV. ausgebauten »neuböhmischen« Territoriums, das indessen noch zu Lebzeiten des Kaisers aufgelöst wurde. Lauf und sein Umland gingen 1373 an die Wittelsbacher zurück.

verbieten. Der Adel wollte sich diesen Gesetzen nicht fügen, und Karl hatte keine Möglichkeit, den Widerstand zu überwinden. Im Jahre 1355 hat er kapituliert. Er ließ die fadenscheinige Behauptung in die Welt setzen, daß die Vorlage seiner Gesetze durch einen Unfall verlorengegangen sei, so daß keine Möglichkeit bestehe, die Sache weiter zu verfolgen.[16] Auf der anderen Seite konnte es sich Karl erlauben, die böhmischen Stände seit 1356 nicht mehr zu versammeln. Zu einem ständischen Triumph wurde die Niederlage des Königs also nicht. Der Schaden ließ sich begrenzen.

3. Die Kaiserkrönung. Karl IV. in Italien

Seit sein römisch-deutsches Königtum fest begründet war, mehrten sich Appelle an Karl, die Kaiserkrone zu erwerben. Ähnlich wie sein Großvater Heinrich VII. von Dante aufgefordert worden war, das antike Kaisertum zu erneuern, meldete sich nun der nicht weniger berühmte Dichter Petrarca zu Wort. Im Sinne des Dichters, durch diesen angeregt und von ihm unterstützt, versuchte überdies ein römischer Emigrant, Cola di Rienzo, ein Kaisertum Karls seiner und, wie er meinte, der Sache des römischen Volkes dienstbar zu machen. Ein von der Kirche unabhängiges, auf die Stadt Rom, auf das römische Volk und die Erinnerung an das antike Imperium gestütztes Kaisertum vermeintlich alter, tatsächlich aber neuer Art: damit war schon Barbarossa - wenn auch nur beiläufig - konfrontiert worden. Kaiser Ludwig hatte von solchen Theorien und Absichten bis zu einem gewissen Grade Gebrauch gemacht, ohne seiner Sache jedoch dadurch dienen und diesen Theorien wirkliches Gewicht verleihen zu können.

Cola di Rienzo, der Propagator eines solchen neu-alten Kaisertums, mit dem Karl es nun zu tun hatte, war im Jahre 1313 als Kind kleiner Leute geboren worden. Später behauptete er, ein illegitimer Sohn Heinrichs VII. zu sein. Cola war als Notar ausgebildet worden; doch gehörte nicht nur seine politische, sondern auch seine gelehrte und literarische Leidenschaft dem Altertum. Er war ein kenntnisreicher und urteilsfähiger Sammler der Überreste des antiken Rom.

Alle Jahrhunderte des Mittelalters hatten sich mit Roms geistigem Erbe auseinandergesetzt - zumal während der »Renaissancen« der karolingischen und der ottonischen Zeit, des 12. Jahrhunderts und im Zeitalter Friedrichs II. Die Bauten und die Bildwerke der Römer hatten diese Zuwendung nicht erfahren. Nicht zuletzt in der einstigen Metropole des römischen Weltreiches wanderte der antike Marmor Tag um Tag in den Kalkofen. So hob sich Cola di Rienzo mit seiner Begeisterung nicht nur für römische Gedanken, sondern auch für die Reste römischer Bauwerke gerade in Rom sichtbar von der bisherigen Art ab, mit der römischen Vergangenheit umzugehen. Nach so vielen mittelalterlichen »Renaissancen« steht er tatsächlich am Anfang der Renaissance.

1347 war es in Rom zu einem Umsturz gekommen. Ähnlich wie in vielen deutschen Städten war damit die traditionelle Herrschaft stadtadliger Familien gestürzt worden. Sieger war der populo minuto, waren die kleinen Leute, wenn man wörtlich übersetzt, aber diese kleinen Leute waren ähnlich wie die Nutznießer entsprechender Bewegungen in deutschen Städten nicht nur Angehörige von Unterschichten. Den Aufständischen gehörten auch Mitglieder der ehemals regierenden Familien an.

Cola di Rienzo hatte den Umsturz angeführt. Entsprechend seinen antikisierenden Idealen nannte er sich Volkstribun. Mit Berufung auf altrömische Verfassungsnormen begann er, ein Regiment von drakonischer Härte auszuüben. Francesco Petrarca, der zu den großen Vorbildern Colas gehörte, pries die neue Herrschaft. Doch wollte sich der Volkstribun nicht auf die Stadt beschränken; ihm schwebte eine Erneuerung des weltumgreifenden Kaisertums vor. So zitierte er die konkurrierenden Könige, Ludwig und Karl, und auch die Kurfürsten zu Pfingsten 1348 nach Rom. Ein Italiener sollte anstelle eines Deutschen zum Kaiser gewählt und die Kurfürsten sollten durch vierundzwanzig Vertreter des römischen Volkes ersetzt werden.[17] Daß Cola sich selbst in der von ihm vorbereiteten neuen Verfassung des Reiches, ja der Welt, den Platz im Mittelpunkt zugedacht hatte, sieht man an dem Titel, den er nun führte. Er nannte sich einen Ritter des Heiligen Geistes, Befreier der Stadt, Eiferer Italiens, Freund des Erdkreises, Tribunus Augustus. Am Portal der Kirche Ara Coeli, also auf dem Kapitolshügel, wurde der Titel angebracht.[18]

Doch sollte Cola di Rienzo keine Gelegenheit haben, seine Pläne weiterzuverfolgen. Sein brutales Regiment hatte zu Aufständen und Kämpfen geführt. Nachdem über achtzig Angehörige des römischen Stadtadels umgebracht worden waren, wurde der Tribun schließlich im Dezember 1347 gestürzt. Cola floh und verbarg sich zunächst bei franziskanischen Spiritualen, deren radikale Religiosität seine politischen Vorstellungen genährt hatte. Aus diesem Grund konnte der Papst ihn wegen Verdachts der Ketzerei verfolgen. Im Jahre 1350 aber begab sich Cola di Rienzo an den Hof Karls IV. nach Prag. Er wurde dort ehrenvoll empfangen; der König gewährte ihm drei Audienzen, und sein Kanzler, Johannes von Neumarkt, bewunderte die Latinität und frühhumanistische Bildung des Italieners. Es kam zu einem Briefwechsel zwischen dem Kanzler und dem Vertriebenen, der in einer Handschrift überliefert ist, die Johannes von Neumarkt als Stilmusterbuch anlegen ließ. Sie ist die Quelle, aus der wir das meiste über Cola erfahren.[19]

Für die politischen Ziele des römischen Flüchtlings wollte man sich am Prager Hof jedoch nicht erwärmen, zumal das einen Konflikt mit dem Papst zur Folge gehabt hätte, der Cola ja als der Ketzerei verdächtig verfolgte. So wurde der Römer in Prag in Schutzhaft gehalten und schließlich nach Avignon ausgeliefert. Doch kam es dort zu einem Arrangement: Cola di Rienzo schwor seinen spiritualistischen Ideen ab und ermöglichte es dem Papst, ihn nicht nur aus der Verfolgung zu nehmen, sondern ihn sogar als Werkzeug zu benutzen.

Der seit 1352 regierende Papst Innocenz VI. bemühte sich energisch um eine Rückkehr der Päpste nach Rom. Er entsandte nicht nur den Kardinal Ägidius Albornoz mit dem Auftrag, den Kirchenstaat zu reorganisieren, als Generalvikar nach Italien, sondern auch Cola di Rienzo, und dem gelang es im Jahre 1354 zum zweiten Mal, das römische Stadtregiment zu erobern – diesmal nicht im Namen antiker Größe, sondern des Papstes. Es blieb die Frage, wie lange dieses Bündnis halten würde. Wenige Monate später, im Oktober 1354, wurde Cola gestürzt. Der Tribun wurde bestialisch ermordet. Der römische Pöbel schändete seinen ohne Kopf und an den Füßen aufgehängten Leichnam zwei Tage lang.

Kurz vorher, im September, war Karl IV. zu seiner Krönung nach

Rom aufgebrochen. Zu Ostern des folgenden Jahres wurde er in Rom zum Kaiser gekrönt. Im August, elf Monate nach dem Beginn seines Krönungszuges, war die Reise zu Ende.

Dieser verhältnismäßig kurze Italienzug, dessen Schnelligkeit noch dadurch unterstrichen wird, daß Karl, wie er dem Papst versprochen hatte, sich in Rom selbst nur einen Tag aufhielt – immerhin hat er die heiligen Stätten am Tage zuvor als Pilger verkleidet besucht –, ist nicht selten als ein Zeichen für die Schwäche des spätmittelalterlichen deutschen Königtums und für die Bereitschaft Karls, diese Schwäche zu akzeptieren, verstanden worden. Der zeitgenössische Dichter Petrarca ist ein Zeuge für diese Sicht der Dinge. So enthusiastisch er Karl nach Italien gerufen hatte, so scharf kritisierte er nun den Italienzug des Königs und Kaisers.[20] Der Florentiner Chronist Matteo Vilani, dem wir ein genaues Porträt Karls verdanken, war gleichfalls empört. Wie ein Krämer, so schreibt er, habe sich Karl die Kaiserkrone verschafft. Er habe sich die Taschen gefüllt und sich dann möglichst schnell verabschiedet.[21]

In wirtschaftlicher Hinsicht war der Italienzug Karls in der Tat erfolgreich. Florenz zahlte ihm als Pauschale für die seit Jahren nicht gezahlte Reichssteuer hunderttausend Gulden. Andere Abgaben und Einnahmen kamen hinzu. Doch das war nichts Neues. Im Gegensatz zu den zornigen Urteilen der Liberalen des 19. Jahrhunderts, denen zufolge die Deutschen im Mittelalter ihre Kräfte an den Moloch Italien verschwendet und sich in Italien ausgeblutet hätten, standen hinter der sogenannten Italienpolitik der mittelalterlichen deutschen Könige nicht zuletzt fiskalische Interessen.

In dem weitentwickelten Italien winkten beträchtliche Einnahmen, und wo es den deutschen Königen gelang, politisch Fuß zu fassen und die traditionellen Herrschaftsrechte wahrzunehmen, erhielten sie diese Einnahmen auch. Wenn das Karl nun glückte, so sollte man ihn nicht mit dem zeitgenössischen italienischen Chronisten als Krämer verspotten, sondern die Leistung sehen, die darin lag, ganz wesentliche Möglichkeiten des Kaisertums nach so langen kaiserlosen Jahrzehnten zu verwirklichen.

Karls Großvater, Heinrich VII., hatte sich nur allzu schnell in den inneritalienischen Konflikten festgefahren, und Kaiser Ludwig war mit seinem Versuch, ein Kaisertum ohne und gegen den Papst zu errichten, gescheitert. Die Kaiserkrönung, die Karl IV. scheinbar ganz ohne Schwierigkeiten gelang, war also keine Selbstverständlichkeit, sondern eine bemerkenswerte Leistung, zumal die inneritalienischen Schwierigkeiten, mit denen sich Heinrich VII. auseinanderzusetzen gehabt hatte, inzwischen nicht geringer geworden waren. Und auch die Konflikte zwischen Königtum und Papsttum, die das Experiment Ludwigs überschattet hatten, waren mit dessen Tod nicht aus der Welt geschafft. In Avignon betrachtete man jeden Versuch eines deutschen Königs, in Rom Fuß zu fassen, mit Mißtrauen. Trotzdem war Karl nun zum Kaiser gekrönt worden: der zweite oder – wenn man Ludwigs Kaisertum mitrechnet – der dritte deutsche König, dem das seit der Katastrophe der Staufer gelungen war.

Karls Kaisertum war unbestritten. In Gestalt des Königreichs Böhmen und seiner Nachbarländer besaß er eine außerordentlich solide Grundlage für sein deutsches Königtum und für sein Kaisertum. Zudem hatte er seine Jugendjahre in Frankreich ganz offensichtlich dazu genutzt, die modernen Instrumente eines sakralen Königtums auch für seine eigenen Ansprüche einzusetzen. Alles sprach dafür, daß dem durch die Kaiserwürde erhöhten deutschen Königtum nun gute Jahre bevorstanden. Wenn irgendwann, so gab es offensichtlich jetzt die Chance, Deutschland aus jener Misere herauszuführen, als die man seine nachstaufische Zeit - allzu ausschließlich von der Macht des Königtums her urteilend - immer wieder angesehen hat.

4. Die Goldene Bulle

Karl IV. war stark genug, sein Reich jahrelang von Prag aus zu regieren. Wie seine Vorgänger seit dem 10. Jahrhundert war jedoch auch er ein reisender König. Ebenso wie sie traf er auf seinem Weg durch das Reich mit Fürsten und Adligen, aber auch mit Städtevertretern zusammen, um politische Entscheidungen vorzubereiten und annehmbar zu machen. So hielt der reisende König immer wieder inne, um in ganz ähnlicher Weise Hof zu halten wie in seiner Residenz, um Hoftage zu veranstalten, für die es eine feste Form noch nicht gab und die deshalb noch keine Reichstage waren.

Auf einem Hoftag in Nürnberg und einem zweiten in Metz wurde im Jahre 1356 eine Serie von Gesetzen verabschiedet, die grundlegende verfassungsrechtliche Fragen zu klären beanspruchten und später auch tatsächlich geklärt haben.[22]

Diese Goldene Bulle von 1356, die ihren seit dem 15. Jahrhundert üblichen Namen daher trägt, daß sie, wie viele feierliche Königsurkunden, mit einem Siegel nicht aus Wachs, sondern aus Gold beglaubigt war, hat bis zum Ende des alten Reiches, also bis zum Jahre 1806, zusammen mit einigen Gesetzen aus der Zeit Maximilians I., namentlich aus dem Jahre 1495, als Fundamentalgesetz des Reiches gegolten. Wie es dieser Text von 1356 vorschrieb, so wurden die Könige des 15., 16., 17. und 18. Jahrhunderts gewählt.

Die erste Königswahl nach Inkraftsetzung der Goldenen Bulle, die Wahl von Karls Sohn Wenzel, folgte deren Regelungen jedoch nur teilweise, und das galt auch für die nächste Königswahl. Erst bei den beiden Wahlen König Siegmunds 1410 und 1411 wurde das Gesetz aus der Zeit Karls IV. wirklich angewandt. Erst jetzt begann die Goldene Bulle als Fundamentalgesetz des Reiches zu gelten – jedenfalls im Hinblick auf die Königswahl, denn der Text der Goldenen Bulle enthält noch eine Reihe weiterer Normen, von denen wesentliche Teile nicht durchgesetzt wurden. Doch war die abschließende Regelung der Königswahl durch die Gesetze von 1356 angesichts der Doppelwahlen, welche die erste Hälfte des 14. Jahrhunderts bestimmt hatten, und vor allem im Hinblick auf die Ansprüche der Päpste, wie sie seit Innocenz III. immer wieder geltend gemacht worden waren, wichtig genug.

In Anbetracht dieser Auseinandersetzungen um die Königswahl in Deutschland sowie auch des heiklen Weges, auf dem Karl IV. zu seiner Krone gekommen war, versteht sich die Autorität der Goldenen Bulle keineswegs von selbst, zumal 1356 ja nicht nur die Königswahl, sondern noch eine ganze Reihe weiterer fundamentaler Probleme, jedenfalls dem Anspruch nach, geregelt wurde. War es die Kaiserkrone, die Karl solche Möglichkeiten gab, oder war die Goldene Bulle vielmehr ein Kompromiß, in den auch die Vorstellungen der Kurfürsten eingeflossen sind?

Vor allem ein Bericht von Gesandten der Stadt Straßburg[23] lehrt, daß man die Goldene Bulle in der Tat als das Resultat von Verhandlungen sehen muß. Aus diesem Bericht geht hervor, daß Karl IV. dem Nürnberger Hoftag eine Art von Tagesordnung vorgelegt hatte.

Es sollte entschieden werden, wer von den Laienfürsten unter die Kurfürsten zu zählen sei, eine Münzreform sollte vorgenommen und die Rheinzölle und die Geleitrechte am Rhein sollten reduziert werden. Der Landfriede sollte ein weiterer Verhandlungsgegenstand sein, und die Königswahl, so heißt es in dem Bericht, sollte nach dem Mehrheitsprinzip organisiert werden. Doch ist nur ein Teil dieses Programms verwirklicht worden. Weder die Münzreform noch die Reduzierung der Zölle kamen zustande. Beides hätte die Interessen der rheinischen Kurfürsten offensichtlich zu stark berührt.

Trotzdem ist die Goldene Bulle keineswegs ein Text der Kurfürsten. Die Person und der Wille Karls IV. werden in ihren Bestimmungen immer wieder sichtbar. Man erkennt so etwas wie politische Grundüberzeugungen des Kaisers, die auch andere Texte aus seiner Kanzlei und aus seiner Feder – wie vor allem seine Autobiographie – prägen. Dazu gehört gleich in der Einleitung der Goldenen Bulle ein ausdrückliches Plädoyer für die Eintracht im Reich und gegen die Zwietracht unter den Kurfürsten.[24] Spätere Beobachter haben sich darüber gewundert, daß »auf einer großen Reichsversammlung« der Kaiser »seinen Fürsten dergleichen Worte ins Gesicht publizieren ließ«.[25]

Die ersten Bestimmungen[26] handeln vom Geleit der Kurfürsten, also von der Sicherung ihres Weges nach Frankfurt zur Königswahl. Die Reisewege werden in Geleitsetappen zerlegt, und es wird auch Eventualitäten Rechnung getragen. Falls sich ein Kurfürst mit einem anderen Kurfürsten im Krieg befinde, solle der sichere Weg beider zur Wahl trotzdem garantiert sein. Die Gesetzessammlung ist also realistisch; sie rechnet damit, daß die Glieder des Reiches gegeneinander Krieg führen, und sie bemüht sich um einen Kompromiß zwischen dem, was die Ehre des Kurfürsten erfordert, und einer Art von Entmilitarisierung der Wahl. Kein Kurfürst dürfe mehr als zweihundert Reiter mit sich führen, und nur fünfzig von ihnen dürften bewaffnet sein. Das bewaffnete Gefolge von Großen des Reiches hatte frühere Königswahlen durchaus beeinflussen können.

Danach wird das Wahlverfahren selbst geregelt:[27] Die Kurfürsten sollen die Stadt nicht verlassen, bevor sie einen König gewählt haben. Nach dreißig Tagen sollen sie auf Wasser und Brot gesetzt werden. Nicht nur diese – nicht verwirklichte – Bestimmung folgt den Normen für die Papstwahl. Der Einfluß der größeren Rationalität geistlicher Wahlverfahren spiegelt sich auch darin, daß die Goldene Bulle den Kreis der Königswähler endgültig fixiert und bestimmt, wie die Wahlentscheidung zustande kommen soll.

Im Hinblick auf die geistlichen Wähler schreibt die Goldene Bulle nur fest, was seit langem unstrittig war. Die geistlichen Kurfürsten sind die Erzbischöfe von Mainz, Köln und Trier. Nicht ebenso durch Herkommen gesichert war der Kreis der weltlichen Wähler gewesen. Hier schuf die Goldene Bulle eine endgültige Regelung, indem sie als weltliche Kurfürsten den König von Böhmen, den Pfalzgrafen bei Rhein, den Herzog von Sachsen und den Markgrafen von Brandenburg benannte. Strittig war das Wahlrecht von weltlichen Fürsten vor allem dann geworden, wenn deren Fürstentümer im Erbgang geteilt worden waren. Die Goldene Bulle legt deshalb fest,

König Wenzel, für dessen Hof einige der schönsten und reichsten Prunkhandschriften hergestellt wurden, die aus dem damaligen Europa bekannt sind, gab im Jahre seiner Absetzung (1400) und gewiß als eine politische Demonstration eine illustrierte Handschrift der Goldenen Bulle von 1356 in Auftrag. Die abgebildete Miniatur illustriert das Kapitel 29,3. Nach dem Ende eines Hoftages soll das für diesen Anlaß errichtete hölzerne Gestühl an den Hofmeister fallen, den man links im Bilde den Abbau der Festarchitektur überwachen sieht. Auch sonst gehörte es zu den Festen in der alten Welt, daß mittlere oder niedere Amtsträger oder das Volk auf solche Weise bedacht wurden oder sich ihren Anteil selbst verschafften. Nicht selten wurde zum Beispiel der Leichnam des Papstes vor dem Begräbnis geplündert.

daß die Fürstentümer der weltlichen Königswähler nicht teilbar waren.

Von der Wahlentscheidung selbst heißt es, daß sie auch als Mehrheitsentscheidung zustande kommen könne. War damit die Ursache der vielen, für die deutsche Geschichte des Mittelalters so charakteristischen Doppelwahlen beseitigt? Die Wahl König Siegmunds im Jahre 1410 und die Wahl eines zweiten Königs zur selben Zeit sollten zeigen, daß auch künftig Doppelwahlen möglich waren. Die Goldene Bulle hatte zwar klar gesagt, daß die Stimmen von vier der sieben Kurfürsten eine hinreichende Mehrheit darstellten, aber sie hatte keine Regelung für den Fall vorgesehen, daß nicht alle Kurfürsten bei der Wahl anwesend oder durch Gesandte vertreten waren. Seit 1410 ist es jedoch zu Doppelwahlen nicht mehr gekommen.

Die andere Ursache der Auseinandersetzungen um den deutschen Thron waren die Ansprüche der Päpste gewesen. Seit eineinhalb Jahrhunderten wollten sie die Wahl des Königs mit entscheiden. Die Kurfürsten und Kaiser Ludwig hatten diese Ansprüche 1338 strikt zurückgewiesen.

Wie stellte sich achtzehn Jahre später Karl IV., der mit Hilfe des Papstes und gegen Kaiser Ludwig auf den Thron gekommen war, zu den päpstlichen Forderungen? Es scheint, daß die Goldene Bulle sie übergeht. Das Wort »Papst« kommt in diesem so wortreichen Normenwerk nicht vor. Wenn man die Goldene Bulle als einen Kompromiß zwischen König und Kurfürsten versteht, wenn man sie als eine Privilegierung der Kurfürsten liest, könnte das Schweigen über päpstliche Ansprüche und Rechte als selbstverständlich erscheinen. Man könnte auch vermuten, daß die strittige Frage der päpstlichen Approbationsrechte ausgeklammert worden sei.

Herzog Albrecht II. von Österreich

Tatsächlich ist das jedoch nicht geschehen. Das zweite Kapitel der Goldenen Bulle verpflichtet den gewählten König nämlich, sogleich nach seiner Wahl, noch vor der Regelung anderer Angelegenheiten des Reiches, den Kurfürsten ihre Rechte zu bestätigen. Das aber heißt, daß der König vom Augenblick seiner Wahl an ein voll regierungsfähiger Herrscher sein sollte. Eine päpstliche Bestätigung der Wahl, selbst wenn sie einige Wochen später am königlichen Hof eingetroffen wäre, hätte dem allein durch die Wahl begründeten Königtum also nichts mehr hinzufügen können. Sie wäre eine überflüssige, einseitige Erklärung gewesen – wie schon jene Bestätigung, die Papst Clemens VI. im Jahre 1346 ausgesprochen hatte, nachdem Karl dem Papst seine Wahl zum König mitgeteilt und darum ersucht hatte, ihn künftig als römischen König anzusehen, ohne daß er darum gebeten hatte, die Wahl zu bestätigen und sie erst dadurch gültig zu machen.

Was damals im Namen des Königs, der einerseits mit Hilfe des

Papstes auf den Thron gekommen war, andererseits aber mit Rücksicht auf die ihn stützenden Kurfürsten in der Tradition der erwähnten Manifestation von 1338 stand, höchst kunstvoll arrangiert worden war, sollte nun, 1356, zu einer dauernden Regelung werden. Die mehr als zweihundertjährigen päpstlichen Ansprüche wurden zwar nicht ausdrücklich, praktisch jedoch ganz eindeutig aus der Welt geschafft. Es war die Frage, ob sich die Päpste das gefallen lassen würden. Eine Antwort auf diese Frage mußte die nächste Königswahl bringen.

Die folgenden Kapitel[28] der Goldenen Bulle handeln von Protokollfragen und von den Vorrechten der Kurfürsten – besonders von denen des böhmischen Königs. Karl IV. baute darauf, daß auch künftig die böhmische und die Reichskrone in einer Hand liegen würden. Am Ende ist von den Kurfürsten im ganzen die Rede.[29] Sie sollten sich einmal im Jahr zu gemeinsamen Beratungen treffen, sie sollten also in ihrer Gesamtheit ein reguläres Verfassungsorgan werden. Dazu ist es jedoch nicht gekommen. Die Goldene Bulle hat zwar die politische Position der Kurfürsten im Reich in der Tat gestärkt, doch sollte es weiterhin von der politischen Situation abhängig sein, in welchem Maße sie sich als eigene Gruppe unter den Fürsten politisch artikulieren konnten.

Der Kreis der Kurfürsten war nun für lange Zeit geschlossen. Erst infolge des Dreißigjährigen Krieges sollte er um den Herzog von Bayern erweitert werden. Einstweilen wurde der deutsche König von den vier rheinischen Kurfürsten, vom böhmischen König und von zwei nordostdeutschen weltlichen Fürsten gewählt. Die süddeutschen Fürsten hatten an der Königswahl keinen Anteil. Dem entsprach, daß der Südwesten seit dem Ende der Staufer politisch zersplittert war. Die Grafen von Württemberg und die Markgrafen von Baden hatten in der zweiten Hälfte des 14. Jahrhunderts noch kein großes politisches Gewicht. Um so deutlicher fällt das Fehlen der mächtigen Herzöge von Bayern und von Österreich im Kreise der Kurfürsten ins Auge.

Der Herzog von Österreich, Rudolf IV., hat sich gegen die Degradierung, welche die Goldene Bulle für sein Haus bedeutete, mit der Fälschung von vorgeblich alten Urkunden gewehrt, die ihm ähnliche Rechte zubilligten, wie sie die Kurfürsten in der Goldenen Bulle erhalten hatten.[30] Zu diesen Urkunden gehörten eine Erweiterung des Privilegium minus von 1156 sowie einige auf die Namen Cäsars und Neros lautende Urkunden. Als der Herzog Vorrechte, welche ihm diese Urkunden gewährten, in Anspruch nehmen wollte, hat der Kaiser offensichtlich Beweise verlangt. Er ließ die Abschriften der Urkunden, die ihm der Herzog zugesandt hatte, prüfen. Dabei erbat er auch den Rat Petrarcas, und der entzog sich dieser Aufforderung ungeachtet seiner Enttäuschung über Karls Italienzug nicht.[31] Wollte er die Gelegenheit wahrnehmen, den Kaiser abermals zu verspotten, an dessen Hof man sich nun als so ungebildet erwies, eine Cäsar- und eine Nero-Urkunde für die Vorgänger des Herzogs von Österreich nicht prinzipiell für unmöglich zu halten?

Eine solche Frage würde die damaligen Erkenntnismöglichkeiten überschätzen. Und sie würde vor allem verkennen, daß das mittelalterliche Reich tatsächlich als ein römisches verstanden wurde. Man

Herzog Rudolf IV. von Österreich

Die beiden etwa 1360 bis 1365 entstandenen Figuren stammen vom Stephansdom in Wien, den Herzog Rudolf IV. im Sinne seiner ehrgeizigen Ziele zum Denkmal seiner Familie ausbaute. Demzufolge tragen beide Fürsten die Erzherzogskrone, also das Würdezeichen jenes neuen Fürstenranges, den Rudolf IV. erfand und durch Urkundenfälschungen zu legitimieren suchte.

Herzog Rudolf IV. von Österreich

Das aus dem Stephansdom stammende Bildnis stellt das älteste aus Deutschland bekannte selbständige gemalte Porträt dar. Auch hier soll der neue Erzherzogsrang demonstriert werden: mit Worten und durch die Krone, deren Bügel überdies die Kaiserkrone imitiert. Der Herzog griff mit seinen Ansprüchen hoch. Für welchen Zweck das Bildnis geschaffen worden ist – für das Grabmal des Fürsten? –, läßt sich nicht sagen.

sieht das auch an der Goldenen Bulle, deren 24. Kapitel über den besonderen Rechtsschutz der Kurfürsten bis auf wenige Worte dem Codex Iustinianus entnommen ist. So lag es für den österreichischen Herzog nahe, die von ihm beanspruchte Gleichrangigkeit durch Urkunden aus jener Zeit abzustützen, die erst in späteren Augen eine vom Mittelalter abgetrennte Antike darstellen sollte. Und warum sollten nicht Cäsar und Nero einem Vorgänger des österreichischen Herzogs Urkunden ausgestellt haben, wenn in dem gemalten Stammbaum, den Karl an den Wänden seiner Burg Karlstein anbringen ließ, seine Vorfahren noch weiter zurückverfolgt wurden, nämlich bis in die Zeit des Alten Testaments?

Der Dichter leistete, was man von ihm erhofft hatte. Er erklärte die Urkunden für falsch und nannte auch seine Kriterien. Er arbeitete mit dem Mittel des Vergleichs und der inneren Kritik. Das heißt, er spürte innere Widersprüche und Anachronismen auf. Ein moderner Kritiker würde sich überdies daran stoßen, daß Cäsar dieser Urkunde zufolge Lehen vergab. Was nach späterer Einsicht das antike römische Reich von dem des Mittelalters fundamental unterscheidet, nämlich das Lehnsrecht, galt jedoch weder den Beratern

Reitersiegel Herzog Rudolfs IV. von Österreich, Durchmesser 13,1 Zentimeter

Karls noch Petrarca als spezifisch mittelalterlich. Immerhin sollte ein Jahrhundert später der Humanist Aeneas Silvius de Piccolominibus über genauere Kenntnisse des Altertums verfügen und darauf aufmerksam machen, daß das Wort feudum (Lehen) nicht antik sein könne.[32]

Karl hat die falschen Urkunden Herzog Rudolfs zurückgewiesen. So mußten die Habsburger warten, bis ein Angehöriger ihrer Familie auf den römisch-deutschen Thron kam. Fast ein Jahrhundert nach den Fälschungen hat endlich Friedrich III. die Urkunden sowohl als König wie auch als Kaiser bestätigt,[33] und die Habsburger haben fortan den von Rudolf IV. als Gegenstück zum Kurfürstentitel erfundenen Titel eines Erzherzogs geführt.

5. Die letzten Jahre Karls IV. Die Wahl, die Regierung und die Absetzung König Wenzels

Im Jahre 1376 glückte es Karl IV., die Kurfürsten für die Wahl seines Sohnes Wenzel zum römischen König zu gewinnen. Seit Friedrich II. war es keinem König mehr gelungen, schon zu Lebzeiten seinen Sohn auf den Thron zu bringen. Doch hatte der Triumph, den Karl nun errungen hatte, seinen Preis, und so macht gerade er die Grenzen sichtbar, vor denen Karl auch nach drei Jahrzehnten erfolgreichen Königtums stand. Die Kurfürsten hatten sich ihre Stimmen teuer bezahlen lassen, und Karl hatte alle Mühe, die hohen Kosten dafür zu erwirtschaften. Vor allem die Reichsstädte mußten bluten, und sie befürchteten noch schlimmere Bedrängnisse, nämlich die Verpfändung an benachbarte Territorialfürsten. So schlossen sie sich ungeachtet des einschlägigen Verbots der Goldenen Bulle, die solche Bündnisse untersagte, zusammen, und Karl war nicht stark genug, das Bündnis zu verhindern. Er mußte am Ende Kompromisse mit den aufständischen Städten schließen. Ihre Anführerin, die Reichsstadt Ulm, hatte er vergeblich belagert.

War der König also in Wahrheit nicht ebenso schwach wie seine Vorgänger? Aber woran sollte man messen: an den Summen,

Rolandstatue aus Quedlinburg

In einigen, namentlich norddeutschen Städten wurden seit der Mitte des 14. Jahrhunderts Statuen errichtet, die im Zusammenhang mit der damaligen Karls-»Renaissance« einen der Paladine des großen Kaisers, Roland, darstellten und damit städtische Freiheitsrechte demonstrieren wollten - im Einklang damit, daß diese Rechte mancherorts, wie zum Beispiel in Bremen, fälschlich auf Karl den Großen zurückgeführt wurden. Der Quedlinburger Roland wurde in der zweiten Hälfte des 14. Jahrhunderts errichtet und nach 1470, als sich die Stadtgemeinde wieder dem Stadtherrn, der Äbtissin von Quedlinburg, unterwerfen mußte, umgestürzt und durch Beilhiebe am Wappen unkenntlich gemacht. Wo Denkmäler ernst genommen werden, werden sie - wie man auch aus unserem Jahrhundert weiß - zerstört, wenn sich die politischen Verhältnisse ändern. Die Spuren der Zerstörung sind an dem in neuerer Zeit wieder aufgestellten Quedlinburger Bildwerk deutlich sichtbar.

Der Sieg der Kölner an der Ulrepforte

Zu den Siegen, mit denen die Kölner ihre Unabhängigkeit vom Stadtherrn, dem Erzbischof, erkämpften, gehörte der Triumph von 1268. Damals war dem Erzbischof und seinen Verbündeten mit Hilfe von Anhängern in der Stadt der Durchbruch durch die Mauer gelungen. Das nach der Mitte des 14. Jahrhunderts, zur Zeit der größten politischen Macht der deutschen Städte, an der Stadtmauer angebrachte Relief ist in späterer Zeit vielfach erneuert worden. Doch dürften die Grundlinien der Darstellung dem ursprünglichen Zustand entsprechen. Oberhalb der Kämpfenden sieht man Engel auf städtischer und Teufel auf erzbischöflicher Seite in den Kampf eingreifen. Auf den Zinnen der Stadtmauer stehen die Stadtheiligen, darüber die Bürgermeister, zu Füßen des gekreuzigten Christus um den Sieg bittend.

welche die Kurfürsten nun erhalten hatten, an dem erfolgreichen Widerstand der Städte gegen die ihnen in dieser Situation erwachsenen Zumutungen und Gefährdungen oder eben daran, daß dem Kaiser die Wahl seines Sohnes gelang, und zwar ohne Beteiligung des Papstes? Karl hatte mit Gregor XI. verhandelt, und er hat erfahren müssen, daß man am päpstlichen Hof auf den alten Ansprüchen beharrte. Vor einer Approbation durch den Papst sei die Krönung eines römischen Königs nicht zulässig; vor einer solchen Zustimmung könne der König keine Regierungsakte vornehmen, so erklärte der Papst im Gegensatz zu dem, was in der Goldenen Bulle von 1356 zu lesen war. Karl ist diesem Anspruch mit Worten entgegengekommen, aber er hat ihn faktisch negiert. Während die Boten, welche die Anerkennung Wenzels durch den Papst erbitten sollten, noch unterwegs waren, wurde dieser schon gekrönt und privilegierte er die Kurfürsten entsprechend der Goldenen Bulle.[34] Das Königtum sollte – das bestätigte dieser Akt – einer Approbation des Papstes für seine Gültigkeit nicht bedürfen.

Damit war die Streitfrage nicht aus der Welt geschafft, doch war die Position, die zuerst in den Manifestationen von 1338 formuliert, dann bei der Wahl 1346 faktisch behauptet und 1356 schließlich als Norm formuliert worden war, nun abermals durchgesetzt worden, und das war ohne Zweifel ein großer politischer Erfolg des Kaisers. Er mußte freilich darauf hoffen, daß der Papst in Deutschland keinen Verbündeten gegen ihn finden würde. Daß diese Hoffnung sich erfüllte, lag indessen auch daran, daß das Papsttum alsbald in eine schwere Krise geriet. Zwei Jahre nach der Wahl Wenzels, wenige Monate vor dem Tode Karls IV., kam es nach dem Tode Papst Gregors XI. zu einer Doppelwahl, und diese leitete das große Schisma ein, das bis zum Jahre 1417 dauern sollte. Die jahrzehntelang gegeneinander streitenden Päpste mußten die weltlichen Fürsten - und unter diesen vor allem den römisch-deutschen König - für sich zu gewinnen suchen.

Der deutsche König konnte noch immer als Schutzherr der Päpste betrachtet werden, und in kritischen Situationen wuchs ihm, wie sich unter Siegmund zeigen sollte, tatsächlich eine solche Rolle zu. Zudem hatten die Könige der anderen großen europäischen Länder den Päpsten fast alle Möglichkeiten genommen, in ihre Kirchen einzugreifen. Abgesehen von den Kirchen Italiens waren es vor allem die deutschen, die den päpstlichen Mandaten, Prozessen und finanziellen Forderungen weiterhin offenstanden. So konnten die miteinander streitenden Päpste nicht daran denken, maximale Ansprüche in Deutschland durchzusetzen, und das galt erst recht für die folgenden Jahrzehnte, in denen das Papsttum durch das Konzil von Basel bedroht war.

Kurz vor Überwindung dieser Krise hatte die längste Regierungszeit eines deutschen Königs begonnen. Friedrich III. regierte von

Zons am Niederrhein

Auch wenn die Fürsten nun ihrer mächtigen Städte nicht Herr wurden, konnten sie zur Festigung ihrer Territorien auf Städte doch nicht verzichten. So gründete der Kölner Erzbischof, den die Änderung des Flußbettes dazu nötigte, 1373 seine Zollburg zu verlegen, zum Schutz und zur Versorgung der neuen Burg und zur Sicherung seines Territoriums gegen die Stadt Köln die Stadt Zons. Ungeachtet späterer Zerstörungen sind die Dimensionen und die Regelmäßigkeit der Anlage noch gut zu erkennen. Rechts oben die neue Zollburg.

1440 bis 1493. Für mehr als ein halbes Jahrhundert gab es keine Gelegenheit, einen römisch-deutschen König zu wählen. Als 1486 Friedrichs Sohn Maximilian zum König gewählt und gekrönt wurde, beharrte der Papst jedoch auf dem alten Anspruch, und zwei Jahre später bestätigte er tatsächlich die Wahl. Doch hatte dieser Akt nun keine politische Bedeutung mehr.

Die Durchsetzung der Wahl seines Sohnes Wenzel steht neben anderen Erfolgen Karls IV. Sein jüngerer Sohn Siegmund hatte den Anspruch auf die ungarische und die polnische Krone erheiratet. Der Kaiser selbst war insbesondere gegenüber Frankreich aktiv; in den Grenzgebieten, in denen Frankreich in den letzten Jahrzehnten nicht selten auf Kosten des Reiches vorgedrungen war, stabilisierte Karl die Situation in vieler Hinsicht. 1365 hatte er sich zum König von Burgund krönen lassen; er sollte der letzte römisch-deutsche König und Kaiser sein, der diese dritte Krone trug. Doch war er am Osten noch stärker als am Westen interessiert.

Das läßt auch die Reichspolitik erkennen, die nicht nur auf jene »neuböhmische« Landbrücke zwischen Prag und Nürnberg zielte, welche dem Kaiser den Weg ins Reich sichern sollte, sondern auch auf den Norden und Osten. 1373 hatte Karl die Mark Brandenburg an sein Haus gebracht und diesem damit nicht nur die zweite Kurstimme verschafft, sondern auch ein neues Machtzentrum.

Für die Wittelsbacher, deren Territorien im Süden lagen, hatte die Mark Brandenburg eher eine Belastung als einen Gewinn bedeutet. Für die Luxemburger, die nicht nur über die Lausitz, sondern auch über Teile Schlesiens verfügten, bedeutete der Besitz der Mark Brandenburg die Erwerbung des größten Nachbarterritoriums. So ließ der Kaiser die Burg Tangermünde in der westlichen Mark Brandenburg zu einer großen Residenz ausbauen. Abgesehen von Prag hat er sich in seinen letzten Jahren hier die längste Zeit aufgehalten.

Im Jahre 1375 besuchte Karl IV. die Stadt Lübeck, das Haupt der Hanse, die sich damals, nach dem Sieg über Dänemark und dem Frieden von Stralsund (1370), auf dem Höhepunkt ihrer Macht befand. Seit 1181 hatte die so weit außerhalb des reichsunmittelbaren Deutschland gelegene große Reichsstadt den Besuch eines Kaisers nicht erlebt. Das Interesse gerade dieses den wirtschaftlichen Möglichkeiten der Städte gegenüber so aufgeschlossenen Herrschers an Lübeck schien einen fundamentalen Wandel anzuzeigen. Doch sollte keiner der Nachfolger Karls diesen Besuch wiederholen.

Der Norden blieb »reichsfern«. Die Nachfolger Karls IV. setzten die Traditionen königlicher Politik in Deutschland fort, denen zufolge die Möglichkeiten und die Interessen des Königs im Westen und im Süden des Reiches lagen. Es zeigte sich, daß die politische Landkarte Deutschlands, wie sie zur Zeit der Staufer und namentlich unter Barbarossa und Heinrich dem Löwen geformt worden war, Bestand hatte. Die Möglichkeiten, welche Karl IV. mit seinem Ausgreifen nach Nordwesten für das Königtum eröffnet hatte, wurden nicht ausgebaut, sondern verschüttet, und das galt nicht nur für seine Politik in Norddeutschland.

Der Kontrast zwischen Karls offensichtlichen Erfolgen und den Mißerfolgen seiner Nachfolger verlockt zu einer Bilanz. Woher rührt die Diskrepanz zwischen der starken Stellung, die Karl dem

Chormantelschließe aus dem Aachener Domschatz

Die weiträumigen dynastischen Beziehungen im 14. Jahrhundert haben nicht nur ein Gegenstück in den langen Wegen der Pilger, vielmehr hängt das eine auch mit dem anderen zusammen. König Ludwig der Große von Ungarn ließ an der Aachener Pfalzkapelle eine - 1367 vollendete - Kapelle errichten, die künftig zum Ziel vieler Pilger aus Ungarn wurde. Zur Ausstattung gehörten offensichtlich die abgebildete Schließe und ein ganz ähnliches Stück. Die Wappen lassen - wie bei solchen Ausstattungsstücken üblich - den Spender erkennen.

römisch-deutschen König- und Kaisertum zurückgewonnen hatte, und dem Ausverkauf finanzieller Rechte in den traditionellen Kernlandschaften des Königtums, wie er zuletzt bei der Vorbereitung der Wahl König Wenzels sichtbar geworden war? Aber ist das überhaupt eine Frage, die den Maßstäben des 14. Jahrhunderts gerecht würde? Hatte Karl nicht vielmehr eine Neuorganisation des Reiches versucht? Konnten einem Kaiser, der so große Ressourcen im Osten hatte, die finanziellen Möglichkeiten des Königs in den alten Zentren des Reiches nicht mit guten Gründen entbehrlich erscheinen? Die Kirchenpolitik Karls IV. zeigt, daß Karl durchaus in der Lage war, sich auch im Westen des Reiches durchzusetzen. Er nahm auf die Rekrutierung des Reichsepiskopats einen so nachhaltigen Einfluß, daß man seine Regierungszeit beinahe jenem ottonisch-salischen Reichskirchensystem zuschlagen könnte, das für die Zeit vor dem Investiturstreit so charakteristisch war.[35]

Grabmal eines Grafen von Katzenellenbogen in der Zisterzienser-Kirche Eberbach

Karl hat sich offensichtlich dafür entschieden, die Machtmittel des Königtums im Osten aufzubauen, zumal seine politischen Interessen hier weit über die Grenzen hinausgingen und Ungarn, Polen sowie den Staat des Deutschen Ordens einschlossen. Karl baute offensichtlich auf die Möglichkeiten der Zukunft. In der Gegenwart bezog der König seine Einnahmen, soweit sie nicht aus seinem Hausgut kamen, jedoch weiterhin aus den alten Zentren des Reiches.

Und die Macht der Städte, die Karl am Ende anerkennen mußte? Verkannte er nicht die Zukunft, wenn er sich im Streit zwischen Fürsten und Städten auf die Seite der Fürsten stellte? Aber auch das wäre nur scheinbar modern gefragt. Die Zukunft gehörte ja, soweit man dergleichen überhaupt feststellen kann, gerade nicht den politischen Ambitionen der Städte, sondern den Fürsten.

Nicht die Zukunft gehörte König Wenzel. Der mit so hohen Kosten auf den Thron Gebrachte geriet alsbald in Schwierigkeiten. In Böhmen kam es nicht nur zum Aufstand des Hochadels, der den neuen König 1394 gefangennahm, sondern Wenzel verlor überdies die Unterstützung der Kirche. 1393 hatte der jähzornige Monarch den Generalvikar des Erzbischofs, Johannes von Nepomuk, den er schon mehrfach mit dem Tode bedroht hatte, gegen das Kirchenrecht verhaften, unter der Folter verhören und in der Moldau ertränken lassen. Jahrzehnte später sollte die Gegenreformation den politischen Märtyrer zum Heiligen und angesichts seines tödlichen Sturzes von der Prager Brücke zum Patron der Brücken machen.

König Wenzel aber hatte es in Böhmen außer mit dem Hochadel

und der Kirche auch mit der Stadt Prag und mit Unruhen zu tun, die sich aus Bemühungen um die Reform der Kirche und aus und Konflikten zwischen Tschechen und Deutschen nährten.

So war Wenzel an Böhmen gebunden, obwohl seine Anwesenheit im Reich dringend geboten gewesen wäre. In Süddeutschland hielten die Konflikte zwischen den Fürsten und Städten an. 1388 unterlagen die Städte bei Döffingen in der Nähe von Stuttgart; der König war offensichtlich nicht imstande, den Landfrieden zu gewährleisten. Schon dieser Vorwurf wog schwer; doch kam die Beschuldigung hinzu, daß der König auch den Kirchenfrieden nicht wiederherstellen könne. Und hatte er nicht auch in Italien, wo er den mächtigen Emporkömmling Giovanni Galeazzo Visconti zum Herzog von Mailand ernannt hatte, Reichsrechte verspielt? Im Jahre 1399 setzten die vier rheinischen Kurfürsten Wenzel ab. Sie wählten einen der ihren, Kurfürst Ruprecht von der Pfalz, zum neuen König.

Hier trafen augenscheinlich persönliche Unzulänglichkeit und eine Lage zusammen, der gegenüber die Möglichkeiten des römisch-deutschen Königs nicht ausreichten; auch ein Karl IV. hätte das Schisma schwerlich beseitigen können. Sein Sohn wurde zusätzlich durch Auseinandersetzungen im eigenen Hause gelähmt. Auf seinen Bruder Siegmund konnte er nicht bauen, denn der hatte alle Mühe, die erheiratete ungarische Krone zu behaupten. Als Führer eines großen Kreuzzugheeres wurde er 1396 vor Nikopolis von den Osmanen geschlagen. Die meisten Kreuzfahrer, welche die Niederlage überlebt hatten, waren gefangengenommen worden. Siegmund selbst glückte die Flucht über See.

Im Vergleich zu Frankreich, wo nun jene Jahrzehnte des geisteskranken Karl VI. begannen, die ungeachtet aller Bürgerkriege die französische Monarchie doch nicht gefährdeten, machte die Absetzung König Wenzels die schwache Stellung des Königtums in Deutschland abermals sichtbar. Als Institution freilich war das Amt des Königs auch hier niemals in Frage gestellt. Selbst im 15. Jahrhundert noch sollte die deutsche Krone, die in den Augen der Historiker des 19. Jahrhunderts längst nutzlos geworden war, einem der mächtigsten Fürsten, dem Herzog von Burgund, begehrenswert sein. Die starke Stellung freilich, die Karl dem Königtum geschaffen hatte, zerfiel rasch. Doch hat das auch damit zu tun, daß infolge der nun heraufziehenden hussitischen Revolution im frühen 15. Jahrhundert dem deutschen Königtum gerade jenes Machtzentrum verlorengehen sollte, das Karl IV. dem Reich geschaffen hatte. Von Böhmen aus sollte es sich nicht noch einmal erneuern lassen.

Der heilige Georg, Gemälde aus dem frühen 15. Jahrhundert

Beide Darstellungen geben die damals modische Rüstung beziehungsweise Kleidung – charakteristisch sind die schlanke Taille, der tief auf den Hüften sitzende Waffengürtel und wohl auch die Haltung – wieder und repräsentieren eine Periode artifiziellsten Rittertums.

6. Schisma und Konzilien. Das Zeitalter König Siegmunds

König Wenzel war der erste König in Deutschland, der sich gegen seine Absetzung nicht mit Waffen zur Wehr setzte. Das macht seine Schwäche noch einmal sichtbar. So hatte Ruprecht keine Schwierigkeiten, sich in Deutschland durchzusetzen, auch wenn Wenzel auf seinem Anspruch beharrte, König zu sein.

Ruprecht hat sich mit aller Kraft darum bemüht, eben jenen Aufgaben nachzukommen, deren Versäumnis die Kurfürsten seinem Vorgänger vorgeworfen hatten. So bald wie möglich zog er nach Italien, um den Mailänder Usurpator Visconti, den sein Vorgänger legitimiert hatte, niederzuwerfen. Nach der Kaiserkrönung wollte er sich dann, gestützt auf die Würde und die Rechte der Kaiserkrone, der Beseitigung der Kirchenspaltung zuwenden. Nichts von alledem ist Ruprecht gelungen. Rom hat er nie gesehen, und gegen das Schisma konnte er erst recht nichts unternehmen. Die süddeutschen Kaufleute, die seine Wahl zum König finanziert hatten, waren nicht bereit, die vollen Kosten des Romzuges aufzubringen. So blieb nur die Hoffnung auf italienische Mittel, die von den Gegnern des Visconti und damit, wie die Dinge nun einmal standen, von den Feinden Mailands, kommen mußten. Florenz zeigte sich denn auch bereit, den Romzug zu finanzieren - italienische Gegner nannten den König daraufhin übertreibend einen florentinischen Condottiere -, doch am Ende wollte Florenz weniger zahlen, als es versprochen hatte. Da andere italienische Mächte nicht einsprangen, mußte sich Ruprecht unverrichteterdinge zurückziehen.

Im Jahre 1410 ist der König gestorben - ein Mann, der sich nach Kräften bemüht hatte, seinem Amt gerecht zu werden, einer der tüchtigsten Territorialfürsten seiner Zeit, ein Christ überdies, dem die Kirchenspaltung ganz unzweifelhaft das Gewissen bedrückte und der sich sehr viel mehr als die meisten seiner Zeitgenossen um ihre Überwindung bemühte. Deshalb nahm Ruprecht auch Professoren aus Paris auf, die wegen ihrer Entscheidung gegen den avignonesischen Papst von dort vertrieben worden waren. Ruprecht gründete mit ihnen 1386 die Universität Heidelberg, nach Prag und Wien die älteste im Reich. Sie wurde das geistige Zentrum der Anhänger des römischen Papstes, und Ruprecht war einer der wichtigsten Fürsten, die ihn stützten.

Die Kirchenspaltung dauerte nun schon mehr als drei Jahrzehnte. Hatten die Gläubigen sich an das Schisma gewöhnt, oder wuchs die Unruhe, die von einer solchen Notlage ausgehen mußte? Genaugenommen hätte sich damals jeder Gläubige fragen müssen, ob die Sakramente, die ihm gespendet wurden, denn überhaupt gültig waren, ob er nicht einem schismatischen Papst anhing und so sein Seelenheil täglich verspielte. In der Wirklichkeit haben sich die Menschen mit der Lage, wie sie nun einmal war, arrangiert und auf die Gültigkeit der Sakramente, die ihnen von avignonesischen oder römischen und bald auch von pisanischen Priestern gespendet wurden, vertraut.

Trotzdem blieb das Schisma ein Herd der Unruhe. Daß es beseitigt werden müsse, wurde nicht einmal von denen bestritten, die aus der Kirchenspaltung politischen Nutzen zogen. Denn noch größer mußte der politische Gewinn dessen sein, dem die Einigung der Kirche gelang. Doch war es nicht nur ein politisches Kalkül, das den Mächtigen in dieser Situation eine energische Kirchenpolitik nahelegte. Am Ende folgten auch sie Gewissensregungen, und wo sie das nicht von sich aus taten, wurden sie dazu von ihren geistlichen Beratern und von den Theologen ihrer Universitäten gedrängt, denen sie als nützlichen Helfern ihrer Politik verpflichtet waren. So hatten die Diskussionen in Paris, Heidelberg, Wien und Krakau[36] nun eine ganz unmittelbare politische Relevanz. Die Kirchenspaltung gab den Meinungen der Theologen und Kirchenrechtler ein politisches Gewicht, das diese seit langem nicht gehabt hatten.

Noch zu Lebzeiten König Ruprechts schien sich eine Lösung der Schismafrage nicht durch die Mittel weltlicher Gewalten, sondern vielmehr aus der Kirche heraus anzubahnen. Diese Lösung hieß Konzil, und damit war eines der großen Themen des 15. Jahrhunderts angeschlagen. Die Kirchenspaltung hatte eine umfassende Diskussion über die Kirchenverfassung ausgelöst, die nicht nur auf die Wiederherstellung der Einheit, sondern auch auf grundlegende Reformen zielte. Als ihr wichtigstes Instrument sollte die regelmäßige Zusammenkunft von allgemeinen Konzilien dienen, die nicht wie bisher unter päpstlicher Führung, sondern neben dem Papst, ja am Ende über ihm stehen sollten. Die Verfassung der Kirche, die seit dem 14. Jahrhundert so monarchisch war wie niemals zuvor, sollte parlamentarische Strukturen erhalten. Die Entwicklung des Parlamentarismus in der frühen Neuzeit wurde von den nun beginnenden Diskussionen um die Kirchenverfassung später mächtig angetrieben.

Im Jahre 1409 kam es in Pisa zum Zusammentritt eines Konzils. Die Kardinäle des römischen wie des avignonesischen Papstes hatten es einberufen – ohne die Autorität des Papstes, aber auch ohne die des römischen Königs. Das Konzil setzte beide Päpste, Gregor XII. (Rom) und Benedikt XIII. (Avignon), ab und wählte einen neuen: Alexander V., der schon im Jahre 1410 starb und auf den Johannes XXIII. folgte. Da die beiden anderen Päpste ihre Absetzung nicht anerkannten und auch weiterhin Unterstützung fanden, schien es, als habe das Pisaner Konzil nur dazu geführt, die Kirche noch einmal zu spalten. Tatsächlich war jedoch hier der Weg zu einer Lösung eröffnet worden. Dem Konzil gehörte die Zukunft. Acht Jahre später sollte das Konstanzer Konzil die Einheit bringen.

Diese Lösung war freilich nicht die Frucht innerkirchlicher Diskussionen. Ohne König Siegmund, den Nachfolger Ruprechts, wäre das Konstanzer Konzil nicht zum Erfolg gekommen.

Die Anfänge dieses so lange – bis 1437 – und am Ende so erfolgreich regierenden Königs waren kläglich. Als nach Ruprechts Tod gewählt[37] werden mußte, konnten sich die Kurfürsten nicht einigen. Sie wählten nicht nur Siegmund, sondern auch den Herzog von Mähren, Siegmunds Vetter Jobst, und da der im Jahre 1400 abgesetzte böhmische König Wenzel noch lebte und auf sein römisch-deutsches Königtum keineswegs verzichtet hatte, gab es auch hier

ein dreifaches Schisma. Doch kam der Zufall zu Hilfe. Jobst starb schon ein Jahr später. Da Wenzel im Reich so gut wie keine Anhänger hatte, war Siegmund seit 1411 fast unangefochten deutscher König. So stand nun er vor der Aufgabe, die seinem Bruder Wenzel zum Schicksal geworden und an der sein Vorgänger Ruprecht gescheitert war. Doch König Siegmund gelang die Wiederherstellung der kirchlichen Einheit, und das hatte auch etwas mit seiner Person zu tun.

Der König war ein wendiger, ein phantasievoller, fast möchte man sagen: ein kreativer Mann. Immer in Geldnot, doch selten um Ausflüchte verlegen, war er zudem fleißig und ständig in Europa unterwegs: weder der Weg nach England noch der nach Spanien waren ihm zu weit. Und er wußte Menschen zu gewinnen, und zwar nicht nur Frauen - die freilich in nicht geringer Zahl -, sondern auch politische Partner und Gegner. Doch hätten auch im 15. Jahrhundert solche persönlichen Eigenschaften allein wenig genutzt. Zugleich kam es auf die Situation an. Die aber war dem König günstig.

Siegmunds Politik hatte im Gegensatz zu der seines Vorgängers von Anfang an europäische Dimensionen. Als König von Ungarn war er in die osteuropäische und auch in die italienische Politik eingebunden. Überdies war der ungarische König der Fürst, der am meisten von den Türken bedroht wurde. Wem im Kampf gegen die Türken auf gewissermaßen natürliche Weise die Rolle des Vorkämpfers der Christenheit zufiel, dem war ein hoher Rang in der damaligen politischen Welt sicher.

Ferner profitierte Siegmund von dem zeitweiligen Ausfall Frankreichs. Aufgrund seiner Geisteskrankheit war König Karl VI. seit Jahren nicht imstande, sein Amt auszuüben. Frankreich wurde von zwei rivalisierenden Familien geführt: von den Herzögen von Burgund und von denen von Orléans.

Schließlich befand sich der Pisaner Papst in einer Notlage. Johannes XXIII. geriet in politische Schwierigkeiten, in denen er am Ende

nur noch König Siegmund zum Verbündeten hatte. So konnte dieser den Papst nicht nur dazu zwingen, ein Konzil nach Konstanz einzuberufen und sich dessen Urteil von vornherein zu unterwerfen, sondern er erreichte auch, daß der Papst im Jahre 1414 nach Konstanz kam, wenn auch voller übler Vorahnungen. So fängt man Füchse, soll er voll mißtrauischer Erwartung gesagt haben, als er die Stadt am Bodensee erblickte.[38] Er täuschte sich nicht. Das Konzil machte ihm einen außerordentlich unangenehmen Prozeß, es überschüttete ihn mit ganzen Serien von Anklagen[39] wegen seiner gewalttätigen Politik, wegen seiner Geldgier und wegen seiner Amoralität. Der Papst war in der Tat genau das, was man sich unter einem Renaissance-Politiker vorstellt. Ein kirchlicher Prozeß gegen einen solchen Politiker mußte mit Notwendigkeit zur Absetzung führen, und so wurde Papst Johannes XXIII. in Konstanz abgesetzt. Er floh, hatte jedoch kein Glück und wurde gefangengenommen. Abgesetzt wurde auch Papst Benedikt XIII., der avignonesische Papst, während der römische Papst, Gregor XII., zurücktrat. Im Jahre 1417 wählte das Konzil Papst Martin V. Damit war das Schisma beendet.

Die Früchte dieses Erfolges konnte König Siegmund jedoch nicht genießen. Denn das andere große kirchenpolitische und religiöse Problem, zu dessen Lösung das Konzil einberufen worden war, die religiöse und kirchliche Unruhe in Böhmen, blieb nicht nur bestehen, sondern wurde durch das Konzil sogar noch verschärft.

In Prag hatten sich nicht nur politische und kirchliche Macht, Reichtum und Gelehrsamkeit konzentriert. Hier waren - unvermeidlich - auch jene Zustände stärker als andernorts zutage getreten, unter denen die Frommen litten. In einem politischen, wirtschaftlichen, geistigen und geistlichen Zentrum mußte die Distanz zwischen dem, was Christus gelehrt hatte, und einer so deutlich andersgearteten Welt schmerzlicher fühlbar sein als an anderen Orten.

Linke Seite: Der Krieg nichtchristliche Völker

Das ganz ungewöhnliche Bild ist schwer zu bestimmen. Stilkritisch läßt es sich auf die Zeit um 1430 datieren. Doch weiß man nicht, für welchen Ort es bestimmt war, und so lassen sich auch die dargestellten Personen nicht sicher identifizieren. Links die Schutzmantelmadonna: Maria, welche die Vertreter der Stände schützend mit ihrem Mantel umfängt. Neben ihr eine Heilige oder für heilig gehaltene Frau, die zu Maria für die rechts neben ihr kämpfenden Christen betet. Falls der christliche König Ludwig der Große von Ungarn (†1382) sein sollte, dann könnte mit der bittenden Frau seine Tochter Hedwig gemeint sein, die polnische Königin (1384-1399), zwar keine Heilige, aber eine als heilig verehrte Frau. Das Bild hätte dann zudem den Sinn gehabt, die Heiligsprechung Hedwigs zu propagieren. Jedenfalls wäre, falls Ludwig gemeint war, der Krieg gegen die Osmanen dargestellt, und dafür spricht auch die Entstehungszeit des Bildes. Der Maler hat sich erkennbar um eine Darstellung der Wirklichkeit des Krieges bemüht. So hat er das Motiv der unter dem Kreuz Christi streitenden Kriegsknechte umgedeutet: noch während der Schlacht beginnt - wie üblich - die Plünderung der Gestürzten, der Verwundeten, der Leichen.

Fischmarkt während des Konstanzer Konzils

Die Versorgung der vielen Konzilsteilnehmer stellte die Stadt vor so große Aufgaben, daß die Chronisten von der Lösung dieser Fragen Notiz nahmen und auch die Illustrationen in Riechentals Chronik darüber berichten.

Die wahre Kirche und die schlechte Kirche der Gegenwart

In Prag dienten als ein Medium der Kirchenkritik Propagandaplakate, welche die Kirche Christi und der Apostel der verkommenen und in die Welt verstrickten Kirche der Gegenwart gegenüberstellten. Solche Bildpaare, die während der Reformationszeit von Lukas Cranach dem Älteren wiederum verwendet werden sollten, finden sich auch in einer böhmischen Handschrift aus der zweiten Hälfte des 15. Jahrhunderts. Sie steht ebenfalls in der hussitischen Tradition. Die abgebildete Doppelseite zeigt links den keuschen, Potiphar nicht nachgebenden Joseph und rechts die Gegenwart. Lüsterne Nonnen schütteln sich Mönche vom Baum, und Mönche tun das gleiche mit Nonnen. Der Mönch am rechten Bildrand rechtfertigt sich mit einem - hier parodistisch gemeinten - Bibelwort: Du erfreust mich, Herr, durch deine Werke (Psalm 91[92], 5).

Wie vertrugen sich die Gewinne der Fernhändler mit den Armutsgeboten der Bibel? Wie ließen sich Reichtum und Macht der Kirchenfürsten mit dem Vorbild zusammenbringen, das Christus und die Apostel gegeben hatten? Und wie paßte die Subtilität der Theologen zu der Einfachheit der Fragen, die Paulus gestellt hatte? So hätten die Kirchenfürsten und die Kaufleute die kritischen Theologen fragen können, aber das taten sie nicht. So wendeten sich die kritischen Theologen ungehindert gegen jene Zustände, die ihnen als nicht bibelgemäß erschienen.

Seit der Mitte des 14. Jahrhunderts mehrten sich deshalb in Prag die Bemühungen um eine Kirchenreform. Deren Werkzeug war vor allem die Predigt, zunächst in lateinischer, dann aber in der Volkssprache, zuerst auf Deutsch und bald auch auf Tschechisch. Die Entstehung der tschechischen Schriftsprache war ein Stück Kirchenreform, und dieser Zusammenhang macht verständlich, daß die kirchlichen Konflikte Nahrung aus den Gegensätzen zwischen Deutschen und Tschechen erhielten.

Die Bemühungen um eine Reform des Glaubens und der Kirche wurden - fast unvermeidlich - zur Auseinandersetzung um Dogmen und um Macht: innerhalb wie außerhalb der Kirche. Auf die Kritik an hohen Geistlichen mußten Angriffe auf weltliche Herrscher folgen. Bis zu dem Satz, daß der Kaiser der Antichrist sei, war der Weg nicht lang. Einige der radikalen Kritiker verneinten die Wirksamkeit der Sakramente, die ein sündiger Priester gespendet hatte, und damit stellten sie die kirchliche Hierarchie in Frage. Spätestens jetzt mußte es zu Anklagen wegen der Verbreitung falscher Lehren, zu Prozessen, Predigtverboten, Zensurerlassen und anderen Unterdrückungsmaßnahmen kommen.

Jan Hus war keineswegs von Anfang an die führende Gestalt unter den böhmischen Reformern. Hus war um das Jahr 1370 geboren worden, er war Professor an der Prager Artistenfakultät und studierte Theologie. Zugleich war er Prediger an der Bethlehem-Kapelle, einem der Zentren der für das Prag dieser Jahre so typischen Reformbewegung. An der Universität wurden nun die Glaubenslehren des englischen Theologen John Wiclif aufgenommen, der 1384 gestorben war. Vierundzwanzig Lehrsätze aus Wiclifs Schriften waren für ketzerisch erklärt worden. Die Rezeption seiner Lehren an der Prager Universität radikalisierte die dortige Kirchenkritik, und sie führte zu einer Polarisierung. Es waren meist tschechische Magister, die sich Wiclif zuwandten, während die akademischen Lehrer deutscher Herkunft im allgemeinen auf der Gegenseite standen. Die Deutschen waren überdies »Nominalisten«, während die Tschechen nach Wiclifs Vorbild der »realistischen« Denkschule zugehörten, also die reale Existenz dessen, was durch allgemeine Begriffe beschrieben wird, anerkannten, während die Nominalisten der Meinung waren, daß die allgemeinen Begriffe nur Hilfsmittel der Erkenntnis seien und keine Grundlage in der Wirklichkeit hätten.

So subtil und speziell die erkenntnistheoretischen Fragen, auf welche die Unterschiede zurückgingen, auch scheinen könnten: in der politischen und sozialen Wirklichkeit ging es bei diesen Differenzen nicht so sehr um theoretische Auseinandersetzungen als

vielmehr um den Kampf von Parteien. In Prag aber kam der Streit zwischen den Universitätsnationen hinzu.

Mit diesem Wort waren ursprünglich eher Himmelsrichtungen als Nationen im späteren Sinne gemeint. Wer der polnischen Nation angehörte, konnte auch ein Student aus Preußen, Schlesien oder aus einer polnischen Stadt mit deutscher Bevölkerung sein. Nun aber änderte sich der Sinn des Wortes. Wenn der Theologe Hieronymus von Prag 1409 von der hochheiligen böhmischen Nation (sacrosancta natio Bohemica) sprach,[40] so hört man schon die Emphase des modernen Nationenbegriffs aus seinen Worten. Wenige Tage später änderte König Wenzel die Verfassung der Universität. Künftig sollten nicht mehr die drei nichtböhmischen Nationen drei und die böhmische eine Stimme haben, sondern es sollte umgekehrt sein. Bei Abstimmungen an der Universität sollte die böhmische Nation drei Stimmen haben, während die drei anderen, die in der königlichen Anordnung nun als Fremde bezeichnet wurden, nur über eine Stimme verfügen sollten.

Dieses Kuttenberger Dekret[41] hing mit der Kirchenpolitik zusammen. König Wenzel hoffte, durch den Anschluß an den gerade in Pisa gewählten neuen Papst eine Chance für seinen Anspruch auf die deutsche Krone zu erhalten. Dazu brauchte er die Universität, und die war nicht bereit, die kirchenpolitische Kursänderung des Königs mitzumachen. Die Professoren deutscher Herkunft hatten ihre Pfründen in Gebieten, wo man den römischen Papst anerkannte; sie nahmen also das Kuttenberger Dekret nicht hin und wehrten sich in einer Weise, die für Konflikte an mittelalterlichen Universitäten durchaus typisch war. Sie wanderten nach Leipzig, wo noch im Jahre 1409 die Markgrafen von Meißen mit ihnen eine neue Universität gründeten. Die Prager Universität verlor dadurch ihren internationalen Rang, und sie hat sich von diesem Exodus nicht erholen können. Überdies trafen Verfahren wegen des Verdachts der Ketzerei, mit denen die Kirchenreformer nun überzogen wurden, auch die Hochschule.

Jan Hus wurde im Herbst 1412 nach Rom zitiert. Er weigerte sich und fand auswärts Schutz. Ein Jahr später erklärte er, sich nicht dem Papst, sondern Christus als dem Haupt der Kirche unterordnen zu wollen. Spätestens damit hatte der Konflikt den Rahmen einer akademischen Auseinandersetzung über Fragen des Dogmas überschritten, und der Kirche, wie sie bestand, war der Kampf angesagt.

Doch waren sowohl König Wenzel wie auch sein Bruder Siegmund an einer Beruhigung Böhmens interessiert. So sollte das Konzil über Hus entscheiden. Ein Vertreter Siegmunds garantierte dem böhmischen Magister die Sicherheit nicht nur der Reise nach Konstanz, sondern auch der Rückreise. Doch durfte der König einem verurteilten Ketzer die sichere Rückkehr garantieren? Die Frage ist zu schwierig, als daß man in Hus einfach das Opfer eines Betruges sehen könnte. Die überwiegende Mehrheit derer, die in Böhmen und in Prag zu Wort kamen, hat das jedoch getan.

Das Konzil hat Hus nach einem längeren Prozeß verurteilt und hingerichtet, und das ist angesichts dessen, was der Reformer lehrte, nicht unverständlich. Hus selbst war ja keineswegs der Meinung, daß man überführte Ketzer nicht hinrichten sollte. Dennoch wirkte sein Tod in Böhmen wie ein Fanal.

Die Empörung über den Tod des Jan Hus, der zunächst keineswegs der führende Reformtheologe in Prag gewesen war, ließ ihn zum Märtyrer der gemeinsamen Sache der Reformer werden. Zum anderen aber wurde die Bewegung der Böhmen nun durch den Laienkelch zusammengeschweißt. Bald nach der Abreise von Hus

Befestigte Kirchhöfe waren in der Regel der einzige Schutz, den die bäuerliche Bevölkerung im Kriegsfalle finden konnte. In Klein-Zwettl (Burghauptmannschaft Waidhofen, Niederösterreich) hat sich eine solche Befestigung mit Wall, Graben und Steinmauer erhalten. Die Kirche stammt aus dem 13. Jahrhundert und wurde 1406 vergrößert. Die Mauern mögen auch vor den Hussiten geschützt haben.

Die Verurteilung des Jan Hus im Jahre 1415 durch das Konstanzer Konzil

Die Abbildungen aus der Konzilschronik Ulrich Riechentals zeigen die Degradierung des Verurteilten. Zwei Bischöfe nehmen ihm das geistliche Gewand und stoßen ihn damit aus dem Klerikerstand aus. Sie übergeben ihn dann der weltlichen Gewalt, die die Hinrichtung vollzieht.

zum Konstanzer Konzil hatten die Reformer in Prag begonnen, zum Ritus der alten Kirche zurückzukehren und im Abendmahl auch den Laien den Kelch zu reichen. Die Frage, wie das Abendmahl zu feiern sei, war eine Sache nicht des Dogmas, sondern nur des Ritus. Wenn in Böhmen seit 1419, seit dem Tode König Wenzels, aus den Bemühungen um eine Erneuerung der Kirche eine soziale und politische Bewegung wurde, dann hatte das integrierende Symbol des Kelches, der alle Gläubigen verband, daran einen großen Anteil.

Angesichts dieser Situation konnte Siegmund nicht daran denken, das Erbe, das ihm durch den Tod seines Bruders zugefallen war, anzutreten. Auch Kriege, auch Kreuzzüge, als welche die militärischen Unternehmungen gegen die aufständischen Böhmen, die nun als Ketzer galten, geführt wurden, brachten kein Resultat. Die böhmischen Heere führten vielmehr ihre Vernichtungszüge bis weit in die benachbarten Länder hinein. Das hatte jedoch auch die Folge, daß sich die abweichenden religiösen Lehren der aufständischen Böhmen ungeachtet anfänglicher Erfolge am Ende doch nicht außerhalb Böhmens ausbreiteten. Die Grausamkeit, mit der die Böhmen die ihnen benachbarten Länder verwüsteten, nahm ihren kirchenkritischen Lehren die Überzeugungskraft, welche diese angesichts der überall bestehenden Diskrepanz zwischen den Lehren der Bibel und den tatsächlichen Zuständen hätten haben können.

Neben der Kirchenspaltung, der »causa unionis«, und der böhmischen Häresie, der »causa fidei«, war die Reformbedürftigkeit der Kirche, die »causa reformationis«, die dritte große Frage gewesen, die das Konstanzer Konzil hatte lösen sollen. Auch hier ist die Kirchenversammlung zu keinem eindeutigen Erfolg gekommen.

Sobald der Papst gewählt war, kam es zu einer Verschiebung der Gewichte, denn nach der Wahl schmolz die Macht des Konzils rasch dahin. Die Zeit der großen Reformen war zunächst einmal vorbei.

Zuvor aber hatte das Konzil zwei grundsätzliche Entscheidungen gefällt. Es hatte die Überordnung des Konzils über den Papst beschlossen, und es hatte festgelegt, daß fortan Generalkonzilien in regelmäßigen Abständen einberufen werden sollten, so daß die eben beschlossene Überordnung des Konzils über den Papst auch praktiziert werden konnte.

Papst Martin V. hat denn auch fünf Jahre nach dem Ende des Konstanzer Konzils eine neue Kirchenversammlung nach Pavia einberufen müssen. Er hat das Konzil bald darauf aufgelöst. Sieben Jahre später versuchte sein Nachfolger, Eugen IV., dieses Spiel zu wiederholen. Auch er wollte das fristgemäß nach Basel einberufene Generalkonzil bei der ersten Uneinigkeit zwischen sich und der Kirchenversammlung nach Hause schicken. Da das Konzil nur schwach besucht war, konnte der Papst darauf hoffen, daß ihm sein Manöver gelingen würde.

Trotzdem ist er gescheitert. Das Konzil ließ sich nicht nur nicht auflösen, sondern es blieb bis 1449 versammelt, und zeitweise sah es so aus, als würde nun tatsächlich eine grundlegende Umgestaltung der Kirchenverfassung zustande kommen, als würde eine kollegial verfaßte und von Konzilien gesteuerte an die Stelle der monarchisch-päpstlichen Kirche treten. Die Basler Konzilsväter haben auf dem Fundament, das ihre Konstanzer Vorgänger gelegt hatten, weitergebaut. Sie erklärten die regelmäßige Abhaltung der Konzilien und deren Überordnung über den Papst zu einer Glaubenswahrheit, und sie bemühten sich darum, der nach ihren Vorstellungen verfaßten Kirche auch die nötigen Machtmittel an die Hand zu geben und dem Papst, dessen Stellung sie verkleinern wollten, die Einnahmen zu kürzen. Je mehr sich das Konzil darum bemühte, die Macht der Päpste zu vermindern und die eigene zu mehren, in desto höherem Maße ließ es sich auf jene kirchlichen Gegebenheiten ein, die in den Augen der Kirchenkritiker anstößig waren. Am Ende, so konnte es scheinen, kämpften auch die Basler Konzilsväter nur um Pfründen, um geistliche Einkünfte und um Macht. So kann es nicht verwundern, daß nicht alle Kirchenreformer auf der Seite des Konzils blieben, als es zum Konflikt zwischen dem Konzil und dem Papst kam.

Im Jahre 1437 unternahm Papst Eugen IV. einen zweiten Versuch, sich das Konzil gefügig zu machen. Er verlegte es in die Nähe seines eigenen Herrschaftsbereichs, nach Italien, aber die Mehrheit der Konzilsväter folgte ihm nicht. So gab es nun zwei Konzilien, ein Konzilschisma gewissermaßen, dem ein abermaliges Papstschisma – das letzte in der Kirchengeschichte bis heute – alsbald folgte. Die Basler setzten Eugen IV. ab und wählten den einstigen Herzog von Savoyen, Amadeus VIII., im Jahre 1440 zum Papst. Der Herzog war ein frommer Mann, der sich von der Regierung seines Landes zurückgezogen hatte; die Väter des Konzils mögen sich von seinen reichen Mitteln Hilfe erhofft haben.

Fast gleichzeitig mit der abermaligen Spaltung, 1437, starb Kaiser Siegmund. Seine Regierungszeit hatte mehr als ein Vierteljahrhundert gedauert, aber ein so großer Erfolg wie die Einberufung des Konstanzer Konzils und die Beseitigung des damaligen großen Schismas war ihm nicht noch einmal beschieden gewesen. Die Bilanz seiner Regierungszeit bleibt zwiespältig. Er hatte einen großen Teil seiner Energie auf Ungarn verwandt - wie sein Vater, Karl IV., sich auf Böhmen konzentriert hatte. Kam die böhmische Macht Karls IV. dem Reich in höherem Maße zugute als die ungarischen Ressourcen, über welche Siegmund verfügte? Das läßt sich nicht mit Sicherheit sagen. Daß das Basler Konzil in eine deutsche Stadt einberufen wurde und dort fast zwei Jahrzehnte tätig war und auf diese Weise den Rang des Reiches sichtbar machte, läßt sich durchaus als ein weiterer Erfolg Siegmunds begreifen.

Im späten 14. und im frühen 15. Jahrhundert hatte über dem deutschen Königtum und über Deutschland doch wohl so etwas wie eine Wolke der Provinzialität gehangen. Die wichtigsten politischen Vorgänge hatten ihren Ort außerhalb des Reiches. Für die Zeit König Siegmunds gilt das nicht. Das Reich war jetzt der Raum, in dem sich die großen Probleme der Zeit, wie etwa die neue Ketzerei, deutlicher bemerkbar machten als irgendwo sonst. Aber es war auch die Region, wo diese Fragen diskutiert wurden. Daß die Konzilien von Konstanz und Basel, die großen Foren nicht nur kirchenpolitischer und theologischer Probleme, sondern von Intellektuellen-Versammlungen, wie es sie bisher nicht gegeben hatte, in Deutschland stattfanden, war nicht selbstverständlich, sondern bedarf einer Erklärung, und diese Erklärung liegt zu einem beträchtlichen Teil in der Politik Siegmunds. Von den Verhältnissen des 14. Jahrhunderts her gesehen, hätte man die Konzilien eher in Frankreich oder Italien erwarten können, ja vielleicht auch in England oder auf der Iberischen Halbinsel, wenn dem nicht die Geographie entgegengestanden hätte. Doch kann die Geographie allein nicht erklären, daß Deutschland nun, in der ersten Hälfte des 15. Jahrhunderts, wieder zu einer in geistiger und politischer Hinsicht zentralen Region wurde. Man darf die Person dieses Monarchen, der wie kaum einer seiner Zeitgenossen ein Ritter war, dem das Konstanzer Konzil Anlaß zur Veranstaltung großer Turniere bot, und der zugleich an den Debatten um das Schicksal des böhmischen Kirchenreformers Jan Hus persönlichen Anteil nahm, nicht verkennen.

Als Siegmund im Jahre 1437 starb - fast zur selben Zeit, als das Konzil und der Papst auseinandergingen und eine abermalige Kirchenspaltung begann -, war die Situation dennoch geklärt. Den Erfolg von Konstanz hatte Siegmund nicht noch einmal erzielen können. Zu Anfang des Jahrhunderts war die Situation einfacher gewesen. Ein so unstrittiges und für den, der es glaubhaft verfolgen konnte, so dankbares politisches Ziel wie die Beseitigung des Papstschismas gab es zur Zeit der Kirchenversammlung in Basel nicht - es sei denn in Gestalt einer allgemeinen Mobilmachung gegen die Osmanen. Doch die blieb ein unerreichbares Ziel. Und die Fragen der Kirchenreform, um welche sich die Konzilsväter in Basel vor allem bemühten - soweit sie nicht durch aktuelle kirchenpolitische Probleme und durch den Aufbau einer eigenen Kurie behindert wurden -, waren wenig geeignet, der Kirche zu einer neuen Einheit zu verhelfen. Repräsentierten die Konzilsväter überhaupt die

Kirche? Die Repräsentanz der Reformkonzilien war einigermaßen problematisch. Die alten Konzilien waren der Idee nach und weitgehend auch in der Realität Versammlungen der Bischöfe gewesen. Das Basler Konzil war in zunehmendem Maße eine Versammlung der mittleren und höheren Geistlichen, eine Zusammenkunft nicht zuletzt von Klerikern, die eine Universität besucht hatten. So stellt dieses Konzil eine wichtige Station in der frühen Geschichte der europäischen Intellektuellen dar, doch wurde damit nicht verdeckt, daß dieses Konzil für die gesamte Kirche weniger repräsentativ war als die von Bischöfen besuchten Konzilien der alten Zeit. Zudem wies das Basler Konzil auch Züge auf, die man von späteren Intellektuellen-Versammlungen her kennt. Die Distanz zwischen den Basler Diskussionen und Beschlüssen und der kirchenpolitischen und politischen Wirklichkeit, in der diese Beschlüsse durchgesetzt werden sollten, ließ sich weder von den Baslern selbst überbrücken, noch war es Siegmund oder einem anderen Fürsten möglich, mit den Beschlüssen dieses Konzils Politik zu machen.

Des Königs frühe Erfolge waren um so bemerkenswerter gewesen, als er damals im Reich kaum einen Rückhalt hatte. Böhmen stand ihm, solange sein Bruder Wenzel lebte, nicht zur Verfügung, und das Reichsgut war von seinem Vater kräftig vermindert worden. Auch später besserte sich Siegmunds Situation nicht. Nach dem Tode Wenzels brach die hussitische Revolution aus, und so wurde Böhmen für den König bis zum Ende seines Lebens zu einem Problem, das zu lösen er weder allein noch im Bündnis mit anderen imstande war. Die großen Kreuzzüge, die in den zwanziger Jahren gegen das ketzerische Böhmen geführt wurden, scheiterten alle, obwohl Papst Martin V. Legaten nach Deutschland schickte und obwohl im Reich Anstrengungen zur Finanzierung der Kreuzzüge unternommen wurden, die ein Stück Reichsreform darstellen sollten.

Im Jahre 1417 hatte in den Debatten des Konstanzer Konzils der pfälzische Jurist Job Vener, ein Mann, dessen Spur in den Akten der großen Politik seit dem frühen 15. Jahrhundert bis zu seinem Tode 1447 immer wieder begegnet und der in Konstanz unter seinesgleichen und den Konzilsvätern so angesehen war, daß man ihn für einen möglichen Papst hielt, gemeint, daß neben den Problemen der Kirchenreform eine ganz ähnliche Reformbedürftigkeit des Reiches stehe und daß die Wege zur Reform im einen wie im anderen Falle weitgehend gleich sein könnten.[42]

Damit ist eines der großen Themen des 15. Jahrhunderts genannt; von Reichsreform sollte nun immer wieder die Rede sein. Die einen entwarfen Programme, die von der Parallelisierung der Kirchen- und Reichsreform lebten und infolgedessen genötigt waren, das Reich in höchst altertümlicher Weise als Weltreich aufzufassen und davon abzusehen, daß der römisch-deutsche König beziehungsweise römische Kaiser nun ein Monarch unter Monarchen war. Die anderen machten pragmatische Vorschläge. Einig waren sich fast alle diese Autoren darin, daß das Reich eigener Machtmittel und eigener Einnahmen bedürfe, und so stellte die im Jahre 1422 geschaffene Reichsmatrikel,[43] welche festlegte, wieviele Bewaffnete die Glieder des Reiches für einen Kreuzzug gegen die

Die Krönung König Siegmunds zum Kaiser

Auf den Bronzetüren des Hauptportals der Peterskirche in Rom, die der Florentiner Architekt und Bildhauer Filarete etwa 1433 bis 1445 schuf, findet sich auf dem linken Flügel unter der monumentalen Darstellung des Apostels Paulus ein Relief, das die Kaiserkrönung von 1433 zeigt. Siegmund empfängt kniend die Kaiserkrone. Den Reichsapfel und das Schwert trägt er bereits.

Böhmen zu entsenden verpflichtet waren, ein Stück praktizierter Reichsreform ebenso dar wie ein Reichskriegssteuergesetz aus dem Jahre 1427.[44]

Bisher hatte der König aus seinem ererbten beziehungsweise aus dem Reichsgut – soweit es noch vorhanden war – und ferner aus den Erträgen, welche die sogenannten Regalien erbrachten, die Bedürfnisse des Reiches finanziert.

Nun wurde zum erstenmal eine Reichssteuer eingeführt und mit ihr ein Weg in die Zukunft nicht nur der Reichsfinanzen eröffnet, da eine Reichssteuer ja auch eine entsprechende Verwaltung erforderte und eine Art von Reichsexekutive nötig machte. Der Weg, der nun beschritten wurde, war in fast jeder Hinsicht unzulänglich, doch sollte das Thema bis zum Ende des Jahrhunderts nicht aus der Diskussion verschwinden, und schließlich, im Jahre 1495, sollte es tatsächlich zu Reichsreformen kommen.

In die Zukunft verwies auch, daß die in den zwanziger Jahren verwirklichten Ansätze zu einer Reichsreform eine Sache nicht nur des Königs, sondern auch der Reichsstände waren. Wie zuletzt bei der Absetzung König Wenzels 1399 schlossen sich nun die Kurfürsten 1424 zu einem Kurverein[45] zusammen. Obwohl dieses Bündnis nur von kurzer Dauer war, bezeichnet es doch den Beginn eines Verfassungswandels. Der Dualismus von König und Reich, der in den nächsten Jahrzehnten immer wieder die Verfassungswirklichkeit prägen sollte, deutete sich an.

König Siegmund mußte sich, wenn er auf Dauer im Reich ein sicheres Fundament seiner Politik haben wollte, um Verbündete bemühen. Seine eigene Machtbasis, Ungarn, war fern, und Böhmen, das seinen Vater stark gemacht hatte, war ihm unerreichbar geworden. Siegmund hat sich zeitweilig darum bemüht, Politik im Bündnis mit den großen Städten und auch mit den Ritterschaften zu

machen. Wenn ihm das geglückt wäre, dann hätte er Forderungen verwirklicht, die unter denen diskutiert wurden, die sich um eine Reform des Reiches bemühten. Der Gedanke, daß der König gegen die partikularen Interessen der Fürsten im Bündnis mit Städten und Rittern operieren müsse, lag nahe. In der Praxis scheiterten solche Hoffnungen jedoch daran, daß die Städte zu einer gemeinsamen Willensbildung nicht fähig und noch weniger in der Lage waren, mit den Ritterschaften zusammenzugehen.

Dauerhafter waren die Erfolge des Königs, die sich aus dem Bündnis mit einzelnen Fürsten ergaben. Zu den Helfern des Königs zählten die Burggrafen von Nürnberg und die Markgrafen von Meißen. Die einen, die Zollern, belehnte Siegmund im Jahre 1417 mit der Mark Brandenburg; sechs Jahre später belehnte er die Markgrafen von Meißen, die Wettiner, mit dem Herzogtum Sachsen.

Wenn man ein drastisches Beispiel für das Auseinandertreten von gewollten und ungewollten historischen Wirkungen suchte, könnte man diese beiden Lehnsakte nennen. Sie sollten direkte Folgen bis zum Jahre 1918 haben und indirekt bis in die Gegenwart wirken. Die Geschichte der Hohenzollern und des brandenburgisch-preußischen Staates läßt sich ohne die Belehnung dieses Fürstenhauses mit der Mark Brandenburg durch König Siegmund nicht denken. Ähnliches gilt für die Geschichte des Hauses Wettin, die für Ostdeutschland und Osteuropa so wichtig werden sollte und aus der man die Belehnung mit dem Herzogtum Sachsen durch König Siegmund ebenfalls nicht wegdenken kann.

Siegmund wollte kaum mehr, als zwei treue Helfer seiner Politik

König Siegmund belehnt auf dem Konstanzer Konzil im Jahre 1417 Burggraf Friedrich VI. von Nürnberg mit der Mark Brandenburg. Die Darstellung aus der Konzilschronik Ulrich Riechentals zeigt den thronenden König, assistiert von zwei Fürsten, die Zepter und Reichsapfel halten. Hinter ihm ein weiterer Fürst mit einer zeremoniellen Schutzgebärde. Rechts der nunmehrige Markgraf und Kurfürst, der das Lehen in Gestalt einer Fahne erhalten hat. Der hinter ihm Kniende hält eine Fahne mit dem Familienwappen der Zollern. Fanfarenbläser deuten an, daß zur Öffentlichkeit eines solchen Hoheitsaktes Blasmusik gehörte.

belohnen und für die Zukunft an sich binden, und das zweite ist ihm nicht einmal gelungen. Dennoch formten diese beiden Lehnsakte die politische Landschaft in Deutschland um.

Die Zeit, in der die rheinischen Kurfürsten fast allein das Schicksal des Reiches, soweit es von den Kurfürsten abhing, bestimmt hatten, ging zu Ende. In Zukunft mußte auch mit dem brandenburgischen und mit dem sächsischen Kurfürsten gerechnet werden. Jene Verschiebung der politischen Gewichte von Westen nach Osten, die im 14. Jahrhundert vor allem in Gestalt der Wanderung sowohl der Habsburger wie auch der Luxemburger aus dem Westen des Reiches in den Osten sichtbar geworden war, wurde nun fortgesetzt, und das war um so deutlicher, als in Ostdeutschland und Osteuropa alsbald eine Rivalität zwischen Siegmund und den Markgrafen von Brandenburg aus dem Hause Zollern aufkam.

Sicherer als auf die Zollern und die Wettiner konnte Siegmund auf die Habsburger bauen. Herzog Albrecht V., einer der eindrucksvollsten Fürsten seiner Zeit, einer jener Regenten, die führenden Anteil daran hatten, daß das Reich sich gegen die Hussiten zur Wehr setzte, war König Siegmund eng verbunden. Er war mit der Tochter des Königs vermählt, und so lag es nahe, ihn nach dem Tode Siegmunds, der keinen Sohn hinterließ, zu dessen Nachfolger zu wählen.

Mit dieser Wahl des Jahres 1438 ging die Krone auf die Habsburger über – und so möchte man dieser Wahl eine außerordentliche Bedeutung zusprechen. Wie die Belehnungen der Zollern und Wettiner mit der Mark Brandenburg und mit dem Herzogtum Sachsen, so sollte ja auch diese Wahl bis in das 20. Jahrhundert hineinwirken. Sie eröffnete die – fast – geschlossene Reihe der römischen Könige und Kaiser aus dem habsburgischen Haus, die bis zum Ende des Alten Reiches, bis zum Jahre 1806, und in Österreich bis 1918 reichen sollte. Doch auch hier treten die weitreichenden Folgen eines Ereignisses und dessen unscheinbare Gestalt in seiner Gegenwart drastisch auseinander.

Albrecht war von Siegmund als Nachfolger in Aussicht genommen worden. Eine ernsthafte Gegenkandidatur gab es nicht. Der Versuch des Kölner Kurfürsten, dem Herzog von Burgund die Königskrone anzutragen,[46] wurde von diesem abgelehnt und hätte wohl auch schwerlich die Mehrheit der Kurfürsten gefunden. Doch machte dieser Versuch sichtbar, wie schwer der Schatten des mächtigen burgundischen Staates nun auf den Grenzregionen im Westen des Reiches lastete.

An die Stelle Frankreichs, dessen Macht im 14. Jahrhundert weit über die Reichsgrenze hinaus nach Osten eingewirkt hatte, war nun Burgund getreten. Auf die einstigen Versuche, einem Angehörigen des französischen Königshauses die deutsche Krone zu verschaffen, folgten nun Bemühungen, einen Burgunder auf den deutschen Thron zu bringen. Bei dem einen Versuch von 1438 sollte es nicht bleiben.

Zur höfischen Kultur gehörte das Spiel auf dem Brett, aber auch mit Karten. Das um 1430 in Südwestdeutschland entstandene Stuttgarter Kartenspiel unterscheidet die Karten mit Hilfe von Motiven aus der höfischen Jagd. Die abgebildete Karte gehört in die Reihe der Entenjagd-Karten. Billigere Kartenspiele wurden als Holzschnitte hergestellt.

Nun wurde jedoch Albrecht einstimmig gewählt. Die Kurfürsten wußten zu diesem Zeitpunkt, daß er seinem Schwiegervater Siegmund auch in Ungarn und Böhmen gefolgt war. Sie nahmen also einen König in Kauf, von dem man annehmen mußte, daß er wie sein Vorgänger die meiste Zeit außerhalb Deutschlands weilen würde. Bedenken in dieser Hinsicht hat offensichtlich nur Albrecht selbst gehabt. Der Frankfurter Gesandte, der sofort nach der Wahl am 16. März zu dem Gewählten aufgebrochen war, hat das früheste Zeugnis dafür überliefert, wie sich Albrecht zu der Wahl stellte. Er wußte am 29. März aus Wien zu berichten, daß Albrecht über die Wahl nicht eben erfreut war (»... und han wolle vorstanden, daz unßer erwelter konnig nit vaste erfrauwet ist der erwelunge«).[47] Albrecht hat wochenlang gezögert, bis er die Wahl am 29. Mai schließlich annahm. Bereits zwanzig Monate später, am 27. Oktober 1439, starb er in Ungarn an der Ruhr, an der er auf einem Feldzug gegen die Türken erkrankt war.

König Albrecht ist weder zur Krönung nach Aachen gereist, noch hat er an den Reichstagen teilgenommen, die während seiner Regierungszeit stattfanden. Dennoch hat er in vielfältiger Weise versucht, von seinem Königsamt Gebrauch zu machen. Er übernahm das Regierungspersonal seines Vorgängers, das daran gewöhnt war, die königlichen Rechte im Reich während der Abwesenheit des Herrschers wahrzunehmen. Schon deshalb schließt sich die Regierungszeit Albrechts II., auch im Hinblick auf die in seinem Namen verfolgten politischen Ziele, ganz unmittelbar an die seines Vorgängers an. Einen Einschnitt markiert erst die Wahl seines Nachfolgers, obwohl sie, im Gegensatz zu der vorigen, dynastischer Kontinuität folgte.

8.
Das Reich im späten Mittelalter. Grenzen, Gliederung, Verfassung

Wie weit erstreckte sich das Reich im 15. Jahrhundert? Die historischen Atlanten geben eine klare Antwort, indem sie um die vielfältig in weltliche und geistliche Territorien sowie in die Gebiete der reichsunmittelbaren Städte, der Grafen und der Ritter gegliederte Mitte Europas eine starke rote Linie ziehen, welche die Grenze des Reiches markiert. Diese Grenzlinie entspricht der politischen Realität des 15. Jahrhunderts jedoch nur zum Teil. Die Ursache dafür liegt nicht so sehr darin, daß man im späten Mittelalter keine linearen Grenzen in unserem Sinne gekannt hätte. Die Zeit, in welcher die Herrschaftsbereiche voneinander nicht durch Grenzlinien, sondern durch breite Grenzflächen, durch dünn oder gar nicht besiedeltes Niemandsland getrennt waren, war in Mitteleuropa bereits im Hochmittelalter zu Ende gegangen.

Doch Grenzlinien trennten sehr viel weniger als heute. Ein Hindernis für den Handel stellten sie kaum dar: er wurde durch Zollstätten im Inneren der Herrschaftsbereiche viel stärker belastet. Politisch aber waren die Grenzen erst recht durchlässig. Der Kauf und Verkauf von Herrschafts- und Besitztiteln und die Anknüpfung neuer Lehensverbindungen machten an den Grenzlinien nicht halt. Das zeigt sich nirgends deutlicher als an der Westgrenze des Reiches.

Die deutsch-französische Grenze verlief zunächst ganz überwiegend dort, wo sie im Vertrag von Ribemont von 880 gezogen worden war: im letzten jener Teilungsverträge des 9. Jahrhunderts, die auf dem Boden des einstigen Karls-Reiches Frankreich und Deutschland hatten entstehen lassen. Im Nordwesten war die Grenze mit der Nordseeküste identisch. Weiter südlich umschloß die Reichsgrenze zwar nicht mehr den größeren Teil der Grafschaft Flandern mit Brügge, wohl aber das Herzogtum Brabant mit Löwen und Brüssel, die Grafschaft Hennegau, das Bistum Lüttich und die Grafschaft Luxemburg, die zur Zeit Karls IV. in ein Herzogtum verwandelt worden war. Die Bistümer Verdun und Toul lagen diesseits der Grenze - die nun mit Abweichungen nach der einen oder anderen Seite dem Lauf der Maas folgte - ebenso wie das Bistum und die Reichsstadt Metz, die jedoch schon im Landesinneren lagen. Wiederum an der Grenze befand sich das Herzogtum Lothringen.

Die politische Wirklichkeit der Zeit wurde jedoch weniger von dieser Grenze als davon bestimmt, daß die Herzöge von Burgund seit der Mitte des 14. Jahrhunderts auf beiden Seiten der Grenze zwischen dem Reich und Frankreich ihren Staat ausbauten. Der erste Herrscher dieses für das 15. Jahrhundert so charakteristischen Staates, Herzog Philipp der Kühne (1363-1404), ein Sohn König Johanns II. von Frankreich, war, wie bei jüngeren Söhnen der französischen Könige üblich, mit einem französischen Teilfürstentum ausgestattet worden, in diesem Falle mit dem Herzogtum Burgund zwischen Loire und Saône mit der Hauptstadt Dijon. Dieses Mal hatte die Versorgung eines jüngeren Prinzen mit einem Nebenland eine ebenso ungewöhnliche wie dynamische politische Entwicklung zur Folge. Philipp kam durch Heirat in den Besitz von Flandern und einiger benachbarter Gebiete im heutigen Belgien. Der Herzog verfügte damit über eine der zukunftsträchtigsten Regionen der damaligen Welt. Flandern war so dicht besiedelt und vor allem dank sei-

Hauptgeschoß des Schönen Brunnens in Nürnberg mit den Guten Helden und den Kurfürsten

In Nürnberg wurde auf dem Hauptmarkt, dem Platz des früheren Judenviertels, am Ende des 14. Jahrhunderts, vielleicht aber schon 1361/62, eine über siebzehn Meter hohe Brunnenpyramide errichtet. In vier Figurenreihen schmückten den Brunnen die Repräsentanten der antik-mittelalterlichen Wissenschaften - der sieben »artes liberales« -, die Evangelisten, die Kirchenväter, die neun »Guten Helden« aus alttestamentlicher, griechisch-römischer und mittelalterlicher Zeit, die Kurfürsten und die Propheten aus dem Alten Testament. Das Bildprogramm, das sich ähnlich in den Rathäusern anderer großer Städte findet, bildet das Weltganze ab und sollte insbesondere sichtbar machen, daß Nürnberg eine Reichsstadt war. Der Schöne Brunnen ist in neuerer Zeit vielfach erneuert worden.

ner Textilwirtschaft so weit entwickelt wie nur noch einige Gebiete in Ober-und Mittelitalien. Wer Flandern besaß, verfügte über mehr und über leichter fließende Einnahmen als die meisten seiner fürstlichen Standesgenossen, und die burgundischen Herzöge machten von den ihnen damit gegebenen Möglichkeiten reichlich Gebrauch.

Durch Glück, List, Gewalt und den Einsatz von viel Geld gelang es ihnen in den folgenden Jahrzehnten, ihre Herrschaft noch weiter nach Norden in die Niederlande auszudehnen und vor allem eine Landbrücke zwischen diesen nördlichen und ihren ursprünglichen Besitzungen zu schaffen: einen breiten Streifen zwischen dem Reich und Frankreich, eine Masse von Territorien von ganz unter-

Herzog Philipp der Gute von Burgund

Die Titelminiatur einer Prunkausgabe der hennegauischen Chronik des Jacques de Guise zeigt, wie diese dem Herzog überreicht wird. Rechts neben Philipp sein Sohn, Karl der Kühne. Hinter diesem die höchsten weltlichen Würdenträger des Hofes, alle – wie der Herzog und sein Sohn – an der Halskette als Mitglieder des Ordens vom Goldenen Vlies zu erkennen. Charakteristisch für den burgundischen Hof sind auch die Frisuren »à l'écuelle«. Der Herzog hält einen Streithammer in der Hand, die ritterliche Waffe der Zeit. Links neben ihm sein Kanzler Nikolaus Rolin und der Bischof von Tournai.

schiedlicher Herkunft und Rechtsstellung, die teils zu Frankreich, teils zum Reich gehörten. Den burgundischen Herzögen gelang es jedoch in hohem Maße, diese so verschiedenartigen Ländereien zu integrieren und sie zu einem der modernsten Staaten des 15. Jahrhunderts zusammenzufügen: mit Hilfe einer für die damalige Zeit höchst effektiven Verwaltung, mit Hilfe von skrupellosen und gewaltsamen Amtsträgern, aber auch dank der verfeinerten Ritterkultur, die am burgundischen Hofe gepflegt wurde wie an keinem anderen und ihn zu einem Anziehungspunkt auch für außerhalb des burgundischen Staates lebende Fürsten und Adlige im Westen des Reiches machte.

Zu den Satelliten des Herzogs von Burgund gehörten die Grafen von Moers am Niederrhein ebenso wie deren wichtigste Konkurrenten, die Herzöge von Kleve. Jener Erzbischof von Köln, der dem Herzog von Burgund im Jahre 1438 die deutsche Krone versprechen wollte,[1] war ein Graf von Moers.

Doch drohte der Staat der Herzöge von Burgund nicht nur weite Gebiete im Westen des Reiches an sich zu ziehen. Die Verluste, welche er der französischen Krone bereitete, waren nicht geringer. Zu den Folgen des hundertjährigen Krieges zwischen England und Frankreich gehörte, daß die Herzöge von Burgund – seit dem Frie-

den von Arras von 1435 – unabhängig vom französischen König wurden.

Der weitere Verlauf der Grenze zwischen dem Reich und Frankreich war im späteren Mittelalter undeutlich, weil das alte Königreich Burgund, das dritte jener Reiche, über welches der römische Kaiser herkömmlicherweise verfügte, seit der Stauferzeit zerfallen war. Dieses Königreich Burgund hatte im frühen Mittelalter von der Mittelmeerküste bis zum Hochrhein gereicht. Seine westliche Grenze verlief an der Rhône. Im Osten reichte es weit in die heutige Schweiz hinein. Der Westen und Süden dieses einstigen Königreichs fielen an Frankreich. Die Grafschaft Provence kam 1246 zunächst an das Haus Anjou und 1486 an die französische Krone. Die Dauphiné kam 1349 an den französischen Thronfolger und damit zu Frankreich, obwohl die Lehnsbeziehung zum deutschen König weiter bestehen blieb. Im Norden des früheren Burgund aber dehnten die Eidgenossen ihren Herrschaftsbereich aus, und damit wurde die Grenze zwischen dem Königreich Deutschland und dem Königreich Burgund nach Südwesten verschoben. Ungeachtet der Tatsache, daß die Eidgenossen sich seit dem ausgehenden 15. Jahrhundert aus dem Reich lösen sollten, vergrößerten sie durch ihre eigene Expansion zunächst dessen Gebiet.

Weiter nach Osten zu, also im Alpengebiet, war die deutsche Grenze ebenfalls eine Binnengrenze, da ja das südlich anschließende Königreich Italien das dritte Glied der alten Trias Deutschland, Burgund und Italien war. Zum deutschen Reich gehörten die

Pierre Bladelin (etwa 1410-1472) gehörte zu den Stadtbürgern, die den burgundischen Staat groß machten und an ihm reich wurden. Der Schatzmeister des Ordens vom Goldenen Vlies gründete die Stadt Middelburg. Wahrscheinlich war das von Rogier van der Weyden stammende Triptychon, dem die Abbildung entnommen ist, für die Middelburger Peterskirche bestimmt. Der Stifter ist nicht, wie bei den deutschen Malern der Zeit üblich, klein und außerhalb der Szene, sondern nach niederländischer Manier so dargestellt, als nehme er an dem Geschehen, der Geburt Christi, teil.

Grafschaft Tirol und das Bistum Trient sowie dann östlich anschließend das Patriarchat Aquileja, die Grafschaft Görz und das Herzogtum Krain im Gebiet des heutigen nördlichen Jugoslawien. Auch hier wurde die Reichsgrenze durch neuere Entwicklungen gegenstandslos gemacht oder verschoben. Der Expansion der Habsburger im Norden und der Republik Venedig im Süden fiel in der Mitte des 15. Jahrhunderts das Territorium der Patriarchen von Aquileja zum Opfer.

Weiter nach Nordosten zu verlief die Reichsgrenze östlich der heutigen österreichischen Bundesländer Kärnten, Steiermark und Niederösterreich. Das jetzige österreichische Bundesland Burgenland dagegen war ein Teil von Ungarn. In dieser Region umschloß das Reich also ein kleineres Gebiet als sein österreichischer Nachfolgestaat; das gleiche gilt im Hinblick auf die Bundesrepublik für die Grenze zu Dänemark.

Die Reichsgrenze schloß weiter nördlich mit der Markgrafschaft Mähren und dem Königreich Böhmen Gebiete ein, deren Bewohner ganz überwiegend nicht die deutsche Sprache als Muttersprache benutzten. Es versteht sich von selbst, daß damit nicht Konflikte gegeben waren, die den sprachenpolitischen Auseinandersetzungen des späten 19. und 20. Jahrhunderts ähnlich gewesen wären. Doch hat die Verschiedenheit der Sprachen auch im späteren Mittelalter zu politischen Auseinandersetzungen führen können. Im Sachsenspiegel, der nicht nur das sächsische Gewohnheitsrecht aus der Mitte des 13. Jahrhunderts, sondern auch wesentliche Elemente der Reichsverfassung überliefert, heißt es, daß der König von Böhmen kein Kurrecht habe, daß er also nicht zu den Kurfürsten zu zählen sei, weil er nicht deutsch sei.[2] Zugleich schreibt der Verfasser des Sachsenspiegels aber, daß der König von Böhmen Schenke des Reichs sei, also Inhaber eines der zeremoniellen Hofämter, und das heißt, daß ihm die Zugehörigkeit Böhmens zum Reich nicht fraglich war, während er auf der anderen Seite dieses Land doch für einen fremdartigen Teil des Reiches hielt und dessen König deshalb das Recht, den deutschen König zu wählen, verweigert wissen wollte.

Die benachbarten schlesischen Fürstentümer waren ursprünglich

Die Marienburg. Im Vordergrund das vierflüglige Kastell, wie es der Orden in Preußen meistens errichtet hat, dahinter der Hochmeisterpalast aus der zweiten Hälfte des 14. Jahrhunderts

von Angehörigen der polnischen Königsfamilie, also den Piasten, regiert worden; seit dem ausgehenden 13. Jahrhundert lösten sie sich vom Königreich Polen, das damals zu zerfallen begann. Gefördert wurde Schlesiens Ablösung von Polen dadurch, daß dieses Land besonders intensiv von der Ostsiedlung erfaßt, also umfassend durch die von Westen kommenden Siedler und ihre neuen Siedlungen umgeformt wurde. Im ausgehenden 13. Jahrhundert kam es zu ersten Lehnsbeziehungen schlesischer Fürsten zum König von Böhmen. In der ersten Hälfte des 14. Jahrhunderts folgten andere, so daß schließlich die schlesischen Territorien in ihrer Mehrheit als böhmische Lehen Teil des Reiches wurden.

Weiter nach Norden zu umschloß die Reichsgrenze den östlich der Oder gelegenen Teil der Mark Brandenburg, die Neumark, und Hinterpommern. Diese Grenze war jung und ebenfalls ein Resultat der Ostsiedlung des späteren 12. und 13. Jahrhunderts. Pommern und Mecklenburg waren ähnlich wie Schlesien, jedoch früher als dieses Land, durch Lehnsbeziehungen ihrer Fürsten zum König Teil des Reiches geworden. In der Mark Brandenburg hatte ein sächsisches Fürstengeschlecht, nämlich das askanische, die einheimischen Herrscher verdrängt. In Mecklenburg und in Pommern hatten sich die slawischen Herrscher mit den Deutschen arrangiert und auf diese Weise ihre Herrschaft bewahrt – in Mecklenburg bis zum Jahre 1918.

Der preußische Staat des Deutschen Ordens im Nordosten lag außerhalb der Reichsgrenze, obwohl er im späten 13. und im 14. Jahrhundert ebenso nachhaltig wie Schlesien durch die Ostsiedlung geformt worden war und obwohl hier, anders als in Schlesien, die alten Herrschaftsverhältnisse beseitigt worden waren. Regent dieses Landes war ein Ritterorden, waren Ordensritter, von denen die meisten Generation für Generation aus dem Reich kamen. Trotzdem war dieses Land, gemäß den Urkunden, die zur Zeit seiner Gründung in der ersten Hälfte des 13. Jahrhunderts von Papst und Kaiser ausgestellt worden waren, kein Glied des Reiches – jedenfalls in den Augen heutiger Verfassungshistoriker. Die Realität des 14. und 15. Jahrhunderts sah auch hier vielfach anders aus. Die Politik

Aus dem Besitz der Pfarrkirche in Bern, die dem Deutschen Orden inkorporiert war, hat sich ein Altarbehang erhalten, auf dem das Bittgebet für einen Verstorbenen dargestellt ist. In der Mitte die Tumba mit dem Toten, darüber eine Mahnung: An dieser Figur sollt ihr sehen, euch wird es auch allen so geschehen. Links die elegant und modisch gekleideten männlichen, rechts die weiblichen Verwandten in Kirchgangstracht. Dahinter die Geistlichen: neun – durch das Ordenskreuz gekennzeichnete – Priesterbrüder des Deutschen Ordens. Der Verstorbene, Rudolf von Ringoltingen († 1456), gehörte einer der führenden Berner Familien an, die, wie üblich, durch Leistung und Gegenleistung eng mit Kirchen ihrer Heimat verbunden war. Der Deutsche Orden erscheint in einem solchen Fall, wie in vielen anderen auch, weit von seiner ursprünglichen Stiftungsaufgabe, dem Heidenkampf, und seinem preußischen Staat entfernt.

sowohl der Deutschordenshochmeister wie auch der Könige setzte immer wieder die faktische Zugehörigkeit des Ordensstaates zum Reich voraus. Insbesondere König Siegmund hat sich darum bemüht, die rechtliche Lage der tatsächlich gegebenen Situation anzupassen und den preußischen Deutschordensstaat als Teil des Reiches zu behandeln, aber das gelang ihm nicht. Im Sommer 1415 hat er den Vertreter des Ordens auf dem Konstanzer Konzil deshalb heftig angegriffen und auf diese Weise die unklare Grenzsituation im Nordosten deutlich gemacht. »Lädt man euch«, nämlich die deutschen Ordensritter, so rief der König damals zornig aus, »vor den Kaiser, so sagt ihr, ihr seid der Kirche und dem Papst untertan, der euch begründet hat. Beschuldigt man euch vor dem Papst, dann sagt ihr, das sei eine Angelegenheit, die vor das Reich«, also vor den König beziehungsweise Kaiser »gehöre.«[3]

So dramatisch diese Szene auf dem Konstanzer Konzil auch gewesen zu sein scheint: der Widerspruch zwischen der sozialen und wirtschaftlichen Verfassung auf der einen Seite, welche dieses Land zu einem deutschen Territorium unter anderen machte, und dem Umstand, daß es nicht zum Reich gehörte, trat in der konkreten Wirklichkeit meistens gar nicht in Erscheinung. Den Siedlern, die bis zur Mitte des 14. Jahrhunderts aus dem Reich nach Preußen kamen, brauchte nicht bewußt zu sein, daß sie damit die Reichsgrenze überschritten. Ob die einen sich in einem zum Reich gehörigen östlichen Territorium wie Pommern niederließen, die anderen in Preußen und andere weiter östlich in Städten des polnischen Reiches, war unerheblich.

Der Hochmeister des Deutschen Ordens wurde wie selbstverständlich auf die Reichstage eingeladen und ließ sich dort vertreten. Doch findet man auch sonst Reichstagsteilnehmer, die nach den schärferen verfassungsgeschichtlichen Begriffen der späteren Zeit dort nicht hätten anwesend sein dürfen. Die Heeresmatrikel von 1422,[4] die eine Art Verzeichnis der Reichsstände darstellt, erwähnt den Deutschen Orden beziehungsweise Preußen nicht. Das Steuerverzeichnis von 1427[5] nimmt dagegen Dänemark, Schweden, Norwegen, Polen und Litauen als Steuerzahler in Anspruch – eine Gruppe von offensichtlich dem Reich benachbarten, aber nicht zu diesem gehörigen Territorien. Allerdings widerspricht einer solchen Deutung der Umstand, daß als nächste Steuerzahler der Herzog von Pommern und die Herzöge von Schlesien genannt werden. Die lateinische Fassung dieses Verzeichnisses fügt überdies hinter Schlesien Preußen hinzu. Eine Aufstellung von Heereskontingenten, die im Jahre 1431 gegen die Hussiten eingesetzt werden sollten, enthält auch ein stattliches Kontingent des, wie es hier ausdrücklich heißt, Hochmeisters von Preußen.[6]

Nachdem der Deutsche Orden Preußen am Ende des 13. Jahrhunderts endgültig unterworfen hatte, gelang es ihm, sein Territorium noch erheblich zu erweitern. Im Jahre 1309 glückte ihm die Erwerbung von Pommerellen. Im Jahre 1402 kaufte er dem Markgrafen von Brandenburg die Neumark ab – und damit ein innerhalb der Reichsgrenzen gelegenes Territorium.

Nicht erfolgreich sollte der Orden jedoch an der nördlichen und östlichen Grenze Preußens sein, obwohl der Krieg hier – im Gegen-

Die Teilnehmer eines Deutschordenskriegszuges gegen die Heiden in Litauen

Im Wappenbuch eines anonymen niederländischen Herolds findet sich eine Folge von Wappen, welche eine Gruppe von Adligen bezeugen, die zwischen 1350 und 1374 nach Preußen gezogen sind, um dort am Heidenkrieg teilzunehmen (W. Paravicini). Ihr gehörten Adlige aus dem Westen und Nordwesten des Reichs, aber auch, was bisher nicht bekannt war, Adlige aus Polen an (Zeilen 3 und 4).

satz zu den eben genannten Erwerbungen – seiner Stiftungsaufgabe entsprach. Jahr um Jahr führte der Orden hier seine Feldzüge gegen die heidnischen Litauer, vor allem im Winter, wenn das sumpfige Land für die schwerbewaffneten Reiter passierbar wurde. Jahr für Jahr nahmen an diesen Heidenkriegen Ritter und Fürsten aus dem Reich, aber auch aus anderen europäischen Ländern teil, hauptsächlich aus Frankreich, England und Burgund. Im 14. Jahrhundert gehörte die Teilnahme an den Heidenkriegen des Ordens, ganz ähnlich wie die bewaffnete Wallfahrt nach Zypern oder die unbewaffnete nach Jerusalem, zu den klassischen Lebensstationen eines vermögenden Adligen.

Dennoch gelang es dem Orden nicht, die Litauer zu unterwerfen. Und als sich der litauische Fürst Jagiełło 1385/86 taufen ließ, die polnische Thronerbin Jadwiga (Hedwig) heiratete und zum König von Polen gekrönt wurde, erwies sich, daß der Orden auch mit seiner Behauptung, die Taufe Jagiełłos sei nur vorgetäuscht und von einer

Christianisierung Litauens könne die Rede nicht sein, keinen Erfolg hatte. Es dauerte nur wenige Jahre, bis der römische König und der Papst, die wichtigsten Garanten des Ordens, Jagiełło als einen christlichen Fürsten behandelten und Litauen als christlichen Staat ansahen. Damit versiegte der Zustrom der adligen Kreuzfahrer allmählich, und der Ordensstaat geriet in eine Krise, die jedoch nicht nur durch die Christianisierung Litauens und die Entstehung des polnisch-litauischen Doppelstaates verursacht war, sondern auch Gründe innerhalb der Ordenskorporation und innerhalb des preußischen Ordensstaates hatte. Infolge der spätmittelalterlichen Agrarkrisis, welche die im Reich gelegenen Besitzungen des Ordens schwer traf, verminderten sich dessen materielle Möglichkeiten. Er mußte seine preußischen Untertanen in wachsendem Maße zu Abgaben heranziehen, und diese Forderungen verstärkten – wie am Ende in anderen deutschen Territorien – jene Tendenzen, die aus gelegentlichen Zusammenkünften von Vertretern der Städte und des Adels Ständeversammlungen entstehen ließen, die Mitwirkungsrechte reklamierten.

In voller Stärke sollten diese Konflikte dann in der ersten Hälfte des 15. Jahrhunderts ausbrechen. Um 1400 war die Situation des preußischen Ordensstaates keineswegs so aussichtslos, wie man angesichts der riesigen Weiten des polnisch-litauischen Staates meinen könnte. Er reichte von der Ostsee bis zum Schwarzen Meer und hatte seine östliche Grenze erst dicht vor Moskau. Doch war dieses Großreich ein zerbrechliches Gebilde. Dem Orden gelang es mehrere Male, Polen und Litauen zu trennen, und es kam hinzu, daß der ungewöhnlich effektiv verwaltete Ordensstaat über reiche eigene Möglichkeiten verfügte.

Die Niederlage, die der Orden 1410 in der Schlacht von Tannenberg, einer der größten Feldschlachten des Mittelalters, erlitt, war keineswegs vorbestimmt gewesen. Und es ist kein Zufall, daß die Sieger von Tannenberg, obwohl ihnen große Teile des Ordensstaates in die Hand fielen und sie wochenlang die Marienburg belagerten, am Ende ohne Erfolg abziehen mußten. Es überstieg offenbar die Möglichkeiten des polnisch-litauischen Staates, seinen Sieg zu vollenden. So fiel der Thorner Friede vom 1. Februar 1411 günstig für den Orden aus; territoriale Zugeständnisse mußte er nur in Grenzgebieten machen, die er niemals auf Dauer besessen hatte. Allerdings mußte der Orden eine hohe Entschädigung zahlen, und deren Aufbringung sollte die Konflikte mit den Ständen in Preußen verstärken.

Zur selben Zeit wie die Preußen waren auch die im Gebiet der späteren Republiken Estland und Lettland lebenden Völker zum Christentum bekehrt und unterworfen worden. Auch hier war ein Ritterorden, der Schwertbrüderorden, führend beteiligt gewesen. Im Jahre 1237 wurde der Deutsche Orden mit ihm vereinigt, und so hatte dieser nun auch großen Besitz zwischen der Bucht von Riga, dem finnischen Meerbusen und dem Peipus-See. Doch stellte Livland kein geschlossenes Territorium dar, wie es der Orden in Preußen besaß; obwohl die Bischöfe in Preußen ebenfalls eigene Territorien hatten, waren sie doch vielfach an den Orden gebunden, während die livländischen Bischöfe vom Orden unabhängig waren. Die heftigen Kämpfe zwischen dem Erzbischof von Riga und dem Deutschen Orden gehören zu den charakteristischen Kapiteln der Geschichte Livlands im Mittelalter. Ähnlich wie im Falle Preußens gibt es aus der ersten Hälfte des 13. Jahrhunderts auch Urkunden eines römischen Königs - Heinrichs (VII.) - für Empfänger in Livland, aus denen man eine Reichszugehörigkeit dieses Landes abgeleitet hat.

Ludwig der Bayer stellte im Jahre 1337 gar eine Prunkurkunde aus, mit der er dem Orden Litauen beziehungsweise dessen wesentlichen Teil, das zwischen Preußen und Livland vorgeschobene Samaiten, schenkte. Dennoch wird man schwerlich sagen können, daß Livland zum Reich gehörte. Auch hier steht dem verfassungsrechtlichen Sachverhalt eine andersartige soziale Wirklichkeit gegenüber. Die livländischen Ordensritter kamen ebenfalls aus dem

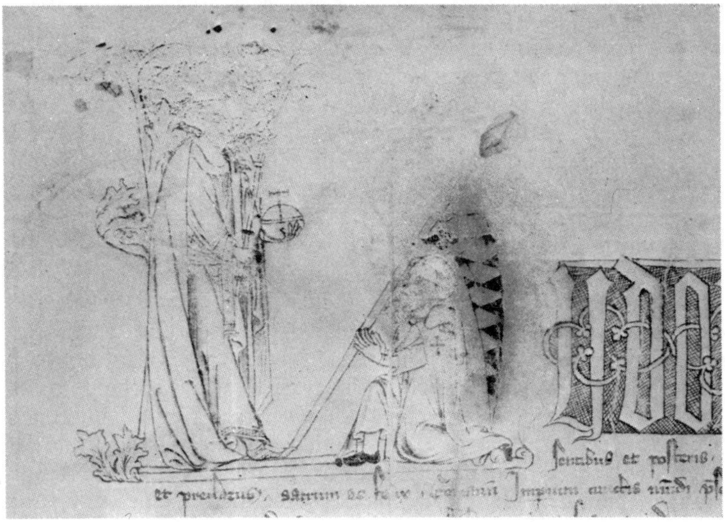

Kaiser Ludwig verleiht dem Deutschen Orden Litauen

In der Kanzlei des Kaisers wurden einige in besonders aufwendiger Schrift und mit verzierten Initialen geschmückte Urkunden hergestellt, darunter die für den Deutschen Orden vom 15. November 1337. Der mit dem Ordenskreuz gekennzeichnete Hochmeister empfängt das Lehen in Gestalt einer Fahne mit den bayerischen Rauten - obwohl der Orden gemäß seiner in Urkunden des frühen 13. Jahrhunderts definierten Stellung kein Lehen hätte empfangen dürfen.

Reich - vor allem aus Westfalen -, und Deutsche waren auch die Mitglieder der Kapitel sowie der Stiftsritterschaft, die sich hier ganz ähnlich wie in den geistlichen Territorien des Reiches entwickelte. Die Städte folgten nicht nur in ihrer Verfassung deutschen Mustern, sondern sie wurden auch - jedenfalls was die Angehörigen der Ober- und der Mittelschicht angeht - überwiegend von Deutschen bewohnt. In den estländischen Städten lebten zudem viele Bewohner skandinavischer Herkunft.

Im Norden war das große Reich, das die dänischen Könige vor allem nach dem Sturz Heinrichs des Löwen errichtet hatten und das große Gebiete an der südwestlichen Ostseeküste umfaßte, nach wenigen Jahren zusammengebrochen, nachdem die dortigen deutschen Territorialfürsten im Bündnis mit Lübeck König Waldemar II. im Jahre 1227 bei Bornhöved besiegt hatten.

Nun konnten die Grafen von Holstein ihren Herrschaftsbereich so ausbauen, daß er den anderen deutschen Territorien glich, auch wenn die Grafschaft erst im Jahre 1474 zu einem Herzogtum und zum reichsunmittelbaren Fürstentum erhoben wurde.

Das zu Dänemark gehörende Herzogtum Schleswig nahm eine ähnliche Entwicklung. Vor allem infolge der Zuwanderung von deutschen Adligen, Bauern und Stadtbewohnern von Süden her glichen sich die sozialen und rechtlichen Verhältnisse denen in Holstein an. Dem dänischen König Erich Menved (1282-1319) gelang noch einmal eine weit nach Süden reichende Großmachtbildung, die jedoch keinen Bestand hatte.

Keinen Bestand hatte einstweilen auch die Personalunion zwischen Schleswig und Holstein, zu der es 1326 zum erstenmal durch die Belehnung des Grafen von Holstein mit dem Herzogtum Schleswig gekommen war. Doch bemühten sich die Grafen von Holstein auch in den folgenden Jahrzehnten um die Herrschaft in Schleswig, und am Ende hatten sie Erfolg, obwohl sie es nun, nach der Begründung der Kalmarer Union von 1397, mit einem skandinavischen Großreich zu tun hatten, das Dänemark, Norwegen und Schweden umfaßte. Im Jahre 1440 mußte der dänische König den Grafen von Holstein erblich mit dem Herzogtum Schleswig belehnen.

Diese Personalunion hatte einen festen Unterbau vor allem darin, daß der holsteinische Adel in Schleswig reich begütert war. Ebenso wie in vielen deutschen Territorien der Zeit, wo der Adel sich politisch organisierte und im Falle der zeitweiligen Teilung eines Territoriums die Fortdauer von dessen Einheit bewirkte, führte die Wahrnehmung adliger Interessen auch hier dazu, daß die Einheit gesichert wurde. So setzten die Ritterschaften beider Länder nach dem Aussterben des holsteinischen Grafen- beziehungsweise nun auch schleswigschen Herzoghauses als Gegenleistung dafür, daß sie mit der Erbfolge des Hauses Oldenburg in Schleswig und Holstein einverstanden waren, im Jahre 1460 das Privileg von Ripen durch, in dem ihnen zugesagt wurde, daß sie, die Ritterschaften beider Länder, »auf ewig ungeteilt« bleiben sollten.[7] Auch wenn einer ersten Landesteilung im Jahre 1490 noch weitere folgen sollten, wurde das Privileg von 1460 nicht gegenstandslos, vielmehr blieben die Bemühungen des Adels um eine Einheit der beiden Länder lebendig und wirksam.

Davon unberührt blieb die Reichsgrenze, die weiterhin zwischen Holstein und Schleswig, das heißt zum Beispiel zwischen Kiel und Eckernförde, verlief – bis im Jahre 1864 infolge des preußisch-österreichischen Sieges über Dänemark an ihre Stelle die Nordgrenze des Herzogtums Schleswig treten sollte. Da nach dem Frieden von Versailles und den Volksabstimmungen nicht das ganze alte Herzogtum Schleswig an Dänemark kam, verlief die Grenze der Weimarer Republik und verläuft heute die Grenze der Bundesrepublik Deutschland im Norden – und nur hier – außerhalb des alten Reichsgebietes. Doch markierte die Reichsgrenze auch im Norden keine ethnische Verhältnisse, wirtschaftliche Beziehungen und rechtliche Normen trennende Linie. Gerade im Norden sieht man deutlich, wie wenig wichtig Grenzen im Mittelalter sein konnten und wie relativ bedeutungslos insbesondere die Außengrenzen eines so offenen Gebildes wie des Alten Reiches waren.

Und die Grenzen im Inneren? Auch hier geben die heutigen historischen Atlanten klare Auskünfte. Sie bieten ein übersichtliches Bild und zeigen die Zersplitterung Deutschlands, sie zeigen, was man im 19. Jahrhundert als den deutschen Partikularismus haßte: kleine und kleinste Territorien in bunter Menge und dazwischen noch einige größere, denen das Kartenbild Zukunft verhieß. Bei aller Buntheit gibt dieses Bild Klarheit und Übersichtlichkeit. Die kleinen wie die großen Territorien haben sichtbare Grenzen; innerhalb dieser Grenzen ist die Fläche wie auf einer politischen Karte des 20. Jahrhunderts mit ein und derselben Farbe bezeichnet. Die kleinen und die großen Territorien scheinen staatliche Gebilde von der Art moderner Staaten zu sein. Doch das waren sie nicht.

Die Privilegienlade der schleswig-holsteinischen Ritterschaft, 1504

Die anspruchslose Truhe hat ihren Zweck bis in das 20. Jahrhundert erfüllt und zur Aufbewahrung der Privilegien der schleswig-holsteinischen Ritterschaft gedient: ein einzigartiges Relikt der Ständegeschichte in Deutschland. Auf dem Deckel die Wappen des Bischofs von Schleswig, des Herzogs von Schleswig und Königs von Dänemark sowie des Bischofs von Lübeck. Auf den Seitenwänden die Wappen der im Jahre 1504 blühenden ritterschaftlichen Familien der beiden Länder: »Anno 1504 levede noch so vele slechte in desseme lande«.

Die Reichsstadt Nürnberg mit ihrem großen Territorium scheint, blickt man auf eine Karte des spätmittelalterlichen Deutschland, eingezwängt zwischen die Territorien der Hohenzollern. Eine genauere Karte läßt nicht nur erkennen, daß der Grenzverlauf unruhig war und daß es diesseits der Grenze zahlreiche Exklaven gab. Allein damit unterschiede sich die politische Geographie des 15. und 16. Jahrhunderts noch nicht von der späterer Zeiten. Eine genaue Kartierung spätmittelalterlicher Herrschaftsverhältnisse macht aber die klaren Grenzen weithin gegenstandslos; die Möglichkeit, politische Macht auf einer Karte mit Hilfe von Flächenfärbung darzustellen, ergibt sich einigermaßen selten. Die moderne historische Karte des spätmittelalterlichen Deutschland schreibt zum Beispiel die einstigen Reichswälder nördlich und südlich von Nürnberg dem Territorium dieser Reichsstadt zu, weil die Gerichtsbarkeit und die wirtschaftliche Nutzung dieser Wälder bei der Stadt lag. Doch verfügte die Stadt damit nicht über alle Herrschaftsrechte. Vielmehr lag das Geleitrecht, das heißt die Verpflichtung, Wegesicherheit zu gewähren, und die Möglichkeit, daraus Abgaben zu ziehen, ebenso bei den Hohenzollern wie der Wildbann, das heißt das Jagdrecht. Die Hohenzollern hatten noch weitere Rechte in jenem Gebiet, das modernen Historikern als nürnbergisches Territorium gilt, doch waren sie nicht die einzigen, die hier solche Rechte hatten. Nicht alles, was nürnbergisch war, kam der Stadt Nürnberg zu. Besitz- und

Herrschaftsrechte hatten auch die nürnbergischen Kirchen sowie einzelne mächtige Familien der Stadt.

Die Flächenfärbung der modernen historischen Karten täuscht also eine Uniformität der Herrschaftsverhältnisse vor, die es in der Wirklichkeit des 14. und 15. Jahrhunderts nur selten gab.

Und doch haben die neuzeitlichen Flächenstaaten im 14. und 15. Jahrhundert nicht nur ihre Wurzeln; sie bestanden damals auch schon zu einem beträchtlichen Teil. Jene Verdichtung der Herrschaftsverhältnisse, die für das 12. und 13. Jahrhundert so charakteristisch gewesen war, wurde im 14. und 15. Jahrhundert fortgesetzt. Die Verdrängung kleinerer Dynastenfamilien durch jene mächtigeren Geschlechter, die als Reichsfürsten überleben sollten, hielt ebenso an wie die Bemühungen der Fürsten, den Adel in ihrem Interessengebiet zu unterwerfen und in das eigene Territorium einzugliedern.

Die Dynastien, die in den folgenden Jahrhunderten ein großes politisches Gewicht haben sollten, wie zum Beispiel die Wittelsbacher in Bayern und die Habsburger in ihren östlichen Territorien, sind auf diesem Wege ein beträchtliches Stück vorangekommen. Erfolgreich waren auch die Fürsten im Norden und im Nordosten, schon weil es hier keinen mächtigen Adel mit alten Herrschaftsrechten gab. Doch waren die Erträge und die Möglichkeiten der Landesfürsten in diesen jungen Gebieten eng begrenzt. Territorien von der

Das Territorium der Reichsstadt Nürnberg

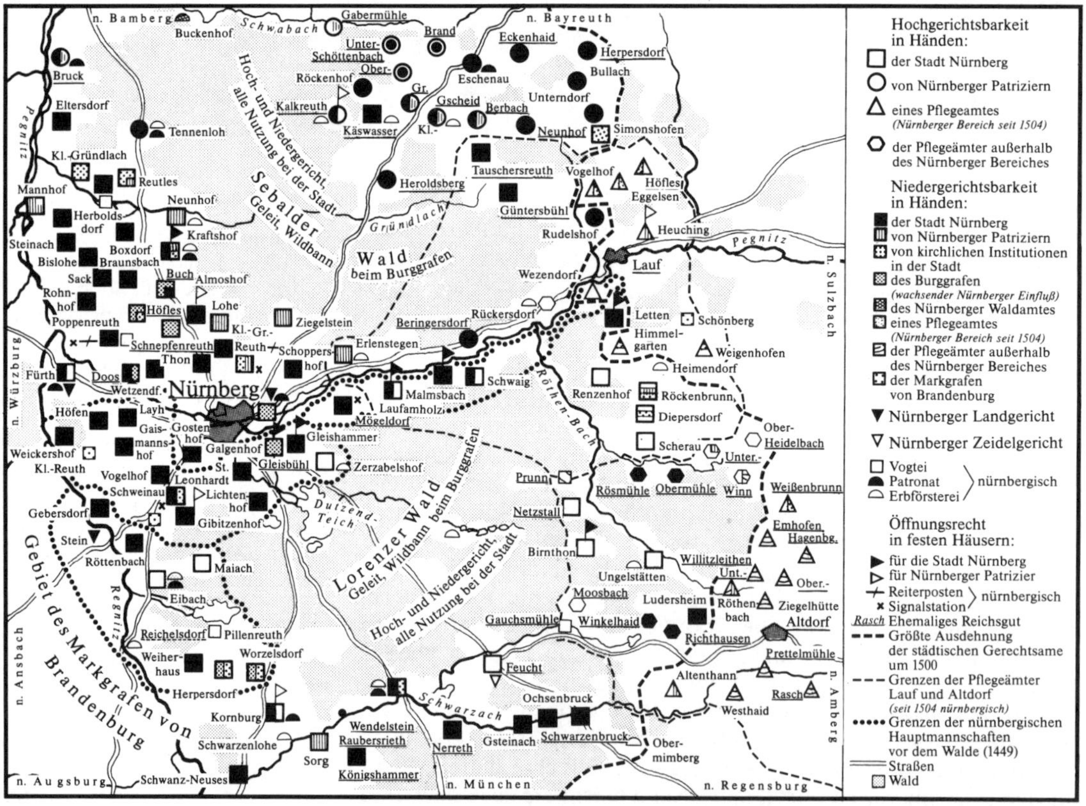

Größe des Herzogtums Mecklenburg oder der pommerschen Herzogtümer wären in Süddeutschland wohl von beträchtlichem Gewicht gewesen. Tatsächlich waren sie das nicht, und das erklärt sich außer aus der Geographie auch aus den geringen Möglichkeiten, welche diese vergleichsweise armen Länder ihren Fürsten boten. Doch auch diese konnten den Fürsten verloren gehen. Auch wenn es im Nordosten keine Reichsstädte, keine weit in die Vergangenheit zurückreichenden geistlichen Fürstentümer und nur einen jungen Adel gab, konnten Städte, höherer Klerus und weltlicher Adel den Fürsten durchaus gefährlich werden. In der Mark Brandenburg waren die fürstlichen Rechte in der ersten Hälfte des 15. Jahrhunderts beträchtlich eingeschränkt, und in der zweiten Hälfte des 14. Jahrhunderts mußte selbst ein so erfolgreicher Herrscher wie Kaiser Karl IV. in seinem Königreich Böhmen doch erfahren, daß er in hohem Maße auf den Landesadel Rücksicht nehmen mußte. Karls schwächerer Nachfolger, König Wenzel, geriet mit dem Adel des Landes alsbald in Streit, und er unterlag.

Adel, höherer Klerus und jene Städte, die weder freie Städte noch Reichsstädte waren, schlossen sich im 15. Jahrhundert immer fester zu gemeinsamem Handeln zusammen. Je öfter die Landesfürsten genötigt waren, in außerordentlichen, aber immer gewöhnlicher werdenden Notlagen von ihren Untertanen außergewöhnliche Abgaben einzufordern, je mehr die »Steuer« - eine Abgabe, die ursprünglich nur eine außerordentliche Situation »steuern«, also ihr abhelfen sollte - zu einer gewöhnlichen Einrichtung wurde, desto regelmäßiger wurden die Zusammenkünfte derer, welche die Steuern bezahlen sollten, das heißt der Stände eines Territoriums.

Die Einführung der landesherrlichen Steuer und die Entstehung eines allerfrühesten Parlamentarismus hängen eng zusammen. Der Fürst hatte zunächst keinen Anspruch auf die Steuer. Er lebte aus seinen grundherrlichen Einkünften sowie aus dem, was die »Regalien«, die nutzbaren Herrschaftsrechte, wie zum Beispiel die Zölle und das Münzrecht, erbrachten. Hatte er darüber hinaus reichende finanzielle Bedürfnisse, so mußte er um deren Erfüllung »bitten«, und so lautete ein anderes deutsches Wort für die Steuer »Bede«.

Wer waren die Adressaten solcher Bitten? Die Mächtigen im Lande, also der Adel, die Inhaber großer geistlicher Grundherrschaften und die Städte - gelegentlich, wie zum Beispiel in Tirol, auch Vertreter von freien Bauern. Zunächst waren die Fürsten selbst daran interessiert, daß sich diese Repräsentanten des Landes versammelten. Doch sollten diese Versammlungen der Stände sehr rasch mehr werden als nur Organe, die den Landesfürsten Steuern bewilligten. Vor allem im 16. Jahrhundert sollte auf die Bewilligung der Steuern deren Verwaltung durch die Stände folgen. Das Recht der Stände, nicht erst auf Einladung des Fürsten, sondern aus eigener Initiative zusammenzutreten, wurde bald darauf durchgesetzt. Das Dekret »Frequens«, in dem das Konstanzer Konzil 1417 die Periodizität der Generalkonzilien festlegte,[8] hat so seine - späteren - Parallelen im weltlichen Bereich. Kirchlicher und weltlicher Parlamentarismus sind sich auch sonst vielfach ähnlich, so wenig sich in Deutschland auch Auswirkungen der Auseinandersetzungen um eine konziliarische oder päpstliche Kirche im Bereich des weltlichen

Ständewesens namhaft machen lassen. Im Gegenteil: im Kampf Papst Eugens IV. mit dem Konzil von Basel haben sich die deutschen Fürsten, die in ihrer Mehrheit dem Konzil anhingen, dem Argument, daß der kirchliche Parlamentarismus negative Folgen für ihre eigene Herrschaft haben könnte, offensichtlich verschlossen.[9] Und am Ende haben es einige von ihnen, wie zum Beispiel der Kurfürst von Brandenburg, verstanden, sich ihren Übergang auf die Seite des Papstes mit Privilegien honorieren zu lassen, welche die Macht der Stände ihres Landes beschränken mußten. Der Kurfürst von Brandenburg ließ sich 1447 Urkunden ausstellen, welche die Bischöfe seines Landes von ihm abhängig machten.[10] Damit war die Macht der Stände seines Landes insgesamt geschwächt.

Auf der anderen Seite hat die ständische Organisation die Territorien gefestigt. Im Falle von Erbteilungen blieb die ständische Organisation oft ungeteilt, was dazu beitrug, die Territorien ungeachtet der Zufälligkeiten, die sich aus der dynastischen Erbfolge ergaben, zusammenzuhalten. Das berühmteste Beispiel dafür ist jener schon erwähnte Vertrag von Ripen von 1460, in dem sich die Adligen des Herzogtums Schleswig und der Grafschaft Holstein garantieren ließen, daß sie »auf ewig ungeteilt« bleiben sollten.

Wichtiger für die Zukunft waren jedoch die Bemühungen der Fürsten und ihrer Amtsträger, die überkommenen Fürstenrechte zu moderner Staatlichkeit zusammenzufassen und zu erweitern. Ebenso wie die Fürsten die Bewohner ihrer Länder insgesamt für die Steuerzahlung in Anspruch zu nehmen versuchten, bemühten sie sich auch auf andere Weise darum, über die traditionellen Herrschaftsrechte hinaus auf einen allgemeinen Untertanenverband hinzusteuern, also die Unterschiede einzuebnen, die zwischen denen bestanden, deren Grundherr der Landesfürst war und von deren Abgaben er vor allem zehrte, und den anderen, die als Untertanen anderer Grundherren innerhalb des fürstlichen Territoriums lebten. In der überlieferten Landesverfassung waren sie dem Fürsten nur insoweit untertan, als sie von dessen Wahrnehmung der nutzbaren Herrschaftsrechte, der Regalien, und von seiner Ausübung der Gerichtsherrschaft betroffen waren.

Wo es den Fürsten gelang, ihre Herrschaftsrechte auszudehnen und einem allgemeinen Untertanenverband näher zu kommen, geschah das namentlich durch die Wahrnehmung neuer Aufgaben. Dazu gehörte schon im 13. Jahrhundert die Friedenssicherung. Da es in der Stauferzeit nicht gelungen war, den Landfrieden über das ganze Reich dauerhaft zu begründen, führte der Weg zu einer Zurückdrängung der gewaltsamen Selbsthilfe und der illegalen Fehden über eine Befriedung geschlossener Gebiete, und dafür stellten die werdenden Territorien den gegebenen Rahmen dar. Die gewaltsame Selbsthilfe konnte nur durch die Begründung eines öffentlichen Gewaltmonopols ersetzt werden. Der Landfrieden setzte eine wirkungsvolle Exekutive voraus, und so stellte seine Sicherung einen Motor dar, der den Territorialisierungsprozeß mächtig vorantrieb.

Der Adlige, der nicht mehr in der Lage war, eigene Ansprüche gewaltsam durchzusetzen, sondern sich statt dessen an ein Landfriedensgericht wenden mußte, das der Sache nach ein Gericht des Lan-

Dom und Severikirche in Erfurt

Nachdem im 8. Jahrhundert hier eine Bistumsgründung gescheitert und die Region in den Besitz der Erzbischöfe von Mainz gekommen war, haben diese Erfurt zum Zentrum ihrer thüringischen Besitzungen ausgebaut. Im späten Mittelalter waren die Erzbischöfe und die Landgrafen die wichtigsten Territorialfürsten in Thüringen. So wurde die Stadt Erfurt zu einem geistlichen Mittelpunkt - gleichsam zu einem zweiten Bischofssitz - ausgebaut. Charakteristisch dafür ist die Gruppe der beiden Stiftskirchen: der Marienkirche, die sicherlich ursprünglich die Domkirche hatte werden sollen, und der ebenfalls im 8. Jahrhundert gegründeten Severikirche, die ursprünglich eine Frauenklosterkirche war. Das heutige Erscheinungsbild der beiden Kirchen ist spätmittelalterlich.

desfürsten war, hatte sich aus einem Inhaber autonomer Herrschaftsrechte, der dem Landesfürsten prinzipiell gleich war, beinahe schon in einen privilegierten Untertanen dieses Fürsten verwandelt. Man sieht das am Beispiel des thüringischen Landfriedens von 1338, der dem Landesfürsten die Zerstörung von Adelsburgen leicht machte, da er ein allgemeines Waffenverbot enthielt, von dem nur die Amtsträger des Fürsten ausgenommen waren, und der diesem die Zusammensetzung des Gremiums, das die Landfriedensbrüche ahnden sollte, an die Hand gab.[11]

Gelegentlich bietet die Überlieferung nicht nur Akten und Urkunden, aus denen sich solche Prozesse rekonstruieren lassen, sondern auch Situationen und Anekdoten, welche diese Prozesse wie ein Schlaglicht beleuchten. So soll einem Chronisten des 15. Jahrhunderts zufolge der thüringische Landgraf, der den Landfrieden so bewußt verfassungspolitisch einsetzte, einem jener Standesgenossen, die sich seinem nun entstehenden Untertanenverbande einfügen sollten, einem Grafen von Orlamünde-Weimar, geantwortet haben, als dieser ihn als seinesgleichen anredete: »Werlichen ssal ich noch eyne cleyne zeit leben, sso wil ich machen, das du mich herre heissest.«[12] Der Herrschaftsbildungsprozeß hatte auch Folgen für das Protokoll, und die waren um so wichtiger, als sie schon den Zeitgenossen sichtbar machen konnten, worum es ging.

Ein weiteres Feld, auf dem sich die Fürsten und ihre Verwaltungen neue Kompetenzen schufen, war die Kirchen- und vor allem die Kirchenreformpolitik. Ähnlich wie die Könige der werdenden Nationalstaaten - zunächst in England und in Frankreich - die Möglichkeiten der Päpste, auf die Kirchen ihrer Länder einzuwirken, zurückdrängten und an die Stelle päpstlicher Eingriffe die Maßnahmen königlicher Behörden traten, versuchten auch deutsche Territorialfürsten, sich die Kirchen der eigenen Gebiete zu unterwerfen. Das Zeitalter der großen Reformkonzilien begünstigte diese Entwicklung ebenso wie der Sieg des Papsttums über die Konzilien in der Mitte des 15. Jahrhunderts. Jene Ordens- und Weltgeistlichen, denen es nicht so sehr oder nicht nur um eine Reform des fernen Papsttums ging, sondern um eine Rückkehr der Klöster im eigenen Lande zur Ordensregel, um eine Erneuerung des geistlichen Lebens und um eine bessere Nutzung der geistlichen Vermögen, hatten ihre besten Verbündeten meistens in den Landesfürsten sowie in den städtischen Obrigkeiten.

Den Stadträten wie den Fürsten ging es ohne Zweifel um Kirchenreform, aber es blieb ihnen in aller Regel nicht nur nicht verborgen, sondern sie sahen durchaus, daß jede Abstützung der Kirchenreform durch den weltlichen Arm dessen Möglichkeiten vermehrte. Umgekehrt bedeutete eine Erneuerung des geistlichen Lebens für die alten, vom Adel gestifteten und von jüngeren Söhnen und Töchtern der Stifterfamilien besetzten Klöster oft genug, daß hier nun fromme Söhne und Töchter stadtbürgerlicher Familien einzogen und dem Adel einen Teil seines wirtschaftlichen Fundaments nahmen.

Auch die Kirchenreform ließ Adlige zu fürstlichen Untertanen werden, und die Fürsten konnten diese Politik mit um so besserem Gewissen vorantreiben, als die Initiative fast nie von ihnen selbst ausging, sondern von den gewissenhaftesten Geistlichen ihrer Zeit. Die freilich verkannten, daß ihre Bemühungen nicht so sehr der Erneuerung jener Lebensform dienten, welche der heilige Benedikt einst begründet hatte, sondern vielmehr dem sich nun auch mit ihrer Hilfe herausbildenden modernen Fürstenstaat. Dessen Kirchenregiment wurde zwar erst im Zeitalter der Reformation - und zwar nicht nur dort, wo die Fürsten sich der neuen Lehre anschlossen - ausgebildet, doch wäre die Reformation nicht möglich gewesen, wenn ein weitreichendes landesherrliches Kirchenregiment nicht schon Jahrzehnte früher vorbereitet worden wäre. Zu dessen Baumeistern gehörten aber nicht nur Kirchenreformer, sondern auch die Päpste, die sich, wie schon erwähnt, in der späten Zeit des Basler Konzils den Übergang der Fürsten auf ihre Seite damit erkauften, daß sie diesen Verfügungsrechte über die Kirchen ihrer Gebiete zugestanden.

Schon Herzog Rudolf IV. von Österreich, dem Schwiegersohn Kaiser Karls IV., wurde ein die landeskirchlichen Herrschaftsansprüche zuspitzendes Wort in den Mund gelegt, das im 15. Jahrhundert wiederholt abgewandelt und anderen Fürsten zugeschrieben werden sollte: »Ich allein will Papst, Erzbischof, Bischof, Archidiakon und Diakon in meinem Land sein.«

Was das im Einzelfall heißen konnte, sieht man am besten an einem Buch. Einer der Nachfolger des österreichischen Herzogs, Friedrich, der im Jahre 1440 zum römisch-deutschen König gewählt werden sollte, hielt das in persönlichen Notizen fest;[13] er notierte Dinge, die ihm verloren gegangen waren, er notierte Unrecht, das man ihm zugefügt hatte und das er in der Fülle der Geschäfte nicht vergessen wollte, weil er auf Rache sann. Und er notierte sich auch Regierungsmaximen, zum Beispiel zur landesherrlichen Finanzpolitik. Will ein Fürst in seinem Land Geld zusammenbringen, so heißt es hier, um verpfändete Einkünfte und Burgen wieder auszulösen, so kann er von seinen Prälaten, Pfarrern, Bürgern oder Juden oder sonst von seinen Adligen Geld nehmen. Gerade weil das so beiläufig notiert wird, ist es eindrucksvoll. Der König schreibt, als hätten die Geistlichen nicht unter dem Schutz der Immunität gestanden oder als habe die Reformation schon stattgefunden.

Wappenwand an der Burgkapelle in Wiener Neustadt

Wiener Neustadt war die bevorzugte Residenz Friedrichs III. Der Kaiser ließ die Burg erweitern - nicht nur zu praktischen Zwecken, sondern auch als Denkmal seiner Ansprüche. Das gilt insbesondere für die Wappen an der Ostwand der Kapelle. Der heraldische Zyklus beginnt mit den um die - als solche ebenfalls noch ganz ungewöhnliche - Figur des Kaisers angeordneten Wappen der habsburgischen Länder. Dann folgen Phantasiewappen, welche die Habsburger nach dem Vorbild des Leopold Steinreuter, eines Chronisten aus dem 14. Jahrhundert, genealogisch gewissermaßen in das Zentrum der Welt versetzen und sie mit den Helden der Antike und der Welt des Alten Testaments verknüpfen sollen. Friedrichs Sohn Maximilian sollte solche Spekulationen in sehr viel stärkerem Maße benutzen und monumental darstellen lassen. Über dem Fenster in Wiener Neustadt die heilige Maria, Katharina und Dorothea. Links und rechts unten zwei Engel. Auf ihren Schriftbändern die Jahreszahl 1453 und die »Devise« Friedrichs III.: AEIOU.

Die Reformation sollte noch ein Dreivierteljahrhundert auf sich warten lassen - also eine für institutionelle Wandlungen kurze Zeit. Die Aufhebung der geistlichen Privilegien, deren wichtigstes neben der besonderen Gerichtsbarkeit die Freiheit von staatlichen Abgaben war, kündigte sich an, und so blieb die Wut der auf solche Weise in Anspruch genommenen Kleriker ohnmächtig. Sage nicht, Pfaffengut ist Kammergut, also Staatsgut, so schrieb ein anonymer Geistlicher an Friedrich III. Denk an Deinen Vorgänger, an Friedrich Barbarossa, den es auch nach dem Vermögen der Kirche zu dürsten begann und der sich an ihm vergriff, so daß Gott ihn in seinem Zorn vielfach bestrafte und ihn in all seinen Handlungen unglücklich machte.[14]

In das geflügelte Wort vom Papst, der der Landesfürst in seinem Herrschaftsbereich sein wollte, wurde gelegentlich der Kaiser aufgenommen: auch Kaiser wollte so mancher Fürst in seinem Territorium sein. 1367 behauptete Herzog Stephan II. von Bayern, sein Land sei frei, da der Papst, der Kaiser und der König dort nichts zu befehlen hätten.[15] Wenn dieser Anspruch Wirklichkeit werden

Die Innsbrucker Residenz im Jahre 1494

Auf seiner Reise nach Venedig hat Albrecht Dürer die Innsbrucker Residenz aquarelliert. Sichtlich um topographische Genauigkeit bemüht, hat er die etwas verschachtelte spätgotische Anlage in einer Gestalt festgehalten, die Maximilian und seine Nachfolger alsbald erneuern sollten.

Im Zuge der Erneuerung seiner Innsbrucker Residenz ließ Maximilian in den Jahren 1497 bis 1500 an der Stirnseite des großen Stadtplatzes einen reichen Erker errichten, der bei Festen, die auf diesem Platz gefeiert wurden, als herrschaftliche Zuschauerloge diente. Der Erker markiert einen fundamentalen Wandel im Verhältnis von herrschaftlichem Sitz und Stadt. An die Stelle der sich abschließenden Burg tritt die sich zur Stadt öffnende, die Stadt aber auch einbeziehende Residenz, in welcher der Stadtherr stets gegenwärtig ist – in Person oder im Bild. So sind auf der oberen Brüstung des Erkers Maximilian, seine Gemahlin und Repräsentanten seines Hofes dargestellt. Sichtbar wird die höfische Gesellschaft auch auf den Fresken an der Rückwand der Loge – an der Stelle, wo sie bei den entsprechenden Gelegenheiten auch leibhaftig in Erscheinung trat.

sollte, dann mußten die Möglichkeiten königlicher Amtsträger und Gerichte, in die Territorien zu wirken, ausgeschlossen werden, und das ist auch geschehen – wenngleich nicht so sehr auf dem Wege entsprechender Privilegien, welche die Territorien ausdrücklich aus der Kompetenz von Reichsorganen herausnahmen, als vielmehr durch den Aufbau landesfürstlicher Behörden und Gerichte. Die oft genannten »Privilegia de non appellando«, jene Königsurkunden, welche einzelne Reichsstände ausdrücklich von dem Einwirken der Reichsgerichte befreiten, sind in diesem Prozeß nur von untergeordneter Bedeutung gewesen, zumal sie, abgesehen von den entsprechenden Vorrechten, welche die Goldene Bulle den Kurfürsten zusprach, erst seit 1470 erteilt wurden.[16]

In dieser Zeit gelang überdies eine Reorganisation der Möglichkeiten des Reiches, die dann in den Reichsreformen des Jahres 1495 zu einem Abschluß kam. Gerade in der langen Regierungszeit Friedrichs III., dem Zeitgenossen immer wieder Untätigkeit vorwarfen, sind die Möglichkeiten des Königs und der Reichsgerichte durchaus genutzt worden. Erst neuerdings wird sichtbar, daß es diesem Herrscher gelang, das Lehnsrecht zur Festigung des Reiches zu nutzen.[17]

Dennoch bleibt richtig, daß sich moderne Staatlichkeit in Deutschland nicht auf der Ebene des Reiches, sondern in den Fürstenstaaten – und in den großen Städten – ausbildete. Fürsten und Städte waren es, welche sich die modernen Herrschaftsinstrumente zunutze machten. In fürstlichen und städtischen Kanzleien wurden die Herrschaftsrechte schriftlich aufgezeichnet und auf diese Weise gesichert. Hier und nicht am Hofe des Königs entstanden die Finanzakten des neuen Typus. In den Territorien und in den Städten vor allem arbeiteten die Amtsträger der neuen Art: jene Beamten, die nicht so sehr durch Herkunft als vielmehr durch eine spezielle Vorbildung für ihr Amt qualifiziert waren. Die gelehrten Juristen wurden vorwiegend von Fürsten und Städten berufen, und so stärkte die sogenannte Rezeption des Römischen Rechts mit ihren moderne Staatlichkeit fördernden Wirkungen in Deutschland vornehmlich die Landesfürsten. Doch sollte auch hier in den Reichsreformen des Jahres 1495 ein Teil der Entwicklung dem Reich zugute kommen.

Zu den Voraussetzungen moderner Staatlichkeit gehörte nicht zuletzt die Ausbildung einer festen Residenz. Die traditionelle Reiseherrschaft war nur möglich, solange das Ausmaß der Schriftlichkeit, dessen die Fürsten bedurften, gering war. So groß das Gefolge auch war, welches der »reisende König« mit sich führte – es handelte sich stets um mehrere hundert Personen und um eine noch größere Zahl von Reit- und Packpferden –: ein Archiv konnte der König nicht mit sich führen, und über eine zentrale Pfalz oder eine Hauptstadt, wo es seinen Ort hätte haben können, verfügten die Könige bis ins frühe 14. Jahrhundert nicht. Urkundenregister, das heißt Handschriften, in denen Kopien der wichtigen Rechtsentscheidungen des Königs aufbewahrt wurden, gab es vor Heinrich VII. nicht.

In den folgenden Jahrzehnten gewann das Reich in dem Maße Hauptstädte, in dem sich seine Könige dort aufhielten, wo sie über eine landesfürstliche Residenz verfügten. In der Regierungszeit

Ludwigs des Bayern sollte München als Zentrum des Reiches gelten. Ihm folgte in den Jahrzehnten Karls IV. und seines Sohnes Wenzel Prag, das zur Zeit Ruprechts dann von Heidelberg abgelöst wurde. In der Regierungszeit Siegmunds gab es ein solches Zentrum innerhalb der Reichsgrenzen nicht, da der König sich meistens in Ungarn aufhielt. Ähnlich sollte Friedrich III. verfahren, dessen wichtigste Residenzen Graz und Wiener Neustadt waren; das waren landesfürstliche Residenzen, wie sie sich ähnlich im bayerischen Ingolstadt, in München oder Landshut, in dem württembergischen Tübingen oder Stuttgart oder im Aschaffenburg der Erzbischöfe von Mainz fanden.

An die Stelle von Graz und Wiener Neustadt trat unter Maximilian Innsbruck, das unter seinem Nachfolger durch Wien abgelöst wurde. Der alte Mittelpunkt habsburgischer Herrschaft in Österreich wandelte sich nun zur Hauptstadt des Reiches, weil die Krone fortan bei den Habsburgern blieb. Im 14. und 15. Jahrhundert wechselten die Dynastien, aus denen die Könige gewählt wurden, und so wechselten auch die territorialen Hauptstädte, die zugleich Residenzen des Königs waren. Die Kontinuität der landesfürstlichen Residenzen war größer.

Im Vergleich zu den Hofhaltungen deutscher Fürsten im Zeital-

Herzog Ludwig VII. von Bayern-Ingolstadt, einer der dem höfischen Luxus am meisten zugetanen Fürsten im damaligen Deutschland († 1447), ließ sich in Ingolstadt an Stelle einer älteren Stadtburg eine neue Residenz errichten, deren Bau sich nur wenig verändert erhalten hat.

ter der Renaissance oder gar des Barock nahmen sich die landesfürstlichen Residenzen des 15. Jahrhunderts bescheiden aus. Auch die Hochmeister des Deutschen Ordens, in deren Staat man gewöhnlich ein besonders hohes Maß an Rationalismus und Zentralität vermutet, übten ihr Amt zu einem beträchtlichen Teil reisend aus. Siegmund, Herzog von Österreich und Graf von Tirol, einer der reichsten Fürsten seiner Zeit, verfügte über eine Hofhaltung, die größer als die seines kaiserlichen Vetters war. Dennoch umfaßte sie im Jahre 1464 nicht mehr als etwa einhundertsechzig Personen.[18] In einer größeren Burg, wie sie in Ingolstadt heute noch erhalten ist, sowie in einigen Stadthäusern ließ sich ein solcher Hof ohne Mühe unterbringen.

Doch darf man die Attraktivität dieser Höfe, deren Dimensionen von einer heutigen Kreisverwaltung in den Schatten gestellt werden, nicht unterschätzen. Herzog Siegmund hatte in den ersten eineinhalb Jahrzehnten seiner Regierungszeit über hundertzwanzig Adlige als fürstliche Räte in seinen Dienst genommen und ihnen ein beträchtliches Honorar gezahlt. In jenen Jahrzehnten der spätmittelalterlichen Agrarkrisis, die für die Empfänger bäuerlicher Abgaben so ungemein schwierig waren, boten die fürstlichen Höfe den Söhnen adliger Familien vielfach die letzte Möglichkeit, den gewohnten Lebensstil beizubehalten.

Doch waren die Grenzen der fürstlichen Kassen eng gezogen, da ja auch die landesfürstlichen Einnahmen ganz überwiegend von bäuerlichen Wirtschaften kamen und infolgedessen von den sinkenden Einnahmen betroffen waren. So versuchten die Fürsten, einen Teil der Kosten ihrer Hofhaltung auf die Kirchen abzuwälzen, und so gab es kaum eine Residenz, an der sich nicht ein Kollegiatstift fand, eine Kirche, die einer Reihe von Kanonikern ein auskömmliches Leben sicherte und ihnen auf diese Weise die Möglichkeit bot, im Dienste des Landesherrn tätig zu werden, ohne daß dieser zu einer Gehaltszahlung verpflichtet war.

Auf ganz ähnliche Weise wurden die Universitäten fundiert. Ihre fürstlichen Gründer waren nicht imstande, die regelmäßige Zahlung der entsprechenden Professorengehälter zu garantieren. So setzte die Gründung einer Universität die Existenz einer Stiftskirche - und das heißt einer hinreichenden Zahl von geistlichen Pfründen - voraus, mit denen nicht die Verpflichtung zur Seelsorge, zur cura animarum, verbunden war und die demzufolge »Sinekuren« im ursprünglichen Sinne des Wortes darstellten. Sie wurden den Universitätsprofessoren, die fast ausnahmslos dem geistlichen Stand angehörten, anstelle eines Gehalts oder zusätzlich zu einem niedrigen Gehalt übertragen.

Ohne die Inanspruchnahme von Pfründvermögen war eine spätmittelalterliche Residenz nicht denkbar. Man darf also die Möglichkeiten der Landesfürsten nicht überschätzen. Die Lage des einzelnen Fürsten hing auch vom Geschick seiner Amtsträger sowie von den eigenen Neigungen ab. Fürstliche Verschwendungssucht oder Sparsamkeit konnte das politische Gewicht eines Territoriums in kurzer Zeit entscheidend verändern. Ein einigermaßen leistungsfähiger Fürst konnte das gleiche tun wie die Herzöge von Burgund und den Adel der seinem Fürstentum benachbarten Gebiete in den eigenen Dienst nehmen und ihn an sich zu binden versuchen.

Der Grabstein des Ingolstädter Professors Johannes Permetter in der dortigen Liebfrauenkirche

Wie auf den Grabsteinen italienischer Professoren sieht man den Verstorbenen im Hörsaal, und zwar bei einer Disputation, wie die Disputiergesten der beiden Gelehrten zeigen, die unterhalb des Katheders stehen.

Nicht zuletzt auf diesem Wege gelang es den Grafen von Württemberg, zur führenden politischen Kraft in dem politischen Trümmerfeld zu werden, welches der Südwesten des Reiches seit dem Ende der Staufer darstellte. Das läßt auch ein in der Mitte des 15. Jahrhunderts entstandenes Bild erkennen.[19] Es zeigt Graf Eberhard den Milden inmitten geistlicher und weltlicher Fürsten und Herren, wie zum Beispiel der Bischöfe von Konstanz und Basel, der Grafen von Hohenlohe, Hohenberg und Fürstenberg. Die meisten der Dargestellten waren gleichen Ranges wie der Graf von Württemberg oder standen dem Range nach über ihm. Wenn das Bild ihn trotzdem als die Figur im Mittelpunkt zeigt und damit eine reale politische Situation wiedergibt, kann es nur den Grafen im Kreise seiner Räte meinen, das heißt jener Fürsten und Herren, die sich verpflichtet hatten, ihm als dem politisch führenden Fürsten ihrer Region in bestimmtem Maße dienstbar zu sein.

Beziehungen dieser Art gab es überall, und es gab auch andere Beispiele dafür, daß sich Bischöfe auf diese Weise einem weltlichen Territorium zwar nicht unterordneten, aber anschlossen. So hatten die Bischöfe von Lebus, von Brandenburg und Havelberg im 15. Jahrhundert ihre politische Selbständigkeit fast ganz an die Markgrafen von Brandenburg verloren, zumal diese ja ihre Stellung gegenüber den Bischöfen durch päpstliche Privilegien hatten stärken lassen, als Preis dafür, daß sie 1447 im Streit zwischen dem Konzil und dem Papst auf die Seite des Papstes traten.[20]

Von ähnlicher Art waren die Beziehungen zwischen dem Grafen von Tirol und den Bischöfen von Brixen. In Brixen kam jedoch im Jahre 1450 ein Mann auf den Bischofsstuhl, der sich mit großer Energie nicht nur um Kirchenreform bemühte, sondern dem Studium der Urkunden seines Archivs auch entnahm, daß sein Amt in früheren Jahrhunderten politisch einen ganz anderen Rang gehabt hatte. Der Bischof war daraufhin fest entschlossen, sich aus der drükkenden Abhängigkeit zu befreien, in welche seine unmittelbaren Vorgänger gegenüber dem Grafen von Tirol geraten waren. Der gegenwärtige Amtsinhaber, Herzog Siegmund von Österreich, ein Vetter Kaiser Friedrichs III., antwortete auf die Bemühungen des Bischofs um Selbständigkeit mit Repressalien, so daß der Bischof 1460 nach Rom entfloh. Vier Jahre später starb er, ohne sein Bistum noch einmal betreten zu haben. Sein Name war Nikolaus von Cues.[21]

Die eine Partei in diesem für die spätmittelalterliche Verfassungsgeschichte so überaus typischen Konflikt war demnach nicht nur einer der größten Gelehrten des Mittelalters, sondern auch ein führender Kirchenpolitiker, ohne den der Sieg des Papstes über das Konzil nicht denkbar gewesen wäre. Ein Jahrzehnt lang hatte er, der einstige prominente Konziliarist, Deutschland im Auftrag des Papstes bereist, um die Fürsten für den Papst zu gewinnen. Den Herkules der Eugenianer, das heißt den Anhänger Papst Eugens IV., haben ihn Zeitgenossen genannt. Nun scheiterte er in seinem eigenen Bistum, das neben dem Kardinalshut den Lohn für seine Unterstützung des Papstes dargestellt hatte, gewissermaßen an den Folgen seiner Politik. Die Entscheidung für den Papst, die er aus achtbaren Gründen und zum Nutzen der kirchlichen Einheit getroffen

Der Graf von Württemberg und seine Räte

Das Bild ist erst ein halbes Jahrhundert nach dem Tode des dargestellten Grafen Eberhard († 1417) gemalt worden und überdies nur in Kopien aus dem 16. Jahrhundert erhalten. Doch haben sich die Kopisten sichtlich getreu um ihre Vorlage bemüht. So sieht man tatsächlich eine spätmittelalterliche fürstliche Ratsstube: einen Raum, der auch zu einem städtischen Rathaus gehören könnte. Auch das kleine Bild mit dem Jüngsten Gericht links hinten würde sich in einem städtischen Rathaus finden, und das gleiche gilt für den - aus den Niederlanden importierten(?) - Messingleuchter und das kleine »Büro« in der Wandnische mit Schreibutensilien, in das nur der - ausgestopfte oder gezähmte - Jagdfalke (?) einen Hauch adligfürstlichen Müßiggangs bringt.

hatte, ließ sich politisch eben nur mit Hilfe der Fürsten durchsetzen. Aber mit der Stärke der Fürsten wuchsen die Gefahren für die Freiheit eines kirchlichen Fürstentums. Die Nachfolger des Nikolaus von Cues gerieten daher noch stärker in die alte Abhängigkeit von ihren mächtigen Nachbarn, zumal sie es nun nicht mehr mit den Grafen von Tirol, sondern in Gestalt der Habsburger zugleich mit den römisch-deutschen Kaisern zu tun hatten.

Die Bischöfe von Konstanz und Augsburg dagegen konnten ihre nicht nur rechtliche, sondern auch politische Unabhängigkeit ungeachtet des Aufstiegs der Grafen von Württemberg behaupten. Das Programm, welches dem erwähnten Bild Graf Eberhards so offensichtlich zugrunde liegt, wurde nur teilweise verwirklicht. Die Kleinteiligkeit der Territorien, die den Südwesten seit der Mitte des 13. Jahrhunderts gekennzeichnet hatte, blieb auch weiterhin bestehen, obwohl gerade hier deutlich wird, welche Erfolge eine energische Territorialpolitik haben konnte. Man sieht das nicht nur an den Grafen von Württemberg, sondern auch an den Markgrafen von Baden. Die beiden Dynastien, die vier Jahrhunderte später, in napoleonischer Zeit, das Ende des Alten Reiches nicht nur überstehen, sondern aus den Säkularisationen und Mediatisierungen sogar kräftige Gewinne erzielen sollten, waren schon am Ende des Mittelalters als die hier dominierenden Mächte erkennbar.

Das Maß der Geschlossenheit allein machte jedoch nicht den Rang eines Territoriums aus. Andernfalls hätte das Gewicht der Herzöge von Mecklenburg sehr viel größer als das der Kurfürsten von der Pfalz sein müssen. Wenn diese ungeachtet der geringen Größe und der Zerrissenheit ihrer Herrschaftsgebiete zu den ersten Fürsten des Reiches zählten, dann muß auch die geringe Ertragskraft der norddeutschen Gebiete und umgekehrt der Reichtum jener Länder, über welche die Kurfürsten von der Pfalz geboten, in Rechnung gestellt, und es muß beachtet werden, daß zu den Herrschaftsrechten der pfälzischen Kurfürsten Rheinzölle gehörten, denen im Falle der mecklenburgischen Herzöge nichts auch nur annähernd Gleiches gegenüberstand. Die Elbe war auch in dieser Hinsicht etwas ganz anderes als der Rhein, und Mecklenburg stieß zudem nur mit einem sehr kurzen Stück seiner Grenzen an die Elbe.

Die Kurfürsten von der Pfalz konnten um 1500 zwischen 80 000 und 100 000 Gulden regelmäßige Einnahmen erwarten. Ein solcher »Etat« nahm sich im Vergleich mit den großen westeuropäischen Staaten oder mit der Republik Venedig nicht eben eindrucksvoll aus. Bei dieser beliefen sich die regelmäßigen Jahreseinnahmen auf 1 285 700 Gulden, während der König von England 852 000 und der von Frankreich 627 825 Gulden zu erwarten hatte. Im Reich lag der pfälzische Kurfürst dagegen mit seinen Einnahmen schon an der Spitze. Andere Fürsten mußten mit sehr viel weniger rechnen, die Kurfürsten von Brandenburg zum Beispiel mit 33334 Gulden, die Herzöge von Niederbayern dagegen fast mit dem Doppelten, nämlich mit 64580 Gulden.[22]

Die Herzöge von Niederbayern verfügten über eine besonders effektive Finanzverwaltung, und sie regierten nicht nur eines der größten Territorien des Reiches, sondern auch eines der geschlossensten, und dieses Territorium lag nicht weit entfernt im Norden, sondern in einer dicht besiedelten Landschaft mit jahrhundertealter herrschaftlicher Tradition. Trotzdem waren die Einkünfte der Herzöge von Niederbayern nur unwesentlich höher als jener Betrag, über den am Ende des 15. Jahrhunderts der Rat der Stadt Nürnberg regelmäßig verfügen konnte. Er betrug 51062 Gulden, und das war

kein Einzelfall. Auch die regelmäßigen Einnahmen großer Territorialstädte wie zum Beispiel Wien (15944 Gulden) oder München (15822 Gulden) lassen erkennen, daß die Wirtschaftskraft der Städte sehr viel größer war als die der Territorien oder daß man es in den Städten besser verstand, die durch Gewerbe und Handel erwirtschafteten Reichtümer abzuschöpfen, während die fürstlichen Einkünfte sich ungeachtet der Regalien, ungeachtet der Zolleinnahmen zum Beispiel der pfälzischen Kurfürsten ganz überwiegend doch aus bäuerlichen Abgaben speisten.

Ein deutliches Licht auf die Verhältnisse scheint die Hochzeit des Herzogs von Niederbayern im Jahre 1475 zu werfen, jenes Landshuter Fest, das noch heute in der einstigen Hauptstadt des Herzogtums gefeiert wird, ein ungewöhnliches, aber doch nicht untypisches fürstliches Fest, das 60766 Gulden kostete und damit mehr,[23] als die regelmäßigen jährlichen Einkünfte des ganzen Fürstentums betrugen. Heißt das nicht, daß die historische Karte mit ihren großen Flächen der Territorialfürsten und den kleinen Gebieten der Städte trügt? Sprach nicht alles dafür, daß die Zukunft bei den städtischen Haushalten liegen würde? Wie sollten die ungeschickten und verschwenderischen Fürsten nicht zum Untergang verurteilt gewesen sein?

Tatsächlich aber gehörte den Fürsten die Zukunft, und das war auch schon in der zweiten Hälfte des 15. Jahrhunderts zu erkennen – spätestens angesichts des »Markgrafenkrieges« zwischen Markgraf Albrecht Achilles, einem süddeutschen Hohenzollern-Fürsten, und der Reichsstadt Nürnberg. Der Anlaß dieses sich von 1448 bis 1453

In einem landesherrlichen, aus dem ersten Drittel des 15. Jahrhunderts stammenden Einkünfteregister der Burg Rheinfelden, die zu den habsburgischen Besitzungen am Oberrhein zählte, werden die wichtigsten Einkünftegruppen im Bilde festgehalten: Ein Schweinezins, eine Fischereiabgabe und ein Straßenzoll. Man sieht den Zöllner in seiner strohgedeckten Hütte an der Straße sitzen und mit Hilfe eines Zählbretts den Zoll berechnen, der für den schweren Warenballen auf dem Frachtwagen zu zahlen ist.

Hansischer Handel auf einem Kirchengestühl der Stralsunder Nicolaikirche, zweite Hälfte des 14. Jahrhunderts

Die Bruderschaft der Nowgorod-Fahrer in Stralsund ließ ihr Kirchengestühl mit geschnitzten Reliefs ausstatten, auf denen man erstens russische Jäger bei der Eichhörnchenjagd und zweitens die Übergabe der Felle an die Hansekaufleute sieht. Der Schnitzer hat sich um Genauigkeit sowohl bei der Darstellung der Jagd wie auch bei der Wiedergabe des für ihn exotischen Habitus der Russen bemüht. Nicht weniger interessant ist der Nachdruck, den er auf die Abgeschlossenheit der Niederlassung der Kaufleute in Nowgorod, den Peterhof, legt. Wir wissen aus schriftlichen Ordnungen, nach denen die Kaufleute dort lebten, daß der Hof tatsächlich wie eine Festung organisiert war. Kein Russe durfte ihn betreten. Die Kontakte mit den einheimischen Warenlieferanten und -abnehmern mußten also, wie hier dargestellt, vor dem Tor stattfinden.

Gedächtnisbild für den Ulmer Bürgermeister Wilhelm Besserer, für zwei seiner Vorfahren und für deren Ehefrauen, Anfang des 16. Jahrhunderts

hinziehenden Krieges war ebenso marginal, wie seine militärischen Ereignisse unansehnlich waren. Der Höhepunkt des Krieges, die Schlacht am Weiher von Pillenreuth, begann damit, daß der Markgraf mit seinen Leuten einen Fischteich der Nürnberger plünderte.[24] Und doch gelang es dem Markgrafen, eine solche regionale Fehde zu einer Art von grundsätzlicher Auseinandersetzung zwischen den Städten auf der einen Seite und den Fürsten und dem Adel andererseits zu machen. Albrecht Achilles erreichte, daß sich ihm nicht wenige Ritter anschlossen, und so mußte sich die Stadt Nürnberg um so mehr bemühen, die anderen südwestdeutschen Städte auf ihre Seite zu bringen, was ihr jedoch nur in unzureichendem Maße gelang. Die Zeit der mächtigen Städtebünde war, das zeigte der Markgrafenkrieg, zu Ende.

Ganz ähnliche Erfahrungen machten zur selben Zeit die hansischen Kaufleute. Immer wieder steckten sie Niederlagen seitens ihrer englischen und niederländischen Konkurrenten ein, und am Ende mußten sie erfahren, daß der König von England und der Herzog von Burgund, die hinter ihren Konkurrenten standen, sehr viel weiter reichende Möglichkeiten hatten als die einst so mächtige Hanse. Wie in Süddeutschland, so machte sich auch im Norden bemerkbar, daß die Möglichkeiten der Städte begrenzt waren. Zwar war in Norddeutschland die Zeit solcher Verbindungen nicht einfach abgelaufen, wie das im Süden unverkennbar der Fall war. Die Hanse bestand auch weiterhin. Aber sie wurde in ihrer Macht vielfach eingeschränkt: durch die englischen und niederländischen Kaufleute, deren Schiffe sich nun in die Ostsee hineindrängten und die alten Monopole der Hanse durchbrachen, aber auch durch jene deutschen Territorialfürsten, die sich jetzt in der Lage sahen, die Städte ihres Herrschaftsgebietes, die sich bisher als Hansestädte einigermaßen selbständig gebärdet hatten, in den ursprünglichen territorialen Rahmen zurückzuzwingen. Nicht wenigen Hansestädten wurde nun der Austritt aus der Hanse aufgenötigt.

Ein Jahrhundert nach dem Stralsunder Frieden von 1370, in dem sich der dänische König den Hansestädten hatte unterwerfen müssen, schien die politische Dominanz der Hanse in Nordeuropa der tiefsten Vergangenheit anzugehören. Ereignisse wie jene hansischen Siege, deren Resultat der Stralsunder Friede gewesen war, waren für das späte 15. Jahrhundert undenkbar. Für die süddeutschen Städte galt das in noch viel stärkerem Maße.

Nachdem der Ulmer Bürgermeister Wilhelm Besserer im Jahre 1475 im Reichskrieg gegen Burgund das Kontingent seiner Stadt an den Niederrhein geführt hatte, ließ er sich und seinen Vorfahren ein Gedächtnisbild malen.[25] Es bezeugt auf den ersten Blick gleichbleibenden Kriegsruhm über Generationen hin. Tatsächlich aber repräsentieren die drei städtischen Kriegshauptleute einen Wandel der Verhältnisse. Heinrich Besserer, 1372 in der Schlacht gegen den Grafen von Württemberg gefallen, war ebenso wie Konrad Besserer, der sein Leben in der epochemachenden Schlacht von Döffingen 1388 einbüßte, einer jener städtischen Politiker gewesen, welche die Städte im ausgehenden 14. Jahrhundert gegen den König und gegen die Fürsten geführt hatten. Der Kriegsruhm, den die Darstellung Wilhelm Besserers sichtbar machen will, war dagegen im Heere des Kaisers gewonnen worden.

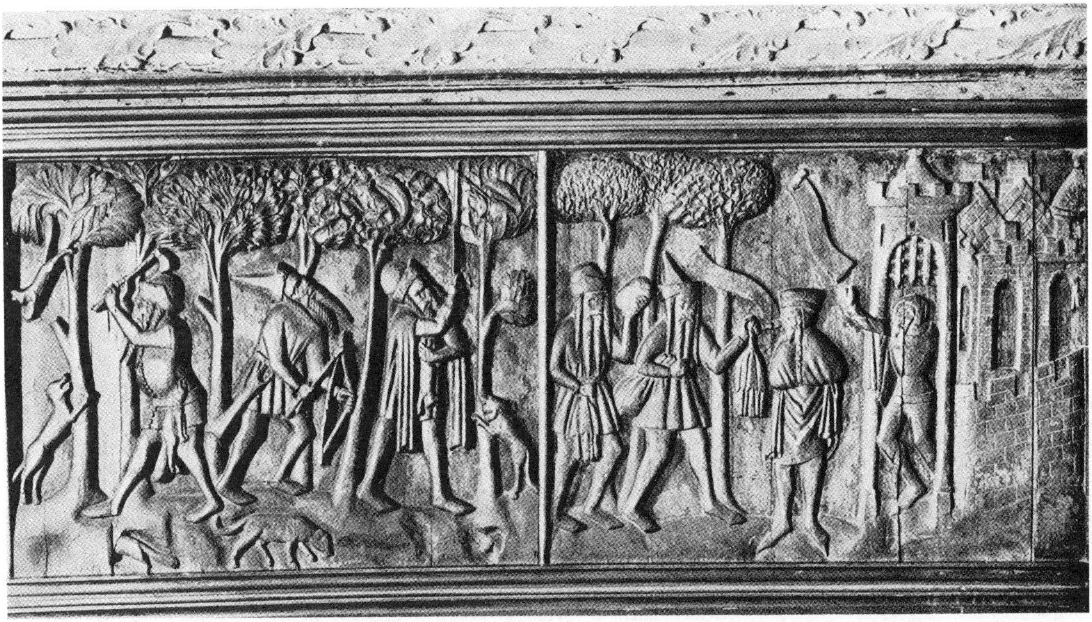

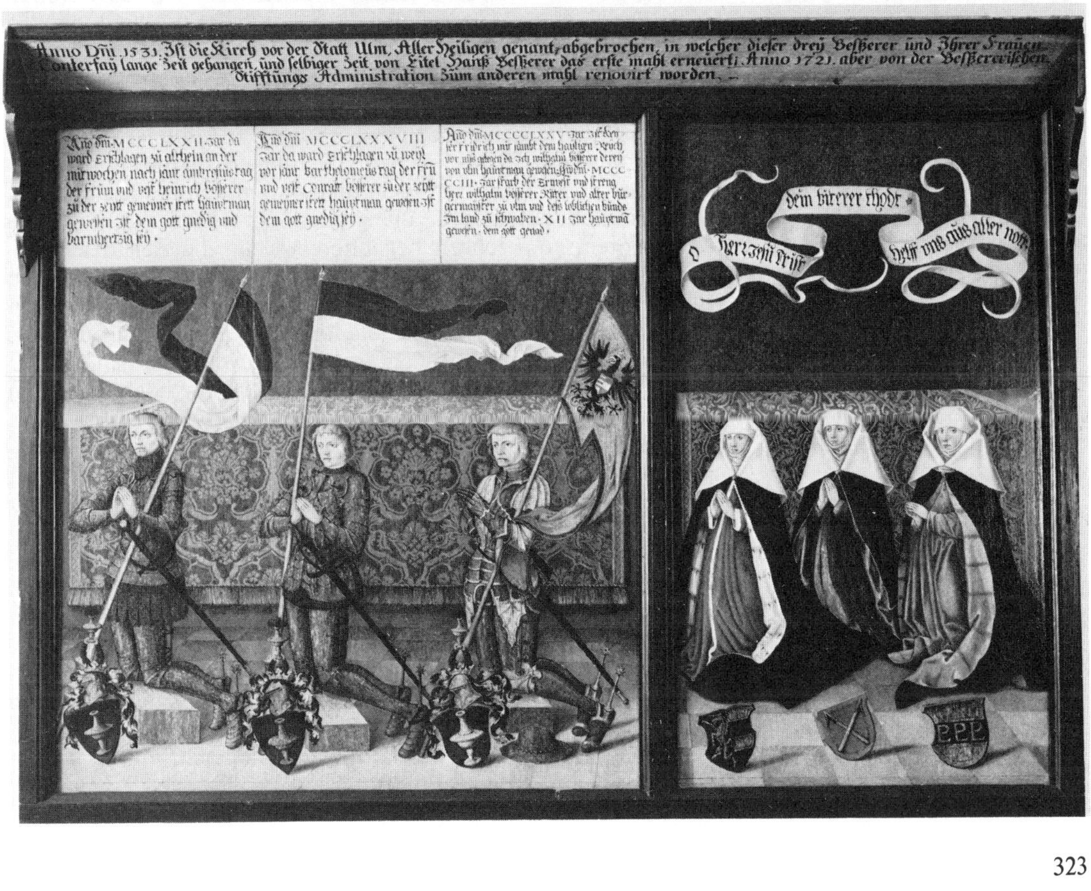
Anno Dñi 1531. Ist die Kirch vor der Statt Ulm, Aller Heiligen genant, abgebrochen, in welcher dieser drey Beßerer und Ihrer Frauen
Conterfay lange Zeit gehangen, und selbiger Zeit von Eitel Hanß Beßerer das erste mahl erneuert; Anno 1721. aber von der Beßererischen
Stifftungs Administration zum anderen mahl renovirt worden. –
O Herr Jesu Crist
dein bitterer thodt
helff uns aus aller not

Der württembergische Landhofmeister Hermann von Sachsenheim

In der Stuttgarter Stiftskirche, wo die Familie ihre Grablege hatte, ist vom Grabmal des 1508 verstorbenen Landhofmeisters Hermann von Sachsenheim die Porträtfigur erhalten. Zu dessen Vorfahren gehörte der gleichnamige Dichter (etwa 1366/1369-1458), auch er ein Adliger, der gleichfalls dem Herzog von Württemberg diente – im Alter ein Autor, der zu den wichtigsten Repräsentanten der späten höfischen Literatur in Deutschland zählt.

Die erst nach dem Tode Wilhelm Besserers hinzugefügte Inschrift sagt, daß er nicht nur Ritter und Bürgermeister, sondern auch zwölf Jahre lang Hauptmann des schwäbischen Bundes gewesen sei. Dieses im Jahre 1488 begründete Friedensbündnis zwischen Fürsten, Ritterschaft und Städten im Südwesten kennzeichnet die veränderte Situation. Die Zeit der eigenständischen städtischen Politik war zu Ende. Doch hatten nicht einfach die Fürsten über die Städte gesiegt; es war vielmehr der Kaiser, der in dem neuen Zusammenschluß ein Mittel zu haben hoffte, den Südwesten fester an sich zu binden und damit gewissermaßen jene Positionen wiederzugewinnen, die das Reich hier ein Jahrhundert vorher verloren hatte.

Die Reichsverfassung war am Ende des Mittelalters in Bewegung. Und aus damaliger Perspektive nahm sich auch die politische Situation der Städte anders aus als in nachträglicher Sicht. Wirtschaftlich befanden sich die Städte auf dem Höhepunkt ihrer Entwicklung. Die spätmittelalterliche Kultur hatte ihren Ort fast ausschließlich in den Städten, die nicht bloß Lebensraum der Stadtbürger waren. Die Stadtmauern umschlossen auch die fürstlichen Residenzen, die Häuser jener Adligen, die sich ein Leben in der Stadt leisten konnten, sowie viele große geistliche Zentren und die Universitäten.

Und doch schwanden die politischen Möglichkeiten der Städte – auch wenn die Reformation sie noch einmal als die Räume weitreichender Entscheidungen erscheinen lassen sollte. In der zweiten Hälfte des 15. Jahrhunderts fielen die politischen Entscheidungen in Deutschland im Kreise der Fürsten. Die Städte nahmen an den großen, zur Entscheidung anstehenden Fragen, wie zum Beispiel an den Bemühungen um eine Reform des Reiches, keinen Anteil; ihre Politik erschöpfte sich nahezu in der Sorge, zu Zahlungen herangezogen zu werden: für das Reich, für die Fürsten, für die Politik anderer. Widerspricht dem aber nicht, daß nun in den großen Städten, zumal in Süddeutschland, die großen Vermögen rasch in jene Dimensionen zu wachsen begannen, welche die Zeit des Frühkapitalismus kennzeichneten? Doch die Fugger und ihresgleichen wurden zu den vermögendsten Unternehmern der damaligen Welt nicht im Rahmen traditioneller städtischer Wirtschaft, sondern als fürstliche Finanziers. Ihr Reichtum und ihre wirtschaftliche Macht kamen den Städten, deren Bürger sie waren, nur noch zu einem geringen Teil zugute.

Am Ende waren die Städte um 1500 freilich nicht. Die Reichsstädte sollten sich bis zum Ende des Alten Reiches, also noch über drei Jahrhunderte behaupten. Diese drei Jahrhunderte galten traditionell als »versteinert« oder »blutleer«. Angesichts der Kurzlebigkeit heutiger Verfassungsformen sollte man eine Dauer von drei Jahrhunderten nicht geringschätzen, zumal im Falle der meisten Städte noch zwei vorangegangene mittelalterliche Jahrhunderte dazukommen.

Unabhängige städtische Politik: das bedeutete im Falle von Schwäbisch Hall, von Schwäbisch Gmünd und von vielen anderen Reichs- und freien Städten mehr als ein halbes Jahrtausend immer wieder gefährdeter, ihre Autonomie am Ende aber immer wieder behauptender städtischer Politik.

9. Die Zeit Friedrichs III. und Maximilians I.

1. Friedrich III.: Niederlagen und Fundamente für die Zukunft

Nach dem Tode König Albrechts II. im Jahre 1439 wurde ganz ohne Schwierigkeiten und völlig einhellig der damals älteste Habsburger, der vierundzwanzigjährige Herzog Friedrich, zum König gewählt. Die Besitzungen der Habsburger waren damals dreigeteilt. Österreich hatte der eben verstorbene König besessen, Tirol und die alten habsburgischen Besitzungen im Westen Friedrich IV. Der jetzt zum König gewählte Herzog Friedrich, als König der dritte, als Herzog der fünfte, hatte von seinem Vater Kärnten, die Steiermark und Krain geerbt, und zwar zusammen mit seinem jüngeren Bruder Albrecht. Doch nun kam der Zufall dem so schlecht ausgestatteten Habsburger zu Hilfe. Herzog Friedrich IV. starb kurz vor König Albrecht und hinterließ einen unmündigen Sohn, Siegmund, dessen Vormundschaft Friedrich, der 1440 gewählte König, übernahm. König Albrecht hinterließ keinen Sohn, doch war seine Witwe schwanger. Der nach dem Tode des Vaters geborene Sohn, Ladislaus »postumus«, erhielt ebenfalls König Friedrich zum Vormund. Damit verfügte der 1440 gewählte König über alle Besitzungen der Habsburger.

Allein das wäre aber kein Anlaß für die Kurfürsten gewesen, den im Reich ganz unbekannten Fürsten zum König zu wählen. Was waren die Gründe ihrer Entscheidung? Man kennt sie nicht, und man muß auch daran zweifeln, ob überhaupt positive Gründe vorlagen. Bedenkt man, wie sehr die strittigen Königswahlen das frühe 14. und das frühe 15. Jahrhundert geprägt hatten, so möchte man die Situation von 1440 für paradox halten. Die Krone fiel Friedrich III. zu, ohne daß er sich erkennbar darum bemüht hatte. Niemand anders wollte sie ernsthaft haben – als hätten sich die französischen Könige nicht immer wieder angestrengt, die Krone des römisch-deutschen Reiches an die eigene Familie zu bringen. Die Wahl von 1440 war ein überraschend unauffälliges Ereignis. Dennoch sollte sie Folgen haben wie kaum eine andere Königswahl.

Friedrich III. regierte dreiundfünfzig Jahre lang – länger als jeder andere römisch-deutsche König und annähernd so lange, wie der vorletzte regierende Monarch seines Hauses herrschen sollte: Kaiser Franz Josef von Österreich (1848-1916). Doch liegt die Bedeutung Friedrichs III. nicht nur in seiner langen Regierungszeit. Diese Jahre umfassen einen Wandel von säkularer Bedeutung.

Im Jahre 1440 war schlechterdings nicht abzusehen, ob es dem nun Gewählten gelingen würde, den längst verlorengegangenen verhältnismäßig bedeutenden Rang, den sein Vorvorgänger Siegmund während der ersten Jahre seiner Regierungszeit in der europäischen Politik gehabt hatte, noch einmal zu erreichen, oder ob das neue Königtum im Schatten nicht nur der großen europäischen Staaten, sondern auch der mächtigen deutschen Territorialfürsten bleiben würde. Friedrich III. hat während des halben Jahrhunderts seiner Regierungszeit so viele Niederlagen erleiden müssen, daß die

Antwort eindeutig erscheint. Während langer Jahre schwebte über ihm die Drohung, daß ein Reichsverweser oder König aus einer anderen Dynastie an seine Seite gestellt würde – der ihn wahrscheinlich entmachtet hätte. Am Ende seiner Regierungszeit wurde Friedrich III. aus seiner Residenz Wien vertrieben. Die Kritik vieler Zeitgenossen, die ihm Untätigkeit vorwarfen, verdichtete sich später zu einem polemischen Beinamen. In Anknüpfung an den habsburgischen Erzherzogstitel wurde Friedrich III. als die Erzschlafmütze des Heiligen Römischen Reiches bezeichnet. Die Gründe dafür sind offensichtlich. Dennoch sind die Politik und die Regierungszeit dieses Monarchen für die spätere Weltmacht des Hauses Habsburg nicht weniger fundamental gewesen als die seines Sohnes Maximi-

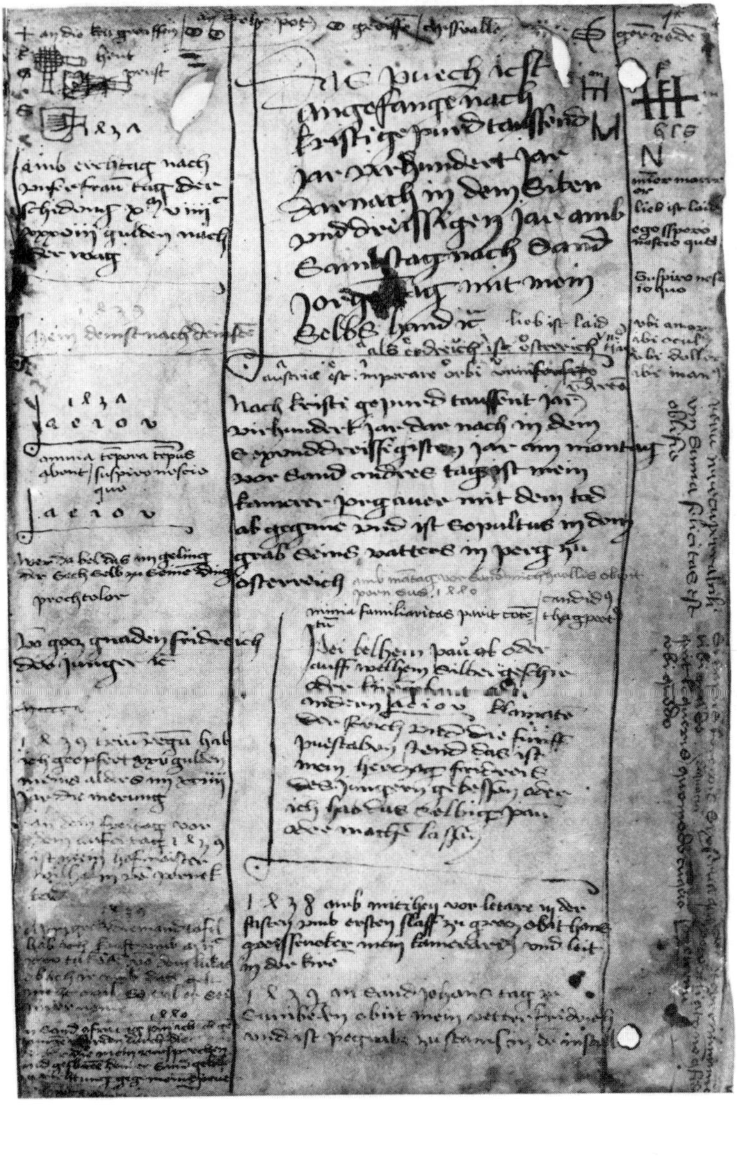

Die erste Seite aus dem »Notizbuch« Friedrichs III.

Oben in der Mitte eine Notiz, der zufolge Friedrich III. das Buch am 27. April 1437 eigenhändig zu führen begonnen hat. Darunter eine deutschsprachige Sentenz: »Lieb ist laid«. Dann Auflösungen der berühmten Vokalfolge AEIOU lateinisch und deutsch: »als erdreich ist Osterreich underthan« und »Austrie est imperare orbi universo«. Es folgt eine Notiz über Tod und Begräbnis des Kämmerers, anschließend der Todestag eines anderen und dann noch einmal AEIOU. Friedrich vermerkt, daß die Bauwerke, Silbergefäße, sakralen Gewänder oder anderen Kostbarkeiten, die mit einem Strich und der Buchstabenfolge (darunter) gekennzeichnet worden seien, ihm gehörten oder von ihm in Auftrag gegeben worden seien.

lian I. und seines Urenkels Karl V. Zunächst und während langer Jahrzehnte hätte man dergleichen jedoch nicht voraussehen können. Die schließlich eingetretenen Erfolge Friedrichs III. waren nicht zuletzt eine Sache von Lebenskraft und Glück. Der Kaiser überlebte alle seine Gegner, und einige Wochen lang schien es, als sollte er selbst über die damaligen Möglichkeiten der Medizin triumphieren. Dem hochbetagten Monarchen wurde ein brandiges Bein amputiert. Kurz darauf starb er, nachdem er allzuviel frisches Obst gegessen hatte.[1]

Die Überlieferung des 15. Jahrhunderts ist reich und vielfältig. Oft läßt sie nicht nur Ereignisse sichtbar werden, sondern auch Personen. Obwohl wir persönliche Zeugnisse von Friedrich III. haben wie vor allem eine kleine Handschrift, ein Bändchen, in dem er Notizen persönlicher Art festhielt, Details, die er nicht vergessen wollte, aber auch so etwas wie Handlungsmaximen,[2] bleibt seine Person doch schattenhaft. Der Monarch hielt sich an die prophetische Kraft der Sterne, er sammelte seltene Steine, aber das waren Neigungen, die er mit Standesgenossen teilte. Charakteristischer ist wohl die hohe Meinung, die er von seinem Geschlecht, dem »Haus Habsburg« hatte. Unter seinem Sohn Maximilian sollten die dynastisch-genealogischen Spekulationen, welche die Habsburger in die Weltgeschichte einfügten und in denen sie ihre Verwandtschaft mit den römischen Imperatoren behaupteten, in literarischen und Bilddenkmälern offensichtlich werden. Doch hat schon Friedrich ganz ähnlich gedacht. Die Fürsten, die ihn bedrängten und beiseite zu schieben drohten, König Georg von Böhmen, König Matthias von Ungarn und die Herzöge Philipp und Karl von Burgund – in den Augen des Habsburgers waren sie, so muß man annehmen, nur Parvenüs. Er hatte das Glück, daß seine eigene Lebensdauer den Ansprüchen, an denen er gegenüber diesen so mächtigen Fürsten festhielt, entsprach. Man hat immer wieder geglaubt, daß sich diese Ansprüche in der »Devise« des Kaisers ausdrückten, jener Vokalfolge AEIOU, die er auf Büchern und anderen Gegenständen sowie auf Bauten, die er errichten ließ, anbrachte. Es gibt eine große Zahl von Deutungen dieser fünf Vokale. Sie lauten zum Beispiel auf lateinisch: »Austriae est imperare orbi universo«. Oder auf deutsch: »Alles Erdreich ist Österreich untertan«. Die Kadetten, die in späterer Zeit in der einstigen Residenz des Kaisers in Wiener Neustadt zu Offizieren erzogen wurden, erkannten in seiner Devise den Spruch: »Aerarisches (staatliches) Essen ist oft ungenießbar«. Auch die Authentizität von ernstgemeinten und zeitgenössischen Ausdeutungen der von dem Kaiser so hochgeschätzten Vokalfolge ist nicht verbürgt. Was der Kaiser mit diesen fünf Buchstaben sagen wollte, läßt sich offensichtlich nicht erkennen.[3] Doch daß in ihm nicht nur das schiere Überleben am Werke war, ist ebenso offensichtlich. Aber er ließ sich Zeit. Schon die ersten Jahre Friedrichs ließen erkennen, daß er es nicht eilig hatte. Im Jahre 1442 verließ er seine Erblande zum erstenmal: zur Krönung in Aachen und zu einem Reichstag in Frankfurt. Auf der Tagesordnung standen der Landfrieden und die Kirchenfrage.

Ein Landfrieden, ein Gesetzgebungswerk, das die Verminderung der viele Fehden und ihrer Ursachen zum Ziel hatte, kam 1442 tat-

Votivbild des fränkischen Pfarrers Johannes Paur von Pechtal, der 1456 als Kreuzfahrer starb. Die Aufschrift lautet (übersetzt): Im Jahre des Herrn 1456 am 20. Dezember beschloß der fromme Herr Johannes Paur, einst Pfarrer in Pechtal, nachdem er das Kreuz genommen und gegen die Türken gezogen war, bei seiner Rückkehr in Wien seine letzten Tage. Er wurde ebendort begraben. Seine Seele ruhe in Frieden. Amen.« Und dann in deutscher Sprache: »Her Hans Pechttaller«. Der durch das Kreuz auf dem Schulterriemen als Kreuzfahrer kenntliche Kleriker kniet, von der heiligen Katharina empfohlen, vor Maria. Er dürfte zu den nicht wenigen gehört haben, die sich von dem fanatischen Franziskaner-Prediger Johannes von Capestrano, der von 1451 bis 1455 durch Deutschland zog, für den Kreuzzug gewinnen ließen.

sächlich zustande – nach Verhandlungen während des Reichstages, aber wohl mehr aufgrund einer Entschließung des Königs. Die Städte standen Friedrich mit großem Mißtrauen gegenüber. Sie fürchteten, daß er fürstenfreundlich regieren würde und sahen in dem nun vorbereiteten Gesetzgebungswerk eine Machination gegen ihre eigenen Interessen. Der Landfriedenstext rechtfertigt dieses Mißtrauen nicht. Auch wenn er die enttäuschte, die auf ein unbedingtes Verbot von Fehden gehofft hatten, stellte er durchaus ein Stück Reichsreform dar. In den Jahrzehnten zuvor war wiederholt erkannt worden, daß zu den Ursachen der Rechtsunsicherheit eine unzureichende Publikation der geltenden Normen gehörte. Der Reichslandfrieden von 1442 ist der erste Text dieser Art in Deutschland, der planmäßig publiziert wurde.[4] Die Goldene Bulle von 1356 wurde erst im Laufe von Jahrzehnten allgemein bekannt.[5] Der Frieden von 1442 wurde sofort und mit Erfolg verbreitet; man sieht das noch an den vielen Handschriften und an den Drucken aus der zweiten Hälfte des 15. Jahrhunderts, die sich von ihm erhalten haben.

Nicht zu einem Resultat führten dagegen die Debatten um die Kirchenfrage: die Spaltung zwischen dem Konzil von Basel und dem von Florenz beziehungsweise zwischen Papst Eugen IV. und dem 1440 von den Baslern gewählten Papst Felix V. Doch war das

Florentiner Konzil ein Instrument Papst Eugens IV., während auf der anderen Seite nicht so sehr der Basler Papst als vielmehr das dortige Konzil stand. Es ging um die Frage, ob das Papsttum über den Konziliarismus siegen oder ob es gelingen würde, die Kirchenreformbeschlüsse der Konzilien von Konstanz und Basel auf Dauer in die Kirchenverfassung einzubinden.

Die Entscheidung fiel erst in den Jahren 1447 bis 1449. 1447 erklärte sich Friedrich III. für den Papst, und 1449 resignierten das Basler Konzil und Papst Felix V. – nach zwei von westeuropäischen Fürsten beschickten internationalen Kongressen. Doch hat auch Friedrich III. an der Niederlage des Konziliarismus Anteil gehabt. Seit 1442 ist er ungeachtet der starken Sympathien, die dem Basler Konzil seitens der meisten deutschen Fürsten entgegengebracht wurden, einigermaßen konsequent auf den Anschluß an Papst Eugen IV. beziehungsweise seit 1447 an Papst Nikolaus V. zugesteuert. Zu den päpstlichen Gegenleistungen gehörten Verfügungsrechte über die Kirchen seiner Länder, die Friedrich nun wie einige andere deutsche Fürsten erhielt, sowie finanzielle Leistungen, die ihm die Kaiserkrönung erleichtern sollten. 1452 wurde er als letzter Kaiser in Rom gekrönt.

Während der folgenden Jahre wurde ihm immer wieder Untätigkeit vorgehalten, zumal mit dem Fall Konstantinopels 1453 die Türkengefahr wuchs. Wer, wenn nicht der römische Kaiser, sollte den Türken entgegentreten? Und wer würde der erste Fürst in Europa sein, wenn nicht derjenige, der den Abwehrkampf gegen die Türken anführte? Friedrich III. machte keine Anstalten, den an ihn gerich-

Die Ruinen der Deutschordensburg Thorn an der Weichsel

Sogleich nach dem Beginn des Aufstandes gegen den Deutschen Orden im Jahre 1454 haben die Untertanen dessen Burgen, wo sie konnten, erobert und zerstört – wie namentlich im ausgehenden 14. Jahrhundert auch im Reich vielerorts die stadtherrlichen Residenzen beseitigt wurden.

teten Forderungen nachzukommen, und so schien die Aufgabe einem anderen Fürsten zuzufallen: Herzog Philipp dem Guten von Burgund, der während eines großen höfischen Festes feierlich den Kriegszug gegen die Osmanen schwor. Wenn schon nicht an die türkische Grenze, so zog der Herzog doch immerhin auf einen 1454 in Regensburg abgehaltenen Reichstag:[6] mit gewaltigem Pomp und in der Hoffnung, durch Siege über die Türken den eigenen Rang zu erhöhen, der dem politischen und wirtschaftlichen Gewicht des burgundischen Staates so wenig entsprach. Gelungen ist das dem Herzog jedoch nicht. Gegen die Türken zog er so wenig wie der Kaiser.

Dieser war dagegen in Regensburg nicht einmal erschienen, und so erreichten ihn auch nicht die dort laut werdenden Klagen über das Schicksal des Deutschen Ordens. Im Jahre 1440 hatten sich die Stände in Preußen zu einem Bündnis zusammengeschlossen, das ihren schon längst erhobenen Forderungen nach Mitbestimmung und nach größerer Rechtssicherheit Nachdruck verleihen sollte. Der Orden, der für die Verfassung seines Staates die Regeln des geistlichen Rechts in Anspruch nehmen konnte, hat dieses Bündnis unter Berufung auf dieses Recht prinzipiell bekämpft. Er hat den Papst und auch Friedrich III. für seine Sache mobilisiert. Sie verboten das Bündnis der Stände, doch diese beantworteten die rechtliche Niederlage damit, daß sie sich dem König von Polen unterstellten und dem Orden den Krieg erklärten. In wenigen Wochen gingen dem Orden fast alle seine Burgen verloren. Danach konnte er sich jedoch behaupten. Der Krieg mit den aufständischen Untertanen und dem mit ihnen verbündeten polnischen König zog sich dreizehn Jahre hin, bis der Orden im zweiten Thorner Frieden von 1466 auf den größeren Teil des Landes verzichten mußte.

Das war ein Verlust nicht zuletzt für jene adligen Familiengruppen vor allem im Südwesten und im Westen des Reiches, deren Söhne den Orden trugen und deren kollektiver Besitz der Ordensstaat war. Dieser Sachverhalt ist seit dem frühen 15. Jahrhundert auf eine knappe Formel gebracht worden. Der Deutsche Orden sei, so hieß es nun anklagend und fordernd, des deutschen Adels Spital, also seine Versorgungsanstalt, und die drohe verlorenzugehen. So

Die Belagerung der Marienburg durch die aufständischen Untertanen des Deutschen Ordens und die mit ihnen verbündeten Polen im Jahre 1460

Das Bild wurde zwischen 1481 und 1486 für den Danziger Artushof gemalt. Die Danzig regierenden Familien feierten damit ihren siegreich behaupteten Abfall vom Deutschen Orden. Der Maler zeigt die Belagerung der Burg von der Landseite her. Links die Stadt mit dem Rathaus und der Pfarrkirche, dann das Hochschloß mit dem Marienmosaik am Chorhaupt der Schloßkirche und daran anschließend ein Teil des Mittelschlosses, in dem sich die Hochmeisterresidenz befand. Das große, 195 mal 274 Zentimeter messende, im Zweiten Weltkrieg verschollene Bild ist eine der frühesten Ereignisdarstellungen in der deutschen Malerei. Die Szene rechts im Vordergrund läßt aber erkennen, daß es dem Maler und seinen Auftraggebern nicht nur auf die Darstellung des Ereignisses ankam, sondern daß das Bild auch eine moralisierende Komponente (Krieg-Frieden?) enthält.

Der Harnisch Kurfürst Friedrichs I. von der Pfalz

Der aus Mailand in der Mitte des 15. Jahrhunderts importierte Küraß ist dort in einem Großbetrieb zusammengestellt worden. Die Arbeitsteilung bei der Herstellung läßt sich mit Hilfe der Herstellermarken rekonstruieren. Einzelne Teile wie zum Beispiel die spitzen Schuhe wurden dem westeuropäischen Geschmack angepaßt. Vielleicht wurde der Harnisch zum Regierungsantritt des Kurfürsten im Jahre 1451 bestellt.

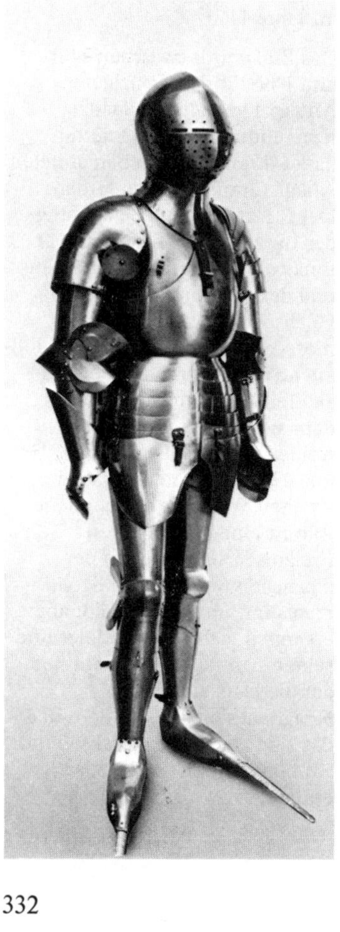

schien es nun zu geschehen, und so wurden die Klagen auf dem Regensburger Reichstag lauter,[7] aber der Kaiser und das Reich waren zu einer Hilfeleistung nicht imstande. Traditionellerweise wird darin ein Anzeichen für die Schwäche des Reiches gesehen. Doch war das Reich dem Orden in Preußen niemals zu Hilfe gekommen. Der Orden hatte eine solche Hilfe bisher nicht nötig gehabt – aber er hätte sie auch in früheren Zeiten, falls er ihrer bedurft hätte, schwerlich haben können. Auch ein Friedrich II., ein Rudolf von Habsburg oder Karl IV. wären nicht imstande gewesen, ein Reichsheer zur Unterstützung des Deutschen Ordens nach Preußen zu führen. So war es allenfalls eine alte Schwäche des Reiches, die nun zutage trat, aber es war nicht die einzige.

Nicht weniger kritisch war die Situation in Böhmen, das im Gegensatz zu Preußen auch rechtlich zum Reich gehörte und unter Karl IV. eine Kernlandschaft des römisch-deutschen Königtums gewesen war. Böhmen war ebenso wie Ungarn aus dem Erbe Siegmunds an Albrecht II., dessen Schwiegersohn, gekommen, und dessen Erbe war Ladislaus Postumus beziehungsweise der Vormund des unmündigen Kindes, Friedrich III. In Böhmen wie auch in Ungarn kam es nun zu einer von den Ständen des Landes bestimmten Regentschaft, und dieser kam eine vermehrte Bedeutung zu, als Ladislaus in noch jungen Jahren, 1457, starb. In beiden Ländern wurde nun ein Angehöriger des Landesadels zum König ausgerufen.

In Böhmen war das König Georg von Podiebrad, der von 1458 bis 1471 regierte, nachdem er das Land schon vorher als Reichsverweser geführt hatte. In Ungarn war zu Lebzeiten Ladislaus' Johann Hunyadi, der 1456 starb, Regent gewesen. 1458 wurde sein Sohn Matthias mit dem Beinamen Corvinus zum König gewählt. Er regierte bis 1490.

Der ungarische wie der böhmische König waren außerordentlich tatkräftige und fähige Regenten. Friedrich III. aber war um so weniger in der Lage, seine Ansprüche gegen sie durchzusetzen, als er nach dem Tode von Ladislaus im Hinblick auf die habsburgischen Lande in Schwierigkeiten geriet. Sein jüngerer Bruder, Albrecht, erhob Erbansprüche. Es kam zu einem Krieg, und der brachte den Kaiser in große Bedrängnis. Am Ende half ihm, was ihm auch künftig zugute kommen sollte, nämlich der Tod seines Konkurrenten. Albrecht starb 1463, und Friedrich hatte von seinem Verwandten nun nichts mehr zu befürchten.

Die Auseinandersetzungen mit dem böhmischen und dem ungarischen König blieben jedoch bedrohlich genug. Zwar wurde Georg von Podiebrad durch die päpstliche Politik bedrängt, die auf eine Annullierung der Prager Kompaktaten zielte: jenes Kompromisses, den das Basler Konzil im Jahre 1433 mit den Hussiten geschlossen und der den Böhmen zum Beispiel den so lange umstrittenen Laienkelch zugebilligt hatte. Der böhmische König konnte hinter die Kompaktaten nicht zurückgehen. Andernfalls hätte er, dessen Königtum ja nicht durch seine Herkunft legitimiert war, sondern auf der Wahl durch die Stände beruhte, seine Stellung gefährdet. In dieser bedrängten Lage hat sich Georg von Podiebrad jedoch durch eine weitreichende, ungewöhnlich aktive Politik zu helfen versucht.

1462 hob Papst Pius II. - der bedeutendste Humanist seines Jahrhunderts, ein Mann, der wie viele seiner Generation ursprünglich ein Konziliarist gewesen war und die Anfänge seiner Karriere auf dem Basler Konzil erlebt hatte - die Kompaktaten auf. Dem böhmischen König drohte nun ein Ketzerprozeß. Doch bot sich der bedrängte Herrscher nun dem christlichen Europa als Führer eines Kreuzzuges gegen die Türken an. Er versuchte also, jene Rolle zu übernehmen, nach der knapp ein Jahrzehnt zuvor der burgundische Herzog gegriffen hatte. Georg von Podiebrad ließ einen europäischen Friedensplan propagieren,[8] der den großen Kreuzzug gegen die Türken möglich machen sollte. So sehr sich dieser Plan auch aus der Notlage des böhmischen Königs erklärt, so deutlich wird doch, daß Georg von Podiebrad ein Fürst war, der Verbündete nicht nur im Reich, sondern auch außerhalb von dessen Grenzen fand. Der König nahm die Bemühungen um eine Reichsreform auf, die seit dem Konstanzer Konzil immer wieder diskutiert worden war, und er zog zwei bekannte und bedeutende Juristen, Martin Maier und Gregor Heimburg, an seinen Hof, die solche Gedanken seit langem verfolgt hatten. So lag es nahe, daß sich die Stimmen mehrten, die für eine Wahl des böhmischen Königs zum römisch-deutschen König warben.

König Matthias von Ungarn

Die von einem italienischen Bildhauer gearbeitete Marmorbüste von etwa 1485 bis 1490 stammt von der Königsburg in Ofen.

Auch in diesem Falle begünstigte der Tod den Kaiser. König Georg von Böhmen starb 1471. Freilich hatte die Friedrich III. drohende Gefahr damit nur einen neuen Namen bekommen. Sie trug nun den Namen des Königs Matthias Corvinus von Ungarn.

Matthias hatte sich dazu verstanden, die Vollstreckung des päpstlichen Urteils, also die Absetzung König Georgs, zu betreiben. Obwohl nach dessen Tode sich Władisław, ein Sohn des polnischen Königs, als böhmischer König durchsetzen konnte, war der Teil von König Georgs Erbe, der an Matthias fiel - er umfaßte die böhmischen Nachbarländer Mähren, Schlesien und die Lausitzen -, so beträchtlich, daß der ungarische König nun der weitaus stärkste Herrscher im Osten war und politischen Einfluß weit über diese Region hinaus gewann.

Matthias wußte sich der aus Italien kommenden modernen Formen fürstlicher Repräsentation zu bedienen. Noch heute vermitteln viele prächtige Handschriften aus der Hofbibliothek des ungarischen Königs einen Eindruck davon, daß dieser tatsächlich so etwas wie ein Renaissance-Fürst war.[9] Sollte ihm, dem Sohn eines berühmten Türkensiegers, der den Türkenkrieg selber zu führen versprach und die Untätigkeit des Kaisers auf diesem Felde zu politischer Propaganda nutzte, nicht auch die römisch-deutsche Krone zufallen? Matthias hat auf vielen Wegen versucht, diesem Ziel näher zu kommen - bis im Jahre 1486 die Wahl des Sohnes von Friedrich III., Maximilians, zum römischen König den Mißerfolg des Ungarn sichtbar machte.

Um so größer waren damals seine politischen und militärischen Erfolge. 1482 hatte er dem Kaiser den Krieg erklärt. Seit 1485 regierte er von Wien aus, während der Kaiser fast ganz aus seinen Erblanden vertrieben war, in Graz residierte und auf Hilfe aus dem Reich ebensowenig hoffen konnte wie auf seinen Sohn Maximilian, der zur selben Zeit um sein burgundisches Erbe kämpfte.

Indessen waren damals militärische und politische Erfolge allein kein sicheres Fundament der Staaten. König Matthias hatte - von seiner eigenen nichtköniglichen Herkunft ganz abgesehen - keinen legitimen Sohn, und zur Anerkennung eines unehelichen Sohnes des Königs als Thronfolger war Friedrich III. nicht bereit. Im Gegenteil beharrte er auf dem Erbvertrag, den er 1463 mit Matthias als Preis dafür, daß er sein Königtum anerkannte, geschlossen hatte. Und als der ungarische König 1490 starb und sein Imperium in wenigen Monaten zerfiel und die Ungarn König Władisław von Böhmen auch zu ihrem König wählten, wurde der Erbvertrag erneuert.

Eine Generation später, nach der Schlacht von Mohács 1526 gegen die Türken, in der Ludwig, der Sohn Władisławs, fiel, trug der

Das Grabmal Friedrichs III. im Wiener Stephansdom

Kaiser Friedrich III. hat im Jahre 1463 einen der bedeutendsten Bildhauer der Zeit, Niclas Gerhaert in Straßburg, beauftragt, in Wiener Neustadt ein Grabmal für ihn zu schaffen. 1493 wurden die damals fertiggestellten Teile nach Wien transportiert, wo das Grabmal im Jahre 1513 fertiggestellt wurde - zwei Jahrzehnte nach dem Tode des Kaisers. Die Grabplatte mit der Darstellung des Kaisers in ganzer Figur ruht auf einem Hochgrab mit reichem figürlichem Schmuck. Wappen verweisen auf die Besitzungen des Kaisers, Reliefs auf seine geistlichen Stiftungen, Statuetten der Kurfürsten und anderer Reichsfürsten an den Pfeilern bilden die Reichsverfassung ab. An der Brüstung Christus, die Apostel sowie Heilige und Patrone des Hauses Habsburg - entsprechend den Figurenprogrammen, wie sie unter Maximilian ausgearbeitet und an dessen Grabmal in Innsbruck dargestellt wurden.

Preßburger Vertrag von 1491 und mit ihm der von Friedrich III. so hartnäckig behauptete Vertrag von 1463 endlich Früchte: Österreich, Böhmen und Ungarn sollten von nun an bis zum Jahre 1919 denselben Herrscher haben.

Fast ebenso groß und fast ebenso folgenreich waren Friedrichs III. und seines Sohnes Maximilian Siege im Westen. Auch hier triumphierte am Ende ein legitimes Königshaus über eine Dynastie geringeren Ranges, aber auch hier hatten die Habsburger ihren Sieg mit Niederlagen und Demütigungen erkauft, die immer wieder den Sieg der anderen Seite hatten erwarten lassen: der Herzöge von Burgund.

Der beispiellose Aufstieg dieser Dynastie war während der letzten Jahrzehnte des Hundertjährigen Krieges gewissermaßen besiegelt worden. Der Krieg war nicht mehr einfach zwischen dem König von Frankreich und dem König von England geführt worden. Der Herzog von Burgund war die dritte große Partei geworden. Obwohl die Herzöge von Burgund namentlich in dem von ihnen 1429 gegründeten Ritterorden vom Goldenen Vlies über ein Instrument verfügten, durch das sie Angehörige sehr alter Fürsten- und Adelsfa-

Die Heiltumsweisung in Nürnberg

Der Holzschnitt vom Ende des 15. Jahrhunderts zeigt die hölzerne Tribüne, die in Nürnberg einmal jährlich zur öffentlichen Ausstellung der königlich-kaiserlichen Herrschaftszeichen errichtet wurde. Der Kronschatz war im Jahre 1424 angesichts seiner Gefährdung durch die Hussiten von der Burg Karlstein in die Reichsstadt verbracht worden, wo er bis zum Ende des Reiches, aufbewahrt im Heiliggeist-Hospital, blieb. In Nürnberg wurden die Herrschaftszeichen entsprechend einem päpstlichen Privileg aus dem Jahre 1354 als Reliquien gezeigt und zum Ziel einer für das ausgehende Mittelalter typischen Massenwallfahrt. Der Holzschnitt zeigt unten Pilger, darüber bewaffnete Wächter und oben Geistliche, die die einzelnen Stücke feierlich vorweisen. Die Fahnen lassen erkennen, daß die Herrschaftszeichen in der Tat als ein Reliquienschatz verehrt werden konnten. Das wichtigste Heiltum war der in die heilige Lanze eingelassene Nagel, von dem man annahm, daß er vom Kreuz Christi stammte.

milien an sich binden konnten, bestand auch hier ein Widerspruch zwischen dem Reichtum und der Macht dieser Fürsten und ihrem fürstlichen Rang. Faktisch war der Herzog von Burgund zeitweise mächtiger als der König von Frankreich und zumal als der römisch-deutsche König. Seinem Rang nach stand er jedoch weit unter diesen Monarchen. Er war ihr Lehnsmann, wie viele kleine deutsche Fürsten und französische Adlige auch. Die Venezianer, die in dieser Hinsicht sehr urteilsfähig waren, schätzten im frühen 15. Jahrhundert die Einkünfte des burgundischen Herzogs auf drei Millionen Dukaten im Jahr, während sie für den französischen und den englischen König je zwei Millionen annahmen.[10] Der deutsche König hatte weit niedrigere Einkünfte. Doch hob das nicht die Rangunterschiede auf, und die konnten in bestimmten Situationen politisches Gewicht erhalten.

So hat sich schon Philipp der Gute immer wieder darum bemüht, den Königstitel zu erwerben, der es ihm überdies erlaubt hätte, seine so unterschiedlichen Länder fester zusammenzufügen. Doch war ein Königstitel ungleich schwerer zu erwerben als die Macht eines Königs – an eine Selbstkrönung, wie sie Napoleon einst vornehmen sollte, war im alten Europa nicht zu denken. Ein legitimer Weg hätte über die Wahl zum römisch-deutschen König geführt, doch die ist dem Herzog ungeachtet einer ganzen Reihe von Versuchen nicht gelungen.

Sein ehrgeiziger Sohn Karl der Kühne hat sich erst recht um die römische Krone bemüht. Er wollte Friedrichs III. Nachfolger werden – nach dessen Absetzung, die er zeitweilig plante, oder nach dessen Tod, mit dem er als so viel Jüngerer ja rechnen konnte. Bündnisse und Konstellationen wechselten rasch. Bündnissen mit den Gegnern Friedrichs wie den Königen von Böhmen und von Ungarn folgten Phasen einer vorsichtigen und mißtrauischen Kooperation zwischen dem Burgunder und dem Kaiser. In den meisten dieser Aktionen und Kombinationen ging es stets auch um die Hand von Karls Tochter Maria, der burgundischen Erbin. Sie war der Preis, mit dessen Hilfe der Herzog heute diesen, morgen jenen Fürsten zu locken und an sich zu binden versuchte, wie zum Beispiel König Christian I. von Dänemark, um den sich Karl zeitweilig im Zusammenhang seiner nordwesteuropäischen und norddeutschen Expansionspläne bemühte.

Die Glieder der Kette des für den Zusammenhalt des burgundischen Staats so wichtigen Ordens vom Goldenen Vlies zeigen Feuerstahl, Feuerstein und Funken aus dem persönlichen Emblem Herzog Philipps des Guten. Dieses für das spätmittelalterliche Rittertum typische Kampfsymbol erhielt fast den Rang eines Staatszeichens. Die Abbildung ist dem 1466 in Brüssel gewebten »Tausendblumen«-Teppich entnommen, den die Eidgenossen nach ihrem Sieg bei Grandson erbeuteten.

Am Ende zerbrach auch hier alles in wenigen Monaten, nachdem der Herzog 1477 in einer Schlacht gegen die Eidgenossen gefallen war.

Doch war das Ende des letzten Burgunders nicht nur eine Sache von Unglück und Zufall. Karl der Kühne hat seinen Staat nicht nur im Norden, sondern auch im Süden vergrößern und abrunden wollen. Dabei zeigte sich, daß sein wichtigster Gegner, die Eidgenossenschaft, ein zwar ganz anderes, aber ein in vieler Hinsicht ebenso modernes und wirkungsvolles politisches Gebilde war wie der burgundische Staat. Ähnlich wie dieser bemühten sich auch die Eidgenossen energisch um die Unterwerfung benachbarter Länder. Noch eindeutiger als im Hundertjährigen Krieg zeigte sich hier, daß mit großen Ritterheeren keine Schlachten mehr zu gewinnen waren. Niemand setzte so konsequent wie die Eidgenossen das mit Lanzen kämpfende Fußvolk ein. In den Schlachten, welche die zentralen Daten der frühen eidgenössischen Geschichte bilden, unterlagen die Ritterheere fast immer. Das sollte sich nun auch im Krieg zwischen den Eidgenossen und Burgund erweisen. Doch hatte die Katastrophe Burgunds auch politische Ursachen.

Im Jahre 1473 hatten sich der Kaiser und Karl der Kühne in Trier getroffen. Das auf so vielfältige Weise erörterte große politische Projekt, die Verheiratung der burgundischen Erbin mit Maximilian und die Erhebung ihres Vaters zum König, schien abgeschlossen zu werden. Die Herrschaftszeichen, die dem neuen Monarchen angelegt werden sollten, lagen schon bereit. Doch dann hat sich der Kaiser in letzter Minute dem Handel versagt. Er reiste überraschend aus Trier ab. Auch hier verweigerte er sich am Ende der Schaffung neuer Legitimitäten. Karl der Kühne wandte sich nun wieder dem Norden zu. Er griff in den Streit um das Kölner Bistum ein und ließ die Stadt Neuß belagern.

Karl der Kühne von Burgund

Das Rogier van der Weyden zugeschriebene, wohl um 1454 entstandene Bildnis zeigt den späteren Herzog im Alter von etwa zwanzig Jahren mit der Halskette des Ordens vom Goldenen Vlies.

Anders als zehn Jahre später dem ungarischen König stellte sich Karl Widerstand entgegen. Ein großes Reichsheer – das erste seit den Hussitenfeldzügen – setzte sich zum Entsatz von Neuß in Bewegung, und es hatte, anders als die früher gegen die Hussiten entsandten Reichsheere, Erfolg. Karl der Kühne brach die Belagerung ab.

Man muß lange in die Vergangenheit zurückgehen, um einen ähnlichen militärischen Erfolg zu finden. Wann hatte ein Reichsheer in solcher Weise gesiegt? Seit Karl IV. war das nicht mehr geschehen. Wie ist dieser Erfolg zu erklären? Die unmittelbar Bedrohten wußten, was sie von einem Siege Herzog Karls zu erwarten hatten. Die Brutalität, mit der er Unterworfene zu behandeln pflegte, war bekannt. Doch würde das allein nicht erklären, warum nun nicht nur aus dem Westen, sondern auch aus dem Süden und Osten des Reiches Hilfe für Neuß kam. Was ließ Fürsten, Adel und Städte so große Anstrengungen unternehmen? Immerhin kennt man die Argumente, mit denen sie geworben wurden. Damals stand, so lautete die Formel, nicht nur das Schicksal des Reiches, sondern auch das der deutschen Nation auf dem Spiel.[11]

Dieses eine Abstammungsgemeinschaft bezeichnende Wort hatte zunächst in den Universitäten dazu gedient, die Studenten unterschiedlicher Herkunft voneinander zu scheiden. Dann hatte man es auf den Konzilien benutzt, doch war die Konzilssprache noch weit davon entfernt, das Wort Nation in dem heute vertrauten Sinn zu gebrauchen. Auf dem Konstanzer Konzil gehörten zum Beispiel zur deutschen Nation auch die Polen. Dennoch änderte sich der Sinn des Wortes nun rasch. Erst jetzt begann man dem Titel des Heiligen Römischen Reiches den Zusatz »Deutscher Nation« anzufügen.[12] Wenn schon seit dem frühen 15. Jahrhundert angesichts der Gefährdungen des Deutschen Ordens behauptet worden war, dieser sei das Spital des deutschen Adels, so konnte diese Rede, wie sich auf dem Reichstag von 1454 angesichts der damaligen Gefährdungen des Deutschen Ordens zeigte, nicht nur an adlige Interessen, sondern an die Deutschen insgesamt appellieren. Ähnliche Töne hatte es ganz zu Beginn der Regierungszeit Friedrichs III.

Die Schlacht bei Grandson, aus der Chronik des Werner Schodoler

Dem Zeichner kommt es darauf an, die eidgenössischen Fußkämpfer mit langen Lanzen dem traditionellen Ritterheer gegenüberzustellen.

gegeben, als dieser in den Krieg zwischen den Eidgenossen und Zürich eingriff und französische Söldner ins Land rief. Doch blieb die damalige Propaganda mit dem Schicksal der Deutschen ohne weitere Folgen – ganz anders als 1475. Die Argumente, die vom Wohl und Wehe der eigenen Nation und von Fremdherrschaft sprachen, wurden nämlich auch gegen Karls Angriffe im Südwesten ins Feld geführt. Und die humanistischen Autoren am Oberrhein sorgten dafür, daß diese Kampfformeln das Ende Karls des Kühnen überdauerten. Die von ihnen verbreiteten Schriften leiten zur Publizistik des 16. Jahrhunderts über, der die Rede von der deutschen Nation schon ganz selbstverständlich sein sollte.[13]

Im Südwesten hatte Karl der Kühne schon große Erfolge gehabt, weil der Herr der westlichen Besitzungen Habsburgs, Herzog Siegmund, sich nach schweren Niederlagen gegenüber den Eidgenossen mit dem Burgunder verbunden hatte. Im Vertrag von St. Omer von 1469 verpfändete der Herzog dem Burgunder seine Besitzungen im Elsaß. Der neue Herr nahm seine Rechte mit gewohnter Brutalität wahr. Seine Amtleute waren bald verhaßt. So kam es zum Aufstand, nachdem sich die Eidgenossen und die Habsburger 1474 versöhnt hatten. Nach dem Ende der Belagerung von Neuß versuchte Karl

Die Sieger von Murten und die eroberten Prostituierten

Die Berner Chronik des Diebold Schilling berichtet, daß zur Beute der Eidgenossen nach ihrem Siege bei Murten auch über dreitausend Lagermädchen gehört hätten. Der Zeichner malt den Gebrauch aus, den die Sieger von ihrer Beute machten, und läßt damit zugleich erkennen, daß der so in eine offizielle Ruhmeschronik übernommene Sachverhalt in den Augen der Zeitgenossen nicht anstößig war.

der Kühne, Rache an den Schweizern zu nehmen. Doch unterlag er im Jahre 1476 bei Grandson und Murten und im folgenden Jahr bei Nancy, in jener Schlacht, der er selber zum Opfer fiel.

Für die Geschichte der Eidgenossenschaft hatten diese Siege eine außerordentliche Bedeutung. Wenn man von der späteren Tell-Sage absicht, wird man nichts nennen können, was die Eidgenossen fester zusammengeschmiedet und eine größere traditionsbildende Kraft gehabt hätte. Die Chronisten hielten die Erinnerung an diese so erstaunlichen Siege lebendig, und nicht weniger wirkungsvoll waren deren unmittelbare Zeugen. Der beispiellose Prunk, der den Herzog ins Feld begleitet hatte, die Luxuswaffen, die Schmuckstücke, die kostbaren Textilien und Edelmetallgefäße waren den Siegern in die Hand gefallen. Sie waren sorgfältig verteilt worden und wurden ebenso sorgsam aufbewahrt: in den Rathäusern und am Ende in den Museen, deren Grundstock nicht selten die »Burgunderbeute« bildet.[14]

Von ebenso säkularer Bedeutung wie für die werdende Schweiz war das Ende des Burgunders für die Habsburger.

Ungeachtet des Skandals von Trier waren die burgundisch-habsburgischen Heiratsverhandlungen wieder aufgenommen worden.

Die Beute der Eidgenossen nach der Schlacht bei Grandson

Die Miniatur aus der Luzerner Chronik des Diebold Schilling zeigt die zur Verteilung unter die Sieger aufgestellte Beute. Man erkennt Fahnen, ein kleines transportables Altarretabel, eine Kette, ein kostbares Gewand, den Sessel Karls des Kühnen und vor allem Edelmetallgefäße. Vorn auf dem Tisch, übergroß gezeichnet, das Siegel des Herzogs.

Wenige Wochen nach seiner Niederlage von Grandson stimmte Karl der Kühne der Verlobung seiner Tochter Maria mit Maximilian zu. Nach dem Tode des Herzogs und dem Einmarsch französischer Truppen in wichtige burgundische Gebiete handelten die Habsburger nicht weniger schnell. Am 19. April belehnte der Kaiser Maximilian und Maria mit Burgund, und zwei Tage später wurde die Ehe durch einen Bevollmächtigten Maximilians geschlossen. Da sich die niederländischen Stände inzwischen gegen die ihnen drohende französische Unterwerfung wandten, begünstigten sie Maximilian. Am 19. August 1477 gelang es ihm, nach Gent und zu Maria vorzudringen. Zehn Monate später wurde der Thronfolger geboren. Er erhielt den Namen seines burgundischen Großvaters, Philipp.

Das burgundische Erbe hatte Maximilian damit jedoch noch nicht gewonnen. Er mußte es sich in einem Krieg von eineinhalb Jahrzehnten erkämpfen: gegen den französischen König und gegen die niederländischen Stände. 1482 starb Maria an den Folgen eines Reitunfalls. Die niederländischen Stände sicherten sich die Kinder, so daß Maximilian so gut wie nichts mehr in der Hand hatte. In den folgenden Jahren führten er und die Niederländer einen blutigen Krieg. 1488 geriet er in Gefangenschaft. Daß er am Ende mit dem Leben davonkam, war keineswegs sicher gewesen. Zur selben Zeit hatte sein Vater den größeren Teil seiner Erbländer an den ungarischen König verloren.

Anders als dort konnte Maximilian im Nordwesten auf die Hilfe des Reiches bauen. Ebenso wie im Neußer Krieg setzte sich auch jetzt ein Reichsheer in Bewegung. Der alte Kaiser, der von 1444 bis 1471 die österreichischen Erbländer, abgesehen von seinem Italienzug, nicht verlassen hatte, kam selbst in die Niederlande, und er bestand darauf, die Aufständischen zu bestrafen. Nachdem man

Eine Meßfeier zum Andenken an verunglückte Bergleute

Das zu Anfang des 16. Jahrhunderts entstandene Relief, das dem bayerischen Bildschnitzer Hans Leinberger zugeschrieben wird, zeigt rechts einen zelebrierenden Priester und drei Frauen, die ihre Opfergaben auf dem Altar niederlegen. Die linke Bildhälfte macht sichtbar, daß die Messe zugunsten verunglückter Bergleute gefeiert wird. Im unteren Teil erkennt man von Erdmassen begrabene Bergleute in ihrer typischen Kapuzenkleidung. Darüber eine Stollenöffnung mit einem Überlebenden, dem ein Engel die Gaben überreicht, welche die Frauen auf den Altar gelegt haben.

ihm lange Zeit Untätigkeit vorgeworfen und ihn immer wieder mit der Wahl eines anderen Königs bedroht hatte, war er es nun, der Kompromisse ablehnte und die Rebellen mit allen Mitteln verfolgen wollte. Der Erfolg gab ihm Recht. Die Niederländer mußten sich unterwerfen, und 1493 mußte im Frieden von Senlis auch der französische König anerkennen, daß die Habsburger den größeren und den wertvolleren Teil des burgundischen Erbes erworben hatten, darunter auch Flandern und die halbe Grafschaft Artois, die nicht zum Reich gehört hatten, sowie die Freigrafschaft Burgund, die zum Schluß ein französisches Lehen gewesen war.

Ein knappes Vierteljahr nach dem Friedensschluß starb Friedrich III. Maximilian aber verfügte nun nicht nur über die von seinem Vater ererbten und die von ihm selbst erkämpften burgundischen Länder, sondern auch über Tirol und den weiteren habsburgischen Besitz seines Onkels Siegmund. Der erbenlose Fürst, dem die Tiroler Silberbergwerke den Beinamen des Münzreichen eingetragen hatten und der doch fast immer in Geldnot gewesen war, ein wenig befähigter Regent, ein schlechter Haushalter, ja ein Verschwender, hatte am Ende resigniert und Maximilian noch zu Lebzeiten seinen Besitz übertragen.

2. Maximilian I.: Anfänge der habsburgischen Weltmacht, Reichsreformen

Der neue Herrscher wußte mit dem reichen Tirol mehr anzufangen. Er machte das Land zu einem Exerzierfeld, auf dem er die aus Burgund übernommenen Verwaltungspraktiken einübte, deren Ziel die Steigerung der landesfürstlichen Einkünfte und deren Ergebnis ein moderner Staat war.

Maximilian war seinem Vater durchaus unähnlich. Das Attribut »letzter Ritter«, mit dem man ihn immer wieder gekennzeichnet hat, hätte auf seinen Vater schwerlich gepaßt, obwohl der ein ansehnlicher Mann gewesen war. Maximilian dagegen war so etwas wie eine Personifikation spätmittelalterlicher ritterlicher Kultur.

Ähnlich wie die burgundischen Herzöge verstand er es, diese Ritterkultur für sich einzusetzen. Er war ein phantasievoller und plänereicher Regent, nicht unähnlich seinem Vorgänger Siegmund, ein Mann auch, der Sinn hatte für die Kunst und Literatur seiner Zeit und sich diese ebenfalls zunutze zu machen wußte: für seinen Nachruhm, für seinen Ruhm schon zu Lebzeiten, für seine politischen Ziele. So »spätgotisch« die Bilder und die Figuren, die seinen Ruhm verkünden, auch anmuten mögen: die unauflösliche Einheit von persönlichem Interesse, Mäzenatentum und politischer Propaganda ließ sich dem, was im Italien der Renaissance üblich war, durchaus an die Seite stellen.

Maximilian hat die größten Künstler seiner Zeit beschäftigt. Daß Albrecht Dürer ihn gemalt und für ihn gearbeitet hat, war kein Zufall, sondern nur ein Teil der systematischen Bemühungen dieses Herrschers um die Kunst. Doch war Maximilian weder ein Schöngeist noch ein Phantast, der sich in nostalgischen Bemühungen um ein längst vergangenes Rittertum erging. Klarer als die meisten seiner fürstlichen Zeitgenossen wußte Maximilian, daß mit ritterlichen Einzelkämpfern zu Pferde keine Schlachten mehr zu gewinnen waren, daß mit allem Aufwand an traditionellem Prunk veranstaltete Schaugefechte das eine, die mit Fußtruppen nach der Art der Eidgenossen geführten Feldschlachten aber ein anderes waren.

Um diese Fußtruppen aber hat sich Maximilian ebensosehr bemüht wie um die prächtigsten Turniere. Er war an neuen Turnierrüstungen interessiert, er selber erfand neue Arten, sich im Schaugefecht zu treffen, aber noch mehr hat er sich um eine Reorganisation des Heerwesens bemüht. Er hat die burgundischen Niederlagen studiert, die entsprechenden Konsequenzen gezogen und alsbald über die besten Landsknechtsheere seiner Zeit verfügt sowie über ein weit entwickeltes Geschützwesen. Bei alledem setzte er stets auch seine eigene Person ein. Der phantasievolle Freund der Maler und Literaten war zugleich auf ganz elementare Weise vor allem ein Kriegsheld.

Doch war Maximilian auch ein Mann des »modernen« Krieges. Seine Landsknechte waren so grausam und schwer zu zügeln wie andere Berufssoldaten dieser Zeit auch. Ihre Wirksamkeit beruhte nicht zuletzt auf dem Schrecken, der von ihnen ausging. Der jahrelange Krieg in den Niederlanden hinterließ eine Wüste. Und Maximilian selbst war nicht nur ein Monarch, dem die höfischen Umgangsformen zu Gebote standen, der andere zu bezaubern

Das von Maximilian 1500 bis 1502 vor Innsbruck errichtete Zeughaus

Abbildung aus einem der um 1507 von Jörg Kölderer illustrierten Zeughausinventare und des heutigen Zustandes (Landeskundliches Museum). Das Gebäude hat bis zum Jahre 1955 als Militärmagazin gedient und ist fast unverändert erhalten.

wußte, sondern auch ein unbeherrschter und grausamer Kriegsmann. Der weise alte Fürst, den Albrecht Dürer in Augsburg so lebensvoll porträtiert hat,[15] war nur ein Teil seiner Person. Das aber hieß zugleich: die Machtfülle, über die Maximilian 1493, als sein Vater starb, verfügte, war ohne diese Person nicht zu denken. Sie war zu einem beträchtlichen Teil seine eigene Leistung. Nicht nur die Langlebigkeit und hartnäckige Ausdauer seines Vaters, sondern auch Maximilians Mut, seine Erfindungsgabe und sein Glück haben die Fundamente der Weltmacht des Hauses Habsburg gelegt.

Diese Fundamente wollten jedoch behauptet sein, und wenn ein Gebäude auf ihnen errichtet werden sollte, dann bedurfte es harter Kämpfe und einer phantasievollen Politik. Kriege und politische Projekte sollten die Regierungszeit Maximilians gleichermaßen bestimmen.

Mit dem König von Frankreich war er ungeachtet des Friedens von Senlis keineswegs ausgesöhnt. Die habsburgisch-französische Rivalität blieb. Sie sollte eine der Dominanten noch der Regierungszeit von Maximilians Nachfolger, seines Enkels Karl V. sein. An ihr scheiterte auch Maximilians Kaiserkrönung. Der Weg nach Rom wurde ihm durch das Heer des Königs von Frankreich verstellt. Anders als seine Vorgänger gab sich Maximilian mit der damit gegebenen Situation jedoch nicht zufrieden. Am 4. Februar 1508 ließ er sich im Dom von Trient zum erwählten römischen Kaiser ausrufen. Für den Augenblick war das ein Notbehelf. Der auf neue Art zu seiner Würde gekommene Kaiser hatte die Absicht, die reguläre Kaiserweihe durch den Papst in Rom zu gegebener Zeit nachzuholen. Doch dazu kam es nicht. Maximilian blieb erwählter römischer Kaiser, eine Krönung und Weihe durch den Papst unterblieb, und bei Maximilians Nachfolgern war es nicht anders. Sie wurden zugleich mit der Aachener Krönung zum König auch Kaiser. Das alte Problem, wie sich die Königs- zur Kaiserwürde verhalte und ob der Papst jeden zum Kaiser weihen müsse, den die Kurfürsten zum König gewählt hatten, oder ob es nicht vielmehr sein Recht sei, die Wahl der Kurfürsten als einen die Kaiserkrönung entscheidenden Akt seinerseits zu prüfen – dieses alte Problem, um das seit Anfang des 13. Jahrhunderts, seit den Tagen Papst Innocenz' III. und dann besonders in der Mitte des 14. Jahrhunderts, also während der auf die Goldene Bulle hinführenden Auseinandersetzungen so heftig gekämpft worden war: es hatte aufgehört, ein Problem zu sein. Es wurde beiläufig, ja unabsichtlich gelöst. Es war, wie man bei solcher Gelegenheit zu sagen pflegt, nicht mehr zeitgemäß. Aber was heißt das? Wer diese Frage zu beantworten wüßte, hätte die Geschichte verstanden.

Maximilian hat politische Pläne verfolgt, die Zeitgenossen wie Nachlebende verblüfften. Die vorübergehende Absicht, sich zum Papst wählen zu lassen, war nicht einmal das phantastischste seiner Projekte. Auf der anderen Seite bediente er sich aber auch wieder ganz herkömmlicher politischer Mittel; er machte also Heiratspolitik. Nach dem Tode seiner burgundischen Frau wollte sich Maximilian mit der Tochter des Herzogs der Bretagne verehelichen: einer Erbin, deren politisches Gewicht kaum weniger groß war als das der Tochter Karls des Kühnen. Wiederum wurde die Ehe zunächst

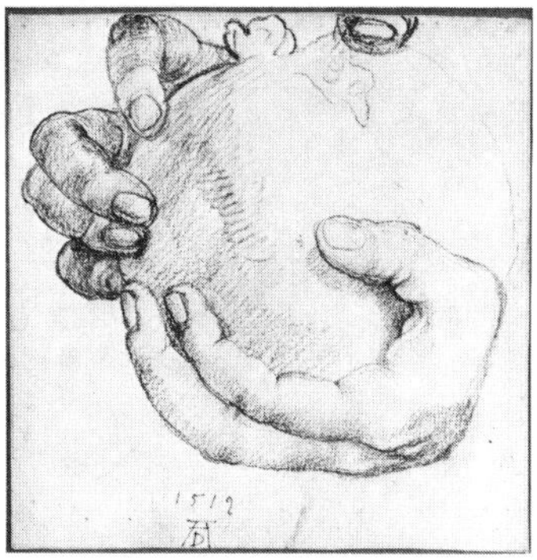

Studien Albrecht Dürers zu seinem Porträt Kaiser Maximilians

Dürer notierte: »Das ist keyser Maximilian. Den hab ich, Albrecht Dürer, zw Augspurg hoch oben awff der pfalcz in seinem kleinen stüble künterfett, do man czalt 1518 am mandag noch Johannis towffir.« Dürers Monogramm ist von anderer Hand hinzugefügt. Der Künstler hat nur das Gesicht und den Hut ausgearbeitet und das Gewand und die Ordenskette (Goldenes Vlies) nur angedeutet. Die Handstudie gibt auch den Granatapfel wieder, der ein persönliches Symbol des Kaisers war und den dieser auf den nach dieser Studie gemalten Bildern in Wien und in Nürnberg hält.

durch einen Stellvertreter geschlossen, doch diesmal kam Maximilian nicht zum Ziel. Der französische König kam ihm zuvor. Dieser »Brautraub« war in den Augen der Zeitgenossen ein Skandal und eine Blamage Maximilians, doch auf die Dauer schadete diesem der Fehlschlag nicht. Maximilian vermählte sich 1494 mit einer Tochter des mailändischen Hauses Sforza. Unter Gesichtspunkten des Ranges kam das einer Mesalliance nahe, doch die Mitgift der mailändischen Prinzessin war sensationell. Wichtiger war, daß ihre Heimat, Oberitalien, als die Region gelten konnte, wo eine Entscheidung zwischen dem Hause Habsburg und der Krone Frankreichs anstand.

In diesem Jahr war Karl VIII., der König von Frankreich, in Italien eingefallen – und zwar als Verbündeter des Hauses Sforza gegen Neapel. Im folgenden Jahr kam es in der Liga von Venedig zu einer Umkehr der Koalitionen; nun wollten Venedig, Mailand, der Papst, Spanien und Maximilian gemeinsam die Franzosen aus Italien vertreiben.

Maximilian wollte die Mittel des Reiches für seinen Krieg gegen den französischen König in Anspruch nehmen, und so kam es auf dem Reichstag von 1495 zum erstenmal zu jener Konfrontation, die in den folgenden Jahren immer wieder erneuert werden sollte. Der König beziehungsweise Kaiser forderte die Mittel für einen Reichskrieg, aber die auf dem Reichstag versammelten Stände verweigerten die Bewilligung. Sie sahen in diesem Krieg keine Sache des Reiches, sondern einen Ausdruck dynastischen Ehrgeizes, oder sie knüpften die Reichshilfe an die Bedingung von Reichsreformen, die der Macht des Königs institutionelle Schranken gesetzt hätten.

So mußte Maximilian ohne Reichshilfe in den Krieg nach Italien ziehen, aus dem er 1496 ohne militärischen Erfolg zurückkehrte. In den folgenden Jahren mehrten sich die Mißerfolge. Die schon erwähnte Kaiserproklamation des Jahres 1508 in Trient gehört in diesen Zusammenhang. Der Reichstag von Konstanz hatte Maximilian zwar endlich die Mittel für die Romfahrt bewilligt, doch versperrte ihm das inzwischen in französischer Hand befindliche Mailand den Weg, und auch die Route durch venezianisches Gebiet konnte er sich nicht freikämpfen. Wiederum kam es zu einem Wechsel der Koalitionen. In der Liga von Cambrai verbündeten sich Maximilian, Frankreich, Spanien und der Papst gegen Venedig in der Hoffnung, der Republik Teile ihres Territoriums abzugewinnen. Doch zerbrach die Koalition in dem Augenblick, als französische Siege und Niederlagen Maximilians Frankreich zur dominierenden Macht in Italien zu machen drohten. Der Papst schloß einen separaten Frieden mit Venedig. In dieser Situation versuchten Maximilian und der französische König, sich der kirchenkritischen, antipäpstlichen Stimmungen zu bedienen. Sie beriefen 1511 ein Konzil nach Pisa. Der Papst antwortete mit der Einberufung des 5. Laterankonzils. Jetzt auch faßte Maximilian den ungewöhnlichen Gedanken, sich selbst zum Papst wählen zu lassen. Konzilien als politische Instrumente in der Auseinandersetzung zwischen Kaiser und Papst, kaiserliche Gedanken an eine Absetzung des Papstes - sollten auf der Bühne des frühen 16. Jahrhunderts Schauspiele aus dem 12. Jahrhundert aufgeführt werden?

Doch standen sich die Jahrhunderte nicht so unvermittelt gegenüber. Die Erinnerung an die großen Konzilien in der ersten Hälfte des 15. Jahrhunderts und an die damaligen Möglichkeiten, den Papst mit der Drohung eines Konzils zu bedrängen, waren noch lebendig, und auch der letzte Gegenpapst, Felix V. (1440-1449), war vor seiner Wahl zum Papst ja kein Geistlicher gewesen, sondern ein mächtiger Fürst, nämlich Herzog Amadeus VIII. von Savoyen. Kirchenrechtlich wäre der Mehrheit der Kardinäle die Wahl eines Laien zum Papst auch jetzt möglich gewesen. Amadeus hatte sich indessen längst von der Politik zurückgezogen, als ihn die auf seiten des Basler Konzils stehenden Kardinäle 1440 zum Papst wählten. Er war ein frommer und halbgeistlich lebender Mann gewesen, während wohl auch im Horizont seiner eigenen Zeit die Absichten Maximilians phantastisch erschienen. Auf der anderen Seite machen sie gewiß sichtbar, in welchem Maße das Papsttum nun als Macht unter Mächten galt.

Im Jahre 1512 gelang es dem nun mit den Eidgenossen verbündeten Papst, die Franzosen aus Oberitalien zu vertreiben. Drei Jahre später triumphierte jedoch Franz I., der neue französische König; die Eidgenossen wurden nun ihrerseits aus Italien gedrängt. Immerhin blieb ihnen aus diesem Abenteuer, das den Höhepunkt expansiver Politik der Eidgenossenschaft markiert, das Tessin als dauernder Besitz.

Wie in den vergangenen Jahrzehnten nahmen die Eidgenossen auch jetzt keine Rücksicht darauf, daß sie Glieder des Reiches waren. Seit 1471 besuchten sie keine Reichstage mehr. Die Gründung des Schwäbischen Bundes im Jahr 1488 und die Reichsreformgesetze von 1495 machten noch deutlicher, daß sich die Eidgenossen vom Reich fernhalten wollten. 1499 kam es über Konflikte, die sich aus der unklaren Situation der Eidgenossen gegenüber dem Reich ergaben, zum Schwabenkrieg. Im selben Jahre mußte das Reich im Frieden von Basel auf seine Ansprüche auf dem Gebiet der Eidgenossen verzichten; ausdrücklich haben diese das Reich jedoch erst anderthalb Jahrhunderte später, im Jahre 1648, verlassen. Nahm der Frieden von Basel in dieser Hinsicht den Westfälischen Frieden vorweg? Eine solche Feststellung würde verkennen, daß die Reichszugehörigkeit der künftigen Schweiz in den Jahren nach 1499 keine bloße Formalität war. Und doch haben die Zeitgenossen dieses Ereignis offensichtlich als Markstein begriffen. Zwei Jahre später schlossen sich Basel und Schaffhausen der Eidgenossenschaft an.

Aus späterer Sicht kommt dem Vertrag von Brüssel, den Maximilian 1516 mit dem französischen König schloß, eine ähnliche, wenn auch sehr viel größere Bedeutung zu als dem Frieden von Basel. Die militärischen Erfolge Franz' I. in Italien und die Isolation Maximilians erlaubten es diesem nicht, sich dem Drängen seines Enkels Karl, der seit 1514 die burgundischen Länder regierte, zu widersetzen. So war er genötigt, mit dem französischen König Frieden zu schließen.

Dieser Friedensschluß war von Maximilian nur als eine Station in

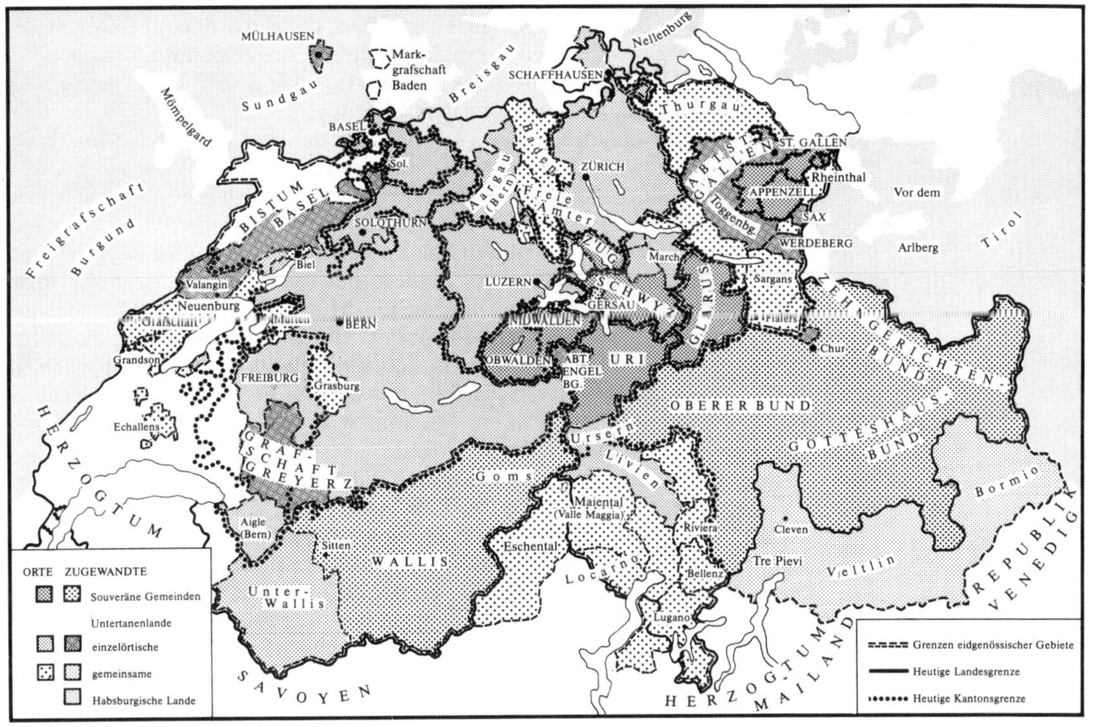

Die Eidgenossenschaft im Jahre 1515

dem großen europäischen Krieg um Italien gemeint, doch sollte sich zeigen, daß der Kaiser damit aus der italienischen Politik ausgeschieden war – und für seine Nachfolger galt das gleiche. Der Vertrag von Brüssel sollte zu einer Art von Schlußstrich unter sieben Jahrhunderte erst fränkischer und dann deutscher »Italienpolitik« werden.

Liquidierte Maximilian, was ohnehin nicht zu halten war? Aus der Perspektive des späteren Nationalstaats könnte man so urteilen. Blickt man auf das 16., 17. und 18. Jahrhundert, so ergeben sich eine andere Sicht und ein anderes Schlüsseldatum. 1496 verheiratete Maximilian seinen Sohn Philipp mit der spanischen Infantin Johanna. Ähnlich wie im ausgehenden 12. Jahrhundert die Verbindung zwischen Barbarossas Sohn Heinrich und der sizilischen Prinzessin Konstanze ursprünglich zwar nicht als Erbvertrag gemeint war, aber doch eine Erbschaft von säkularen Folgen begründete, ließen auch diesmal unvorhergesehene Todesfälle die 1496 geschlossene Ehe zu einem Ereignis von weltgeschichtlichem Rang werden. Nach dem Ausgreifen der Habsburger nach Österreich, nach ihrer burgundischen Erbschaft und nach den Erbverträgen mit Böhmen und Ungarn sollte der Ehevertrag von 1496 zur vierten Säule werden, auf welcher das habsburgische Weltreich ruhte.

Dennoch faßt der Spruch, der den Habsburgern das Heiraten und den anderen Dynastien das Kriegführen zuschreibt (»Bella gerant alii, tu felix Austria nube«), nur scheinbar eine geschichtliche Wahrheit. Er verdeckt, daß glückliche – nämlich politisch günstige – Heiraten nicht eine Spezialität der Habsburger waren; sie waren vielmehr Grundelement der alten Welt. Und er verkennt, daß Heiraten allein das Glück der Habsburger auch nicht ausgemacht hätten. Die Fülle der militärischen Mißerfolge, die Maximilian erlitten hatte, könnte jedoch den Gedanken nahelegen, daß er am Ende doch nur den Heiraten sein Glück verdankte – wenn man denn vom Erfolg und Gedeihen der Dynastien her urteilt.

Für Historiker des 19. Jahrhunderts aber war der Nationalstaat Ausgangspunkt und Maßstab ihrer Urteile. Das Weltreich Karls V., das auf die Konturen der künftigen Nationalstaaten so wenig Rücksicht nahm, konnte ihnen als Ausweis erfolgreicher Politik nicht gelten, und so mußte ihnen Maximilian noch einmal als ein typisch mittelalterlicher König erscheinen, der die Möglichkeiten deutscher Politik verfehlte und die reichen Mittel, die ihm aus Deutschland zuflossen, sinnlos verschwendete. Es kam ihnen so vor, als wären schon urteilsfähige und klarsichtige Zeitgenossen zu diesem Schluß gelangt. Hatten die Fürsten, die sich auf den Reichstagen den weit ausgreifenden Plänen Maximilians verweigerten, nicht ebenso gedacht; hätten sie sich nicht in dem gerechtfertigt gesehen, was Jahrhunderte später die nationalliberalen Historiker des 19. und des frühen 20. Jahrhunderts über Maximilian schreiben sollten? Knüpften die modernen Historiker nicht unmittelbar an jene Debatten um eine Reichsreform an, die auf den Reichstagen während der Regierungszeit Maximilians geführt worden waren?

Diese Reichsreformdebatten hatten eine Vorgeschichte, die bis ins frühe 15. Jahrhundert, ja in mancher Hinsicht bis ins frühe Mittelalter zurückreichte. Was heißt im 15. Jahrhundert Reform? Einerseits meint das Wort das Gegenteil dessen, was man heute darunter

Maximilian auf der Gemsenjagd

Der Holzschnitt entstammt dem Theuerdank, einem Autobiographie, Fürstenspiegel und Abenteuerroman verbindenden Versepos, das nicht nur im Auftrage des Kaisers geschaffen wurde, sondern auch im Hinblick auf den Inhalt seinen Wünschen und Entwürfen entsprach. Der Druck war 1517 abgeschlossen und sollte erst nach dem Tode Maximilians veröffentlicht werden. Die Jagd war nicht nur das persönliche Vergnügen des Herrschers, sondern er verstand sie auch als fundamentalen Teil fürstlicher Lebensform, und so ließ er sich nicht nur als großen Kriegshelden, als Freund der Künste und Wissenschaften, sondern auch als gewaltigen Jäger feiern.

versteht, also nicht den Aufbruch zu neuen Ufern, sondern vielmehr die Rückkehr zum guten und richtigen Alten, das in den Augen der Reformer verlassen und verunstaltet worden war. Im Grunde war ja das ganze mittelalterliche Römische Reich nichts anderes als das Ergebnis jahrhundertelanger Reformbemühungen. Wenn Otto III. an der Wende vom ersten zum zweiten Jahrtausend sein Kaisertum unter das Zeichen der Erneuerung des Römischen Reiches (»renovatio imperii«) gestellt hatte, so hatte er damit ein Ziel im Auge, das dem der Reformer des 15. Jahrhunderts durchaus ähnlich war. Und mußten sich nicht die Könige vor und unmittelbar nach ihrer Wahl zur Wiederherstellung des Reiches bekennen? Die Wiedergewinnung verlorener Reichsrechte, die Wiedererlangung verlorenen Reichsgutes: auch das wäre Reichsreform gewesen.

Dennoch nahmen die Reformforderungen im 15. Jahrhundert eine neue Gestalt an. Die Bemühungen um eine Erneuerung der Kirche mußten fast mit Notwendigkeit zu Hoffnungen auf eine Reform des römisch-deutschen Reiches führen. Je mehr die Kirchenreformer an eine Wiederherstellung alter Verhältnisse dachten, je dringender sie darauf hofften, die Papstkirche aus ihren politischen Bindungen zu befreien, in die sie als Macht unter Mächten geraten war, um sie wieder zu einer universalen Kirche werden zu lassen, desto näher lag der Gedanke, auch die zweite alte Universalgewalt, das römische Kaisertum, zu erneuern und es der reformierten Kirche zu deren und zum eigenen Vorteil dienstbar zu machen.

So ist es kein Zufall, daß König Siegmund seine Regierungszeit mit einer Reformforderung eröffnete,[16] so lag es in der Konsequenz des Zeitalters, daß auf den Konzilien von Konstanz und Basel über die Reform des Reiches nachgedacht wurde und daß die wichtigsten Reformentwürfe von herausragenden Konzilsteilnehmern, von Job Vener (1417)[17] und von Nikolaus von Cues (1433)[18] stammen.

Ein anonymer Autor veröffentlichte wohl 1439 und gewiß im Umkreis des Basler Konzils einen Entwurf für die Reform der Kirche und des Reichs, von dem sich eine Reihe von Handschriften erhalten hat und der seit dem Jahre 1476 mehrfach gedruckt worden ist. Weil hier – wie übrigens schon im Sachsenspiegel – gegen die Leibeigenschaft der Bauern polemisiert wurde, weil sich in diesem Text noch andere – tatsächlich oder vermeintlich – radikale Forderungen finden und weil das Ganze in deutscher Sprache verfaßt war, glaubte man im ausgehenden 19. Jahrhundert, in dieser Schrift die »Trompete des Bauernkriegs« von 1525 vor sich zu haben,[19] also einen Text, der den unzufriedenen Bauern dazu gedient habe, ihre Beschwerden und Forderungen in ein großes Konzept zusammenfließen zu lassen.

Fast ein Dreivierteljahrhundert lang sind diese Reformschriften des 15. Jahrhunderts auf solche Art gedeutet worden. Die Schriften der Gelehrten, die Entwürfe der Praktiker und die Zeugnisse aus den Reichstagsakten wurden als die Spuren eines großen Diskussionsprozesses begriffen und als solche mit um so größerer Sympathie begrüßt, als man in ihnen manches von dem zu entdecken meinte, was man am Mittelalter und vor allem an dessen letztem Jahrhundert so schmerzlich vermißte. Kam hier nicht am Ende doch die Stimme der Vernunft zur Geltung? Wurde nicht hier endlich die Notwendigkeit eines wirkungsvollen Staates erkannt? Gelang es diesen Reformern nicht, uralte Lasten und Bürden als solche zu erkennen und auf diese Weise den Weg zu einem mächtigen einheitlichen Staat frei zu machen? Aber damit wurden den Texten des 15. Jahrhunderts Hoffnungen des 19. Jahrhunderts unterlegt. Die Texte selber wurden nur unzureichend gelesen, und es wurde überdies verkannt, daß die Möglichkeiten der Kommunikation im 15. Jahrhundert eine Reformdebatte, wie sie hier angenommen wurde, gar nicht erlaubt hätten.

Jene anonyme Reformschrift von 1439 trägt den Titel »Reform Kaiser Siegmunds«.[20] Die spärlichen Zeugnisse dafür, daß dieser Text gelesen worden ist und Wirkungen gehabt hat, machen es fast unmöglich, daß ihm für den Bauernkrieg tatsächlich eine Bedeutung zugekommen sein könnte. Wenn diese Reformschrift verhältnismäßig oft abgeschrieben und am Ende mehrfach gedruckt wurde, so lag das offensichtlich daran, daß man ihr ihren Titel geglaubt hat; man hielt sie für eine Verlautbarung Kaiser Siegmunds, und so legte man sie neben die Goldene Bulle von 1356 und den Reichslandfrieden von 1442.[21] Als Gesetz war dieses merkwürdige Buch freilich nicht zu benutzen, und so erklärt wahrscheinlich gerade die zeitgenössische Klassifikation seine Wirkungslosigkeit.

Andere Reformschriften wirkten nur in den Zusammenhängen, für die sie entstanden waren. Das erwähnte Konzept Job Veners vom Konstanzer Konzil ist nur innerhalb der Konzilsakten überliefert. Über die Generation der Konzilsteilnehmer hinaus dürfte es keine Wirkungen gehabt haben, und das gleiche gilt für die Reformschrift des berühmten Nikolaus von Cues. Das Ende des Basler Konzils und des Konziliarismus überhaupt setzte auch der Wirkung dieses Reformentwurfs eine offensichtlich strikte Grenze, so daß es sich verbietet, die Reformen der Maximilian-Zeit etwa an den Gedanken des Nikolaus von Cues zu messen.[22] Was hätten auch diejenigen, die im Jahre 1495 beachtliche und folgenreiche Reformen durchsetzten, mit jenen alten Texten anfangen sollen, die angesichts ihrer Herkunft von der Kirchenreform und von der gelehrt-rechtlichen Theorie Reichsverfassungen vorschlugen, die weit oberhalb der bestehenden Institutionen angesiedelt waren? Dennoch gibt es Verbindungen. Als sich in den Jahren 1453 und 1454 der Kurfürst von Trier, Jakob von Sierck, mit Reichsreformvorschlägen zu Wort meldete und ein Jahrzehnt später im Namen des böhmischen Königs ähnliche Forderungen erhoben wurden, hatten Juristen ihre Hand im Spiel, die wie Nikolaus von Cues ihre Karriere auf dem Basler Konzil begonnen hatten.

Dennoch begann nun, was die Reichsreform angeht, die Periode der Praktiker. Die Zeit der universalen Entwürfe und der Parallelisierung von Reich und Kirche war zu Ende. Im Zentrum der Überlegungen stand das Problem der Rechtssicherheit, also die Landfriedensfrage. 1442 hatte man die gewaltsame Selbsthilfe, das Recht zur Fehdeführung, bestehen lassen und nur an bestimmte Normen gebunden. Wollte man, wie schon Barbarossa zu Anfang seiner Regierungszeit, die Fehde grundsätzlich verbieten, so bedurfte es nicht nur einer wirkungsvollen Reichsgerichtsbarkeit, sondern vor allem einer Exekutive, die den Verurteilten die Beachtung der Urteile aufzwang und gegen diejenigen vorging, die das Reichsgericht ignorierten. Eine solche Exekutive aber kostete Geld, und so war mit der Frage des Landfriedens unauflösbar nicht nur das Problem der Reichsgerichtsbarkeit, sondern auch das der Reichssteuern verbunden.

Damit aber war eine Machtfrage aufgeworfen. Wer sollte die Reichsrichter ernennen, wer die Reichssteuern einziehen und wer die mit Hilfe der Reichssteuern besoldeten Kriegsknechte einsetzen? Falls es der König gewesen wäre, so hätte ihm das eine Stellung verschafft, wie keiner seiner Vorgänger sie in den letzten Jahrhunderten gehabt hatte. Falls die Gerichtsbarkeit und die Steuern aber in die Hände der Reichsstände geraten wären, so wäre das auf eine Schwächung des Königs hinausgelaufen, welche die Zustände unter Friedrich III. noch übertroffen hätte.

Doch erweist sich auch hier die Fragwürdigkeit einer Geschichtsschreibung, welche die Handlungen Früherer kritisiert und sich dabei einfach auf die Polemik von Zeitgenossen stützt. Die Reihe der Versäumnisse, die Friedrich III. zu Lebzeiten vorgeworfen wurden, scheint unerschöpflich. Die Akten, die erst dem späteren Historiker als Maßstab der Urteilsbildung zur Verfügung stehen, weisen den Kaiser nicht selten als einen ganz anderen Regenten aus. Sie

Das Grabmal Kaiser Maximilians in der Innsbrucker Hofkirche

Maximilian hat für sich ein beispielloses Grabmal geplant, das, wenn es plangemäß vollendet worden wäre, all seine sonstigen Bemühungen um die Verewigung des eigenen Ruhms und der Glorie seines Hauses in den Schatten gestellt hätte. Auch in seiner fragmentarischen Gestalt ist die Anlage eindrucksvoll genug. Um das kostbare Grab des Kaisers - in dem dessen Leichnam jedoch nicht liegt - stehen überlebensgroß seine Vorfahren sowie Helden aus der Vorzeit, die er als seine Vorfahren in Anspruch nahm, unter ihnen der Gotenkönig Theoderich. Peter Vischer hat die Figur nach dem Entwurf Albrecht Dürers gegossen.

machen sichtbar, daß er jene Regierungsmaximen, die er in seinem Notizbuch[23] festhielt und die darauf hinausliefen, Ansprüche, Schädigungen und Kränkungen nicht zu vergessen, tatsächlich beherzigte. Jenseits seiner militärischen Niederlagen und der so offensichtlichen Untätigkeit, die man ihm vorwarf, hat er unnachsichtig auf Ansprüchen des Reiches beharrt, Außenstände eingetrieben, Rechte wahrgenommen und immer wieder das Lehnsrecht dazu benutzt, die Bindungen zwischen dem König und Gliedern des Reiches zu festigen.[24] Reichsreform: das war, gerade im zeitgenössischen Horizont, nicht nur die Schaffung neuer Normen, sondern auch und vor allem tägliche Politik.

Doch erfuhr auch Friedrich III., daß die tägliche Politik nicht ausreichte. Die Bedrängnis, in die ihn am Ende seiner Regierungszeit König Matthias von Ungarn brachte, ließ sichtbar werden, daß grundsätzlichere Entscheidungen unvermeidlich waren. Einen ersten Erfolg brachte der Reichstag von 1486. Maximilian wurde zum König gewählt, und das hieß, daß der ungarische König seine Hoffnungen auf die römisch-deutsche Krone begraben mußte. Doch wie sollte man des Ungarn mächtig werden? Die Stände waren zur Bewilligung der dazu nötigen finanziellen Mittel nicht ohne eine Klärung der offenen Verfassungsfragen bereit. Aber zu einer solchen Klärung kam es einstweilen nicht.[25]

Fast konnte es scheinen, als würde sie sich auch vermeiden lassen. Im Jahre 1488 wurde in Südwestdeutschland mit kaiserlicher Autorität der Schwäbische Bund gegründet, eine Art Landfriedensbündnis, das sich von früheren Landfriedensbündnissen jedoch durch das Gewicht unterschied, das dem König beziehungsweise Kaiser in ihm zukam. Die Sicherung des Landfriedens, die im Mittelpunkt der auf eine Reichsreform zielenden Überlegungen stehen mußte, wurde hier für einen beträchtlichen Teil des Reiches praktisch gelöst; die Mitglieder des Schwäbischen Bundes verzichteten auf einen nicht unerheblichen Teil ihrer politischen Selbständigkeit. Gerade der Bauernkrieg von 1525 sollte erweisen, daß der Schwäbische Bund tatsächlich in der Lage war, das Machtpotential seiner Mitglieder zusammenzufassen und einzusetzen.

Doch blieben die Verfassungsfragen weiterhin aktuell. Der König, der im Westen in Burgund und im Osten in Ungarn und Böhmen politisch so stark engagiert war, war darauf aus, die Mittel des Reiches für seine Politik einsetzen zu können. Aber die mißtrauischen Reichsstände hatten in dem Erzbischof von Mainz, Berthold von Henneberg, einen energischen Wortführer, der auf einer Unterscheidung von Reichs- und habsburgischen Interessen bestand.

1495, auf dem ersten Reichstag, den Maximilian als selbständiger König nach dem Tode seines Vaters abhielt, wurden die wichtigsten Fragen entschieden. Das Resultat dieses Reichstages in Worms waren ein Landfrieden, der die Fehde ohne jede Einschränkung verbot,[26] die Einrichtung eines Reichskammergerichts, das die Aufgabe hatte, jene rechtlichen Streitigkeiten zu entscheiden, die bisher mit Hilfe der Fehde ausgetragen worden waren,[27] eine Reihe von Bestimmungen über die nähere Ausführung dieser Gesetze[28] sowie ein Kompromiß über die in den nächsten Jahren zur Gewährleistung dieser Reformen einzuziehenden Reichssteuern.[29]

Eine dauerhafte Reichssteuer wurde 1495 nicht beschlossen; die neuen Bestimmungen galten nur für kurze Zeit, und sie konnten selbst in diesen Jahren nicht die notwendige Finanzierung von Reichsaufgaben gewährleisten. Trotzdem haben die Reformen von 1495 Epoche gemacht. Obwohl der Reichslandfrieden zunächst nicht verhindern konnte, daß weiterhin Fehden geführt wurden - Götz von Berlichingen, einer der berühmtesten Raubritter seiner Zeit, hat seine Fehden ja nach dem Reichslandfrieden von 1495 geführt -, ist es im 16. Jahrhundert dem Kaiser und seinen Beauftragten dennoch gelungen, die Kriminalisierung der Fehde zu erzwingen. So kommt dem Reichslandfrieden von 1495 in der Geschichte der Durchsetzung des staatlichen Gewaltmonopols in Deutschland eine erhebliche Bedeutung zu.

Schon daraus ergibt sich, daß auch die Einrichtung des Reichskammergerichts nicht vergeblich gewesen sein kann, da das staatliche Gewaltmonopol ja eine funktionierende Gerichtsbarkeit voraussetzte. Auch hier waren die ersten Jahre nach 1495 nicht dazu angetan, von den damaligen Beschlüssen dauerhafte Wirkungen zu erwarten. Zeitweise lief das neue Reichsgericht sogar mangels Bezahlung seiner Mitglieder auseinander. Trotzdem wurde es bald darauf zu einer fest etablierten und ganz überwiegend auch erfolgreichen Institution.

Schon Friedrich III. hatte für ein neues Reichsgericht an seinem Hof gesorgt, und dessen Effektivität war größer als die des alten Reichshofgerichts, das in den fünfziger Jahren zu existieren aufhörte; im Jahre 1471 war dem neuen Kammergericht sogar eine eigene Ordnung gegeben worden. So bedeuteten die Beschlüsse des Jahres 1495 nur eine Fortsetzung dessen, was längst vorbereitet worden war, und so erweist sich auch hier, daß Maximilian auf dem aufbauen konnte, was sein vermeintlich so untätiger Vater angebahnt hatte. Der Erfolg dieser Reformen war im Jahre 1519, als Maximilian starb, indessen noch nicht abzusehen. Im Hinblick auf die Reichsgeschichte stellt der Übergang von Maximilian I. zu seinem Enkel Karl V. in vieler Hinsicht keinen tiefen Einschnitt dar.

10.
Die deutschen Städte am Ende des Mittelalters

Deutschland war am Ende des Mittelalters eine durch und durch städtisch geprägte Welt. Auch wenn nur bestenfalls ein Fünftel der Bevölkerung in Städten lebte, auch wenn keine dieser Städte mehr als fünfzigtausend Einwohner zählte,[1] waren es doch die Städte und nicht die Burgen oder Klöster auf dem Lande, in denen sich die Wege der Waren und die Bahnen der Gedanken kreuzten. Selbst wenn auf dem Lande gewerblich gearbeitet wurde - namentlich in Oberschwaben gab es weite ländliche Regionen, wo Barchent in einer geradezu vorindustriellen Weise produziert wurde[2] -, so konnten diese Gewerbegebiete doch nicht ohne städtische Zentren existieren; das typische Landgewerbe, das sich überall fand, war auf die Stadt angewiesen. Wo es auf dem Lande gelungen war, der spätmittelalterlichen Agrarkrisis und vor allem dem jahrzehntelangen Tiefstand der Getreidepreise durch den Anbau neuer Pflanzen oder durch die Umwandlung der Kornfelder in Viehweiden oder Karpfenteiche zu entgehen, war die Nähe städtischer Verbraucher die Voraussetzung für den Wandel in der Landwirtschaft.

Wie groß waren diese Städte? Gelegentlich werden Zahlen genannt - in der Regel von Haushaltungen oder Steuerzahlern, manchmal aber von Personen. Der Nürnberger Rat ließ im Jahre 1430, als die Stadt von den Hussiten bedroht war und für den Fall einer Belagerung der Nahrungsmittelbedarf geschätzt werden mußte, eine Zählung der Erwachsenen vornehmen. Sie ergab 15499

Die Feldseite vom Vortor des Stargarder Tores in Neubrandenburg (Mecklenburg). Das in der ersten Hälfte des 15. Jahrhunderts angelegte Vortor, das zusammen mit dem älteren Tor einen Zwinger bildete, läßt erkennen, daß die Befestigungen nicht nur der Verteidigung dienen, sondern auch repräsentieren sollten.

Personen, die älter als zwölf Jahre waren.[3] Rechnet man die mutmaßliche Zahl von Kindern hinzu, so kommt man auf etwa 20000 Einwohner.

Damit war Nürnberg eine Großstadt. Um 1500 zählte die größte deutsche Stadt, Köln, etwa 40000 Einwohner. Nürnberg war im 15. Jahrhundert schnell gewachsen und hatte nun etwa 30000 Einwohner. Zwischen 20000 und 30000 Einwohner hatten Straßburg, Augsburg, Metz, Wien, Prag, Lübeck, Magdeburg und Danzig.

Alle anderen Städte hatten weniger als 20000 Einwohner, unter ihnen so bedeutende Orte wie Regensburg, Mainz oder Lüneburg. Nach damaligem Verständnis, aber auch noch für die Verhältnisse der Goethezeit - Weimar hatte damals gegen 6000 Einwohner -, waren solche Städte groß, und eine Zahl von etwa 3000 Einwohnern machte eher eine mittlere als eine Kleinstadt aus. Die meisten der etwa viertausend deutschen Städte waren kleiner. In den anderen europäischen Ländern waren die Zahlen ähnlich, auch London zählte nur an die 30000 Einwohner. Am Ende des Mittelalters näherte sich Paris der Zahl 100000, während Mailand und Florenz nur wenig größer waren. Deutlich mehr als 100000 Einwohner hatte im Mittelalter keine Stadt. Überall waren die meisten Städte für die Begriffe des 19. und des 20. Jahrhunderts sehr klein.

Doch auch die kleinen Städte schützte in aller Regel eine Mauer. Die Stadtbewohner waren gegen die normale Form des Krieges, die

Die Wehrhaftigkeit der Stadt: Zwei Bewaffnete am Portal des Regensburger Rathauses

Das Portal stammt aus dem frühen 15. Jahrhundert. Die beiden Kämpfer über dem Stadtwappen sind mit Kettenpanzer, Armschienen und Eisenhut ausgestattet. Der eine trägt einen Streithammer, der andere wirft einen Stein, er wird also bei der Verteidigung der Stadtmauer gezeigt. Links ein Normalmaß: die Elle. Daneben befinden sich - auf dem Bildausschnitt nicht mehr zu sehen - Schuh und Klafter.

Die Göttinger Landwehr

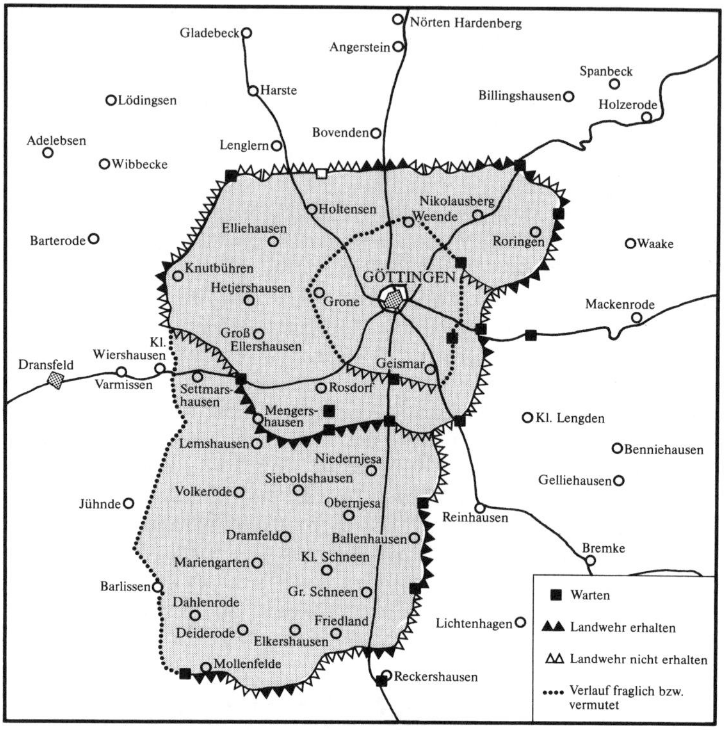

Ulmer Bürger- und Spitalbesitz

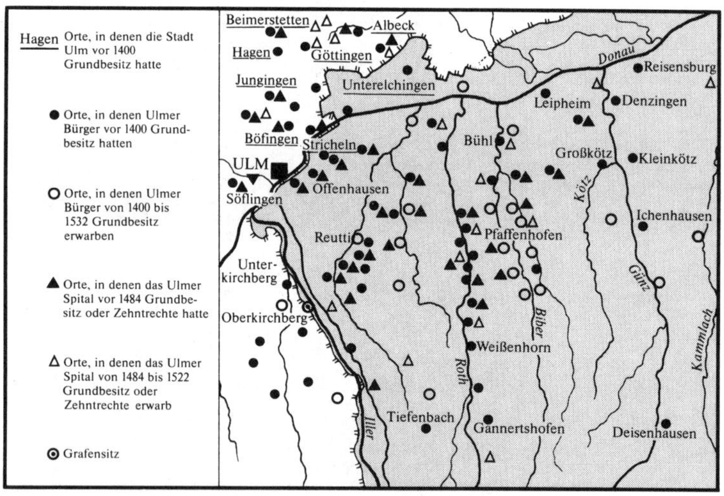

Fehde und den mit geringen Kräften unternommenen Überfall, gesichert. Größere Städte schützten sogar das vor der Mauer gelegene städtische Umland, das von den Bürgern landwirtschaftlich genutzt wurde und in dem sich häufig auch Gewerbebetriebe wie etwa Mühlen befanden, durch Hecken, Gräben und Türme. Die Überreste solcher städtischen Landwehren im heutigen Gelände lassen erkennen, daß die wirtschaftlichen Interessen der Stadtbür-

Ein Turm der Göttinger Landwehr bei dem Dorf Roringen

Ein Stück des Landwehrgrabens östlich von Nikolausberg bei Göttingen. Im Hintergrund der Stumpf eines Landwehrturms. Auch in seinem heute teilweise eingeebneten Zustand läßt der Graben ahnen, wie groß die Anstrengung gewesen sein muß, die sich hinter diesem viele Kilometer langen, mit primitiven Hacken und Grabinstrumenten dem steinigen Boden abgewonnenen Bauwerk verbirgt.

ger über die Mauer hinausreichten, daß die Städte auch dann von teilweise städtischen Zonen umgeben waren, wenn sie ein eigenes Territorium nicht besaßen.

Das Leben hinter der Mauer bewahrte aber nicht nur vor dem Krieg, sondern auch vor dem Hunger. Die Stadtregierungen nötigten die Stadtbewohner zur Vorratshaltung, und sie richteten selbst große Vorratshäuser ein, in denen namentlich Getreide gehortet

Der Nürnberger Rat ließ in den Jahren 1481 bis 1502 zu zwei bestehenden Getreidemagazinen noch vier weitere errichten. Abgebildet ist die sogenannte Kaiserstallung neben der Burg aus den Jahren 1494/1495. Das riesige Dach diente als Getreidespeicher.

Das Spital zum Großen Heiligen Kreuz in Goslar

Die Straßenfront des Hospitals von 1254 mit dem aus der Gründungszeit stammenden Hauptbau und einem älteren Gebäude, das ursprünglich zu einer Stiftsgeistlichen-Kurie gehörte, läßt die Größe der Anlage zwar ahnen, verdeckt aber, daß sie erheblich tiefer ist als breit. Wie überall bildete das städtische Hauptspital einen der größten Baukomplexe innerhalb der Stadt. Die Rathäuser waren erheblich kleiner.

wurde, das in Notzeiten verbilligt oder bei Bedürftigkeit umsonst ausgegeben wurde. Auf dem Lande drohte im Falle von Mißernten und Teuerungen bis ins frühe 19. Jahrhundert der Hungertod. In den größeren Städten war er dagegen am Ende des Mittelalters besiegt.

Zu den Voraussetzungen dieses Sieges zählte auch die Fülle der Almosen, die in den Städten verfügbar waren. Zu den »guten Werken«, mit denen sich vermögende Christen den Himmel zu verdienen suchten, rechnete man nicht nur Spenden zugunsten der Kirchen und ihrer Ausstattungen, sondern auch Almosen, und oft war das eine mit dem anderen verbunden. Die Spitäler, zu deren Stiftung sich reiche Bürger zusammengetan hatten, dienten nicht nur der Versorgung hilfloser Personen, sondern waren auch Orte, wo für das Seelenheil der Stifter gebetet wurde. Die Altäre, die vermögende Bürger oder städtische Korporationen den Stadtkirchen stifteten, erhielten meistens zusätzliche Kapitalien, aus deren Erträgen kleine Summen an die gezahlt wurden, die am Gottesdienst teilnahmen.

So zogen die Städte Arme oder in Not Geratene in größerer Zahl an, als nach der Meinung der städtischen Obrigkeiten versorgt werden konnten, und deshalb wurde die Armut hier vielfach reglementiert. Die alte Frage, ob man nicht zwischen verschuldeter und unverschuldeter Armut unterscheiden müsse, wurde in den Städten verschärft gestellt. Die Ummauerung der Stadt konnte auch dazu dienen, den Zuzug unerwünschter Armer zu verhindern, so daß die

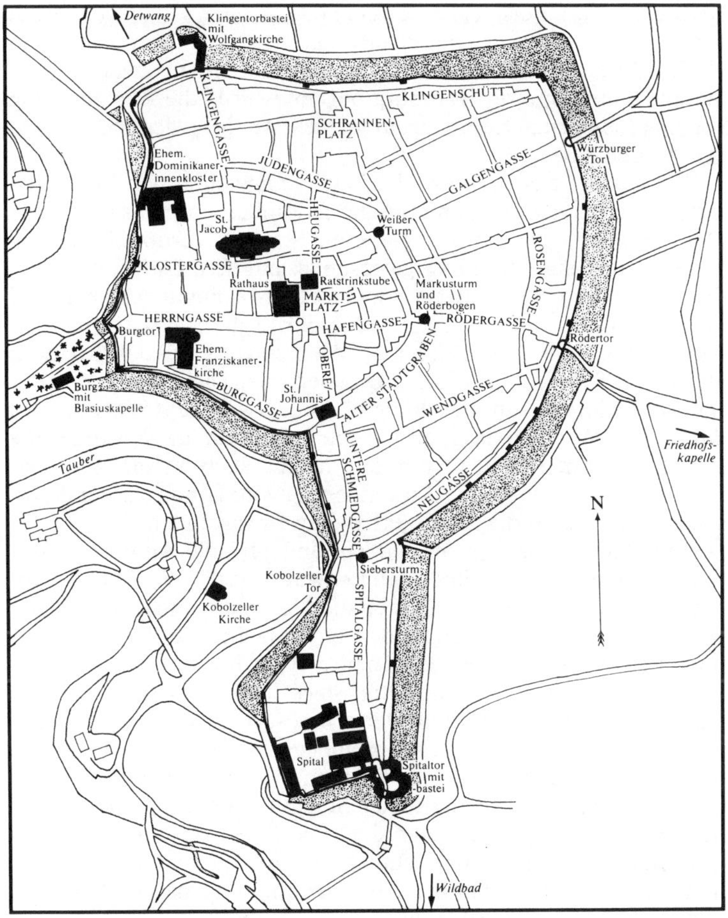

Der Grundriß des mittelalterlichen Rothenburg mit dem Spitalviertel

städtischen Almosen nur den eigenen Armen zukamen. Am Ende erlaubte es die Modernität der städtischen Verwaltung, Beihilfen in einer Weise zu vergeben, die an die Rationierung der Lebensmittel in den Kriegen unseres Jahrhunderts erinnert.[4]

Wie den Zuzug der Armen, so kontrollierten die städtischen Obrigkeiten die Zuwanderung überhaupt. Nachdem die durch die Seuchen vor allem in der Mitte des 14. Jahrhunderts verursachten Bevölkerungsverluste in den Städten überall schnell ausgeglichen worden waren, sind die Bevölkerungszahlen wohl nur dort noch gestiegen, wo sich, wie etwa in Nürnberg, die Wirtschaft überdurchschnittlich entwickelte. Obwohl ein nicht unbeträchtlicher Teil der ländlichen Bevölkerung in die Städte drängte, gelang es offensichtlich, diesen Zustrom zu steuern: durch Kontrolle der Stadtgrenzen, durch die Heraufsetzung oder Senkung der Gebühren, die bei der Erlangung des Bürgerrechts zu bezahlen waren, durch den Ausschluß bestimmter Personen vom Bürgerrecht oder der Zugehörigkeit zu einer Zunft. Seit dem Ende des 14. Jahrhunderts mehrten sich die Bestimmungen, die die Angehörigen bestimmter ländlicher

Berufe, wie zum Beispiel Leineweber oder Müller, sowie uneheliche Kinder von der Erwerbung des Bürgerrechts oder dem Eintritt in eine städtische Korporation ausschlossen. In Ostdeutschland, das in diesem Falle schon in Hamburg begann, wurde die Abstammung von nichtdeutschen Eltern zu einem nicht weniger wichtigen Grund des Ausschlusses.[5]

Was machte das Leben in der Stadt so anziehend und wodurch unterschied es sich von dem, was die Zuwanderer hinter sich ließen? Die Bevölkerungsverluste, welche die Seuchen verursacht hatten, waren in den Städten höher gewesen als auf dem Lande. Nahmen die Zuwanderer also ungesundere Lebensbedingungen in Kauf? Das scheint der Fall gewesen zu sein, dürfte aber das damalige Verhalten wohl nicht bestimmt haben. Ähnlich wie im 19. Jahrhundert, als sich die ländliche Bevölkerung in den Mietskasernenvierteln der Industriestädte zusammendrängte, ähnlich wie heute in Ländern der Dritten Welt, wo das Elend in den Suburbien die Zuwanderung vom Lande doch nicht verhindert, dürften auch im späteren Mittelalter die Gründe für die Abwanderung vom Lande stärker gewesen sein als die an die Stadt gerichteten Erwartungen.

Auch bleibt ungewiß, ob den Zuwanderern die Andersartigkeit des städtischen Lebens überhaupt bewußt wurde. Wie in den Dörfern lebten ja auch in den Städten die Menschen und das Vieh eng zusammen. Und wenn den modernen Betrachter der Umstand irritiert, daß die städtischen Brunnen nicht selten in unmittelbarer Nähe von Abtritten angelegt waren, so ist damit doch wenig über die Qualität des Wassers in den Dörfern gesagt. In gebirgigen Landschaften mag sie gut gewesen sein, aber dort wurden auch die Städte mit nach heutigen Begriffen frischem Wasser versorgt. War das Leben in den spätmittelalterlichen Städten ungesund, war es durch Schmutz und Bakterien gefährdet? Die Überlieferung bietet uns nicht nur Nachrichten über Schmutz und Kot auf den Straßen, sondern auch Vorschriften über die Beseitigung von Unrat und Müll. In den größeren Städten gab es überdies Ärzte und Apotheken, die den Landbewohnern nicht zur Verfügung standen.

Doch dürfte, wer vom Lande in die Stadt drängte, ganz einfach von den Möglichkeiten des Lebens und Arbeitens angezogen worden sein. Auch wenn die Bedingungen für die Erlangung des Bürgerrechts immer mehr erschwert wurden und sich vor allem die Zünfte gegen Zuwanderer wehrten, blieben viele Chancen. Saisonarbeit konnte mit städtischen Almosen kombiniert werden. In den größeren Städten waren vielfältige Hilfstätigkeiten gefragt. Wo Waren umgeschlagen wurden, brauchte man Träger, und wo man dabei Kräne benutzte, bedurfte es der Menschen, welche die Laufräder in Bewegung hielten. Wo Handelsschiffe ihre Anker lichteten, hatte derjenige, der zu einem Risiko bereit war und über einen kleinen Betrag verfügte, die Chance, vom Handel zu profitieren. Aus den Hansestädten wie auch aus den süddeutschen Zentren des Handels gibt es nicht wenige Beispiele dafür, daß sich auch Leute mit geringem Vermögen kleine Anteile an Schiffsladungen oder an Warenbeständen, die über die Alpen gebracht wurden, kauften.

Aber es war nicht nur der Fernhandel, der die Möglichkeit eröffnete, ein kleines Vermögen zu erwerben, das wiederum den Zugang

Epitaph für einen Arzt

In Landsberg am Lech hat sich außen an der Pfarrkirche der Gedenkstein für einen Arzt von 1510 erhalten. Der Verstorbene wird durch das Buchattribut als gelehrter Arzt charakterisiert. Der Bildhauer zeigt ihn bei der wichtigsten Diagnosemethode, welche den Medizinern im Mittelalter zur Verfügung stand: bei der Urinprobe.

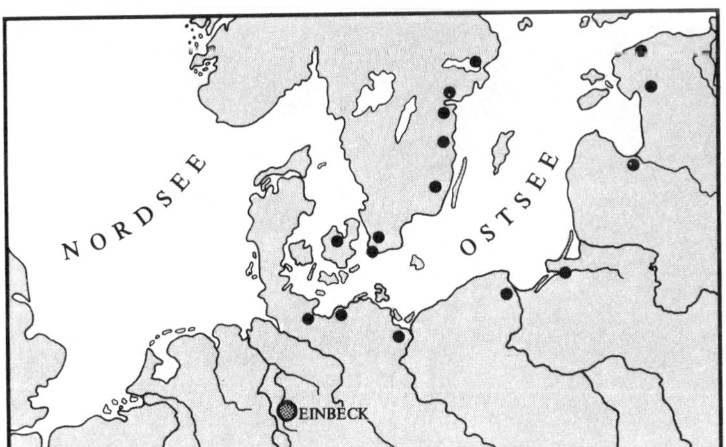

Der Absatz eines Exportprodukts: des Einbecker Biers, von dessen Namen sich das »Bockbier« herleitet.

zu einer höheren Schicht eröffnete. Wovon lebten die Stadtbewohner? Soweit sie nicht – wie die meisten – »Ackerbürger« waren, zielte ihre Tätigkeit auf den Austausch zwischen der Stadt und deren nächster Umgebung. Exportgewerbe-Städte mit spezialisierter Produktion, wie zum Beispiel Augsburg oder Braunschweig, waren im späteren Mittelalter die Ausnahme. Und auch sie versorgten in erster Linie ihr Umland und die eigene Einwohnerschaft. Auch in den großen Handelsstädten hatten die Zünfte der Bäcker und der Fleischer die größten Meisterzahlen.

Hinter der Existenzform eines Fleischermeisters konnte sich allerdings auch die Realität eines Viehhändlers verbergen, und derjenige, der in der Meisterliste einer Bäckerzunft als einer von vielen figurierte, die durch die Zunftvorschriften zu weitgehender wirtschaftlicher Gleichheit gezwungen waren, konnte in Wahrheit ein reicher Kornhändler sein. Die Chancen des Handels machten die traditionellen Grenzen immer wieder gegenstandslos.

Versucht man trotzdem, ein idealtypisches Bild städtischer Gesellschaften zu geben, so liegt es nahe, von drei Schichten auszugehen. Die Oberschicht besteht in einem solchen Falle aus den Angehörigen der traditionellen städtischen Führungsgruppe, aus den Nachfahren also vor allem der städtischen Ministerialen, sowie aus Fernhändlerfamilien. Die Mittelschicht wird dann von den Handwerksmeistern gebildet, während zur Unterschicht die nicht im Haushalt der Meister lebenden Handwerkergesellen, die unselbständigen Lohnarbeiter, kleine Krämer und andere gehören, die nur teilweise in die städtische Gesellschaft integriert waren.[6]

Solche Gesellschaftsmodelle lassen sich dort, wo Steuerakten erhalten sind, einigermaßen schlüssig auf die überlieferte Wirklichkeit anwenden. Doch decken sie nur einen Teil dieser Wirklichkeit ab. Sie verbergen, daß die Stadtgesellschaften mobil waren, daß ungeachtet der erwähnten sozialen Schranken aus einem Zuwanderer ein Handwerksmeister werden konnte und daß der Weg vom Zunftbürgertum in die Oberschicht keineswegs versperrt war.

Auch die politische Verfassung der Städte war durch Stabilität wie durch die Möglichkeit der Mobilität bestimmt. Im Falle eines ideal-

Der große Saal aus dem Haus der Konstanzer Metzger

Macht und Ansehen städtischer Zünfte spiegeln sich nicht selten in großen Zunfthäusern – über welche die meisten Zünfte freilich nicht verfügten. Das Konstanzer Haus stammt aus dem 14. Jahrhundert, der Saal in seiner heutigen Gestalt aus dem Jahre 1454.

Der Kran am Lüneburger Hafen

Der Lastkran in seiner heutigen Gestalt stammt zwar aus dem 18. Jahrhundert, repräsentiert in seiner Konstruktion jedoch die mittelalterliche, in Lüneburg zuerst 1346 bezeugte Maschine. Kern der Anlage ist ein mit Menschenkraft betriebenes Tretrad, dessen Drehung das Heraufwinden von Lasten ermöglicht.

typischen Modells würden die Angehörigen der Oberschicht den Rat besetzen, während die Mittelschicht am Stadtregiment doch insoweit beteiligt wäre, als ihre Angehörigen das Bürgerrecht besäßen und über eng begrenzte Mitbestimmungsrechte verfügten. Die Unterschicht würde dann durch diejenigen gebildet, die kein Bürgerrecht hatten, sondern in der Stadt als einfache Einwohner lebten, also keine Mitbestimmungsrechte besaßen, jedoch trotzdem an das Stadtrecht gebunden waren.

Preistafel vom Büchsenschießen in Schwäbisch Gmünd, 1480

In den spätmittelalterlichen Städten wurden Schießwettbewerbe ausgetragen – zunächst mit der Armbrust, später mit Feuerwaffen. Unsere heutigen Schützenfeste stehen in dieser Tradition. In Gmünd hat sich ein Gemälde erhalten, auf dem die Siegespreise eines solchen Treffens abgebildet sind.

Bürger / Amt	Bürgermeister	Ratsherr	Schoßherr	Pfennigmeister	Elektor	(Neuer) Mahner	Marktmeister	Werkmeister	Büwemeister	Sonstige Ämter
1. Hans Veltmans		●	●	●		●				
2. Volquin Grovende	●	●	●	●						
3. Hinrik Slüter		●	●		●	●				
4. Johann Sifferdes	●	●	●	●	●					●
5. Cort Boger	●	●	●			●				●
6. Diderik Derndal		●	●	●	●					
7. Hans Derndal	●	●	●		●					
8. Bertold Pilser								●	●	
9. Hinrik Wulffes									●	
10. Hinrik Henninges		●	●							
11. Hinrik Masken	●	●	●	●	●	●				●
12. Hans Hagenower						●			●	
13. Hans Bensen	●	●	●							
14. Diderik Slüter		●	●		●					
15. Hans Pilser							●			
16. Vit Derndal		●			●					
17. Johann Nydenstein		●								
18. Gerd Dobbeler										
19. Hans Kock		●	●	●	●	●		●		●
20. Gosschalk Vogedes										
21. Bernd Wulffes		●			●					
22. Hans Remensnider		●	●	●	●	●			●	●
23. Hinrik Schelen								●		
24. Adam Sifferdes		●	●	●	●					

Die vierundzwanzig reichsten Bürger von Höxter im Jahre 1516 und die von ihnen bis 1518 ausgeübten Ämter

Die Wohnorte der Bürgermeister von Höxter lassen erkennen, daß vermögende Bürger in bestimmten Teilen einer Stadt wohnten.

In der Wirklichkeit waren die Grenzen so sichtbar nicht. Wer als Handwerksmeister ein größeres Vermögen erwarb, dem gelang in aller Regel auch der Aufstieg in den Kreis der Ratsfamilien und wenn nicht er, so wurde doch sein Sohn zum Ratsherrn gewählt. Im allgemeinen folgte der soziale und politische Aufstieg dem wirtschaftlichen. Wo diese Folge unterbrochen wurde, kam es zu gewaltsamen Auseinandersetzungen.

In nicht wenigen Städten wurde im Laufe des 14. und 15. Jahrhunderts die traditionelle Herrschaftsordnung umgestürzt.[7] An die Stelle einer ungeschriebenen Verfassung, derzufolge der Rat aus nur wenigen städtischen Familien beschickt wurde, traten nach gewaltsamen Aufläufen und nicht selten blutigen Kämpfe neue städtische Räte, die ganz oder teilweise aus den Zünften kamen.

Seit dem ausgehenden 19. Jahrhundert hat man in diesen Kämpfen um die städtische Verfassung Bemühungen um eine Demokratisierung oder ähnliche moderne politische Ziele gesehen.[8] Tatsächlich ging es in den spätmittelalterlichen Städten keineswegs um so etwas wie Demokratie, sondern vielmehr um eine Erneuerung von Oligarchien. Selbst dort, wo es nicht zu gemischten Verfassungen kam, sondern wo neue Verfassungen den Rat ausschließlich aus Zunftmeistern bestehen ließen, erwies sich, daß nicht alle Zunftmeister und nicht alle Zünfte in der Lage waren, die Stadt zu regieren. Überall, wo Machtverhältnisse umgestürzt worden waren, zeigte sich bald, daß nur wenige Familien von den neuen Verhältnissen wirklich profitierten. Auch dort, wo der Umsturz gewaltsam erfolgt war und die Masse der städtischen Bevölkerung Anteil daran gehabt hatte, lief das Resultat der Umwälzungen darauf hinaus, daß vor allem die Familien, die im Laufe der Zeit zwar eine wirtschaftliche Machtstellung errungen hatten, jedoch nicht in die politische Führung der Stadt aufgenommen worden waren, am Ende Anteil an der politischen Macht gewannen oder diese ganz übernahmen.

Den unmittelbaren Anlaß für den Ausbruch von Kämpfen um die Macht in den Städten boten in aller Regel neue Abgaben. Die Aufständischen warfen den Stadträten Mißwirtschaft und persönliche Bereicherung vor. Beweisen ließen sich solche Vorwürfe selten. Die Vorteile, welche die Mitglieder städtischer Räte aus ihrer politischen Tätigkeit für das eigene Vermögen zogen, bleiben den modernen Historikern fast ebenso wie den Zeitgenossen verborgen. Wichtiger ist jedoch, daß die städtische Finanznot, die meistens zum Anlaß von Aufständen wurde, ihre Ursache nicht so sehr im Fehlverhalten der Stadtregierungen hatte als vielmehr in der expansiven Außenpolitik, die für die meisten größeren Städte des ausgehenden 14. Jahrhunderts charakteristisch war. Wenn die Städte sich nun als eigenständige politische Faktoren erwiesen, so zog das beträchtliche Kosten nach sich. Die Mauern mußten erhöht, die städtischen Arsenale mußten gefüllt und die in Sold zu nehmenden Kriegsknechte mußten bezahlt werden. Das alles bedeutete eine Erhöhung der Abgaben, gegen die zu polemisieren leicht war. Wo die innerstädtischen Unruhen zur Bildung neuer Stadtregierungen führten, haben diese in aller Regel die expansive Politik ihrer Vorgänger fortgeführt und die städtischen Abgaben keineswegs reduziert.

Zu gewaltsamen Auseinandersetzungen führten nicht selten

Kettenhaken in Lüneburg

In den spätmittelalterlichen Städten gab es die Möglichkeit, die wichtigsten Straßen durch aufgezogene Ketten zu sperren: im Falle eines Einbruchs von Feinden, aber auch im Hinblick auf inneren Aufruhr. Die Ketten hingen an Hauswänden und mußten auf ein bestimmtes Signal über die Straße gespannt und an einem am gegenüberliegenden Haus angebrachten Haken befestigt werden.

auch Versuche einzelner, sich auf Kosten ihrer Standesgenossen Macht zu verschaffen und die eigene Person zum Herrscher über die Stadt zu machen. Auf Dauer ist das jedoch in keiner deutschen Stadt gelungen – die deutschen Städte verwandelten sich, anders als die italienischen, nicht in Signorien. In Rothenburg, in Zürich oder in Augsburg beispielsweise wurden solche Versuche vereitelt. Die Usurpatoren bezahlten ihren Ehrgeiz mit dem Leben: sie wurden hingerichtet oder ermordet. Die regierenden Oligarchien beantworteten das Ausbrechen eines der Ihren aus den traditionellen Herrschaftsstrukturen mit unnachsichtiger Härte und mit schnellen Prozessen, die an ein standgerichtliches Verfahren erinnern.[9]

Die Normen des Zusammenlebens in der Stadt waren nicht nur in dieser Hinsicht streng. Die wichtigste Quelle städtischen Rechts war die Gesetzgebung des Rates, und die griff tiefer in das Leben der Stadtbewohner ein als die entsprechenden ländlichen Normen. Umfassen dörfliche »Weistümer«, nämlich die schriftlich fixierten Gesetze eines Dorfes, nur jeweils wenige Seiten, so füllen die Ratsgesetze in den größeren Städten ganze Bücher.[10] Das dichte Zusammenleben der Menschen machte Bauordnungen erforderlich, auf die man in Dörfern verzichten konnte, weil dort das Herkommen verhinderte, daß der einzelne seinen Nachbarn durch Bauen behinderte oder sich durch ein allzu repräsentatives Haus über seines-

Eine Fehde: Vier Ritter rauben städtisches Vieh

Die Abbildung aus der ersten Hälfte des 14. Jahrhunderts entstammt dem Soester »Nequam-Buch«, in das von 1315 bis 1421 Ächtungen, Verbannungen, Urfehde-Erklärungen sowie Vergehen eingetragen wurden. In Soest wurde also – wie in anderen Städten auch – über die Konflikte mit dem Adel des umliegenden Landes Buch geführt. So nennt der zu dem Bild gehörende Text die Namen der Räuber.

Das Toppler-Schlößchen unterhalb von Rothenburg ob der Tauber

In Franken richteten sich die Ratsfamilien der großen Städte, vor allem Nürnbergs, kleine Wasserburgen auf dem Lande ein: Mittelpunkte ihrer ländlichen Besitzungen und Zeugnisse einer adelsgleichen Lebensweise. In Rothenburg hat sich das von dem Bürgermeister Heinrich Toppler 1388 errichtete Weiherhäuschen erhalten. Die Bauinschrift bringt dessen Errichtung mit dem Krieg des Schwäbischen Städtebundes gegen die süddeutschen Fürsten im Vorjahre zusammen, in dem Toppler der Kriegshauptmann gewesen war, betont, daß der Bürgermeister das Bauwerk auf eigene Kosten errichtet habe und wehrt sich offensichtlich gegen den Vorwurf, der überaus mächtige und reiche Mann habe seine öffentlichen Ämter zur Vermehrung seines Vermögens benutzt. Am Ende konnte sich Toppler gegen solche und andere Vorwürfe nicht behaupten. Im Jahre 1408 wurde er nach einer Niederlage der Stadt verhaftet und wenige Tage später im Keller des Rathauses umgebracht.

gleichen erhob. In den Städten machte die Arbeitsteilung ein strenges Lebensmittelrecht nötig, während auf dem Lande in der Regel niemand so viele Abnehmer mit Fleisch oder Brot versorgte, daß es eines Schutzes der Verbraucher bedurft hätte.

Vor allem aber gab es in den Städten bewaffnete Stadtknechte, also eine Polizei, die imstande war, die Exekution von Urteilen zu erzwingen. Auch hier wirkte die Mauer nach innen. Sie konnte dem Delinquenten die Flucht unmöglich machen und ihn der städtischen Justiz so gewiß ausliefern, wie ein Landrichter der von ihm Verfolgten niemals habhaft werden konnte.

Auf der anderen Seite war die städtische Justiz nicht so blutig, wie das moderne, angesichts von »Folterkammern« zugleich schaudernde und sich erbauende Gefühl meint. Obwohl das Stadtrecht dem hochmittelalterlichen Landfriedensrecht verwandt war und deshalb viele Vergehen, wie zum Beispiel nach unseren Maßstäben nicht besonders schwerwiegende Eigentumsdelikte, mit dem Tode bedrohte, hatte die Rechtspraxis eine altertümliche Gestalt. War das Todesurteil einmal gesprochen, so wurde es im Falle von Bürgern nicht ohne weiteres vollstreckt, sondern meistens durch eine Buße ersetzt. Erst die sich modernisierenden Territorialstaaten setzten an der Wende vom Mittelalter zur Neuzeit die – wie man den Vorgang nennt – von den hochmittelalterlichen Landfrieden kommende Kriminalisierung des Strafrechts konsequent durch, und auch die gerichtliche Wahrheitsfindung mit Mitteln der »peinlichen Befragung«, also durch die Folter statt mit Hilfe des Eides, war im weltlichen Bereich mehr eine Sache der frühneuzeitlichen Staaten als der spätmittelalterlichen Städte.[11]

Dennoch waren die Städte vielfach die unmittelbaren Vorläufer dessen, was in den Staaten vollendet werden sollte. Die Dialektik von Rechtssicherheit und Zwang, von Frieden und obrigkeitlicher Gewalt bestimmte schon das Zusammenleben in den Städten; das Gewaltmonopol der politischen Führung hatte hier seine Anfänge. Die spätmittelalterlichen Städte haben der neuzeitlichen bürgerlichen Gesellschaft in der Tat vorgearbeitet – nur eben auf andere Weise, als die Historiker des 19. Jahrhunderts mit ihren Illusionen über mittelalterliche Bürgerfreiheit vermuteten und hofften.

Von ähnlicher Art waren die Erwartungen des 19. Jahrhunderts an eine bürgerliche Kultur in den spätmittelalterlichen Städten. Da die Wirklichkeit solchen Erwartungen nicht entsprach, kam es zu Interpretationen, denen zufolge die Städte wenigstens teilweise die Heimat einer besonderen Bürgerkultur waren. Wehte der bürgerliche Geist nicht sichtbar durch die weiten städtischen Hallenkir-

Ein mit Namen nicht bekannter Franziskaner-Mönch hat sich selbst zu Füßen eines von ihm gemalten Kalvarienberges mit Pinseln und Palette porträtiert. 1456 geboren, lebte er offensichtlich von etwa 1510 bis etwa 1530 im Kloster seines Ordens in Korbach.

Maria als Leserin

Die Darstellung jener Szene, in welcher ein Engel Maria die Geburt Christi verkündet, wird von den Malern des 15. Jahrhunderts meistens in eine Stube verlegt, wie man sie sich in einem reichen Bürgerhaus der Zeit vorstellen muß. So kann man annehmen, daß das Interieur im einzelnen spiegelt, was man in einem solchen Hause erwarten durfte. Der Umstand, daß Maria in der Regel in einem Gebetbuch lesend dargestellt wird, darf wohl als Zeugnis dafür verstanden werden, daß die Frauen aus vermögenden städtischen Familien damals lesen konnten und Bücher besaßen.

chen, während sich die feudale Ordnung gleichzeitig in der Gliederung hochgotischer Kathedralen spiegelte?[12] Dergleichen hat man oft vermutet. Tatsächlich haben die Stadträte Pfarrkirchen erbaut – etwa in Lübeck in Gestalt der Marienkirche –, die dem Bautypus der Kathedrale folgten, während die großräumigen Hallenkirchen des 14. und 15. Jahrhunderts keine städtische Spezialität waren. Die spätgotische Tafelmalerei ist gewiß in den Städten entstanden, aber die Maler haben Bürger und Geistliche, städtische und adlige oder fürstliche Kunden gleichermaßen bedient, und wenn es sich bei ihnen nicht um Handwerksmeister, sondern, wie wir aus Rothenburg oder Korbach zufällig wissen, um Franziskaner-Mönche handelte, gäben die Bilder doch keine Handhabe, eine bürgerliche von der Werkstatt eines geistlichen Malers zu scheiden.

Und die Literatur? Man kann nicht genau sagen, wie weit die Alphabetisierung in den Städten reichte. Doch dürfte im 15. Jahrhundert, da der des Lesens oder Schreibens unkundige Fürst oder Adlige so selten nicht war, ein Ratsherr ohne die Fähigkeit zu lesen und zu schreiben die Ausnahme gewesen sein; auch die meisten Handwerker beherrschten diese Kulturtechniken. Was aber lasen die Ratsherren, die Handwerker und vor allem ihre – in wenigstens ebenso großer Zahl des Lesens kundigen – Frauen? Soweit es sich bei ihrer Lektüre nicht um religiöse Texte oder um eine Literatur handelte, welche der Hauswirtschaft diente, waren es in der Regel

Erzählungen und Romane, die im 19. Jahrhundert die romantische Gattungsbezeichnung Volksbücher erhalten haben, Erzählwerke, welche die Stoffe der hochmittelalterlichen Ritterromane weitergaben. Eine wiederum im 19. Jahrhundert entstandene Tradition literaturhistorischer Urteilsbildung sieht in diesen Volksbüchern die Resultate von Verfall und Verfehlung. In den Städten, so lauteten solche Urteile, seien die ritterlichen Stoffe trivialisiert und vergröbert worden, und das schien auch gut erklärlich. Die städtischen Autoren dieser Bücher und ihre Leser hatten die ihnen fremde Welt des Adels so wiedergegeben, daß sie wenigstens einigermaßen in die andersartige städtische Wirklichkeit paßte.[13]

Tatsächlich ist aber auch die klassische Epik um 1200 zu einem beträchtlichen Teil in den Städten entstanden. Gottfried von Straßburg gehörte in ein städtisches Milieu, und wenn man Wolfram von Eschenbach oder dem Dichter des Nibelungenliedes dergleichen nicht zutraute, so erklärt sich das ganz einfach daraus, daß man die Lebensumstände beider Autoren nicht kennt. Auch Walther von der Vogelweide in Wien oder auf der Wartburg ist kein sicherer Zeuge für eine außerstädtische literarische Kultur in der klassischen Zeit. Wien war damals eine der größten Städte, und der Hof der Landgrafen von Thüringen war mit der Stadt Eisenach eng verbunden. Was die Stoffe anlangt, so bleibt die Literatur des 13., 14. und 15. Jahrhunderts sich weithin gleich, zumal es für spezifisch städtische Themen, für den Kaufmann als Helden einer Erzählung etwa, vereinzelte Beispiele nicht erst aus dem 15. Jahrhundert gibt, sondern schon aus der klassischen Zeit der mittelhochdeutschen Literatur.[14]

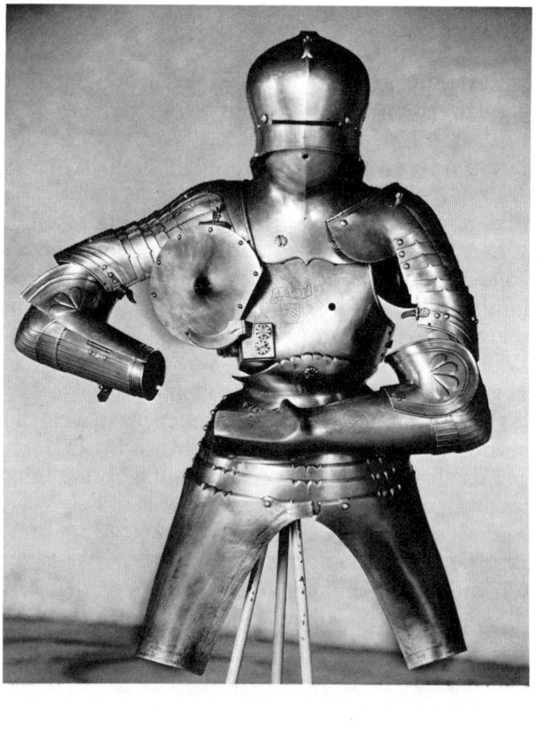

Rennzeug von 1498 aus dem Nürnberger Zeughaus

Der Nürnberger Rat hielt für seine Mitglieder kostbare Turnierrüstungen bereit, darunter Rennzeuge für den schweren Reiterkampf. Wurden diejenigen, die sich ihrer bedienten, ungeachtet ihres Reichtums in ihren sportlichen Bedürfnissen öffentlich unterstützt, oder warben sie nicht vielmehr unter Einsatz ihrer Gesundheit für Exportprodukte ihrer Vaterstadt? Heikle Fragen - fast so heikel wie entsprechende Probleme aus der Gegenwart.

Die »schöne Ulmerin«, etwa 1475 bis 1480

In Ulm hat sich eine dem Bildschnitzer Michel Erhart zugeschriebene Frauenbüste erhalten, die, wie die Vertiefung am Ausschnitt beweist, ein Reliquiar und demzufolge das ideale Porträt einer weiblichen Heiligen gewesen sein muß. Später wurde daraus ein Leuchterweibchen gemacht: sie wurde an einem Gestell aus Hirschgeweihen befestigt, das als Deckenleuchter diente. Beachtet man, daß dem Schnitzer beziehungsweise dem Auftraggeber offensichtlich vor allem an der eleganten und modischen Kleidung der Heiligen lag, so scheint diese sekundäre Verwendung nicht ganz unsachgemäß.

Das im Jahre 1516 von Martin Schaffner (Monogramm) gemalte Porträt zeigt den Angehörigen einer der führenden Ulmer Familien: Eitel Besser zu Rohr (1450-1533) mit Pelzhut und pelzbesetzter Schaube und einem kostbaren Rosenkranz in den Händen. Andere Stadtbürger ließen sich mit deutlicheren Attributen von Macht und sozialer Geltung porträtieren, doch steht auch dieses diskretere Bildnis nicht allein.

Im übrigen waren die traditionellen Themen der erzählenden Literatur von der Lebenswirklichkeit städtischer Leser nicht weiter entfernt als von den Lebensformen des Adels. Die spätmittelalterlichen Turniere wurden ja in den Städten veranstaltet, und die Bürger nahmen an ihnen nicht bloß als Zuschauer teil. Die Söhne reicher städtischer Familien ritten mit ins Turnier, zumal sie sich die teuren Ausstattungsstücke im Zeitalter niedriger grundherrlicher Einkommen besser leisten konnten als Adlige. Gegen Ende des 15. Jahrhunderts mehrten sich freilich die Abgrenzungen. Die fränkischen Adligen begannen zum Beispiel, die reichen Stadtbürger von ihren Turnieren auszuschließen und gleichzeitig Ehen zwischen Bürgern und Adligen zu untersagen: wenn schon nicht zwischen bürgerlichen Töchtern und adligen Söhnen, dann doch die umgekehrten Verbindungen, und wenn auch die Heiraten mit Töchtern aus städtischen Familien untersagt wurden, waren doch wenigstens die Ehen mit sehr reichen Mitgiften davon ausgenommen.[15]

Die Grenzen zwischen den sozialen Gruppen wurden im ausgehenden Mittelalter allenthalben dichter. Jene durch unüberwindliche Schranken zwischen den Ständen gegliederte Gesellschaft, die man gemeinhin für mittelalterlich hält, war mehr eine Sache der ersten neuzeitlichen Jahrhunderte. Erst als das Mittelalter zu Ende ging, wurden zwischen Adel und Nicht-Adel formelle Grenzen geschaffen, erst jetzt bedurfte es für die Aufnahme in den Adel einer Nobilitierungsurkunde und eines Wappenbriefs. Erst jetzt forderten die Dom- und Stiftskapitel sowie die Ritterorden von denen, die sie aufnehmen sollten, eine Ahnenprobe, das heißt den urkundlichen Nachweis, daß schon die Vorfahren des Kandidaten adlig gewesen waren.

In ähnlicher Weise grenzten sich nun auch in den Städten die Gruppen voneinander ab. Die Ratsfamilien antworteten sozusagen auf die neuen Schranken, welche sie vom Adel des Umlandes trennten, indem sie ihrerseits Grenzen dort schufen, wo bisher Übergänge möglich gewesen waren. So wurde vielerorts der Kreis der Ratsfamilien geschlossen, entstand also ein Patriziat erst jetzt. In

Nürnberg geschah das im Jahre 1521, indem der Rat die Reihe der Familien festlegte, die zum Tanz auf dem Rathaus zugelassen waren. Der Schritt in die Gesellschaft der frühen Neuzeit mit ihren formalen Grenzlinien wurde also auf höchst mittelalterliche Weise getan, indem das geregelt wurde, was am sinnfälligsten war. Dennoch wurde dieses Nürnberger »Tanzstatut« zu einer fundamentalen Verfassungsurkunde.[16]

11.
Kirche und Frömmigkeit vor der Reformation

Die Größe Christi, Fresko in der Liebfrauenkirche von Oberwesel am Rhein

Zur Frömmigkeit im späteren Mittelalter gehörte der Wunsch, sich der Menschlichkeit Christi unmittelbar zu vergewissern, indem man zum Beispiel einen Weg abschritt, der genauso lang war wie jener, auf dem Christus sein Kreuz nach Golgatha tragen mußte. In diesem Sinne wurden in Kirchen Linien angebracht, welche die Körpergröße Christi wiedergeben sollten, oder Darstellungen des Herrn, die behaupteten, ihn gewissermaßen im Maßstab 1:1 abzubilden. Das Fresko trägt die Unterschrift: »Diß ist die lengde unsers hern Jhesu Christi.«

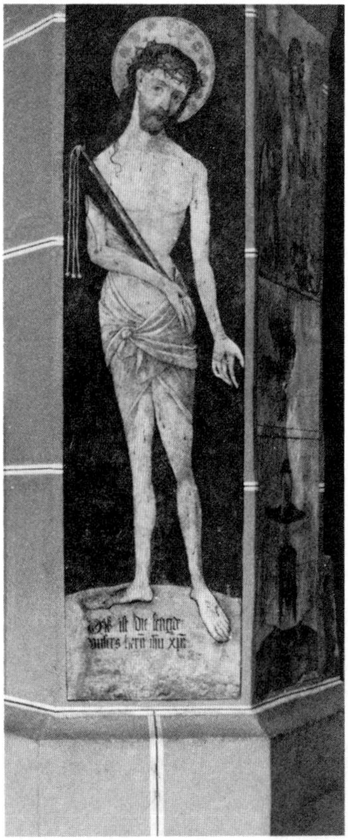

Kirche und Frömmigkeit in den Jahrzehnten vor der Reformation sind jahrhundertelang zwischen den Konfessionen strittig gewesen. Schon das Bedürfnis, die gewaltsamen Änderungen zu rechtfertigen, auf denen die neuen Konfessionen aufbauten, nötigte dazu, in schwarzen Farben zu malen, was der Reformation vorausgegangen war. Auch nahm man einfach die Polemik Martin Luthers gegen die Kirche seiner Zeit, wie er sie vor allem in der Schrift an den Christlichen Adel deutscher Nation[1] von 1520 zusammengefaßt hatte, für eine Beschreibung der damaligen Wirklichkeit.

Fast keiner der vielen kirchlichen Mißstände und päpstlichen Übergriffe, die Luther in seiner großen Anklage zusammenstellte, wurde hier zum ersten Male genannt; Luthers Schrift steht in einer weit zurückreichenden, vor allem aber im 15. Jahrhundert lebendigen Tradition der Kirchenkritik. Sie bezeugt also nicht nur Mißstände, sondern auch – und zunächst – ein Bewußtsein der Widersprüche zwischen dem, was das Evangelium vorschreibt, und der Wirklichkeit von Kirche und Welt.

Doch legten die aus katholischer Feder stammenden Beschreibungen des spätmittelalterlichen Deutschland zunächst nicht den Akzent auf die spätmittelalterliche Kirchenkritik. Statt dessen konzentrierten sie sich auf die in so großer Fülle überlieferten Zeugnisse von Devotion und Kirchentreue. In der Tat sind aus keinem mittelalterlichen Jahrhundert so viele Kirchenbauten, so viele kirchliche Einrichtungsstücke und so viele theologische Handschriften überliefert wie aus dem Jahrhundert vor der Reformation.

Dennoch ist diesem Jahrhundert die Reformation gefolgt. Erwiesen sich damit die Frömmigkeit und die Kirchlichkeit der vorangegangenen Jahrzehnte als Schein, als bloße Äußerlichkeiten? Das könnte allenfalls dann gelten, wenn man von der Geschichte eine Abfolge einfacher Evolutionen erwartete, wenn man annähme, daß schnelle und gewaltsame Änderungen, daß Revolutionen die einfache Folge von Mißständen wären, daß auf Druck gewaltsame Entladung in einem physikalischen Sinne folgte. Das ist jedoch selten oder nie der Fall. Revolutionen ergeben sich nicht aus Zuständen, sondern sie folgen aus Meinungen über Zustände und aus Hoffnungen auf die Zukunft.

Falls die deutschen Geistlichen des Jahres 1517 einen Tiefpunkt der Kirchengeschichte repräsentiert hätten, falls die Gläubigen damals besonders kirchenfern gewesen wären, so wäre Martin Luther nicht als ein Reformator in die Geschichte eingegangen, sondern bestenfalls als ein Theologieprofessor, der allzufrüh an eine Provinzuniversität berufen worden war. Das Echo, das Luther gefunden und das seine Sache weit über die Wittenberger Hörsaalmauern hinausgetragen hat, setzt voraus, daß es damals viele Geistliche gab, die gebildet und interessiert genug waren, Luthers Sache weiterzugeben, und es beweist weiterhin, daß damals viele fromme und der Kirche zugewandte Laien lebten, die hinreichend religiös gebildet gewesen sein müssen, um Luthers Frage nach der Gnade Gottes verstehen zu können.

Dennoch sind die Quellen des 15. Jahrhunderts voll von kirchlichen Mißständen. Sie überliefern uns die Namen ungebildeter Geistlicher, und sie sprechen von Konkubinen. Aber die mangelnde

Um 1400 wurden in Preußen, jedoch nicht nur dort, Skulpturen hergestellt, die den Bildtypus der Schutzmantelmadonna weiterentwickelten. Im geschlossenen Zustand zeigen sie eine sitzende Maria mit dem Jesuskind. Geöffnet sieht man die Madonna mit den in ihrem Mantel geschützten Vertretern der menschlichen Stände sowie einen sogenannten Gnadenstuhl: die Darstellung Gottvaters, des gekreuzigten Christus und des Heiligen Geistes.

Bildung der Geistlichen und die Existenz ihrer Konkubinen werden uns in aller Regel dadurch bekannt, daß sie als Mißstände bezeichnet werden, während die Konkubinen früherer Jahrhunderte und die analphabetischen Geistlichen der vorausgegangenen Generationen die Wahrnehmungsschwelle ihrer Zeitgenossen gar nicht überschritten haben. Das hat zu der Annahme geführt, es habe in jenen Jahrhunderten solche Mißstände nicht gegeben. Der Niederschlag der Mißstände in den Akten ist zunächst einmal Zeugnis für Reformbemühungen und erst dann das, was er zu sein scheint. Diese Reformbemühungen aber waren in vieler Hinsicht erfolgreich.

Kirchenreform vor der Reformation glaubte man seit den Anfängen der evangelischen Kirchengeschichtsschreibung zu kennen. In der Mitte des 16. Jahrhunderts stellte der gelehrte Kirchenhistoriker Flacius Illyricus seine »Testes veritatis« (Zeugen der Wahrheit) zusammen.[2] Er meinte in vielen Jahrhunderten des Mittelalters Reformatoren vor der Reformation zu entdecken. Doch das war eine allzu enge Perspektive. Reformatoren vor der Reformation wären Vorläufer gewesen, begnadete einzelne und Fremdlinge in ihrer Zeit, Repräsentanten eines auf die Zukunft, eben auf die Reformation hinführenden Prozesses. Tatsächlich aber ist im 15. Jahrhundert nicht einfach nur die Reformation vorbereitet, sondern in vieler Hinsicht die Kirche reformiert worden, und zwar gerade in Deutschland.

Deutschland wurde nicht zufällig zum Land der Reformation. In keinem anderen Land hatte die Kirchenreform des 15. Jahrhunderts der Reformation des 16. Jahrhunderts einen so fruchtbaren Boden bereitet. In England, Frankreich, Kastilien oder Aragon war es den Königen und ihren Juristen gelungen, den Päpsten und den römischen Behörden fast ganz die Möglichkeit zu nehmen, auf die Kirchen einzuwirken. Die Kirchen waren den königlichen Amtsträgern in vieler Hinsicht unterworfen. In Deutschland dagegen war die Herrschaft über die Kirchen so kleinteilig wie das Herrschaftssystem überhaupt. Jene wachsenden Kompetenzen, wie sie jenseits der Reichsgrenzen die Krone besaß und vermehrte, lagen hier bei den Landesfürsten und den Räten der Städte. Wenn ihnen an einer Erneuerung des kirchlichen Lebens lag, so war der Weg, solche Wünsche zu verwirklichen, kurz. Daß aber gerade den politischen Gewalten in Deutschland an der Kirchenreform lag, hatte mehrere Gründe.

Die großen Reformkonzilien in Konstanz und Basel haben in keinem Land so tiefe Spuren hinterlassen wie in Deutschland. Nicht nur angesichts der kürzeren Wegstrecken, welche die Konzilsteilnehmer aus Deutschland zurückzulegen hatten, die also vor allem deutschen Geistlichen die Teilnahme an den Konzilien erlaubten, war deren Zahl größer als bei früheren und späteren Generalsynoden. Die deutschen Geistlichen und die deutschen Fürsten waren an den auf den Konzilien geführten Debatten um die Kirchenreform auch stärker interessiert als die Repräsentanten »nationaler« Kirchen. Für sie, die von den päpstlichen Behörden kaum noch erreicht wurden, war deren Zustand weitaus weniger wichtig. Um so mehr glaubte man in Deutschland, durch den Papst und seine Beamten ausgebeutet zu werden. Die Polemik gegen Rom, mit der schon Walther von der Vogelweide politische Stimmungen zu verstärken versucht hatte, wurde im 15. Jahrhundert in den Gravamina der deutschen Nation gegen den römischen Stuhl in geradezu nationalistischen Tönen vorgetragen. Tatsächlich sah auch hier die Wirklichkeit unauffälliger aus, als die aufgeregten Anklagen glauben machten.

Da man heute die päpstlichen Einnahmen abschätzen kann, ist offensichtlich, daß von einer Ausbeutung der Deutschen durch den römischen Stuhl keine Rede sein kann. Der Hof und die Politik des Papstes wurden vielmehr ganz überwiegend aus den Einkünften des Kirchenstaates finanziert. Die Polemik gegen die römischen Ablaßkommissare aber verdeckte, daß nur ein geringer Teil des Geldes, das sie einnahmen, wirklich nach Rom gelangte. Die Fürsten gaben die Erlaubnis, in ihren Territorien die außerordentlichen römischen Ablässe auszubieten, nicht umsonst; ein Drittel oder die Hälfte der Einnahmen mußten die päpstlichen Beauftragten ihnen zugestehen, und das heißt, daß den Fürsten der Ablaß beziehungsweise die Sorge ihrer Untertanen um das Heil ihrer Seele als ein Hilfsmittel zur Erzielung einer Art von Sondersteuer diente. Die päpstlichen Beauftragten konnten jedoch keineswegs sicher sein, wenigstens den Rest ihrer Einnahmen nach Rom zu bringen, sondern mußten Bitten und Drohungen, Erpressung und Raub fürchten, wie man namentlich am Beispiel der beiden großen Kampagnen des päpstlichen Ablaßkommissars Raymund Peraudi im ausgehenden 15. Jahrhundert sieht.

Die deutschen Gravamina gegen den päpstlichen Hof zielten jedoch nicht nur auf die aus Deutschland abgezogenen Gelder, sondern auch auf die Pfründen, die von Rom aus besetzt wurden. Auch deren Zahl war nicht so groß, wie man angesichts der Proteste und Streitigkeiten meinen konnte, die nach päpstlichen Eingriffen immer wieder entstanden – ganz abgesehen von der Frage, ob auf diese Weise nicht Kandidaten begünstigt wurden, die für das zu vergebende Amt besser geeignet waren als diejenigen, die auf herkömmliche Weise zu einer Pfründe kamen – nämlich durch die Wahl eines Kollegiums oder durch die Entscheidung derer, die über das entsprechende Patronatsrecht verfügten.

Gelegentlich tauchte diese Frage unter den um die Kirchenreform streitenden Geistlichen auf.[3] Die Erneuerung der Kirche, die sie forderten, sollte nicht zuletzt zu einer besseren Bildung der Geistlichen führen. Die Pfründen sollten vorzugsweise an diejenigen vergeben werden, die zu den vielen gehörten, die eine Universität besuchten. Doch wie sollte das gelingen? Formalisierte Einstellungsbedingungen, die ein Universitätsstudium oder gar ein Examen forderten, gab es im 15. Jahrhundert nicht. Die Bischöfe waren zwar verpflichtet, die Priesterweihe an eine Art von Eignungsprüfung zu binden, doch die konnte schon bestehen, wer den Meßtext mit halbwegs richtiger Betonung zu lesen verstand.[4] Nur langsam wuchs im 15. Jahrhundert die Zahl der Domkapitel, die von ihren Mitgliedern zwar kein Examen, aber ein Universitätsstudium von zwei oder drei Jahren forderten. Im konkreten Falle folgte die Zuwahl aber dann doch dem traditionellen Muster. Entscheidend war die Zugehörigkeit zu einem bestimmten Kreis von Familien oder zur Klientel eines Mächtigen, und bei der Vergabe anderer geistlicher Stellen war es ebenso. Aufbrechen ließen sich diese jahrhundertealten Traditionen am ehesten durch päpstliche Entscheidungen, und so mußten die Reformer, wo sie sich um eine bessere Bildung des Klerus bemühten, auf Eingriffe des Papstes hoffen, während sie sich doch im allgemeinen gerade gegen dessen Kompetenzen wendeten.

Während der Spaltung zwischen dem Basler Konzil und dem Papst, die 1437 begonnen hatte, standen die meisten deutschen Fürsten auf seiten des Konzils. Viele ihrer Räte waren dem Konziliarismus und den Bemühungen um eine Kirchenreform verbunden. Aber auch die eigenen Interessen hielten die Fürsten an der Seite des Konzils. Sie konnten erwarten, daß jene Kompetenzen, welche das Konzil dem Papst und seinen Behörden nehmen wollte, am Ende direkt oder indirekt in ihre Hände gelangen würden. Und auch nach dem Ende des Basler Konzils und der damit verbundenen säkularen Niederlage des Konziliarismus dauerte die für die Fürsten und die Regierungen der großen Städte so angenehme Übereinstimmung zwischen dem, was eine gewissenhafte Obrigkeit für kirchenfreundliche Politik halten durfte, und den Interessen dieser Obrigkeit fort.

Die Stunde einer Reform des Hauptes, also des Papstes und der römischen Kurie, war nun zwar einstweilen vorbei. Sie sollte erst

Das Siegel des Basler Konzils

Das Konstanzer Konzil hatte ein nach dem Muster der päpstlichen Bleibulle angefertigtes Siegel nur während der Zeit geführt, da es keinen allgemein anerkannten Papst gab. Die Basler Konzilsväter führten bereits im zweiten Jahr des Konzils ein solches Bleisiegel – entsprechend der sich hier entwickelnden radikaleren antipäpstlichen Position, gemäß auch dem Umstand, daß das Konzil zu einer Art von zweitem päpstlichen Hof mit den entsprechenden Behörden wurde. Allerdings glich das Basler Siegel den Papstbullen nur in Form und Größe. Das Siegelbild war eigenständig. Auf der Vorderseite steht die Inschrift »Sacrosancta generalis sinodus Basiliensis«. Auf der Rückseite sieht man Christus oberhalb der Konzilsväter, zu denen immerhin der Papst und ein Kardinal gehören.

nach einem Dreivierteljahrhundert wieder schlagen und die folgenreichste aller Kirchenspaltungen zeitigen: die Reformation. Doch die Reform der Glieder blieb auch nach der Mitte des 15. Jahrhunderts möglich; an vielen Orten wurde sie tatsächlich verwirklicht.

Schon im Jahre 1417 hatten sich im Schatten des Konstanzer Konzils deutsche Benediktiner zusammengefunden, um eine Visitation und Reform ihrer Klöster auf den Weg zu bringen. Während der nächsten Jahrzehnte zeigte sich, daß mit diesem Benediktiner-Kapitel eine der wichtigsten Reformen der Kirchengeschichte begonnen hatte. Nach italienischen Vorbildern schlossen sich bis zum Ende des 15. Jahrhunderts die meisten Benediktiner-Klöster, die nach der ursprünglichen Tradition des Mönchtums voneinander unabhängige Einzelklöster waren, zu ordensähnlichen Kongregationen unter der Führung des oberpfälzischen Kastel, des österreichischen Melk, des bayerischen Tegernsee und vor allem des Klosters Bursfelde an der oberen Weser zusammen.

Bursfelde befand sich zu Beginn der dreißiger Jahre des 15. Jahrhunderts in einem für die alten Klöster damals typischen Zustand. Nur noch ein Mönch und eine Kuh sollen dort gelebt haben.[5] Auch wenn das eine zuspitzende Anekdote sein mag, welche die diesem Elend folgende Periode, in der sich dem neu aufblühenden Burs-

Die Bursfelder Kongregation

felde über hundert Benediktiner-Klöster unterstellten, um so glanzvoller erscheinen lassen wollte, trifft der Kern der Geschichte doch ohne Zweifel den damaligen Zustand. Die alten Konvente waren zu Versorgungsinstituten verkommen, und gerade dadurch schwanden ihre Möglichkeiten, adlige Mönche zu ernähren.[6] Die geistliche Zucht und die Wirtschaft verfielen gleichzeitig, und so bedeutete Klosterreform zugleich die Erneuerung der Liturgie und des Chorgebets wie das Flicken der zerstörten Dächer und die Vermehrung des Viehbestandes.

Ein erneuerter Gottesdienst konnte aber auch die Einnahmen vermehren. Als die Erfurter Benediktiner sich in der Mitte des 15. Jahrhunderts Bursfelde angeschlossen hatten, wurden die von ihnen gefeierten Totenmessen so begehrt, daß sie deren Preis um ein Vielfaches erhöhen konnten, ja mußten, falls sie nicht von der Last der auf solche Weise übernommenen liturgischen Verpflichtungen erdrückt werden oder am Ende nur noch dem Totengedächtnis dienen wollten.[7] Dazu hätten gerade die Brüder eines solchen reformierten Konvents die Zeit nicht gehabt. Die Ausbreitung der Reform, die Überführung weiterer Klöster in den Verband von Bursfelde, verlangte von den Mitgliedern schon reformierter Konvente intensive Arbeit. Die gerade zur Regel Benedikts und damit auch zur

Das Kloster Bursfelde

An einem Gebäude des Klosters Alpirsbach im Schwarzwald findet sich eine Inschrift, die an den Anschluß des Klosters an die Bursfelder Kongregation erinnert: »Anno domini 1482 renovata est hec strucutura abbate Jeronymo regente vigente observantia« (Im Jahre des Herrn 1482 wurde dieser Bau erneuert unter der Regierung des Abtes Hieronymus, als die Observanz – das heißt die Zugehörigkeit zu einer Reformkongregation – blühte).

»stabilitas loci«, zum Ausharren am eigenen Ort, zurückgekehrten Mönche mußten reisen, von Kloster zu Kloster, von Stadt zu Stadt – als wäre nicht der unstete Mönch, der »monachus vagus«, ein Prototyp für den die Regel verletzenden Mönch gewesen.

Gerufen wurden die Reformer in der Regel von den Landesfürsten und den Stadträten. Auch wenn die Interessenlage dieser Reformfreunde im allgemeinen nicht so drastisch zum Ausdruck kam wie im Falle einer süddeutschen Stadt, die sich bei einer Nachbarstadt danach erkundigte, welche Verfehlungen man den Bettelmönchen dort vorgeworfen habe, um ihr Vermögen der städtischen Verwaltung unterstellen zu können,[8] vermehrte die Klosterreform doch auch dort, wo sie aus geistlichen Impulsen vorangetrieben wurde, die Kompetenzen und die Macht ihrer weltlichen Förderer. Die Landesfürsten, die sich nun für die Erneuerung der Zucht in einem alten Benediktinerinnen-Kloster einsetzten und für die Ersetzung der widerstrebenden Klosterfrauen durch reformwillige Nonnen sorgten, machten damit zugleich aus einem in der Verfügungsgewalt adliger Stifterfamilien befindlichen ein landesherrliches Kloster und trugen auf diese Weise dazu bei, den Adel ihrer Region in das eigene Territorium einzufügen.

Manchmal waren auch die Umstände, unter denen die Klosterreformen erzwungen wurden, nicht dazu angetan, den durch sie geförderten Verfassungswandel zu verdecken. Die Reformer und ihre weltlichen Helfer kamen nicht selten in der Nacht. Und sie drohten den Reformunwilligen nicht nur mit brachialer Gewalt; sie machten von dieser Gewalt auch Gebrauch. Gelegentlich kamen sie dennoch nicht zum Ziel. Nikolaus von Cues, der Bischof von Brixen und Kardinal, scheiterte als Klosterreformer an den selbstbewußten Benediktinerinnen von Sonnenberg im Pustertal.[9]

Als zur selben Zeit der von dem päpstlichen Legaten Nikolaus von Cues mit Vollmachten geförderte Augustiner-Chorherr Johannes Busch zusammen mit einem Beauftragten des Landesherrn die

In dem einstigen Benediktinerinnen-Kloster Wienhausen bei Celle hat sich eine lange Reihe von Truhen erhalten, in denen die Klosterfrauen nicht nur ihre »Aussteuer« ins Kloster brachten, sondern auch ihren Besitz aufbewahrten, den sie bei wörtlich befolgter Benedikt-Regel nicht hätten haben dürfen. Als der Klosterreformer Johannes Busch Wienhausen 1469 besuchte, fielen ihm die Truhen übel auf. Er bedrohte die Klosterfrauen, die auf individuellem Besitz beharrten, mit der Verweisung aus dem Kloster. Er berichtet auch, daß die Nonnen ihr Bargeld in kleinen Schatullen gesammelt, diese in eine größere Truhe gelegt und behauptet hätten, auf solche weise die »vita communis«, also das Leben ohne Individualeigentum zu verwirklichen.

Die Äbtissin Verena von Sonnenburg und ihre Eltern als Stifter eines Altargemäldes

Dargestellt ist das Martyrium der heiligen Ursula und ihrer Gefährtinnen.

Benediktinerinnen von Wennigsen bei Hannover mit der Forderung, sich reformieren zu lassen, überfiel und den Drohungen, mit denen der Vertreter des weltlichen Arms sein Verlangen unterstützte, begütigende Worte an die »Schwestern« hinzufügte, mußte er sich von der Äbtissin zurechtweisen lassen. Er sei nicht ihr Bruder, so sagte die energische Dame, denn dieser kleide sich in Eisen und nicht in Leinen wie der Chorherr bürgerlicher Herkunft.[10]

Pochte die Äbtissin also auf ihren Geburtsstand? Sie beharrte auch auf einer traditionellen geistlichen Lebensweise. Niemand hatte ihr und ihren Schicksalsgenossinnen beim Eintritt ins Kloster gesagt, daß hinter der Lebensform, die sie hier der Tradition gemäß erwarten durften, eine spätantike Mönchsregel mit Forderungen stand, die sich unter den inzwischen veränderten Umständen schwerlich noch verwirklichen ließen und die ja gerade auch die Reformer nur zum Teil realisierten. Überdies war der Augustiner Johannes Busch, wenn man die Ordenszugehörigkeit ernst nahm, ja nicht nur wegen seiner nicht-adligen Herkunft, sondern auch im Hinblick auf die Grenzen zwischen den einzelnen Orden nicht der Bruder einer Benediktinerin. Die Klosterreform egalisierte auch hier; entscheidend war nicht die Ordenszugehörigkeit, sondern das weltliche Territorium.

Trotzdem waren die Erfolge der Reformer groß. Die Wirklichkeit monastischen Lebens vor der Reformation war keineswegs identisch mit dem, was die Dunkelmännerbriefe,[11] jene unter den damaligen Humanisten verbreiteten geistreichen Parodien mönchischen Lateins und Karikaturen mönchischen Daseins, dem Spott der Zeitgenossen und der Nachwelt aussetzten. Der beste Zeuge dafür ist Martin Luther. Der Erfurter Konvent des Augustiner-Eremiten-Ordens, dem Luther sich zuwandte, stellte geradezu das Muster eines gut geführten, regeltreuen und leistungsfähigen Klosters dar, und für den Ordensverband, in den dieses Kloster gehörte, galt das

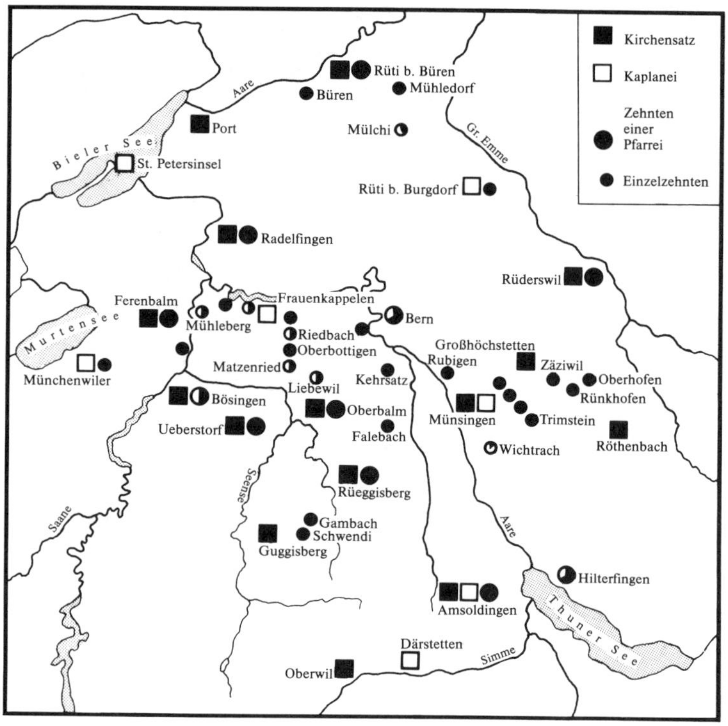

Kirchensatz und Zehnten

gleiche. Gerade dieses Kloster hätte die Reformation nicht verdient - wenn es denn in der Geschichte um Verdienst, Schuld oder Unschuld ginge.

Daß zur Wirklichkeit des späten Mittelalters auch verkommene Klöster und verweltlichte Mönche und Klosterfrauen gehörten, versteht sich von selbst. Was war die Ausnahme, was die Regel? Die negativen Urteile beruhen zu einem beträchtlichen Teil nicht auf einer Analyse der Zustände, sondern auf zeitgenössischer Kritik. Das gilt nicht nur für die Welt hinter den Klostermauern.

Auch der weltliche Klerus hatte zum Zeitpunkt der Reformation Jahrzehnte der Reformen und des Wachstums hinter sich. Niemals zuvor waren so viele Stiftungen zu geistlichen Zwecken gemacht

Ein Kalvarienberg und seine Stifter, Ende des 15. Jahrhunderts

Unten auf dem für die Hamburger Katharinenkirche gemalten Bild steht links der Stifter und rechts dessen Frau. Beide sind durch ihre Wappen gekennzeichnet. Der Maler, Hinrik Bornemann, hat sich offensichtlich um physiognomische Ähnlichkeit bemüht.

und so viele neue geistliche Stellen gestiftet worden. Ein großer Teil des – infolge der Agrarkrisis gewachsenen – städtischen Reichtums floß in geistliche Stiftungen, zumal damit nicht nur das Seelenheil der Stifter gefördert wurde. Wer seine soziale Stellung zu dokumentieren wünschte, konnte das am wirkungsvollsten durch solche Stiftungen tun. Der eigene Altar ließ auf dem Retabel Platz für das Bild des Stifters; das Meßgewand, in dem der Priester an diesem Altar zum Gedächtnis des Stifters und der Seinen Messen feierte, wies auf dem Rücken das Wappen des Stifters auf. Die Wände der Kirche boten dem Totenschild mit dem Wappen des Stifters und einem Gedächtnisbild Raum, das wiederum sein Porträt zeigte, sowie womöglich gar seinem Grabstein, der seine Gestalt und die Attribute seines Reichtums der Nachwelt bekannt machte.

Besonders in den großen Städten waren die Kirchen in den Jahrzehnten vor der Reformation bis zum letzten Wandsegment, bis zum letzten Pfeiler mit den Resultaten bürgerlichen und adligen Stiftungswillens gefüllt. In Breslau zählte ein Zeitgenosse allein im Dom und in den beiden größten Pfarrkirchen der Stadt 322 Altäre und 414 Geistliche.[12] Aus Ulm[13] oder Lübeck[14] sind ganz ähnliche Zahlen bekannt.

Wie hat man sich die Existenz dieser vielen Geistlichen vorzustellen? Heute ist der Prototyp des Geistlichen der Pfarrer; im Mittelalter aber waren die Seelsorger eine Minorität unter den Klerikern. Die meisten Geistlichen in der Stadt waren Meßpriester, deren Aufgabe darin bestand, zum Gedächtnis der Stifter ihrer Pfründe Messen zu lesen – in der Regel viermal in der Woche. Was taten diese Geistlichen an den anderen Tagen und während der anderen Stunden? Das hing davon ab, wie gut ihre Stelle dotiert, wie das Stiftungskapital angelegt und in welchem Maße ihre Lebensweise reguliert war. Falls die Pfründeinkünfte niedrig waren, falls die Pfründe schon alt war und sich ihr Vermögen verringert hatte, war der Inhaber genötigt, einen Teil seines Lebensunterhaltes anderweitig zu verdienen: durch Schreibarbeiten, wenn er Glück hatte und über die entsprechenden Fähigkeiten verfügte, im ungünstigsten Falle durch einem Geistlichen verbotene Tätigkeiten.

Hatte die Pfründe schon ein höheres Alter, so war sie auf landwirtschaftliche Einkünftetitel fundiert. Der Inhaber bezog seine Einkünfte dann von vielen Bauern, die in einer ganzen Reihe von Dörfern saßen, und er erhielt, was ihm zustand, überwiegend in naturaler Form: ein Maß Getreide hier, ein paar Eier dort, einen Käse und einige Pfennige an einer dritten Stelle und so fort. Der Geistliche mußte in einem solchen Falle einen nicht geringen Teil seiner Zeit darauf verwenden, die Pfründeinkünfte zu realisieren. Modernere Pfründen wurden deshalb auf andere Weise fundiert. Die Stifter zahlten das Kapital an die Stadt, und diese honorierte die Pfründinhaber aus dem Steueraufkommen. Die Geistlichen waren in diesem Falle nicht mehr die Verwalter eines sowohl der Stadt wie auch der Kirche gegenüber selbständigen Vermögens, sondern fast schon städtische Beamte[15] – als habe die Reformation bereits stattgefunden.

Wie an vielen städtischen Pfarrkirchen haben sich am Freiburger Münster Normalmaße erhalten, darunter das abgebildete Hohlmaß zum Messen von Holzkohle. Wer sein Verkaufsgefäß an dem Normalmaß messen wollte oder sollte, verglich einen schräg durch dieses Gefäß geführten Peilstab mit dem, der in die Kirchenwand eingeritzt war.

Die Nikolaikirche in Stralsund

Die Pfarrkirchen der spätmittelalterlichen Städte hoben sich durch ihre Dimensionen nicht nur aus der Masse der Bürgerhäuser heraus. Sie waren auch weitaus größer als das Rathaus und die anderen öffentlichen Gebäude. Die Größe und die reiche Ausstattung der Kirchenbauten erklären sich nicht nur aus den vielen Aufgaben außerhalb des Gottesdienstes, denen die Kirchengebäude dienten, sondern sie lassen auch erkennen, daß die Pfarrkirche das öffentliche Gebäude schlechthin war, durch das die Stadtgemeinde, die zugleich Kirchengemeinde war, ihre Ansprüche und ihren Geltungswillen dokumentierte. Der Bau der Stralsunder Nikolaikirche wurde in seiner jetzigen Gestalt vor 1270 nach dem Muster französischer Kathedralen begonnen. Auch die Übernahme des Architekturtypus bezeugt offensichtlich einen Anspruch.

Doch laufen nicht nur die Vermögensverhältnisse städtischer Geistlicher am Ende des Mittelalters auf die Reformation zu. Das gleiche gilt für die Rekrutierung dieser Kleriker. Die ersten Inhaber von neu gestifteten Pfründen wurden vom Stifter ausgesucht, und in aller Regel vererbte er dieses Recht. Die Stadträte achteten jedoch darauf, daß eine solche Vererbung nur in engen Grenzen stattfand und daß die Patronatsrechte an den Pfründen möglichst bald an die Stadt fielen. So hatten die Stadträte eine wachsende Zahl von geistlichen Stellen zur Verfügung – um auf diese Weise Hilfspersonal, zum Beispiel städtische Schreiber, oder einfach nur den regierenden Familien angehörende oder ihnen nahestehende Personen zu versorgen, günstigenfalls aber auch, um geeignete Personen auf diese geistlichen Stellen zu bringen.

Die Stadträte haben sich in der Tat um die Disziplin des Klerus immer wieder bemüht. Sie drangen darauf, daß die Pflichten des

Kirchenstuhl der Ratsfamilie Lüneburg in der Lübecker Jacobikirche, Mitte des 15. Jahrhunderts

Die Kirchen waren im Mittelalter nicht durchgängig mit Sitzgelegenheiten ausgestattet. So sorgten die Vermögenden selbst für Kirchenstühle, die sie mit ihrem Wappen schmückten, und so boten die Stühle eine weitere Möglichkeit, Ansehen und Reichtum in der Kirche zur Geltung zu bringen.

Inhabers einer Altarpfründe nicht nur darin bestanden, in jeder Woche vier Messen zu halten. Sie versuchten, dem Müßiggang der Geistlichen zu steuern, indem sie Dienstvorschriften[16] fixierten und darauf achteten, daß ein solcher Geistlicher sich auch an anderen Gottesdiensten in seiner Kirche beteiligte. An nicht wenigen Orten wurden die Altaristen zu einer fast regulierten geistlichen Lebensweise genötigt, wie man noch heute dort sehen kann, wo in städtischen Pfarrkirchen Chorgestühle erhalten sind. Der gemeinschaftliche Gottesdienst, der in einem solchen Gestühl gefeiert wurde, war ursprünglich eine Sache von klösterlichen Konventen, von Dom- oder Stiftskapiteln. Daß in nicht wenigen Stadtkirchen solche Chorgestühle erhalten sind, macht sichtbar, daß die Geistlichen dort auf eine ähnliche Disziplin verpflichtet wurden.

Dennoch war der einzelne Geistliche zunächst dem Stifter seiner Pfründe verbunden, einer in der Stadt mächtigen Familie oder einer Bruderschaft, einer Handwerkerzunft zum Beispiel. So hatte die Zunft oder die reiche Familie in Gestalt ihres eigenen Altars oder der eigenen Kapelle die eigene Kirche in der Pfarrkirche.[17] Diese aber zerfiel gewissermaßen in eine Reihe von Teilkirchen. Wer in der Stadt mächtig und angesehen war, hatte in der Kirche aber nicht nur die eigene Kirche, sondern auch sein eigenes Gestühl; er blickte hier auf das Wappen seiner Familie, er sah auf die Bilder seiner Verwandten und womöglich auf sein eigenes. Und die Angehörigen einer Zunft, die auf solche Denkmäler ihrer Familien verzichten mußten, konnten doch auf den Lichterbaum schauen, dem sie bei den Pro-

Das Chorgestühl im Ulmer Münster, 1469 bis 1474

Ein Chorgestühl, also besondere Sitzgelegenheiten für Geistliche im Kirchenchor, war zunächst nur dort nötig, wo regulierte Geistliche mit Chorgebetsverpflichtungen tätig waren. Wenn Chorgestühle auch in großen Stadtkirchen errichtet wurden, so erkennt man daran die Bemühungen der städtischen Regierungen, einerseits die eigene Stadt durch die Annäherung der Pfarrkirche an einen Bischofsdom oder eine große Stiftskirche zu erhöhen, andererseits aber den städtischen Klerus, dessen Mehrheit aus Altaristen mit geringen Meß- und sonst keinen gottesdienstlichen Pflichten bestand, an eine regulierte Lebensweise zu binden. Darüber hinaus repräsentierte das Chorgestühl auch in seiner handwerklichen und künstlerischen Qualität die Möglichkeiten einer Stadt. In den Sibyllen des Ulmer Chorgestühls konnten sich die Damen der städtischen Oberschicht wiedererkennen.

zessionen[18] an den hohen Kirchenfesten folgten und der seinen Ort nicht in einem Zunfthaus, sondern in der Kirche hatte. Zuweilen fanden sie auch auf dem von ihrer Genossenschaft errichteten Altar deutliche Zeichen dafür, daß dies eben ihr Altar war.

Wie aber war denen zumute, die weder einer vermögenden Familie noch einer Bruderschaft angehörten, die also in der Kirche »ihre« Teilkirche nicht vorfanden, die über kein eigenes Gestühl verfügten und also - vor der Einführung von Kirchenbänken für die Gemeinde - im Gottesdienst stehen mußten? Unmittelbar läßt sich eine solche Frage nicht beantworten; aber es gibt Indizien. Einerseits war die Kirche gerade auch für die Armen attraktiv. Wenn sie Glück hatten, gab es sogar Bänke, die ausdrücklich für sie bestimmt waren,[19] und an nicht wenigen Altären existierten kleine Stiftungsvermögen, aus deren Erträgen denen, die an den dort gefeierten Messen teilnahmen, Almosen zugeteilt wurden, Diäten gewissermaßen für Gottesdienstteilnehmer.[20] Eine indirekte Antwort ergibt sich auch aus dem Umfang und der Bedeutung, die in den Jahrzehnten vor der Reformation Glaubensüberzeugungen und religiöse Verhaltensweisen hatten, die von der kirchlichen Lehre abwichen, aus dem Gewicht also, das damals der Ketzerei zukam. Dieses Gewicht war außergewöhnlich gering.[21]

In der ersten Hälfte des 15. Jahrhunderts hatte der Hussitismus auch in den Böhmen benachbarten Ländern Anhänger gefunden. Bisher orthodoxe Gläubige hatten sich den neuen Lehren ebenso zugewandt wie Anhänger älterer Häresien, zum Beispiel Waldenser.

Der Grabstein des Büchsenmeisters Martin Merz an der Martinskirche in Amberg

Büchsenmeister waren gesuchte Spezialisten. Sie gossen nicht nur die Geschütze, sondern mischten auch das Pulver, leiteten den militärischen Einsatz der Geräte und verfügten über weitere naturwissenschaftlich-technische Fertigkeiten. So hat der im Jahre 1501 gestorbene Martin Merz einen außerordentlich aufwendigen Grabstein mit einer ruhmreichen lateinisch-deutschen Inschrift erhalten. Das Porträt des Verstorbenen läßt offensichtlich Berufsrisiken erkennen: Er hatte ein Auge verloren. Zu seinen Füßen sieht man zwei Wappen, darunter ein »redendes«, das eines der modernsten Geräte abbildete, welche der Büchsenmeister herzustellen verstand: ein Pulvergeschütz auf Lafette.

Grabstein eines Ritters von Seinsheim in der Pfarrkirche von Marktbreit am Main

Ebenso wie in Burgund in Gestalt des Goldenen Vlieses wurden im 15. Jahrhundert auch andernorts Orden und Rittergesellschaften gebildet, die in der Tradition der hochmittelalterlichen Kreuzzugsorden stehen und auf die andererseits die modernen, von Monarchen und Staatspräsidenten verliehenen Orden(szeichen) zurückgehen. Auch die spätmittelalterlichen Ordensmitglieder waren an ihren Ordenszeichen erkennbar, die Angehörigen des fränkischen Fürspänger-Ordens also an einem Fürspan, einem auf der Schulter getragenen Metallgebilde, das zum Verschließen der Oberkleidung oder als Schmuck diente.

Doch scheint, als habe der Schrecken, den die Hussitenheere verbreiteten, die weitere Ausdehnung des Hussitismus abgebrochen. »Hussit«: das war in den Augen der Nachbarn Böhmens nun eher ein anderes Wort für einen Mordbrenner als die Bezeichnung eines frommen Nachfolgers der Kirchenreformer von Prag.

Bis zur Mitte des 15. Jahrhunderts sind in Deutschland verschiedentlich ketzerische Gruppen aufgespürt worden. 1425 wurde in Heidelberg der hussitische Priester Johannes Drändorf hingerichtet, aus dessen Verhör man einiges über die von ihm besuchten religiö-

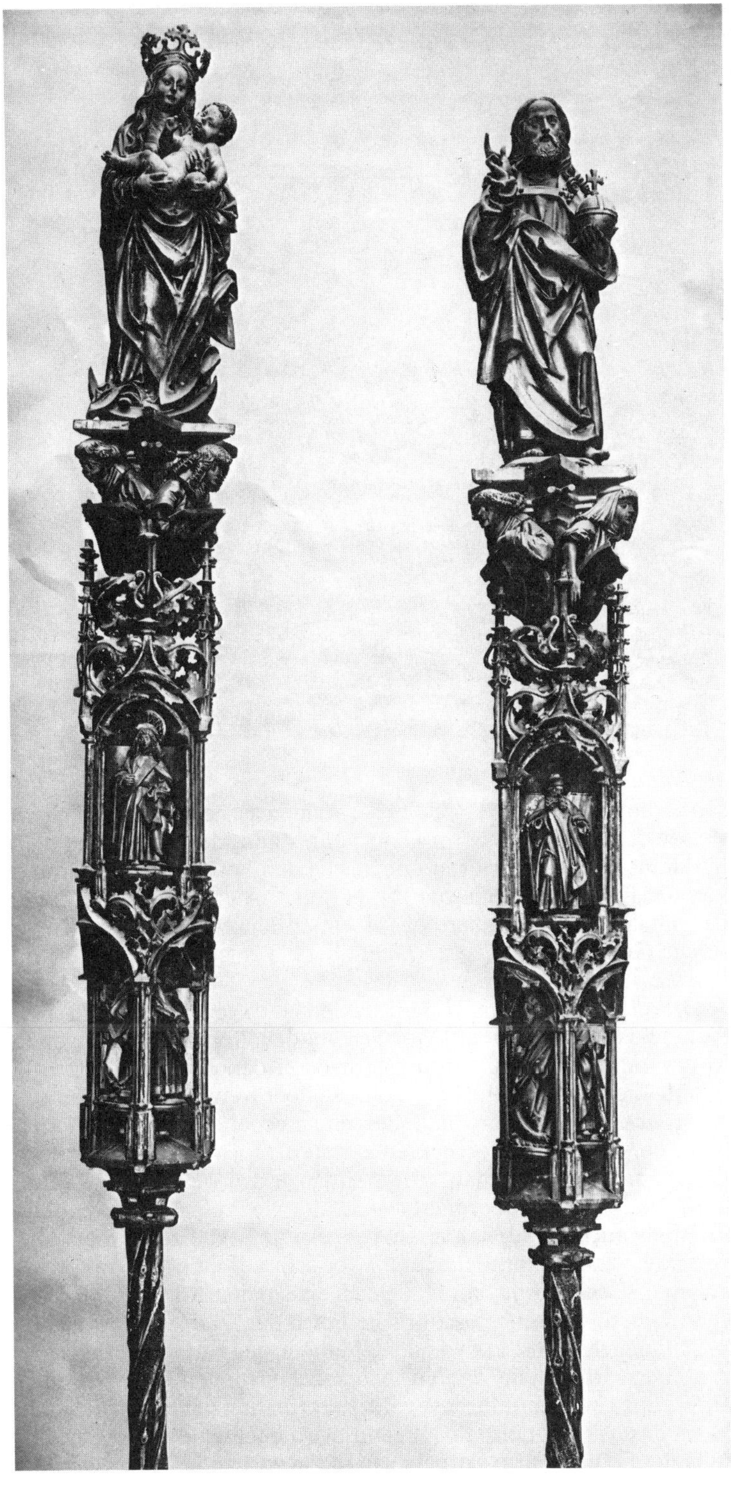

Zunftstangen der Ingolstädter Fischer und Schiffer, 1509

Die Stadtkirchen waren auch der Mittelpunkt der Handwerkervereinigungen. Hier standen Zunftaltäre, und hier wurden auch die schweren Tragestangen aufbewahrt, hinter denen die Mitglieder der Zünfte an Festtagen oder bei anderen besonderen Gelegenheiten in der Prozession gingen.

Pilgerblatt aus Rufach im Elsaß

In Rufach wurde der heilige Valentin verehrt, in dem man - seinen Namen in für das Mittelalter typischer Etymologie mißdeutend - einen Helfer gegen die Epilepsie verehrte (»Falentin« - Fallsucht). Der den Pilgern angebotene Holzschnitt weist oben ein kurzes Gebet auf und zeigt unten den Heiligen, zwei sich am Boden windende Epileptiker und ein Pilgerpaar, das seine Opfer darbringt. Andere Opfergaben sind an einer Stange - wie an Wallfahrtsorten üblich - sichtbar aufgehängt.

sen Gruppen erfährt.[22] 1458 fiel der waldensische Bischof Friedrich Reiser der Inquisition zum Opfer: ein Mann, der jahrelang durch Süddeutschland gereist war und aus dessen Verhör man wiederum von der Existenz häretischer Zirkel hört.[23] Aus der zweiten Hälfte des 15. Jahrhunderts allerdings hat man kaum Nachrichten über solche Gemeinden und auch nicht über die entsprechenden Verfolgungen.

Die Geschichte von Unterdrückten und Verfolgten wirft Probleme besonderer Art auf. Wer sich vor den Gerichten der eigenen Zeit verstecken muß, verbirgt sich auch den Nachlebenden. So könnte die geringe Zahl der Zeugnisse über Ketzerei als Anzeichen dafür gesehen werden, daß die entsprechenden Gruppen sich besonders erfolgreich verbergen konnten. Doch würde eine solche Erwägung verkennen, daß es den Anhängern abweichender Lehren und Vorstellungen über die Gestalt und die Aufgaben der Kirche meistens auch darauf ankam, für die eigene Sache zu werben. Das perfekte Versteck hätte auch den Verzicht auf eine Wirkung nach außen dargestellt und damit zugleich eine in den Augen der kirchlichen Gerichte weniger gefährliche Form der Häresie bedeutet.

Schließlich müßte auf von der Überlieferung vergessene, tatsächlich aber vorhandene stärkere häretische Gruppen in der zweiten Hälfte des 15. Jahrhunderts von der Reformation her ein Licht fallen. Doch das ist nicht der Fall. Nirgends wird sichtbar, daß die Ausbreitung der Lehre Martin Luthers von schon vorhandenen nonkonfor-

Die Niklashauser Fahrt, Titelbild eines um 1490 erschienenen Druckwerkes

Im Jahre 1476 begann in dem fränkischen Dorf Niklashausen ein Hirte und Musiker zu predigen. Er behauptete, die Jungfrau Maria sei ihm erschienen, und er predigte alsbald nicht nur über geistliche Themen, sondern auch gegen bäuerliche Lasten. Das Auftreten des Visionärs rief sogleich eine Massenwallfahrt hervor – bis er festgenommen und als Ketzer hingerichtet wurde. In jüngerer Zeit ist in dem Auftreten des illegalen Predigers ein auf den Bauernkrieg hinführendes Ereignis gesehen worden. Tatsächlich handelt es sich dabei jedoch ganz überwiegend um eine Erscheinung, die zur Geschichte der Frömmigkeit vor der Reformation gehört. Diese Frömmigkeit äußerte sich nicht selten massenhaft und tumultuarisch und konnte dann freilich auch zu Tumulten anderer Art überleiten. Dargestellt sind der Visionär als Hirte, Pfeifer und Trommler und seine Vision.

mistischen religiösen Kreisen profitiert hätte.[24] Luther selbst war eine solche Verbindung ganz fremd. Erst spät wurde ihm deutlich, daß Hus und die böhmischen Reformer als seine Vorläufer betrachtet werden konnten.

Wie ist dieser – scheinbar paradoxe – Sachverhalt zu erklären, daß die Jahrzehnte vor der Reformation im Land der Reformation so ketzerleer waren, daß die Gläubigen damals so kirchentreu waren wie seit dem ausgehenden 12. Jahrhundert nicht mehr? Die eine Antwort müßte von Repression sprechen. Die Ausbreitung des Hussitismus über Böhmen hinaus ist nicht nur an den Heeren der Hussiten gescheitert oder daran, daß der Hussitismus in Böhmen selbst teils den herrschenden geistlichen oder rechtlichen Normen angeglichen wurde, teils sich einkapselte; er scheiterte auch an der Verfolgung der Ketzer. Doch hätte das alles wohl nicht ausgereicht, die Jahrzehnte vor der Reformation zu einer Zeit zu machen, in der die Bedeutung der Ketzerei so gering war.

Es kommt hinzu, daß diese Jahrzehnte einer so vielfältig erneuerten Kirchlichkeit den Frommen, die zu anderen Zeiten in den bestehenden Kirchen keine geistliche Heimat gefunden hätten, bessere Möglichkeiten boten. In vielen großen und mittleren Städten wurden zum Beispiel eigene Predigerpfründen gestiftet und mit theologisch gebildeten Geistlichen besetzt. So gab es hier keinen fruchtbaren Nährboden mehr für eine illegale Predigt frommer Laien. Wo die Stadträte den städtischen Klerus unter Kontrolle nahmen, wo

Klöster reformiert wurden, gab es weniger Anlaß zu Kirchenkritik und Protesten.

In einem Dorf in der Nähe von Basel kämpften die Bauern vergeblich gegen die nicht erst in späterer Sicht grotesken Folgen, die sich daraus ergaben, daß ihre Pfarrkirche einem Basler Stiftskapitel gehörte und von diesem zwecks Vermehrung der eigenen Einnahmen mit jämmerlich besoldeten und demoralisierten Lohnpriestern besetzt wurde. So mußten die Bauern immer wieder erleben, daß diese elenden Repräsentanten eines klerikalen Proletariats ihren Pflichten nicht nachkamen und sich überdies für ihre unzureichenden Einkünfte am Kirchenvermögen schadlos hielten, den Opferstock plünderten, Paramente verkauften und das Meßgewand zu Kleidern für ihre Konkubine oder zu Windeln für die Früchte ihrer unerlaubten Lebensweise machten.[25]

Doch führten solche Mißstände damals nicht zu einer Abwendung von der Kirche, sondern zu Versuchen, die Verwaltung des Kirchenvermögens in die eigene Hand zu nehmen. In den meisten Städten kamen die Laien auf diesem Felde auch zum Erfolg. Vermögen und Finanzgebaren der Pfarrkirchen wie auch der Bettelordensklöster lagen in der Hand von Pflegern, die in der Regel von den Stadtverwaltungen eingesetzt wurden. Auf dem Lande waren die Laien so erfolgreich nicht, und so findet sich unter den Forderungen der aufständischen Bauern von 1524 und 1525 immer wieder das Ver-

Ablaßurkunde von 1455

Die päpstlichen Ablaßkommissare gehörten zu den frühesten Auftraggebern der Drucker. Sie ließen Ablaßurkunden drucken, in welche jeweils das Monats- und Tagesdatum sowie der Name dessen, der den Ablaß erworben hatte, einzutragen waren.

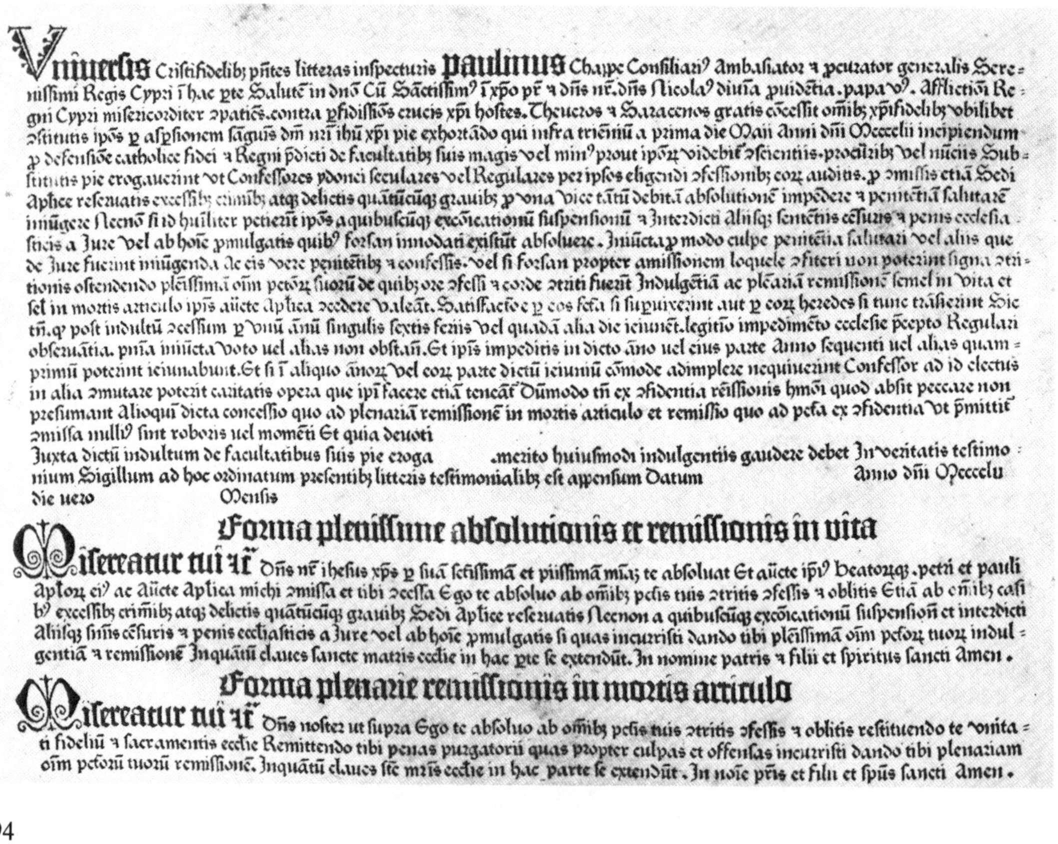
Vniuersis Cristifidelibz presentes litteras inspecturis Paulinus Chappe Consiliarius Ambasiator et procurator generalis Serenissimi Regis Cypri in hac parte Salutem in domino Cum Sanctissimus in christo pater et dominus noster dominus Nicolaus diuina prouidentia papa quintus. Afflictioni Regni Cypri misericorditer compatiens. contra perfidissimos crucis christi hostes. Theucros et Saracenos gratis concessit omnibz christifidelibz ubilibet constitutis ipsos per aspersionem sanguinis domini nostri ihesu christi pie exhortando qui infra triennium a prima die Maii Anni domini Mcccclii incipiendum pro defensione catholice fidei et Regni predicti de facultatibz suis magis vel minus prout ipsorum videbitur conscientiis. procuratoribz vel nunciis Substitutis pie erogauerint ut Confessores ydonei seculares vel Regulares per ipsos eligendi confessionibz eorum auditis. pro commissis etiam Sedi apostolice reseruatis excessibz criminibz atqz delictis quantumcumqz grauibz pro una vice tantum debitam absolutionem impendere et penitentiam salutarem iniungere Necnon si id humiliter petierint ipsos a quibuscumqz excommunicationum suspensionum et Interdicti Aliisqz sententiis censuris et penis ecclesiasticis a Iure vel ab homine promulgatis quibus forsan innodati existunt absoluere. Iniuncta pro modo culpe penitentia salutari vel aliis que de Iure fuerint iniungenda. ac eis vere penitentibz et confessis. vel si forsan propter amissionem loquele confiteri non poterint signa contritionis ostendendo plenissimam omnium peccatorum suorum de quibz ore confessi et corde contriti fuerint Indulgentiam ac plenariam remissionem semel in vita et semel in mortis articulo ipsis auctoritate apostolica concedere valeant. Satisfactione per eos facta si superuixerint aut per eorum heredes si tunc transierint Sic tamen. quod post indultum concessum per unum annum singulis sextis feriis vel quadam alia die ieiunent. legitimo impedimento ecclesie precepto Regulari obseruantia. penitentia iniuncta voto uel alias non obstantibus. Et ipsis impeditis in dicto anno uel eius parte Anno sequenti uel alias quam primum poterint ieiunabunt. Et si in aliquo annorum vel eorum parte dictum ieiunium commode adimplere nequiuerint Confessor ad id electus in alia commutare poterit caritatis opera que ipsi facere etiam teneantur Dummodo tamen ex confidentia remissionis huiusmodi quod absit peccare non presumant Alioquin dicta concessio quo ad plenariam remissionem in mortis articulo et remissio quo ad peccata ex confidentia ut premittitur commissa nullius sint roboris uel momenti Et quia deuoti
Iuxta dictum indultum de facultatibus suis pie eroga . merito huiusmodi indulgentiis gaudere debet In veritatis testimonium Sigillum ad hoc ordinatum presentibz litteris testimonialibz est appensum Datum Anno domini Mcccclv die uero Mensis

Forma plenissime absolutionis et remissionis in vita

Misereatur tui etc. Dominus noster ihesus christus per suam sanctissimam et piissimam misericordiam te absoluat Et auctoritate ipsius beatorumqz. petri et pauli apostolorum eius ac auctoritate apostolica michi commissa et tibi concessa Ego te absoluo ab omnibz peccatis tuis contritis confessis et oblitis Etiam ab omnibz casibus excessibz criminibz atqz delictis quantumcumqz grauibz Sedi apostolice reseruatis Necnon a quibuscumqz excommunicationum suspensionum et interdicti Aliisqz sententiis censuris et penis ecclesiasticis a Iure vel ab homine promulgatis si quas incurristi dando tibi plenissimam omnium peccatorum tuorum indulgentiam et remissionem Inquantum claues sancte matris ecclesie in hac parte se extendunt. In nomine patris et filii et spiritus sancti Amen.

Forma plenarie remissionis in mortis articulo

Misereatur tui etc. Dominus noster ut supra Ego te absoluo ab omnibz peccatis tuis contritis confessis et oblitis restituendo te vnitati fidelium et sacramentis ecclesie Remittendo tibi penas purgatorii quas propter culpas et offensas incurristi dando tibi plenariam omnium peccatorum tuorum remissionem. Inquantum claues sancte matris ecclesie in hac parte se extendunt. In nomine patris et filii et spiritus sancti Amen.

Christi Grab in Görlitz

Um 1500 wurden in Görlitz Bau- und Bildwerke errichtet, welche die Stätten der Passion Christi wiedergeben sollten: ähnlich wie schon in früheren Jahrhunderten des Mittelalters errichtete »Heilige Gräber«, nun jedoch mit der Absicht, die Vorbilder und die vorbildlichen Dimensionen genau wiederzugeben.

Am Karrner neben der Pfarrkirche von Kiedrich oberhalb von Eltville am Rhein hat sich eine Außenkanzel erhalten, wie sie an vielen Orten errichtet wurde, wo die Kirchengebäude die Masse der Wallfahrer nicht immer fassen konnten.

langen, das Kirchenvermögen durch die Gemeinden zu verwalten und damit diesen auch die Aufsicht über die Pfarrer zu geben.

Vieles von dem, was in den Augen Späterer als kirchlicher Mißstand erscheint, war vor der Reformation ganz überwiegend Teil eines funktionierenden Systems. Dazu gehören sowohl der Ablaß wie auch der Umgang mit Pfründen.

Auch wenn mit dem Ablaß immer wieder nachlässig oder betrügerisch umgegangen wurde, so daß einfältige Gläubige tatsächlich die Hoffnung hegten, ihr eigenes Seelenheil oder das anderer durch Geld erkaufen zu können, dürfte der korrekte Umgang mit diesem Instrument der Seelsorge überwogen haben. Manche Details waren dogmatisch allerdings noch nicht festgelegt. Die Theologen waren sich in diesen Fragen nicht einig, so daß Martin Luther im Jahre 1517 zu Recht meinen konnte, mit seinen Disputationsthesen innerhalb jener Grenzen zu bleiben, die ihm als Theologen gezogen waren. Dennoch waren die Vorschriften über den Umgang mit dem Ablaß in den wichtigsten Punkten eindeutig. Der Ablaß setzte Beichte und Reue voraus; er beseitigte nicht die Schuld, sondern nur die andernfalls auf Erden und im Fegefeuer fälligen Strafen oder einen Teil davon. Und er war auch nicht nur und nicht allein für Geld zu haben. Bedürftigen sollte er umsonst gespendet werden, den anderen je nach ihren Vermögensverhältnissen. Aber auch die Vermögenden sollten ihn nicht allein für Geldzahlungen erhalten; sie wurden überdies zu bestimmten Gebetsleistungen verpflichtet – zum Sprechen einer bestimmten Zahl von Vaterunser und Ave-Maria oder auch weiterer Gebete.

Es ist keine Frage, daß der Ablaß auf solche Weise nicht nur diese Gebete, sondern auch jene zwei weiteren Texte gefördert hat, die Luther dann zum Kleinen Katechismus zusammenfassen sollte: das Glaubensbekenntnis und die Zehn Gebote. Zu Luthers Katechismus gehörte zunächst auch das Ave-Maria, und in dieser Gestalt ist der Katechismus schon im 15. Jahrhundert vielfach als ein Kanon der Laienbildung überliefert.[26] Es gibt zahlreiche Zeugnisse dafür, daß damals die religiösen Kenntnisse der einfachen Gläubigen wuchsen und daß sie nicht zuletzt durch den Ablaß und die mit ihm verbundene Beichtpflicht gefördert wurden, da diese ja ihrerseits die Kenntnis der Zehn Gebote voraussetzte.

Im Laufe des 15. Jahrhunderts wurde der Ablaß immer dringender verlangt und immer öfter und an immer mehr Orten angeboten. Die kleinen Ablässe, die vierzig oder hundert Tage Bußstrafe tilgten, waren allerorten und an vielen Festtagen zu haben. Daneben nahm die Zahl der Gelegenheiten zu, wo ein vollständiger Ablaß zu erwerben war, und es kamen nun in wachsender Zahl jene Ablässe auf, die Tausende, ja Zehntausende von Jahren versprachen. Trotzdem pries der Erfurter Augustiner-Eremit Johannes von Paltz, der um eine Generation ältere Ordens- und Klostergenosse Luthers, den Ablaß als die perfekte Antwort auf die Frage, wie der Gläubige die Gnade Gottes erringen könne; das war so unverständlich nicht.[27]

Obwohl es Ablaßschwindler[28] gab, obwohl für den Ablaß mit groben Argumenten geworben wurde, obwohl die Ablaßgebühren, soweit sie in kirchliche und insbesondere in die Kassen des Papstes flossen, oft nicht zur Finanzierung von religiösen Aufgaben dienten, sondern von Kriegen, und zwar nicht gegen Heiden, sondern gegen Christen, obwohl schließlich ein großer Teil der Ablaßgelder von den weltlichen Obrigkeiten abgeschöpft wurde, überwog der korrekte Umgang mit dem Ablaß. Es gibt kaum Hinweise auf die Fälschung von Ablaßurkunden.[29] Die Kritik am Ablaß zielte auf problematische Details und war ganz überwiegend eine Sache von Geistlichen.

Auch der Umgang mit spätmittelalterlichen Pfründen bietet immer wieder Beispiele dafür, daß geistliche Stellen als pure Einnahmetitel verstanden wurden und von der Erfüllung der Aufgaben, denen diese Einnahmen dienen sollten, keine Rede sein konnte. Die heutige Sprache bewahrt solche Mißstände auf. Wenn wir die Diskrepanz zwischen einem Maximum an Einkünften und einem Minimum an Pflichten bezeichnen wollen, sprechen wir von einer Pfründe oder – ebenfalls die Sprache des mittelalterlichen Kirchenrechts benutzend – von einer Sinekure. Damit aber machen wir schon Unterscheidungen, welche das System, dem diese Bilder entnommen sind, indirekt anerkennen.

Sinekure, das hieß vollständig »sine cura animarum« und meinte ein Einkommen, mit dem die Pflicht zur Seelsorge – »cura animarum« – nicht verbunden war, das seinen Empfänger demnach für andere Aufgaben freistellte, für das Chorgebet, für die Verwaltung geistlichen Besitzes, für die Politik oder für die Wissenschaft. Die

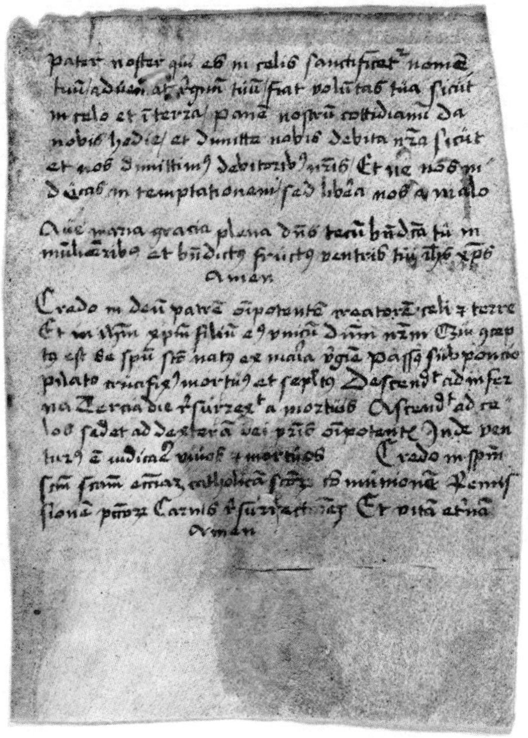

Handzettel mit Vaterunser, Ave-Maria und Glaubensbekenntnis (Originalgröße), um 1500

Das kleine Pergamentblatt diente offensichtlich als Gedächtnisstütze, aber es war doch nicht für die Hand eines ungebildeten Laien bestimmt. Das lehren die lateinische Sprache und namentlich die Abkürzungen, zum Beispiel gleich am Ende der ersten Zeile: »sanctificet[ur] nome[n]«.

Professoren lebten nur zum Teil von Gehältern. In der Hauptsache waren sie, was ihre Einkünfte anging, Pfründinhaber, Stiftsherren zum Beispiel, also Inhaber von Stellen ohne Seelsorgeverpflichtungen.

Wissenschaft, Verwaltung, Rechtsprechung – mit einem modernen Begriff: der tertiäre Sektor – wurden im Mittelalter zunächst ganz und auch im 15. Jahrhundert noch zu einem beträchtlichen Teil, ja vielleicht überwiegend von kirchlichen Amtsträgern wahrgenommen, also durch Pfründeinkommen finanziert[30] – als Folge gewissermaßen des Umstandes, daß die Kirche die einzige Institution war, die in Westeuropa das Ende der antiken Kultur überlebt hatte und den nachfolgenden zehn barbarischen Jahrhunderten Reste dieser Kultur übermittelte.

Doch waren es nicht nur Sinekuren, von denen Verwalter, Richter und Gelehrte lebten. Oft genug waren es Pfarrpfründen, die zu ihrem Einkommen beitrugen. Die Aufgaben der Pfarrer wurden dann von Stellvertretern wahrgenommen, die mit einem Teil des Pfründaufkommens honoriert wurden. Im schlechten Falle waren das elende Gestalten, wie man sie aus den Klagen der erwähnten Bauern des Basler Umlandes oder aus Gerichtsprotokollen kennt, während die Inhaber der Stellen mit Hilfe des größeren Teils der Einkünfte und dem Ertrag weiterer Pfründen ein luxuriöses Leben führten. Im günstigen Falle wurden die Einkünfte einer Pfarrpfründe, die infolge des gewachsenen städtischen Reichtums ihrerseits weit über die Bedürfnisse des Pfarrers und seines Amtes ange-

<table>
<tr><th rowspan="2">Name des Stiftsherrn</th><th rowspan="2">Akademischer Grad</th><th colspan="2">Stellung</th><th rowspan="2">Lehrverpflichtung</th></tr>
<tr><th>im Stiftskapitel</th><th>bei der Universität</th></tr>
<tr><td>Johann Mugenhofer</td><td>dr. iur.</td><td>Propst</td><td>Prof. des kanonischen Rechts</td><td>Ordentliche Vorlesung im kanonischen Recht</td></tr>
<tr><td>Lorenz Schlamau</td><td>dr. decr.</td><td>Dekan, zugleich Stadtpfarrer</td><td>Prof. des kanonischen Rechts</td><td>Sonntagsvorlesung über die Dekretalen</td></tr>
<tr><td>Jodocus Trutfetter</td><td>dr. theol.</td><td>Archidiakon</td><td>Prof. der Theologie</td><td>dreimal wöchentlich theol. Vorlesung; Predigt in der Stiftskirche</td></tr>
<tr><td>Ulrich v. Dienstedt</td><td>dr. decr.</td><td>Kantor</td><td>Prof. des kanonischen Rechts</td><td>dreimal wöchentlich theol. Vorlesung; Predigt in der Stadtkirche</td></tr>
<tr><td>Peter Lupinus</td><td>dr. theol.</td><td>Kustos</td><td>Prof. der Philosophie, Thomist</td><td>freitags Disputation in der Hl. Schrift</td></tr>
<tr><td>Simon Funck</td><td>–</td><td>Scholaster</td><td>–</td><td>Interpretation des Liber sextus u. der Clementinen</td></tr>
<tr><td>Konrad Lobenherbst</td><td>mag. art.</td><td>Senior, can. ducalis</td><td>–</td><td>Philosophische Vorlesung</td></tr>
<tr><td>Kaspar Schicker</td><td>dr. decr.</td><td>Syndikus</td><td>–</td><td>Vorlesung über die Institutionen</td></tr>
<tr><td>Andreas Karlstadt</td><td>bacc. theol.</td><td rowspan="4">canonici ducales</td><td>Prof. der Philosophie, Thomist</td><td>Philosophische Vorlesung</td></tr>
<tr><td>Nikolaus v. Amsdorff</td><td>bacc. theol.</td><td>Prof. der Philosophie, Scotist</td><td>Überwachung der Abenddisputationen der Scholaren in der Artistenfakultät</td></tr>
<tr><td>Sebastian Küchenmeister</td><td>bacc. theol.</td><td>Prof. der Philosophie, Scotist</td><td>Philosophische Vorlesung</td></tr>
<tr><td>Johann Rachals</td><td>–</td><td>–</td><td>Philosophische Vorlesung</td></tr>
</table>

Die Wittenberger Universitätsprofessoren und ihre Pfründen am dortigen Allerheiligenstift

stiegen waren, sinnvoll aufgeteilt zwischen dem, der die Seelsorge ausübte, und dem nominellen Pfarrer, der anderen Aufgaben nachging.

Nikolaus von Cues zum Beispiel hätte seine Aufgaben auf dem Basler Konzil und später als Gesandter des Papstes nicht wahrnehmen, er hätte die Reisekosten und den Unterhalt seiner Schreiber und Pferdeknechte nicht aufbringen können, wenn er nicht stets im Besitz einer Reihe von Pfründen gewesen wäre. Am Ende waren es dreißig Pfründen, die er während seines Lebens über kürzere oder längere Zeit besessen oder erstrebt hatte.[31]

An seinem Fall, der besonders gut dokumentiert ist,[32] sieht man, daß auch einem prominenten Kirchenpolitiker Grenzen gesetzt waren. Jede Erweiterung seines Pfründbesitzes setzte sorgfältige

Rechenschaft über den vorhandenen Bestand voraus, und oft genug konnte er eine neue Pfründe nur erwerben, wenn er eine andere abgab, zumal wenn es sich um Seelsorgestellen handelte. Im übrigen schöpfte dieser Kleriker nicht einfach ab, was ihm seine Pfründen erbrachten; er bemühte sich auch mit Erfolg um das wirtschaftliche Gedeihen seiner Besitzungen, und nicht selten handelte er dort, wo er bepfründet war, als Kirchenreformer. Nicht nur im Falle des Nikolaus von Cues sieht man, daß die beträchtlichen Gewinne aus den Pfründen am Ende wiederum einem geistlichen Zwecke zugewendet wurden. Ein großer Teil der Pfründstiftungen des 15. Jahrhunderts geht auf Geistliche zurück. Nikolaus von Cues stiftete in seiner Heimatstadt Kues an der Mosel ein – noch heute bestehendes – Hospital: gewiß ein Monument seiner selbst, aber zunächst doch ein Werk der Caritas.

Ein Teil der Einkünfte dieses hochgestellten Geistlichen kam außerdem anderen Geistlichen zugute und auch das ist ein typischer Sachverhalt. Immer wieder sorgten die Geistlichen für ihre eigenen Verwandten, die Neffen zumal, die nicht selten in Wahrheit illegitime Söhne waren und ihrerseits Geistliche wurden. Neben dem Pfründsystem war der Nepotismus – auch er nach heutigen Maßstäben ein Mißstand – eine der Säulen, welche die alte Welt trugen. Erst der moderne Staat sollte beides überflüssig machen, indem er die Pfründvermögen säkularisierte, seine finanziellen Möglichkeiten durch den Ausbau der Steuerpflicht steigerte und allmählich – in drei Jahrhunderten – seinen Amtsträgern eine Dienstgesinnung anerzog, die das alte Verwandtschafts- und Klientelsystem entbehrlich machte.

Ein italienischer Geistlicher, Antonio de Beatis, hat im Jahre 1517 als Sekretär eines päpstlichen Legaten weite Teile Deutschlands bereist und seine Eindrücke festgehalten. Er notierte nationale Eigentümlichkeiten wie die ihm seltsam erscheinende Neigung der Deutschen, unter dicken Federbetten, aber in ungeheizten Räumen zu schlafen, er lobte an den Frauen, daß sie die Küche rein hielten, fand sie selber aber etwas unsauber. Vor allem aber pries er die Kirchlichkeit und Frömmigkeit der Deutschen, ihre Andacht im Gottesdienst, die vielen Andachtsbilder, die sie überall errichteten, und den Reichtum, den sie den Kirchengebäuden und deren Ausstattung zuwendeten.[33]

Andere Berichte[34] lauten ähnlich, und die Fülle dessen, was sich von den Kirchenausstattungen der vorreformatorischen Zeit erhalten hat, beweist es – obwohl doch so viel davon in den Bilderstürmen der Reformationszeit und durch die Erneuerungen der Kirchen während des Barock und des Historismus im 19. Jahrhundert vernichtet worden ist. Man hat geschätzt,[35] daß nur zwei Prozent dessen erhalten ist, was vor der Reformation in den Kirchen an Altargemälden und Andachtsbildern vorhanden war. Das vollständigste Verzeichnis[36] dieser Bilder zählt für Köln, den Niederrhein, Hamburg, Lübeck und Niedersachsen 844 Gemälde oder Gemäldezyklen. So hätte es um 1500 demnach allein in Norddeutschland über vierzigtausend gemalte Altarretabeln und Gedächtnisbilder gegeben – und dazu eine doch wohl nicht kleinere Zahl an geschnitzten Heiligenfiguren und sakralen Szenen. Wenn sich, wie man mit

An der Pfarrkirche in Dinkelsbühl findet sich eine Bauinschrift, aus der hervorgeht, daß es nicht nur den Erbauern des Ulmer Münsters auf die Ausmaße ihrer Kirche ankam. Die Inschrift lautet: »Der grunnt ist in der erden 22 schuoch.« Die Baugrube war also zweiundzwanzig Schuh (etwa sieben Meter) tief.

Sicherheit weiß, in den größten Pfarrkirchen an die sechzig Altäre fanden, wenn hier etwa hundertzwanzig Geistliche angestellt waren, die in der Regel vier Messen pro Woche lasen, dann summierte sich das zu knapp fünfhundert Messen wöchentlich, und das heißt, daß in den großen Kirchen eigentlich immer Messe gelesen wurde und daß oft mehrere Gottesdienste gleichzeitig stattfanden.

Eine dieser großen Stadtpfarrkirchen war das Ulmer Münster, und diese Kirche läßt am deutlichsten die Energien erkennen, welche die Gemeinden den Kirchen zuwendeten. Nicht das Rathaus, sondern die Kirche war der Mittelpunkt der Gemeinde, die gleichzeitig kirchliche und politische Gemeinde war.

So mußte es für eine reiche Metropole wie Ulm geradezu unerträglich sein, wegen alter Rechte des Klosters Reichenau eine eigene – das heißt die unter dem Patronat des Rates stehende – Pfarrkirche nicht zu besitzen. Die Ulmer haben sich daher mit aller Energie darum bemüht, die Reichenauer Rechte zu beseitigen, und schließlich, als ihnen das 1377 gelungen war, in Gestalt des Münsters die prächtigste aller deutschen Pfarrkirchen erbaut.

Der Bericht, den der Ulmer Geschichtsschreiber Felix Fabri – ein Dominikaner, der für viele Bettelmönche steht, dem die Anfänge städtischer Geschichtsschreibung zu verdanken sind – am Ende des 15. Jahrhunderts von dem Kirchenbau in Ulm gibt, läßt immer noch die Größe dieses Triumphes und der Anstrengung erkennen. Fabri spricht vor allem von Quantitäten. Er beschreibt die ungeheuer tiefe und große Grube, die man ausgehoben habe, um die Fundamente der Kirche legen zu können, er beschreibt ihre Ausmaße, er rühmt die Zahl der Altäre, und er preist am Ende auch die Dimension des Friedhofes. Das Beinhaus sei mit so vielen Gebeinen gefüllt gewesen, daß man meinen konnte, hier sei der Bestattungsplatz für ganz Schwaben gewesen. Spätestens an dieser Stelle erscheint dem heutigen Leser Fabris Beschreibung grotesk, doch war auch das Lob des Friedhofes so unverständlich nicht. Der Friedhof war ja nichts anderes als ein Schauplatz des Jüngsten Gerichts, und so meinte Fabris Lob, daß von dem Platz um das Ulmer Münster am Jüngsten Tage – hinreichende Sterbevorbereitungen, hinreichende Ablässe vorausgesetzt, – so viele Seelen zum Himmel fahren würden wie nirgends sonst.[37]

Daß so viele Berechnungen, daß eine solche Haltung am Ende auch zu Betrug führte, liegt nahe. Doch wer betrog wen? Eine aus den Traditionen von aufgeklärter Kirchenfeindschaft und Kulturkampfstimmung gegebene Antwort würde die Geistlichen oder gar die Kirche als Betrüger namhaft machen. Aber wer war im Mittelalter die Kirche? Die Kirche: das waren alle Gläubigen, also in Europa fast alle Menschen. Wer sich ihr nicht zugehörig fühlte, der hatte die Kirche nicht dank aufgeklärtem Denken schon hinter sich gelassen, sondern mangels Bildung noch vor sich.

Abergläubische Praktiken waren oft nichts anderes als ein durch die Einfalt gebrochenes Spiegelbild dominierender Frömmigkeitsformen. Wenn die für das ausgehende Mittelalter so charakteristische eucharistische Frömmigkeit alles Gewicht auf das Anschauen und die Verehrung der Hostie – statt auf ihren Verzehr im Abendmahl – legte, wenn das Hochhalten der Hostie durch den zelebrierenden Priester zum eigentlichen Höhepunkt der Messe wurde, so lag es nahe, daß ungebildete Gläubige der geweihten Hostie magische Kräfte zuschrieben und sich Hostien zu verschaffen suchten, um mit ihrer Hilfe Fruchtbarkeit oder Liebe herbeizuzaubern.[38] Dieser Glaube führte dann zu der fatalen Konsequenz, daß auch Juden ein solcher Umgang mit der Hostie zugetraut, daß ihnen Hostienschändungen zugeschrieben wurden, die dann zum Anlaß von Morden und Austreibungen wurden.[39]

Eine andere Folge der eucharistischen Frömmigkeit waren die vielen Blutwunder, die Orte also, an denen man rotgefärbte Hostien verehrte, weil man glaubte, daß in ihnen Christi Blut erschienen sei. Obwohl es aufgrund der Wirkungsweise eines besonderen Pilzes (bacterium prodigiosum) nicht unmöglich ist, daß sich Hostien rot färben, kann doch nicht bezweifelt werden, daß viele dieser vermeintlichen Hostienwunder auf Betrug zurückgingen. Diejenigen, die diesen Betrug ausführten, waren notwendigerweise Geistliche. Doch wurden die Orte, an denen dergleichen geschah, zu großen Wallfahrtsstätten und Einnahmequellen vor allem durch die daran beteiligten weltlichen Gewalten, während die Kritik an zweifelhaften Wunderstätten und der nicht selten erfolgreiche Kampf gegen sie eine Sache ausschließlich von Geistlichen war.[40]

Seit dem Jahre 1503 wurde in Augsburg eine einfache Frau, die, wie sich bald herausstellen sollte, eine Betrügerin war, wie eine Hei-

Hans Burgkmaier, Porträt der Augsburger religiösen Betrügerin Anna Laminit, zwischen 1503 und 1505

Das Gemälde bezeugt – ob nun im öffentlichen Auftrag, im Auftrag eines Vermögenden oder ohne Auftrag gemalt –, daß die vermeintlich heiligmäßig lebende Betrügerin eine Person von großem öffentlichem Ansehen oder jedenfalls Interesse war.

Das Ulmer Münster, seit dem ausgehenden 14. Jahrhundert mit so viel Aufwand und Energie erbaut und eingerichtet wie keine andere städtische Pfarrkirche, gehört zu den Kirchen, die während der Reformation ihrer Bildwerke beraubt wurden. Die Kinder und Enkel derer, die einen großen Teil ihres Vermögens für die Ausstattung der Kirchen hingegeben hatten, reinigten die Kirchen von den Zeugnissen der Frömmigkeit ihrer Vorfahren - in Ulm jedoch nicht zugleich von den Zeugnissen des Willens zur Repräsentation. Die Wappen und ruhmredigen Stifternennungen blieben erhalten. Spuren des reformatorischen Bildersturms zeigt ein Stück Wand, an dem einstmals, wie man gerade noch erkennen kann, die Anbetung des Christuskindes durch die Heiligen Drei Könige dargestellt war. Christus und die ihn Anbetenden wurden abgeschlagen, das Wappen und die Stifterinschrift blieben. Die Menschen waren nun in der Kirche sozusagen unter sich.

lige verehrt. Anna Laminit, deren Nachname (»Laß mich nicht«) vielleicht an Psalm 26,9 erinnern sollte, behauptete, keine Nahrung aufnehmen zu müssen, sondern sich nur vom Genuß der Hostie zu ernähren. Spiegelte auch das die eucharistische Frömmigkeit der Zeit? Immerhin machte die Augsburgerin von der Hostie den ursprünglichen Gebrauch. Sie verehrte sie nicht nur, sondern konsumierte sie. Doch konnte auch das problematisch sein. Wie oft sollte ein Christ die Eucharistie feiern? Einmal im Jahr mindestens, so schrieb das vierte Laterankonzil von 1215 vor. Doch wo lag das richtige Maß? Konnte man am Abendmahl überhaupt zu oft teilnehmen? Diese Frage wurde von verantwortlichen Geistlichen bejaht. Insbesondere Frauen neigten immer wieder dazu, täglich zu kommunizieren, und alle Erfahrung lehrte, daß sich darin eine ekstatische Frömmigkeit äußerte, die der Häresie verdächtig war. Wo aber verlief die Grenze zwischen Ketzerei und herausragender Frömmigkeit? Das blieb ein niemals gelöstes Problem. In Augsburg jedenfalls war jedermann bereit, Anna Laminit für eine künftige Heilige zu halten, zumal sie so viele auswärtige Besucher herbeilockte. Auch Martin Luther hat ihr auf dem Wege nach Rom seine Reverenz erwiesen. Erst die Weltklugheit einer Fürstin, der bayerischen Herzoginwitwe Kunigunde, brachte die Wahrheit an den Tag. Die Fürstin beobachtete die vermeintliche Fromme durch ein Loch in der Wand und stellte fest, daß sie sich nicht nur von der Hostie, sondern auch von Honigkuchen ernährte.[41]

Anmerkungen

Die Anmerkungen können nicht alle im Text erwähnten Details belegen. In der Regel wird der interessierte Leser den Weg zu einer vertiefenden Lektüre mit Hilfe der Handbücher und Lexika, die in der Bibliographie genannt sind, selbst finden können. So werden Anmerkungen nur dort gegeben, wo im Text Dokumente zitiert werden und wo sich der Autor unmittelbar auf Aussagen der wissenschaftlichen Literatur bezieht.
Die Titel werden ohne Abkürzungen zitiert mit Ausnahme der Quellenausgaben in den Serien »Monumenta Germaniae Historica« (MGH) und »Ausgewählte Quellen zur Geschichte des Mittelalters« (Ausgewählte Quellen).

Anmerkungen zu Kapitel 1

1 J.C. Russell in: Lexikon des Mittelalters 2. 1983 Sp. 14.
2 W. Abel in: Handbuch der deutschen Wirtschafts- und Sozialgeschichte. Hg. v. H. Aubin und H. Kellenbenz 1. 1971 S. 198.
3 W. Kuhn, Die Siedlerzahlen der deutschen Ostsiedlung in: Derselbe, Vergleichende Untersuchungen zur mittelalterlichen Ostsiedlung. 1973.
4 L. White jun., Die mittelalterliche Technik und der Wandel der Gesellschaft. 1968 S. 54ff.
5 P. Bierbrauer, Bäuerliche Revolten im Alten Reich. In: P. Blickle u.a., Aufruhr und Empörung? 1980.
6 Ein frühes Beispiel bei Gregor von Tours aus der Zeit nach der Mitte des 6. Jahrhunderts (5,48). Ausgewählte Quellen 1. S. 368f.
7 H. Mitteis, Über den Rechtsgrund des Satzes »Stadtluft macht frei« in: Festschrift für E. E. Stengel. 1952.
8 Beiträge von Edith Ennen, G. Köbler, H. Boockmann, G. Dilcher und Ruth Schmidt-Wiegand in: Über Bürger, Stadt und städtische Literatur im späten Mittelalter. Hg. v. J. Fleckenstein und K. Stackmann. 1980.
9 Stadt und Umland. Hg. v. E. Maschke und J. Sydow. 1974.
10 Stadt und Ministerialität. Hg. v. E. Maschke und J. Sydow. 1973. J. Fleckenstein, Ministerialität und Stadtherrschaft in: Festschrift für H. Beumann. 1977.
11 Ausgewählte Quellen 26a Nr. 32.
12 O. Schlüter und O. August, Atlas des Saale- und mittleren Elbe-Gebietes 2 o.J. (etwa 1960). Karte 39.
13 K. Günther u.a., Die Stadtwüstung Landsberg bei Wolfhagen. Zeitschrift des Vereins für Hessische Geschichte 77/78. 1966/67.
14 W. Petke, Die Grafen von Wöltingerode-Wohldenberg. 1971 S. 230ff.
15 H. Boockmann, Die Anfänge des Deutschen Ordens in Marburg und die frühe Ordensgeschichte in: Sankt Elisabeth. Fürstin, Dienerin, Heilige. 1981.
16 G. Steinwascher, Die Zisterzienserstadthöfe in Köln. 1981.
17 R. Schneider in: Salem. 850 Jahre Reichsabtei und Schloß. Hg. v. demselben. 1984 S. 119ff.
18 K. Militzer, Kölner Bürgersöhne im Zisterzienserorden. Die soziale Zusammensetzung rheinischer und polnischer Zisterzienserkonvente. Historisches Jahrbuch 99. 1979.
19 Ausgewählte Quellen 26b Nr. 1.
20 Codex Falkensteinensis. Hg. v. Elisabeth Noichl. 1978.

21 W. Berges, Land und Unland in der mittelalterlichen Welt. Festschrift für H. Heimpel 3. 1972.
22 Katalog des Museums für Kunst und Gewerbe Hamburg: Die wilden Leute des Mittelalters. 1963.
23 R. Kötzschke, Quellen zur Geschichte der ostdeutschen Kolonisation. 1912 Nr. 23.
24 Die Lieder Walthers von der Vogelweide. Hg. v. F. Maurer 1. 2. Aufl. 1960 S. 66 (20). Dazu W. Thum, Die sog. »Alterselegie« Walthers von der Vogelweide und die Krise des Landesausbaus im 13. Jahrhundert. In: Literatur-Publikum-Historischer Kontext. Hg. v. G. Kaiser. 1977.

Anmerkungen zu Kapitel 2

1 Viele Details berichtet die Narratio de electione Lotharii. MGH Scriptores 12 S. 509ff.
2 H. Decker-Hauff, Das Staufische Haus in: Die Zeit der Staufer. Katalog der Ausstellung 3. 1977.
3 Ausgewählte Quellen 17 (Gesta Frederici 1,12) S. 152f.
4 H. Patze, Adel und Stifterchronik. Blätter für Deutsche Landesgeschichte 100-101. 1964 u. 1965.
5 W. Bernhardi, Lothar von Supplinburg. 1879 S. 54ff.
6 W. v. Giesebrecht, Geschichte der deutschen Kaiserzeit 4. 1875 S. 423.
7 Landrecht 3,54.
8 F. Ludwig, Untersuchungen über die Reise- und Marschgeschwindigkeit im 12. und 13. Jahrhundert. 1897.
9 O. Engels, Die Staufer. 3. Aufl. 1984 S. 29.
10 W. Bernhardi, Konrad III. 1883 S. 528ff.
11 Otto von Freising, Gesta Frederici. Prolog und Anfang des zweiten Buches. Ausgewählte Quellen 17 S. 114ff. und S. 284ff.
12 Regesta Imperii 4,2,1 Nr. 64.
13 O. Engels, Beiträge zur Geschichte der Staufer im 12. Jahrhundert (I). Deutsches Archiv 27.1971 S. 399ff. Die Erzählung Giselberts: Giselberti Chronicon Hanoniense. MGH SSrG S. 88f.
14 Engels (wie Anm. 9) S. 50ff.
15 Gesta Frederici 2,3 S. 286f. (wie Anm. 11).
16 MGH Die Urkunden Friedrichs I. 1. Nr. 51. Auch: Ausgewählte Quellen 32 Nr. 61. H. Appelt, Das privilegium minus. 2. Aufl. 1976.
17 MGH Die Urkunden Friedrichs I. 3. Nr. 546. Auch: Ausgewählte Quellen 32 Nr. 71.
18 F. Schneider, Die neueren Anschauungen der deutschen Historiker über die deutsche Kaiserpolitik des Mittelalters und die mit ihr verbundene Ostpolitik. 4. Aufl. 1940. Derselbe, Universalstaat oder Nationalstaat. Die Streitschriften von H. v. Sybel und J. Ficker zur deutschen Kaiserpolitik des Mittelalters. 1941. W. Smid, Deutsches Königtum und deutscher Staat des Hochmittelalters während und unter dem Einfluß der italienischen Heerfahrten. 1964.
19 4,8 S. 522f. (wie Anm. 11). Dazu A. Haverkamp, Herrschaftsformen der Frühstaufer in Italien. 1970f. S. 713ff.
20 2, 11 S. 302f. (wie Anm. 11).
21 MGH Die Urkunden Friedrichs I. 1 Nr. 51.
22 P. E. Schramm, Die deutschen Kaiser und Könige in den Bildern ihrer Zeit. 1968 S. 219f. G. B. Ladner, Die Papstbildnisse des Altertums und des Mittelalters 2. 1970 S. 17ff.
23 2,32 S. 348f. (wie Anm. 11).
24 Rahewin 3,12 S. 414f. (wie Anm. 11).

25 MGH Die Urkunden Friedrichs I. 2 Nr. 237ff.
26 4,5 S. 518f. (wie Anm. 11).
27 H.J. Kirfel, Weltherrschaftsidee und Bündnispolitik. Untersuchungen zur auswärtigen Politik der Staufer. 1959.
28 E. Meuthen, Karl der Große - Barbarossa - Aachen. In: Karl der Große. Lebenswerk und Nachleben 4. 1967. J. Petersohn, Saint-Denis-Westminster-Aachen. Die Karls-Translatio von 1165 und ihre Vorbilder. Deutsches Archiv 31. 1974.
29 P.E. Schramm und Florentine Mütherich, Denkmale deutscher Könige und Kaiser. 1962 Nr. 176.
30 The letters of John of Salisbury. Hg. v. W.J. Millor u.a. 1. 1955 Nr. 124.
31 Ebd. 2.1979 Nr. 275. Dazu W. Holtzmann, Das mittelalterliche Imperium und die werdenden Nationen. 1953.
32 W. v. Giesebrecht, Geschichte der deutschen Kaiserzeit 6. 1895 S. 477f.
33 Ebd. S. 531.
34 J. Fried, Königsgedanken Heinrichs des Löwen. Archiv für Kulturgeschichte 55.1953.
35 Karin Feldmann, Herzog Welf VI. und sein Sohn. 1967.
36 K. Heinemeyer, Der Prozeß Heinrichs des Löwen. Blätter für deutsche Landesgeschichte 117. 1981.
37 W. Goez, Der Leihezwang. 1962.
38 E. Assmann, Friedrich Barbarossas Kinder. Deutsches Archiv 33. 1977.
39 J. Burckhardt, Über das Studium der Geschichte. Hg. v. P. Ganz. 1982 S. 403.
40 E. Kantorowicz, Kaiser Friedrich der Zweite. 1927 S. 9ff. und Ergänzungsband. 1931 S. 9ff.
41 E. Perels, Der Erbreichsplan Heinrichs VI. 1927.
42 Th. Toeche, Kaiser Heinrich VI. 1867 S. 454ff.

Anmerkungen zu Kapitel 3

1 So der bedeutende Kunsthistoriker Richard Hamann in seiner Geschichte der Kunst von der altchristlichen Zeit bis zur Gegenwart. 1955 S. 307 (1. Aufl. 1932). Dazu und zum folgenden W. Sauerländer, Die Naumburger Stifterfiguren. Rückblick und Fragen. In: Die Zeit der Staufer. Katalog der Ausstellung 5. 1979 S. 176.
2 So Gertrud Bäumer, die Vorkämpferin der Frauenbewegung: Der ritterliche Mensch. 1941 S. 111f. Zitiert nach Sauerländer (wie Anm. 1) S. 177.
3 So noch 1978 H.-F. und H. Rosenfeld in: Deutsche Kultur im Spätmittelalter S. 202: »In seiner [des Kölner Doms] Zweitürmigkeit setzt sich deutsche monumentale Wucht gegenüber französischer Feinheit durch.«
4 Hedwig Hegner, Das Lebenszeugnis Walthers von der Vogelweide. Die Reiserechnungen des Passauer Bischofs Wolfger von Erla. 1970 S. 86.
5 Ebd. S. 221ff. Die Verfasserin meint freilich zu wissen, daß den Dichter »eine Welt« von jenen anderen Unterhaltungskünstlern getrennt habe.
6 G. Schweikle in: Die deutsche Literatur des Mittelalters. Verfasserlexikon. 2. Aufl. 3. 1981 Sp. 678ff.
7 »Ine enkan deheinen buochstap« (Ich kann keinen Buchstaben), sagt der Autor im Parzival (115,27) von sich. Dazu J. Bumke, Höfische Kultur. 1986 S. 684.
8 Vers 4638ff. Dazu Bumke ebd.
9 Vers 3353ff. Dazu Bumke S. 112ff.
10 Ebd. S. 114.
11 MGH Briefe der deutschen Kaiserzeit 5. 1950 S. 121.

12 Der Marner, Gedichte. Hg. v. Ph. Strauch. 1876 15,14 S. 261-78. Vgl. Bumke (wie Anm. 7) S. 615.
13 N. H. Ott und W. Walliczek. Bildprogramm und Textstruktur. Anmerkungen zu den Iwein-Zyklen auf Rodeneck und in Schmalkalden. In: Deutsche Literatur im Mittelalter. Hg. v. C. Cormeau 1979.
14 Bumke (wie Anm. 7) S. 734ff.
15 Herta-Elisabeth Renk, Der Manessekreis, seine Dichter und die Manessische Handschrift. 1974. Christelrose Rischer, Literarische Rezeption und kulturelles Selbstverständnis in der deutschen Literatur der »Ritterrenaisse« des 15. Jahrhunderts. 1973.
16 Die Lieder Walthers von der Vogelweide. Hg. v. F. Maurer 1. 2. Aufl. 1960 S. 58 (16, 11).
17 K. Gerstenberg, Die deutschen Baumeisterbildnisse. 1966. C. P. Claussen, Früher Künstlerstolz. Mittelalterliche Signaturen als Quelle der Kunstsoziologie. In: Bauwerk und Bildwerk im Hochmittelalter. Hg. v. K. Clausberg u. a. 1981.
18 H. Sedlmayr, Die Kathedrale als europäische Königskirche. In: Ders., Epochen und Werke 1. 1959.
19 In einem ohne Erscheinungsjahr publizierten Insel-Bändchen: Die Bildwerke des Naumburger Doms S. 55. Zitiert nach Sauerländer (wie Anm. 1).
20 Ebd. S. 221. Der wichtigste Versuch einer historischen Einordnung der Naumburger Figuren stammt von W. Schlesinger, Meißner Dom und Naumburger Westchor. 1952.
21 Sauerländer (wie Anm. 1) S. 199ff.

Anmerkungen zu Kapitel 4

1 Migne, Patrologia Latina 217 Sp. 658.
2 Regestum Innocentii III papae super negotio Romani Imperii. Hg. v. F. Kempf. 1947 Nr. 29 und Nr. 62. Corpus iuris canonici. Hg. v. Ae. Friedberg 2. 1879 Sp. 79ff. (Liber Extra 1, 6, 34).
3 Die Lieder Walthers von der Vogelweide. Hg. v. F. Maurer 1. 2. Aufl. 1960 S. 50 (15,11).
4 P. E. Schramm und Florentine Mütherich, Denkmale der deutschen Könige und Kaiser. 1962 Nr. 195.
5 MGH Constitutiones 2 Nr. 122. Übersetzung bei K. J. Heinisch, Kaiser Friedrich II. in Briefen und Berichten seiner Zeit. 1968 S. 173ff.
6 MGH Epistolae pontificum 1. Nr. 750 S. 653. Deutsch bei Heinisch (vorige Anm.) S. 204.
7 J. Haller, Das Papsttum 4. 1965 (Taschenbuchausgabe) S. 130.
8 MGH Constitutiones 2 Nr. 73 u. Nr. 171.
9 E. Klingelhöfer, Die Reichsgesetze von 1220, 1231/32 und 1235. 1955.
10 MGH Constitutiones 2 Nr. 196. Ausgewählte Quellen 32 Nr. 119.
11 MGH Constitutiones 2 Nr. 197. Ausgewählte Quellen 32 Nr. 120a.
12 Haller (wie Anm. 7) S. 180.
13 Deutsche Sagen. Hg. v. d. Brüdern Grimm 1. 2. Aufl. 1865 S. 25f. G. Voigt, Die deutsche Kaisersage. Historische Zeitschrift 26. 1871. F. Graus, Lebendige Vergangenheit. Überlieferung im Mittelalter und in den Vorstellungen vom Mittelalter. 1975 S. 338ff.
14 J. Burckhardt, Die Kultur der Renaissance in Italien. Hg. v. W. Kaegi. 1930: »Aufgewachsen unter Verrat und Gefahr in der Nähe von Sarazenen, hatte er sich frühe gewöhnt an eine völlig objektive Beurteilung und Behandlung der Dinge, der erste moderne Mensch auf dem Throne.« J. Burckhardt, Über das Studium der Geschichte. Hg. v.

P. Ganz. 1982 S. 299: »Da taucht mit Kaiser Friedrich II. und seinem unteritalienischen Reich der moderne, centralisirte Gewaltstaat auf, – beruhend auf normannischer Tyrannenpraxis und mohammedanischen Vorbildern, mit furchtbarer Herrschaft auch über die Cultur, besonders durch die Handelsmonopole, die er sich vorbehielt. Einmischung in alle Privatverhältnisse; die königlichen Bajuli reguliren sogar den Arbeitslohn ...« Ebd. Anm. 36: »Großes Generalverbrechen: Absperrung Unteritaliens vom Abendland, culturwidrig.«

Anmerkungen zu Kapitel 5

1 MGH Constitutiones 2 Nr. 371.
2 Ebd. Nr. 434. Auch in: Ausgewählte Quellen 33 Nr. 10.
3 MGH Constitutiones 3 Nr. 16. Auch in: Ausgewählte Quellen 33 Nr. 9c.
4 Th. M. Martin, Das Bild Rudolfs von Habsburg als »Bürgerkönig« in Chronistik, Dichtung und moderner Historiographie. Blätter für deutsche Landesgeschichte 112. 1976.
5 F.-R. Erkens, Siegfried von Westerburg (1274-1297). Die Reichs- und Territorialpolitik eines Kölner Erzbischofs im ausgehenden 13. Jahrhundert. 1982.
6 MGH Constitutiones 3 Nr. 545 und 547.
7 Regesta Imperii 6,2 Nr. 1002.
8 A. Lhotsky, Geschichte Österreichs seit der Mitte des 13. Jahrhunderts (1281-1358). 1967 S. 43ff.
9 Landrecht 3,54.
10 Lhotsky (wie Anm. 8) S. 43f.
11 MGH Constitutiones 4,9. Auch in: Ausgewählte Quellen 33 Nr. 64.
12 MGH Constitutiones 4 Nr. 105 und Nr. 107.
13 Aufgenommen in das Corpus iuris canonici. Hg. v. Ae. Friedberg 2. 1879 Sp. 1062f. (Liber sextus 3,23,3).
14 H. G. Walther, Imperiales Königtum, Konziliarismus und Volkssouveränität. 1976 S. 65ff.
15 Friedberg (wie Anm. 13) Sp. 1245f. (Extravagantes 1,8,1). Deutsche Übersetzung bei J. Leuschner u. H. Boockmann, Europa im Hochmittelalter. 1982 S. 193ff.
16 MGH Constitutiones 4 Nr. 173-176.
17 J. Haller, Das Papsttum 5. 1965 (Taschenbuchausgabe) S. 158.
18 Die chronikalischen Nachrichten und der Wortlaut der späteren Grabinschrift bei Lhotsky (wie Anm. 9) S. 152.
19 Ebd. S. 153f.
20 Ebd. S. 159ff.
21 M. Beck u.a., Königsfelden. Geschichte, Bauten, Glasgemälde, Kunstschätze. 1970.
22 Lhotsky (wie Anm. 8) S. 120ff. u.ö. (Register S. 379).
23 Der Bundesbrief von 1291 in: Quellenwerk zur Geschichte der Schweizerischen Eidgenossenschaft 1,1. 1933 Nr. 1681. Übersetzung bei Leuschner/Boockmann (wie Anm. 15) S. 191f.
24 Lhotsky (wie Anm. 8) S. 164.
25 H. Grundmann u. a., Dante und die Mächtigen seiner Zeit. 1960.
26 Ph. Hiltebrandt, Rom. Geschichte und Geschichten. 1944 S. 47ff. Für das Ende des 14. Jahrhunderts: A. Esch, Bonifaz IX. und der Kirchenstaat. 1969 S. 209ff.
27 F.-J. Heyen, Kaiser Heinrichs Romfahrt. 1965 und 1978 (Taschenbuchausgabe).
28 MGH Constitutiones 4 Nr. 848f. und Nr. 913.

29 F. Schneider, Kaiser Heinrich VII. 1940 S. 239f.
30 P.E. Schramm u. H. Fillitz, Denkmale der deutschen Könige und Kaiser 2. 1978 Nr. 11.
31 Iohannis abbatis Victoriensis liber certarum historiarum 2. MGH SSrG. 1910 S. 59.
32 Lhotsky (wie Anm. 8) S. 275 Anm. 531.
33 Ebd. S. 278f.
34 MGH Constitutiones 6 Nr. 101-106.
35 Bullarium Franciscanum. Hg. v. K. Eubel. 1898 Nr. 518.
36 Die wichtigste Schrift des Marsilius, der Defensor pacis, wurde herausgegeben von R. Scholz (MGH Fontes iuris). Mit deutscher Übersetzung gab den Text 1958 H. Kusch heraus. Eine Auswahl aus der deutschen Übersetzung besorgte H. Rausch. 1971.
37 E. Dillmann, Rhens mit dem Königsstuhl. 1975.
38 Ausgewählte Quellen 33. 1983 Nr. 88.
39 Ebd. Nr. 89.
40 E.E. Stengel, Nova Alamanniae 2,1 1930 Nr. 613.

Anmerkungen zu Kapitel 6

1 Vita Caroli quarti. Die Autobiographie Karls IV. Hg. v. E. Hillenbrand. 1979 Kapitel 10 S. 142.
2 Regesta Imperii 8 Nr. 65f.
3 A. Borst, Das Erdbeben von 1348. Historische Zeitschrift 233. 1981 S. 534.
4 Giovanni Boccaccio, Das Dekameron. In der Übertragung von K. Witte, durchgesehen von H. Bode. 1979 S. 15ff.
5 Zitiert bei B. I. Zaddach, Die Folgen des Schwarzen Todes (1347-51) für den Klerus Mitteleuropas. 1971 S. 14 Anm. 26.
6 Heinrich von Herford, Liber de rebus memorabilioribus. Hg. v. A. Potthast. 1859 S. 280.
7 Die Chroniken der deutschen Städte 8 S. 104ff.
8 Wie Anm. 6.
9 Sabine Krüger, Krise der Zeit als Ursache der Pest? Der Traktat De mortalitate in Alamannia des Konrad von Megenberg. Festschrift für H. Heimpel 2. 1972 S. 845ff.
10 W. Abel, Agrarkrisen und Agrarkonjunktur. 1935. 2. Aufl. 1966 S. 42ff.
11 U. Dirlmeier, Untersuchungen zu Einkommensverhältnissen und Lebenshaltungskosten in oberdeutschen Städten des Spätmittelalters. 1978.
12 W. Abel, Strukturen und Krisen der spätmittelalterlichen Wirtschaft. 1980 S. 7ff.
13 F. Graus, Die erste Krise des Feudalismus. Zeitschrift für Geschichtswissenschaft 3. 1955. Ders., Spätmittelalter als Krisenzeit. Mediaealia Bohemica. Suppl. 1. 1969. Ders., Vom »Schwarzen Tod« zur Reformation. Der krisenhafte Charakter des Spätmittelalters. In: Historische Zeitschrift Beiheft 4 (Neue Folge). Hg. v. P. Blickle. 1975. Europa 1400. Die Krise des Spätmittelalters. Hg. v. F. Seibt und W. Eberhard. 1984.
14 Die Limburger Chronik: MGH Deutsche Chroniken 4,1 S. 38f., S. 52, S. 59. Dazu M. Hasse, Die Mode. In: Die Parler und der Schöne Stil. Hg. v. A. Legner 3. 1978 S. 137f. und Renate Kroos in: Kunstchronik 32. 1979 S. 374f.
15 H. Rosenfeld, Der mittelalterliche Totentanz. 3. Aufl. 1974.
16 V. Bierbrauer, Bäuerliche Revolten im Alten Reich. In: P. Blickle u.a. Aufruhr und Empörung? 1980.
17 F. Graus, Vom »Schwarzen Tod« (wie Anm. 13) S. 14.

Anmerkungen zu Kapitel 7

1 Vita Caroli quarti. Die Autobiographie Karls IV. Hg. v. E. Hillenbrand. 1979 Kapitel 14 S. 174.
2 MGH Fontes iuris 11 Kapitel 31 S. 90. Ausgewählte Quellen 33 S. 392 ff.
3 Landrecht 3,57.
4 Wie Anm. 2 Kapitel 15 S. 70 f. bzw. S. 362 f.
5 MGH Constitutiones 9 Nr. 445.
6 W. Stromer, Die Metropole im Aufstand gegen Karl IV. Mitteilungen des Vereins für Geschichte der Stadt Nürnberg 65. 1978. A. Haverkamp, Die Judenverfolgungen zur Zeit des Schwarzen Todes. In: Zur Geschichte der Juden in Deutschland. Hg. v. dems. 1981 S. 71 ff.
7 MGH Constitutiones 9 Nr. 402.
8 G. Bräutigam, Nürnberg als Kaiserstadt. In: Kaiser Karl IV. Hg. v. F. Seibt. 1978.
9 Die Chroniken der deutschen Städte 1, S. 25.
10 E.D. Goldschmidt in: Germania Judaica 2. 1968 S. 604.
11 MGH Staatsschriften des späteren Mittelalters 1,1 S. 126.
12 MGH Constitutiones 8 Nr. 655.
13 V. Lorenc, Das Prag Karls IV. Die Prager Neustadt. 1982.
14 B. Frey, Pater Bohemiae - vitricus imperii. Böhmens Vater, Stiefvater des Reichs. Kaiser Karl IV. in der Geschichtsschreibung. 1978.
15 J. Prochno, Terra Bohemiae, Regnum Bohemiae, Corona Bohemiae. In: Corona regni. Studien über die Krone als Symbol des Staates im späteren Mittelalter. Hg. v. M. Hellmann. 1961.
16 Regesta Imperii 8 Nr. 2262.
17 Briefwechsel des Cola di Rienzo. Hg. v. K. Burdach und P. Piur 3. 1912 Nr. 141.
18 Ebd.
19 Ebd., jedoch 2. 1928 S. 92 f.
20 Ebd., jedoch 7. 1933. Nr. 1, Nr. 3, Nr. 6, Nr. 8, Nr. 11, Anhang Nr. 3 und Nr. 5.
21 Cronica di Matteo Villani. Hg. v. F. G. Dragomanni 1. 1846 S. 442 f.
22 B.-U. Hergemöller, Fürsten, Herren und Städte zu Nürnberg 1355. Die Entstehung der »Goldenen Bulle« Karls IV. 1983.
23 Urkundenbuch zur Geschichte der Stadt Straßburg 5. 1896 Nr. 361.
24 Wie Anm. 2 S. 45 f. bzw. S. 318 f.
25 So laut Goethes Bericht in Dichtung und Wahrheit der Frankfurter Jurist Johann Daniel Olenschlager. Goethes Werke. Hamburger Ausgabe 9. S. 158. Olenschlager veröffentlichte 1776 einen Kommentar zur Goldenen Bulle.
26 Wie Anm. 2 Kapitel 1 S. 46 ff. bzw. 320 ff.
27 Ebd. Kapitel 2 S. 53 ff. bzw. S. 332 ff.
28 Ebd. Kapitel 3-12 S. 56 ff. bzw. S. 338 ff.
29 Ebd. Kapitel 12 S. 68 bzw. S. 356 ff.
30 A. Lhotsky, Privilegium maius. Die Geschichte einer Urkunde. 1957.
31 J. v. Ungern-Sternberg, Cäsar und Nero in der Vorstellungswelt des 14. Jahrhunderts - zu den Privilegien Herzog Rudolfs IV. von Österreich. Jahrbuch für fränkische Landesforschung 36. 1976.
32 Ebd. S. 114.
33 J. Chmel, Regesta chronologico-diplomatica Friderici IV. 1838 Nr. 2997. Ausgewählte Urkunden zur Verfassungsgeschichte der deutsch-österreichischen Erblande. Hg. v. E. Frhr. v. Schwind u. A. Dopsch. 1895 Nr. 195.
34 Deutsche Reichstagsakten 1. 1867 Nr. 95.
35 G. Losher, Königtum und Kirche zur Zeit Karls IV. 1985.

36 H. Heimpel, Studien zur Kirchen- und Reichsreform des 15. Jahrhunderts 2. 1974 S. 40 ff.
37 Ders., Die Vener von Gmünd und Straßburg 1162-1447 2. 1982 S. 637 ff.
38 Ulrichs von Richental Chronik des Constanzer Concils. Hg. v. M. R. Buck. 1882 S. 25.
39 Acta concilii Constanciensis 3. In Verbindung mit J. Holnsteiner und H. Heimpel hg. v. H. Finke. 1926 S. 1ff.
40 F. Seibt, Hussitica. 1965. S. 80.
41 Ders. in: Handbuch der Geschichte der böhmischen Länder. Hg. v. K. Bosl 1. 1967 S. 480f.
42 H. Heimpel, Die Vener (wie Anm. 37) S. 743 ff. und 3. 1982 S. 1288 ff. Zur Reichsreform S. 832 ff. und S. 1309 ff.
43 Deutsche Reichstagsakten 8. 1883 Nr. 145. Ausgewählte Quellen 33 Nr. 116.
44 Deutsche Reichstagsakten 9. 1886 Nr. 76. Ausgewählte Quellen 33 Nr. 120.
45 Reichstagsakten (wie Anm. 43) Nr. 294 ff. Ausgewählte Quellen 33 Nr. 118 Christiane Mathies, Kurfürstenbund und Königtum zur Zeit der Hussitenkriege. 1978.
46 W. Paravicini, Zur Königswahl von 1438. Rheinische Vierteljahrsblätter 39. 1975.
47 Deutsche Reichstagsakten 13. 1925 Nr. 78

Anmerkungen zu Kapitel 8

1 Vgl. Kapitel 7 Anm. 46.
2 Landrecht 3, 57.
3 Die Berichte der Generalprokuratoren des Deutschen Ordens an der Kurie 2. Bearb. v. H. Koeppen. 1960 Nr. 121.
4 Kapitel 7 Anm. 43.
5 Ebd. Anm. 43.
6 Deutsche Reichstagsakten 9. 1886 Nr. 408.
7 Urkundensammlung der Gesellschaft für Schleswig-Holsteinisch-Lauenburgische Geschichte 4. 1875 Nr. 18. Inge-Maren Peters, Der Ripener Vertrag und die Ausbildung der landständischen Verfassung in Schleswig-Holstein. Blätter für deutsche Landesgeschichte 109 und 111. 1973 und 1975. E. Hoffmann, Historische Voraussetzungen für die Herausbildung der heutigen deutsch-dänischen Staatsgrenze. Zeitschrift der Gesellschaft für Schleswig-Holsteinische Geschichte 106. 1981.
8 C. Mirbt und K. Aland, Quellen zur Geschichte des Papsttums und des römischen Katholizismus 1. 6. Aufl. 1967 Nr. 768. Übersetzt in: J. Leuschner u. H. Boockmann, Europa im Hoch- und Spätmittelalter. 1982 S. 215.
9 A. Black, Monarchy and Community. Political Ideas in the Later Conciliar Controversy 1430-1450. 1970 S. 86 ff.
10 B. Hennig, Die Kirchenpolitik der älteren Hohenzollern in der Mark Brandenburg und die päpstlichen Privilegien des Jahres 1447. 1906. P.-M. Hahn, Kirchenschutz und Landesherrschaft in der Mark Brandenburg. Jahrbuch für die Geschichte Mittel- und Ostdeutschlands 28. 1979.
11 W. Leist, Landesherr und Landfrieden in Thüringen im Spätmittelalter. 1247-1349. 1975 S. 155 ff.
12 Zitiert ebd. S. 174.
13 A. Lhotsky, AEIOU. Die »Devise« Friedrichs III. und sein Notizbuch. In: Ders., Aufsätze und Vorträge 2. 1971. Die zitierte Stelle S. 206f.
14 P. Joachimsohn, Ein Pamphlet gegen Kaiser Friedrich III. aus dem Jahre 1470. Historisches Jahrbuch 12. 1891 S. 353f.

15 Gerda Koller, Princeps in ecclesia. Untersuchungen zur Kirchenpolitik Herzog Albrechts V. von Österreich. 1964 S. 45.
16 U. Eisenhardt, Die kaiserlichen privilegia de non appellando. 1980.
17 Ein Beispiel bei K.-F. Krieger, Die Reise des Speyerer Domvikars Bernhard Russ an den Kaiserhof in Wien. Archiv für mittelrheinische Kirchengeschichte 38. 1986.
18 Margarete Ortwein, Der Innsbrucker Hof zur Zeit des Erzherzogs Sigmund. Diss. phil. Innsbruck 1936 S. 41 und S. 45.
19 Kopie aus dem 2. Viertel des 16. Jahrhunderts nach einer kurz vor der Mitte des 15. Jahrhunderts entstandenen Vorlage. Württembergisches Landesmuseum Stuttgart. Dazu H. Rabe in Katalog: Martin Luther und die Reformation in Deutschland. 1983 Nr. 167.
20 J. Hashagen, Staat und Kirche vor der Reformation. 1931 S. 218ff.
21 E. Meuthen, Nikolaus von Kues. Skizze einer Biographie. 3. Aufl. 1976. W. Baum, Nikolaus Cusanus in Tirol. 1983.
22 W. Ziegler, Studien zum Staatshaushalt Bayerns in der zweiten Hälfte des 15. Jahrhunderts. 1981 S. 264.
23 Ebd. S. 265.
24 E.W. Kanter, Markgraf Albrecht Achilles von Brandenburg 1. 1911 S. 551ff.
25 H. Boockmann, Die Stadt im späten Mittelalter 1986 Nr. 294.

Anmerkungen zu Kapitel 9

1 H.P. Zelfel, Ableben und Begräbnis Friedrichs III. 1974.
2 A. Lhotsky, AEIOU. Die ›Devise‹ Kaiser Friedrichs III. und sein Notizbuch. In: Ders., Aufsätze und Vorträge 2. 1971.
3 Ebd. S. 183f.
4 Deutsche Reichstagsakten 16 Nr. 209.
5 E. Müller-Mertens in: Die Goldene Bulle. 1978 S. 22f.
6 Deutsche Reichstagsakten 19, 1. 1969 S. 141ff.
7 Ebd. S. 247ff.
8 F. Heymann, George of Bohemia. King of heretics. 1965 S. 293ff.
9 Isabella Ackerl, König Matthias Corvinus. 1985. Ausstellungskatalog: Matthias Corvinus und die Renaissance in Ungarn. 1982.
10 W. Paravicini, Karl der Kühne. 1976 S. 12.
11 A. Schröcker, Die Deutsche Nation. Beobachtungen zur politischen Propaganda des ausgehenden 15. Jahrhunderts. 1974 S. 41ff.
12 U. Nonn, Heiliges Römisches Reich deutscher Nation. Zeitschrift für Historische Forschung 9. 1982.
13 J. Knepper, Nationaler Gedanke und Kaiseridee bei den elsässischen Humanisten. Erläuterungen und Ergänzungen zu J. Janssens Geschichte des Deutschen Volkes 1, 2-3. 1898.
14 F. Deuchler, Die Burgunderbeute. 1963.
15 Katalog: Maximilian I. Wien 1959 Nr. 418 und Nr. 421.
16 Deutsche Reichstagsakten 7 Nr. 125.
17 H. Heimpel, Die Vener von Gmünd und Straßburg. 1982 S. 691ff. und S. 1290ff.
18 Acta Cusana. Hg. v. E. Meuthen und H. Hallauer 1,1. 1976 Nr. 202. Edition: Nicolai de Cusa opera omnia 14. Zur Wirkung der Schrift: G. Kallen, Die handschriftliche Überlieferung der Concordantia catholica des Nikolaus von Kues. 1963.
19 F. v. Bezold, Aus Mittelalter und Renaissance. 1918 S. 72.
20 Reformation Kaiser Siegmunds. Bearb. v. H. Koller. Staatsschriften 6. 1964. Dazu L. Graf zu Dohna, Reformatio Sigismundi. 1960.

21 H. Boockmann, Zu den Wirkungen der »Reform Kaiser Siegmunds«. In: Studien zum städtischen Bildungswesen. Hg. v. B. Moeller u. a. 1983.
22 Anders H.Wiesflecker, Kaiser Maximilian I. 2. 1975 S. 203 und öfter.
23 Siehe Anm. 2.
24 Ein eindrucksvolles Beispiel gibt K.-F. Krieger, Der Prozeß gegen Pfalzgraf Friedrich den Siegreichen auf dem Augsburger Reichstag vom Jahre 1474. Zeitschrift für Historische Forschung 12. 1985.
25 Ausführliche Darstellung bei Wiesflecker (wie Anm. 22). Vgl. ferner H. Angermeier, Die Reichsreform 1410-1555. 1984 S. 150ff.
26 K. Zeumer, Quellensammlung zur Geschichte der Deutschen Reichsverfassung. 2. Aufl. 1913 Nr. 173.
27 Ebd. Nr. 174.
28 Ebd. Nr. 175.
29 Ebd. Nr. 176.

Anmerkungen zu Kapitel 10

1 F. Irsigler in: Lexikon des Mittelalters 2. 1983 Sp. 14ff. K. Blaschke, Bevölkerungsgeschichte von Sachsen. 1967.
2 W. v. Stromer, Die Gründung der Baumwollindustrie in Mitteleuropa. Wirtschaftspolitik im Spätmittelalter. 1978.
3 R. Endres in: Nürnberg - Geschichte einer europäischen Stadt. Hg. v. G. Pfeiffer. 1971 S. 194.
4 W. Rüger, Mittelalterliches Almosenwesen. Die Almosenverordnungen der Reichsstadt Nürnberg. 1932.
5 H. Boockmann, Zur ethnischen Struktur der Bevölkerung deutscher Ostseestädte. In: Der Ostseeraum - historische Elemente einer wirtschaftlichen Gemeinschaft. Hg. v. K. Friedland. o.J. [1980].
6 E. Maschke, Die Schichtung der mittelalterlichen Stadtbevölkerung Deutschlands als Problem der Forschung. In: Ders., Städte und Menschen. 1980. M. Mitterauer, Probleme der Stratifikation in mittelalterlichen Gesellschaftssystemen. In: Theorien in der Praxis des Historikers. Hg. v. J. Kocka. 1977.
7 E. Maschke, Deutsche Städte am Ende des Mittelalters. In: Die Stadt am Ausgang des Mittelalters. Hg. v. W. Rausch. 1974. W. Ehbrecht, Bürgertum und Obrigkeit in den hansischen Städten des Spätmittelalters. Ebd. O. Mörke, Der »Konflikt« als Kategorie städtischer Sozialgeschichte der Reformationszeit. In: Beiträge zum spätmittelalterlichen Städtewesen. Hg. v. B. Diestelkamp. 1982.
8 K. Czok, Die Bürgerkämpfe in Süd- und Westdeutschland im 14. Jahrhundert. In: Die Stadt des Mittelalters. Hg. v. C. Haase 3. 1973.
9 H. Boockmann, Spätmittelalterliche deutsche Stadt-Tyrannen. Blätter für deutsche Landesgeschichte 119. 1983.
10 Beispiele: G. Frhr. v. d. Ropp, Göttinger Statuten. 1907. Die Gesetze der Stadt Frankfurt am Main im Mittelalter. Hg. v. A.Wolf. 1969.
11 W. Schild, Kriminalität und ihre Verfolgung. In: Stadt im Wandel. Hg. v. C. Meckseper 4.1985. H. Boockmann, Das grausame Mittelalter. Geschichte in Wissenschaft und Unterricht 38. 1987.
12 H. Bechtel, Wirtschaftsstil des deutschen Spätmittelalters 1930 S. 65ff. Dazu H. Boockmann in: Zeitschrift für Historische Forschung 19. 1986 S. 212f. Anm. 17. Ein jüngeres Beispiel: H. Meuchle, Raum und Bild des Menschen. 1980 S. 26f.
13 H. J. Kreutzer, Der Mythos vom Volksbuch. 1977. K. Ruh, Versuch einer Begriffsbestimmung von »städtischer Literatur« im deutschen Spätmittelalter. In: Über Bürger, Stadt und städtische Literatur im Spätmittelal-

ter. Hg. v. J. Fleckenstein und K. Stackmann. 1980. J.D. Müller, Melusine in Bern. Zum Problem der »Verbürgerlichung« höfischer Epik im 15. Jahrhundert. In: Literatur - Publikum - historischer Kontext. Hg. v. G. Kaiser. 1977.

14 Über das zwischen 1220 und 1225 entstandene Versepos »Der gute Gerhard« Th. Zotz, Städtisches Rittertum und Bürgertum in Köln um 1200. In: Institutionen, Kultur und Gesellschaft im Mittelalter. Festschrift für Josef Fleckenstein. 1984. Der Kaufmann als Held einer spätmittelalterlichen Erzählung begegnet im Fortunatus (zuerst 1509), einem thematisch ganz isolierten Text. H.J. Kreutzer, Buchmarkt und Roman in der Frühdruckzeit. In: Literatur und Laienbildung. Hg. v. L. Grenzmann und K. Stackmann 1984.

15 F.W. Euler, Wandlungen des Konnubiums im Adel des 15. und 16. Jahrhunderts. In: Deutscher Adel 1430-1550. Hg. v. H. Rössler. 1965.

16 W. Endres (wie Anm. 3) S. 196.

Anmerkungen zu Kapitel 11

1 D. Martin Luthers Werke. Kritische Gesamtausgabe 6. 1888.

2 O.K. Olson in: Theologische Realenzyklopädie 11. 1983.

3 H. Boockmann, Johannes Falkenberg. 1975 S. 143f. A. Meyer, Zürich und Rom. 1986 S. 170.

4 F.W. Oediger, Über die Bildung der Geistlichen im späten Mittelalter. 1953 S. 80ff.

5 Angabe aus dem Jahre 1481, zitiert bei Barbara Frank, Das Erfurter Peterskloster im 15. Jahrhundert. 1973 S. 386.

6 A. Borst, Mönche am Bodensee. 1978 S. 338ff.

7 B. Frank (wie Anm. 5) S. 150ff.

8 C. Schmitz, Der Zustand der süddeutschen Franziskaner-Konventualen am Ausgang des Mittelalters. 1915 S. 24f.

9 K. Spahr, Nikolaus von Cues, das adelige Frauenstift Sonnenburg OSB und die mittelalterliche Nonnenklausur. In: Cusanus-Gedächtnisschrift. Hg. v. N. Grass. 1970. W. Baum, Nikolaus Cusanus in Tirol. 1983 S. 164ff.

10 Johannes Busch, Liber de reformatione monasterium. Hg. v. K. Grube. 1886 S. 555ff.

11 F. Machilek in Katalog: Martin Luther und die Reformation. 1983 Nr. 121.

12 Barthel Steins Beschreibung von Schlesien und seiner Hauptstadt Breslau 1512/13. Hg. v. H. Markgraf. 1902 S. 64ff.

13 H. Tüchle, Die Münsteraltäre des Spätmittelalters. In: Forschungen zur Geschichte der Stadt Ulm 19. 1977.

14 Die Bau- und Kunstdenkmäler der Freien und Hansestadt Lübeck 3,1. 1919 S. 120ff. M. Hasse, Die Marienkirche zu Lübeck. 1983 S. 167ff.

15 Nürnberger Beispiele: H. Boockmann in Katalog: Martin Luther und die Reformation. 1983 Nr. 57ff. und Nr. 62.

16 Überliefert z. B. in den Salbüchern der Nürnberger Pfarrkirchen. Vgl. B. Moeller in dem in Anm. 15 zitierten Katalog Nr. 192.

17 Siehe das Lübecker Beispiel bei Hasse (vgl. Anm. 14).

18 Beispiele für Prozessionsordnungen bei G. Frhr. v. d. Ropp, Göttinger Statuten. 1907 S. 42f. und S. 304, sowie bei V. Liedtke für München in: Ars Bavarica 17/18. 1980 S. 82.

19 Siehe die Ordnungen des Männer- und des Frauengestühls im Salbuch der Nürnberger St.-Sebald-Kirche (wie Anm. 16) fol. 29ff.

20 Siehe die Spendenordnungen ebd. fol. 52ff.

21 B. Moeller, Frömmigkeit in Deutschland um 1500. Archiv für Reformationsgeschichte 56. 1965. Ders., Spätmittelalter. In: Die Kirche in ihrer Geschichte. Hg. v. K.D. Schmidt und E. Wolf 2, H. 1. 1966 S. 40ff.

22 H. Heimpel, Drei Inquisitionsverfahren aus dem Jahre 1425. 1969 S. 25ff.

23 E. Gebele in: Lebensbilder aus dem Bayerischen Schwaben 1. 1952.

24 Mit einigem Grund läßt sich eine Verbindungslinie in Zwickau vermuten: H. Boehmer, Die Waldenser von Zwickau und Umgegend. Neues Archiv für sächsische Geschichte 36. 1915.

25 G.P. Marchal, Eine Quelle zum spätmittelalterlichen Klerikerproletariat. Freiburger Diözesan-Archiv 91. 1971.

26 H. Boockmann, Über Schrifttafeln in spätmittelalterlichen deutschen Kirchen. Deutsches Archiv 40. 1984.

27 B. Hamm, Frömmigkeitstheologie am Anfang des 16. Jahrhunderts. Studien zu Johannes von Paltz. 1982.

28 Zahlreiche Beispiele bei: N. Paulus, Geschichte des Ablasses am Ausgang des Mittelalters. 1923.

29 H. Boockmann, Ablaßfälschungen im 15. Jh. In: Fälschungen im Mittelalter. Hg. v. H. Fuhrmann. 1988.

30 Ein Beispiel: H. Boockmann, Die Lebenswelt eines spätmittelalterlichen Juristen. In: Festschrift für K. Stackmann. 1987.

31 E. Meuthen, Die Pfründen des Cusanus. Mitteilungen und Forschungsbeiträge der Cusanus-Gesellschaft 2. 1962.

32 Acta Cusana. Quellen zur Lebensgeschichte des Nikolaus von Kues. Hg. v. E. Meuthen u. H. Hallauer. 1976ff.

33 Die Reise des Kardinals Luigi d'Aragona. Beschrieben von Antonio de Beatis. Hg. v. L. Pastor. Erläuterungen und Ergänzungen zu Janssens Geschichte des deutschen Volkes 4,4. 1905 S. 49ff.

34 K.Voigt, Italienische Berichte aus dem spätmittelalterlichen Deutschland. 1973.

35 G. v. d. Osten in Katalog: Vor Stefan Lochner. 1974 S. 26ff.

36 A. Stange, Kritisches Verzeichnis der deutschen Tafelbilder vor Dürer 1. 1967.

37 Bruder Felix Fabris Abhandlung von der Stadt Ulm. Verdeutscht von K.D. Haßler. Ulm und Oberschwaben 13-15. 1908f. S. 25ff.

38 Ein Beispiel: H. Boockmann, Die Stadt im späten Mittelalter. 1986 Nr. 421.

39 Ebd. Nr.429 ein Beispiel.

40 H. Boockmann, Der Streit um das Wilsnacker Blut. Zeitschrift für Historische Forschung 9. 1982.

41 Ders., Die Stadt (wie Anm. 38) Nr. 422.

Literaturhinweise

Handbücher, Lexika, Darstellungen zu übergreifenden Themen

W. Abel, Geschichte der deutschen Landwirtschaft. 3. Aufl. 1978

Alltag im Spätmittelalter. Hg. v. H. Kühnel. 1984

H. Angermeier, Königtum und Landfriede im deutschen Spätmittelalter. 1966

Ansätze und Diskontinuität Deutscher Nationsbildung im Mittelalter. Hg. v. J. Ehlers. 1989

G. Barraclough, Die mittelalterlichen Grundlagen des modernen Deutschland. 1953

Bevölkerungsgeschichte Europas. Hg. v. C. M. Cipolla und K. Borchardt. 1971

J. Białostocki, Spätmittelalter und beginnende Neuzeit. Propyläen Kunstgeschichte 7. 1972

H. Boockmann, Einführung in die Geschichte des Mittelalters 5. Aufl. 1992

H. Boockmann u.a., Mitten in Europa. Deutsche Geschichte. 1984

A. Borst, Lebensformen im Mittelalter. 1973

A. Borst, Mönche am Bodensee, 610-1525. 1978

A. Borst, Reden über die Staufer. 1978

K. Bosl, Die familia als Grundstruktur der mittelalterlichen Gesellschaft. Zeitschrift für bayerische Landesgeschichte 38. 1975

O. Brunner, Land und Herrschaft. Grundfragen der territorialen Verfassungsgeschichte Österreichs im Mittelalter. 5. Aufl. 1965

O. Brunner, Sozialgeschichte Europas im Mittelalter. 1973

R. Delort, Le moyen âge. Histoire illustrée de la vie quotidienne. 1972

Ph. Dollinger, Die Hanse. 1966

Evamaria Engel, B. Töpfer u.a., Die entfaltete Feudalgesellschaft von der Mitte des 11. bis zu den siebziger Jahren des 15. Jahrhunderts = Deutsche Geschichte. Hg. v. H. Bartel u.a. 2. 1983

O. Engels, Die Staufer. 3. Aufl. 1984

Edith Ennen u. W. Janssen, Deutsche Agrargeschichte. Vom Neolithikum bis zur Schwelle des Industriezeitalters. 1979

Edith Ennen, Frauen im Mittelalter. 4. Aufl. 1991

Edith Ennen, Die europäische Stadt des Mittelalters. 3. Aufl. 1979

H. E. Feine, Kirchliche Rechtsgeschichte. Die katholische Kirche. 4. Aufl. 1964

H. Fuhrmann, Deutsche Geschichte im hohen Mittelalter. 2. Aufl. 1983

H. Fuhrmann, Von Petrus zu Johannes Paul II. Das Papsttum: Gestalt und Gestalten. 1980

Gebhardt, Handbuch der deutschen Geschichte. Hg. v. H. Grundmann 1. 9. Aufl. 1970

H.-W. Goetz, Leben im Mittelalter vom 7. bis zum 13. Jahrhundert. 4. Aufl. 1991

Geschichtliche Grundbegriffe. Historisches Lexikon zur politisch-sozialen Sprache in Deutschland. Hg. v. O. Brunner u.a. 1979 ff.

H. Grundmann, Religiöse Bewegungen im Mittelalter. 2. Aufl. 1961

H. Grundmann, Ketzergeschichte des Mittelalters. In: Die Kirche in ihrer Geschichte 2 G. 3. Aufl. 1978

A.J. Gurjewitsch, Das Weltbild des mittelalterlichen Menschen. 1980

A. d'Haenens, Die Welt der Hanse. 1984

J. Haller, Das Papsttum. 2. Aufl. 1950-1953

Handbuch der Geschichte der böhmischen Länder. Hg. v. K. Bosl 1. 1967

Handbuch der Schweizer Geschichte 1. 1972

Handbuch der Kirchengeschichte. Hg. v. H. Jedin 3,1 und 3,2. 1966 und 1968

Handbuch der Quellen und Literatur der neueren europäischen Privatrechtsgeschichte 1. Mittelalter. Hg. v. H. Coing. 1973

Handbuch der deutschen Wirtschafts- und Sozialgeschichte. Hg. v. H. Aubin und W. Zorn 1. 1971

Handwörterbuch zur deutschen Rechtsgeschichte. Hg. v. A. Erler und E. Kaufmann. 1971 ff.

A. Hauck, Kirchengeschichte Deutschlands. Letzte Aufl. 1914-1920

A. Haverkamp, Aufbruch und Gestaltung. Deutschland 1056-1273. 1984

A. Haverkamp, Die »frühbürgerliche« Welt im hohen und späten Mittelalter. Historische Zeitschrift 221. 1975

H. Heimpel, Deutschland im späten Mittelalter. In: Handbuch der deutschen Geschichte. Hg. v. O. Brandt u.a. 1. 1957

H. Heimpel, Das deutsche 15. Jahrhundert in Krise und Beharrung. In: Die Welt zur Zeit des Konstanzer Konzils. 1965

H. Heimpel, Die Vener von Schwäbisch Gmünd und Straßburg. 1982

Herrschaft und Stand. Hg. v. J. Fleckenstein. 1977

H. Hoffmann, Die beiden Schwerter im Mittelalter. Deutsches Archiv 20. 1965

H. Jedin, Kleine Konziliengeschichte. 1959

Kaisergestalten des Mittelalters. Hg. v. H. Beumann. 2. Aufl. 1985

H. Keller, Zwischen regionaler Begrenzung und universalem Horizont. Deutschland im Imperium der Salier und Staufer 1024 bis 1250. 1986

Das spätmittelalterliche Königtum im europäischen Vergleich. Hg. v. R. Schneider. 1987

R. Krautheimer, Rom. Schicksal einer Stadt. 312-1308. 1987

K.-F. Krieger, Die Lehnshoheit der deutschen Könige im Spätmittelalter. 1979

K. Kroeschell, Deutsche Rechtsgeschichte. 1972f.

M. Lambert, Ketzerei im Mittelalter. 1981

Lexikon des Mittelalters. 1980ff.

Lexikon für Theologie und Kirche. 2. Aufl. 1957-1968

H. E. Mayer, Geschichte der Kreuzzüge. 6. Aufl. 1985

E. Meuthen, Das 15. Jahrhundert. 2. Aufl. 1984

H. Mitteis, Die deutsche Königswahl. Ihre Rechtsgrundlagen bis zur Goldenen Bulle. 2. Aufl. 1944

M. Mollat, Die Armen im Mittelalter. 1984

P. Moraw, Von offener Verfassung zu gestalteter Verdichtung. Das Reich im späten Mittelalter 1250 bis 1490. 1985

Theologische Realenzyklopädie. 1976ff.

U. Reuling, Die Kur in Deutschland und Frankreich. 1979

W. Rösener, Bauern im Mittelalter. 3. Aufl. 1987

J. Schildhauer, Die Hanse. 1984

E. Schubert, König und Reich. 1979

E. Schubert, Einführung in die Grundprobleme der deutschen Geschichte im Spätmittelalter. 1992

Schulen und Studium im sozialen Wandel des hohen und späten Mittelalters. Hg. v. J. Fried. 1986

H. K. Schulze, Grundstrukturen der Verfassung im Mittelalter. 1985f.

D.H.W. Schwarz, Sachgüter und Lebensformen. 1970

O. v. Simson, Das Mittelalter 2. Propyläen Kunstgeschichte 6. 1972

H. Slicher van Bath, The agrarian history of Western Europe. 1963

R. Sprandel, Gesellschaft und Literatur im Mittelalter. 1982

R. Sprandel, Das mittelalterliche Zahlungssystem nach hansisch-nordischen Quellen des 13.-15. Jahrhunderts. 1975

Die Stadt des Mittelalters. Hg. v. C. Haase. 2. und 3. Aufl. 1976-1984

W. v. Stromer, Oberdeutsche Hochfinanz 1350-1450. 1973

H. Thomas, Deutsche Geschichte des Spätmittelalters. 1983

Das ritterliche Turnier im Mittelalter. Hg. v. J. Fleckenstein. 1985

W. Ullmann, Die Machtstellung des Papsttums im Mittelalter. 1960

Deutsche Verwaltungsgeschichte. Hg. v. K.G.A. Jeserich u.a. 1. 1983

Großer historischer Weltatlas 2. Mittelalter. 1970. Dazu: Erläuterungen. Hg. v. E. W. Zeeden. 1983

Die Zeit der Staufer. Katalog der Ausstellung. 1977 und 1979

Zu Kapitel 1

F. Benninghoven, Der Orden der Schwertbrüder. 1965

U. Bentzien, Bauernarbeit im Feudalismus. Landwirtschaftliche Arbeitsgeräte und -verfahren von der Mitte des ersten Jahrtausends u.Z. bis um 1800. 1980

M. Biskup und G. Labuda, Dzieje zakonu krzyżackiego w Prusach. 1986

H. Boockmann, Der Deutsche Orden. 3. Aufl. 1989

K. Bosl, Europa im Aufbruch. Herrschaft - Gesellschaft - Kultur vom 10. bis zum 14. Jahrhundert. 1980

Die Burgen im deutschen Sprachraum. Ihre rechts- und verfassungsgeschichtliche Bedeutung. Hg. v. H. Patze. 1976

P. Classen, Studium und Gesellschaft im Mittelalter. 1985

Der Deutschordensstaat Preussen in der polnischen Geschichtsschreibung der Gegenwart. Hg. v. U. Arnold und M. Biskup. 1982

Ph. Dollinger, Der bayerische Bauernstand vom 9. bis zum 13. Jahrhundert. 1982

A. Esch, Die Anfänge der Universität im Mittelalter. 1985

J. Fleckenstein, Die Entstehung des niederen Adels und das Rittertum. In: Herrschaft und Stand. Hg. v. dems. 1977

Die Grundherrschaft im späten Mittelalter. Hg. v. H. Patze. 1983

K. Górski, L'Ordine Teutonico. 1971

Ch. Higounet, Die deutsche Ostsiedlung im Mittelalter. 1986

W. Kuhn, Vergleichende Untersuchungen zur mittelalterlichen Ostsiedlung. 1973

Mensch und Umwelt im Mittelalter. Hg. v. B. Herrmann. 2. Aufl. 1987

Die deutsche Ostsiedlung des Mittelalters als Problem der europäischen Geschichte. Hg. v. W. Schlesinger. 1975

F. Prinz, Böhmen im mittelalterlichen Europa. Frühzeit, Hochmittelalter, Kolonisationsepoche. 1984

Recht und Schrift im Mittelalter. Hg. v. P. Classen. 1977

Die geistlichen Ritterorden in Europa. Hg. v. J. Fleckenstein und M. Hellmann. 1980

K. Schmid, Zur Problematik von Familie, Sippe und Geschlecht, Haus und Dynastie beim mittelalterlichen Adel. Zeitschrift für die Geschichte des Oberrheins 105. 1957

Die Städte Mitteleuropas im 12. und 13. Jahrhundert. Hg. v. W. Rausch. 1963

Studien zu den Anfängen des europäischen Städtewesens. 4. Aufl. 1975

W. Trusen, Anfänge des gelehrten Rechts in Deutschland. 1962

Die Zisterzienser. Hg. v. K. Elm u.a. 1980. Ergänzungsband 1982

Zu Kapitel 2

K. Bosl, Die Reichsministerialität der Salier und Staufer. 1950

Kommunale Bündnisse Oberitaliens und Oberdeutschlands im Vergleich. Hg. v. H. Maurer. 1987

J. Deer, Papsttum und Normannen. 1972

G. Dilcher, Die Entstehung der lombardischen Stadtkommune. 1967

E. Eickhoff, Friedrich Barbarossa im Orient. Kreuzzug und Tod Friedrichs I. 1977

O. Engels, Beiträge zur Geschichte der Staufer (I). Deutsches Archiv 27. 1971

Federico Barbarossa nel dibattito storiografico in Italia e in Germania. Hg. v. R. Manselli und. J. Riedmann. 1982
Friedrich Barbarossa. Hg. v. G. Wolf. 1975
O. Hageneder, Weltherrschaft im Mittelalter. Mitteilungen des Instituts für Österreichische Geschichtsforschung 93. 1985
A. Haverkamp u.a., Beiträge zur Geschichte Italiens im 12. Jahrhundert. 1971
A. Haverkamp, Herrschaftsformen der Frühstaufer in Reichsitalien. 1970f.
H. Hoffmann, Der Kirchenstaat im hohen Mittelalter. Quellen und Forschungen aus italienischen Archiven und Bibliotheken 57. 1977
K. Jordan, Friedrich Barbarossa. 1959
K. Jordan, Heinrich der Löwe. 2. Aufl. 1980
G. Koch, Auf dem Wege zum sacrum Imperium. 1972
K. Lechner, Die Babenberger. 2. Aufl. 1976
Der Braunschweiger Löwe. Hg. v. G. Spies. 1985
J.J. Norwich, Die Normannen in Italien. 1966
F. Opll, Das Itinerar Kaiser Friedrich Barbarossas. 1978
F. Opll, Friedrich Barbarossa. 1990
Probleme des 12. Jahrhunderts. 1968
K. Schmid u.a., Staufer - Welfen - Zähringer. Ihr Selbstverständnis und seine Ausdrucksformen. Zeitschrift für die Geschichte des Oberrheins 134. 1986
K. Schmid, Welfisches Selbstverständnis. In: Adel und Kirche. Festschrift für G. Tellenbach. 1968
H. Schwarzmeier, Die Heimat der Staufer. 1976
H. Wolter, Die Verlobung Heinrichs VI. mit Konstanze von Sizilien im Jahre 1184. Historisches Jahrbuch 105. 1985

Zu Kapitel 3

G. Bandmann, Mittelalterliche Architektur als Bedeutungsträger. 3. Aufl. 1965
K.H. Bertau, Deutsche Literatur im europäischen Mittelalter. 1972f.
J. Bumke, Höfische Kultur. Literatur und Gesellschaft im hohen Mittelalter. 1986
J. Bumke, Mäzene im Mittelalter. Die Gönner und Auftraggeber der höfischen Literatur in Deutschland, 1150-1300. 1979
J. Bumke, Ministerialität und Ritterdichtung. 1976
M. Curschmann, Hören - Lesen - Sehen. Buch und Schriftlichkeit im Selbstverständnis der volkssprachlichen literarischen Kultur Deutschlands um 1200. Beiträge zur Geschichte der deutschen Sprache und Literatur 106. 1984
W. Fechter, Das Publikum der mittelhochdeutschen Dichtung. 1935
P. Frankl, The Gothic. Literary sources and interpretations. 1960
Hella Frühmorgen-Voss, Mittelhochdeutsche weltliche Literatur und ihre Illustration. Deutsche Vierteljahrsschrift für Literaturwissenschaft und Geistesgeschichte 43. 1969
R. Haussherr, Zur Datierung des Helmarshausener Evangeliars Heinrichs des Löwen. Zeitschrift des deutschen Vereins für Kunstwissenschaft 34. 1980
Deutsche Königspfalzen. Beiträge zu ihrer historischen und archäologischen Erforschung. 1963. 1965. 1979
H. Liebeschütz, Synagoge und Ecclesia. Religionsgeschichtliche Studien über die Auseinandersetzung der Kirche mit dem Judentum im Hochmittelalter. 1983
Ursula Peters, Literatur in der Stadt. 1983
Das Ritterbild in Mittelalter und Renaissance. 1985
Das Rittertum im Mittelalter. Hg. v. A. Borst. 1976
O.v. Simson, Die gothische Kathedrale. 1968
G. Swarzenski, Aus dem Kunstkreis Heinrichs des Löwen. Städel-Jahrbuch 7/8. 1932
F. Tschirch, Das Selbstverständnis des mittelalterlichen Dichters. In: Beiträge zum Berufsbewußtsein des mittelalterlichen Menschen. Hg. v. P. Wilpert. 1964
M. Wehrli, Literatur im deutschen Mittelalter. Eine poetologische Einführung. 1984

Zu Kapitel 4

K. Hampe, Kaiser Friedrich II. in der Auffassung der Nachwelt. 1925
N. Kamp, Kirche und Monarchie im staufischen Königreich Sizilien. 1973-1982
E. Kantorowicz, Kaiser Friedrich der Zweite. 1927 und 1931
F. Kempf, Papsttum und Kaisertum bei Innocenz III. 1954
M. Laufs, Politik und Recht bei Innocenz III. 1980
Probleme um Friedrich II. Hg. v. J. Fleckenstein. 1974
H. M. Schaller, Endzeit-Erwartungen und Antichristvorstellung in der Politik des 13. Jahrhunderts. In: Festschrift f. H. Heimpel 2. 1972
H. M. Schaller, Kaiser Friedrich II. 2. Aufl. 1971
Stupor mundi. Hg. v. G. Wolf. 2. Aufl. 1982
Helene Tillmann, Papst Innocenz III. 1954

Zu Kapitel 5

Gertrud Benker, Ludwig der Bayer. 1980
W.M. Bowsky, Henry VII in Italy. 1960
A. Gerlich, Habsburg-Luxemburg-Wittelsbach im Kampf um die deutsche Königskrone. 1960
F. Graus, Přemysl Otakar II. Sein Ruhm und sein Nachleben. Mitteilungen des Instituts für österreichische Geschichtsforschung 79. 1971
H. Heimpel, Alexander von Roes und das deutsche Selbstbewußtsein

des 13. Jahrhunderts. Archiv für Kulturgeschichte 26. 1936
A. Hessel, Jahrbücher des Deutschen Reiches unter König Albrecht I. von Habsburg. 1931
W. Kienast, Die deutschen Fürsten im Dienste der Westmächte bis zum Tode Philipps des Schönen von Frankreich. 1924 und 1931
A. Lhotsky, Geschichte Österreichs seit der Mitte des 13. Jahrhunderts (1281-1358). 1967
Th. M. Martin, Die Städtepolitik Rudolfs von Habsburg. 1976
J. Miethke, Kaiser und Papst im Spätmittelalter. Zu den Ausgleichsbemühungen zwischen Ludwig dem Bayern und der Kurie in Avignon. Zeitschrift für Historische Forschung 10. 1983
O. Redlich, Rudolf von Habsburg. 1903
B. Resmini, Das Arelat im Kräftespiel der französischen, englischen und angiovinischen Politik nach 1250 und das Einwirken Rudolfs von Habsburg. 1980
F. Schneider, König Heinrich VII. 1924-1928
E. Schubert, Kurfürsten und Wahlkönigtum. Die Wahlen von 1303, 1314 und 1346. Der Kurverein von Rhens. In: Balduin von Luxemburg. Hg. v. F.-J. Heyen. 1985
F. Šmahel, The idea of the Nation in Hussite Bohemia. Historica 16. 1969
H. Stehkämper, Geld bei den deutschen Königswahlen des 13. Jahrhunderts. In: Wirtschaftskräfte und Wirtschaftswege. Festschrift für H. Kellenbenz 1. 1978
E.E. Stengel, Avignon und Rhens. 1930
H. Thomas, Kaiser Ludwigs Verzicht auf das römische Königtum. Zeitschrift für Historische Forschung 12. 1985
F. Trautz, Die Könige von England und das Reich. 1272-1377. 1961
F. Trautz, Die Reichsgewalt in Italien im Spätmittelalter. Heidelberger Jahrbücher 7. 1963
F. Trautz, Studien zur Geschichte und Würdigung König Adolfs von Nassau. Geschichtliche Landeskunde 2. 1965

Zu Kapitel 6

W. Abel, Agrarkrisen und Agrarkonjunktur. 2. Aufl. 1966
W. Abel, Strukturen und Krisen der spätmittelalterlichen Wirtschaft. 1980
W. Abel, Die Wüstungen des ausgehenden Mittelalters. 3. Aufl. 1976
K. Arnold, Die Armlederbewegung in Franken 1336. Mainfränkisches Jahrbuch 26. 1974
N. Bulst, Der Schwarze Tod. Saeculum 30. 1979
Europa 1400. Hg. v. F. Seibt u. W. Eberhard. 1984
H. Freiburg, Agrarkonjunktur und Agrarstruktur in vorindustrieller Zeit. Die Aussagekraft der säkularen Wellen. Vierteljahrschrift für Sozial- und Wirtschaftsgeschichte 64. 1977
Zur Geschichte der Juden im Deutschland des späten Mittelalters und der frühen Neuzeit. Hg. v. A. Haverkamp. 1981
F. Graus, Pest - Geissler - Judenmorde. Das 14. Jahrhundert als Krisenzeit, 1987
H. Hoffmann, Das Braunschweiger Umland in der Agrarkrise des 14. Jahrhunderts. Deutsches Archiv 37. 1981
J. van Klaveren, Die wirtschaftlichen Auswirkungen des Schwarzen Todes. Vierteljahrschrift für Sozial- und Wirtschaftsgeschichte 54. 1967
P. Kriedte, Agrarkrise oder Krise des Feudalismus? Geschichte und Gesellschaft 7. 1981
A. Patschovsky, Die Anfänge der ständigen Inquisition in Böhmen. 1975
H. Reincke, Bevölkerungsverluste der Hansestädte durch den Schwarzen Tod 1349/50. Hansische Geschichtsblätter 72. 1954
R. Sablonier, Adel im Wandel. Eine Untersuchung zur sozialen Situation des ostschweizerischen Adels um 1300. 1979
P. Segl, Ketzer in Österreich. Untersuchungen über Häresie und Inquisition im Herzogtum Österreich im 13. und beginnenden 14. Jahrhundert. 1984
M. Toch, »Umb gemeyns nutz und notturft willen«. Obrigkeitliches und jurisdiktionelles Denken bei der Austreibung der Nürnberger Juden 1498/99. Zeitschrift für Historische Forschung 11. 1984
Claudia Ulbrich, Leibherrschaft am Oberrhein im Spätmittelalter. 1979

Zu Kapitel 7

H. Boockmann, Johannes Falkenberg, der Deutsche Orden und die polnische Politik. 1975
W. Brandmüller, Das Konzil von Konstanz 1. 1991
Die Entwicklung des Konziliarismus. Hg. v. R. Bäumer. 1976
I. Hlaváček, Das Urkunden- und Kanzleiwesen des böhmischen und römischen Königs Wenzel (IV.). 1970
G. Hödl, Albrecht II. Königtum, Reichsregierung und Reichsreform. 1978
H. Kaminsky, A history of the Hussite Revolution. 1966
Karl IV. Politik und Ideologie im 14. Jahrhundert. Hg. v. Evamaria Engel. 1982
Das Konzil von Konstanz. Hg. v. A. Franzen und W. Müller. 1964
E. Meuthen, Der Fall von Konstantinopel und der lateinische Westen. Historische Zeitschrift 237. 1983
J. Miethke, Die Konzilien als Forum der öffentlichen Meinung im 15. Jahrhundert. Deutsches Archiv 37. 1982
P. Moraw, Kaiser Karl IV. im deutschen Spätmittelalter. Historische Zeitschrift 229. 1979
Z. Nowak, Internationale Schiedsprozesse als ein Werkzeug der Politik König Sigismunds in Ostmittel- und Nordeuropa. Blätter für deutsche Landesgeschichte 111. 1975

W. Paravicini, Die Preußenreisen des europäischen Adels. Historische Zeitschrift 232. 1981
F. Seibt, Karl IV. 3. Aufl. 1978
Die Welt zur Zeit des Konstanzer Konzils. 1964

Zu Kapitel 8

K.S. Bader, Studien zur Rechtsgeschichte des mittelalterlichen Dorfes. 1957ff.
M. Burleigh, Prussian Society and German Order. 1984
G. Droege, Die finanziellen Grundlagen des Territorialstaats in West- und Ostdeutschland an der Wende vom Mittelalter zur Neuzeit. Vierteljahrschrift für Sozial- und Wirtschaftsgeschichte 53. 1966
S. Ekdahl, Die Schlacht bei Tannenberg 1410. Quellenkritische Untersuchungen 1. Einführung und Quellenlage. 1982
H. Helbig, Der wettinische Ständestaat. 1955
P. Kirn, Politische Geschichte der deutschen Grenzen. 4. Aufl. 1958
P. Moraw, Die Entfaltung der deutschen Territorien im 14. und 15. Jahrhundert. In: Landesherrliche Kanzleien im Spätmittelalter. 1984
H.C. Peyer, Verfassungsgeschichte der alten Schweiz. 1978
D. Sabean, Landbesitz und Gesellschaft am Vorabend des Bauernkriegs. 1972
Stadt und Stadtherr im 14. Jahrhundert. Hg. v. W. Rausch. 1972
Städte und Ständestaat. Hg. v. B. Töpfer. 1980
Der deutsche Territorialstaat im 14. Jahrhundert. Hg. v. H. Patze. 2. Aufl. 1986
H. Thomas, Zwischen Regnum und Imperium. Die Fürstentümer Bar und Lothringen zur Zeit Kaiser Karls IV. 1973
D. Willoweit, Rechtsgrundlagen der Territorialgewalt. 1975

Zu Kapitel 9

H. Angermeier, Die Sforza und das Reich. Historisches Jahrbuch 101. 1981
K. Arnold, Niklashausen 1476. 1980
J.F. Battenberg, Das Römisch-Deutsche Königtum und die Legitimation mehrheitlicher Entscheidungen im Spätmittelalter. Zeitschrift der Savigny-Stiftung für Rechtsgeschichte 103. Germanistische Abteilung. 1986
H. Boockmann, Zu den geistigen und religiösen Voraussetzungen des Bauernkrieges. In: Bauernkriegs-Studien. Hg. v. B. Moeller. 1975
P.C. Hartmann, Die Deutschen, Deutschland und das Heilige Römische Reich im Urteil der französischen und frankoburgundischen Historiographie und Memorialistik in der 2. Hälfte des 15. Jahrhunderts. Historisches Jahrbuch 101. 1981
J. Helmrath, Das Basler Konzil. 1987
E. Isenmann, Reichsfinanzen und Reichssteuern im 15. Jahrhundert. Zeitschrift für Historische Forschung 7. 1980
L. Krapf, Germanenmythos und Reichsideologie. Frühhumanistische Rezeptionsweisen der taciteischen Germania. 1979
D. Kurze, Nationale Regungen in der spätmittelalterlichen Prophetie. Historische Zeitschrift 202. 1966
E. Meuthen, Das Basler Konzil als Forschungsproblem der europäischen Geschichte. 1985
P. Moraw, Versuch über die Entstehung des Reichstags. In: Politische Ordnungen und soziale Kräfte im Alten Reich. Hg. v. W. Weber. 1980
J.-D. Müller, Gedächtnus. Literatur und Hofgesellschaft um Maximilian I. 1982
H. Müller, Die Franzosen. Frankreich und das Basler Konzil. 1990
U. Paul, Studien zur Geschichte des deutschen Nationalbewußtseins im Zeitalter des Humanismus. 1936
W. Prevenier u. W. Blockmans, The Burgundian Netherlands. o.J. [1985]
H. Thomas, Die deutsche Nation und Martin Luther. Historisches Jahrbuch 105. 1985
H. Wiesflecker, Kaiser Maximilian I. 1971-1986
W. Zanetti, Der Friedenskaiser. Friedrich III. und seine Zeit. 1985

Zu Kapitel 10

Beiträge zum spätmittelalterlichen Städtewesen. Hg. v. B. Diestelkamp. 1982
Andrea Boockmann, Urfehde und ewige Gefangenschaft im mittelalterlichen Göttingen. 1980
H. Boockmann, Die Stadt im späten Mittelalter. 2. Aufl. 1987
Über Bürger, Stadt und städtische Literatur im Spätmittelalter. Hg. v. J. Fleckenstein u. K. Stackmann. 1980
W. Ehbrecht, Zu Ordnung und Selbstverständnis städtischer Gesellschaft im späten Mittelalter. Blätter für deutsche Landesgeschichte 110. 1974
J. Ellermeyer, Sozialgruppen, Selbstverständnis und städtische Verordnungen. Blätter für deutsche Landesgeschichte 113. 1977
Haus und Familie in der spätmittelalterlichen Stadt. Hg. v. A. Haverkamp. 1984
F. Irsigler, Die wirtschaftliche Stellung der Stadt Köln im 14. und 15. Jahrhundert. 1979
E. Isenmann, Die deutsche Stadt im Spätmittelalter. 1988
H. Kuhn, Entwürfe zu einer Literatursystematik des Spätmittelalters. 1980
Das Leben in der Stadt des Spätmittelalters. 1977
E. Maschke, Die Familie in der deutschen Stadt des Spätmittelalters. 1980
E. Maschke, Städte und Menschen. 1980
Elsbet Orth, Die Fehden der Reichsstadt Frankfurt am Main im Spätmittelalter. 1973

W. Reininghaus, Die Entstehung der Gesellengilden im Spätmittelalter. 1981

H. Rüthing, Höxter um 1500. Analyse einer Stadtgesellschaft. 1986

H. Rupprich, Die deutsche Literatur vom späten Mittelalter bis zum Barock 1. 1970

K. Schulz, Handwerksgesellen und Lohnarbeiter. 1985

Die Stadt am Ausgang des Mittelalters. Hg. v. W. Rausch. 1974

Untersuchungen zur gesellschaftlichen Struktur der mittelalterlichen Städte in Europa. 2. Aufl. 1974

Zu Kapitel 11

H. Boockmann, Der Streit um das Wilsnacker Blut. Zur Situation des deutschen Klerus in der Mitte des 15. Jahrhunderts. Zeitschrift für Historische Forschung 9. 1982

Bürgerschaft und Kirche. Hg. v. J. Sydow. 1980

K. Elm, Verfall und Erneuerung des Ordenswesens im Spätmittelalter. In: Kloster und Stift. 1980

Europa 1500. Hg. v. F. Seibt u. W. Eberhard. 1987

B. Gebhardt, Die gravamina der Deutschen Nation gegen den römischen Hof. 2. Aufl. 1985

H. Heimpel, Drei Inquisitionsverfahren aus dem Jahre 1425. 1969

H. Hoberg, Die Einnahmen der Apostolischen Kammer am Vorabend der Glaubensspaltung. In: Hundert Jahre Deutsches Priesterkolleg beim Campo Santo Teutonico. Hg. v. E. Gatz. 1976

R. Kiessling, Bürgerliche Gesellschaft und Kirche in Augsburg im Spätmittelalter. 1971

D. Kurze, Häresie und Minderheiten im Mittelalter. Historische Zeitschrift 229. 1979

D. Kurze, Pfarrerwahlen im Mittelalter. 1966

E. Meuthen, Gab es ein spätes Mittelalter? In: Spätzeit. Hg. v. J. Kunisch. 1990

B. Moeller, Kleriker als Bürger. 1972

B. Neidiger, Mendikanten zwischen Ordensideal und städtischer Realität. 1981

F. Rapp, L'église et la vie religieuse en occident à la fin du moyen âge. 1971

K. Schreiner, Laienbildung als Herausforderung für Kirche und Gesellschaft. Religiöse Vorbehalte und soziale Widerstände gegen die Verbreitung von Wissen im späten Mittelalter und in der Reformation. Zeitschrift für Historische Forschung 11. 1984

J.W. Stieber, Pope Eugenius IV., the council of Basel and the secular and ecclesiastical authorities in the Empire. 1978

E.J. Stüdeli, Minoritenniederlassungen und mittelalterliche Stadt. 1969

K. Voigt, Italienische Berichte aus dem spätmittelalterlichen Deutschland. 1973

Personenregister

Abbildungsnachweis

15 W. Abel, Die Wüstungen des ausgehenden Mittelalters. 3. Aufl. 1976
16 oben Gisela Grupe in: Mensch und Umwelt im Mittelalter. Hrsg. von B. Herrmann. 3. Aufl. 1987
16 unten J.C. Russell in: Lexikon des Mittelalters 2. 1983 S. 14
18 H.G. Stephan, Göttingen
19 Universitätsbibliothek Heidelberg
20 Museum Allerheiligen Schaffhausen
21 Gemeindeamt Gars; H. Kiennast
23 H. Boockmann, Göttingen
25 Universitätsbibliothek Heidelberg
26 Schriften des Kunstpädagogischen Zentrums im Germanischen Nationalmuseum 2. o.J. [ca. 1975]
27 J. Diel, Der Tiefkeller im Bereich Oberlinden. 1981
28 Stift Heiligenkreuz; Bildarchiv der Österreichischen Nationalbibliothek
29 Archiv H. Boockmann, Göttingen
30 B. Boockmann, Heidelberg
31 Historisches Museum der Pfalz, Speyer
33 H. Boockmann, Göttingen
34 oben Archiv H. Boockmann, Göttingen
34 unten K. Günther u.a., Die Stadtwüstung Landsberg bei Wolfhagen. Zeitschrift des Vereins für Hessische Geschichte 77/78. 1966/67
35 oben Archiv H. Boockmann, Göttingen
35 Mitte Landeskonservator Hessen; Dr. Feldtkeller
35 unten H. Boockmann, Göttingen
36 Hohe Domkirche Hildesheim; Lutz Engelhardt, Hildesheim
37 Elisabethkirche Marburg; Foto Marburg
38, 39 Archiv H. Boockmann, Göttingen
40 oben B. Boockmann, Heidelberg
40 unten Katalog: Stadt im Wandel, 1985
41 Archiv H. Boockmann, Göttingen
42 Landes- und Stadtbibliothek Düsseldorf
43 oben Katalog: Die Zisterzienser. 1980
43 unten Stift Zwettel
47-49 Bayerisches Hauptstaatsarchiv München
50 H.-J. Schmidt, Bettelorden in Trier. 1986
51 Archiv H. Boockmann, Göttingen
52 Historisches Museum Basel
53 B. Boockmann, Heidelberg
54, 59 Archiv H. Boockmann, Göttingen
60 Städtisches Heimatmuseum Göppingen
61 Landesbildstelle Württemberg, Stuttgart
62, 63 Archiv H. Boockmann, Göttingen
64 Katalog: Die Zeit der Staufer 5. 1979
65 Historischer Atlas der Schweiz. Hrsg. von H. Ammann u. K. Schib. 1958
66 Archiv H. Boockmann, Göttingen
67 P.E. Schramm, Die deutschen Kaiser und Könige in Bildern ihrer Zeit. 1928
80 Staatliche Museen Preußischer Kulturbesitz Berlin, Kunstgewerbemuseum

81 Schloßkirche Kappenberg; Landesdenkmalamt Westfalen-Lippe, Münster
83 Katalog: Die Zeit der Staufer 5. 1979
91 Archiv H. Boockmann, Göttingen
93 Archiv H. Hoffmann, Göttingen
103 Foto Marburg
104 Domschatz Aachen
105 Bayerisches Hauptstaatsarchiv München
111 K.G. Beyer, Weimar
112 Archiv H. Boockmann, Göttingen
113 Foto Marburg
114, 115 B. Boockmann, Heidelberg
116 oben B. Boockmann, Heidelberg
116 unten Kestner-Museum Hannover
117 H. Boockmann, Göttingen
119 oben H. Boockmann, Göttingen
119 unten Städtisches Museum Braunschweig
125 Germanisches Nationalmuseum Nürnberg
129 Burgerbibliothek Bern
132, 133 Kunsthistorisches Museum Wien
134 Archiv Siedler Verlag, Berlin
136-138 Archiv H. Boockmann, Göttingen
140 Bayerische Staatsbibliothek München
141 Stiftsbibliothek St. Gallen
142 Archiv H. Boockmann, Göttingen
143 Universitätsbibliothek Heidelberg
144 H. Boockmann, Göttingen
145 links Münsterbauverein e.V. Schwäbisch Gmünd
145 rechts H. Boockmann, Göttingen
146 Foto Marburg
147-149 Archiv H. Boockmann, Göttingen
150 Museum für Kunst und Gewerbe Hamburg
152 Museum der Stadt Regensburg; W. Spitta, Regensburg
153 G.B. Ladner, Die Papstbildnisse. 1941-1970
162 Katalog: Die Zeit der Staufer 3. 1977
163 Museo Provinciale Campano
165 links Museum für Kunst- und Kulturgeschichte der Hansestadt Lübeck; B. Boockmann, Heidelberg
165 rechts Archiv der Hansestadt Lübeck
166, 167 Archiv H. Boockmann, Göttingen
168 Staatliche Museen Preußischer Kulturbesitz Berlin, Kunstgewerbemuseum
169 Archiv H. Boockmann, Göttingen
170 Universitätsmuseum Marburg; Foto Marburg
171 Elisabethkirche Marburg; Foto Marburg
172 Archiv H. Boockmann, Göttingen
173 Märkisches Museum Berlin (Ost); Umschau Verlag Breidenstein, Frankfurt/M.
174 Kapitolinische Museen Rom
175 Bibliotheca Apostolica Vaticana
176 Katalog: Die Zeit der Staufer 3. 1977
177 Staatliche Museen Preußischer Kulturbesitz Berlin, Skulpturengalerie
181, 183 Archiv H. Boockmann, Göttingen
184, 185 Archiv für Kunst und Geschichte Berlin
186 P. Moraw, Von offener Verfassung zu gestalteter Verdichtung. Das Reich im späten Mittelalter 1250 bis 1490. 1985

187 Kunsthistorisches Museum Wien
190 Historischer Atlas der Schweiz. Hrsg. von H. Ammann u. K. Schib. 1958
191 Dom zu Speyer; Archiv H. Boockmann, Göttingen
193 P.E. Schramm, Denkmale der deutschen Könige und Kaiser. 1962
195 Schatzkammer des Deutschen Ordens Wien
197 Museo Civico Bologna; E. Alinari, Rom
200 Marienstiftskirche Lich
201 Bernisches Historisches Museum
203 Burgerbibliothek Bern; W. Nefflen, Ennetbaden
204 Archiv H. Boockmann, Göttingen
207 Landeshauptarchiv Koblenz
209 Bibliotheca Apostolica Vaticana
211 E. Alinari, Rom
212-215 Katalog: Wittelsbach und Bayern. 1980
217 Archiv für Kunst und Geschichte Berlin
218, 219 Bayrisches Hauptstaatsarchiv München
220 Archiv H. Boockmann, Göttingen
221 Mittelrheinisches Landesmuseum Mainz
222 Bayerisches Nationalmuseum München
223 Kloster Ettal
228 Bildstelle und Denkmalsarchiv der Stadt Nürnberg
229 Niedersächsisches Landesmuseum Hannover, Landesgalerie
230 links Staatliches Amt für Denkmalpflege Karlsruhe
230 rechts H. Boockmann, Göttingen
231 Bayerische Staatsbibliothek München
232 H. Boockmann, Göttingen
233, 234 W. Abel, Die Wüstungen des ausgehenden Mittelalters. 3. Aufl. 1976
235 oben H. Boockmann, Göttingen
235 unten W. Abel, Die Wüstungen des ausgehenden Mittelalters. 3. Aufl. 1976
239 Herzog-Anton-Ulrich-Museum Braunschweig
244 Herzog-August-Bibliothek Wolfenbüttel
245 links Museum Naradowe w Warszawie, Warschau
245 rechts Morawský Šternberk
251 Dom zu Frankfurt/M.; Historisches Museum Frankfurt/M.
253 Archiv H. Boockmann, Göttingen
254 B. Boockmann, Heidelberg
257 H. Boockmann, Göttingen
258, 259 Veitsdom Prag
260 Barbara Schock-Werner in: Die Parler und der Schöne Stil 3. 1978
261 Burg Karlstein; Archiv H. Boockmann, Göttingen
262 Österreichische Nationalbibliothek Wien
269 Bildarchiv Preußischer Kulturbesitz Berlin
270, 271 Historisches Museum Wien
272 oben Dom- und Diözesanmuseum Wien; Kunsthistorisches Museum Wien
272 Mitte Historisches Archiv der Stadt Köln
273 Deutsche Fotothek Dresden
274 Historisches Museum der Stadt Köln; H. Boockmann, Göttingen
275 Rheinisches Bildarchiv Köln
277 Domschatz Aachen
278 H. Boockmann, Göttingen
279 Dom- und Diözesanmuseum Wien
282 Landesmuseum Johanneum Graz; Kunsthistorisches Museum Wien

283 Rosgarten Museum Konstanz
285 Niedersächsische Staats- und Universitätsbibliothek Göttingen
286 H. Boockmann, Göttingen
287 Österreichische Nationalbibliothek Wien
291 Peterskirche Rom; E. Alinari, Rom
292, 293 Rosgarten Museum Konstanz
294 Württembergisches Landesmuseum Stuttgart
297 H. Boockmann, Göttingen
298 Koninklijke Bibliotheek Brüssel
299 Staatliche Museen Preußischer Kulturbesitz Berlin, Gemäldegalerie; J.P. Anders, Berlin
300 H. Boockmann, Göttingen
301 Schweizerisches Landesmuseum Zürich
303 Bibliothèque Nationale Paris
305 Stiftung Preußischer Kulturbesitz Berlin, Geheimes Staatsarchiv
307 Schleswig-Holsteinisches Landesmuseum Schleswig
308 Westermanns Atlas zur Weltgeschichte
311 Archiv H. Boockmann, Göttingen
313 H. Hessler, Kaiserslautern
315 links Bildarchiv der Österreichischen Nationalbibliothek Wien
315 rechts H. Boockmann, Göttingen
316 H. Boockmann, Göttingen
317 Stadtarchiv Ingolstadt
319 Württembergisches Landesmuseum Stuttgart
320, 321 Haus-, Hof- und Staatsarchiv Wien
323 oben Foto Marburg
323 unten Ulmer Museum
324 Archiv H. Boockmann, Göttingen
327 Bildarchiv der Österreichischen Nationalbibliothek Wien
329 Bayerisches Nationalmuseum München
330 F. Stoedtner, Düsseldorf
331 B. Boockmann, Heidelberg
332 Kunsthistorisches Museum Wien
333 Museum für Bildende Künste Budapest
334 Archiv H. Boockmann, Göttingen
335 Bayerische Staatsbibliothek München
336 Bernisches Historisches Museum
337 Staatliche Museen Preußischer Kulturbesitz Berlin, Gemäldegalerie
338 Kantonsbibliothek Aarau
339 Burgerbibliothek Bern
340 Schweizerisches Landesmuseum Zürich
341 Staatliche Museen Preußischer Kulturbesitz Berlin, Skulpturengalerie; R. Friedrich, Berlin
342 Österreichische Nationalbibliothek Wien
343 Archiv H. Boockmann, Göttingen
345 Bildarchiv der Österreichischen Nationalbibliothek Wien
347 Historischer Atlas der Schweiz. Hrsg. von H. Ammann u. K. Schib, 1958
349 Archiv H. Boockmann, Göttingen
353 Hofkirche Innsbruck; Archiv H. Boockmann, Göttingen
356, 357 Archiv H. Boockmann, Göttingen
358 oben Katalog: Stadt im Wandel. 1985
258 unten Historischer Atlas von Bayerisch Schwaben. Hrsg. von W. Zorn. 1956
359 oben H. Boockmann, Göttingen
359 unten B. Boockmann, Heidelberg

360 H. Boockmann, Göttingen
361 G. Dehio, Handbuch der Deutschen Kunstdenkmäler. Franken. 1979
363 oben H. Boockmann, Göttingen
363 unten Katalog: Stadt im Wandel. 1985
364 Rosgarten Museum Konstanz; Archiv H. Boockmann, Göttingen
365 oben B. Boockmann, Heidelberg
365 unten Städtisches Museum Schwäbisch Gmünd
366 H. Rüthing, Höxter um 1500. 1986
367 H. Boockmann, Göttingen
368 Stadtarchiv Soest
369 links Archiv H. Boockmann, Göttingen
369 rechts H. Boockmann, Göttingen
370 St. Pantaleon Köln; Rheinisches Bildarchiv Köln
371 Wallraf-Richartz-Museum Köln; H. Boockmann, Göttingen
372 Germanisches Nationalmuseum Nürnberg
373 Ulmer Museum
376 H. Boockmann, Göttingen
377 Dom zu Pelplin; H. Boockmann, Göttingen
378, 379 Stiftung Preußischer Kulturbesitz Berlin, Geheimes Staatsarchiv
380 Barbara Frank, Das Erfurter Peterskloster im 15. Jahrhundert. 1973
381 oben Archiv H. Boockmann, Göttingen
381 unten H. Boockmann, Göttingen
382 H. Grubenbecher, Hamburg
383 Tiroler Landesmuseum Ferdinandeum Innsbruck
384 Kathrin Tremp-Utz, Das Kollegiatstift St. Vincenz in Bern. 1985
382 Kunsthalle Hamburg; R. Kleinhempel, Hamburg
386 B. Boockmann, Heidelberg
387 Archiv H. Boockmann, Göttingen
388 B. Boockmann, Heidelberg
389 Archiv H. Boockmann, Göttingen
390 H. Boockmann, Göttingen
391 Bayerisches Nationalmuseum München
392 Universitätsbibliothek Tübingen
393 Stiftung Preußischer Kulturbesitz Berlin, Staatsbibliothek
394 Stadtbibliothek Braunschweig
395 links Archiv H. Boockmann, Göttingen
395 rechts H. Boockmann, Göttingen
397 Archiv H. Boockmann, Göttingen
398 Germania Sacra 1: Das Bistum Brandenburg. 1929 und 1941
400 H. Boockmann, Göttingen
401 Germanisches Nationalmuseum Nürnberg
402 H. Boockmann, Göttingen

Siedler Deutsche Geschichte

Das Reich und die Deutschen

Herwig Wolfram · Das Reich und die Germanen
Zwischen Antike und Mittelalter

Hans K. Schulze · Vom Reich der Franken
zum Land der Deutschen
Merowinger und Karolinger

Hans K. Schulze · Hegemoniales Kaisertum
Ottonen und Salier

Hartmut Boockmann · Stauferzeit und spätes Mittelalter
Deutschland 1125–1517

Heinz Schilling · Aufbruch und Krise
Deutschland 1517–1648

Heinz Schilling · Höfe und Allianzen
Deutschland 1648–1763

Die Deutschen und ihre Nation

Horst Möller · Fürstenstaat oder Bürgernation
Deutschland 1763–1815

Heinrich Lutz · Zwischen Habsburg und Preußen
Deutschland 1815–1866

Michael Stürmer · Das ruhelose Reich
Deutschland 1866–1918

Hagen Schulze · Weimar
Deutschland 1917–1933

Hans-Ulrich Thamer · Verführung und Gewalt
Deutschland 1933–1945

Adolf Birke · Nation ohne Haus
Deutschland 1945–1961

Umweltschutzhinweis:
Alle bedruckten Materialien dieses Taschenbuchs
sind chlorfrei und umweltschonend.

Siedler Taschenbücher erscheinen im Goldmann Verlag,
einem Unternehmen der Verlagsgruppe Bertelsmann.

1. Auflage
Vollständige Taschenbuchausgabe Oktober 1998

Redaktion: Ditta Ahmadi, Berlin
Karten: Charlotte Diehl, Berlin
Umschlag: Design Team München
Umschlagmotiv: König Siegmund, Sohn Kaiser Karls IV.
Satz: Bongé+Partner, Berlin
Printed in Austria 1998
ISBN 3-442-75521-2
Gesamtkassette: ISBN 3-442-90565-6